行政法基本研究 VI

行政法의 現代化와 改革

金 童 權 著

法 文 社

행정법의 역사는 관헌국가시대에 만들어진 행정법의 원형을 민주적 법치국가원리에 맞춰 새롭게 개혁하는 과정이다. 행정법을 위한 새로운 길은 이미 곳곳에서 기능부전을 노정하는 기왕의 패러다임과 과감하게 결별하여 현시대의 흐름에 부합하는 새로운 패러다임을 부단히 구축하는 데 있다. 공부하면 할수록 현재의 행정법 체제에 대한 의구심이 가시지 않는데, 여전히 우리 공공법제에 깊이 배어 있는 －오토 마이어 행정법에서 비롯된－ 일본식의 관헌국가적 전통을 극복하지 않고는 시대에 맞는 행정법의 현대화와 개혁은 실현될 수가 없다. 개인적으로 공부의 목표점을 행정법의 현대화와 개혁에 두고서 관련 연구주제를 설정하고, 논의를 전개하여 왔다. 이 책은 그동안 행정법의 현대화와 개혁의 차원에서 논의한 것을 체계화하고, 집성한 것이다.

1980.3.에 법학과 처음 만난 이후 1993.8. 박사학위를 받고서 지금까지 연구자로서 살아왔다. 늘 상식적인 호기심을 잃지 않으려 하였고, 기왕의 틀에 대해 부단히 문제를 제기하였다. 그 성과로 2008년 이래로 행정법의 현대화와 개혁을 목표로 삼아 행정법 기본연구를 계속 출간하였다(Ⅰ, 2008; Ⅱ, 2009; Ⅲ, 2010; Ⅳ, 2013; Ⅴ(행정판례의 분석과 비판), 2019). 학문하기에 매우 척박한 환경에서 단행본의 출간을 통해 목적하는 학문적 과업을 수행할 수 있다는 점에서 개인적으로 큰 행운이다. 늘 격려와 칭찬 그리고 비판을 통해 일련의 문제인식이 결코 나 혼자만의 그것이 아님을 확인시켜 주신, 행정법 및 공법의 先學과 同學의 모든 선생님들께 깊이 감사드린다. 특히 늘 행정법을 위한 새로운 길의 모색을 향도하여 주시는 金南辰 선생님(대한민국 학술원 회원)께 깊이 감사를 드린다. 갈수록 더 큰 외경감이 드는 선생님의 학문적 열정과 비교해서 淺學菲才로 극복하기 힘든 엄연한 한계를 느끼지만, 변함없는 문제의식을 바탕으로 치열하게 끊임없이 연구하여 선생님의 큰 은혜에 보답하겠다. 이번에도 好學의 자세를 잃지 않도록, 이 책의 題字를 써 주신 權寧禹 선생님께도 깊이 감사를 드린다. 인쇄용 활자체에서 느끼지 못하는 느낌에 행정법의 현대화와 개혁을 위한 새로운 각오를 다시금 다진다. 그리고 학교생활에서 동료교수로서 많은 도움을 주시는 중앙대학교 법학전문대학원의 선생님들께도 깊이 감사를 드린다. 그리고 새삼 여기서 존함을 올리지 않더라도, 소중한 많은 인연에 깊이 감사를 드린다.

사람의 몸을 받아 세상에 나와 60의 성상이 지났다. 돌이켜 보니 이른바 제3공화국의 시작과 마감을 함께한 유년기와 청소년기(1961.5.16., 1964.3.24., 1968.12.5., 1969.9.14., 1970.7.7., 1972.10.17., 1974.8.15., 1978.12.12., 1979.10.26., 1979.12.12.), 이른바 제5공화국의 시작과 함께하고 역사의 격동을 몸소 느낀 20대(1980.5.17., 1987.6.10., 1988.9.17., 1989.11.9.), 선진화로 시작하여 IMF 구제금융으로 끝맺음을 한 30대(1990.1.22., 1994.10.21., 1995.6.27., 1996.12.12., 1997.12.3., 2000.6.13.), 2002년 월드컵의 열기로 새로운

대한민국의 도래를 느낀 40대(2001.9.11., 2002.5.31., 2003.3.20., 2004.3.12., 2008.9., 2009.5.23.), 민주공화국의 현주소를 체험하면서 미증유의 코로나 팬데믹을 목도한 50대(2014.4.16., 2017.3.10., 2019.7.1., 2020.1.20.)를 거쳐 지금에 이르렀다. 대한민국의 역동적인 현대사와 함께한 지난 60의 성상이 정말 주마등처럼 지나갔다. 어제보다 오늘이, 오늘보다 내일이 나아지리라 기대하고 희망하였지만, 기대에 미치지 못하는 더딘 변화에 늘 몸과 마음이 편하지 않았다. 특히 학문적 주장과 관련해서 때론 나 혼자만의 치기 어린 주장일까 불안하기도 하고, 지배적인 입장과 너무나 달라 적잖이 불편하기도 하였지만, 시종 처음의 자세를 견지하려 노력하였다. 다행히 최근에는 문헌과 판례에서 공감대가 조금씩 형성되어 가서, 그간의 노력이 그저 客談에 그치지 않았고, 보이지 않는 조력의 손길이 있으며, 동시에 새삼 현재가 곧 과거이고, 미래는 곧 현재라는 점을 실감한다. 耳順을 맞이하여, 귀한 말씀 많이 들으면서, 미래를 예정하는 현재를 일순간도 허투루 보내지 않으려 다짐한다.

하나를 알면 열을 모르는 것이 학문의 세계인지라 끝이 보이지 않는 연구자의 행로가 참 고단하다. 그러나 지금까지 비교적 큰 어려움 없이 순탄하게 그리고 즐겁게 연구자의 삶을 지내왔다. 참으로 이런 행운은 언제나 사사롭게 기쁨은 배가, 어려움은 반감시켜준 가족(어머니, 경수, 지연, 준형)이 있기에 가능하였다. 이 책은 한없는 사랑과 고마움 그리고 너무 미안함에 대한 작은 보답이다. 그리고 반평생 이상을 낯선 남단에서 덧없는 디아스포라의 삶을 보내신 先親에 대한 그리움으로 대신한다.

2021년 5월

모든 이웃이 잠재적인 위험이 되어 버린 팬데믹 리스크의 상황이 공동체의
참 의미를 재인식할 계기가 되길 기대하면서

金 重 權

차 례

제 1 편 왜 행정법의 현대화와 개혁이 필요한가?

제 2 편 행정작용법의 차원에서의 행정법의 현대화와 개혁

제 3 편 행정구제법의 차원에서의 행정법의 현대화와 개혁

제4편　행정법의 현대화와 개혁을 위한 비교법적 시사점

제1편 왜 행정법의 현대화와 개혁이 필요한가?

제 1 장

21세기 국가모델을 위한 행정법의 현대화와 개혁

Ⅰ. 처음에

존재한 이래로, 국가는 변화하고 있다. 제도의 진화는 사용하는 언어의 변화에 나타난다. 국가와 사회의 진보는 과거와는 새로운 개념을 만들어낸다. –정보, 자동화, 융합, 민간화, 전자정부, 규제혁신, 4차 산업혁명 등등과 같이– 과거에 생경스러운 개념이 이제는 일상화되어 국가와 사회를 선도한다. 국가와 사회의 변화에 따른 행정환경의 급격한 변화에 행정법의 존립의 토대 역시 과거와는 현저히 바뀌었다. 과거 제3공화국 이래 조성된 행정법의 기본틀이 민주적 법치국가원리는 물론, 그동안 변화된 국가기능과 맞지 않는다. 국가임무는 증대하는 데 비해 저하되는 법의 조종능력의 상황에서,[1] 행정법의 기왕의 패러다임이 이러한 변화된 시대적 상황과 현실에 대해 법치국가원리의 차원을 넘어 제대로 대응하고 있는지 성찰이 필요하다. 현행 행정법제 및 행정법은 부단히 제기되는 새로운 시대적 요청에 전혀 대응하지 못하고 있는 실정이다.[2]

1) 독일어 'Steuerung'의 번역과 관련하여 '제어'와 '조종'이 사용되고 있는데, 여기선 후자로 옮기고자 한다. 조종학(제어학)으로서의 행정법학의 좌표에 관해서는 김남진, 경제에 대한 국가의 역할과 관련하여, 공법연구 제42집 제1집, 2013, 118면 이하.

2) 일찍이 최송화 선생님이 지적한 "한국 행정법학의 문제점"(학문적 종속성, 법학교육 위주의 이론체계, 방법론과

행정법의 역사는 관헌국가시대에 만들어진 행정법의 원형을[3] 민주적 법치국가원리에 맞춰 새롭게 개혁하는 과정이다. 행정법을 위한 새로운 길은 이미 곳곳에서 기능부전을 노정하는 기왕의 패러다임과 과감하게 결별하여 현시대의 흐름에 부합하는 새로운 패러다임을 부단히 구축하는 데 있다.[4] 근대국가모델을 기반으로 구축된 행정법은 특히 언필칭 제4차 산업혁명 시대를 맞이하여 나날이 새로운 모습으로 진화되어야 한다. 법의 지속적 갱신은 자명한 요청이다. 이하에서는 현행 행정법제 및 행정법학의 평가와 진단을 바탕으로,[5] 독일에서의 신행정법학(Neue Verwaltungsrechtswissenschaft)에[6] 관한 제 논의를 통해 행정법의 현대화와 개혁을 위한 시사점을 찾고자 한다.[7]

기초이론의 빈곤, 입법 및 정책에 대한 적절한 대응태도의 결여, 헌법학과의 지나친 영역구분, 총론에의 지나친 경향, 공권력 우월의 이데올로기의 온존)은 안타깝게도 오늘도 그대로 통용될 수 있다. 동인, "한국 행정법학 50년의 성과와 21세기적 과제", 서울대학교 법학, 제36권 제2호, 1995, 134면 이하 참조.

3) 고전적 행정법은 권력분립, 법원의 독립성, 행정의 법률적합성, 행정조치에 대한 사법구제, 국가책임법의 여러 원칙과 같은 다섯 가지를 기본요소로 하여 구축되었다. 그런데 고전적 행정법에서 자유를 위협하는 국가를 시민에 대비시키는 것이, 오늘날에는 흡사 목가적 인상을 준다. 이러한 대비는 단순한 양극관계에서 성립한 19세기적 구성이다.

4) 국내에서 일찍부터 김남진 선생님이 선구자적 역할을 하셨다. 최근 대한민국 학술원의 『학문연구의 동향과 쟁점』(2018)에서 "행정법을 위한 새로운 길의 모색"의 제명으로 그간에 발표한 관련 글을 종합적으로 집대성하였다(261면 이하). 이 글을 준비하면서 김남진 선생님의 여러 문헌을 통해 결정적인 도움을 받았는데, 결과적으로 기왕의 논의와 별반 다르지 않음을 고백한다. 참고문헌: 김남진, "時代와 호흡을 함께하는 公法學과 司法", 『公法研究』, 제44집 제4호, 2016. 6. 1면 이하; "행정법을 위한 새로운 길", 『학술원통신』 제260호, 2015.3.1., 2−5면; "후기근대국가의 행정법", 『학술원통신』 제272호, 2016.3.1., 2−5면; "독일의 행정 · 행정법(학)의 변용", 『학술원통신』 제254호, 2014.9.1.; 홍준형, 한국행정법학의 반성, 법과 사회 제59권, 2017, 189면 이하; 박정훈, 行政法과 '民主'의 自覺 −한국 행정법학의 미래−, 행정법연구 제53호, 2018, 1면 이하; 한국 행정법학 방법론의 형성 · 전개 · 발전, 공법연구 제44집 제2호, 2015, 161면 이하; 김성수, "독일의 新思潮 행정법학 사반세기−평가와 전망", 『강원법학』 제51권, 2017.6., 321면 이하; 독일 신사조 행정법학의 실천 분야와 보장국가론, 토지공법연구 제78집, 2017, 145면 이하; 문병효, "최근 독일행정법의 변화와 시사점: 유럽화, 민영화, 규제완화를 중심으로", 고려법학 제52호(2008.4), 213면 이하; 계인국, 현대 행정법학 방법론의 전개양상에 대한 소고−조종이론과의 접점을 중심으로, 고려법학 제87호, 2017, 1면 이하.

5) 상세는 김중권, "행정법의 危機이냐, 행정법학의 委棄이냐?", 제39회 한국행정법학회 정기학술대회(2018.12.15.) 발표문.

6) 여기서 "신"(Neue)의 의미는 전통적인 행정법도그마틱의 핵심내용(법원론, 작용형식론, 행정의 규준, 하자론 등)에 대한 혁신성 요청을 강조하기 위함이다. 따라서 신행정법학이란 행정법을 위한 개혁적 물음과 법학개혁을 위한 제 이념이 다루어지고 교호적으로 맥락화된 토론형식(Diskussionsformat)을 의미하고. 아카데믹한 학파에 해당하지 아니 한다. '새로움'의 다양한 의미의 정의는 당연히 개혁적 관심사에 일치하고, 또한 행정실무에 대한 행정법의 개방에서 성립한다. 참조: J. Schaffer, Die Umgestaltung des Verwaltungsrechts, 2016, S.12f. '신행정법학'이란 표현은 Hoffmann−Riem과 Bumke의 글에서 처음 사용되었다: E. Schmidt−Aßmann/W. Hoffmann−Riem(Hrsg.), Methoden der Verwaltungsrechtswissenschaft, 2004. S.13. 103.

7) 새로운 행정법학은 행정실무와 관련해서 이론과 실무의 단절을 극복할 수 있다. 조종지향적, 효과지향적인 행정법학은 필연적으로 행정실무와 행정재판은 물론, 행정정책적 논의에도 관심을 갖는다. 거꾸로 무조건 이를 말할 수는 없다. 오히려 많은 곳에서 이론에 대한 약간의 공포심(Theoriephobie)이 드러난다. 이는 좋은 이론의 실제적 효용을 무시하고 부정하는 것의 대가와 동반된다. 특히 이론적으로 성찰된 행정법학−그 연구결과가 실제적으로 연결가능하고 적용가능한 법도그마틱으로 항상 곧바로 전환될 수는 없다−은 그것의 지식을 알맞게 전달하기 위해 각별한 정도로 노력하여야 한다. 의문이 없으면, 결정강제와 실무의 대강조건에 의해서 학문적 언명이 진부해질 위험이 존재한다. 모든 개혁프로세스, 행정과 행정법의 개혁은 향도적인 지도이념에 의존한다. 이들은 이론적으로 형성된 구상에 의존하거나 적어도 핵심개념으로써 활용될 수 있다. 특히 이들의 잠재적인 효력에 근거해서 행정법은 이들 지도이념을 항상 재차 비판적으로 논의하여야 한다. 새로운 행정법학의 구축에 주효할 수 있는 개혁의 착안점에 해당하는 것이 신공공관리모델, 새로운 조종모델, 규제완화, 민간화, 날씬한 국가, 행동하는 국가, 전자정부, 거버넌스이다. 이들 주제가 행정법학의 자체는 물론 행정법을 둘러싼 행정환경을 어떻게 변화시키고 있으며, 그 결과가 어떻게 법제에 반영되는지는 후속연구를 통해 검토하고자 한다.

Ⅱ. 우리 행정법의 현대화를 가로막는 제 원인의 진단[8)]

1. 역사성의 차원

행정법 및 공공법제의 기본토대는 헌법질서이다. 헌법과 법치국가원리를 구체화하는 것이 행정법인 이상, 헌법질서는 법치국가원리 및 행정법에 결정적인 영향을 미친다. 우리와 일본이 국가의 시스템과 역사적 전통에서 매우 다른 데도 불구하고, 별다른 異論의 제기가 없이 차용의 결과가 기정사실로 받아들여졌고, 어느덧 우리의 고유한 그것이 되어 버렸다. 일본 행정법은 메이지 헌법시대에 대륙법의 형태 특히 대표적인 관헌국가인 프로이센의 행정법을 모범으로 삼아 구축되었다.[9)] 메이지헌법의 특색은[10)] 천황대권을 중심으로 한 관료주의·중앙집권에 의지한 행정권 우월주의·법치행정을 무시한 기본적 인권 경시주의이다. 특히 국가시스템 자체가 천황을 정점으로 하여 신민을 통치대상으로 하면서 관료를 그 중간매개체로 한 가부장적 국가시스템을 채용하기에 그에 맞춰 행정법 및 공공법제가 구축되었다. 비록 미노베 교수와 같은 민권학파가 변장적 전제정치의 특색을 날카롭게 지적하여 행정법의 민주성을 고양시켰고, 패전 이후에 그 노력이 더욱 적극적으로 강구되어 지금의 일본행정법으로 발전되었지만, －헌법 제1조에서 천황제가 비록 상징적이라곤 하지만 여전히 견지되듯이－ 공법제도에 배여 있는 그네들의 (천황중심의) 국가이데올로기에서 자유로울 수가 없다.[11)]

그런데 일찍이 1919.3.1. 운동이후에 결성된 상해 임시정부가 1919.4.11.에 제정한, 임시정부 최초의 헌법문서인 '대한민국임시헌장' 제1조는 '대한민국은 민주공화국으로 함'이라고 규정하고 있으며, 비슷한 맥락에서 '대한민국임시헌법'(1919.9.11.) 제1조는 '대한민국은 대한인민으로 조직함'으로, 제2조는 '대한민국의 주권은 대한인민전체에 在함'으로 규정하고 있다. 이런 규율의 기본적 차이에서, 일본의 입헌주의가 기본적으로 군주제를 바탕으로 하는 입헌군주제이자 외견적 입헌제인 반면, 우리 임시정부의 그것은 진정한 민주공화제이다.[12)]

---

8) 이하의 내용은 필자의 현행 행정법제 및 행정법의 문제점에 관한 나름의 진단인데, 기왕에 발표한 글에서 단편적으로 피력한 것을 총체적으로 집약 정리한 것임을 밝힌다.

9) 그런데 독일의 경우에도 이런 관헌국가적 토대에서 구축된 오토 마이어 행정법이 제2차 대전의 패전까지 고수되어 왔다.

10) 메이지헌법 제1장 천황의 장에서 제1조가 "대일본제국은 만세일계의 천황이 통치한다."고, 제3조가 "천황은 신성하므로 범할 수 없다."고, 제4조가 "천황은 국가원수로서 통치권을 총괄하며, 이 헌법의 조규에 의하여 이를 행한다."고 규정할 뿐만 아니라, 제2장에서 '臣民'의 권리의 표제에서 공무담임권 등을 규정하고 있다.

11) 여기서 메이지 헌법하의 행정법 이론의 역사적 성격에 냉엄한 메스를 가해야 한다는 和田英夫 교수의 지적은 많은 것을 시사한다. 同人, 日本行政法の歴史的 性格, 法律論叢 35(3), 1962, 2頁

12) '대한민국임시헌장' 제1조의 민주공화제 규정에 대해, 이는 일본뿐 아니라, 중국의 수많은 헌법문서들 가운데서

2. 현행 행정법의 토대의 차원: 관헌국가적 행정법의 지배

행정법은 민주적 법치국가원리의 구체화로서의 의의를 가진다. 이런 행정법의 의의가 지금까지 과연 제대로 구현되어 왔는지 의문스럽다. 관헌국가적 행정법에서는 국가와 국민의 관계를 상하관계 즉, 권력관계로 설정한다. 권력관계는 다름 아닌 과거 군주와 신민(臣民)의 관계를 말한다. 권력관계는 오늘날의 행정법적 이해와는 어울리지 않는 관헌국가적 잔흔이다. 행정법의 발전과 전개는 다름 아닌 비법(非法)의 세계인 권력관계를 법이 통용되는 법관계로 변환(變換)시킨 것이다. 행정법관계론마냥 '법'관계적 인식에 바탕을 두면, —일반적이든 특별적이든— 권력관계나 다른 '비법관계'는 바로 부인할 수 있다. 시민의 법이전(法以前)의 복종—신민의무(臣民義務)—이란 의미에서의 일반적인 권력관계란 민주적 법치국가의 헌법하에선 인정될 수 없다.[13] 원산지인 독일에서는 일반권력관계나 특별권력관계의 개념과 용어가 오래 전에 역사적 의미만을 지니는 것과 대비되게, 우리의 경우 한 세기 전에 Otto Mayer가 구축한 권력관계에 의거한 행정법적 인식이 여전히 지배하고 있다. 그리고 많은 실정법에서 국민개인이 臣民인냥 공권력의 객체에 머물고, 고유한 권리와 의무를 갖는 성숙한 시민으로 여겨지지 않고 있다.

3. 지속적인 법개정의 차원: 행정소송법을 비롯한 주요 행정법제의 개혁의 정체

국민이 통치의 대상에서 벗어나 권리주체로서 지위를 갖게 되는 임계점에 행정소송법이 존재한다. 민주적 법치국가에서 행정법과 행정소송의 위상은 국가를 상대로 한 국민의 지위의 향상 및 국가·사회의 민주화에 비례한다.[14] 1984년 행정소송법의 개정은 公法學史的으로 에포크적 의미를 갖는다. 하지만 84년 행정소송 체제는 결정적인 숙명적 한계를 갖고 있다.[15] 이런 현행 행정소송법의 한계를 극복하기 위한 입법적 노력이 지속적으로 강구되었지만, 결실을 거두지 못하였다. 독일의 경우 시대에 부응하는 신행정법학이 등장하여 국법시스템 역시 더욱더 현대화되어가는 상황은 60—70년대에 법학적 방법론이 굳게 자리매김하도록 행정소송법, 행정절차법 등이 마련된 데

도 유례는 찾아볼 수 없는 독창적인 형식과 내용이고, 우리 현행 헌법 제1조에까지 그 명맥이 이어지고 있다고 평가된다. 신우철, 비교헌법사, 2008, 300면.

13) Hesse, Grundzüge des Verfassungsrechts der Bundesrepublik Deutschland, 20. Aufl., 1995, Rn.280ff.

14) 이에 관해서는 김중권, 행정소송과 행정법, 저스티스 제146권 제2호, 2015.2.5., 114면 이하.

15) 대표적으로 의무이행소송의 도입은 그 필요성에 공감대가 널리 조성되었음에도 불구하고 여전히 입법정책의 물음에 그치고 있다. 일본의 경우 2004년 법개정으로 실무경험이 상당 기간 축적되었다는 점과 비교하면 우리의 법상황이 얼마나 시대역행적인지 확인된다.

서 비롯되었다. 하지만 우리는 과거 민주적 법치국가원리가 제대로 구현되지 않은 시대에 만들어진 틀이 여전히 강고히 고수되고 있다. 사정이 이렇기에, 우리의 경우 현대화와 개혁을 위한 논의는 실현불가능한 탁상공론에 지나지 않을 수 있다.

4. 판례를 통한 법형성의 차원: 행정법의 발전을 저해하는 행정판례

판례(Rechtsprechung)는 법(Recht)을 말하는 것(Sprechen)이다. 법을 말한다는 것은 민주적 법치국가에서는 개별사례를 위해 법률의 언명을 현재에 맞게 해석(설명)하는 것을 의미한다. 판례는 사전에 규정된 것(입법)을 사후에 말하는 것 以上이며, 항상 불완전한 규정을 숙고하는 것이다. 법관은 현재의 법구속성을 위해 책임을 지고, 법치국가의 현재적 대변자(Gegenwartssprecher)이다(判例의 日新又日新). 따라서 과거에 만들어진 法이 判例를 통해 생생한 생명력을 가져서 現在化된다.[16] 행정판례가 과거보다 매우 전향적인 태도를 견지하지만, 여전히 행정법의 발전을 저해하는 행정판례가 적지 않다. 대표적으로 대부분의 행정법문헌에서 공인된 법리인 행정개입청구권의 법리이다. 일찍이 명백히 대법원 1999.12.7. 선고 97누17568 판결은 건축법상의 개입수권규정의 제3자 보호성 및 관련성을 부인하였다. 대법원 1999.12.7. 선고 97누17568 판결은 국민이 여전히 국가작용의 수동적 객체에 그치는 관헌국가적 틀이 엄존함을 여실히 증명한다. 행정개입의 수권규범은 법률상으로 맡겨진 감시업무의 도구로서 기능하는 점에서, 동 판결을 극복하지 않고서는 행정개입청구권에 관한 논의는 공허하다.[17] 오늘날 행정법의 경향은 반사적 이익의 공권화가 보여주는 "행정법의 주관적 권리화"(Subjektivierung des Verwaltungsrechts)인데, Ossenbühl 교수는 "행정법의 주관적 권리화" 경향을 행정법체계상의 코페르니쿠스적 전환이라 표현하였다.[18][19]

5. 학제적 연구의 차원에서: 인접학문과 유리된, 갈라파고스적 존재

현실영역을 고려하면서 규범은 구체화된다. 법적용에서 포섭작업은 특유의 결정매개변수, 즉 법발견의 동기를 발견하는 것이다. 이런 요건에서 법학에 맡겨진 일은 법질

---

16) P. Kirchhof, Der Auftrag des Bundesverwaltungsgerichts zur kontinuierlichen Erneuerung des Rechts, in: Festgabe 50 BVerwG, 2003, S.255(257ff.).

17) 대부분의 문헌이 현행 행정소송법이 행정개입청구권을 실현하는 데 아무런 장애가 없으며, 행정개입청구권의 성립가능성이 높은 것처럼 기술하는 것은 재고가 필요하다. 이에 관한 상세는 김중권, 행정법, 2019, 151면 참조.

18) der., Die Weiterentwicklung der Verwaltungswissenschaft, in: Jeserisch/Pohl/v. Unruh(Hrsg.), Deutsche Verwaltungsgeschichte, Bd. V, 1987, S.1143(1146).

19) 대법원 2006.3.16. 선고 2006두330 전원합의체 판결(새만금판결) 및 대법원 2017.3.15. 선고 2014두41190 판결이 비록 명시적으로 언급은 하지 않았지만 결과적으로 행정개입청구권의 법리를 인정하는 것과 같은 접근을 하여 새로운 지평을 열었다. 상세는 김중권, 제3자에 의한 건축허가철회청구권의 행정법적 의의, 법조 제728호, 2018.4.28., 455면 이하 참조.

서와 사회적 관계 사이의 상호작용의 메커니즘을 밝히는 것이다.[20] 행정법의 대상은 행정이다. 국가임무를 수행하는 행정활동은 단순한 법집행에 머물지 않는다. 당연히 국가와 사회의 환경이 변함에 따라 그에 적응할 것이 요구된다. 당연히 국가와 사회를 대상으로 하는 인접학문과의 부단한 소통은 요구된다. 법학이외의 학문을 보조학문으로 대하는 것은 단순히 관점의 확대에 그친다. 보조학문과 달리 인접학문은 학제적 의미를 지니고, 따라서 이론적 상호이전을 통한 지향점이기도 하다. 법학은 인접학문과의 관계에서 진행자의 역할을 맡는다. 법은 사회적 결속의 신경시스템이다.

제4차 산업혁명, 자본주의 4.0, 보장국가 또는 공사협력, 거버넌스 등과 같은 유행모드와 관련해서 해당 학문분야와의 대화가 태부족하다. 융합적 프로젝트수행상의 국소적인 협력은 있지만, 학제적 연구의 차원에서 진지하게 대화를 통해 행정법의 현대화를 위한 착안점을 발견하고 그것을 통해 제도화하는 노력은 강구되지 않고 있다. 자기복제식의 관행존중적인 분위기가 지배하는 한, 그것은 새로운 의문제기를 자양분으로 하는 학문이 될 수가 없다. 현실에 천착하여 개개의 문제해결에서 나름의 규준을 제시하는 실무를 제외하고서 현실과 무관한 空理空談을 전개하는 데 그치는 한, 법학은 사회과학으로서의 성격을 지닐 수 없다.[21] 시대를 나름 규정하는 제 개념에 관한 고려가 배어있지 않은 한, 행정법은 인접학문과 유리된, 마치 갈라파고스적 존재와 다를 바 없다.[22] 특히 로스쿨 도입에 따른 학문적 환경의 악화는 이런 정체상황을 심화시킬 수 있다.[23]

6. 변화를 추동하는 외부적 환경의 부재

유럽국가의 법질서의 유럽화(Europäisierung der Rechtsordnung)는 이 시대의 법발전의 특징적인 징표이다. 일찍이 1993년에 개최된 독일 국법학회 마인쯔 대회에서 "독

---

20) 법은 일종의 사회적 결속의 신경시스템(Nervensystem)이다. 신행정법학은 신경삭(神經索)이 아니라, 신경세포의 연접부(Synapsen)에 관심을 가지는데, 전자(신경삭)는 일종의 연결관으로, 이를 통해 법은 규범적 의제로부터 영위된, 경험상으로 관찰된, 사실상으로 실현된 실제현실이 된다. 반면 후자(신경세포의 연접부)는 신경세포상의 연결로서, 그곳에서 법시스템이 그 학문적 환경과 교환된다.

21) 여기서 행정법학의 형제학문이라 할 수 있는 행정학의 경우를 보면, 안병영 교수는 인접학문과 경계를 분명히 하고, 빗장을 걸어 잠그며 울타리를 높이 쌓는 식으로 행정학의 '제국건설'운동이 강구되어서 행정학이 정치학, 경영학, 사회학과 유리된 양상이 빚어져서 결국 현재의 행정학의 위기를 초래하였다고 진단한다. 동인, 자초한 위기: 위기의 연원은 한국행정학의 역사 속에서 찾아야, 한국행정포럼 Vol.− No.92 [2000], 6(9). 여기서의 문제인식은 비단 행정학에 국한되지 않고, 우리나라 학문 전반에 통용될 수 있다. 개인적으로 우리 행정법학 및 행정학의 심각한 현주소를 생생하게 확인할 수 있었다.

22) 독일에서 법학적 고찰과 인접학문적 고찰의 결합으로부터 얻어진 실제적 성과의 대표적인 예가 '정보행정법'(Informationsverwaltungsrecht)이고, 그에 관해 폭넓은 논의가 진행된 것과 비교하면 우리의 경우 정보의 공개와 보호의 수준에 머물고, 행정작용에서 그것을 바탕으로 한 새로운 논의전개가 행해지지 않고 있다.

23) 참고문헌: 이은기, 「법학전문대학원의 구조조정 등에 관한 소고」'법학연구'(연세대 법학연구원) 제29권 제2호; 김중권, "행정법의 危機이냐, 행정법학의 委棄이냐?", 제39회 한국행정법학회 정기학술대회 발표문(2018.12.15.).

일 행정법과 유럽 행정법"을 주제로 다루었듯이,[24] EU행정법은 각국의 행정법의 전개에서 전범으로서 일종의 행정법의 글로벌 스탠다드에 해당한다. 그 결과 유럽화로 인해 독일을 비롯한 유럽의 공법학은 새로운 도전과 요청에 처해 있다. 회원국 행정법의 개개의 규율이나 규율범위만이 아니라, 기본구조와 원칙과 관련해서도 EU법은 직접적으로 영향을 미치고 있다. 회원국 행정법에 새로운 법적 사고와 원칙이 차츰차츰 자리를 잡고 있다. EU법을 통한 EU행정법의 구축은 일종의 글로벌 행정법의 구축이다. 글로벌 스탠다드라는 측면에서 유럽화 문제는 우리 행정법학의 지반을 拔本的으로 변화시킬 수 있는 결정적인 外生因子이다. 하지만 최근 EU법에 대한 연구가 과거보다 활발한 것은 사실이지만,[25] EU행정법은 여전히 주변부적 주제에 머물고 있다. 우리는 변화를 위한 이런 자극의 부재가 행정법의 현대화가 정체되는 결과를 낳고 있다.

Ⅲ. 새로운 행정법학의 요청이유

모든 학문은 고유한 방법론을 통해 형성된다. 방법론적으로 새로운 지향을 강구하는 원인과 원동력이 무엇인지 살펴볼 필요가 있다.[26] 먼저 미래에도 유용한 법을 추구하는 것이 기조이다. 먼저 지적할 점은 종래의 경찰법(질서법) 및 그에 바탕을 둔 전통적인 행정법의 위기이다, 명령과 규제라는 과거 관헌국가의 기반에서 형성된 경찰법 및 그로부터 비롯된 행정법은 부단히 민주화되고 탈권위적으로 변화된 현실에 적절히 부응하지 못하고 있다. 현실과 법적용상의 간극과 부조화는 도처에서 확인되고 있으며, 이런 난맥상은 행정법의 존재이유 자체에 대한 위기이기도 하다. "협력적 국가"란 말은, "곧 바로(vis directa) 행하는 것"에서 "우회적으로(vis indirecta) 행하는 것"으로 이행한 국가활동의 변화에 관한 표현의 하나이다. 여기서 전통적인 관헌국가적 행정법에 관한 민주적 법치국가원리적 조명이 요구된다. 즉, 새로운 행정법학 및 그에 연계된 행정법의 개혁을 강구하는 출발점은 명령과 규제라는 고전적인 경찰법에 바탕을

24) VVDStRL 53(1994), S.154ff., 202ff.

25) 참고문헌: 김중권, EU행정법, 2018; 김남진, "EU행정법개관", 대한민국학술원통신 제248호(2014.3.1), 2면 이하. 그 밖의 참고문헌: 홍준형, 유럽통합과 독일행정법의 변화, 행정법연구 제12호(2004.하반기) (2004.10), 215면 이하; 서정범/박병욱(역), EU경찰법, 2017; 정남철, "EU계획법의 현황 및 법적 쟁점", 토지공법연구 제37집 제1호(2007.8), 439면 이하; "EU법에 있어서 재산권보장의 의미와 한계: EU(EU) 기본권헌장 및 유럽헌법 초안의 해석을 중심으로", 토지공법연구 제43집 제1호(2009.2), 379면 이하; 장경원, "EU 행정법상 비례원칙: 그 적용과 기능을 중심으로", 행정법연구 제34호(2012.12), 27면 이하; "EU법상 좋은 행정의 의미", 행정법연구 제25호(2010.12), 273면 이하; "EU 행정법상의 재량에 관한 연구", 행정법연구 23호(2009.4), 41면 이하; 장경원, "독일 맥주순수령 판결을 통해 본 유럽과 독일의 경제행정법", 행정판례연구 제12집(2007.6), 304면 이하; "EU행정법상 정보공개제도: EU옴부즈맨의 역할을 중심으로", 행정법연구 제21호(2008.8), 75면 이하; "EU 행정법의 작동원리로서 보충성의 원칙", 행정법연구 제17호(2007.5), 313면 이하.

26) A. Voßkuhle, Neue Verwaltungsrechtswissenschaft, in: W. Hoffmann-Riem/E. Schmidt-Aßmann/A. Voßkuhle, Grundlagen des Verwaltungsrechts Bd. Ⅰ, 2.Aufl., 2012, §1, Rn.9ff.

둔 행정법의 위기이다.

두 번째로 사회적 기술적 변천에 의한 새로운 요청의 등장 역시 새로운 행정법학의 구축을 필요로 한다. 하명적－위계적 조종이 지닌 효과상의 취약점은 비공식적－협력적 행정활동을 법치국가원리에 의거하여 규율화하는 것에 대한 요청으로써 결코 제거되지 않는다. 행정실무에 대해 의무를 지는 행정법학은 법질서를 기능에 적합하게 문제에 알맞게 형성하기 위한 실정적인 제안을 제시하여야 한다. 시민적 법치국가에서 개입적인 복지국가와 예방국가로 변천함에 따라 그리고 그에 따라 국가임무가 양적으로 확대되고 질적으로 변화함에 따라 정보와 지식에 관한 수요가 급격히 증대하였다. 동시에 특히 환경법, 통신법, 기술법의 분야에서 －과도한 복잡성과 역동성, 비단선적인 인과진행, 단속성, 비가역성, 글로벌 효과, 불가측적 리스크를 감안한 즉－ 가용지식의 한계에 더욱더 빨리 도달하였다. 이런 지식의 딜레마에서 비롯된, －민간의 지식원천을 활용할 수 있는－ 탄력적, 상황관련적, 학습가능한 활동지시의 필요를, 전통적인 경찰법 및 행정법은 충분히 만족시킬 수가 없다. 전통적인 관료제적, 위계적으로 조직화된 행정 역시 충분한 정보의 흐름을 보장할 수가 없다. 특별한 역동성이 특징인 일정한 법분야에서는 대안적 규율전략과 조직형식을 고려하는 것이 행정법학에 대해 요구되고 있다.

세 번째로 정책적 지속과제로서의 행정 및 행정법의 개혁의 요청이다. 행정법학 내부에서 방법론적 새로운 지향은 국내정치적인 개혁분위기로 인해 추가적인 원동력을 얻는다. 행정 및 행정법의 개혁은 현대사회에서 지속적 과제에 해당한다. 급격한 국고의 소진, 갈수록 증대되는 국가적 임무부담, 글로벌화된 경쟁상황에서 경제적 위상저하가능성을 감안하여 각국은 80년대부터 각종의 개혁압력에 처해있으며, 그 대표적인 행정개혁은 특히 선거 국면에서 항시적인 화두가 되고 있다.

마지막으로 행정법은 행정법의 광범한 국제화를 통해 완전히 새로운 변화와 현대화의 자극을 받고 있으며, 그것이 적극적으로 반영되고 있다. 자유로운 거래의 보장, 환경보호, 인터넷의 규율과 같은 국가를 넘은 문제상황에 바탕을 두고서 국제법은 법적인 개혁의 필요성을 유발한다. 특히 독일에서는 유럽화와 국제화에 직면하여 '독일 공법의 두 번째 국면'이 개시되었다고 한다. 이에 개개의 국가는 이제 광범한 후속효과를 지닌, 완전히 새로운 수단, 규율타입, 구상을 고유한 법질서에 통합시킬 수밖에 없다. 가령 환경정보지침, 환경사전심사의 관리구상, 제품안전법에서의 인증인정모델, 환경인증자의 도입 등을 들 수 있다.

Ⅳ. 행정법의 현대화와 개혁을 위한 전제적 논의: 오토 마이어 행정법의 의의[27)]

오토 마이어와 그 추종자의 법치국가적 사고가 여전히 20세기의 무시할 수 없는 성과임에는 변함이 없다.[28)] 그럼에도 불구하고, 민사법적 방법론에 대한 비판은 오토 마이어의 행정법적 구상을 시대에 맞게 발전시키는 데 활로를 열어줄 것이다. 원래 그 자신 로마법학자였던 오토 마이어는 민사법적 전범을 바탕으로 연역의 방법으로 독립된 행정법의 성립을 가능하게 하였다. 비정책적이고, 목적과 무관한 민사법의 특성이 오토 마이어의 행정법적 사고에 지대한 영향을 미쳤다.[29)] 민법전은 자유적 사회질서의 모델 없이는 생각할 수 없다. 그리하여 오토 마이어는 처음부터 왜곡된 전제하에 비정책적인 민사법도그마틱을 계수하여 행정법 및 행정법방법론을 완성하였다. 당연히 오토 마이어 행정법에 대한 비판은 그것의 형성에 있어서의 민사법의 전범(모범)기능에서 비롯된다. 규범이 조건명제적으로 프로그램화된 경우에는 민사법적 도구가 적합한 결론을 가져다주지만, 재량에 익숙한 행정법에 그런 조건적-기속적 규범구조는 극히 예외이다.[30)]

오토 마이어의 방법론 때문에 행정법이 21세기에 맞게 적응하는 것이 방해를 받고 있다. 오토 마이어 행정법은 19세기 독일에서의 행정의 모습 즉, 군주의 집행부에 속하는 전형적인 의회적대적(parlamentsaverse) 행정을 그 전제로 하고 있다. 오토 마이어가 취한 입장과 당시의 형식적 법치국가적 이해가, 입법과 행정간에, 즉, 의회의 민주적 권력과 군주의 집행권력간에 균형을 잡는 데 이바지한 것으로 추정된다. 그래서 국가활동에는 근대이전의 복리임무가 없게 되었고, 또한 모든 사회과학적 관련사항은 행정학에게 돌려져서 행정법학이 전개할 필요가 없게 되었다. 형식적 법치국가 개념의 범주에서의 원칙적인 목적개방성이 행정법의 입헌주의를 위한 길을 열어주었다. 이런 배경에서 유명한 오토 마이어의 명제(헌법은 사라졌지만 대조적으로 행정법은 존속한다)가

27) 참고문헌: 박정훈, "獨逸 公法學과 오토 마이어(Otto Mayer)", 『공법학의 형성과 개척자』, 2007, 1면 이하; 김성수, 오토 마이어-행정법의 아이콘인가 극복의 대상인가, 공법연구 제45집 제2호, 2016, 231면 이하; 이진수, 오토 마이어의 행정법상 방법론에 관한 연구: 로렌츠 폰 슈타인의 국가학적 방법론과의 비교를 중심으로, 2018; 권영호/권수진, 오토 마이어와 독일 공법학, 법과 정책 제23집 제2호, 2017, 51면 이하; 김효연, 오토・마이어의 공법상계약 이론에 관한 연구, 2012; 임현, 오토 마이어 행정법학의 현대적 해석, 1998.

28) 오토 마이어 행정법의 의의에 관해서는 참조: W. Meyer-Hesemann, Die paradigmatische Bedeutung Otto Mayers für die Entwicklung der deutschen Verwaltungsrechtswissenschaft, Rechtstheorie 13(1982), S.496ff.

29) 그러나 이제는 민사법학 조차도 그 대상의 정책적 연관을 인식하고 있다.

30) 오토 마이어 당시와는 달리 행정은 더 이상 공공안녕을 보장하는 데 초점을 맞추는 경찰국가적 행정이 아니다. 또한 규정에 편협하게 연연하는(legalistisch) 행정문화는 이미 오래 전에 퇴보하였다.

이해된다. 오토 마이어의 견해에 의하면 행정법은 1918년의 11월 혁명 이후에도 근본적으로 수정될 필요가 없었는데, 이유인 즉, 헌법과는 다르게 행정법은 비정치적(비정책적)으로, 국가의 목적과 무관하게 구상되었기 때문이다. 하지만 비정치성과 비정책성은 행정의 정치적, 정책적 동기를 무시하는 것이 되어 오늘의 시대에는 당연히 부합하지 않는다.

독일 행정법학은 이전부터 혁신적이었다, 오토 마이어 행정법도그마틱은 많은 부분에서 선례가 없는 성공을 거두었지만, 행정법도그마틱 및 그것의 방법론의 발전은 1949년 이후에 또 다시 가속화되었다. 일찍이 1970년에 P. Badura는, 행정법학이 오토 마이어의 도그마틱적 모습에서 벗어나기 시작했고, 이 과정은 끝나지 않았다고 확인하였다.[31] 특히 60－70년대에 행정법연구가 최대로 활성화되었다. 자유민주적 사회분위기에 맞춰 법치국가원리적, 참여적 행정법이 맞춘 듯이 꼭 맞을 수밖에 없었다. 그 배경은 민주주의적 구조원리를 사회로 이전시키는 이론적 시도이다. 공화주의적 관헌국가(republikanischer Obrigkeitsstaat)인 바이마르 시대에 질서개념으로 만들어진, 오토 마이어 행정법이라는 공고화된 제복은, 기본권을 바탕으로 법질서의 입헌주의화가 강구됨으로써, 더 이상 몸에 전혀 맞지 않게 되었다. 1960년의 행정법원법, 1976년의 행정절차법의 제정에도 불구하고, 모든 다툼의 물음이 결코 해소되지는 않았다.[32] 물론 오토 마이어의 업적이 없었다면 행정법적용의 일관성이란 존재하지 않았을 것이고, 일관성이 결여되면 당연히 행정법도그마틱 역시 존재하지 않을 것이다. 오늘날에도 행정법학은 오토 마이어의 정신으로 충만해 있지만, 많은 이들은 오토 마이어의 업적이 이제는 낙후된 것으로 본다.[33] 행정법이 오토 마이어의 획기적인 체계화작업의 성과에 사로잡혀 시대에 맞게 그것으로부터 벗어날려는 움직임을 강구하지 않으면 정체상황에 처한다. 이런 정체상황을 학제적 착안점에 기하여 벗어나고자 하는 노력의 소산이 독일에서의 신행정법학이다.

Ⅴ. 독일에서의 행정법개혁에 관한 논의

1. 행정모델의 변화 및 행정법발전의 경향

독일에서 행정모델이 90년대의 개혁논의의 시작이후에 비로소 분명해진 것은 아니

31) P. Badura, Die Verwaltung als soziales System, DÖV 1970, S.18(18).

32) 작용형식론, 재량론, 일반행정법과 특별행정법의 관계, 법률유보와 본질성이론은 이전에는 물론 현재까지도 다투어지고 있는 점에서, 행정법이 어떤 측면에서는 항상 새롭다는 점을 분명히 한다. 하지만 현재의 논의상황에 결코 만족하지는 않는 데서 '신행정법학'이 등장하였다.

33) T. Vesting, Die Staatsrechtslehre und die Veränderung ihres Gegenstands, VVDStRL 63(2004), S.41(52).

다. 이전에도 좋은 질서의 모델이 교차하였다. 50년대에는 민주국가 즉, 포스트 전체주의적 국가가 운위되었다. 그에 맞춰 행정법학은 민주주의와 법치국가원리에 맞는 상태에 관심을 두었다. 이 점은 당시의 국가법학회의 주제선정에서 확인될 수 있다. 60년대 중반기에 사회가 좌경화하여 활성(적극적, 능동적)국가(aktiver Staat)가 등장하였다. 70년대 말 미국과 영국에서 시작된 신자유주의적 흐름에 맞춰 '날씬한 국가'(schlanker Staat), 신공공관리의 사고가 유행하였다. 국가임무는 증대하는 데 비해 저하되는 법의 조종능력의 상황에서,[34] 국가와 비국가적 주체간의 –교섭하여 타결하는 데까지 이르는– 규범준비적 협력의 여러 가지 변형이 기대되었다. 점차 막대한 재정부채를 지면서 개입능력에서는 국가는 약화되었다. 경제적인 행정조직모델, 사경제지향적인 행정관리, 민간에로의 거래비용이전에 의해, 집행활동의 핵심영역으로 국가가 물러서게 되었다. 이런 핵심영역에서 국가는 종전의 결정자와 집행자의 모습에서 벗어나 마치 분쟁당사자 사이에서 중재하는 판사와 같은 기능을 수행하는 존재가 되었다.[35]

이런 변화된 행정모델에 연관지어 Hoffmann–Riem은 행정법발전의 경향을 다음과 같이 기술하였다: ⅰ) 조건명제적 프로그램에서 목적적 프로그램을 거쳐 임무프로그램으로, ⅱ) 프로그램조종에서 자원조종으로, ⅲ) 정식의 작용형식에서 비정식의 작용형식으로, ⅳ) 하명적 상호작용형식에서 협력적 상호작용형식으로, ⅴ) 지정된 수단에서 선택적 수단으로, ⅵ) 규제적 시나리오에서 자기규제적 시나리오로, ⅶ) 임무지향성에서 산출지향성으로, ⅷ) 충분한 효과성에서 최대한의 능률성으로, ⅸ) 흠결이 없는 정당성의 사슬에서 충분한 정당성의 수준으로.[36]

2. 개혁지향적 행정법학의 모습

개혁지향적 행정법학(reformorientierte Verwaltungsrechtswissenschaft)의 갈등의 전선은 도그마틱과 조종이론의 한계에 뻗어 있다.[37] 독일에서의 논의되는 개혁지향적 행

---

34) D. Grimm(Hrsg.), Wachsende Staatsaufgaben – sinkende Steuerungsfähigkeit des Rechts, 1990.

35) A. Voßkuhle는 다음과 같은 개혁착안점을 지적하였다: 신공공관리(NPM), 신조종모델(NSM), 탈규제화, 민간화, 날씬한 국가, 활성화국가, 전자국가,거버넌스. Ders., Neue Verwaltungsrechtswissenschaft, in: W. Hoffmann–Riem/E. Schmidt–Aßmann/A. Voßkuhle, Grundlagen des Verwaltungsrechts Bd. Ⅰ, 2.Aufl., 2012, §1, Rn.19ff.)

36) ders., Tendenzen in der Verwaltungsrechtsentwicklung, DÖV 1997, S.433f.

37) 여기서 양자의 관계설정을 두고서 상반된 입장이 독일 2007년의 국법학자대회에서 I. Appel과 M. Eifert에 의해 개진되었다. I. Appel은 조종이론적 고찰을 법률구속의 건너편에, 즉, 불확정 법개념, 판단여지와 재량고려에 두고서, 조종과학적 논증의 임무는 법률구속의 건너편에서의 일체의 여지를 밝히고, 증명하고, 유형화하는 것으로 본다(ders., Klassisches Verwaltungsrecht und Steurungswissenschaft, VVDStRL 67(2008), S.226(260, 264f.)). 이와는 달리 M. Eifert는 조종과학적으로 인도된 행정법학의 임무는 다른 곳에서 이미 존재하는 법제도를 입력하는 데, 그리고 새로운 규율착안점을 법시스템에 맞추어 넣는 데 있는 것을 본다(ders., Klassisches Verwaltungsrecht und Steurungswissenschaft, VVDStRL 67(2008), S.286(312)). I. Appel이 전통적인 행정법을 견지하는 차원에서 소극적인 입장인 반면, M. Eifert는 전통적인 행정법의 개혁에 더욱더 전향

정법학의 모습은 다음과 같이 서술할 수 있다.[38] i) 개혁지향적 행정법학은 경제학적으로 지도된 국가임무를 생산적인 행정법적 휴리스틱으로[39] 전환하는 것을 임무로 삼는다. ii) 개혁지향적 행정법학은 광범한 민간화과정에 즈음하여, 사회과학과 경제학과 손을 맞잡고[40] 국가의 활동능력을 견지하기 위한 전략을 전개한다. iii) 개혁지향적 행정법학은 법학적 혁신연구를 촉진한다. iv) 개혁지향적 행정법학은 행정직원에 대해 (결정근거에 관한 확실한 인식이 없는 경우에는) 제한된 합리성의 조건하에서 책임지고 결정을 내리기 위한 도움을 제공한다. v) 개혁지향적 행정법학은 증대하는 법질서의 유럽화에서[41] 비롯된 변화의 압력을 국내법에서 지연시키는 반대움직임과 조화시킨다. vi) 개혁지향적 행정법학은 사회변화를 처리하기 위한 기능적합성의 규준 즉, 효과유발에[42] 의거하여 행정법도그마틱을 평가하고,[43] 특히 법치국가와 사회국가의 관료주의적 비용을 분석한다.[44] vii) 개혁지향적 행정법학은 학문분과적 독립성을 반성하기 위하여 학제지향적인 방법론논의를 개시하였고,[45] 학제적 결합개념을 수용하고, 이를 통해서 새로운 관심영역을 펼쳤다. viii) 개혁지향적 행정법학은 이런 방법으로 행정학과 법학의 상관관계를 분명히 하고,[46] 헌법과 행정법에 의한 '공동의 학습과정'을 증진한다.[47]

적인 입장을 취하는 셈이다.

38) J. Schaffer, Die Umgestaltung des Verwaltungsrechts, 2016, S.3ff.

39) 휴리스틱(heuristics)이란 이렇게 시간이나 정보가 불충분하여 합리적인 판단을 할 수 없거나 굳이 체계적이고 합리적인 판단을 할 필요가 없는 상황에서 사람들이 신속하게 사용하는 어림짐작이다(네이버 지식백과).

40) 신행정법학의 범분과적, 학제적, 다분과적 초점은 법을 순전히 텍스트내재적으로(textimmanent) 고찰하는 것을 단념하는 것과 결부된다: A. Scherzberg, Innovation und Recht, in: W. Hoffmann-Riem, Offene Rechtswissenschaft, 2010, S.273(282).

41) 일찍이 R. Wahl 교수가 유럽화에 따른 변화상을 독일 공법학의 두 번째 국면의 전개로 표현하였다. (ders., Die zweite Phase des Őffentlichen Rechts in Deutschland, Der Staat 38(1999), S.495(496ff.)). 심지어 U. Battis 교수는 '구체화된 헌법으로서의 행정법'이라는 Frinz Werner의 명제를 빌어 '구체화된 공동체법으로서의 행정법'의 제명으로 관련 논의를 전개하였다(ders., Verwaltungsrecht als konkretisiertes Gemeinschaftsrecht, DÖV 2001, 988ff.).

42) 신행정법학에서는 법률적, 행정적 조치의 결과관점(Folgenperspektive)을 법학에 포함시키는 것이 대단히 필요하다. 전략과 사양선택이 법사회학적 관련영역이 아니라, 법도그마틱의 중심에서 전개되고 활용되어야 한다.

43) 그래서 행정법도그마틱은 가령 전통적으로 엄격한 의회법률의 구속을 지향하는 독일 행정법에서 연성법(소프트로)의 동원에 개방적이게 된다. 대표적인 연성법이 회원국 국내법을 위한 해석규준으로 기능하는 EU권고이다.

44) R. Wahl, Die bürokratischen Kosten des Rechts- und Sozialstaats, DV 13(1980), S.273ff.

45) 미국에서의 관련 논의에 관해서는 참조: O. Lepsius, Sozialwissenschaften im Verfassungsrecht-America als Vorbild?, JZ 2005, S.1(3f.).

46) G. Schuppert는 다양한 의미론적 삽입에서의 조종과학적 코드개념(Codebegriffe)을 행정학과 행정법학의 공통어로 서술한다. 행정법학에 의한 그것의 사용은 학문분야의 탈경계, 즉, 조종과학적 의미에서 행정법학의 새로운 지향의 -경계를 해소하는- 역동성을 유발한다(ders., Die Verwaltungswissenschaft als Impulsgeberin der Verwaltungsrechtsreform, in: W. Hoffmann-Riem, Offene Rechtswissenschaft, 2010, S.1041(1049).

47) E. Schmidt-Assmann Die Integration von Reformimpulsen in die Systematik des Verwaltungsrechts, in: W. Hoffmann-Riem, Offene Rechtswissenschaft, 2010, S.1011(1020). 헌법과 행정법에 의한 공동의 학습과정의 요청이 결코 베르너의 구상(구체화된 헌법으로서의 행정법)의 단념으로 해석해서는 아니 된다. Schmidt-Assmann의 분석모델은 쌍방적인 정보채널과 의사소통채널을 지향한다: 헌법으로부터 추상적인 상위의 원칙이 도출되는 것이 아니라, 개혁논의가 행정법으로부터 헌법적 원칙의 정의를 일깨우는 동인을 가시화되게 만든다

Ⅵ. 행정법의 현대화와 개혁을 위한 시사점으로서의 독일 신행정법학에 관한 논의

1. 신행정법학의 의의

독일에서 행정법학은 전통적으로 행정부의 핵심개념에 관한 시스템의 구상에 국한되었다. 일반행정법은 행정작용의 법형식, 행정규준, 행정절차와 법관계간의 의미상의 상관관계로 이해될 수 있다. 독일 행정법도그마틱의 핵심인 작용형식론(Handlungsformenlehre)은 전형적인 행정적 절차진행을 규범화하고, 동시에 학문내재적 기능을 수행한다.[48)] 작용형식론은 행정작용의 성립요건과 법효과에 관한 정보를 제공하는 식으로 행정작용의 적법성규준을 수렴함으로써 법과 비법을 구분하는데,[49)] 이것이 행정학과 행정법을 분리시킨다. 그리하여 법률구속을 넘어서는 타당한 행정작용의 기준은[50)] 행정법도그마틱의 논의에서는 제외된다. 최근에는 작용형식론의 바탕에 비추어 형식교차(형식혼합, Formenmix),[51)] 정식의 활동과 비정식의 활동의 배열, 사인에 대한 확대전략이 '행정의 형식남용'(Formenmissbrauch)의 관점에서[52)] 부정적으로 논의되기보다는 임무에 적합한 형식선택과 사양선택의 의미에서 긍정적으로 논의되고 있다.[53)] 신행정법학은 여기에 만족하지 않으려 하는데, 그것의 핵심개념이 행정의 역동성을 전체적으로 반영한다.[54)] 신행정법학은 핵심적 관심사는 오토 마이어에 의해 특징지워진 행정법도그마

고 한다.

48) 일반행정법의 핵심인 행정의 작용형식론은 형식화사고(Formungsidee)와 체계사고(Systemidee)를 결합시킨 데 바탕을 두고 있는 행정작용형식론은 대륙법적 사고의 전형적인 특징이다(E. Schmidt－Aßmann, Die Lehre von den Rechtsformen des Verwaltungshandelns, DVBl.1989, s.533). 작용형식론에 관한 상세는 김중권, 행정의 작용형식의 체계에 관한 소고, 공법연구 제30집 제4호, 2002.6., 297면 이하.

49) 물론 행정의 작용(행위)형식은 행정내부법(행정규칙)에서도 존재하거니와, 행정사실행위도 작용형식의 관점에서 법적 구속성의 기준에 의거하여 구조화되고, 유형화된다(Ossenbühl, Die Handlungsformen der Verwaltung, S.681(685)).

50) 이에는 능률성, 시장적합성과 분배정의와 같은 경제적 가치의 존중, 법의 수용과 이행가능성과 같은 사회적, 경험적 욕구가 해당한다.

51) 형식·수단의 혼합은 작용(행위)형식의 일괄적인 제공을 전복시킴으로써 －작용형식론의 전통적인 개념적 상태에 대해 마치 도발처럼－ 그것의 구분화된 구조를 붕괴시킨다. 형식·수단의 혼합은 작용형식론의 일괄적인 제공을 전복시키고, 단편적인 구조를 분쇄한다. 상세는 김중권, 行政法上 行爲形式·手段의 混合에 관한 硏究, 행정법연구 제35호, 2013.4.30. 29면 이하.

52) Pestalozza, Formenmissbrauch des Staates, 1973.

53) 작용형식론의 결과관련성과 긴밀한 시간적 연계는 형식과 사양의 선택의 과정적 구상과 형식혼합과는 배치된다. 그리하여 법관계론이 도그마틱적 관점확장에 이바지한다(H. Bauer, Verwaltungsverträge, in: W. Hoffmann－Riem/E. Schmidt－Aßmann/A. Voßkuhle(Hrsg.), Grundlagen des Verwaltungsrechts, Bd.Ⅱ, 2.Aufl., 2012, §36 Rn.104).

54) J. Schaffer는 신행정법학의 어젠더가 다음의 세 가지의 대주제라고 기술한다(S.5): ⅰ) 행정법학의 방법론, 문화적 모델과 학문분야적 방향성 및 인접학문과의 연결가능성, ⅱ) 조직을 위한 실제적 결과와 행정의 운영방식, ⅲ) 행정법도그마틱의 진보.

틱에서 벗어나는 데 있다. 다시 말해, 행정법의 현대화움직임의 소산이고,[55] 학제적 모색의 결과이다.[56]

한편 행정법개혁의 움직임을 비판하는 자들은, 행정법학의 중심을 시스템형성에서 규범적 조종으로 이전시키는 것은 (과거) 행정학(관방학)으로부터 독립된 법영역으로 행정법학을 해방시키기[57] 이전의 상황으로 되돌리는 셈이라고 이의를 제기한다. 그리고 민주적 정당성이 있는 국가의 법정립이 공허화되는 경향이 사회적(민간) 주체의 사실적 규율권력과 이행권력에 의해 심해질 수 있다고 이의를 제기한다.[58]

2. 신행정법학의 방법론에 관한 논의

(1) 전제로서 신행정법학의 핵심인 학제적 관점

신행정법학은 사회과학의 개념과 이론을 선호하여 채택한다. 사회과학에서 자극을 받은 이들 '가교개념'(Brückenbegriffe)으로 조종, 정보, 협력, 자극, 조직, 네트워크, 투명성, 효과성, 능률성, 혁신, 책임, 정당성 등이 언급되는데,[59] 이들 개념이 학제적 연결개념인 셈이다. 연결이 실현되면, 선이해의 수렴, 교육문화의 보충, 공통의 모델에 의한 구성이 성립하게 된다. 법규범은 그에 포함된 법개념의 도그마의 역사를 반영하

---

55) 이런 움직임의 결정판이 W. Hoffmann−Riem/E. Schmidt−Aßmann/A. Voßkuhle을 대표저자로 하여 발간된 "Grundlagen des Verwaltungsrechts"이다(Bd. I, 2.Aufl., 2012; Bd. II, 2.Aufl., 2012, Bd. III, 2.Aufl., 2013). 특히 제1권의 제1주제가 Voßkuhle 교수의 "Neue Verwaltungsrechtswissenschaft"이다. 이런 성과는 갑자기 도발적 현상은 아니고, 선행하는 성과가 체계적으로 집약된 것인데, 기실 1990대에 W. Hoffmann−Riem/E. Schmidt−Aßmann이 주도한 행정법개혁의 논의를 완성한 것이다: W. Hoffmann−Riem/E. Schmidt−Aßmann/F. Schuppert(Hrsg.), Reform des Allgemeinen Verwaltungsrechts, 1993; W. Hoffmann−Riem/E. Schmidt−Aßmann(Hrsg.), Innovation und Flexibilität des Verwaltungshandelns, 1994; W. Hoffmann−Riem/E. Schmidt−Aßmann(Hrsg.), Öffentliches Recht und Privatrecht als wechselseitige Auffangordnungen, 1996; W. Hoffmann−Riem/E. Schmidt−Aßmann(Hrsg.), Verwaltungsorganisationsrecht als Steuerungsressource, 1997; W. Hoffmann−Riem/E. Schmidt−Aßmann(Hrsg.), Effizienz als Herausforderung an das Verwaltungsrecht, 1998; Schmidt−Aßmann/Hoffmann−RiemHrsg.), Strukturen des Europäischen Verwaltungsrechts, 1999; W. Hoffmann−Riem/E. Schmidt−Aßmann(Hrsg.), Verwaltungsrecht in der Informationsgesellschaft, 2000; E. Schmidt−Aßmann/W. Hoffmann−Riem (Hrsg.), Verwaltungskontrolle, 2001; W. Hoffmann−Riem/E. Schmidt−Aßmann(Hrsg.), Verwaltungsverfahren und Verwaltungsverfahrensgesetz, 2002; W. Hoffmann−Riem/M. Eifert(Hrsg.), Innovation und rechtliche Regulierung, 2002; E. Schmidt−Aßmann/W. Hoffmann−Riem(Hrsg.), Methoden der Verwaltungsrechtswissenschaft, 2004.

56) 이상 행정법학에서의 선행성과 함께 '개방적 행정법'의 기치하에 학제적 관련 연구 역시 신행정법학의 성립에 기여하였는데, 특히 선구적인 연구가 G. Schuppert에 의해 행해졌는데(Verwaltungswissenschaft, Verwaltung, Verwaltungsrecht, 2000), 특히 그의 거버넌스 연구가 학제적 연구를 심화시켰다: G. Schuppert(Hrsg.), Governance−Forschung. Vergewisserung über Stand und Entwicklungslinien, 2.Aufl., 2006; ders.(Hrsg.), Der Gewährleistungsstaat−ein Leitbild auf dem Prüfstand, 2005; G. Schuppert/A. Voßkuhle(Hrsg.), Governance von und durch Wissen, 2008.

57) 우리의 경우 독일과는 달리 행정학이 행정법으로부터 분화되어 나와, 독립된 학문으로 성립하였다.

58) R. Schröder, Verwaltungsdogmatik im Wandel, 2007, S.177.

59) W. Hoffmann−Riem, Methoden einer anwendungsorientierten Verwaltungsrechtswissenschaft in: E. Schmidt−Aßmann/W. Hoffmann−Riem(Hrsg.), Methoden der Verwaltungsrechtswissenschaft, 2004, S.9 (61).

는데, 그리하여 규범본문의 의미론적 전개로써 그것의 전개관점이 명료하게 된다.[60] 법학적으로 사회과학적으로 채택된 결합개념은 학제적인 초월적 차원을 본문에 삽입하는 것을 허용한다. “좋은 개념은 집광렌즈와 같다. 그것은 이제까지 분리된 사고의 세계로부터의 경험을 엮어서 새롭고 더 나은 해결책을 위한 에너지를 방출한다.”[61] 그러나 학제성(Interdisziplinarität)을 통한 가능한 안정성 획득은 탄력적인 개념형성을 상실함으로써 얻어진다.[62] 공고화된 학제성은 전적으로 단일분야의 방법론처럼 유연성이 없어질 우려가 있다. 이런 전개는 학제적 개념형성의 전제와 목적을 재차 새롭게 명료하게 함으로써만 항구적으로 저지될 수 있다(일종의 日新又日新). 법학자는 개념의 고고학자가 되어버린다. M. Jestadt는 학제성을 다음과 같이 서술한다: 먼저 법학은 생활사안의 다양성으로부터 학제적 관련성을 지닌 문제제기를 여과하고, 이 문제제기를 위해 관계된 이론과 무관한 이론을 구분하게 하는 선별기준을 고안한다. 그런 다음에 나름의 계수작업이 행해진다. 이를 위해 법외적 개념과 구상이[63] 법학의 용어로 옮겨져야 한다. ‘규제’, ‘조정’ 이나 ‘거버넌스’와 같은 신행정법학의 핵심개념을 둘러싼 논의는 계수과정의 진전된 국면에서 이미 널리 행해지고 있다.

(2) 전통적인 행정법적 방법론과 대비된 신행정법학의 방법론

방법(Methode)은 의미론적으로 지식을 얻기 위해 밟아야 하는 길을 나타낸다. 따라서 모든 학문은 결정적으로 고유한 방법론을 통해 정립된다. 그래서 방법론의 선택은 그때그때의 인식대상과 인식관심을 목표로 한다. 하지만 동시에 그 선택이 이들에게 거꾸로 영향을 미치기도 한다.[64] 따라서 다수의 특별분야와 부분영역에서 법학이 세분화되는 과정에서 완전히 구분된 방법론이 형성되어 왔다. 오늘날까지도 행정법학의 실제에서 여전히 지배적인 것은 소위 법학적 방법론이다. 신행정법학의 ‘신(새로운)’이란 대립된 모습으로 소위 법학적 방법론에 따른 학문적 연구방법을 상기할 때 비로소 가늠될 수 있다. 신행정법학은 기왕의 법학적 방법론의 성찰을 바탕으로 새로운 방법론적 접근을 강구한다.[65]

---

60) 가령 행정법상의 신고와 관련해서 판례가 바람직하지 않게 이른바 ‘수리를 요하는 신고’를 인정한 결과, 그것과 자기완결적 신고와의 구별이 치명적으로 곤란하게 되어서 입법적으로 수리여부통지제도를 도입하여 ‘수리를 요하는 신고’를 분명히 하고자 하였다. 그러나 이런 입법적 해결책은 ‘수리를 요하는 신고’를 바람직하지 않게 인정한 것에 따른 궁여지책의 대응에 불과하다. 이에 관한 상세는 김중권, 행정법, 283면 이하.

61) C. Engel, Das Recht der Gemeinschaftsgüter, DV 30(1997), S.429(429).

62) 그렇지만 법치국가원리적 안정성과 행정작용의 탄력성을 대립되게 하는 것은 잘못이다.

63) 개념과 구상의 차이점에 관해서는 A－B. Kaiser, Multidisziplinäre Begriffsverwendungent, in: I. Augsberg (Hrsg.), Extrajurisdisches Wissen im Verwaltungsrecht, 2013, S.99(114).

64) 그리하여 방법론은 전통적인 견해에 의하면 대상과 관련하기도 하며 대상을 산출하기도 한다. A. Voßkuhle, Neue Verwaltungsrechtswissenschaft, in: W. Hoffmann－Riem/E. Schmidt－Aßmann/A. Voßkuhle, Grundlagen des Verwaltungsrechts Bd. I, 2.Aufl., 2012, §1, Rn.1.

일찍이 Appel은 전통적인 행정법적 방법론의 결정인자로 i) 높은 수준의 시스템화, ii) 법률과 법에 대한 구속, iii) 법률구속의 분리독립화에 대한 도그마틱 시스템 형성의 중점, iv) ―법률구속에 대한 보완으로― 구체적인 법적 행위에 의거한 법률구속효과의 통제에 초점을 맞춘 시스템형성의 관점, v) 구속도그마틱의 ―통제측면에 분명한 중점을 지닌― 행정작용의 법형식의 유형론에로의 전환, vi) 법적용과 법정립과의 분리(법적용은 행정법학의 고유한 영역이고, 법정립은 정책적인 것이어서 사회과학에 속한다),[66] vii) 결정적인 연결점으로서의 실체법으로 구축된 행정법학의 사전적, 사후적 관점, viii) 조직과 절차와 무관한 객관적인 법인식을 언급했다.[67] Voßkuhle는 전통적인 법학적 방법론의 특징으로 i) 수행분야를 법적 행위와 관련한 관점으로 철저하게 국한시킨 것, ii) 법적 행위와 관련한 고찰방법이 행정의 법률구속을 위한 조건을 제공하는 것, iii) 효과적인 법률구속을 보장하기 위해 법의 대상이 언제나 지배가능해야 하고, 시스템적 대처방법이 이바지한다는 것, iv) 법도그마틱의 형성이 시스템적 대처방법과 긴밀히 결합되어 있는 것을 들었다.[68]

신행정법학은 민사관계지향적인 방법론에 대한 대안적 구상을 통해 신천지를 개척한다.[69] 신행정법학은 행정법적 규범상태에 대한 법실증주의적 방향설정에 대해 반대하고, 합목적성이란 넓은 영역으로 시야를 확대한다. 신행정법학은 법학적 관심사를 사비니적 방법론으로 축소하는 것에,[70] 즉, 법학을 민사적 해석강령과 동일시하는 것에 반대한다. 헌법과 유럽법에서는 오래 전부터 주제별 방법론적 다원성이 인정되어 왔다. 표제어가 다음과 같다: 실제적 조화, 조심스런 보전, 기능적 타당성, 통합효과, 효과성(effet utile), 법질서의 통합.[71] 이런 주제는 체계적, 목적론적 해석의 단순한 하

---

65) 유의할 점은 여기서 전통적인 법학적 방법론의 폐기를 그 출발점을 삼지 않는다. 즉, 오늘날에도 벗어날 수 없다.

66) 법정립(Rechtssetzung) 개념은 협의의 의미로는 헌법과 형식적 법률만을 포섭하지만(입법, Gesetzgebung), 그것을 포함하여 비법률적 규범 역시 관심을 둔다. 법정립이론은 법학일 뿐만 아니라 학제적 학문으로서 사회학적, 경제학적, 정치학적 관점을 고려해야 한다: Karpen, Rechtssetzungslehre JuS 2016, 577ff. 한편 우리 행정입법론은 너무 완고하여 신행정법학에서의 논의가 발현되기 어려운 면이 사실이다.

67) ders., Klassisches Verwaltungsrecht und Steuerungswissenschaft, VVDStRL 67(2008), S.226(236ff.).

68) ders., Neue Verwaltungsrechtswissenschaft, in: W. Hoffmann-Riem/E. Schmidt-Aßmann/A. Voßkuhle, GVwR Ⅰ, §1, Rn.2ff.. 법학적 방법론의 장점으로 다음을 지적한다: i) 행정법 내외에서 입장결정의 확실성을 제공한다(안정화기능 내지 매개기능), ii) 개별경우에서의 법적용을 면제시킨다(감경기능), iii) 법적용의 통제를 가능하게 한다(통제기능), iv) 제거되어야 할 평가모순과 발전지체상황을 분명히 한다(비판기능), v) 새로운 법발전을 모순 없이 수용하는 것을 용이하게 한다(수용기능).

69) 일찍이 법학적 방법론에 대한 비판은 19세기 후반기의 방법론논쟁을 불러일으켰다. 당시에 Carl Friedrich von Gerber는 법도그마틱의 연구영역으로서 행정을 찬성하였고 행정법의 독자적 성립을 추구하였다. 반면 Rudolf von Gneist와 Lorens von Stein는 Gerber의 법실증주의적 요청에 대해 반대 입장을 취하였다. 오랜 시간이 지나 Gerber의 견해가 관철되어 오토 마이어에로 이어졌다. Stolleis, Entwicklungsstufen der Verwaltungswissenschaft, in: W. Hoffmann-Riem/E. Schmidt-Aßmann/A. Voßkuhle, GVwR Ⅰ, §2, Rn.47ff., 50ff.

70) 이에 관해 강조하는 것으로 O. Lepsius, VVDStRL 67(2008), S.349f.

71) 여기서 P. Häberle가 제안한, 제5의 해석방법으로서의 법비교(Rechtsvergleichung)를 상기할 수 있는데(ders., Grundrechtsgeltung und Grundrechtsinterpretation im Verfassungsstaat-zugleich zur Rechtsvergleichung als "fünfter" Auslegungsmethode, JZ 1989, S.913ff.), Möllers는 제5의 해석방법으로서의 법비교가 행정법의

위기준이 아니라, −전통적인 방법론 이외에서− 법획득의 독립된 논거로서 기능한다. 사회과학적 영역에 대해 신행정법학이 개방적이라는 점은 통신법, 정보자유법, 리스행정법 및 기술행정법과 같은 대상영역에서 분명해진다.

(3) 신행정법학의 방법론적 핵심요소

신행정법학의 방법론적 핵심요소는 다음과 같다. 그것은 법학적 방법론과 전래적 방법론적 접근과는 분명히 구별되며, 중점은 행정법의 법정립지향적인 고찰이다. 그리하여 조종이론적 착안점이 바탕이 된다. 법에서의 조종이론적 관점은 신행정법학을 창설하는 데 주효한다. 조종이론적 착안점은 1970년대 중반에 시작된 사회과학적 조종논의에 연계된다. 1960년대에 풍미한 계획낙관주의 및 정책의 합리성에 관한 믿음이 국가적 프로그램의 전환에서 드러난 명백한 이행상의 부전(불충분성)으로 인해 깨어진 이후, 사회과학적 연구관점이 정책시스템의 내적 구조에서 그것의 외부환경적 관계로 이전하였다. 정책주체가 구상에 맞춰 사회적 환경을 형성하는 것의 가능한 수단 및 효력조건이 관심의 중점이었다. 이에 맞춰 완전히 구분된 조종개념과 조종이론이 등장하였다. 모든 조종이론적 고찰의 근거와 요건이 실제분야의 자세한 분석이다. 그래서 이는 신행정법학하에서 특별한 위치를 점한다. 규범과 관련한, 사회적, 정책적, 경제적, 문화적, 기술적, 생태적 실제(현실)를 알지 못하면, 법의 조종능력은 거의 반영될 수가 없다. 현행법에서의 규율상의 부전이 널리 드러나지 않으며, 새로운 종류의 문제를 위한 알맞은 법적 해결책 역시 전개될 수가 없다. 법의 조종지향적인, 그래서 효과지향적인 고찰방식의 결과에서, 법정립과 법적용에서의 조치의 실제효과(결과)를 고려하여야 한다. 이런 결과(효과)연구는 결과의 세 가지 범주로 종종 '산출', '단기영향', '장기영향'을 구분한다.

3. 신행정법학의 특징[72)]

(1) 법질서의 발전에 대한 개방성

신행정법학은 확고하긴 하나 법도그마틱적 내용(본지)에서 불명료한 개념을 명확히 한다. 완성되지 않아 불명료한 법적 성격을 지니면서 이른바 연성법(소프트 로(soft

---

방법론적 필요를 비껴갔다고 지적하면서 그 이유로 i) 그것이 실체법에 국한하여 조직법적, 절차법적 상관관계를 무시한 점, ii) 필수적인 통용의 정당화를 포기한 점, iii) 비교가 이론적 기술에 해당하고 결정을 성립시키는 기술에 해당하기 어렵다는 점을 든다. Ders., Methoden, in: W. Hoffmann−Riem/E. Schmidt−Aßmann/A. Voßkuhle, GVwR Ⅰ, §3, Rn.41. 한편 E. Schmidt−Aßmann은 공동학습의 과정으로서의 법비교를 내세운다. Ders. Zum Standort der Rechtsvergleichung im Verwaltungsrecht, ZaöRV 2018, 807ff.

72) J. Schaffer, Die Umgestaltung des Verwaltungsrechts, S.71ff.

law)로 발현되는 행정작용의 새로운 형식에 주목한다. 가령 유럽업무방식조약 제288조에서 언급하는 –우리의 행정지도에 해당하는– 권고(Empfehlungen)와 –우리의 교시에 해당하는– 견해표명(Stellungnahmen)을 넘어서 다양한 규율형식이 존재한다. 가령 코드집(Kodiz)이나 통보가 이에 해당하는데, 법적 구속성은 의문스럽지만, 시스템형성을 위한 지도기능을 명백히 수행한다.

(2) 확고한 법개념과 법제도의 본질 변화

개혁논의가 진행되면서 행정법의 공고한 일련의 도그마적 틀이[73] 보충과 수정이 필요하다는 점이 드러났다. 신행정법학은 행정절차에 각별히 주의를 둔다. 독일의 전통적인 절차사고는 절차의 봉사적 기능을 앞세우는 절차봉사설의 입장이다.[74] 행정절차의 봉사적 기능은 절차법과 실체법사이의 교호적–보완적 관계를 나타낸다. 이런 절차봉사설의 입장은 행정법에서의 유럽화경향, 즉, 일련의 EU환경영향평가지침(UVP–Richtlinie)과 연관되어 문제가 되었다. EU법의 경우 앵글로 색슨적 법전통과 특히 프랑스적 법전통의 영향으로 공평한 결정과정이 지닌 타당성보장의 기능을 신뢰하는 차원에서 절차권을 강조한다(절차고유가치설의 차원). 그 결과 2006.12.15.자로 발효한 독일 환경권리구제법(Umwelt–Rechtsbehelfsgesetz)에 의해 필수적 환경영향평가나 사전심사의 불실시(결여)는 –주관적인 실체적 권리침해를 주장할 것 없이 제소가능성이 전적으로 인정되는– 절대적 절차하자(absoluter Verfahrensfehler)가 되어 버렸다.[75] 지속적인 판례를 통해 절차권에 대해 독립된 의의가 주어졌다.

(3) 조종과학으로서의 행정법학

신행정법학은 조종과학적 착안점을 따른다.[76] 이는 특히 법정립과정에서 정식의 입

---

73) 가령 행정의 단일성, 주관적 권리에 의거한 권리보호의 지향, 행정조직에서의 위계사고, 하자효과론에서 절차형식 규정에 대한 실체법의 우선이 그것이다.

74) 일찍이 행정절차의 봉사적 기능은 O. Groschupf의 글(Wie entscheidet das Verwaltungsgericht, wenn das Verwaltungsverfahren fehlerhaft war?, DVBl. 1962, 627ff.)에서 소개되어 독일의 통설과 판례의 입장이다. 행정절차의 봉사적 기능은 절차법과 실체법사이의 교호적–보완적 관계를 나타낸다. J–P Schneider, Strukturen und Typen von Verwaltungsverfahren, in: W. Hoffmann–Riem/E. Schmidt–Aßmann/A. Voßkuhle, GVwR Ⅱ, 2.Aufl., 2013, §28, Rn.1. 이에 대해 반대개념이자 보충개념으로 절차고유가치설을 취하는 문헌은 U. Stelkens, Der Eigenwet des Verfahrens im Verwaltungsrecht, DVBl 2010, S.1078ff.

75) 반면 불실시가 아닌 不實한 환경영향평가의 경우에는 종전과 동일하게 다른 결정이 선택되었을 것이라는 구체적인 가능성이 존재하는 경우에만 형량하자가 인정된다. 이런 사정에 관해선 특히 Ziekow, Das Umwelt–Rechtsbehelfsgesetz im System des deutschen Rechtsschutzes, NVwZ 2007, 259ff. 상세는 김중권, 環境影響評價가 缺如된 行政行爲의 效力에 관한 小考, 저스티스 제114호, 2009,12, 363면 이하.

76) 독일에서 1970년대 중반부터 사회과학적 조종논의가 시작되었다. 1960년대의 계획의 낙관주의 및 (그것과 결합된) 정책의 합리성에 대한 믿음이 국가적 프로그램의 전환에서의 이행부전으로 인해 사라진 다음에, 사회과학적 연구관점이 정책시스템의 내적 구조에서 그것의 환경적 관계로 이전하였다. 그리하여 정책주체가 사회적 환경을 구상에 의해 목적지향적으로 형성하는 것의 가능성과 효력상관관계에 대한 물음이 관심의 중심이다.

법의 지배에 의해서 근거가 제시된다. 그로 인해 법은 가동되고, 기능적으로도 분석될 수밖에 없다. 그 결과 법의 조종임무는 법의 기타의 임무를 가린다. 법학은 조종과학으로 구상되어야 한다. 그것은 주체, 이익 그리고 조종목표에 따라 법을 체계화한다. 조종과학으로서의 행정법학은 다음과 같이 행정법적 사고를 확대시킨다: i) 실체적인 법률프로그램말고도 조직법, 절차법과 예산법이 중요한 조종자원으로 판명된다. ii) 합의에 의한, 비정식의, 사법형태의 전환기술이 고권적인 법률집행과 병립한다. iii) 보장행정법이 질서행정법과 급부행정법과 병립한다.[77] iv) 법원론과 법형식의 서열에 관한 물음 이외에 타당한 선택의 물음이 흥미롭게 된다, v) 적법성의 규준 이외에, 행정작용의 다른 규범적 지향과 약한 조종수단도 중요하고, 법적 안정성이외에, 필요한 탄력성과 혁신적격성의 유지도 중요하다.[78] 조종과학적 착안점은 전통적인 행정법도그마틱에 반대하는 것이다.[79] 양자간의 이런 대립성(모순성)은 도그마틱적 구조에서의 정체상태에 변화를 야기한다. 전통적인 착안점이 행정법을 법치국가원리의 기치에서 전개한 반면, 조종적 착안점은 민주주의원리를 중심에 둔다. 그리하여 전통적인 행정법을 지배하는 기본권개입은 일면 법률의 조종부족을 나타낸다. 조종과학적 착안점을 통해 법도그마틱을 위한 자극을 기대하긴 하나,[80] 원래의 의도는 사회적 변화를 법에서 소화하고 정리하는 것이다.[81]

(4) 결정과학으로서의 행정법학

신행정법학의 핵심개념(조종, 결정과 결정타당성, 이익, 커뮤니케이션, 상호작용)은 사회과학적으로 선행적으로 논의되었다. 이들 핵심개념은, 행정법학의 자유적－법치국가원리적 근원을 부정하지 않으면서도 －민주주의적 징표와 사회국가적 징표를 특징으로 하는－ 산업사회에서의 문제해결필요성을 산업사회의 복잡성에서 심대하게 다루는 것을 추구하는 길을 행정법학에 대해 열어주었다. 그리하여 행정법학은 해석과학이 아니

그사이 정책상의 조종이 여러 연구방향의 대상이 되었다. 행정법학에서는 작용중심적 조종착안점이 동원되고, 조종이란 '시스템의 의도적인 영향미침'(die gezielte Beeinflussung von Systemen)이라 할 수 있다. A. Voßkuhle, Neue Verwaltungsrechtswissenschaft, in: W. Hoffmann－Riem/E. Schmidt－Aßmann/A. Voßkuhle, GVwR Ⅰ, §1, Rn.18ff.

77) 보장행정법에 관한 논의와 문헌은 김남진, "행정법을 위한 새로운 길의 모색", 263면 이하 참조.

78) E. Schmidt－Aßmann, Verssungsprinzipien für den Europäischen Verwaltungsverbund, in: W. Hoffmann－Riem/E. Schmidt－Aßmann/A. Voßkuhle, GVwR Ⅰ, §5, Rn.5.

79) P.M. Huber, Die entfesseltee Verwaltung, StWStP 1997, S.423(424).

80) 유의할 점은 신행정법학이 원칙적으로 기왕의 것과 완전히 결별하고 새로운 행정법도그마틱을 결코 강구하지는 않는다. 사실 완전히 새로운 행정법도그마틱을 구상하는 것은 현행법의 바탕이 유지되는 한 거의 불가능하다. C. Bumke, Relative Rechtswidrigkeit, 2004, S.258, 262.

81) W. Hoffmann－Riem, Ermöglichung von Flexibilität und Innovationsoffenheit im Verwaltungsrecht, in: W. Hoffmann－Riem/E. Schmidt－Aßmann(Hrsg.), Innovation und Flexibilität des Verwaltungshandelns, 1994, S.9(12).

라, 문제해결지향적인 작용과학과 결정과학(problemlösungsorientierte Handlungs- und Entscheidungswissenschaft)이 된다.[82] 신행정법학의 기조는 법적용과 관련한 해석학에서 법정립지향적인 작용과학과 결정과학으로서의 논의로 중점을 이전시키는 것이다. 확실히 행정법학의 내부에서 연구활동의 중점이 더욱더 법적용과 관련한 법해석학에서 법정립지향적인 작용과학과 결정과학으로 이전하였다.[83] 결정과학의 관점에서 구상적으로 중요한 것이. 규범적 정당성의 요소의 합법성보다는 다원성을 지향하는 정당성의 구상의 범주에서 행해지는 변화이다. 즉, 사법구제적 관점에서 작용관점에로의 변화, 행정법원의 계쟁사건에 의거한 사후적 시스템형성에서 행정의 작용여지와 결정여지의 규정에로의 변화, 행정법학의 설명지향적 시각에서 형성지향적 시각에로의 변화, 위계질서에 입각한(지시구속적인) 임무수행에서 자율적인(지시로부터 자유로운) 임무수행에로의 변화가 그것이다.[84] 작용과학에서 결정과학에로의 변화는 법적 행위와 관련한 모델에서 작용이론적 모델에로의 전환(변환)으로 이해될 수 있다. 결국 행정법학이 결정론(Dezisionstheorie)인 셈이라고 한다. 결정과학으로서의 행정법학은 작용프로그램으로서의 규범 및 결정의 성립의 상관관계에 초점을 맞춘다.[85] 행정법학은 행정의 작용과 결정의 매개변수의 스펙트럼을 표시하여야 한다. "결정과학"이어야 한다는 요청과 결부되어, -실체적 행정법과 권리보호 이외에- 행정현실(행정결정의 형성차원)[86] 역시 면밀히 조사된다. 주안점이 법관의 탁자에서 관청의 사무실로 이행하면서 복잡한 상황의 법(가령 리스크법과 기술법, 환경법)이 점차 학문적으로 관심사가 되었다.

결정론은 행정업무의 조직상의, 절차상의 조건의 분석에 높은 가치를 부여한다. 법학적 고찰에 강하게 참작함으로써, 더 높은 수준의 합리성이 달성될 것이다. 모든 행정법적 물음에 단 하나의 타당한 해석결과(결론)만이 존재한다는 사고는 당연히 부인된다.[87] 다음과 같이 공식화하여야 한다: 해석되어야 할 규범과 관련이 있는 실제적 맥락과 무관하게 해석결론은 존재하지 않는다. 적법성이 효력보증의 타당성과 합목적

---

82) 결정과학적 착안점에서는 법학적 결정발견의 설명가능성이 우선적으로 중요하지 않고, 적법성, 최적성과 이행가능성의 상호작용으로서의 결정의 타당성이 중요하다.

83) 그러나 이것이 법학적 방법론의 전통에서의 도그마틱적 연구가 과도하다는 것을 결코 의미하지는 않는다. 민주적 헌법국가에서 법은 여전히 행정의 결정시스템을 위한 결정적인 결정요소에 해당한다. 따라서 시스템을 구성하는 인자(활동규준, 조직, 절차, 인력 등)의 모든 변화 역시 헌법에 의해 정당화되어야 한다. 특히 비규범적인 결정인자를 (과학적으로) 합리화하는 것이 신행정법학의 핵심적 관심사이다.

84) W. Hoffmann-Riem. Eigenständigkeit, in: W. Hoffmann-Riem/E. Schmidt-Aßmann/A. Voßkuhle, GVwR Ⅰ, §10, Rn.15.

85) W. Hoffmann-Riem. Eigenständigkeit, in: W. Hoffmann-Riem/E. Schmidt-Aßmann/A. Voßkuhle, GVwR Ⅰ, §10, Rn.1b.

86) W. Hoffmann-Riem. Rechtsformen, Handlungsformen, Bewirkungsformen, Eigenständigkeit, in: W. Hoffmann-Riem/E. Schmidt-Aßmann/A. Voßkuhle, GVwR Ⅱ, §33, Rn.47.

87) W. Hoffmann-Riem. Eigenständigkeit, in: W. Hoffmann-Riem/E. Schmidt-Aßmann/A. Voßkuhle, GVwR Ⅰ, §10, Rn.64.

성과 같게 되는 적용상황과는 다르게, 판례지향적인 행정실무의 주해서는 전적으로 적법성에 입각한다. 반면에 신행정법학은 행정법의 규범적 지향이 적법성의 보장을 넘어선다고 본다.[88] 신행정법학으로서는 행정작용의 법학적 한계를 법치국가원리에 입각하여 가늠하는 것이 중요하지 않고, 형성가능성을 강조한다. 요약하면, 행정결정의 형성에서의 서술, 이유제시와 통제를 통합하는 것이 신행정법학의 인식에서 절실히 필요하다.

(5) 법률의 조종기능의 상대화 및 입헌주의와 유럽화 사이에 위치한 행정법

신행정법학은 법률에 대해 개입한계로서도, 행정작용의 목적결정으로도 관심을 두지 않는다. 오히려 법률을 국가가 책임지고 임무를 이행하는 것의 충분한 품질을 보장하기 위한 프로그램으로 여긴다.[89] 시스템고려에서 핵심적 사항은 법구속이 아니라 형성여지이고, 행정법원에 의한 적법성통제가 아니라, 법적, 인적, 재정적 자원의 최적화된 동원에 의한 타당성의 견지이다. 그리고 신행정법학의 중심코드는 행정법의 입헌주의화와 유럽화에 따라서 진행된다. 신행정법학은 헌법적, 제1차법적 제 원칙에[90] 따른 대상에 접근한다. 구체화된 헌법으로서의 행정법이라는 Werner의 말은,[91] 신행정법학에 대해 항상 행정법발전의 강령으로 여겨진다.

Ⅶ. 행정법개혁을 위한 도그마틱적 바탕에 관한 모색

1. 자유적 법치국가의 행정법으로부터의 선회

독일에서 1870년대 행정법학은 존재하지 않았고, 1900년대에 행정법이 학문으로 성

---

88) E. Schmidt－Aßmann, Flexibilität und Innovationsoffenheit als Entwicklungsperspektiven des Verwaltungsrechts, in: W. Hoffmann－Riem/E. Schmidt－Aßmann(Hrsg.), Innovation und Flexibilität des Verwaltungshandelns, 1994, S.407(416).

89) W. Hoffmann－Riem. Eigenständigkeit, in: W. Hoffmann－Riem/E. Schmidt－Aßmann/A. Voßkuhle, GVwR Ⅰ, §10, Rn.13.

90) 이는 한편으로는 기본권, 기본자유, 법치국가원리적 원칙으로, 다른 한편으로는 탄력적인 민주적 개입양상으로 구성되어 있다.

91) 독일에서 헌법적 규준을 행정법에 직접 동원하는 것이 줄어드는 경향인 점에서, 이 명제에 대한 강한 비판이 개진된다(C. Möllers, Methode, in: W. Hoffmann－Riem/E. Schmidt－Aßmann/A. Voßkuhle, GVwR Ⅰ, §3 Rn.13f.; J. Masing. Der Rechtsstatus des Einzelnen im Verwaltungsrecht, in: W. Hoffmann－Riem/E. Schmidt－Aßmann/A. Voßkuhle, GVwR Ⅰ, §7 Rn.63, Fn.136) 독일에서 헌법과 행정법의 관계는 베르너의 말이 전제한 것보다 더 복잡하다. 그 말은 한편으로는 흠결이 없는 사법통제를 포함하여 행정의 －헌법적으로 요구되고 보통의 법률구속성의 의미에서, 다른 한편으로는 헌법적으로 확고한, 행정의 기능적 독립성의 의미에서 이해할 수 있다. J. Schaffer는 베르너의 말이 유행한 것은 모호성에서 비롯되었다고 지적한다. 모호함에 따른 오해로 인해, 자유와 관련성을 지닌, 개별법적으로 규율된 모든 물음이 핵심에서 헌법물음이라는 식으로 촉진되었다고 한다(ders., Die Umgestaltung des Verwaltungsrechts, S.76 Fn.135).

립하였다. 전통적인 행정법구상은 통상 자유주의적-법치국가적 사고에 속한다. 이런 행정법의 특징은 다음과 같다:[92] '행정의 단일성'의 기치하에 법률이 행정을 가능한 자세한 프로그램에 의해 조종한다. 행정은 법학적 포섭테크닉을 적용하면서 정식의 결정으로 법률을 집행한다. 법원은 행정적 결정의 적법성을 심사한다. 전체적으로 단일성의 원칙, 정식성의 원칙, 집행의 원칙의 3축으로 귀착되는 완성된 모델이 제시된다. 구체적으로 보면, 행정작용의 엄격한 법률구속, 개인적 권리보호, 개인적 권리와 관련한 국가책임, 행정조치의 시간적·공간적으로 엄격히 제한된 효력방식이 자유적 법치국가의 행정법의 특징이다.

Badura에 의하면,[93] 자유주의적 법치국가(liberaler Rechtsstaat)의 행정법과 행정법학은 절대주의의 경찰과 경찰학을 떼어냈다. 그리하여 행정을 자유주의적 입헌주의(권력분립과 행정의 법률적합성)에 맞게 고유한 법적 형식과 원칙하에 두는 것이 그 조건이었다. 자유주의 법치국가는 행정의 영역에서 그 자체 비법으로 파악되어야 할 권력을 법으로써 제한하고자 한다. 자유주의적 법치국가의 법은 헌법의 차원에서는 자유적 이성법(권력분립과 자유·재산권의 기본권적 보호를 포함하는 헌법)이고, 행정의 차원에서는 법률이다.[94] 여기서 행정행위가 법치국가적 행정법의 핵심인데, 그것이 권력관계의 法化(Verrechtlichun)를 나타내기 때문이다. 자유주의적 법치국가의 법률은 사회형성적 수단이 아니라, 병존한 자유의 조성과 유지의 수단이므로, 행정의 법화는 행정의 목적을 법과 질서의 유지로 축소시킨다. 기본적으로 개입(침해)행정을 바탕으로 구축된 자유주의적 법치국가의 행정법은 公私協力이나 보장행정과 같은 시대적 요청에 부응할 수 없다. 그로부터 과감하게 벗어나는 것이 행정법의 현대화와 개혁의 출발점이다.

2. 중심개념으로 행정법관계론의 정립

행정법도그마틱의 바탕이나 표식으로서 '행정법관계론'(Lehre vom Verwaltungsrechtsverhältnis)이 운위되고 있다. 사회적 관계가 법적 규율로부터 비롯된 -적어도 두 권리주체간의- 법적 관계의 특징을 지니게 되면 그것은 법관계가 된다.[95] 행정법관계란 양자의 또는 다수의 권리주체간의 법규범적으로 형성된 관계를 의미한다.[96] 행정법관계론은 내부적 구조가 없다고 생각한 법시스템에 질서를 부여하는데, 가령 종

92) E. Schmidt-Aßmann, Einige Überlegungen zum Thema: Die Wissenschaft vom Verwaltungsrecht, in: DV Beiheft 2, 1999, S.177f.
93) P. Badura, Das Verwaltungsrecht des liberalen Rechtsstaates, 1967, 15f.
94) 따라서 행정을 위하여 법률도 행정행위도 없는 국가는 법치국가가 아니다(Otto Mayer).
95) Remmert, in: Ehlers/Pünder, (Hrsg.), Allg. VerwR, 15.Aufl., 2015, §18 Rn.1.
96) H. Baur, Verwaltungsrechtslehre im Umbruch?, DV 25(1992), S.301(307).

래 법적 조명이 비춰지지 않은 내부관계와 기관 상호간의 관계를 법적 관계로, 내부법규를 법규범으로 평가하게 함으로써 전통적인 행정법과 절연하였다. 행정법관계론은 법적 성립 · 효력의 상관관계를 쌍방의무와 고려의무와 관련해서 포착하고 설명하는 것을 추구한다. 그리하여 다극적인 법적 관계에서 현존한 권리와 의무의 상대성을 강조하고, 특별한 사안구조를 부각시키고, 계속적 관계에서 시간적 차원을 처리한다. 작용형식론이 실체적 보충을 행정의 결론에서 얻는 데 대해서, 행정법관계론은 그 대신 법규범에 의해 포착된 생활사안을 주시한다. 행정법관계론은 작용형식의 관점을 넘어섬으로써, 행정법의 심화된 이해에 이바지한다. 법관계적 사고는 절차와 조직의 의의를 위한 이해를 가다듬게 한다.[97] 행정법관계론은 한편으론 모든 행정활동의 상호주관성이 인식되고, 다른 한편으론 행위자의 법(권리)주체성이 인정됨으로써,[98] 행정법학의 패러다임의 변화를 가져왔다.

행정법관계론과 관련해서 실체법 역시 권리주체간의 법적 관계에 터 잡아 전개할 수 있다는 데 대해서 최근 공감대가 확산되는 독일과 비교해서, 우리의 경우 여전히 권력관계가 행정법의 중심이 되는 것이 증명하듯이 행정법관계론에 관한 논의 및 소개가 태부족하다.[99] 관헌국가가 행정법의 기원이어서 그 관헌국가적 잔흔이 여전히 통용되거니와[100] 경우에 따라선 그런 잔흔이 행정법의 현대화를 위한 향상된 인식을 방해하곤 한다. 행정법관계론을 통해 행정과 시민간의 법관계를 민주적 법치국가에 맞춰 더욱 체계적으로 조망하고 접근할 수 있으며, 이를 통해 행정법의 현대화와 개혁을 위한 인식의 변화를 견인할 수 있다.

Ⅷ. 맺으면서 – 행정법의 현대화와 개혁을 위한 첫걸음으로서의 관헌국가적 행정법의 극복

행정법을 비롯한 공법은 *後發法*으로서 *先發法*인 민사법을 본 떠 구축되었다. 현대국가의 임무는 과거 경찰국가의 모습에서 벗어나 나날이 새로운 시대적 도전에 직면

---

97) 행정법관계론은 행정법에서의 절차적 사고의 요청과 대개 고립적으로 분석된 구성요소의 총평에 대한 요청을 중대시한다(F. Schoch, Der Verwaltungsakt zwischen Stabilität und Flexibilität, in: W. Hoffmann–Riem/ E. Schmidt–Aßmann(Hrsg.), Innovation und Flexibilität des Verwaltungshandelns, S.199(211), 1994.

98) J. Masing은 법관계론을 '개인적 관련성의 증대'(Steigerung der Individualbezogenheit)로 설명한다(ders., Die Mobilisierung des Bürgers, 1997, S.112). R. Gröschner는 법관계가 우선적으로 법치국가원리로부터 우러나오지 않고, 공화주의로부터 우러나온다고 지적하였다(ders., VVDStRL 63(2004), S.464(465)). 그는 공화주의의 참뜻은 군주의 부재가 아니라 지배가 상위법으로부터 위임된 것에 있다고 강조한다.

99) 상세는 김중권, 행정법, 121면. 참고문헌: 山本隆司, 行政上の主觀法と法關係, 2000.

100) 기본적으로 관헌국가적 행정법인 오토 마이어 행정법은 공화정이후에도 그 근본은 변함이 없어서 (사이비) 공화제적 관헌국가적 행정법이다.

하여 변모하는데, 국가 역시 그러하다. 독일에서 학제적 성격의 신행정법학이 행정법의 개혁의 이름으로 사회과학의 일원으로 자리매김하고 활발히 전개되는 상황은 기본법제정 이후에 오토 마이어 행정법의 관헌국가적 요소를 부단히 제거하여 온 과정의 연장이다.101)

우리 행정법의 현대화와 개혁을 가로막는 결정적인 장애물은 앞에서 보았듯이 우리 행정법의 학문적 유전자와 역사성이다. 다시 말해 행정법 자체의 문제이다. 행정법의 현대화와 개혁은 독일과는 다른 과제를 안고 있다. 독일의 신행정법학은 행정실무와 관련해서 이론과 실무의 단절을 극복하고자 한다. 조종지향적, 효과지향적인 행정법학은 필연적으로 행정실무와 행정재판은 물론, 행정정책적 논의에도 관심을 갖는다. 하지만 민사법적 안목과 기조가 공법적 이슈에 그대로 전폭적으로 대입되며(민사법제국주의(民事法帝國主義)),102) 학제적 관심사는 배제되고, 실무는 물론, 바뀐 현실과도 유리된 상황에서 행정법의 현대화와 개혁은 선언적 슬로건에 불과하다. 현행 행정법제 및 행정법학의 상황이 견지되는 한, 이상에서 본 독일에서의 신행정법학의 제 논의 역시 우리 행정법학에 수용하기에는 극복할 수 없는 결정적인 한계를 지닌다. 조속히 민사법적 시각을 떨치고 학제적 관점에서 행정법학 특유의 방법론을 새로이 정립할 필요가 있다. 이 점에서 최근의 행정기본법제정의 움직임은 행정법의 현대화와 개혁을 위한 출발점이 될 것이다.103)

* 공법연구 제48집 제1호, 2019.10.31., 387면−419면 所收.

* **추론**: 여러 가지 어려움에도 불구하고, 2년의 노력으로 행정기본법이 전문 40개 조항으로 제정되어(2021.3.23.) 앞으로 새로운 국면이 전개될 것이다. 행정기본법 시즌2에 시급히 나서야 한다.

101) Wahl 교수는 1949년 기본법 제정 이후의 변화상을 독일 공법학의 첫 번째 국면의 전개로 표현하였다. 기실 1949년 제정 이후 독일은 과거의 공화주의적 관헌국가와 결별하였다. 기본법의 보호하에 행정을 법치국가원리에 맞춰 규율하는 것이 2차 세계대전 이후 행정법의 관심사였다. 그리하여 국가가 정점에 있는 것이 아니라, 고유한 인간의 존엄성을 지닌 개인주체가 정점에 있으며, 국가는 인간을 위하여 존재하는 것이 되었다. 참조: M. Stolleis, Innenansicht des deutschen Verfassungsrechts, in: Konferenz deutschsprachiger Juristen in Ostasien, 2019, S.1(4).

102) 阿部泰隆 교수가 私法으로 모든 것을 다룰 수 있다고 생각을 일컬어 '民事法帝國主義'라 표현하였다. 同人, 行政法の進路, 2010, 102頁.

103) 참고문헌: 김중권, 國家再構造化와 再造山下의 출발로서의 行政基本法의 制定, 법연 2019년 여름호(통권 제63호), 2019.6.1.; 공법(행정법)의 현대화를 통한 규제개혁, 안암법학 제45호(2014.9.30.), 71면 이하; 行政節次法의 改革을 위한 行政處分(行政行爲) 規定의 整備, 행정법학 제5호, 2013.9., 219면 이하; 21세기 국가모델을 위한 행정기본법의 제정에 관한 소고, 법률신문 제4078호(2012.11.8.); 김중권/김영수, 21세기 국가모델을 위한 가칭 행정기본법의 제정을 통한 행정법과 행정법제의 개혁, 공법연구 제41집 제3호 2013.2.28., 29면 이하.
* **추론**: 여러 가지 어려움에도 불구하고, 2년의 노력으로 행정기본법이 전문 40개 조항으로 제정되어(2021.3.23.) 앞으로 새로운 국면이 전개될 것이다. 행정기본법 시즌2에 시급히 나서야 한다.

제 2 장

행정법학의 危機이냐, 행정법학의 委棄이냐?

– 행정법학의 위기와 대응책 – 교육과 연구자 양성의 측면에서 –

Ⅰ. 처음에 – 행정법학의 危機이냐, 행정법학의 委棄이냐?

행정법의 역사는 그 기원과 기본모델이 된 관헌국가적(官憲國家的) 기조를 민주적 법치국가원리에 맞게 새로이 구축하는 과정이다.[1] 그리고 학문으로서의 행정법학은 공공법제를 부단히 민주적 법치국가원리에 의거하여 구축한다. 행정법은 민주적 법치국가원리가 구현된 현장이고, 행정법의 교육은 공공법제에서 민주적 법치국가원리가 구현되는 과정과 결과를 가르치는 것이다.

오늘의 주제는 '행정법학의 위기와 대응책'이다. 학문은 축척의 과정이고 산물이다. 학문은 그 자체로 의미를 갖지 않고, 이어지는 것이 본질이다. 그 이어짐의 핵심이 교육이고, 학문후속세대의 양성이다. 교육과 학문후속세대의 양성의 위기는 '행정법학의 위기'에 다름 아니다.

독일 공법학계에서 활발히 논의되고 있는 보장국가(Gewährleistungsstaat), 보장행정(Gewährleistungsverwaltung)에 관해 김남진 선생님의 선도에[2] 촉발되어 관련 논의가

1) 공법 특히 행정법학의 새로운 좌표에 관해서는 김남진, 현대국가에서의 행정 및 행정법학의 역할과 과제, 학술원통신 2012,7. 참조.

2) 김남진, 자본주의 4.0과 보장국가 · 보장행정론, 법률신문(2011.10.17.); 한국에서의 보장국가론과 규제개혁", 학술원통신 제261호, 2015.4.1.; "보장국가시대의 입법과 관련문제", 학술원통신 제225호, 2014.10.; "자본주의 4.0과 보장국가 · 보장책임론", 학술원통신 제221호, 2011.12.1.; "사회국가와 보장국가와의 관계", 법연 2012 December; "개혁대상으로서의 규제와 보장국가적 규제", 법연 2012 September 42면 이하; "한국에서의 보장국가론과 규제개혁", 『학술원통신』 제261호, 2015.4.1.; "보장국가 구현을 위한 법적 · 정책적 연구", 『학술원논

가히 *百花齊放*의 상태에 있는 것과[3] 극명하게 대비되게, 행정법학의 교육의 위기가 운위된다. 돌이켜 보면, 한국행정법학회는 2010.11.26.의 창립학술대회의 대주제를 '한국행정법학의 성과와 전망'으로,[4] 2011.3.25. 제2회 학술대회의 대주제를 '로스쿨시대의 행정법교육'으로[5] 설정하여 당시 현재에 대한 진단과 미래를 위한 준비의 자리를 마련하였다. 특히 제2회 학술대회의 인사말씀에서 최송화 회장님께서 "이번 기회에 그 동안 미루어져 왔던, 행정법 교육 전반에 관한 체계적인 재점검을 한 후 그 바람직한 방향을 모색하여 그야말로 알찬 성과를 내는 학술행사가 될 것으로 기대됩니다."라고 강조하셨는데, 그 당시에 매우 치열하게 논의한 것들이 어느 만족스럽게 실현되었으면 지금 '위기'란 단어는 등장하지 않았을 것이다.[6]

현재의 상황을 위기로 인정하고 평가하는 것은 다소간 주관적이고, 상대적 성격을 지닌다. 현실을 두고서 많은 이들이 법학 및 행정법학의 위기라고 하지만, 엄연히 완전히 다른 평가도 있다. 다소의 문제는 있지만 위기로까지 볼 수는 없다고 평하거나 심지어 긍정적인 평가까지 내려지기도 한다. 그리고 무릇 세상 모든 일에 그러하듯이, 위기의 국면에서도 분명 어느 일방은 호기가 되어 막대한 이익을 보기도 한다. 따라서 행정법학회 집행부가 '행정법학의 위기와 대응책'을 주제로 학술행사를 개최한다는 자체가 일단 위기에 대한 가치중립적 입장이 아니고 그것을 수긍한다는 것을 전제로 한다. 그런데 '위기'란 단어는 나름의 희망을 품을 수 있는 단계이고, 대응과 극복을 전제로 한 개념이다. 오늘이 지난 미래 시점에 과연 오늘처럼 '위기'란 단어조차 거론할

문집』 제55집 제2호(2016) 39－71면.

3) 참고문헌: 김현준, "공공갈등과 행정법학－보장국가에서의 갈등해결형 행정법 서설", 『서강법학』 제11권 제1호(2009); 박재윤, 『독일공법상 국가임무론에 관한 연구』, (서울대, 2010); 홍석한, "민영화에 따른 국가의 책임에 관한 독일에서의 논의", 『법학논총』 제17권 제3호(조선대학교, 2010); 조태제, "공사협동시대에 있어서의 보장국가, 보장행정 및 보장행정법의 전개", 『한양법학』 제23권 제2집(2012); 김중권, 공법(행정법)의 현대화를 통한 규제개혁, 안암법학 제45호(2014.9.), 71면 이하; 김환학, "법률유보－중요성설은 보장행정에서도 타당한가", 『행정법연구』 제40호(2014.11), 1면 이하; 성봉근, "보장국가로 인한 행정법의 구조변화", 『지방자치법연구』 제15권 제3호(2015.9.); 정기태, "현대국가에 있어서 행정의 역할변화와 보장국가적 책임", 『공법연구』 第44－1輯(2015.10.31.); 계인국, "규제개혁과 행정법", 『공법연구』 제44집 제1호(2015.10.), 645면 이하; 박정연, 『복지서비스의 민간공급에 관한 공법적 규율』, (고려대, 2016) 등.

4) 기조강연: 한국행정법학의 성과와 향후과제, 김남진 (학술원 회원, 이사장); 제1주제: 국가발전과 행정법학자의 역할, 오준근 (경희대 교수); 제2주제: 行政法에 있어 判例의 意義와 機能, 박정훈 (서울대 교수).

5) [기조강연] 로스쿨 시대, 행정법을 어떻게 교육해야 하는가?, 김철용(건국대 명예교수); [제1주제] 로스쿨에서의 행정법 교육의 현황과 과제, 김용섭(전북대 교수); [제2주제] 로스쿨에서의 행정법 판례교육, 김중권(중앙대 교수); [제3주제] 변호사시험에서 행정법분야의 출제방향, 배병호(성균관대 교수); [제4주제] 법학부에서 행정법 교육내용과 교육방법의 개선방향, 최봉석(동국대 교수).

6) 필자가 학문의 위기를 살펴보기 위해 다른 분야에서의 위기논의를 찾아보니 학문의 역사에서 행정법에서 나온 행정학의 경우 1997년부터 행정학의 위기에 관한 글이 나오기 시작했다. 유홍림/윤견수, 행정학의 실천적 위기와 행정학계의 대응전략, 한국행정학회 학술발표논문집, Vol.1997 No.12. 2000년 전후로 한국행정포럼을 통해 많은 행정학자들이 위기론을 두고서 활발히 논의를 개진하였다. 이 가운데 특히 안병영 교수의 글(자초한 위기: 위기의 연원은 한국행정학의 역사 속에서 찾아야, 한국행정포럼 Vol.－ No.92 [2000], 6－14)은 단지 행정학에 국한되지 않고, 우리나라 학문 전반에 대한 문제인식을 제시하였다. 이 글에서의 문제의식에서 많은 시사를 받았다.

수 있을지 매우 염려된다. 오늘 이 자리가 '위기'의 마지막 수순이 아니길 소망한다. 그런데 보기에 따라서는 현재의 상황이 이미 극복될 수 있는 '행정법학의 위기' 수준을 지났다면 하면, 여기서의 논의는 다른 의미를 지닌다. 개인적으로 미래에 대해 강한 희망을 가지기 힘들지만, 밤이 깊으면 깊을수록 새벽이 가까이 온 것으로 위안하면서 논의를 전개한다.

한편 위기(Krise, crise, crisis)는 어원적으로 심판을 의미하기도 한다.[7] 따라서 여기서의 위기에 관한 진단 및 대처방안은 현재 상황에 관한 (자기)비판이기도 하다. 비판은 늘 동조와 반대를 동반하는데, 이번 발제를 함에 있어서 개인적 차원에서는 자신을 돌아보는 의미에서, 학계의 차원에서는 공론화를 이끄는 의미에서 현재의 문제 상황을 개진하고자 한다. 본격적인 논의에 들어가기에 앞서 양해를 구하고 싶다. 여기서의 논의대상은 행정법학 및 행정법 연구자 전반의 문제인 데도 불구하고, −가능한 조화와 균형을 기하면서 전개하려 했지만, 능력 부족으로− 내용 및 논의가 다소간 부득이하게 로스쿨 체제와 관련해서 전개되었다. 깊은 이해를 부탁드린다.

Ⅱ. 행정법학의 위기인가? 법학의 위기인가?

비단 행정법학만이 아니라, 법학 전반에 관한 위기가 지적되고 있다.[8] 법학전문대학원이 2009년 3월에 출범하였고,[9] 이에 법조인의 양성이 종래의 선발에서 교육으로 근본적으로 바뀌는 패러다임이동이 발생하였다. 법학전문대학원의 출범은 근대사법[10]

---

7) 어떤 안정된 상태에 있어서 위급한 상황 또는 위험한 경우를 말한다. 위기(Krise, crise, crisis)라는 말은 비판(Kritik, critique, cirricks ; criticism)이라는 말과 공통하여 그리스어의 κριυω를 어원으로 한다. 이 그리스어는 구별하는 것, 선택하는 것, 판단하는 것, 결정하는 것을 의미한다. 또한 그리스어 번역 구약성서도 크리시스라는 단어를 판결명령 및 법이라는 의미로 사용하고, 요한복음에서는 크라이시스라는 말이 최후의 심판, 세계 심판이라는 의미를 갖는다. 분할하는 것, 분쟁과 결정 또는 심판이라는 위기 개념에 포함된 2가지 의미의 연계는 의학적인 개념 하에서는 질병의 위기와 의사의 판단이라는 의미에 한정된 것이었다. 그런데 미국독립혁명, 프랑스혁명, 산업혁명 이후 경제분석에도 사용된 위기(공황) 개념을 단지 자본주의의 순환적 운동에 대한 설명에 그치지 않고 인류의 전사(前史)에서 역사에 이르는 최종적인 위기 · 분기점 · 심판으로서 파악하는 역사 철학적인 개념으로까지 바꾼 것은 칼 마르크스(Karl Marx)이다. [네이버 지식백과] 위기 [crisis, 危機, Krise] (21세기 정치학대사전, 한국사전연구사)

8) 최호진, 비로스쿨의 법학교육과 학문후속세대 양성의 현황과 문제점, 법학논고 Vol.60 No.− [2017], 1−25; 성중탁, 로스쿨 체제하 법학 학문 후속세대 양성의 문제점과 그 대안, 법학논고 Vol.58 No.− [2017], 1−24; 이호선, 현행 로스쿨 운영 및 성과에 관한 실증적 분석과 그 시사점, 법과 정책연구, Vol.15 No.2 [2015], 497−531; 박병식, 로스쿨의 출범과 법학교육의 위기 −일본의 로스쿨을 중심으로−, 比較法硏究 Vol.15 No.2 [2015], 7−42; 이재목, 한국 법학교육 및 법조양성제도의 위기와 극복, 法學硏究 Vol.26 No.2 [2015], 331−351; 남선모, 현행 로스쿨의 문제점과 개선방안에 관한 고찰, 法學論叢 Vol.31 No.− [2014], 67−86; 이관희, 한국 법학교육 정상화 방안, 헌법학연구 Vol.19 No.3 [2013], 431−465; 이노우에마사히토/신동운(역), "위기"에 처한 일본의 법과대학원, 법학 Vol.52 No.3 [2011], 595−621.

9) 역사를 보면, 2003년 10월 28일에 사법개혁위원회(대법원장 자문기구)가 출범하여 2004년 10월 4일에 로스쿨 도입안을 채택하고, 2005년 10월 27일에 교육인적자원부가서 로스쿨법안 제출, 2007년 7월 3일에 로스쿨법안 국회 본회의 통과하여, 법학전문대학원이 2009년 3월에 출범하였다.

120여년의 역사에서 최대의 변화이다. 법학전문대학원이 출범하기 전에도 늘 법학 및 법학교육의 위기가 주장되었고, 그것이 로스쿨 체제 출범의 결정적인 근거가 되었다. 그런데 분명 법학전문대학원이 출범하고 난 뒤에는 그 주장의 내용과 방향에서 엄청나게 다르다. 특히 법학전문대학원 출범 전에 관련 연구가 매우 활발하였음에도,[11] 법학 및 법학교육의 위기는 법학전문대학원 출범 이후에도 여러 곳에서 강하게 주장되고 있다.[12]

인간의 삶이 生老病死의 과정으로 생성과 소멸을 겪듯이, 조직이나 학문 역시 개설된 이후 흥망의 과정은 자연스럽다. 조직의 세포는 생성과 소멸을 반복적으로 이어가는데, 생성의 속도보다 소멸의 속도가 빠르면 조직체는 노화되기 시작한다. 나날이 새로운 도전에 직면하여 학문생태계의 순환시스템이 제대로 기능하지 않는 심각한 장애상황은 학문의 지속가능성에 대한 불길한 前兆이다. 나날이 새로움을 전개하고 반영하는 데 실패한 조직, 기업이나 국가가 역사에서 사라지듯이, 행정법학을 포함한 법학의 학문이 외관적으로만 존재할 뿐, 그 본연의 역할을 다하지 못할 수 있는데, 이런 상황은 비극이다.

결국 현재 상항은 행정법학의 위기일 뿐만 아니라, 법학의 위기이다. 이런 지적의 의미는 오늘의 논의가 단지 행정법학이나 공법학의 수준에서 행해진다면 자칫 편협한 직역 이기주의에 빠질 우려를 있기에 이를 피하기 위함이다. 돌이켜 보건대, 법학의 위기를 이야기 하면서 자기의 전공분야의, 자기가 속하거나 졸업한 학교의, 자기가 관심을 두는 분야의 작은 이익을 밑바탕에 두지 않았는지 스스로도 자문하여 본다. 법학의 위기를 누구나 느끼는 상황은 학문에 종사하는 우리 모두는 물론, 지금도 법학의

10) 갑오경장 직후 1984년 정치제도의 근대화와 자주독립국가로서의 기초를 튼튼히 하기 위해 홍범14조가 제정된 것을 근대사법의 출발점으로 삼아, 지난 2014년 "근대 사법 120년－성찰과 새로운 지향"을 대주제로 제9회 한국법률가대회가 개최되었다.

11) 김상겸, "헌법교육방법론, 법학전문대학원 교육과정 및 교수법 개발 연구" 한국학술진흥재단 2006; 오준근, "행정법, 법학전문대학원 교육과정 및 교수법 개발 연구" 한국학술진흥재단 2006; 김창록, "총론, 법학전문대학원 교육과정 및 교수법 개발 연구" 한국학술진흥재단 2006; 사법개혁위원회, "사법개혁을 위한 건의문" 사법개혁위원회 2004.12.31.; 문재완, "법학전문대학원의 교육방향 및 교육과정" 2005.4.21.; 동인, 공법학연구교수방법 및 공법학 커리큘럼－법학전문대학원의 도입과 공법교육의 위기, 그리고 그 해결방안의 모색, 공법연구, Vol.36 No.1 [2007], 291－323; 김선택, "법학전문대학원(로스쿨)의 헌법 교육" 2 (2): 2005.12; 권오승, "법학교육개혁의 과제와 추진" (18): 103, 2000; 김정오, "법조인양성제도의 개혁: 법학교육의 소프트웨어를 중심으로" 법과사회이론학회 24: 83－134, 2003; 정재황, 헌법학교육의 방법론－무엇을 어떻게 교육할 것인가?－, 법학연구원 12 (12): 3－31, 2002; 金培元, 공법학 학문후속세대 양성방안－법학전문대학원(로스쿨)체제와 공법학 학문후속세대 양성방안을 중심으로－, 공법연구 Vol.36 No.1 [2007], 235－262; 兪珍式, 공법학 학문 후속세대 양성방안 －일본의 경험을 중심으로－, 공법연구 Vol.36 No.1 [2007], 263－272; 李京運, 법학전문대학원에서의 공법학 교수방법 및 커리큘럼－행정법을 중심으로－, 공법연구 Vol.36 No.1 [2007], 273－290; 文在完, 공법학연구교수방법 및 공법학 커리큘럼 －법학전문대학원의 도입과 공법교육의 위기, 그리고 그 해결방안의 모색－, 공법연구 Vol.36 No.1 [2007], 291－324.

12) 정병호, 법학전문대학원과 법학의 위기, 교수신문 2013.10.07.; 이관희, 변호사시험 학원 전락 로스쿨 이대론 안된다, 주간동아 2014.03.31. 931호; 2014년 한국법학교수회 세미나.

가르침을 받고 있거나 받고 싶은 모든 학생들에게 엄청난 위기 상황이다. 나아가 대한민국의 법치주의에 대한 커다란 위기이다.

오늘의 학생과 수험생이 언제나 학생이거나 수험생은 아니다. 그래서도 아니 된다. 이들은 우리의 미래를 책임질 내일의 법률전문가로서, 대한민국을 지금보다 훨씬 좋은 나라로 만들어야 하기 때문이다. 오늘의 주제를 자신을 둘러싼 학연, 지연, 혈연과 같은 1차적 관계를 벗어나 대한민국 전체의 차원에서 그리고 앞으로 이 나라를 책임질 젊은 친구들의 차원에서 성찰할 필요가 있다.

Ⅲ. 위기의 내용이자 원인진단

교육과 연구자 양성의 측면에서의 행정법학의 위기는 일반 법학 전체의 위기와 다르지 않다. 그리고 이들 위기의 내용은 다름 아닌 위기의 원인이기도 한데, 법학 및 행정법 내외의 문제가 혼재되어 있다.

1. 법학교육환경의 실패

(1) 공법교육의 입지축소

과거엔 헌법, 민법, 형법을 어느 정도 배운 다음에 행정법을 수강하였다. 가장 후발법인 행정법의 생성역사에 비추어 이런 교과과정은 자연스럽다. 그런데 로스쿨에선 행정법수업이 이들 수업과 동시에 들어가거나 이들 법의 아주 기본적인 단계만을 이수한 다음에 들어가곤 한다. 법학에 대한 충분한 선행학습이 되어 있지 않은 로스쿨 학생으로선 私法的 논리와 다른 메커니즘이 지배하는 행정법을 제대로 이해하기란 극히 어렵다. 더욱이 로스쿨에서의 과도한 민사법위주적 교육현실로 인해 공법학은 뒤로 밀쳐지는데, 1학년 1학기부터 배우기 시작하는 헌법과 비교해서 행정법을 수강하는 시간이 절대 부족하고, 개별 행정법은 현실적으로 실질에 맞는 교육이 행해지지 않아 심화된 교육이 거의 행해지지 않고 있다. 사실상 행정법교육은 변호사시험의 사례형 문제에 맞춰 있다고 해도 과언이 아니다. 본말전도의 극치의 상황에서 행정법교육은 파행적으로 진행될 수밖에 없다. 특히 행정법 나아가 공법으로선, 우리 로스쿨에서 일본의 阿部泰隆 교수가 지적한 민사법제국주의(民事法帝國主義)마냥 과도한 민사법위주적 추세가 계속될 때, 그 존립에 심각한 위협을 받는다.[13] 갈수록 민사법의 비중이 극대

13) 개인적으로 로스쿨 원장 재직 중에 법학전문대학원 협의회와 사법연수원간에 간담회를 가졌다(2015.8.19). 이 자리에서 필자는 사법연수원의 도움을 받아 개설되는 '민사재판실무'와 '형사재판실무'로 인해 로스쿨 교육이 파행을 겪고 있다는 점을 지적하였다. 사법시험 합격자를 대상으로 사법연수원에서 행하는 교과과정을 기본적으

화되는 상황에서 다른 법분야 역시 정도의 차이는 있지만, 동일하다고 할 수 있다. 사실 행정법일반이론에 해당하는 내용이 법전화되지 않은 상태에서 행정법에 대해 다른 법만큼의 수준 있는 이해를 기대한다는 것도 지나치다.

(2) 교육방법개혁의 실패

법학전문대학원이 2009년 3월에 출범함에 따라 법학교육의 환경이 획기적으로 바뀌었다. 법학전문대학원에서의 법학교육은 다양한 가치를 실현하고 다양한 국민적 수요에 부응하기 위해 언필칭 실무교육의 강화를 내용으로 하였다. 미국 로스쿨에서의 법교육을 상징하는 것이 판례중심교육방법(Case Method)과 문답식교육방법(Socratic Method)이고, 로스쿨 도입에서 강조된 것이 이런 교육방법의 개혁이다. 종래 이론중심적이고, 실무와 동떨어졌다고 비판받은 법학교육을 지양하기 위함이다. 그리고 법학교육에서 미국 로스쿨에서 행해지는 판례교육이 강조되었다.[14] 이런 교육방법의 개혁은 비단 법학전문대학원에서만이 아니라, 일반 법과대학에서도 기대되었다.

> 미국의 하버드 로스쿨을 배경으로 한 영화, 'The Paper Chase'(하버드의 공부벌레, 1973)와 'Legally Blonde'(금발이 너무해, 2001)는 로스쿨에서의 예의 교육방법과 강의실 분위기를 약간 과장일진 모르나, 어느 정도는 정확하게 반영하고 있다. 두 영화 모두 첫 장면이 신입생의 첫날 수업이었다. '하버드의 공부벌레'에선 Kingsfield 교수(John Houseman 분)가 계약법수업 첫날 신입생인 Hart에게 사실관계와 관련 다른 판례 등에 대해 집중적으로 질문을 던져 주인공 Hart를 곤경에 처하게 만들지만, Hart는 나름대로 대처하여 위기를 모면한다.[15] 반대로 '금발이 너무해'에선 Elle Woods (Reese Witherspoon 분)는 민사소송법 수업에서 수업준비결여를 이유로 교실에서 쫓겨났다. 즉, 그녀는 판례교과서(Casebook)에서 할당된 독서분량을 완성하지 못하여 교수의 문초에 가까운 질문에 배길 수 없었기 때문이다. 로스쿨하면 바로 연상되는 것이 실무교육의 강화와 더불어 이상의 두 가지 교육방법, 판례중심교육방법(Case Method)과 문답식교육방법(Socratic Method)이다.

로 아무런 법학교육을 이수하지 않은 학생들에게 그대로 진행하는 것이 전체 로스쿨 교육에 치명적인 장애를 유발한다는 것이다. 그 자리에서 3년의 로스쿨 체제에 알맞은 교육범위와 수준에 관해 학계와 실무계 간에 긴밀한 협력하에 의견을 모아야 한다고 강조하였지만, 안타깝게도 이제까지 그런 논의는 없었다. 이런 논의의 부재상황에서 행정법을 비롯한 기본과목은 물론, 전문선택과목 역시 고사하는 상황에 처한 것은 자연스럽다.

14) 김중권, 로스쿨에서의 *行政法判例教育*, 행정법학 창간호, 2011.9.30. 119면 이하.

15) 그런데 '하버드의 공부벌레'에서의 Kingsfield 교수의 실감나는 연기로 인해 문답식강의 자체가 로스쿨진학을 생각하는 예비신입생들의 마음에 공포감을 줄지 모른다고 생각해서인지, 시카고 로스쿨의 홈페이지에선 어느 누구도 Kingsfield 교수처럼 로스쿨수업을 하지 않으며 자신들의 대학에는 그런 교수가 없다고 친절히 안내를 하고 있다(http://www.law.uchicago.edu/prospectives/lifeofthemind/socraticmethod, 2018.12.5. 마지막 방문).

그런데 원래의 예상과는 다르게 우리 교육현장은 급속하게 판례교육이 판례의 단순 전달이 되어 버렸다. 심지어 학생들이 가장 기피하는 수업방식은 문답식이고, 가장 선호하는 수업방식은 변호사시험 예상문제 중심 강좌라는 확인되지 않은 말은 다소 과장일지언정 현실을 여실히 웅변한다. 하버드 로스쿨의 Christopher Columbus Langdell이 제시한 판례중심교육방법과 문답식교육방법(소크라테스식 교육방법)이 궁극적으로 판례를 바탕으로 법도그마틱을 교육하는 것인데,[16] 오리지널 로스쿨을 지향한다는 우리네 교육현장에서는 미국의 상황과 철저히 배치되는 결과가 빚어졌다. 변호사시험을 둘러싼 우려와 문제가 갈수록 심각하게 그리고 빈발하게 제기되는 점이 보여주듯이,[17] 결과적으로 교육방법의 개혁이 실패라는 데 대부분 인식을 같이 한다. 슬픈 일은, 갈수록 격해지는 변호사시험의 상황에서 교육방법의 개혁은 완전히 白日夢이 되어 버렸다는 점이다.

(3) 이론과 실무를 융합시킨 새로운 교육환경 조성의 실패

종래 실무와 동떨어진 교육내용과 방법에 대한 성찰에 따라 로스쿨 체제가 출범한데 따라 법학교육 및 연구의 현장은 급변하였다. 바람직한 것은 이론과 실무가 상호존중적 이해를 바탕으로 새로운 법학을 만드는 것인데,[18] 안타깝게도 10여년이 지났지만, －개인적인 판단에서 조심스럽게 보면－ 화려한 실패로 여겨진다. 논자에 따라서는 이제까지의 법학의 허구성이 소멸하고 실무에 바탕을 둔 새로운 법학의 출현이라고 볼 수도 있다. 그런데 새로운 학문적 문제인식의 수혈을 기대할 수 없어서 자기복제식의 관행존중적인 실무의 분위기가 지배하는 한, 그것은 새로운 의문제기를 자양분으로 하는 학문이 될 수가 없다. 또한 현실에 천착하여 개개의 문제해결에서 나름의 규준을 제시한 실무를 제외하고서 현실과 무관한 空理空談을 전개하는 데 그치는 한, 법학은 사회과학으로서의 성격을 지닐 수 없다. 실무를 바탕으로 하지 않는 이론은 공

16) Langdell은 법교육과 관련해서 두 가지의 중요한 혁신을 이루었다. 첫 번째로 법연구(법학)를 －대학공동체의 눈으로 법연구의 정설(orthodoxy)을 증진하는 것을 기대하면서－ 자연과학과 유사하게 '과학'(Science)으로 구성하였다. 두 번째로 19세기 후반부를 지배한 보통법이론인 법형식주의(legal formalism)적 사고를 도입하였다. －교리주의(doctrinalism)라고도 하는－ 형식주의하에서, "보통법은 －상호연관이 되며 논리적으로 모순되지 않는－ 광범한 원리와 특별한 원칙의 체계적이고 영구불멸의 배열을 담고 있다"(Steven B. Dow, There's Madness in the Method: A Commentary on Law, Statistics, and the Nature of Legal Education, 57 Okla. L. Rev. 579, 580－581(2004)). 이런 원칙은 판례연구와 귀납적 논증을 통해 법관에 의해 발견된다. 예를 들자면, 개개의 법원리는 수세기에 걸쳐 많은 사례에서 느리게 발전의 정도에 의해 지금의 수준에 도달하였다. 이 발전은 일련의 판례를 통해 추적될 수 있다. 그래서 원리를 효과적으로 통달하는 방법은 그것이 새겨진 판례를 공부하는 것에 의한다. 법형식주의에 관한 이런 생각이 법교육에 대한 Langdell의 개혁방안의 토대가 되었다. 즉, 리딩판례가 원칙의 정렬에 맞춰 취합되고, 주문이 극히 중요하게 되는 방식으로 조직화되는 Langdell의 접근은 모든 법지식을 조직화하기 위한 청사진으로 판명되어, 법교육의 기본틀로 채택되었다(Dennis Patterson, Langdell's Legacy, 90 Nw. U. L. Rev. 196, 201 (1995)).

17) 안경환, 법학교육, 제대로 가고 있나? 한겨레 2011.11.17.

18) 참고문헌: 이은기, 공법교육에서의 이론교육과 실무교육의 조화, 서강법학 제10권 제2호, 2008, 27－64.

허하기 짝이 없고, 이론이 전제되지 않은 실무는 맹목적일 수 있다. 비탈에 선 법학의 위기는 이런 단순한 이치를 무시한 채 로스쿨교육＝실무교육이라는 오해와 무지의 소산이다. 이론과 실무 상호간에 서로의 －필연적인－ 장점과 단점을 인정하고 서로 이해하고 정반합의 결과를 만들어내지 않는 한, 법학 및 법실무의 존재는 급속히 학문단위는 물론 전체 국가 시스템에서 자신의 위상을 잃게 될 것이다.

2. 악화된 법학교육환경에 따른 학문생태계의 붕괴

과거 단일한 법과대학 체제는 어느 학교나 크게 다르지 않았다. 그런데 로스쿨 체제가 출범하면서 학계 전체가 이분화 되었다. 출범 당시부터 인가제를 택하여 필연적으로 한정된 25개 학교만이 로스쿨로 전환되면서 로스쿨과 비로스쿨 간에 상호 충돌은 불가피했는데, 그동안 상생보다는 서로 맞서는 양상이 계속되면서 법학계 전체에 회복할 수 없는 대립과 반목이 빚어졌다. 이런 단절된 상황은 학문단위의 위축을 초래하여 로스쿨 체제에 동승하지 않은 많은 대학에서 법과대학과 법학부는 구조조정의 대상이 됨으로 그 결과 교수요원의 충원이 급격히 감소하여 고스라니 학문후속세대가 그 피해를 지고 있다. 법학의 연구를 평생의 과업으로 수행하려는 후속 연구자가 자신의 뜻을 펴기가 현실적으로 매우 힘들다.

학문의 세계는 부단히 후학이 등장하여 그 시대에 맞는 주장과 이론을 제기함으로써 전 시대에 통용되는 주장과 이론을 변증법적으로 진화, 발전시켜 나간다. 학문의 시장에 새로운 지식과 문제의식을 가진 새로운 연구자가 등장하는 것은 학문생태계의 건강성을 유지하는 데 필요요건이다. 상호 존중의 마음은 견지하면서, 先學과 後學이 아름답게 충돌하고 갈등하는 것은 日新又日新이 본질인 학문의 세계에서 자연스런 현상이다. 얼마나 후속적으로 연부역강(年富力强)한 젊은 기예가 많이 진입하느냐가 그 조직의 유지와 건강을 위해 관건이다.[19] 일찍이 토마스 제퍼슨은 한 세대가 지나면 모든 법률이 실효하여 새롭게 규정해야 함을 강조하였는데, 이른바 4차 산업시대에 종래의 틀로써는 대응하기 힘든 사회현상에 효과적으로 대처하기 위해서는 다양한 차원에서 유능한 법학도가 많이 필요함에도 불구하고, 갈수록 연구인력은 줄어들고 있다.[20] 학문은 선학(先學)의 축적인데, 학문적 매력상실로 인해 後生可畏를 느끼게 할

---

19) 참고로 축구에서 잉글랜드의 프리미어 리그, 스페인의 라 리가, 독일의 분데스 리그에서 선두권의 팀이 자신의 위상을 유지하기 위해 부단히 젊은 선수를 국적을 불문하고 수혈하는 것이 좋은 예이다.

20) 로스쿨 체제가 출범하면서 가장 변화가 큰 부분이 대학원생의 충원이다. 과거에도 현장실무에 종사하는 사람들이 평생학습이나 재교육의 차원에서 많이 진학하였지만, 학문공동체가 유지될 정도로 전업 대학원생이 있었다. 그런데 로스쿨 체제가 출범하면서 어느 학교나 전업 대학원생의 존재는 매우 드물다. 전업 대학원생의 부재를 학문공동체의 붕괴로 바로 연결시키는 것은 무리가 있지만, 여하튼 기왕의 학계가 새로운 변화상황에 효과적으로 대처하지 못한 것은 사실이다. 일부에서는 로스쿨 체제가 출범하면서 실무교육을 강조한 결과, 전업 대학원

학문후속세대의 출현을 기대할 수 없다는 것은 학문적 비극이다.

3. 대학의 위기

「교육부는 지난 13일 국회 교육위원회 보좌진 업무보고에서 "(저출산에 따른) 학생 수 급감으로 사립대학이 연쇄적으로 폐교해 교직원·학생의 피해가 예상된다"며 "대학 구조조정에 따른 '사회적 안전망'을 구축하기 위해 2019년에 1,000억 원의 예산이 필요할 것으로 보인다"고 밝혔다. 교육부의 자료를 보면, 2018학년도의 대학입학 정원은 48만3000명이고 3년 뒤인 2021년의 대학입학 예정 신입생은 42만7566명이다. 2021학년도에는 대학 정원이 학생 수보다 5만6000명이 많아 대규모 미충원이 예상된다. 교육부는 이 수치가 일반대(1650명) 22곳과 전문대(1250명) 16곳의 정원에 해당한다며 2021년까지 38곳의 대학이 문을 닫을 것이라는 통계를 내놨다. 현재 전국의 대학은 380여 곳으로 10%에 달하는 수치다.」[21)]

학령인구의 절대 감소에 따라 대학의 위기가 예상되고 있다. 이런 위기상황은 비단 법학만이 아니라, 모든 학문단위를 위기로 몬다. 언필칭 학문에서 4대 학문인 수학, 철학, 법학 그리고 의학 가운데 하나인 법학 역시 이런 위기가 남의 일이 아닌 것은 당연하다. 특히 로스쿨 체제에 편입되지 않은 법과대학이나 법학부는 이런 위기의 직격탄을 맞고 있다. 예전에 대학에서 법학전공의 위상은 분명 높았다. 그것이 수행하는 진정한 기능에 비추어 과대하다는 시샘과 질투가 있을 정도였다. 그러나 변화된 현실로 인해 법학은 더 이상 대학차원에서 큰 의미를 부여하는 학문단위가 아니다. 대학 전체가 시장의 논리에 옥죄어지는 분위기에서 법학교수를 비롯한 연구자들은 이미 예전의 자부심을 상실한 지 오래 되었다. 이런 불안한 상황에서 온전한 연구 및 교육의 활동이 행해지리라 기대하는 것은 지극히 비현실적이다. 과장되게 표현하면 –수긍하기 힘들고 부인하고도 싶지만– 법학은 대학에서 이미 황제의 자리를 내어주고 뒤안길로 사라지는 존재가 되어 버렸다. 소실점의 시간이 언제일지가 문제될 뿐이다.

4. 법조의 위기

최근 국가 전체 시스템 가운데 국민적 신뢰가 상대적으로 높다고 여겨진 법조계에 대한 시선이 예사롭지 않다. 보기에 따라서는 이제까지 드러나지 않은 어두운 면이 비로소 햇살에 도드라진 것이라 평할 수도 있지만, 분명한 것은 비단 법조계만이 아니라, 법을 다루는 모든 사람에 대한 사회적 시선이 매우 차갑다는 것이다. 법을 다루는

생의 존재가 부자연스럽게 되는 분위기가 조성되었다고 평가한다.

21) 한겨레 2018.8.14.

직업에 대한 사회적 평가의 저하는 단순히 개인적 감정이 상하는 차원을 넘어 법조직역의 정당한 위상과 평가 역시 저하시킬 수 있다. 과거 사회적 정의를 실현한다는 －비록 그것이 현실을 모르는 데서 비롯되었다 하더라도－ 기세에서 법대에 진학하고, 하늘이 무너져도 정의를 세운다는 마음으로 법학과 첫 만남을 가졌고, 엄혹한 시대상황에도 힘들게 불의에 항거하는 법률가에 마음이 동하여 법에서 무언가를 찾고자 했다. 공동체를 위해 소금의 역할을 수행해 온 법률가에 대한 급변한 대우는 －그동안의 대우가 역할과 기능에 비례적이지 않았다는 냉혹한 평가와는 별개로－ 법학에 입문하는 자로 하여금 앞으로의 자신은 과거 법률가와는 전혀 다른 삶을 산다는 인식을 낳았다. －비록 치기에 가까울지언정－ 열의와 결기로 가득 찬 법학도를 보기 힘든 것은 자연스럽다. 법조직역은 외양적으로는 매우 여유 있고 매력적이라 여길 수 있지만, 그 자체가 사회적, 국가적 병리현상 즉, 부정과 범죄를 다루는 것이어서 매우 위험한 영역이다. 현재의 불의와 부조화에 과감하게 저항하여 더 나은 공동체를 만드는 데 법학, 특히 행정법 및 공법이 그 역할을 하지 못하는 상황에서 연부역강(年富力强)한 젊은 기예가 예전처럼 많을 것을 기대할 수 없다. 사실 변화된 교육환경과 사회현실에서 대학에서 위상이 공고하지 않은 학문단위는 학교 밖에서도 역할을 다하기가 쉽지 않다. 지금의 법조의 위기 역시 법학 전반의 위상을 저하시킨다.

5. 행정법학의 학문적 유전자의 문제: 행정법학의 자체적 문제점[22]

(1) 시대와 맞지 않는 기본틀의 고수

우리보다 앞서가는 나라의 행정법은 제4차 산업혁명 시대, global시대, 정보화시대, 분권화시대, 저출산 고령화시대, 반퇴시대, 리스크시대, 자본주의 4.0 시대, 보장국가 또는 공사협력의 시대를 맞이하여 나날이 새로운 모습으로 진화되고 있다. 가령 카풀앱처럼 이른바 4차 산업혁명으로 인한 공유경제의 요청에서도 중대한 변화가 요구되며, 여기서 자원의 효율적 배분과 경쟁의 자유간의 마찰을 공공복리와 영업자유의 실체적 조화속에서 어떻게 해소하느냐가 관건이다. 새로운 길의 모색은 자명한 이치이다. 그러나 일본에 의해 이식된 근대국가모델에서 벗어나지 못하는 우리 행정법은 부단히 제기되는 시대적 명제－제4차 산업혁명 시대, global시대, 정보화시대, 분권화시대, 저출산 고령화시대, 반퇴시대, 리스크시대, 자본주의 4.0 시대, 보장국가 또는 공

22) 일찍이 최송화 선생님은 "한국 행정법학의 문제점"으로서 다음과 같은 점을 지적하셨다: 학문적 종속성, 법학교육 위주의 이론체계, 방법론과 기초이론의 빈곤, 입법 및 정책에 대한 적절한 대응태도의 결여, 헌법학과의 지나친 영역구분, 총론에의 지나친 경향, 공권력 우월의 이데올로기의 온존("한국 행정법학 50년의 성과와 21세기적 과제", 서울대학교 법학, 제36권 제2호, 1995, 134면 이하).

사협력의 시대－와 심각한 부조화를 노정하고 있다. 국가의 위상과 임무가 과거와는 완연히 달라졌음에도, 우리의 행정법제나 행정판례, 나아가 행정법학은 전시대에 형성된 기본틀에서 그다지 벗어나지 못하고 있는 실정이다. 우리보다 앞서 가는 나라에서 시대에 부응하는 새로운 행정법학이 등장하여 그에 맞춰 국법시스템 역시 구비되어가는 상황과 비교하면 낙후된 우리 공법학의 현주소가 어디에 놓여 있는지 걱정이 된다.

행정법의 기왕의 패러다임이 이러한 시대적 상황과 현실에 대해 법치국가원리의 차원에서 제대로 대응하고 있는지 성찰이 필요하다. 행정법을 위한 새로운 길은 이미 곳곳에서 기능부전을 노정하는 기왕의 패러다임과 과감하게 결별하여 현시대의 흐름에 부합하는 새로운 패러다임을 부단히 구축하는 데 있다.[23]

(2) 행정법제의 심각한 난맥

다른 법분야와 구별되는 행정법의 특징은 법전이 없다는 점이다. 이 점은 행정법에 상반된 효과를 미친다. 순기능의 차원에서 행정법을 늘 활기차게 만들어 다른 법분야에 비해 역동성과 탄력성을 제고시킨다. 하지만 시종 법문제를 순전히 법도그마틱에만 의거하여 해결하는 것은 재고가 필요하다. 특히 민주화이후 국가에 대한 항변이 폭발적으로 증가하여 다른 국가에 비해 행정사건이 폭증하였다. 그에 비례하여 현행 행정법제에 대한 개선 역시 강하게 강구되었다. 즉, 법제처가 2006년부터 야심차게 진행한 '알기 쉬운 법령 만들기 사업'으로 모든 법률의 한글화와 문장과 용어가 획기적으로 변경되는 성과를 거두었다. 하지만 행정법제는 여전히 갈수록 복잡해지는 행정현상에 대응하지 못하고 있다. 본질에서 동일한 것이 법률상으로 다르게 표현되어 불필요한 노력이 드는 것[24] 역시 무시할 수 없다.

행정법제의 이런 교착상황은 FTA라는 내외법의 경계가 허물어지는 새로운 국면전개를 맞이하여 그 문제점을 한층 여실히 드러낸다. 그리고 개별행정법에서의 활발한 전개가 행정법일반이론의 토대를 무시하고 진행되곤 하는데, 개별법의 독자성을 무시해선 아니 되지만, 전체 행정법의 체계 역시 충분히 고려되어야 한다. 법치국가원리의 구체화가 행정법인 점에서 개별행정법의 몰이해적 마이웨이식의 전개는 가히 곳곳에서 법적 문제점을 유발하고 있다. 즉, 법의 집행상의 不全이 노정되고 있다. 그리하여 행정법의 기본인 행정법일반이론의 존재와 기능 자체가 심각히 의문시되고 있으며, 그리하여 행정법의 존재이유 역시 위협받고 있다.

---

23) 김남진, "時代와 호흡을 함께하는 公法學과 司法", 『公法硏究』, 제44집 제4호, 2016. 6. 1면 이하; "행정법을 위한 새로운 길", 『학술원통신』 제260호, 2015.3.1., 2－5면; "후기근대국가의 행정법", 『학술원통신』 제272호, 2016.3.1., 2－5면.

24) 가령 건물의 준공처분, 사용승인처분, 사용검사처분이 좋은 예이다.

(3) 심각한 고시의존성의 문제

법학에 대해 늘 따라 붙는 것이 '수험법학', '고시법학'이다. 어느 나라나 동일한 사실이, 법학은 공직진출의 출발점이다. 그리고 법학은 국가의 법제를 대상을 하기에, 법학을 공직진출을 위한 준비적 성격을 완전히 배제하는 것도 현실적이지 않다. 이런 점이 행정법학에서 특히 두드러진다. 시험의 순기능은 교육내용의 형성을 견인하는 점에 있다(후술). 따라서 문제는 수험의존의 정도이다.

「그동안 국가고시는 한국행정학의 양적 성장의 견인차였다. 행정학 및 그 연관과목이 고시과목으로 존속하고, 수험생의 수가 많으면 행정학교과서도 잘 팔리고 행정학과도 번창한다. 그런데 이제 국가고시에서 행정학의 비중이 떨어지거나 아예 과목에서 빠지기 시작하고, 개방제 임용제 실시 등으로 행정고시무용론마저 확산되니 행정학과의 장래는 암울하기 그지없다. 이에 대해 당장 뾰족한 처방이 없는 것도 사실이다. 그런데 따지고 보면, 우리가 지나치게 고시에 기대서 안주해온 게 사실이다. 실제로 한때는 교수의 학문적 능력이 좋은 교과서, 다시 말해 고시용 수험서의 집필 여부로 가름되었고, 너무 많은 교수들이 교과서, 그것도 백과전서식의 두꺼운 수험서 쓰기에 매달렸다. 오랫동안 이 나라의 많은 교수들의 학문적 잠재력이 교과서 쓰는데 소진되었다고 말할 수 있다. 아마도 세상에 우리나라에서처럼 엄청난 수의 행정학 교과서, 그것도 천편일률적인 수험용 교과서가 수십 년을 두고 계속 봇물처럼 쏟아져 나온 나라는 없을 것이다. 이제 적어도 학문하는 교수들은 '수험서 집필'이라는 굴레로부터 벗어나야 할 것이다.」[25)]

이상의 지적에서 제기된 문제에 대해 어느 누구도 자유로울 수 없는데, 심각한 고시의존성의 문제는 학문을 학문답게 정립하는 데 매우 부정적인 영향을 미쳤다. 제로섬의 공식처럼 수험서성격의 책만이 존재할 수 있는 상황에서 전문적이고, 개성이 있는 새로운 단행본의 출간은 매우 어렵게 되었다. 가뜩이나 법학전공자가 과거보다 현격히 줄어든 상황에서 출판사정은 당연히 악화되고 있다. 나아가 고시의존성은 결국 사교육의 영향력을 증대시켜 그나마 출간된 교수가 저술한 교과서마저 갈수록 위축되고 있다. 특히 행정법은 모든 공직시험의 필수과목이어서 다른 법과목보다 훨씬 사교육의 강력한 영향력을 직접 받고 있다. 언필칭 교육을 통한 법조인의 양성을 모토로 내건 로스쿨이 출범한 지 10년이 되면서, 공교육의 위상이 갈수록 왜소해지는 역설적 상황은 과장된 표현을 하자면 지극히 모순적 상황이다. 물론 이런 상황은 비단 행정

25) 안병영, 자초한 위기: 위기의 연원은 한국행정학의 역사 속에서 찾아야, 한국행정포럼 Vol.– No.92 [2000], 11면.

법, 공법 나아가 법학의 문제가 아니라, 우리나라 교육 전체의 문제이다.

(4) 기왕의 통설에 대한 성찰의 부재

닻내림효과(정박효과: Ankereffekt, anchoring effect)란 사람이 자신의 결정을 이전에 제3자에 의해 정립된 규준에 대해 무의식적으로 맞추는 것을 말한다. 즉, 어떤 사항에 대한 판단을 내릴 때 초기에 제시된 기준에 영향을 받아 판단을 내리는 현상을 일컫는다. 닻을 내린 배가 크게 움직이지 않듯 처음 접한 정보가 기준점이 돼 판단에 영향을 미치는 일종의 편향(왜곡) 현상을 말한다. 즉, 사람들이 어떤 판단을 하게 될 때 초기에 접한 정보에 집착해, 합리적 판단을 내리지 못하는 현상을 일컫는 행동경제학 용어다. 대부분의 사람들은 제시된 기준을 그대로 받아들이지 않고, 기준점을 토대로 약간의 조정과정을 거치기는 하나, 그런 조정과정이 불완전하므로 최초 기준점에 영향을 받는 경우가 많다.

법적 논증은 제시되는 논거를 통해 그것의 설득력을 담보한다. 배후에 있는 논거를 자세히 탐문하지 않은 채 통설을 단순히 원용하는 것은 논증을 포기한 것이다. 통설의 경우 그것이 안정화와 목표지향화를 매개한다는 점에서 나름의 근거가 있다. 논증의 수고를 면할 수 있다는 점에서 통설의 존재는 매우 중요하다. 통설에 나름 정당한 근거는 분명히 있겠지만, 그것이 논증의무를 없앨 수 없거니와, 결코 논거로 되지 않는다. 우리 스스로 구축하지 않은 통설에 대한 성찰의 부재는 법적 논증에서 필수적인 비판적 의식을 원천 봉쇄하였다. 권위를 신봉하는 법률가의 직업의식에 비추어 논쟁과 논증의 실종은 매우 우려스러운 현상이다. 특히 통일화된 성문법전이 없는 행정법의 경우 다른 법영역에서보다 판례추수적 경향이 거세다.

(5) 시대에 어울리지 않은 행정법 교육내용의 문제[26)]

불필요하면서도 기존의 틀을 떨치지 못하는 교과서적 체계와 장식이 너무나 많다. 교육의 대상이 되는 행정법의 내용에는 이미 현장에서 사라진 것까지 세세히 소개되고 있다. 이미 충수돌기마냥 연혁의 의미만을 지닌 殘痕에 불과한 것까지 온존시켜 놓음으로써 교육내용의 분량이 더욱더 많아지고 있다. 그 결과 행정법교육의 현장이 과부하된 상태이고, 부득불 쟁점만을 추려서 강의하는 식으로 과장된 표현에 의하면 주마간산식의 강의가 될 수밖에 없다. 한정된 공간과 여건에서 새롭게 부각되는 쟁점은 상대적으로 미진할 수밖에 없으며, 여전히 주변부적 주제에 머물고 있다. 법학적

---

26) 참고문헌: 김철용, [기조강연] 로스쿨 시대, 행정법을 어떻게 교육해야 하는가?, 행정법학회 제2회 학술대회, 2011.3.25.

체계사고에서의 언명은 미래의 향상된 인식과 바탕규준의 불변성의 유보하에 있다.[27] 행정법도그마틱의 收藏庫에 들어있는 것들에 대해 변화된 인식을 바탕으로 새롭게 조명해야 한다.

대표적으로 재량에서 기속재량과 자유재량으로 구분하는 것이다. 자유재량행위 및 기속재량행위를 각각 재량행위 및 기속행위와 동렬에 놓은 듯한 판례도 있지만,[28] 재량행위와 기속행위로 나눈 다음 재량행위를 다시 자유재량행위와 기속재량행위로 세분하는 판례[29]가 우세하다. 특히 가령 채광계획인가는 기속재량행위로, 공유수면 점용허가는 자유재량행위로 본 대법원 2001두151 판결은 이런 상황을 극명하게 웅변한다. 언제까지 가르치는 사람도 구분하기 힘든 것을 아무 것도 모르는 어린 학생들에게 가르치는지의 문제에 대해 모두 심각하게 고민해야 한다. "자유롭지 아니한 재량이 없고 기속받지 않는 재량은 존재하지 아니 한다."는[30] 점에서 하루바삐 무의미한 스테레오 타입을 제거해야 한다.

행정소송법 제12조상의 원고적격과 관련한 동조 제1문상의 "법률상 이익"이 무엇을 의미하는지에 관해서 ⅰ)권리구제설(권리향수회복설), ⅱ)법이 보호하는 이익구제설(법률상 이익구제설), ⅲ)보호할 가치있는 이익구제설(이익구제설), ⅳ)처분의 적법성보장설이 주창되고 있다. 일본의 학자가 취소소송의 원고적격에 관한 네 가지 이론(기준)을 전개한[31] 이래로 국내 대부분의 문헌은 이를 따르고 있다. 일본에서도 이들 가운데 권리향유회복설과 처분의 적법성보장설에 대해선, 塩野 宏 교수는 일본의 현행법의 해석론의 기준으로서의 의의를 가지지 않는다고 지적한다.[32] 이런 지적이 우리의 실정법에 대해서도 그대로 타당하다고 강력하게 주장됨에도 불구하고, 논의의 전개양상은 변하지 않고 있다. 더 이상 불필요한 논의는 하루바삐 삭제해야 한다. 보호규범이론에 철저함으로써 법률상이익을 둘러싼 소모적인 논란을 종식시켜야 한다.[33]

---

27) Schmidt－Aßmann, Das allgemeine Verwaltungsrecht als Ordnungsidee,2.Aufl., 2004, S.1.

28) 대법원 2001.2.9. 선고 98두17593 판결: 구 도시계획법(2000.1.18. 법률 제6243호로 전문 개정되기 전의 것) 제21조와 같은법 시행령(1998.5.19. 대통령령 제15799호로 개정되기 전의 것) 제20조 제1, 2항 및 같은법 시행규칙(1998.5.19. 건설교통부령 제133호로 개정되기 전의 것) 제7조 제1항 제6호 (다)목 등의 규정을 살펴보면, 도시의 무질서한 확산을 방지하고 도시주변의 자연환경을 보전하여 도시민의 건전한 생활환경을 확보하기 위하여 지정되는 개발제한구역 내에서는 구역 지정의 목적상 건축물의 건축이나 그 용도변경은 원칙적으로 금지되고, 다만 구체적인 경우에 위와 같은 구역 지정의 목적에 위배되지 아니할 경우 예외적으로 허가에 의하여 그러한 행위를 할 수 있게 되어 있음이 위와 같은 관련 규정의 체재와 문언상 분명한 한편, 이러한 건축물의 용도변경에 대한 예외적인 허가는 그 상대방에게 수익적인 것에 틀림이 없으므로, 이는 그 법률적 성질이 재량행위 내지 자유재량행위에 속하는 것이라고 할 것이고, 따라서 그 위법 여부에 대한 심사는 재량권 일탈·남용의 유무를 그 대상으로 한다.

29) 대법원 2008.5.29. 선고 2007두18321 판결.

30) 김남진/김연태, 행정법, 2018, 220면.

31) 原田尙彦, 訴えの利益, 1973, 4면 이하.

32) 塩野 宏, 行政法(Ⅱ), 2005, 126면.

33) 원고적격의 유무, 즉 권리침해의 존부에 대한 본격적인 '입증'은 소송의 심리과정에서 행해질 일이며, 소의 제기

신고제와 관련한 논의는 갈수록 혼돈에 빠져들고 있다. 본래 기왕의 신고제에 관한 논의는 사인의 공법행위에 바탕을 두었다. 그 결과가 자기완결적 신고와 수리를 요하는 신고의 구분이다. 양자의 구분은 수리거부의 처분성에서 나뉜다. 그런데 최근의 판례의 경향은 일체의 신고에서 수리거부를 취소소송으로 통해 다툴 수 있는 것으로 본다. 특히 최근 평생교육시설설치신고의 반려 건에서, 이른바 수리를 요하는 신고인양 수리거부의 처분성을 전제로 그것의 위법성을 적극적으로 논증하였다.[34] 판례의 접근은 신고의 기왕의 구별도식(수리의 비처분성 ⇒ 수리의 거부의 비처분성, 수리의 처분성 ⇒ 수리거부의 처분성)을 무색케 한다. 언제까지 판례의 추이에 따라 신고제에 관한 교육내용이 달라지는 점에 관한 성찰이 필요하다.[35]

국가배상법상의 違法性 개념과 관련해서 판례는 행정소송상의 위법성판단과 국가배상청구상의 (직무행위의) 위법성판단은 별개라는 입장을 견지하고 있다.[36] 일찍이 대법원 1984.7.24. 선고 84다카597 판결에서 비롯된 이런 입장은 현재 異論의 제기가 무의미할 정도로 확고한 행정법의 도그마틱이 되어 버려 별반 그 자체 의문이 제기되지 않는다. 일종의 다른 의미의 선결문제이자 후결문제인 셈인 이 문제는, 취소소송의 취소판결의 기판력이 後訴인 국가배상청구소송에 미치는지의 물음과 취소소송의 위법성과 국가배상책임성립요건상의 위법이 동일한지의 물음에 관한 것인데, 궁극적으로 국가배상법상의 위법개념의 문제로 귀착된다. 그리하여 문헌상의 기왕의 논의를 일별하면, 취소소송의 취소판결의 기판력이 後訴인 국가배상청구소송에 미치는지의 물음과 관련해선 기판력부정설, 일부기판력긍정설, 전부기판력긍정설이 운위되며, 취소소송의 위법성과 국가배상책임성립요건상의 위법이 동일한지의 물음과 관련해선 동일위법성설과 상대적 위법성설이 운위되고, 국가배상법상의 위법개념의 문제와 관련해선 결과불법설, 행위위법설, 상대적위법성설이 운위된다.[37] 개인적으로 언제부터 이런 논의를

단계에서는 원고적격의 '가능성' 즉, 권리침해의 가능성이 존재함으로써 충분하다('가능성설'). 그러나 판례와 다수견해는 원고적격 내지 법률상 이익의 유무는 소의 제기단계, 즉 소송요건의 문제이고, 본안에선 오로지 처분의 적법성 여부만이 문제가 되며, 이들은 엄격히 구분되어야 한다는 입장을 취한다. 이런 엄별은 권리구제의 초입을 지극히 어렵게 만든다. 하지만 권리구제의 확대가 운위되면서도 전혀 상황변화가 없다. 정말 이해하기 힘들다.

34) 대법원 2005두11784 판결. 비판으로 김중권, 법률신문 제3984호(2011.11.17.).

35) 김중권, 행정법, 2016, 249면.

36) 대법원 2007.5.10. 선고 2005다31828 판결: 어떠한 행정처분이 후에 항고소송에서 취소되었다고 할지라도 그 기판력에 의하여 당해 행정처분이 곧바로 공무원의 고의 또는 과실로 인한 것으로서 불법행위를 구성한다고 단정할 수는 없는 것이고, 그 행정처분의 담당공무원이 보통 일반의 공무원을 표준으로 하여 볼 때 객관적 주의의무를 결하여 그 행정처분이 객관적 정당성을 상실하였다고 인정될 정도에 이른 경우에 국가배상법 제2조 소정의 국가배상책임의 요건을 충족하였다고 봄이 상당할 것이며, 이 때에 객관적 정당성을 상실하였는지 여부는 피침해이익의 종류 및 성질, 침해행위가 되는 행정처분의 태양 및 그 원인, 행정처분의 발동에 대한 피해자측의 관여의 유무, 정도 및 손해의 정도 등 제반 사정을 종합하여 손해의 전보책임을 국가 또는 지방자치단체에 부담시켜야 할 실질적인 이유가 있는지 여부에 의하여 판단하여야 한다.

37) 이런 논의현황에 관해선 특히 이홍훈, 행정소송과 민사소송, 한국공법이론의 새로운 전개(김도창 박사 팔순기념논문집), 2005, 484면 이하; 서정범, 국가배상에 있어서의 위법성과 과실의 일원화, 행정판례연구 제7집, 2002,

제대로 가르치는지 깊이 고민하였다. 국가배상법상 국가배상청구권이 성립하려면 담당 공무원의 고의, 과실이 필요하다는 것은 과연 일반 국민들이 알 수 있는가? 이 논의는 일본의 논의현황이 스테레오 타입으로 내려온 것이다. 민사 불법행위책임에서 우리와 다른 일본의 논의에 바탕을 둔 국가배상법상의 위법성 개념에 관한 고민이 필요하다.

Ⅳ. 이제 무엇을 어떻게 해야 하는가?

1. 기본목표: 시대에 맞는 행정법학의 정립

이상에서 본 몇몇의 예는 시대와 호흡하지 못하는 것의 극히 일부이다. 광장의 민주주의가 일상화되고, 국민의 의사가 가감없이 표출되는 오늘날에는 행정법에서의 국민의 위상은 새롭게 설정되어야 한다. 종래 국민을 마치 시민이 아닌 臣民으로 보고 구축된 행정법의 많은 내용들이 오늘날 설득력있게 설명하기가 매우 곤란하다. 출처가 불분명하고 나아가 행정법에 대한 흥미를 반감시킬 내용은 시대에 맞는 행정법학의 정립을 방해한다는 점에서 이제 과감하게 배제할 필요가 있다. 가령 특별권력관계에 관한 종래의 논의가 과연 책에서 차지하는 분량만큼이나 의미가 있는지도 의문이다. 이미 주장하시는 분도 없는 구별긍정론은 소개해야 하는지 언제나 개인적으로 고민하곤 했다. 행정법학 역시 어제의 행정법학이 오늘은 물론 내일도 그대로이어선 아니 된다. 학생들이 행정법의 흥미를 잃지 않도록, 깊이 공부하는 사람에게나 필요한 것은 과감하게 삭제해야 한다.[38] 그리고 비록 시험의 출제경향으로 인해 행정법강의의 주안점이 권리구제에 주어져 있는 점이 불가피하지만, 행정법학은 다른 법학 분야와는 달리 제도의 학문으로의 특성을 지녀서 행정쟁송법일변도의 교육은 지양할 필요가 있다. 행정쟁송의 관점에서 행정법을 재단하여 빚어진 난맥상황이 바로 －허가제와 구별되지 않아 구별의 논거가 확실하지 않음에도 여전히 존재감을 발휘하는－ '수리를 요하는 신고제'의 존재이다. '행정법'은 행정'법'이자, '행정'법이다.

2. 기왕의 학설에 관한 비판적 재고

학설이란 학문적인 문제에 대해 학자가 내세우는 주장(主張)이나 이론(理論)을 의미한다. 즉, 학술적 문제에 대하여 주장하는 이론 체계를 일컫는다. 학문에 학설과 이론

146면 이하; 김남진, 취소소송의 기판력과 국가배상소송의 관계, 고시연구, 2000.12., 190면 이하; 박균성, 국가배상소송에 대한 취소소송판결의 기판력, 고시계 1995.7., 98면 이하; 김철용, 취소소송판결의 기판력과 국가배상소송, 고시계 1985.7., 147면 이하 참조.

38) 김중권, 행정법, 2016, 126면.

은 당연하며, 百花齊放百家爭鳴 가운데 다양하고 풍부한 학설의 전개가 해당 분야의 고차적 학문성을 나타내기도 한다. 특히 법률의 해석과 적용에서 쟁점에 관한 다양한 학설은 필연적이며. 이에 따라 학문으로서의 법학이 정립된다. 타당한 근거를 출발점으로 설득력 있는 주장을 전개하는 학설의 존재가 심오한 이론적 접근을 가능케 하여 학문의 격을 올린다(학설의 순기능). 그런데 대부분의 우리 법제는 繼受가 아닌 移植의 所産이다. 그리하여 학문후진국으로선 피할 수 없는 비교법적 고찰이, 正反合의 과정에서 진행되는 진정한 비교법적 고찰에 이르기보다는 자칫 移植의 또 다른 형태에 머물곤 한다. 그 결과 종종 법제상으로 난맥상이 빚어지거니와, 학설의 혼란상 역시 사소하지 않다. 그리하여 학설이 학문성을 제고하기는커녕 학문적 접근을 저해하는 정체상황이 빚어지곤 하며, 이런 역기능이 往往 순기능을 압도하기도 한다. 최근 우리 법학의 현주소는 교과서법학이나 수험법학의 수준을 넘어 다이제스트법학이라 할만하다. 여기에 불필요한 학설의 과잉양산이 더해져서 법학의 학문성은 과거에 비할 수 없는 수준에 머물고 있어서 그 결과 학문으로서의 '법학'은 심각한 위기에 놓여 있다. 무릇 세상의 어려움은 새로운 생각에 있는 것이 아니라 오래된 생각으로부터 벗어나는 데 있다.[39] 불필요한 학설의 양산의 지양하기 위한 첫 걸음으로 기왕의 학설 현황에 관한 비판적 재고가 필요하다.[40]

3. 시험을 통한 행정법교육의 정상화[41]

(1) 교육내용과 시험범위, 특히 개별 행정법의 범위 조정

'wag the dog theory'은 주객전도나 본말전도의 의미이지만, 교육평가와 관련해서는 시험이나 평가를 통해 교육의 내용이 형성된다는 것이다. 즉, 시험이 교육의 방향추가 된다는 것이다. 최근 변호사시험 자체의 문제점이 제기된다.[42] 따라서 시대에 맞는 법학을 비롯한 행정법학의 정립에 시험 역시 긍정적인 영향을 미칠 수 있다. 우선적으로 시급한 일은, 변호사시험의 수준에 걸맞는 행정법 교육의 범위와 수준을 학계와 실무계 간의 의견교환을 통해 확정하는 것이다.[43] 시험에서 유의할 점은 그로 인

---

39) 케인스, 고용·이자 및 화폐에 관한 일반이론 서문.

40) 김중권/김영수, 行政法에서의 학문현상으로서의 學說, 그에 대한 適正性 評價에 관한 小考, 안암법학 제33호, 2010.10., 1면 이하.

41) 참고문헌: 천경훈, 변호사시험이 법학전문대학원의 교육에 미치는 영향, 상사법연구 제36권 제1호, 2017, 229－272.

42) '변호사시험 문제점 점검'(법률신문 2018.12.3.)

43) 이는 단지 행정법 차원의 문제가 아니고, 전체 시험과목에 해당하는 기본과목 일반에 시급하다. 왜냐하면 과거 사법연수원에서 진행한 민사재판실무와 형사재판실무가 그대로 로스쿨에서 진행되고 있어서 그로 인해 다른 과목의 진행이 심각한 장애에 처해 있어서 수업에서의 다양성은 이미 기대할 수 없는 지경이기 때문이다.

해 학생들의 부담이 가중되어서는 아니 된다. 먼저 시험의 범위와 관련해서 과거보다 전달내용이 크게 많아졌기에 범위를 합리적으로 조정, 축소할 필요가 있다. 특히 변호사시험의 경우 각론 파트를 환경법의 경우처럼 5개 정도의 특정 법분야로 축소할 필요가 있다. 지금처럼 행정법 각론의 일체의 파트를 대상으로 하면 실제의 출제에서 매우 국소적이고 피상적인 물음에 그쳐서 수업 역시 그렇게 진행되곤 한다. 제한적인 망정 개별 행정법을 좁게 깊게 교육하면, 오히려 법적 소양의 양성에 더 유익할 것이다. 관건은 대상법위를 정하는 것인데, 행정법학회나 공법학회를 통해 중론을 모으면 그다지 어렵지 않다고 생각한다.

(2) 변호사시험에서 객관식시험의 개편

최근 법무부가 변호사시험 개편안으로 객관식의 경우 과거 사법시험처럼 헌법, 민법 그리고 형법에 한정할 것을 제시하였다.[44] 엄연히 객관식으로 평가할 부분이 있는데, 그것을 도외시하는 것은 교육의 정상화에 역행하는 것이고, 로스쿨과 사법시험과의 차이를 무색하게 한다는 점에서 문제가 있다. 향후 진로를 공직으로 잡는 학생들의 경우 업무수행에 행정법적 지식이 필수인데, 학생들이 나름 객관식의 준비를 통해서나마 행정법 전체를 조망하지 않고, 사례형 문제를 통해 매우 한정된 쟁점거리만을 다루고 졸업을 한 경우, −추가적인 심화학습의 기회를 가지지 않는 이상− 현장에서 행정공무원들의 행정법적 지식수준에 현저히 미달하는 것이 명백하다. 신임변호사의 공직진출 자체가 사실상 무망할 것으로 예상된다. 송무의 차원을 넘어 다양한 진로개척이 로스쿨 출범의 모토인데, 이상과 같은 시험개편안은 스스로 로스쿨 출범의 존재근거를 말살하는 셈이다.

시험방식의 선정에서 고려할 점은 학생의 부담, 변별력과 학습효과이다. 이들 세 가지 요소는 상호 모순될 수 있기에 합리적 조화를 이루는 것이 관건이다. 개인적으로 객관식 시험의 부담을 줄이는 합리적 방안을 모색해야 한다. 가령 −행정법학회 제2회 학술대회(2011.3.25.)에서 필자가 주장한 대로− 문제은행에 입고된 모든 객관식 문제를 공개하고 실제 출제에서는 공개된 문제에 대해 20−30%의 변용을 가하는 식으로 운용하면, 학생의 부담은 상당히 줄어들고, 변용을 통해 나름의 변별력을 확보할 수 있으며, 해당 과목 전반을 일별할 수 있다는 점에서 과거 사법시험에서 얻지 못한 일정한 학습효과도 거둘 수 있다. 필자의 이런 주장 역시 하나의 제안이다. 모든 지혜를 모아 조화를 기할 수 있는 해결책을 시급히 마련해야 한다.

---

44) 追記: 법무부가 변호사시험관리위원회의 의결을 거쳐 객관식 과목의 축소를 위해 관련 법제도의 마련에 착수하였다.

(3) 시험출제경향의 공식적인 발표[45]

시험의 존재이유의 하나는 사후에 점검을 통해 자신의 실력을 객관화하는 것이다. 그런데 지금의 모든 집필시험에서의 사례형 문제 및 변호사시험에서의 기록형 문제는 어떤 기준에 의해 평가되는지 전혀 알 수 없다. 그에 따라 공적 권위로 확인되지 않은 개개의 채점기준표가 제시되어 교육현장을 혼란스럽게 한다. 지금의 변호사시험운영에 대해 일각에서 제기하는 밀실 평가라는 비난은 다소 과한 면이 있긴 하지만, 변호사시험의 신뢰도의 차원에서 나름의 개선방안을 강구할 필요가 있다. 그 하나가 시험출제경향의 공식적인 발표이다. 시험출제경향의 공식적인 발표는 단지 시험평가의 기준에 그치지 않고, 그에 맞춰 교육의 방향을 가늠할 수 있고 이를 통해 향후 교육내용의 수준을 나름대로 표준화할 수 있다. 공식적으로 발표된 시험출제경향에 대해 여러 의견이 개진되는 과정을 통해 수험생들은 자신의 답안지에 대한 평가에 대해 나름 수긍할 것이고, 적어도 개별 쟁점에서 다루어야 할 주요 논점 역시 확실하게 전달될 수 있다. 경우에 따라서는 시험출제단계에서 미처 생각하지 못한 쟁점에 관해 의미있는 주의환기가 이루어져 변호사시험의 공신력을 확실하게 제고시킬 수 있다. 일각에서 자칫 채점기준표의 공개로까지 나아갈 수 있는 것에 대해 우려를 표하기도 하지만, 세세하게 개별적으로 점수배점을 제시하는 것이 아니라 수험생이 반드시 다루어야 핵심쟁점에 관해 제시하는 식으로 운영하면 큰 문제가 없으리라고 생각한다.

(4) 변호사시험문제에 대한 사후 점검 체제

로스쿨은 교육을 통한 법조인의 양성이다. 교육의 實效性은 결정적으로 시험에 좌우된다. 이제까지 변호사시험에서의 출제문제가 과연 법학교육의 정상화, 유능한 법조인의 양성 등의 차원에서 적실한지 여부가 공식적으로 논의되지 않았다. 법학교육 3년을 평가하기에 매우 미흡한 문제를 언제까지 '不意打'가 몇 개인가와 같은 개인적 운으로 치부할 것인지 깊은 고민이 필요하다. 중요도에서 변호사의 역량을 평가하는데 전혀 부합하지 않는 문제의 출제는 시험 자체에 대한 신뢰도를 저하시킨다. 법학에서 기본적이고 중요한 문제를 극히 전략적으로 대하게 하는 것은 교육적으로도 바람직하지 않다. 언필칭 사법연수원의 기능의 일부를 담당하는 것이 로스쿨 체제임에도 불구하고, 이런 물음에 대해 아무런 검토가 없었다는 것이 이해하기 힘들다. 로스쿨 출범 10년에도 불구하고 변호사시험에 대한 의구심은 여전히 상당하다. 이런 불신은

45) 이 내용은 발표당시에는 '채점기준표의 공개'의 이름으로 논의를 전개하였는데, 오해를 유발한 듯하여 지금처럼 수정하였다.

궁극적으로 사법과 법조에 대한 불신으로 이어진다. 가뜩이나 사법과 법조에 대한 믿음이 예사롭지 않은데, 향후의 전개양상에 대해 개인적으로 매우 우려한다. 무릇 모든 일에서 사후 점검의 존재이유는 해당 일이 제대로 진행되도록 이끄는 데 있다. 법학교육을 제대로 반영하고, 변호사자격의 부여여부를 평가하는 데 충분한 문제가 출제되었는지 여부를 공식적으로 점검하는 제도가 마련되어 있으면, 사법시험과 비교해서 늘 제기되는 로스쿨 체제에 대한 의심 역시 일거에 해소시킬 수 있다. '不意打'로 수험생의 노력을 무위로 만드는 시험은 시험을 위한 시험이다. 채점기준표의 공개와 더불어 변호사시험문제에 대한 사후점검은 과정은 공정하게, 결과는 더욱더 정의롭게 하는 장치를 마련한다는 차원에서 더 이상 미룰 수 없다.

Ⅴ. 맺으면서 – '행정기본법'의 시급한 제정

사법시험 체제하에서의 법학 및 법학교육의 위기에 대응하여 로스쿨 체제가 출범하였는데, 역설적으로 현재 지적되는 법학 및 법학교육의 위기는 과거와는 질적, 양적으로 다르게 우리 곁에 다가오고 있다. 행정법학의 危機는 학문으로서의 행정법학을 委棄하는 데서 비롯되었다. 언제까지 행정법을 구슬주머니에서 파란 구슬, 빨간 구슬을 집는 식으로 접근할 것인지를 심각하게 고민할 필요가 있다. 성문법전이 없다는 점이 이제는 행정법학의 존립을 심각하게 위협하는 치명적인 약점이 되고 있다. 행정법도그마틱을 어느 정도로 집약하여 성문화하지 않고서는 교육현장에서 행정법은 비호감이 될 수밖에 없다. 더욱이 로스쿨체제하에서 판례암기만이 법적 논증에서 이상적 해결책인 양 받아들여지고 있다(행정법학=행정판례). 고정관념에 대한 비판적 성찰이 동반되지 않은, 행정법학의 판례에로의 도피는 일시적인 편안함을 넘어 행정법학의 학문적 정체성에 심각한 의문을 던진다. –'판례이론'이라는 표현이 아무런 문제의식 없이 서슴없이 사용되는 것이 보여주듯이–[46] 적극적 사법의 기치로 날로 행정판례의 전개가 가히 압도적인 상황에서 행정법학은 갈수록 학문으로서의 입지가 왜소해지고 있다. 행정법학의 危機에 대한 급브레이크가 마련되지 않는 이상, 행정법학=행정판례의 불편한 진실은 불원간 불가역적으로 지극히 바람직하지 않게 굳어질 우려가 있다. 과연 행정법학은 어디에 존재하며, 무엇을 지향하는가?

진화가 없는 국가와 사회는 그 구성원 모두를 힘들게 만든다. 학문 역시 마찬가지

46) 기본적으로 개별사건의 나름의 해결에 초점을 맞추는 판례를 '이론'으로 접근하는 것은 매우 우려된다. '이론'이란, 개개의 여러 가지 사항을 통일적으로 설명하기 위해, 또 인식을 발전시키기 위해, 이미 인식되고 정식화되어 있는 경험적 법칙(예를 들면, 케플러의 법칙 등)을 기본적 원리에 기초하여 체계화한 것을 말한다(NAVER 철학사전).

이다. 개인적으로 지금의 단계는 비단 행정법학만이 아니라, 법학 전반이 그 본연을 잃어버리고 자신의 자리를 이미 상실하였거나 급속히 상실해가는 것으로 여겨진다. 행정법학을 비롯한 법학의 현재의 위기상황은 잠재적 파산상태에 견줄 수 있다. 학문의 세계와 대학사회에서 낙오된 영역이 현실에서 그 힘을 발휘할 수 없듯이, 법학의 추락은 대학을 넘어 법제도 및 법조직역의 위상저하로 이어질 것이고, 이는 법치국가원리 자체의 위기를 낳는다. 행정법학의 위기가 더 이상 진전되지 않도록, 또는 카오스의 상태에서 행정법학이 새롭게 탄생하도록, 비상한 해결방안이 마련되어야 한다. 행정법 일반이론을 성문화한 행정기본법의 제정이 행정법교육은 물론 행정법학의 신기원이 될 것이다.[47] 지금의 혼돈상황에서 새로운 시대에 맞으며 先學, 同學 그리고 後學이 바라는 학문과 질서가 빨리 마련되길 기대한다. chalepa ta kala!: "The beautiful things are difficult to attain."(Socrates)

* 행정법학 제17호, 2019.6.30., 183면－213면 所收.
* **추론**: 여러 가지 어려움에도 불구하고, 2년의 노력으로 행정기본법이 전문 40개 조항으로 제정되어(2021.3.23.) 앞으로 새로운 국면이 전개될 것이다. 행정기본법 시즌2에 시급히 나서야 한다.

47) 김중권/김영수, 21세기 국가모델을 위한 가칭 행정기본법의 제정을 통한 행정법과 행정법제의 개혁, 공법연구 제41집 제3호 2013.2.28., 29－49.

제 3 장

공법(행정법)의 현대화를 통한 규제개혁

"외국문화는 어떤 것이든지 받아들여도 좋다. 다만 原物形으로 받아들일 것이 아니라, 그것을 요소로 분해해서 구조식을 알아내고, 다음에는 소재는 국산자재든 수입자재든 간에 완제품을 국내생산을 하여 저렴한 가격으로(즉 정신적 낭비-외국숭배·물신숭배를 줄이고) 지식시장에 내놓는 일이 바른 태도일 것이다." -崔仁勳의 「원시인이 되기 위한 문명한 의식」

Ⅰ. 처음에 – 5년 주기 '도돌이표 국정어젠다'로서의 규제개혁

규제완화와 탈규제는 규제개혁의 이름으로 마치 유령처럼 늘 대한민국을 배회한다. 이명박 정부는 '활기찬 시장경제를 위한 전면적인 규제개혁'을 표방하여, 국가경쟁력강화위원회 등을 설치하였고, 박근혜 정부 역시 '손톱 밑 가시 빼기'를 정권의 핵심 키워드로 내세우고 틈만 나면 규제완화에 대한 강한 의지를 표방하였다.[1)] 그러나 규제개혁은 소기의 성과를 거두지 못한 것으로 평가되었다. 급기야 2014.4.20. 청와대에서

1) 가령 2013.5.14.에 국무조정실이 규제 관련 736개 법률을 전수조사한 결과, 기업활동 관련 규제 1,530건(257개 법률) 중 네거티브 규제방식은 393건으로 전체의 1/4 수준에 불과한 것으로 파악되었다고 하면서, 1단계로 창업, 입지, 자금·인력 등 '진입요건 규제'를 제로베이스 검토, 네거티브 방식으로 대폭 전환하기로 하였다고 공표하였다.

제1차 규제개혁장관회의 겸 민관합동 규제개혁점검회의가 장장 7시간에 걸쳐 '끝장토론'의 형식으로 진행되었다. 그 후 보기에 따라서는 매우 급진적인 규제총량제와 규제일몰제와 같은 제도가 적극적으로 강구되는 등 현재 분위기는 분명 규제개혁의 논의의 강도에서 과거와는 차이가 있다.[2] 그런데 돌이켜 보면 역대 어느 정부든 지금과 못지않게 의욕적으로 규제개혁을 강구하였지만, 결과는 기대에 못 미쳤다. 신정부의 출범에 즈음하여, 늘 국정어젠다로 규제개혁이 내세워졌지만, 결과적으로 지표상으로 큰 차이가 없거니와 도리어 악화되기도 하였다. 규제완화를 내용으로 하는 규제개혁은 5년 주기로 등장하는, 모든 정부의 '도돌이표 국정어젠다'에 불과하다.[3]

그런데 규제에 맞서는 것이 자유이다. 따라서 규제개혁을 내세운 규제완화의 흐름은 분명 자유의 신장이자 사적 영역의 확대이고, 이는 당연히 공공성의 축소를 가져다 준다. –보기에 따라서는 다른 평가가 내려질 수 있지만– 지난 2월의 부산외대참사와 4월의 세월호의 비극은 공공성 상실의 비참한, 자연스런 말로를 대변한다고 할 수 있다.

규제완화는 일견 국가개입의 축소에 따른 사적 공간의 확대와 공공성의 축소의 상반된 효과를 발생시킨다. 그동안 규제완화가 규제개혁의 전부로 치부되어 규제개혁의 이름으로 전자만이 전면에 부각되고 상대적으로 후자는 뒤로 물려지는 양상이 전개되었다. 규제에 대한 극한 표현이 스스럼없이 행해지는 것이 보여주듯이, 그 흐름은 당연하게 받아들여지고 있다. 올바른 규제를 정립하는 것이 규제개혁의 방향이라면, 조화와 균형을 기하지 못하고 규제완화 일변도로 규제개혁을 논하는 것은 반의 성공은 커녕 전체의 실패로 귀착될 수밖에 없다. 강도 높은 규제완화에도 불구하고, 비단 안전사고를 들지 않더라도 다시 규제강화와 재규제가 행해지는 것이 이를 증명한다.

그동안 규제의 문제를 규범의 차원에서 접근하지 않고, 단지 규제 자체의 기능적 차원에서만 접근하였기에, 그것의 법적 수단으로서의 의미가 충분히 반영되지 않았다. 따라서 규제 일반의 제도적, 근본적 바탕에 대한 인식이 결여되어 이에 관한 공법적 차원에서 깊이 있는 성찰이 행해지지 않아 규제에 대한 법치국가원리적 접근이 강구되지 못한 채 오늘에 이르렀다. 그동안의 규제개혁논의가 주효하지 않은 결정적인 이

---

2) 청와대 토론을 계기로 각 중앙부처와 지방자치단체에서 규제개혁이 매우 강하게 강구되고 있는데, 자칫 금방 뜨거워지는 냄비처럼 될까 우려된다(A little pot is soon hot).

3) 여기서 언필칭 규제완화나 탈규제와 같은 화두의 의미를 성찰할 필요가 있다. 환경국가, 리스크사회, 예방국가 등과 같은 전범이자 화두를 통해서 현재의 법학적 논의가 진행되곤 한다. 이들은 학문적 논의에서 지향점을 전달하는데, 법시스템상의 중요한 (종종 새로운) 발전을 강조하기 위해 일종의 다발로 묶는 기능도 발휘한다. 또한 그 발전을 신속히 핵심개념이 되게 만드는 암시력도 갖는다. 사실 그것의 법개념과 법도그마티적 개념의 근접은 간과할 수 없으며, 저평가되지도 않는다. 법학적 논의에서 그런 화두를 사용하는 그 자체는 문제되지 않는다. 하지만, 개념사용이 바른 이해를 저해하기도 한다는 점에서 법도그마틱적 측면에서, 그것의 잠재능력은 물론 그것의 한계에 관해서 분명히 알아야 한다.

유가 여기에 있다. 사실 규제개혁과 관련해서 효과적인 규범적 대응이 없었다는 것은 궁극적으로 우리의 현행 법제도가 일본에 의한 강제이식의 산물이라는 태생적 한계이기도 하다.

이하에서는 그간의 규제개혁논의의 실패원인을 나름대로 분석하며, 논란이 많은 규제개념을 나름대로 설정한다. 그리고 법치국가원리에 부합되는 올바른 규제를 강구하기 위하여 공법의 현대화를[4] 통한 새로운 접근을 모색하고자 한다. 특히 새롭게 공법의 좌표를 설정하기 위해 보장국가에서의 규제의 의미를 되새겨보고자 한다.[5]

Ⅱ. 규제의 현황 및 기왕의 규제개혁(논의)의 실패원인

1. 규제의 현황[6]

1998년 규제개혁위원회가 설립된 이후 지속적으로 규제를 축소시켜왔다.[7] 그런데 '전봇대 뽑기'를 기치로 규제완화를 부르짖던 이명박 정부 때 등록규제 건수가 5년만에 2.7배로 증가하였다. 구체적으로 보면, 이명박 정부 초기인 2008년 5천186건에서 2009년 1만1천50건으로 급증한 데 이어 2010년 1만2천120건, 2011년 1만3천147건, 2012년 1만3천914건으로 5년만에 2.7배로 증가하였다.[8] 박근혜 정부가 들어서고 난 뒤에도 5개월만에 882건의 규제가 순증하였고,[9] 2013년 말 현재 동록규제 수는 1만 5천269건에 달하였다.

한편 일각에서는 규제 양산의 주된 원인으로 19대 국회가 출범한 이후 5개월간 4천

---

4) 공법 특히 행정법학의 새로운 좌표에 관해서는 김남진, 현대국가에서의 행정 및 행정법학의 역할과 과제, 학술원통신 2012,7. 참조.

5) 이 글을 준비하면서 보장국가 및 규제에 관한 다음의 국내 문헌이 큰 도움을 주었다: 김남진, 자본주의 4.0과 보장국가·보장행정론, 학술원통신 2011.12.; 계인국, 보장행정의 작용형식으로서 규제: 보장국가의 구상과 규제의미의 한정, 공법연구 제41집 제4호, 2013, 155면 이하; 망규제법상 규제목적의 결합과 그 의의: 보장행정의 공동선실현 메커니즘, 강원법학 제39권(2013.6) 67면 이하; 규제행정법의 관념과 개요에 대한 소고 -「행정규제기본법」상 규제의 관념과 규제법상 규제관념의 비교-, 안암법학, 통권 제42호(2013.9.), 645면 이하.

6) 여기서 유의할 점은 무엇이 규제인지, 그것의 등록 등과 관련해서 그동안 변화가 있었기에, 관련 자료를 통시적으로 검색해야 바른 판단을 내릴 수 있는데, 이 점에서 정확한 규제현황의 파악이 사실 문제해결의 출발점이 된다. 이하에서의 규제건수 등은 규제개혁위원회나 관련 기관에서 제시한 것에 따른다.

7) 규제건수가 10.185건에서 5,253건수(2008.8.15.기준)로 50%에 달할 정도로 양적으로는 엄청나게 줄었다. 그리고 2007년의 OECD 규제지수의 평가에서도 우리나라는 규제시스템상 최우수그룹으로 분류되며, 수요자중심의 규제개혁시스템에 대해서도 국내외적으로 긍정적 평가를 받았다고 한다. 규제개혁위원회, 2007년도 규제개혁백서, 2008, 25면.

8) 규제개혁위원회는 2009년에 규제의 총수가 크게 증가한 것은 이전 등록규제를 세분화하여 주된 규제와 부수규제로 나누어 등록하였고, '09년부터 미등록 규제를 발굴 등록했기 때문이라고 하여 2009년의 증가수치는 의미가 없다고 지적한다. 한편 전국경제인연합회 보고서는 '08년부터는 규제개혁위원회, '08년 이전에는 학술논문을 종합하여 작성했다고 한다.

9) 규제개혁위원회는 경제환경의 변화에 따른 새로운 시장질서 확립의 필요성과 식품안전, 소비자보호, 안전강화, 환경보호 등에 대한 국민들의 요구가 증가함에 따라 새로운 규제가 생성되었다고 지적하였다.

567건의 의원입법이 발의된 것을 지적하였다.[10] 또한 18대 국회에서도 의원발의 법률안 2천923건 가운데 63%인 1천848건이 규제를 신설, 또는 강화하는 내용이었다고 한다.[11] 그리하여 최근 규제개혁논의의 주된 대상이 의원입법 및 자치입법에 모아진다.[12]

2. 기왕의 규제개혁(논의)의 실패원인: 기왕의 규제개혁논의의 문제점

그런데 이제껏 줄기차게 규제개혁을 강구하였음에도 불구하고 현황이 이처럼 원점에 머물고 있다는 점에서 기왕의 규제개혁의 논의가 과연 합당한 것인지 근본적인 의문이 제기된다. 가령 규제개혁이 많이 논의되고 주창되지만, 실제적으로는 대증적이고 정서적인 차원에 그치고 있으며, 규제영역별로 신문에 자주 오르내리는 단순한 유형(가령: 진입규제/가격규제/판매활동규제/수입규제) 정도에 머무르고 있다. 일각에서는 담당공무원이 자기밥그릇을 유지하기 위해 그저 시늉만한 것으로 보며, 나아가 공무원을 규제개혁의 결정적인 훼방꾼으로 보기도 한다. 관에 대한 극도의 불신을 배경으로 한 이런 지적이 일부 타당할 수 있지만, 그것만으로 그간의 지지부진한 규제개혁의 이유가 해소되지는 않는다. 이하에서는 그 실패원인을 나름대로 제시하고자 한다.

(1) 규제개혁의 지향점 = 시장경제질서의 공고화?

규제개혁은 경제혁신을 위해 강구된다. 그리하여 시장참여자의 자유를 활성화하여 시장경제질서를 공고히 하는 데 이바지한다고 강조된다. 최근에는 여기에 일자리의 확대가 기치로 강조되고 있다. 그리하여 언필칭 규제와 이념지향간의 상관관계가 운위된다. 일반적으로 보수주의와 자유주의를 지향하는 쪽에서는 규제완화나 규제철폐를 강조하는 반면, 그 반대가치를 지향하는 쪽에서는 규제확대를 강조한다고 한다.[13] 그런데 각각의 정부에서의 등록규제 데이터는 정반대의 양상을 보여준다. 사전규제심사를 받지 않는 의회입법의 증대에 따라 많은 규제가 양산되었다고 하는데, 지난 18대와 지금의 19대 국회의 다수당은 보수적 가치와 자유주의적 지향점을 내세운 정당이었

---

10) 역대 국회중 가장 많은 수준으로 같은 기간 정부가 발의한 법률안 317건의 14.4배에 이르고 있다.

11) 한편 한국규제학회와 한국경제연구원이 공동주최한 '2013 한국규제학회 춘계학술대회'에서 발제자들은 19대 국회에서 발의된 규제 입법 상당수가 적절성과 필요성 측면에서 불합격점을 받았다고 주장했다. 또한 의원입법은 국가 경제 사회적 차원에서의 영향에 대한 분석도 없이 입법화되고 있으며, 규제개혁위원회의 사전규제심사를 받지 않는다는 점을 지적하였다.

12) 그런데 우리와 같은 대통령제국가는 의원내각제국가와는 달리 상대적으로 입법의 질은 낮을 수 있다. 독일의 경우 연방수상산하에 독립자문기관인 국가규범통제위원회(Normenkontrollrat－NKR: NRCC)를 설립하여 제안된 입법에서 조정을 향상시키고 있다. 위원회의 의견은 법률초안이 내각에 제출되기 위해 필수적이다.

13) 그런데 미국의 경우 민주당에 가까우며 진보적 정책을 연구하고 발표하는 브루킹스 연구소가 탈규제화(deregulation)를 추동하였다.

다. 요컨대 규제개혁의 논의에 있어서 그것의 찬부 자체를 결코 이념적 지향에 사로잡혀 판단하여서는 아니 되고, 더 좋은 규제를 지향해야 한다.

(2) 규제개혁= 탈규제와 민간화(민영화)?

언론 등을 통해 규제개혁을 곧바로 탈규제이자 민간화(민영화)로 연결시켜 왔다. 그리하여 통상 탈규제가 일체의 공법적 통제의 결여로 인식되곤 하였다. 그로 인해 과거 우리는 적지 않은 수업료를 지불하였다. 2006년 대한민국을 뜨겁게 달군 성인오락게임인 '바다이야기' 사태가 그 예이다. 바다이야기 사태는 애초 도서, 공연 등 소비를 늘리려고 문화상품권을 경품으로 지급했는데 수수료 수입을 노린 환전상이 상품권 유통 과정에 개입하면서 큰 파장을 불러왔다. 민간이 행정과정에 개입하여 엄격한 행정적 통제를 대신하면, 개인의 자유영역을 위해 긍정적인 면도 있지만. 민간단체의 개입이 기본권적 보호본질의 상대화를 초래할 땐, 그 평가가 부정적일 수 있다. 후자의 경우와 관련하여 개개 국민이 사회단체에 의존하거나 그의 先在的 활동영역이 이들 조직에 의해 지배를 받을 때는, 개개 국민을 위한 기본권보호의 상대화가 발생할 수 있다. 국가권력을 조직화된 사회단체에로 넘기는 것은, 다름 아닌 개인의 자유행사를 집단의 권력(Macht von Kollektiven)에로 넘기는 것을 의미하기도 한다.[14] 이미 1999년에 상품권법이 폐지되어, 상품권에 관한 국가적 통제는 전무하였다. 비록 도서, 공연 등 소비를 늘리려고 의도하였지만, 상품권법폐지의 이런 법적 含意를 고려치 않은 채 상품권의 경품제공을 허용한 것이 그 근본원인이었다. 즉, '바다이야기 사태'는, 공동체적 가치를 도외시한 민간단체와 脫規制化를 기화로 자신의 소임을 방기한 행정이 함께 어우러져 빚은 결과이다.[15] 규제개혁에 있어서 결코 탈규제에 사로잡혀선 아니 되고, 더 좋은 규제를 지향해야 한다.

최근의 부산외대 신입생 오리엔테이션에서의 참화 역시 느슨한 규제의 틀 속에서 빚어진 비극이다. 그런데 안전, 환경 등에서는 규제가 강화되어야 하는 반면 경제분야에서는 규제가 완화되어야 한다고 일반적으로 운위되는데, 이는 현실왜곡적 수사일 뿐이다. 왜냐하면 경제분야에서 문제가 되는 규제는 실은 대부분 안전과 환경 등과 관련해서 기업에 비용을 가져다주는 것이기 때문이다. 내적 충돌상황을 상정하지 않고 영역을 획정하는 식으로 전개하는 규제개혁논의는 당연히 난맥에 처하게 된다.

---

14) Udo Di Fabio, Verwaltung und Verwaltungsrecht zwischen gesellschaftlicher Selbschaftlicher Selbstregulierung und staatlicher Steuerung, VVDStRL 56(1997), S.235(252f.)

15) 상세는 졸고, 경품상품권지정의 민간위탁의 문제점에 관한 소고, 법률신문 제3517호, 2006.12.25.

(3) 규제개혁논의의 상황변화: 2극관계에서 3극관계로인 트릴레마

종래 규제개혁논의는 규제주체와 규제의 상대방과의 관계를 주로 대상으로 논의되었다. 따라서 공익과 사익간의 대립된 상황 즉, 이항대립의 상황이다. 그러나 어떤 규제의 존재로 인해 有不利의 대립된 상황이 빚어질 수 있다. 어떤 사인은 규제의 존재 나아가 강도 높은 그것이 자신에게 이롭다고 여긴다. 이는 규제를 둘러싼 이익충돌의 상황이다. 오늘날 다극적 행정법관계에서 제3자효 행정행위는 유별난 존재가 아니고 행정의 통상적 모습이다. 여기서 규제 문제는 3극관계의 문제이고, 규제주체는 트릴레마(Trilemma)에 처한다.

종래 규제개혁의 논의가 탈규제 내지 규제철폐에 초점을 맞추었는데, 이는 2극관계의 상황에서 벗어난 지 오래된 오늘의 행정현상을 제대로 반영하지 않았다. 어느 일방만을 전적으로 염두에 둔 규제개혁의 논의가 오늘날 실효적인 성과를 거두지 못하고 늘 반복되는 것은 고민하여야 한다. 특히 우리의 경우 포퓰리즘에서 자유로울 수 없는 가변적인 정치지형으로 인해 규제완화－재규제－규제완화－재규제란 순환적 상황이 반복되고 있다.

Ⅲ. 새로운 접근방식과 사고방식의 모색: 규제개혁＝공법 특히 행정법의 개혁

규제의 총수가 지속적으로 증대한 사실은 분명하고, 이는 의미심장한 함의를 제시한다. 먼저 규제 및 규제개혁을 접근함에 있어서 법제로서의 그것의 본질보다도 경제나 정책적 관점을 앞세운 것에 재고가 필요하다. 오늘날 공동체의 법제도에는 나름의 경제정책적 관점과 이념적 목적성이 당연히 반영될 수밖에 없다. 따라서 이들을 전면에 내세우는 것 역시 수긍할 만하고, 나름 정당화될 수 있다. 그런데 기왕의 규제개혁의 논의에서 시종 경제적 효율성의 관점이 전면에 내세워졌지만, 실증적 자료에 의하면 실제 규제현실은 그렇게 나아가 않았다. 규제개혁실패의 원인을 규명함에 있어서 규제정책의 담당자인 공무원의 의지와 능력의 차원에서 접근하는 것은 너무 단선적이고 대중영합적이다. 규제개혁논의의 결과가 사정이 이렇다면 종래의 접근방식 및 사고방식에서 벗어나 다른 관점에 눈을 돌려야 한다.[16] 기왕의 규제개혁에 관한 논의는 전적으로 법외적 관점에서 법제도를 대상으로 하였기에, 현실성이 없는 공허한 주장만

16) 이런 방향을 이미 박정훈 교수가 지적하였다(동인, 규제개혁과 규제완화, 저스티스. 통권 제106호, 2008.9., 397면 이하).

이 횡행하고 있다. 특히 미디어는 물론, 일상에서 규제에 대해 심각한 猜疑가 조성되어 규제의 근간인 법제도 일반이 강한 불신의 대상이 되어 버렸다. 규제개혁은 어느듯 대한민국을 배회하고 있는 유령이 되어 버렸다. 규제개혁은 공법과 행정법의 개혁에서 시작되고, 아울러 그것으로 완성된다.

Ⅳ. 도대체 무엇이 규제인가?

1. 규제개념에 관한 논의의 제기

규제수단을 유형화하기란 매우 어렵다. 그 이유는 규제개념이 개념의 밀림으로서 정의하기 쉽지 않으며, 그에 따라서 규제수단을 획정하기가 곤란하다. 먼저 규제가[17] 무엇인지에 관한 의견의 일치가 필요하다.[18] 국내외에서 '규제'는 통일적 정의를 갖지 않는다. 그것의 사용은 경제규제, 산업규제, 환경규제와 같이 전통적으로 영역에 국한하였고, 종종 개념과 반대개념(탈규제)의 맥락에 의존하였다. 그러나 행정작용의 汎國家性으로 인해 규제가 더 강력하게 초영역적, 초국가적 문제에 해당하고, 지속적으로 변화하는 개념에 윤곽을 주어야 할 상황에 봉착한 다음에, 비로소 규제에 관한 확고한 개념내용에 대한 추구가 시작되었다.

도대체 무엇이 규제인가? 본래 규제는 불명료하게 굳어진 구상이기에, '규제'개념에 몰두하는 것은 학문적으로 리스크를 낳는다.[19] 그것에 관한 선이해로 그 개념에는 일정한 공공복리의 목표를 달성하기 위해 개개의 경제영역에 대해 국가가 차별적인 강조점을 갖고서 법적으로 영향을 미치는 것이 담겨져 있다. 그러나 상세한 분석에 따라 심대한 불확실성을 드러낸다.[20] 논의의 쟁점은 다음과 같다: 경제에 대한 영향미침에 해당하는지 아니면 다른 사회분야에 대한 영향까지 해당하는지? 규제가 망관리와 같은 경제영역에 국한하는지? 규제법과 민간화결과법의 관계는 어떻게 되는가? 두 가지의 규제구상, 즉, 경제 및 전체 사회와 관련이 있는 것과 망관리와 같이 민간화와 관련이

---

17) 여기서 규제란 영어의 'Regulation', 독일어의 'Regulierung'를 옮긴 것이다. 그런데 독일에서는 영어의 규제(Regulation)를 법정립(Rechtsesetzung)으로 인식한다. 가령 'Bureaucracy Reduction and Better Regulation (2006)'에 해당하는 것이 'Bürokratieabbau und Bessere Rechtsetzung'이다.

18) 독일에서도 규제개념은 논란이 있다. "그것은 법원론의 용어가 아니며 결코 유용한 법적 구상이 아니다", "규제개념의 遍在性을 감안할 때 그것의 의의가 전혀 규명되지 않은 점은 놀랍다"는 지적이 있다.

19) Ruffert, in: Fehling/Ruffert(Hrsg.), Regulierungsrecht, 2010, §7 Rn.1.

20) 과거 1996년 독일 통신법(TKG)은 제3조 제13호상의 '규제'(Regulierung)를 다음과 같은 조치로 정의하였다(제2조 제2항상의 목적을 달성하기 위하여 취하고, 이를 통해 통신서비스제공에서의 통신사업자의 행위 및 터미널 장비 나 무선방송국이 규율되는 조치와, 주파수의 효과적이고 장애없는 사용을 확고히 하기 위하여 취하는 조치). 그러나 동법은 개념적 내용에 관한 명료성을 제공하기보다는 모순을 불러 일으켰다. 그래서 2004년 통신법은 정의를 포기하였다.

있는 것이 존재하는지?

2. 규제개념의 어원과 의미

규제(Regulierung)와 자유(Freiheit)는 어원적으로 갈등관계에 있다고 보인다. 규제하는 것으로서의 규제는 후기라틴어 'regulare'(규율한다, 조정한다)에서 비롯되었으며, 이는 라틴어인 'regula'에 근거를 둔다.[21] 이 명사는 먼저 '횡목, 선로'를, 나중에는 '자(영어 ruler)', '먹줄', '규준', '규범'을[22] 의미한다. '규제'는 어떤 것을 '선에 놓는 것', 정렬하는 것, 그것에 한계를 설정하는 것, 방향성을 부여하는 것과 관련이 있다. 자유와의 맥락에서 이런 '무엇'은 인간의 행위이다. 일련의 라틴어로부터 규제란 무엇을 줄에 놓는 것, 정렬하는 것, 그것에 한계를 설정하는 것, 방향성을 부여하는 것과 관련이 있다.

규제개념의 정교화를 강구할 때, 그것의 어의 및 그것의 어원적 연혁은 거의 도움이 되지 않는다고 지적되지만,[23] 어원적으로 접근하면 규범화하고 규범조종(제어)적으로 규율하는 활동이 법적 의미의 규제에 해당할 수 있다. 실제로 미국에서는 그런 넓은 개념이해가 존재한다.

3. 규제(행정)법의 역사

규제행정법(Regulierungsverwaltungsrecht)은 100년의 간격을 두고서 두 번 태어났다.[24] 첫 번째 탄생은 1890년대에 미국이고, 두 번째는 1990년대 유럽연합의 회원국이다. 양자의 성립의 맥락은 정책적으로, 법적으로, 구상적으로 각기 다르다. 이 점은 규제법의 구상과 형성에도 영향을 미치고 있다.

(1) 미국의 경우

규제(Regulierung)는 regulation로서 미국이 원산지이다. 규제법(Regulierungsrecht)과 규제행정청은 미국에서 유래하고, 그곳에서 백년의 전통을 갖고 있다. 그것의 기본모델이 전세계에 보급되었다. 물론 그것의 본질적인 전개단계 및 특수한 기회와 위험을 인식할 것이다. 미국 법질서는 사례법적 대처, (법질서의 기본타입으로서의) 법률에 대한 반감을 내용을 하는 보통법, 법질서의 순수한 민주적 특징, 견고한 행정의 부재 등에

21) 이하는 Cremer, in: Fehling/Ruffert(Hrsg.), Regulierungsrecht, §5 Rn.3.
22) 라틴어 'regulae iuris'는 규범적 제 원칙 즉, 법의 일반원칙을 나타내는 용어이다.
23) Ruffert, in: Fehling/Ruffert(Hrsg.), Regulierungsrecht, §7 Rn.4.
24) 이하는 Lepsius, in: Fehling/Ruffert(Hrsg.), Regulierungsrecht, §1 Rn.1ff.

특별함이 있는데,[25] 규제법의 역사 역시 이런 특징의 영향을 받았다. 미국에서 규제로써 추구하는 경제정책적 목표는 유럽의 규제모델과는 상반된 기대를 야기하는 등 그 기본구상에서 다르다. 미국에서 경제규제(Wirtschaftregulierung)는 시장실패를 제거하는데 이바지하고, 행정법적 수단을 통해 경쟁과 공공복리를 일치시키려 한다. 이런 목적을 위해 미국 연방행정법의 일반적인 조직모델이 되어 버린 이른바 독립규제행정청(위원회)이 발족하였다.

규제행정법의 목표와 대상은 시간의 경과에 맞춰 변하였다. 처음에는 시장의 실패가 존재하였다. 결코 국가(정부)실패가 아니다.[26] 규제대상의 지속적인 확대는 세 단계로 행해진다: 분야에 특수한 규율로부터 분야를 넘은 규율을 거쳐 사회적, 생태적, 공익적 대상의 일반적 규율로 확대되었다. 즉, 미국 규제법은 다음과 같은 상이한 목표의 지붕이 되었다: 일정한 경제분야의 규제, 일반적인 경쟁적 행위의 규율, 사회적 생태적 최소기준의 보장.

미국에서 규제법은 행정법의 모델로서 일찍 전개되었기에, 결코 일반행정법의 시스템과 분리할 수 있는 특별한 분야는 아니고, 결국 미국 행정법의 전범에 해당한다. 그리하여 오늘날에는 규제법은 미국행정법과 동의어로 표현될 수 있다. 그리고 미국의 규제이론과 규제개혁논의는 사회과학적이고 경험적으로 지향할 뿐만 아니라, 현저한 부분에서는 정치화(정쟁화)되어 있다.

요컨대 영어권은 이론적 논의(논란)로부터 멀리 떨어져 있으며, 현대사회에서 관찰할 수 있는 증대된 도구(수단)적 다양성을 부분적으로 규제개념에 통합시켰다. 그리하여 '규제'란 '정책적 조종(제어)'에 맞춰서, 경제적, 사회적 과정(프로세스)의 모든 −의도된− 국가적 영향미침을 의미한다.[27] 사회적−경제적 영역에 대한 공권력에 의한 일체의 관여(간섭)에 관한 것이다.[28] 최근 독일어권 정책학문헌에서도 규제개념이 재차 관심을 끌었고, 결국 이런 넓은 의미에서 규제를 이해한다.

---

25) 보통법의 영역에서 일반적인 것처럼, 미국에서는 국가이념의 규범적 요청과 국가개념의 지도적인 요청은 낮다. 국가적 상태가 정치적 법적 질서의 정점에 있지 않는 상황은 18세기에 식민지해방을 목적으로 한 미국의 국가성립역사에 의해 구축되었다. 후속적으로 미국에서 공법은 국가적 지배를 체계적으로 제한하고 공고히 하는 것에 1차적으로 이바지하지 않고, 단지 공권력에 관한 개개의 실용적 통제에 이바지한다. Masing, Die US−amerikanische Tradition der Regulated Industries und die Herausbildung eines europäischen Regulierungsverwaltungsrechts, AöR, Bd.128(2003), S.558(565f.).

26) 이 점에서 미국 규제법은 유럽과 독일의 추종에 비하면 한 걸음 더 나아 간 것으로 평가되기도 한다.

27) 다음 문헌 참고: Renate Mayntz, Soziale Dynamik und politische Steuerung, 1997, S.275(사회적 과정의 아주 고의적인 영향미침이란 의미에서의 조종); Robert Baldwin/ Martin Cave, Understanding Regulation, 1999, p.2(섬세한 국가적 영향미침−산업적, 사회적 행동에 영향을 미칠 모든 국가적 행위를 규제가 커버하는 곳에서−); John Francis, The Politics of Regulation, 1993, p.5(공적 목적을 실현하기 위한, 사적 활동영역에 대한 국가의 개입).

28) Masing, AöR, Bd.128, S.558(561).

(2) 영국의 경우

'유럽대륙'에서의 수용이전에 영국에서 규제개념은 먼저 수용되고 전개되었다. 영국에서 대륙보다 앞서서 도입된 이유로, 먼저 언어와 법역상으로 미국과 유사성이 존재하며, 공히 보통법적 질서가 주효하기 때문이다. 이밖에 영국에서 규제사고의 수용과 전개는, －공공분야에 대해서 사법과 분리할 수 있는 공법을 맞세울 필요성과 결합해서－ 공법 내지 행정법을 독립된 법역으로 발견하는 것과 동반하여 행해진다.[29] 그러나 특히 영국에서는 1980년대에 이른바 대처개혁의 이름으로 종래의 －케인지경제학에 바탕을 두고서 부분적으로 현저히 국가경제학을 지향하는－ 소위 전후컨센스에서 벗어나 광범하고 심대한, 고강도의 민간화프로그램을 추진하는 근본적인 경제정책적 변화가 행해졌다. 영국에서는 이런 전개에 바탕을 두고서 넓은 규제개념이 통용되고 있다.[30] 이런 넓은 규제개념의 배경에서 영국은 항구적인 경쟁을 견지하기 위한 규제완화를 필요로 하며 그리하여 원칙적으로 비대칭적인 착안점이 고수되고 있다. 특히 공임무의 수행에 사회적 집단(민간집단)과 과정을 결합시키기 위한 조직형식과 절차방식이 연구되어, regulation 이외에 자기규제(self－regulation)가 널리 요청되고 있다.

(3) 독일의 경우

반면 백년 후의 유럽의 출발상황은 다르다. 규제로써 우선적으로 추구하는 목표는, 종전에 국가독점정책에 의해 조직화된 분야에 대해서 경쟁시장(Wettbewerbsmärkte)을 조성하는 것이다. 행정법적 수단을 활용하여 경쟁을 통해서 공공복리가 증진된다. 여기서의 경쟁은 규율의 수단이지, 미국에서처럼 규율의 대상은 아니다. 그리고 유럽의 관점에서 미국의 규제행정청은 조직상의 통상적인 예가 될 수 없다. 왜냐하면 독일식의 경제감독은 위계적 구조와 독임제적 책임을 특징으로 하기 때문이다. 미국과 유럽에서 규제행정법이 성립한 맥락은 이처럼 구별된다.

독일의 경우 1994년 보수우파연합협약에서 '날씬한 국가'(Schlanker Staat)를 표방하였는데, 탈규제화와 민간화가 이것의 지주에 해당한다. 1998년 좌파연합에 의한 정권교체이후 '날씬한 국가'를 '활성화국가'(Aktivierender Staat)로 대체하였다. 국가와 사회의 새로운 책임분배 및 협력사고를 바탕으로 발전이 이루어졌는데, 신행정법학의 안에서 이런 발전이 규제된 자기규제의 구상과 보장국가의 모델을 통해 수용되었다. 단순한 민간화나 탈규제화는 국가가 시장경제적 분배체제에 유리하게 책임으로부터 물러

29) 영국에서는 본래 양자의 구별을 인정하지 않았지만, 대륙법처럼 구별을 강조하고, 독일과 프랑스의 행정법학에서 도움을 구하려는 문헌도 상당하다. 대표적으로 P. Craig, Administrative Law, 1983, S.11ff.

30) 문헌에 관해서는 Ruffert, in: Fehling/Ruffert(Hrsg.), Regulierungsrecht, §7 Fn.41.

서는 것이 그 특징이다. 국가독점의 철폐와 국가의 종전 활동의 민간화는 국가의 생존배려에서 보장책임에로의 패러다임교체(전환)에 들어가는데, 여기서 규제는 국가독점의 철폐와 국가의 종전 활동의 민간화와 결합된다.[31] 이처럼 독일에서의 규제체제는 임무민간화나 탈규제프로세서의 결과일 수 있으나, 그것이 결코 필연적일 필요는 없다. 최근 10년간의 유럽의 전개에서 규제법은 민간화와 탈규제화의 특수한 결과로 여겨지는데, 이런 역사적 상황에서 민간화결과법(Privatisierungsfolgenrecht)과 동일시될 수도 있는데, 물론 후술하듯이 그에 그치지 않는다.

4. 경제학의 관점에서의 규제개념[32]

(1) 규제동인으로서의 시장실패

경제활동에 대한 국가개입의 권능에 대한 물음이 공법학에서와는 달리 경제학에서는 핵심적인 연구대상이 되었는데, 그 출발점은 －적정한 분배성과를 야기할 수 있는－ 경제적 메커니즘으로서의 시장이다. 경제학의 한 분파로서 신제도경제학은 －최적의 분배조건을 조성할 수 있는－ 제도적인 배치(수단, 조직)를 탐구하는데, 시장의 불충분성을 확인하고, 그것을 제거하기 위한 착안점을 제시하고, 또한 국가활동의 효율성결여를 판단하고, 그에 따른 적폐를 분쇄하기 위한 가능수단을 거명한다.[33] 시장에서 효율적인 재화분배가 성공하지 못할 때 시장실패가 존재한다.

시장실패의 상황은 경제학에서는 오래 전부터 포착되었다. 특히 제도경제학은 시장실패를 제거하는 데 이바지하게 될 국가적 개입을 규제로 표현한다. 그리하여 국가적 규제는 시장실패를 메우는 임무에서 그 정당성을 갖기에, 시장 실패는 정부개입 및 정부규제의 근거가 되며 '큰 정부론'의 입장을 뒷받침해 주는 논거가 된다. 요컨대 신제도경제학의 착안점에 의거해서 보면, 시장실패를 메우기 위한 바탕이 되는 규제개념은

31) Cremer, in: Fehling/Ruffert(Hrsg.), Regulierungsrecht, §5 Rn.5.

32) Ruffert, in: Fehling/Ruffert(Hrsg.), Regulierungsrecht, §7 Rn.18ff.

33) 제도경제학(institutional economics)은 인간이 만든 제도가 경제행위에 미치는 영향을 이해하는 데 초점을 맞추는 학문적 조류이다. 제도는 사람들의 행위를 결정하고, 상호작용에 영향을 미친다. 전통 경제학은 경제현상을 분석할 때 제도를 주어진 것으로 보고 별다른 관심을 기울이지 않았다. 19세기 말 탄생한 제도경제학은 전통 경제학에서 무시되었던 제도를 경제분석의 대상으로 삼음으로써 경제학의 영역을 넓히는 데 공헌했으며, 20세기 초반까지만 해도 미국에서 상당한 영향력을 발휘했다. 그러나 제도경제학은 그 이후 체계적인 이론체계를 수립하는 데 실패했다. 일부 제도경제학자들이 이론의 필요성 자체를 부정하는 태도까지 보이면서 제도경제학은 점점 그 신뢰를 잃게 되었다. 이 때문에 1950~60년대 이르러 제도경제학에 대한 연구는 거의 없어지고, 제도경제학은 교과서에나 등장하는 존재로 전락하게 되었다. 하지만 1970년대 후반부터 올리버 윌리엄슨(Oliver E. Williamson)이 주도한 거래비용(transaction cost)적 접근을 중심으로 경제학계 일각에서 다시 제도 연구의 바람이 일어나기 시작했다. 그 결과 제도경제학은 1980년대 후반 부흥기를 맞이한다. 제도경제학자들의 잇따른 노벨경제학상 수상(1991년 로널드 코즈, 1993년 더글라스 노스, 2009년 올리버 윌리엄슨)은 제도경제학의 달라진 위상을 방증한다. 창시자는 미국의 경제학자 베블렌(Thorstein Veblen · 1857~1929)으로 알려졌다(한경 경제용어사전).

당연히 원칙적으로 넓다. 따라서 경제적 과정에 대한 공권력에 의한 일체의 개입이 규제로 파악된다.

(2) 규제동인으로서의 국가실패

시장실패이외에 신제도경제학은 국가실패의 구상을 인정한다. 즉, 정책주체의 경제적으로 합리적인 활동이 경제와 사회에 대해 전체적으로 바람직하지 않은 결과를 초래하는 상황이, 국가활동의 경제적 분석을 통해 확인되었다. 이런 분석의 이론적 기반이 공공선택이론(Public Choice Theorie)이다. 이 이론에 따른 국가실패의 주요한 예가 정책주체가 강력한 관철력을 갖는 일정한 이익집단의 영향에 좌우된다는 점이다.[34] 국가실패를 미연에 방지하기 위하여 경제학이 제시하는 제안은, 일정한 규율구조의 제안(투명성, 재선거가능성의 소멸, 기한부 입법)에서부터 국가기반(분권화) · 결정과정(직접민주주의)상의 구조변경에까지 이른다. 한편 국가경제적 구조의 유지가 경제적 필요성을 따르지 않고(즉, 시장실패), 이익구조의 공고화를 나타낼 경우, 국가적 기업에 의한 공임무의 수행 역시 국가실패의 원인이 될 수 있다. 역동적인 경제과정을 자유롭게 만드는 민간화의 잠재력(가능성)은 다툼의 여지가 없으며, 통신분야에서는 실례로 입증되곤 한다.

이런 상관관계에서 규제는 두 가지 목표에 이바지한다.[35] 한편으로는 그것은 －국가적 혹은 국가조정적인 독점구조로 인해 여태 행해지지 않은－ 경쟁을 조성할 것이다. 그리하여 규제는 －경쟁의 조성을 위한 대강의 조건을 만들거나 경쟁의 유지를 고려하는 식으로－ 경쟁의 효율성획득을 유용하게 만드는 것을 가능케 한다. 다른 한편 규제는, 이전에 직접적인 공적 경제활동에 의해 실현된 공공복리의 확보를 －가령 보편적 의무화의 설치나 가격에 관한 규제를 통해－ 보장하는 목적을 지향한다. 따라서 국가실패현상의 제거에 대한 대응으로서의 규제는, 경제적 진행상의 일체의 개입을 의미하는 식의 넓은 구상에 관계하지 않고, 민간화에 연계하여 공공복리의 확보를 위

---

34) 공공선택이론은 시장의 경제활동과 관련없는 정치적 의사결정의 체제 · 기구에 관한 재정학적 연구로, 이 이론을 주창한 미국의 제임스 뷰캐넌(James McGill Buchanan)은 1986년 공공선택이론과 헌법경제학이라는 새로운 영역을 개척한 공로로 노벨경제학상을 받았다. 이론의 관점은 개인주의이다. 국가는 인격이 있는 유기체가 아니라 개인의 총합일 뿐이라고 보고, 개인이 경제행위를 할 때는 이기적으로, 정치행위를 할 때는 이타적으로 행동한다는 전통적 입장과는 달리, 개인은 어떤 행위이든 이기적으로 행동한다는 것이다. 즉 정치가나 관료 역시 기업가와 마찬가지로 자기 자신의 이익을 위해 노력한다는 가정에서 출발한다. 따라서 정치가나 관료가 자신의 이익보다 공익을 우선한다고 가정하는 전통적인 정치학과는 차이가 있다. 따라서 민주정치과정의 경제적 비능률의 제거와 상호이익을 위해 경제정책 수립과정에서의 경기규칙을 헌법에 명시해야 한다고 주장한다(두산백과). 시민의 편익을 극대화할 수 있는 서비스의 공급과 생산은 공공 부문의 시장경제화를 통해 가능하다고 주장하는 이론 지향을 말한다. 공공선택론자들은 공공 서비스를 제공할 때에 시민 개개인의 선호와 선택을 존중하고, 경쟁을 통해 서비스를 생산하고 공급하게 함으로써 행정의 대응성을 높일 수 있다는 것이다(행정학사전).

35) Ruffert, Regulierung im System des Verwaltungsrechts, AöR, Bd.124(1999), S.237(246f.).

한 의도적 조치와 관련이 있다. 이를 통해 규제는 공공복리의 확보의 구상으로 전개될 수 있으며, 공권력이 생존배려를 위해 직접적으로 임무를 수행하는 경우에 대비될 수 있다.

5. 관견

(1) 광의와 협의의 규제개념의 모색

"행정규제"라 함은 국가 또는 지방자치단체가 특정한 행정목적의 실현을 위하여 국민의 권익을 제한하거나 의무를 부과하는 것으로서 법령 등 또는 조례·규칙에 규정되는 사항을 말한다(행정규제기본법 제2조 제1항 제1호). "행정규제"란 국가, 지방자치단체 또는 법령에 따라 행정권한을 행사하거나 행정권한을 위임 또는 위탁받은 법인·단체 또는 개인이 특정한 행정목적을 실현하기 위하여 기업활동에 직접적 또는 간접적으로 개입하는 것을 말한다(기업활동규제완화에 관한 특별조치법 제2조 제2호).

실정법상의 행정규제는 미국의 규제개념처럼, 사적 영역에 대해 부담적 영향을 미치는 행정개입 일반을 의미한다.[36] 이런 규제개념이 과연 법학적으로 유용한지에 대해서 정당한 문제제기가 있다.[37] 일각에서는 규제를 '규칙에 의한 자유·권리의 제한'의 준말로 이해하기도 한다.[38] 물론 일부에서는 경제에 대한 영향에 초점을 맞추어서 경제규제를 의미하는 것으로 보기도 한다. 이런 광의의 규제는 사실 행정법제 일반에 해당하기에, 그것의 개혁논의는 실은 행정법제 일반의 개혁에 관한 것이다.

그런데 사적 영역에 대한 개입을 전형으로 하여 구축된 기왕의 행정법제에서의 규제는 일종의 광의의 규제로서 별다른 의미를 부여하기 힘들다. 반면 본래는 공적 영역에 속하는 임무가 민간화되어 그로 인해 조성된 시장경제적 상황에 즈음하여 시행되는 국가적 규제는 기왕의 행정법제에서의 규제와는 그 출발점이 다르다. 따라서 여기서의 규제는 새로운 관점에서 접근할 필요가 있다. 생존배려서비스와 같은 공공인프라의 분야에서 행해지는 이런 규제를 경제규제란 이름하에 바라보는 것은 큰 도움이 되지 않는다. 사실 경제규제, 환경규제 등과 같이 영역에 덧붙여 설정된 규제개념은 영역의 특성을 부분적으로 가미할 뿐, 그 자체 고유한 징표를 표상하지 않는다.

요컨대 여기서는 규제개념을 광의와 협의로 나누고자 한다.[39] 전자는 행정법제 일

36) OECD 보고서상의 규제 역시 '기업과 시민에 대해 일정한 요청을 설정하는 제 수단'을 의미한다.

37) 이에 관한 깊이 있는 분석으로 계인국, 규제행정법의 관념과 개요에 대한 소고 -「행정규제기본법」상 규제의 관념과 규제법상 규제관념의 비교-, 안암법학, 안암법학 통권 제42호(2013.9.), 652면 이하.

38) 박정훈, 규제 및 규제개혁의 의의와 규제의 피드백, 행복세상 세미나 『규제개혁의 참된 의미와 올바른 방향』, 2013. 6. 19. 발표문.

39) 유의할 점은 독일의 경우에도 많은 문헌은 규제영역에 의거해서 협의의 규제개념과 광의의 규제개념을 구분하는데, 전자는 망분야(Netzsektoren)와 관련한 규제를, 후자는 그밖의 분야에서의 규제를 의미한다. 그러나 이런

반에서 사적 활동에 영향을 미치는 일체의 개입적 조치로 본다. 이에 대해 후자의 경우 임무민간화에 즈음하여 보장국가의 차원에서 접근한다. 그리하여 경쟁상황하에서 사경제적 급부제공과 관련하여 국가가 필수적으로 행하는 일련의 조종조치가 협의의 규제에 해당한다. 아울러 거버넌스체제에서의 민간의 사적 규제 역시 협의의 규제에 포함시킬 수 있다. 이런 구분은 규제에 관한 제 논의 즉, 그것의 방향성과 개혁의 차원에서 다소간 체계적인 접근을 가능케 한다. 즉, 전자와 관련해서는 공법제 일반의 개혁이 운위될 수 있는 반면, 후자와 관련해서는 국가가 자신의 보장책임을 어떻게 다할 수 있는지가 관건이 될 수 있다.

(2) 규제법의 형성

이상의 협의의 규제를 바탕으로 규제법이 형성된다. 규제법의 바탕은 다음의 두 가지 점에 관한 확신이다: '시장경제적 조직이 다른 형식의 급부제공보다는 우월하다.', '공공복리의 필요성이 시장경제적 급부제공에 의해서는 충분히 고려되지 않는다.' 또한 규제법의 기저에는 일정한 재화와 급부가 사회의 기능수행 및 시민의 행·불행을 위하여 필수적이어서, 그것의 객관적인 보장이 시장참여자의 주관적 이익보다는 분명히 우위를 갖는다는 견해가 자리를 잡고 있다.[40] 그리하여 이 견해는 인프라(통신, 우편, 물, 에너지 교통)의 제공을 위해, 그리고 공공성이 강한 보건제도, 폐기물, 방송을 위해 마찬가지로 통용되며, 이들이 당연히 규제법의 영역이 된다. 또한 이 점은 기능수행이 전체 경제적으로 특별히 중요하여서 경제적 고유한 합리성에 전적으로 맡겨질 수 없는 시장에 대해서도 마찬가지로 통용된다. 가령 공급과 수요의 순환을 통한 금융서비스가 작동하는 금융분야처럼 '시스템과 관련한' 분야가 이에 속한다. 최근의 금융위기를 통해, 경제적 합리성의 법률에 의해 작동되었음에도 불구하고 시장의 잘못된 작동으로부터 어떤 사회 전체적인 결과가 빚어졌는지를 확인할 수 있었다.

요컨대 규제법은 공적으로 보장되나 사적으로 제공되는 급부를 위한 새로운 형성형식을 가져다준다. 그것은 이윤획득과 공공복리를 일치시키고자 한다.[41] 한편 규제법상으로 경쟁이 법의 수단으로써 제도화되는 경우, 분야에 특수한 경쟁질서의 형성은 －단순히 카르텔이나 경쟁법의 지배를 받는 일반적인 경쟁관계에 해당하는 경우보

구분에 대해 Lepsius는 의문을 표한다. 논거로 이런 구분은 규제법에 대해 특별한 시스템적 성격을 결코 제시할 수 없다는 점을 지적한다. 그리고 다른 목표에 대한 우위적 위상을 경쟁목표에 대해 부여하려는 경우에만 그 구분이 의미를 가질 것이나, 이는 사회적 의무를 갖는 경쟁의 조성에 존재하는 규제법의 기본사고에 합치하지 않는다고 지적한다(Lepsius, in: Fehling/Ruffert(Hrsg.), Regulierungsrecht, §19 Rn.27f.).

40) Lepsius, in: Fehling/Ruffert(Hrsg.), Regulierungsrecht, §19 Rn.2ff.

41) 사실 이윤추구와 공공복리를 일치시키는 것은 극히 까다로운 목표를 설정한다. 이는 인간의 경험과 이론적 평가에 의하면 단지 착안점을 제시할 뿐이고, 원칙적으로 체계적으로나 객관적으로 실현될 수 있는 것은 아니다.

다는– 더 고도로 규제법적 대강에 좌우된다.

V. 올바른 규제의 내용적 정당성을 확보하기 위한 기초

1. 법치국가원리의 기본이념

본래 법치국가 개념은, 독일에서 18세기에서 19세기로 넘어가는 전환기에 국가를 제한하는 프로그램으로서 성립하였다.[42] 그 이념과 여러 제도는 국가가 법을 통해서 보장하는 평화질서를 목표로 한다. 법치국가의 실현이 헌법상의 기본이념으로 됨으로써, 그것의 이념과 여러 제도는 하나의 규범적 헌법결단으로 합쳐진다. 그리하여 국가와 사회는 특수한 질서매개체로서의 법을 수단과 규준으로 삼아 생활을 형성할 의무를 진다. 여기서 법치국가는 다음과 같이 이중적 임무를 지닌다.[43] 즉, 국가권력을 상대로 해서는 물론 개인 상호간의 관계에서도, '인간존엄성, 자유, 정의와 법적 안정성'을 보장하기 위하여, 국가활동을 제한하는 것과 아울러 동일하게 그것을 보장하는 것이다. 결국 법은 국가의 생명수(Lebenselixier)에 해당하며, 법적 정당성은 모든 국가활동의 전제가 된다.

법치국가사상에서 칸트의 영향을 지대하게 받은 독일에선 법치국가적 활동의 지도원칙(Leitmaxime)은 합리성(合理性)이다. 보다 자세히 말하면, 입법과 법률집행의 가치합리적인 불변성 및 목적합리적인 정연성이 그에 해당한다.[44] 따라서 법치국가는 법과 합리성을 통해서, 자신의 활동을 사전에는 예상가능하게, 사후에는 통제가능하게 만든다. 그런 식으로 규율되어 있을 때, 법치국가는 제어된 개입적 권력일 뿐만 아니라, 개인에게 유리한 보호권력 즉, 개인적 인간존엄성, 자유, 재산권 그리고 주관적 권리에 관한 보장자(보증인)이기도 하다.

2. 행정법제에 대한 기본적 이해의 수정

행정법은 본래 그 연원이 입헌군주제의 관헌(관치)국가이다. 그리하여 용어와 개념이 종종 민주적 법치국가 시대에 어울리지 않는다. 특히 우리의 경우 근대법제가 입헌군주국가인 일본의 식민시대에 만들어졌고, 그 후에도 그것을 벤치마킹하였기에 우리 법제에는 관헌국가적 잔흔이 너무나 많다. 가령 "○○를 하고자 하는 자는 허가를 얻

42) 참고문헌: 김도균/최병조/최종고, 법치주의의 기초, 2005.
43) Vgl. Schmidt–Aβmann, Der Rechtsstaat, in: HStR, Bd. I, 1995, §24 Rn.2
44) Vgl. Breuer, Konkretisierungen des Rechtsstaats– und Demokratigebotes, in: Festgabe 50 BVerwG, 2003, S.223(228).

어야 한다"는 식으로 행정청의 권한을 간접적으로 규율하는 방식이 그 예이다. 이는 국민을 행정권발동의 단순한 수동적 존재로 설정하고, 행정권발동의 재량여부는 언급하지 않는다. 행정법의 전개와 발전은 이런 관헌국가적 틀과 요소를 민주적 법치국가 원리에 맞춰 새롭게 수정하는 과정이다. 요컨대 규제개혁은 법치국가원리의 구체화로서의 행정법이 그 본연의 임무와 과제를 제대로 수행할 수 있는 근거를 제공하는 데서 출발해야 한다.

3. 우리 행정법제의 특징에 관한 고려

유럽의 경우 대부분이 의원내각제국가이다. 의원내각제의 특징의 하나는 입법부와 행정부간에 긴밀한 정책공조가 행해진다는 것이다. 따라서 그들의 경우 입법의 제·개정 역시 관련 행정입법과 연계되어 강구되는 등 전체 법질서가 통일적 체제를 갖고 있다. 그러나 대통령제국가인 우리의 경우 법률제안권이 이원화되어 있으며, 최근 국회의 입법권이 강조되어 의회입법이 대폭적으로 증가함에 따라 법률을 집행하는 행정부로서는 관련 법제의 효과적인 집행을 위해 법률만이 아니라 행정입법의 제·개정에 적극적으로 나설 수밖에 없다. 사실 전체적인 법률의 개수는 크게 변하지 않았는데, 규제가 이처럼 대폭적으로 증대한 것은 법제도의 체계화와 종합화가 강구되지 않은 채 규제수단이 단순 병렬적으로 중복적으로 논의되기 때문이라 하겠다. 여기서 강조될 것이 세련된 입법기술의 중요성이다.

규제법은 특별한 위상을 가지며, 따라서 이를 반영하여 규제논의는 다분히 정치화의 경향을 띤다.[45] 그러나 우리 공공법제는 대륙법에 바탕을 두고 있다. 보통법적 전통에 바탕을 두고 법제의 위상과 기본인식이 －대륙법과 비교해서－ 상대적으로 낮은 미국의 규제논의는 전범이 될 수 없다. 요컨대 대통령제국가이며 대륙법계국가인 우리의 법제 및 법도그마틱에 터 잡은 모색을 강구할 때이다.

4. 名實相符한 용어와 개념의 정립

실정법상의 제도와 그 본질이 합치하여야 함에도 불구하고, 현실적으로 그렇지 않은 경우가 다반사이다. 가령 마약취급허가의 경우 표현대로 허가가 아니라 예외적 승인에 해당하듯이, 실정법상으로 학문상의 개념과 용어가 엄격히 구별하여 사용하고 있지 않거니와, 허가, 특허, 면허 등의 다양한 용어가 사용되고 있다.[46] 현행 인허가제

45) 가령 지난 이명박 정부시절 '국가경쟁력강화위원회'로 인해 기간조직인 '규제개혁위원회'의 존재가 유명무실하곤 했다.

46) i) 동일한 것을 다르게 표현한 입법예: * 주택법: 사용검사처분, 건축법: 사용승인(과거 준공검사처분), 도시

및 신고·등록제에 관한 담당공무원을 대상으로 한 설문조사결과에서도 상당수가 名實不一致로 법적용에 심각한 애로가 있음을 토로하는데, 일반 국민이 혼란함을 느끼는 것은 너무나 당연하다. 사실 우리의 혼란스런 법제현황은 규제의 봄맞이대청소도 쉽지 않은 지경이다.

사적 영역에 대한 국가개입모델의 법적 성질은 궁극적으로 그것의 용어만이 아니라 관련 법제의 전체 체계에서 가늠되어야 한다. 자칫 실정법상의 용어에 사로잡힌 나머지 판단을 그르쳐 난맥상이 빚어지곤 한다. 대표적인 예가 인가(認可)이다.

요컨대 이런 결코 사소하지 않은 혼란을 미연에 제거하기 위해서는 하루바삐 용어의 혼란을 정리하는 것이 급선무이다. 따라서 제도의 본질에 따른 이해가 부족하여 그에 따른 법정비가 되지 않은 상황(명칭상의 법제도≠실질상의 법제도)을 타개하는 것이 규제개혁의 핵심이다. 제도의 본질을 먼저 밝힌 다음 올바른 용어나 개념을 제도화시켜야 한다(必也正名呼).

5. 바른 재량행사의 원칙의 확립

고전적인 의미의 법치국가원리에 충실하기 위해서는 행정에 대해 자유를 박탈하고 제반 행정작용을 기속행위(의무행위)로 규정하는 것이 타당하다. 그러나 복잡한 현실세계에서 확정된 하나의 답이 내려질 수 있는 상황은 극히 이례적이다. 오히려 행정에 대해 자유로움을 주는 행정재량이 원칙이다. 문제는 국민들이 재량에 대해 매우 부정적인 인식을 갖고 있다는 것이다(재량=恣意).

올바른 규제의 내용적 정당성을 확보하기 위해서는 무엇보다도 재량의 본질에 대한 바른 이해가 요구된다. 행정재량의 메커니즘은 행정으로 하여금 한편으론 법률의 목적 및 입법취지와, 다른 한편으론 구체적 상황을 고려하여 개별사건에 알맞고 합사실적인 해결책을 발견할 수 있게 한다. 행정은 해당사안에 알맞은 가장 최적의 결정을 내려야 한다. 즉, 재량의 존재이유는 개별사건적 정당성(개별적 정의)의 실현에 있다.

재량의 본질을 고려한 즉, 재량을 행사하는 데 있어서 행정은 어떤 결정과 관련한 여러 이익을 성실하게 형량해서 판단을 내려야 한다. 여기서 행정법의 일반원칙인 비례원칙, 신뢰보호의 원칙, 법적 안정성의 원칙, 예측가능성의 원칙, 명확성의 원칙 등을 충분히 고려해야 하며, 이들을 충분히 고려하였다는 점이 이유제시를 통해 설득력이 있게 제시되어야 한다.

및 주거환경정비법: 준공인가→본질은 사용허가, * 국토의 계획 및 이용에 관한 법률: 실시계획인가, 도시개발법: 실시계획인가, 도시 및 주거환경정비법: 사업시행인가, 주택법: 사업계획승인→본질은 사업실시허가,

ii) 동일한 것에 대한 다른 법적 판단의 예: 판례가 재건축조합설립인가에 대해서는 특허로 보지만, 관리처분계획인가는 인가로 본다.

요컨대 하루바삐 재량의 존재이유와 그에 따른 바른 재량행사의 원칙이 제도적으로 즉, 실정법상으로 확립되어야 한다. 그런데 법문상으로 해당 행위가 재량인지 기속인지가 분명하지 않은 경우가 대부분이다. 따라서 무익한 논쟁을 피하기 위해 법률에서 그 점이 분명해지도록 규정을 정비해야 한다.

6. 네거티브 규제방식에 대한 오해의 불식

규제개혁의 대명사인 네거티브 규제방식의 정체에 대해 검토가 필요하다. 입법기술의 차원에서 보자면, 허용된 것을 규정하는 포지티브 방식과 금지된 것을 규정하는 네거티브 방식은 그다지 별다른 것이 아니다. 상대적으로 금지지향성이 강한 경우 원칙의 예외로서 허용되는 것을 당연히 규정할 것이고, 반면 상대적으로 해제지향성이 강한 경우에는 금지대상에 초점을 맞추는 것이 당연하다. 행위제한과 관련하여 입법기술상으로 당연한 규율방식임에도 불구하고, 사전개입의 메커니즘에 그것을 단순한 대입한 나머지 오히려 거부사유가 포괄적이고 광범하게 설정되는 역설적 상황이 빚어졌다. 나아가 허가제 등의 개입모델에서 법률상의 규율방식과 행정입법상의 규율방식이 충돌하여 혼란이 빚어지곤 하였다.

진입규제에서 관건은 허용요건과 거부요건이 과연 허가제나 예외적 승인 및 특허제의 본질을 훼손하는지 여부에 있지, 결코 네거티브 규제방식을 채택하였는지 여부에 있지는 않는다. 지난 시절 부단히 규제개혁이 주창되었음에도 불구하고, 소기의 성과가 실현되지 못한 채 여전히 규제개혁이 운위되고 있는데, 네거티브 규제방식만이 규제개혁의 유일한 해결방도인 양 실효성없는 모색을 강구한 결과라 하겠다.

요컨대 이제 네거티브 규제방식만이 규제개혁의 유일한 해결책인 양 강조하는 태도에서 벗어나야 한다. 즉, 네거티브 규제방식에 관한 －근거없는－ 신화를 벗어버리고, 법제전반과 입법기술을 염두에 두고서 법치국가원리에 맞게 규제전략을 새롭게 수립할 할 때이다.

Ⅵ. 올바른 규제개혁의 구체적 실천방안: 가칭 통합행정기본법의 마련

1. 가칭 통합행정기본법의 의의

기왕의 규제개혁은 개별법의 차원에서 입법개선에 초점을 맞추고 있는데, 실증적 자료에 의하면 그간의 노력은 그다지 효과적이지 않았다. 그리고 개별법의 차원에서 실현된 규제개혁의 성과 역시 규제의 실행방식 즉, 행정의 법집행 메커니즘 자체가 현대화되지 않으면 소기의 성과를 거둘 수 없다. 그렇다면 입법개선의 방법으로 규제개혁을 경주한 기왕의 방법에서 벗어날 필요가 있다. 즉, 규제가 행해지는 행정의 법집행의 메커니즘 자체를 개선하는 식으로 논의의 방향을 새롭게 할 필요가 있다. 그것은 기존의 행정규제기본법, 행정절차법, 행정심판법, 행정대집행법의 주요 내용을 하나의 법전에 수록하여 통합법(가칭 통합행정기본법)을 만드는 것이다.[47]

가칭 통합행정기본법은 법집행을 위한 행정의 매뉴얼이다. 그것의 제정은 단순히 개별법을 병렬식으로 묶는 것이 아니라 행정법일반이론에 바탕을 두고서 체계화하는 것이다. 이를 통해 법집행상의 통일성, 간편성, 능률성 등을 도모할 수 있거니와, 향후 개별 행정법령까지도 새롭게 체계적으로 정립할 수 있는 계기를 마련할 수 있다. 통합행정기본법은 다른 행정관련 법률에 대해서 일반법적 성격과 아울러 보충적 성격을 갖는다. 즉, 만약 개별법에서 달리 규정한 것이 있다면 그것이 선행한다. 이미 네덜란드는 마치 토털축구마냥 효과적인 행정법집행을 위해 일반행정법을 제정하여 시행하고 있다. 통합행정기본법을 제정하지 않고서는 공법의 현대화란 요원하다고 할 수 있다. 사실 독일에서 기업에 대한 행정적 부담을 줄이는 '관료주의축소와 더 좋은 규제'(Bürokratieabbau und Bessere Rechtsetzung: Bureaucracy Reduction and Better Regulation, 2006) 프로그램이 효과를 거두고 있으며, 입법의 질을 고양하고 그 대상을 간단히 하려는 조치가 강력히 추진되는 데는 행정법제를 운용하는 기본매뉴얼에 해당하는 행정절차법이 마련되어 있기 때문이라 여겨진다.

2. 담겨질 주요 쟁점

(1) 사적 영역에 대한 국가개입메커니즘의 바른 정립

금지유형에 따른 법제도의 분석에 기초하여 보면, 본래의 허가제는 예방적 금지가 전제된 것이고, 본래의 예외적 승인이나 본래의 특허제는 억제적 금지가 전제된 것이다. 양자의 차이점으로 전자는 해제지향적이어야 하고, 후자는 금지지향적이어야 한다. 따라서 허가제의 경우 비례원칙에 따라 그 요건은 허가제가 무색하게 되도록 과중해서는 아니 되지만, 이에 반해 특허제나 예외적 승인의 경우 엄격한 허용요건이 어느 정도는 용인이 된다. 허가제 등이 사전적 개입메커니즘이라면 인가제는 사인간의 법률행위에 행정이 사후적으로 승인하여 그 법률행위를 완성시켜주는, 사후적 개입메커니즘이다. 즉, 인가는 사적 자치와 관련하여 追認하는 것이 제도적 본질이다.

---

47) 박정훈, 올바른 규제개혁의 법이론과 구체적 방안 – 규제법의 일반이론의 모색 –, 2011.5.20; 김중권/김영수, 21세기 국가모델을 위한 가칭 행정기본법의 제정을 통한 행정법과 행정법제의 개혁, 공법연구 제41집 제3호, 2013.2.29. 29면 이하. * **추론**: 행정작용을 중심으로 행정기본법이 드디어 제정되었다(2021.3.23).

요컨대 현행법상 인허가제도, 면허제도 가운데 이상의 본질적 징표에 의거하여 제도적으로 정비할 필요가 있다. 본질적으로 허가인 것은 허가로, 본질적으로 특허나 예외적 승인인 것은 특허나 예외적 승인으로, 본질적으로 인가인 것은 인가로 바르게 명칭을 붙여 법률상으로 바르게 제도화할 필요가 있다. 실체적 정당성을 확보하는 데 이바지할 수 있는 규율방식과 관련해서, 금지유보부 허용의 경우 원칙(일단)허용 · 예외(차후)금지의 규율방식이 합당하다. 반면 진입규제인 특허제의 경우 그것의 허용의 모습은 당연히 원칙(일단)금지 · 예외(차후)허용의 규율방식을 취할 수밖에 없다.

(2) 국가개입메커니즘에서 올바른 규제를 위해 시급히 정비되어야 할 사항

1) 신고제의 문제

허가제에 대응하여 개시통제로서의 신고제가 문제된다. 국가통제의 근간을 개시통제의 수단으로서 신고를 우선해야 하는지 아니면 허가를 우선해야 하는지 여부의 물음은, 국가임무의 본질과 관련해서 전 행정영역에서 논란이 되고 있다. 기능적 민간화에 해당하는 신고제의 도입이 公 · 私의 협력적 임무수행이라는 차원과 행정의 신속 · 간소화라는 차원에서 새로운 이정표가 될 것이라 기대하지만, 오히려 트로이목마처럼 불행을 가져다 줄 선물이 될 것인지 논란이 분분하다.

통상 일반인은 신고제에 대해 신고하면 끝나는 것으로 이해하지만, 그렇지 않은 '수리를 요하는 신고'가 많다. 신고의 법적 취급이 매우 복잡하고 불분명하다는 점에서, 행정현실에서 신고제는 행정과 국민 양자에게 공히 새로운 고통거리(新苦)가 되고 있다. 가령 판례를 포함하여 대부분 문헌이 신고를 자기완결적(자체완성적) 공법행위로서의 신고(수리를 요하지 않는 신고, 전형적 신고)와 행정요건적 공법행위로서의 신고(수리를 요하는 신고, 변형적 신고)로 나누지만, 이들 신고유형을 구별하는 가늠잣대는 통일되지 못하고 있다. 그 결과 법령상의 신고가 어떤 신고에 해당하는지 여부가 법규정에 의거하여 가늠되는 것이 아니라, 전적으로 판례에 의해 가늠된다. 법률전문가조차도 그 정체를 가늠하기 힘든 지금의 법상황은 대표적으로 법적 불안정성을 낳는 규제형태이다.

요컨대 하루바삐 전거(典據)가 의심스러운 수리를 요하는 신고는 물론, 기왕의 신고유형 자체를 타파하고, 허가제의 대체제도로서의 그 본연에 맞게 신고제를 바르게 제도화하여야 한다. 수리를 요하는 신고의 경우 행정청의 수리가 법적 의미를 지녀 사인의 행위가 그에 좌우된다. 이는 다름 아닌 허가제라 하겠다. 따라서 수리를 요하는 신고에 해당하는 경우는 허가제로 고치든지 아니면 사인에게 이니셔티브를 주는 신고제의 본연에 맞춰 바르게 정립해야 한다.

2) 등록제의 문제

일부 문헌은 등록제를 수리를 요하는 신고제와 동일시하고, 이를 허가제에 대비시켜 전자의 경우엔 형식적 심사만을, 후자의 경우엔 실질적 심사까지 거치는 것으로 본다. 그러나 심사성격에 따른 제도의 구별은 쉽지 않을 뿐더러 제도의 본질에 관한 이해를 혼란에 처하게 할 수 있다.[48] 그리고 제도적 차원에서 등록제를 자기완결적 신고와 허가제의 중간 영역으로 설정하는 태도는 문제가 있다. 규제완화의 요구로 허가제를 행정규제의 대표로 인식한 여론의 추이에 좇아서 단지 용어만을 변경하는 데 지나지 않는다. '등록제'란 본질적으로 '허가제'와 다름이 아니고, 그것은 "변형된 허가제"일 뿐이다. 과거 독일에서 관헌국가시대에 예외적 승인과 다를 바 없었던 허가제를 불식하기 위한 방편으로 도입된 것이 등록제이다.

요컨대 일반적으로 등록제를 허가제에 비해 국민에게 유리한 것으로 이해하며, 그 오해가 항상 법적 다툼으로 이어진다. 실정법상으로 어떤 등록은 허가(또는 특허)와 다를 바 없고, 어떤 등록은 일종의 공증으로서 확인적 행정행위에 해당한다. 그 오해의 원인인 등록제를 허가제나 특허제로 改名해야 한다.

3) 면허제의 문제

실정법상 면허제는 다양하게 사용되고 있다(운전면허, 의사나 약사등의 면허, 공유수면매립면허 개인택시운수사업면허 등). 그것의 법적 성질은 법체계에 의해 판단되는데, 가령 공유수면매립면허와 개인택시운수사업면허는 특허의 일종이지만, 운전면허나 의사면허, 건축사면허는 기본적으로 일정한 자격이나 능력을 기초로 그것을 인정하는 것이다.

요컨대 특허에 해당하는 사항은 특허로 개명하고, 일정한 자격을 전제로 한 경우는 면허로 통일하여 규정해야 한다.[49] 그리고 후자의 면허제의 경우에는 성립요건을 충족하면 반드시 발급되도록 그 결정을 기속행위로 규정해야 한다.

4) 승인제의 문제

실정법에서 일정한 법적 사실을 확인하는 경우만이 아니라, 행위통제수단으로 승인제가 채용되고 있어 혼란을 자아낸다. 이런 혼란상을 해소하기 위해 내용과 법체계에 따라 법적 판단을 한 다음 명칭을 바르게 고쳐야 한다. 가령: 소방법 제36조상의 소방용기계·기구의 형식승인은 제조나 수입의 허가에 해당하고, 남북교류협력에 관한 법률 제17조상의 협력사업의 승인은 사안의 성격상 예외적 승인의 차원에서 접근가능하

48) 그런데 심사성격의 착안점은 더 이상 주효할 수 없다. 왜냐하면 대법원은 '수리를 요하는 신고'를 행정청이 그 실체적 요건에 관한 심사를 한 후 수리해야 하는 것으로 이해하고 있기 때문이다(대법원 2011.1.20. 선고 2010두14954 전원합의체 판결).

49) 그런데 면허란 명칭이 바람직한지는 숙고가 필요하다. 변호사의 경우 변호사등록제를 규정하고 있다.

며, 건축법 제22조 제3항상의 사용승인은 사용허가이며, 자동차관리법 제34조상의 자동차의 구조·장치의 변경승인은 다름 아닌 변경허가이다.

요컨대 이렇게 정비한 다음에 일정한 법사실을 순수하게 확인하는 경우에만 승인제를 규정하는 것이 바람직하다. 그리고 성립요건을 충족하면 반드시 발급되도록 그 결정을 기속행위로 규정해야 한다.

5) 무분별한 인허가의제의 문제

인허가의제란 행정법규에서 하나의 인허가를 받으면 다른 법률상의 인허가 등을 받은 것으로 간주하는 것인데, 그 목적은 복합적인 민원에 해당하는 사안을 하나의 절차로 해결하기 위함이다. 즉, 절차생략의 취지에 있다. 인허가의제는 절차의 생략을 통해 일종의 one stop service을 하는 순기능이 있는 반면, 역기능으로 실질적 관련성이 없는 사안을 연계하면 관할분배와 존중의 원칙이 무시되고, 절차생략의 취지에서 자칫 상대방의 존속보호와 신뢰보호를 훼손한다.

먼저 기존의 허가의제규정을 실질적 관련성의 차원에서 검토할 필요가 있다. 법률을 통한 의제규정의 확대는 법률집행을 전적으로 행정의 임의에 맡겨버리는 것이 되어 권력분립원리에 따른 의문을 자아낸다. 따라서 의제규정의 확대는 예방적 통제의 중요치 않은 범주에서만 강구되어야 하며, 의제의 일반규정이 가칭 행정기본법에 마련되어야 하며, 관련 인허가상의 필요서류를 감축하여야 한다.

(3) 부관의 정비

일상에서 조건은 매우 곤혹스러운 존재이다. 법제에서도 동일하다. 부관은 조건이다. 법령 역시 부관이라는 명칭보다는 조건이란 용어로 규정한 경우가 많다. 나아가 실제의 허가발급에도 부관에 해당하지 않는 것까지 조건의 이름을 붙이곤 하여 매우 혼란스럽다. 부관은 그 존재가 본체인 규제에 부수하는 것이어서 일종의 부수적 규제에 해당하지만, 그 역할과 의미는 종종 본체인 규제를 좌지우지하곤 한다. 특히 신뢰보호의 원칙을 봉쇄하는 기능을 발휘하는 철회권의 유보의 경우, 그것의 무분별한 사용은 신뢰보호의 원칙을 유명무실하게 만들 수 있다.

근거가 없고 적합하지 않는 부관에 대해 시민은 고통을 주는 딴지이거나 과잉 규제로 여기듯이, 부관은 조건에 대한 곱지 않은 인식마냥 부정적인 측면도 내포한다. 특히 부관의 종류와 부가에 관해 전적으로 행정의 의사가 지배하는 이상, 허가 등과 같은 대표적 개입규제에서 국민은 법적 불안정을 감수할 수밖에 없다.

요컨대 기왕의 개입수단보다 더 강력한 규제로서 활용되고 있다는 점에서, 부관의 체계를 제도적으로 정비하는 것 역시 규제개혁의 일환으로 적극적으로 강구되어야 한다.

(4) 규제에 따른 제재시스템의 구축: 취소와 철회 규정의 마련

법률상의 의무를 불이행하거나 법령을 위반한 경우에 제재가 가해진다. 이들 제재는 중지나 철거와 같은 일정한 의무를 과하는 하명처분을 발하는 것에서, 해당 수익적 행정처분(허가 등)을 취소나 철회하는 것, 그리고 과징금을 부과하는 것까지 매우 다양하다. 이들 제재는 규제의 정당성을 담보하기 위한 수단적 성격을 갖기에, 그것의 바른 형성 역시 규제의 정당성 및 공감가능성을 제고한다. 여기서는 해당 사업자로서는 가장 치명적인 제재인 취소와 철회에 관해 살펴본다.

우선 현행 행정처분의 취소와 철회와 관련하여 법제가 갖고 있는 치명적인 문제는 용어사용에 있다. 그 본질에서 취소와 철회는 개념상으로 분명히 구별됨에도 불구하고 현실의 실정법제도에서는 구별하지 않고 무분별하게 사용되고 있다. 하루바삐 용어의 혼란을 정리하는 것이 급선무이다. 비록 개별법상으로 행정처분의 취소와 철회를 규정하고 있지만, 공통된 기준의 결여로 인해 어떤 통일적 원리와 원칙에 입각한 법집행보다는 다소간 차이를 담은 개별법에 의거하여 각기 법집행이 행해진다. 개별법에서 행정처분의 취소와 철회에 관해 규정할 때 어떤 확고한 목표의식에 의해 차이를 두었으면 모르지만, 그렇지 않은 것이 대부분의 경우이다. 가령 수익적 행정처분의 철회의 경우 일부법률이 손실보상을 두고 있지만(도로법 제93조, 하천법 제77조 등), 그것이 일반화되어 있지 않다. 더군다나 취소의 경우에는 찾아보기가 힘들다. 나아가 취소·철회의 시간적 한계 역시 명문으로 규정되어 있지 않다.

요컨대 국민에게 가장 치명적인 제재와 관련해서 국민의 보호수준이 개별법의 상황에 좌우된다는 것은 행정 및 법제에 대한 국민적 신뢰를 저해할 뿐만 아니라, 행정법 집행에서도 곤혹스런 상황을 초래한다.

Ⅶ. 특히 보장국가에서 규제의 새로운 자리매김: 규제를 통한 경쟁과 공공복리의 확보

1. 보장국가에 관한 일반적 논의

(1) 의의

1990년대 이래로 현대의 국가적 상태에 관한 변화를 나타내는 대표적인 화두가 '보장국가'(Gewährleistungsstaat)이다. 이는 국가임무의 이행상의 주목할 만한 변화를 강조하는 경향을 나타낸다. 여기서 국가는 갈수록 확대되는 생존배려의 영역에서 자신에게 맡겨진 임무를 스스로 수행하기보다는 사인으로 하여금 고권적으로 정한 규제적 규준의 테두리(가령 목표설정, 절차규칙, 조직모델)안에서 그 임무를 수행하게 한다. 여기서 사적 임무수행은 국가가 손수 서비스를 제공하는 것을 대신한다. 하지만 그것이 순수한 시장의 경쟁상황에서 행해지는 것은 아니고, 사인에 의해 공공복리적 목표가 실현되도록 하기 위한 국가적 사전대비의 범위에서 행해진다. 그리하여 보장국가는 -통신, 우편, 폐기물관리 등과 같은- 많은 분야에서 전통적인 복지국가·개입국가가 후퇴하면서 사인의 주도권을 가능케 하되, 그럼에도 불구하고 공공복리적 주안점(공급의 안정성, 소비자보호, 환경 등)을 보호한다. 유럽집행이사회가 '유럽의 모델사회'로 명명한 것의 표현이 보장국가라 이해될 수 있다.[50)]

(2) 특징

보장국가란, 직접적으로 이행하지 않으면서도 소기의 공임무를 수행하는 방법과 관련이 있는 국가활동의 발현형식을 명명한 것이다. 여기서는 사인에게 서비스제공을 맡기고 국가가 손수 임무를 이행하는 데서 후퇴하는 것이 강조된다. 보장국가적 모델의 매력은 양립할 수 없는 대립된 가치, 즉, 경제적, 사회적 영역의 합리성과 국가영역의 합리성을 결합시킨 데 있다.[51)] 이를 통해, 국가의 과부하, 국가재정의 과다요구, 관료조직의 확대, 행정청의 집행부전의 증가, 정보결핍의 증대 등을 저지될 수 있으며, 사인의 주도권, 개인의 전문지식, 민간의 자본과 혁신, 고객을 상대한 사적 서비스제공의 근접성과 탄력성이 활용될 수 있다.

이런 보장국가적 구상은 공임무분배상의 변화에 즈음하여 임무이행을 위한 책임을 규범적으로 헌법적으로 재귀적으로 연계시키는 것을 추구함으로써 대응한 것이다.[52)] 그 출발점은 국가적 조종을 (규범적으로 제한하는 의미에서) 사주체로 하여금 공임무를 독자적으로 이행하도록 이끄는 것으로 축소하는 것이다.[53)] 일련의 사전조치를 통해 보장구조는 만들어진다. 그것은 한편으로는 공공복리의 실현을 위해 사회적 과정의 역동성을 활성화하고 활용하고, 다른 한편으로는 고권적 행정주체의 본연 및 사회적 힘의 자유로운 전개를 보전한다. 여기서 공임무는 전적으로 이행책임을 지는 국가에 의해서 더 이상 수행되지 않고, 민간과의 협력적 상호협력에서 나뉜 책임의 차원에서 수

50) EU-Kommission, Leistungen der Daseinsvorsorge, KOM (2001) KOM Jahr 2001 Seite 598 endg.: "In einer Welt des Wandels bleiben Leistungen der Daseinsvorsorge eines der wesentlichen Fundamente des Europaischen Gesellschaftsmodells"(Rdnr. 1).

51) Schoch, Gewährleistungsverwaltung: Stärkung der Privatrechtsgesellschaft? NVwZ 2008, 241(242).

52) 대표적 문헌으로 Martin Eifert, Grundversorgung mit Telekommunikationsleistungen im Gewährleistungsstaat, 1998, S.18ff.

53) Voßkuhle, Beteiligung Privater an der Wahrnehmung öffentlicher Aufgaben und staatliche Verantwortung, VVDStRL Bd.62(2003), S.266(285).

행될 것이다. 여기서 국가는 생존배려의 모델에서의 (자기)이행책임의 모델로부터 보장자(보증인)로서의 역할로 물러선다. 국가는 활성화시키는 국가(activating state)로서 사회적 자원을 발산시킬 수 있으며, 가능케 하는 국가(enabling state)로서 민간을 활동에 나서게 할 수 있다. 가령 독일 기본법 제87조 e 제4항, 87조 f 제1항, 제143조 b 제2항에서 망관리, 철도교통, 통신과 우편을 위한 인프라책임이 헌법상으로 분명히 확립된 보장의무이다. 보장국가의 헌법이론적 구상은 구체적인 도그마티적 형성을 요구한다. 여기서 망관리상의 특별성은 고유한 규범적 구성에 반영된다. 요컨대 보장국가 및 그것의 중심장치인 규제의 출현으로 종래 생존확보적 사회국가가 경쟁적 사회국가로 변모하였다.[54] 당연히 이는 공법학에 대한 새로운 화두를 던진다.[55]

2. 보장국가에서의 규제의 의의

경쟁자는 전적으로 경제적 논리에 입각하여 행동한다. 그래서 수익이 되지 않는 곳에선 서비스를 제공하지 않을 것이다. 그로 인해 일부 국민은 생존배려적 서비스로부터 배제될 수 있다. 여기서 국가는 보증인적 지위(Garantenstellung)에서 친사회적(사회적 의무가 있는) 경쟁을 위한 대강을 규정하고 규제적으로 개입하여야 한다. 그리하여 규제는 친사회적 시장참여의 조건의 법칙과 감독을 의미한다. 이런 모델에서 규제책임은 다양한 책임갈래의 하나에 해당한다.[56] 가령 결과확보(예: 보편적 서비스)와 같은 규제법적 수단은 보장책임의 구성요소일 수 있다. 역으로 경제적 활력으로부터 국가의 후퇴와 규제를 위한 변화가 책임분배적인 보장모델의 성립을 위한 요건이다. 사실 규제의 2대목표인 경쟁과 공공복리지향성의 경우 그 자체 원심력이 작용하는데, 이들을 민주적 법치국가원리에 의거하여 한 곳으로 끌어당기는 구심체이자 매개체가 규제이다. 달리 말하면, 보장국가란 (협의의) 규제 없이 출현할 수 없다. 규제가 없으면, 보장국가란 존재할 수가 없다.[57]

한편 종종 규제가 민간화의 후속단계에서의 새로운 형식으로 여겨지곤 하는데, 규제는 단지 민간화논의에 그치지 않고, 국가의 소극적, 적극적 조종을 초래한다. 즉, 조종학적 착안점과 규제는 상호 배제되지 않으며, 규제는 조종의 특별한 유형으로 조종학적 착안점에 통합된다. 동시에 규제법은 신행정법학(Neue Verwaltungsrechtswissenschaft)에

---

54) 국가보장의 변천에 관해서는 Franzius, Gewährleistung im Recht, 2008, S.24ff.

55) 독일에서 2005년에 출범한 집권우파연합이 "관료주의축소와 더 좋은 규제"(Bureaucracy Reduction and Better Regulation, 2006)를 표방하여 나름 성과를 거두어 유럽의 경제중심이 된 데는 민간화에 따른 충격파에 대한 나름의 방파제가 제도화되어 있기 때문이 아닐까 조심스럽게 진단하고자 한다.

56) Säcker, Das Regulierungsrecht im Spannungsfeld von öffentlichem und privatem Recht, AöR Bd.130(2005), S.186ff.

57) Ruffert, in: Fehling/Ruffert(Hrsg.), Regulierungsrecht, §7 Rn.32.

의해 특히 새로운 방법론적 관점을 내포한다.[58] 규제법에서는 규범의 해석과 적용에 초점을 맞추는 종래의 법학적 방법론은 －포기될 수는 없고－ 후퇴한다. 그리고 거버넌스적 관점은 규제의 진행과 그것의 법적 구조요소에 관해 폭넓게 고려하는 것을 가능케 한다.[59] 요컨대 보장국가에서의 규제(협의의 규제)는 행정법의 발전에서 분기점마냥 매우 중요하다.

3. 보장국가에서의 규제의 목표[60]

(1) 포괄적 차원에서의 목표

규제법에 의해서 경쟁과 시장과 관련한 사적 활동이 조직화되고 지지를 받으며, 동시에 일정한 공공복리와 관련한 결과에서 의무가 지워진다. 경쟁구조의 증진과 공공복리적 주안점을 결합시키는 이원적 과정이 규제법에 의해 제도화된다. 즉, 규제법을 통해 사회적 의무가 수반된 경쟁이 제도화된다. 물론 공공복리적 주안점이 경쟁을 통해 실현되어야 하되,[61] 규제법으로 사적 시장참여는 공공복리의 의무화에 존재한다. 규제법에서의 경쟁은 결코 목적 그 자체가 아니라, 정책적으로 조건이 지워진 하나의 수단으로 강구된다. 그 경쟁은 결코 중립적인 목적 자체가 아니며, 시장을 위한 원칙적인 우위는 존재하지 않는다.[62]

새로운 시장이 조성된 경우나 그 이전에 독점화된 분야에서 새로이 경쟁이 확립된 경우라 하더라도, 순전히 시장경제적인 분배·질서의 원칙이 곧바로 통용되게 한 것은 아니다. 여기서 규제법은 공공복리지향적 새로운 의무를 결부시킨다. 경쟁의 목표와 공공복리지향적 목표는 상호 관련이 있다. '시장이란 그 고유한 힘으로부터 성립하고 존재한다', '시장은 '보이지 않는 손'으로 만인의 복리를 위해 영향을 미친다'는 시장주의적 사고는 규제법과는 맞지 않는다. 규제법은 －경쟁이 광범한 목표를 실현하기 위한 정책적 수단이기도 하고, 규율목표 그 자체이기도 한－ 의 제3자의 길을 제도화한다. 여기서 일정한 급부는 사경제적 급부제공의 利點을 공공복리의 요청과 결

58) 신행정법학은 법정립지향적인 행동과학과 결정과학이 되어 버린 결과, 실제영역의 분석이나 결과지향과 같은 방법론적 요소를 함께 연관시킨다. 이에 관한 상세는 Voßkuhle, in: Hoffmann－Riem/Schmidt－Aßmann/Voßkuhle(Hrsg.), Grundlagen des VerwR I, 2.Aufl., 2012, §1 Rn.15ff.

59) 조종학(제어학)으로서의 행정법학의 좌표에 관해서는 김남진, 경제에 대한 국가의 역할과 관련하여, 공법연구 제42집 제1집, 118면 이하. 한편 OECD 보고서에 의하면, 2차대전 이후 독일은 국가의 사회적, 정치적, 경제적 개발을 매니저하기 위한 포괄적인 －사회적 시장경제로 알려진－ 거버넌스체제를 실시하였다. 국가는 戰前의 실수를 피하려고 하였다. 매우 광범하게 국가는 정치적 대상으로의 자유, 경제적 대상으로서의 번영, 사회적 대상으로서의 연대와 공평을 증진하는 것을 목표로 삼았다.

60) 이하는 Lepsius, in: Fehling/Ruffert(Hrsg.), Regulierungsrecht, §19을 참조하였다.

61) Eifert, in: Hoffmann－Riem/Schmidt－Aßmann/Voßkuhle(Hrsg.), Grundlagen Ⅰ, §19 Rn.126f.

62) Eifert, in: Hoffmann－Riem/Schmidt－Aßmann/Voßkuhle(Hrsg.), Grundlagen Ⅰ, §19 Rn.18f.

합시키는 방식으로 제공되어야 한다.

어떤 분야가 시스템과 관련한 것으로, 혹은 공급안정성과 생존배려의 이유에서 규율할만한 것으로 여겨져서 규제체제에 편입되어야 하는지는 개별법상으로 규정되어 있지 않고, 정책적 의사형성과 사회경제적 필요에 좌우된다. 규제의 요부에 대한 찬반을 위한 정치적 근본결단은 규제법의 개별법적 단계만이 아니라. 헌법적 규준에서 표현된다. 사실 일정한 분야가 규제되어야 하는지 여부와 그 정도는 어떠해야 할지의 물음은 －순전히 이론에 바탕을 두고서, 경제이데올로기이나 사물의 법칙성에 의해 근거지울 수 없는－ 합목적성의 차원에서의 정책적 물음이다. 규제체제의 창설을 위한 강력한 동기는 －가령 자유화와 탈규제와 같은－ 일정한 경제정책적 분위기, 사회정책적 확신, －과점과 같은－ 시장의 한계이다.

(2) 중간차원에서의 개개의 목표

한편 이상의 메타목표(사경제적 급부제공 및 공공복리지향성)는 중간차원에서 즉, 개별규제법의 차원에서 구체적인 형성을 필요로 한다. 가령 네트워크와 관련한 분야의 경우 공공복리적 목표의 차원에서는 개별법상으로 공급상의 기술상의 안정성, 저렴한 공급, 공공의 안녕의 유지 등에 관해서, 시장·경쟁지향적인 목표의 차원에서는 경쟁의 증진, 효과적인 인프라투자 등에 관해서 규정한다.[63]

그런데 규제분야의 폭은 유동적이고 그에 맞춰 규제로 추구되는 개개의 목표 역시 유동적이고, 복수화되어 있다. 일련의 규제법상의 목표를 체계화하는 원칙은 존재하지 않는다. 보장국가의 등장으로 국가의 고권적 구상의 전통적인 질서원칙과 사회적 내지 경제적 경쟁의 구상이라는 이원주의가 극복되었다.[64] 따라서 규제의 목표와 관련해서 시장경제적, 경쟁적 구조의 촉진의 분야와 공공복리지향적인 목적구속의 분야로 엄격히 나눌 수는 없다. 마찬가지로 사법적 성질의 목표와 공법적 성질의 목표를 거의 구별할 수 없다.[65] 중간차원에서 규제법은 오히려 사익과 공익의 조절적인 고른 行程이 실현될 수 있게 하는 많은 개별적, 구체적 목표를 추구한다.

---

63) 독일의 현황에 관한 상세는 Lepsius, in: Fehling/Ruffert(Hrsg.), Regulierungsrecht, §19 Rn.10. 차후에 우리의 법제상의 현황을 검토한다.

64) Schoch, Gewährleistungsverwaltung: Stäarkung der Privatrechtsgesellschaf?, NVwZ 2008, S.241(242)

65) 한편 우리의 경우 공법과 사법의 구별이 너무 강조되어 융합적 접근이 쉽지 않다. 양 법체제는 통일된 법질서의 부분영역으로서 다양한 방법으로 상호 영향을 미친다. 따라서 양자의 대립성을 과장해서 표현하는 것은 피해야 한다. 공법과 사법의 구별을 전제로 하면서도, 이들을 교호적 포용(포괄)질서로 인식하여야 한다. 상세는 김중권, 행정법, 2013, 15면 이하 참조.

(3) 미국에서의 현황

독일의 경우에서는 사회적(공공복리지향적인) 목표와 경쟁적 목표가 원칙적으로 평행하는 데 대해서, 규제법의 모국인 미국의 상황은 다르게 여겨진다. 미국에서는 용어상으로 경제적 규제와 사회적 규제가 구별된다.[66] 1970년 이후 규제대상은 망규제 및 경쟁행위의 특별한 물음으로부터 공공복리증진의 일반적인 목표로 지속적으로 확대되었다. 오늘날 미국에서는 일반적인 환경법, 특별한 안전법, 노동법과 소비자보호법의 일부가 규제법으로서 −경쟁이 특징인 경제적 규제와는 구분되는− 사회적 규제의 하부그룹에 속한다. 여기서는 공공복리적 목표가 경쟁에 의해 혹은 경쟁의 범위에서 제1차적으로(우선적으로) 증진되어서는 아니 된다. 왜냐하면 미국에서 경쟁은 목표가 아니고, 그 자체 규제의 대상이기 때문이다. 사회적 규제영역과 경제적 규제영역의 이런 구분은 미국에서는 의미를 갖는다. 왜냐하면 그곳에서는 유럽에서와는 달리 행정법은 규제법의 이름하에 전개되었기 때문이다. 유럽에서는 규제법을 행정법내의 새로운 형식으로 파악하는 반면,[67] 그 위계관계가 미국에서는 역전된다고 여겨진다. 미국에서는 분야에 특유한 규제법이 일반행정법에 선행하여 전개되었다. 그래서 미국 행정법의 주제는 원칙적으로 규제법의 확고한 법형식의 차원에서 포착되어야 하며, 그리하여 필연적으로 사회적 규제로서의 법형식과는 구분되어야 한다.

4. 규제목표에 관한 상론

(1) 규제목표로서의 경쟁

1) 규제법적 경쟁사고의 특별성

규제법상으로 경쟁은 이중적 성질을 갖는다. 효과적이고 진정한 경쟁으로서의 그것은 규제목표이거니와, 공공복리목표의 이행을 위한 수단이기도 하다. 따라서 규제법에서 경쟁사고를 이용함에 있어서는 모순이 드러난다. 왜냐하면 한편으로는 진정한 경쟁이 목적이 되지만, 다른 한편으로는 그 경쟁이 공공복리목표를 이유로 경제적 합리성의 너머를 지향하기 때문이다. 그리하여 공공복리와 관련한 규제목표는 어쩔 수 없이 경쟁을 유도하는 것을 초래한다. 경쟁과 관련해서 규제법은 중립적일 수 없다. 경쟁은 공공복리목표에 이바지고 시장형성적으로 조직화된 경제구조의 단순한 표현이다. 다른 한편 경쟁의 조건은 경쟁에 의해 변화되어서는 아니 되는 상수(망, 공공복리구속)에 의

66) 이에 관한 상세는 Masing, Die US−amerikanische Tradition der Regulated Industries und die Herausbildung eines europäischen Regulierungsverwaltungsrechts, AöR, Bd.128(2003), S.558ff.
67) Schmidt−Aßmann, Das allgemeine Verwaltungsrecht als Ordnungsidee, 2.Aufl., 2004. S.138−142.

해 각인된다.

규제법률을 경쟁에 대한 개입으로 여기는 것은 부적절할 것이다. 오히려 그것은 ─ 공공복리목표의 실현을 위해서만 수립될 수 있는─ 사회적 의무가 있는(sozialpflichtig) 경쟁을 제도화한다. 규제법률은 분야에 특유한 경쟁을 위한 중요한 규준도 가져다줄 수 있다. 규제된 분야는 더 이상 자유로운 경쟁의 지배를 받지 않는다.[68] 따라서 공공복리목표를 위해 적용되는 것이 규제목표로서의 경쟁에도 마찬가지로 적용된다. 이들 목표는 절대적으로가 아니라 단지 상대적으로만 실현될 수 있는데, 목적과 수단의 형량 혹은 효용과 비용의 형량을 전제로 한다.

여기서 어느 하나의 목표를 절대화하거나 위계를 설정하는 것은 곤란하다. 국가와 사회, 시장경제와 계획경제, 공법과 사법의 분리와 같은 전통적인 이원주의가 규제법에서 더 이상 체계형성력을 전개할 수 없다. (종전의) 국가독점영역의 민간화 및 시장경제적 분배메커니즘이 탁월한 효율성을 낳기 때문에, 경쟁목표가 정책적·법적으로 매우 중요하지만, 결코 법질서의 공공복리지향의 후퇴를 초래하지는 않는다. '자유로운 경쟁'과 '국가적 규제'의 이원주의는 그다지 도움이 되지 않으며, 잠재적으로 이념적일 것이다. 모든 경쟁시장은 법에 의해 조성되기 때문에, 양자택일의 물음이 관건이 아니라 합목적적인 혼합관계가 관건이 된다. 경쟁목표를 형성함에 있어서 효과적인 경쟁을 위한 조건을 성찰하여야 한다. 경쟁목표는 단순한 민간화에 의해 실현될 수는 없다. 따라서 공공복리목표를 위해 경쟁을 요구할 때에는 경쟁의 조건, 결과, 한계에 관해 명확하게 알아야 한다. 경쟁을 무비판적으로 이상화하는 것은 결코 도움이 되지 않는다.

2) 이윤추구의 역설적 결과

사경제적 경쟁의 주된 동기는 이윤추구이다. 그런데 추구된 목표와 관련해서 결코 생산적이지 않은 결과가 빚어질 수 있다. 가령 기존제품을 계속 판매하는 것이 신제품의 개발보다 더 수익적이기 때문에, 혁신이 행해지지 않을 수 있다. 이윤추구를 전면에 내세울 경우, 연구와 개발을 포기하는 것이 합리적일 수 있다. 이윤추구를 목표로 한 경쟁이 구조적인 혁신을 방해할 수 있다. 혁신증진(촉진)과 인프라확보가 중요한 규제목표가 된다.[69] 왜냐하면 경쟁적 이윤추구로 인해 혁신이 저지되는 효과를 빚을 수 있거니와, 기대수익이 미미하여 투자가 억제되어 신규의 인프라조치가 연기될 것 같으면 그로 인해 이윤이 증대되기 때문이다. 따라서 경쟁의 혁신력은 일반화되어 원칙적으로 전제되어서는 아니 된다.

이런 목표에 대해 적합하게 대처하기 위해서는, 규제법은 현재의 경쟁시장의 지속

68) 설령 많은 규제법률이 친경쟁적 목표규정을 통해 이 점을 감춘다 하더라도 그렇다.
69) 혁신증진과 규제에 관해서는 vgl. Hoffmann-Riem (Hrsg), Innovation und rechtliche Regulierung, 2002.

력을 성찰하여야 하고, 그것을 경쟁조정을 통해 새로이 정립하여야 한다. 가령 신재생에너지의 성공적인 도입에 있어서 현재의 거대한 관망의 경제적인 지속력이 장애물이 된다. 왜냐하면 풍력과 태양력은 더 이상 화력과 원자력처럼 거대한 발전소와 그에 합당한 광역의 관망을 요구하지 않으며, 좁은 공간의 분화된 분배망을 갖는 지역발전소로서 거대한 발전소와 그에 합당한 광역의 관망을 필요치 않기 때문이다. 광역망을 경제적으로 가동하고자 하는 에너지회사로서는, 이윤추구의 관점에서 분산적인 망을 증진시키는 것은 생산적이지 않다. 규제법상의 나름의 조치가 없다면, 현재 망의 경제적 지속력은 소멸되지 않는다. 요컨대 순전히 경제적으로 지향된 경쟁의 상황에서는 신재생에너지시장은 형성되기가 쉽지 않다.

(2) 규제목표로서의 공공복리지향성

규제법은 항상 시장과 경쟁의 제도화를 넘어서는 목표를 추구한다. 다름 아닌 사회적 의무가 있는 경쟁을 추구한다.[70] 경쟁은 그 자체를 위한 목적이 되지 않고, 광의의 의미에서의 사회정책적 관점에 비추어 우위에 둘만한 것으로 여겨진다. 하지만 곧바로 사회적 목표를 제2차적 목표로 분류하거나 규제와 이질적인 목표라고 치부해서는 아니 된다. 원칙적으로 사회정책적인 주안점에 해당하면 무엇이든 –생존배려, 품질확보, 망안정성, 기본권보호, 예산확보, 환경보호나 노동자주안점에 관계하든– 추구될 수 있다. 따라서 노동자보호나 환경보호와 같은 목표는 생존배려, 기본제공, 인프라확보, 공급안정성과 같은 사회적 규제목표로 표현될 수 있다. 비록 공공복지(Gemeinwohl)가 일의적으로 정의 내려지지 않았지만, 국가 자체가 공공복지를 목표로 하기에,[71] 사회적 규제목표는 당연히 수긍될 수 있는데, 이런 목표가 경쟁질서에 의해 실현될 것인지가 결정적이다.

규제법의 사회적 목표가 경쟁참여자로서는 전형적으로 비용으로 여겨진다. 경쟁적 규제목표를 시행함에 있어서 경쟁자(시장참여자)의 비용구조는 일단 주어진 것으로 수용될 수 있다. 규제법은 일정한 생태적 최소기준이나 일정한 노동규정(최소임금)의 준수와 같은 목표를 통해서 경쟁자의 비용의 비교가능성을 낳을 수 있다. 규제법에서 관건은 보이지 않는 손들에게 손을 내미는 것이 아니라, 보이는 손으로 이윤극대화와 공공복리지향간의 타협을 맺게 하는 것이다. 규제는 형성적 임무이기에, 그에 맞춰 규제법은 "–목표충돌에 관한 처리에 의해서 두각을 나태는– 법적 규칙과 법제도의 다채로운 꽃다발"로 이루어져 있다.[72]

---

70) Lepsius, in: Fehling/Ruffert(Hrsg.), Regulierungsrecht, §4 Rn.5.

71) Vgl. J. Isensee, Gemeinwohl im Verfassungsstaat, in: ders./Kirchhof (Hrsg.), HStR IV, §71, Rn.1.

72) Schmidt–Aßmann, Ordnungsidee, S.140.

Ⅷ. 맺으면서 - 規制改革 자체의 改革

나름 정체성을 다소간 달리 하는 정부가 10년에 걸쳐 번갈아 등장하고 그에 따른 규제양상의 실현으로 인해, 규제 및 규제개혁의 본질을 종전과 다르게 볼 수 있게 되었다. 우리보다 앞선 나라가 '더 좋은 규제' '스마트 규제'를 목표로 더욱 정교한 접근을 하고자 노력을 경주하는 것에 비하면,[73] 우리의 경우 5년전, 10년전의 논의지형에 머물고 있다. 전봇대 하나, 가시 하나 뽑는 식의 접근으로는 규제개혁의 실현은 무망하다. 국소적인 앰플처방을 하듯이 접근할 것이 아니라, 치밀하고 섬세한 법제도적 접근을 강구해야 한다. 하지만 청와대에서의 규제개혁 끝장토론 이후에 지방자치단체를 포함한 각 부처가 경쟁적으로 오버하여 제도개선에 나서는 모습은 가히 속도전을 방불케 한다. 진자운동마냥 재규제 및 徒勞의 악순환의 우려를 자아내기에 충분하다. 특히 규제에 대한 존재론적 의문을 부단히 제기하는 미디어로 인해 규제의 필요성과 정당성에 관한 이해는 갈수록 낮아지고 있다. -보기에 따라서는 다른 평가가 내려질 수 있지만- 아무튼 공공성의 상실의 비참한, 자연스런 말로를 대변하는 세월호의 참사에도 불구하고 일각에서는 여전히 규제완화만이 궁극의 해결책인 양 운위된다. 미디어적 표현에 법적 판단을 우선적으로 맞추는 것은 법치국가적 원리와는 일치하지 않는다.[74]

요컨대 법치국가적 원리에 입각하여 규제개혁은 공법 즉, 특히 행정법제의 현대화가 그 요체이다. 경제규모, 사회수준, 그리고 나라의 품격에 맞는 법규범, 법제 그리고 규제의 품질을 제고하기 위해서는 먼저 규제개혁 자체를 개혁하는 인식이 요구된다.

* 안암법학 제45호, 2014.9.30., 71면-115면 所收.

73) 가령 독일의 경우 "관료주의축소와 더 좋은 규제" 연방프로그램을 통해 기업에 대한 행정적 부담을 대폭 축소하고자 한다.

74) Simon, Kooperative Risikoverwaltung im neuen Lebensmittelrecht, 2007, S.208.

제 4 장

행정법이 헌법에 있고, 헌법이 행정법에 있기 위한 모색

– 민주적 법치국가원리를 바르게 구현하기 위한 행정법과 헌법과의 대화 –

Ⅰ. 처음에 – 포스트 코로나·인공지능 시대에 공법학의 과제

얼마 전까지 전지구적으로 회자되는 단어가 인공지능(artificial intelligence(AI), Künstliche Intelligenz(KI))과 제4차 산업혁명시대이었는데, 지금은 코로나 19 팬데믹이다. 코로나 19사태나 인공지능의 도입의 확산으로 법질서는 물론 공동체가 놓인 환경과 현실이 예상할 수 없을 정도로 급격하게 변하였고, 계속적으로 변하고 있다. 시대적 트렌드인 제4차 산업혁명에서 디지털화로 인해 행정의 변모는 가속화되고 있다.[1] 인공지능시스템을 공적 의사결정에 사용하는 것은 사람의 의의 및 궁극적으로 의사형성을 위한 민주적 과정을 뒤로 물릴 수 있다는 점에서 자칫 알고리즘의 지배(Algocracy; Algokratie)가 민주주의를 무색할 우려가 있다.[2] 코로나 19 팬데믹은 국가의 개입과 관련해서 개인의 자유영역의 가치를 새롭게 설정하게 한다. 리스크사회에서 "의심스러우면 안전에 유리하게"(In dubio pro securitate)란 표제가 "의심스러우면 자유에 유리하게"(In dubio

1) 제4차 산업혁명시대에 따른 법적 대응이 어떠해야 하는지를 극명하게 보여주는 최근 문헌으로 김남진, 제4차 산업혁명시대와 중요 법적 문제, 학술원 통신 제319호, 2020.2.1., 2면 이하.

2) 상론은 김중권, 행정에 인공지능시스템 도입의 공법적 문제점, 법조 제740호, 2020.4.28. 53면 이하; 인공지능 시대에 알고리즘에 의한 행위조종과 가상적 행정행위에 관한 소고, 공법연구 제48집 제3호, 2020.2.28., 287면 이하; 알고크라시(Algocracy)에서의 민주적 정당화의 문제, 법조 제743호, 2020.10.28. 181면 이하.

pro libertate)란 표제를 가히 압도하는 양상이다.[3)]

미증유의 변화에 즈음하여 법질서를 비롯한 공동체질서 전반이 제 기능을 다하는지 성찰이 필요하다. 개인적으로 현행 행정법제 및 행정법은 부단히 제기되는 새로운 시대적 요청에 전혀 대응하지 못하고 있다고 판단하는데, 헌법을 포함한 공법 전반으로 확대하면 더욱더 그러하다고 여겨진다.[4)] 공법질서의 핵심은 민주적 법치국가원리이다. 민주주의는 국가의 존재의 출발점이고 국가의 존재이유이며, 법은 국가의 長命靈藥(생명수, Lebenselixier)에 해당한다. 행정법(및 공법)의 역사는 관헌국가시대에 만들어진 행정법(및 공법)의 원형을 민주적 법치국가원리에 맞춰 새롭게 개혁하는 과정이다.[5)] 그런데 공법질서를 비롯한 전체 국가시스템은 여전히 일본의 관헌국가적 잔흔에서 자유롭지 못하고, 그것이 국가와 공동체의 혁신과 진화를 가로 막고 있다. 위기는 현재의 시스템을 되돌아보게 한다.

일찍이 예링이, "법학은 개혁에 대항하기보다는 반대로 이를 즐겨 받아들여야 한다. 왜냐하면 법학은 이를 통해 새로운 개념형성 활동의 기회를 가지게 되기 때문이다."고 지적하였다.[6)] 엄청난 변혁의 흐름에 즈음하여 향상된 인식에서 공법질서를 비롯한 전체 국가시스템을 비판적으로 바라볼 필요가 있다.[7)] 법발전을 관찰하며, 그 상관관계를 분석하고, 입법 · 행정 · 사법에서의 법실무에 대해 가능한 발전관점을 지적하는 것이 법학의 핵심임무이다.[8)] 기왕의 공법적 기본틀에 관한 문제인식을 바탕으로, 공법의 현대화를 목표로 삼아 행정법이 헌법에 있고, 헌법이 행정법에 있기 위한 모색을 강구하고자 한다.[9)]

---

3) 김중권, '의심스러우면 안전에 유리하게' 법률신문 제3290호, 2004.8.16.; 리스크결정과 법치국가적 행정법(역), 법학연구(충북대법학연구소) 제12권, 2001.12., 97면 이하.

4) 김중권, 21세기 국가모델을 위한 행정법의 현대화와 개혁, 공법연구 제48집 제1호, 2019.10.31., 387면 이하.

5) 일본 행정법은 메이지 헌법시대에 대륙법의 형태 특히 대표적인 관헌국가인 프로이센의 행정법을 모범으로 삼아 구축되었다. 독일의 경우에도 관헌국가적 토대에서 구축된 오토 마이어 행정법이 제2차 대전의 패전까지 고수되어 왔다. 일찍이 1970년에 P. Badura는, 행정법학이 오토 마이어의 도그마틱적 모습에서 벗어나기 시작했고, 이 과정은 끝나지 않았다고 확인하였다(ders., Badura, Die Verwaltung als soziales System, DÖV 1970, S.18(18)). 특히 60-70년대에 자유민주적 사회 분위기에 맞춰 법치국가원리적, 참여적 행정법연구가 최대로 활성화되었다.

6) ders., Scherz und Ernst in der Jurisprudenz, 1884, S.344.

7) 상론은 김중권, 國家再構造化와 再造山下의 출발로서의 行政基本法의 制定, 법연 2019년 여름호(통권 제63호), 2019.6.1., 28면 이하.

8) Schmidt-Aßmann, Ansätze zur Internationalisierung des verwaltungsgerichtlichen Rechtsschutzes, in: Liber Amicorum R. Wolfrum, Bd.2, 2012, S.2119.

9) 과거 憲法裁判所의 判例가 行政法에 미친 影響을 전반적으로 살펴보았는데(김중권, 憲法裁判所의 判例가 行政法에 미친 影響에 관한 小考, 헌법논총 제24집, 2013.10.29., 393면 이하), 여기서는 기왕의 글에서 다루지 않은 내용을 중심으로 논의를 전개한다.

Ⅱ. 논의의 전제: 전체 법질서에서 헌법과 행정법의 관계에 관한 논의

1. 양대 명제

O. Mayer는 1924년에 출간 그의 독일 행정법 제3판 서문에서, "1914년과 1917년 이래로 크게 새로운 것을 추가할 필요는 없다. 헌법은 사라져도 행정법은 남는다(Verfassungsrecht vergeht, Verwaltungsrecht besteht)"고 서술하였다. 시민과 국가간의 관계 －신민과 관헌간의 관계－ 를 기본적으로 인정하는 데 바탕을 두었던 입헌군주제하의 행정법이 민주공화적 헌법질서에 그다지 마찰 없이 이행될 수 있다는 것이다. O. Mayer의 명제는 행정법의 헌법비의존성이자 시대초월성을 나타낸다.[10] 이에 대비되는 것이 '구체화된 헌법으로서의 행정법'이란 F. Werner의 명제이다.[11] 이 입장은 행정법을 전적으로 헌법의 기능으로서 파악한다. 여기서 행정법은 고도로 헌법에 의해 특징이 지워지며, 헌법의 근본적인 변화의 지배를 받는다. 당시 F. Werner로선, 헌법적 물음에 대한 외면과 더불어, 정치적 회피와 과도한 사실성에 대한 헌법의 취약성을 시대정신의 장애물로 여겼다. 다만 F. Werner도 분명히 지적하듯이, 다양성의 측면에서 행정법을 단지 헌법의 도출, 연역이나 구체화로만 파악해서는 곤란하다.[12]

이들 두 입장은 행정법의 위상과 좌표를 적확하게 설정하는 데, 그리고 행정법에 내재한 갈등을 명료하게 설명하는 데 공히 적합하다. 헌법은 행정법에 대해 영향을 미치고 서서히 관류하고 있으며(행정의 기본권구속, 행정법의 일반원칙의 헌법적 도출 등), 정반대로 입법자의 개입을 요구하는 새로운 헌법적 문제제기가 행정법과 행정실무로부터 발흥하기도 한다. 요컨대 헌법과 행정법은 상호 의존적, 교호적(交互的) 관계에 있다.[13]

---

10) 그런데 O. Mayer의 명제는 유럽화에 즈음하여 역설적 상황을 낳고 있다. 독일의 경우 유럽화로 헌법은 별반 영향을 받지 않지만, 행정법의 경우 그 바탕에서부터 심대한 영향을 받고 있다. "헌법은 남는데 행정법은 사라진다"는 반대명제가 상징적으로 운위될 정도이다. 그리하여 독일행정법은 1970년대의 전초논의를 거쳐 이미 1980년대 말부터 포괄적인 변혁의 국면에 진입하여, －비판이 있긴 하나－ 방법론상의 새로운 지향을 초래하였고, 그런 변혁의 양상이 일련의 문헌(Hoffmann－Riem/Schmidt－ Aßmann/Voßkuhle(Hrsg.), Grundlagen des Verwaltungsrecht Bd. Ⅰ (2006, 2010), Bd.Ⅱ(2008), Bd.Ⅲ(2009))을 통해 집대성되었다.

11) F. Werner, Verwaltungsrecht als konkretisiertes Verfassungsrecht, DVBl. 1959, 527ff.

12) 이 명제에 대한 비판 내지 소극적 반응은 후술하는데, 기본적으로 이것은 후술할 '헌법은 행정법으로부터 무엇을 배울 수 있는가?'의 물음으로 이어진다.

13) 참고문헌: 김남진, 헌법과 행정법, 공법학의 역사와 미래(2019년 한국공법학회 신진학자학술대회) 발표문(2019.2.14.); 김영훈, 憲法과 行政法의 關係에 관한 小考, 법학논총 제2호(1986); 홍정선, 憲法과 行政法의 關係, 사회과학논총 제6호(1986); 강경근, 憲法과 行政法, 제32집 제1호(2003.10.31.); 박정훈, 헌법과 행정법 － 행정소송과 헌법소송의 관계, 법학 법학 제39권 제4호(1999); 김성수, 헌법은 존속하고, 행정법은 변화한다, 공법연구 제41집 제4호 (2013.6.20.); 김유환, 헌법재판과 행정법의 발전, 공법연구 제27집 제1호(1998.10.31.); 이계수, 헌법재판과 행정법이론, 공법연구 제37집 제2호(2008.12.31.); 하명호, 헌법재판과 행정법이론, 공법연

2. 행정법의 적용우위 문제

유의할 점은 어떤 경우도 헌법이 행정법을 완전히 결정할 수는 없다. 그런데 현재의 공법의 문제상황 전반을 보면, 두드러진 특징은, 헌법재판소의 출범 이전의 상황과 같은 헌법적 물음과의 적조함이 아니라, 정반대 즉, 헌법과 그것의 원리에 대한 조악한 치유기대감이라 하겠다. 특히 모든 쟁점사항이 공법적인, 특히 헌법적인 것이 되어버린 참여정부에선, 가히 헌법(재판)의 전성시대라 여겨질 정도였다.[14] 그리고 헌법의 규범력이 확보되어 실질적 법치주의가 완성되었다고 볼 경우 헌법 및 헌법원리가 직접 그 역할을 수행하는 것이 타당하므로, 헌법이 직접 적용되어야 한다고 주장되기도 한다. 그런데 헌법적 원리에 의거한 인플레된 논증의 배후에는 종종 절제되지 않는 만족감이 존재한다. 모든 행정법적 사례는 잠재적인 헌법적 사례이듯이(Otto Bachof), 헌법과 행정법의 긴밀한 조응과 견연(牽聯)은 일반적인 현상이거니와, 필요하다. 하지만 그럼에도 불구하고, 개별법적 차원을 경시한다거나 헌법에로의 곧바로 안락하게 도피한다거나 하는 것은 정당화되지 않는다. 헌법이 직접 전면에 등장하는 것이 과연 헌법의 차원에서도 전적으로 도움이 되는지 의문스럽다. 자칫 헌법적대적 상황이 빚어질 수 있다. 여기서 헌법의 직접적인 적용에 대해 매우 절제된 인식이 요구된다.[15] 효력의 우위는 헌법이 누리지만, 적용우위는 행정법이 누린다.

3. 추가적 논의: 헌법은 행정법으로부터 무엇을 배울 수 있는가?

한편 극단적인 이상의 양 명제의 대립은 행정법에 대한 헌법의 매우 세분된 영향을 분석하는 것을 곤란하게 할 뿐만 아니라, 정반대의 물음 즉, 헌법은 행정법으로부터 무엇을 배울 수 있는가의 물음이 외면될 수 있다. 그동안 F. Werner의 명제－'구체화된 헌법으로서의 행정법'－를 행정법의 차원에서만 바라보았는데, 이는 단선적이다.

구 제45집 제2호(2016.12.31.).

14) 신행정수도이전 건, 대통령탄핵 건, 이라크파병 건, 국가기관의 지방이전 건, 헌법재판소장임명파동 건, 방사능폐기물처리장 건, 새만금/천성산재판 건, 군전시작전권이양 건, 사법개혁 건, 한미 FTA 건. 그런데 이들을 포함한 국정운영 전반이 거의 예외 없이 법적인 쟁점, 특히 대부분 헌법적 논쟁의 대상이 되곤 하였다. '정치의 사법화'나 '사법의 과잉'일 수 있는 이런 현상을 두고서, 일부에선 참여정부의 혁신드라이브에 대한 효과적인 방어기저로 법치국가원리가 동원되고 있다는 지적도 하지만, 과거정부와는 달리 참여정부 스스로 이제껏 암묵적인 금기로 여겨졌던 틀 자체를 정면으로 문제 삼아 공론의 장으로 이끌기도 하였다. 아쉽게도, 서로 인정하면서 성찰을 전제로 理性을 주고받기보다는, 서로에 대한 극단적인 부정을 저변에 두고서 법을 내세운 날선 공방만을 전개하였다.

15) 일찍이 아도르노/호르크하이머가, "주어진 관계에서 노동으로부터 면제된 것은 실업자에 대해서든 그 반대의 경우이든 불구를 의미하기도 한다. '위에 있는 자들은' 자신이 더 이상 다룰 필요가 없는 삶을 단지 '기체(基體)'로서만 경험하며 그래서 전적으로 명령하는 자로 굳어진다."고 지적한 것(Max Horkheimer/Theodor W. Adorno, Dialektik der Aufklärung, 1969, S.52)은 많은 것을 시사한다.

헌법의 차원에서 행정법이 헌법을 구체화하는 과정과 그 결과를 성찰하면 헌법적 논의는 물론 행정법적 논의까지도 더욱더 심화시킬 수 있는데, 아쉽게도 이 문제가 그동안 학계에서 제기되지 않았다. 그러나 독일의 많은 공법학자들은 F. Werner의 명제에 관한 비판적 접근을 통해 헌법과 행정법의 교호적 관계를 성찰하기도 한다. 가령 H. Maurer 교수는 행정법의 헌법에 대한 소급효를 확인하고,16) A. v. Bogdandy 교수와 P. M. Huber교수는 종종 간과되는 헌법의 행정법 의존성을 지적하고,17) Ch. Möllers 교수는 헌법을 추상화된 행정법으로 정의한다.18) E. Schmidt－Assmann 교수는 개개의 헌법적 규준의 신뢰성에 대한 기대를 과장해서는 아니 되고, 헌법은 대단히 구체적이고 밀도가 높은 법이 아님을 강조하면서, 구체화의 사고로 인해 －개별적인 헌법적 언명의 성과가 과대평가되는 반면 전체로서의 행정법의 구상을 위한 헌법의 포괄적인 의의가 바르게 고려되지 않는－ 이중의 측면에서 오해가 빚어졌다고 지적한다.19)

특히 J. Kersten 교수는 헌법이 행정법으로부터 무엇을 배울 수 있는가의 물음을 본격적으로 학습의 조건, 학습의 형식 및 학습의 동기와 관련해서 상론하였다.20) 그러나 이런 변혁의 움직임이 너무 이르다는 지적을 Ch. Waldhoff가 하면서, 행정법의 실체적 과다결정이 헌법에 대해 펴질 수 있어서 행정법의 논리가 헌법에 대해 마치 －헤겔의 주인과 노예 변증법적 모습에 연계시켜－ '노예는 자신의 주인이 그 자신을 아는 것보다 더 잘한다'는 것을 강요한다고 강변한다.21) 헌법우위의 원칙에서 어떤 경우에도 헌법과 행정법의 규범위계의 관계를 전도시키는 것은 허용되지 않는다. 하지만 비례의 원칙의 예가 보여주듯이, 엄연히 헌법이 행정법에서 배웠다는 점을 도외시할 수 없다. 차제에 공법학의 계발적 논의를 전개하기 위하여 행정법이 헌법을 어떻게 구체화하는지에 관한 논의는22) 물론, 헌법과 행정법의 교호작용에 관한 논의가 필요하다.23)

---

16) Maurer/Waldhoff, Allg. VerwR, 19.Aufl., 2017. §2 Rn.2

17) A. v. Bogdandy/P. M. Huber, in: v. Bogdandy/Cassese/Huber(Hrsg.), Ius Publicum Europeum, 2010, §42 Rn.68.

18) Ch. Möllers, in: W. Hoffmann－Riem/E. Schmidt－Aßmann/A. Voßkuhle(Hrsg.), Grundlagen des Verwaltungsrechts, Bd. I , 2.Aufl.. 2012. §3 Rn.13.

19) Schmidt－Aßmann, Das allgemeine Verwaltungsrecht als Ordnungsidee, 2.Aufl., 2004, S.10f.

20) J. Kersten, Was kann das Verfassungsrecht vom Verwaltungsrecht lernen?, DVBl. 2011, 585ff.

21) ders., Kann das Verfassungsrecht vom Verwaltungsrecht lernen?, in: FS für M. Kloepfer, zum 70. Geburtstag, 2013, S.261(275f.).

22) M. Ibler, Wie konkretisiert Verwaltungsrecht Verfassungsrecht?, in: M. Ibler(Hrsg.), Verwaltung · Verfassung · Kirche, 2012, S.1ff.

23) 박정훈 교수는 실정법의 법해석방법은 행정법이 '일반공법'으로서의 지위를 가지며 그 내용을 보충 · 강화하기 위한 것이 헌법이며, 이 의미에서 헌법이 행정법의 '특별법'이라고 강조한다. 행정법의 체계와 방법론, 2005, 67면.

Ⅲ. 행정법이 헌법에 있기 위한 모색: 헌법상 행정법 관련규정에 대한 검토

1. 논의의 전제: 헌법은 행정법으로부터 무엇을 배울 수 있는가의 차원에서 접근

E. Schmidt-Assmann 교수는 헌법의 가장 중요한 의의는 행정법적 체계성의 영향미침에서 찾아야 하는데, 여기서 헌법은 전통적인 도그마의 지속적인 심사의 틀이자 새로운 발전의 자극의 계수자(Rezeptor)임이 입증되었다고 지적하였다. 그리하여 헌법의 결정력만을 강조하려고 하는 것은 헌법과 행정법의 관계를 불충분하게 서술하는 것이라는 점과 반대의 방향으로도 즉, 행정법에서 헌법으로도 영향을 미치곤 한다는 점을 지적하고서, 세 가지의 차원(법역사적으로, 법실무적으로, 법도그마틱적으로)에서 행정법이 헌법에 대해 영향을 미치는 양상을 서술한다.[24] 그에 의하면, 법역사적으로 다수의 헌법제도가 개별적인 특별행정법의 영역에서 비롯된 오래된 공동층의 구조형식으로 입증되는데, 그 대표적인 예가 비례의 원칙이다. 법실무상으로 행정법은 헌법의 검증영역에 해당하면, 행정의 일상에서의 적용 및 행정의 작용기준의 다룸에 의한 새로운 인식이 헌법에서 시험되어야 한다고 한다. 이론적·추상적으로 고안된 명제가 적용가능하기 위해서 어디에서 연마되어야 하는지를 행정실무가 제시한다고 한다. 마지막으로 도그마틱적으로 행정법은 많은 헌법적 보장의 규범적 보호영역을 위한 기본적 특징을 형성하는데, 이는 특히 기본권에서 분명하다고 한다.[25]

이하에서 살펴볼 헌법상 행정법 관련규정에 대한 검토의 문제는 "헌법은 행정법으로부터 무엇을 배울 수 있는가?"의 차원에서 효과적으로 접근할 수 있는데, 구체적으로 헌법이 행정법으로부터 계수적으로나(rezipierend) 반응적으로(reagierend) 배우는 것의 물음에서 접근할 수 있다.[26] 여기서 검토대상을 헌법규정만이 아니라 헌법판례

---

24) Schmidt-Aßmann, a.a.O., S.11f.

25) 가령 기본권적 보호의무에서 비롯된 과소보호금지의 원칙의 성립을 통해 이를 확인할 수 있다. 안전법의 바탕인 보호의무에 의해 행정법은 국가활동을 제한적으로 규율할 뿐만 아니라 그것을 촉진적으로도 가능하게 하는 이중적 임무를 지니는데, 전자는 방지법적인 과잉금지의 원칙을, 후자는 보호법적인 과소보호금지의 원칙을 낳는다. Schmidt-Aßmann, a.a.O., S.64f. 사인을 위한 공용개입을 허용하는 입법과 관련한 일련의 헌법재판소의 판례(헌재 2009.9.24. 2007헌바114 등) 역시 이런 차원의 접근할 수 있다.

26) 계수적 배움에서 헌법은 행정법의 내용, 기법, 제도 및 도그마틱적 기초를 받아들이기 위하여 이들의 유용성에 대하여 물음을 제기하고, 반응적 배움에서는 헌법이 행정법의 새로운 발전에 대해 법(보완적)형성(Rechtsfortbildung)으로써 답한다. 즉, 여기서 헌법은 행정법적 새로움을 위헌이라 여겨 저지하거나 행정법적 새로운 도전에 대한 대응에서 승인하곤 한다. 계수적 배움과 관련해서 가령 독일 기본법 제13조 제3항부터 제6항까지의 법규정을 주거의 불가침성의 한계규율에서 행정법의 내용이 계수된 것으로 본다. 독일에서는 -독일 기본법 제13조 제3항부터 제6항까지, 기본법 제16조의a 제2항부터 제5항까지 등- 다분히 행정법적 내용을 담은 헌법규정을 헌·행정법(Verfassungsverwaltungsrecht)이라 이름을 붙이곤 한다. J. Kersten 교수는 계수적 배움은 헌법과 행정법의 기능적 차이에서 문제가 있다고 비판하는 반면, 반응적 배움은 그 차이를 감안한 것이고, 헌법과 행정법을 단락(短絡)하지 않고 (양자의) 사회적, 정치적, 경제적, 역사적 맥락을 연계시키는 학습의

까지 확대하여, 헌법적 논의에서 행정법적 메커니즘 및 행정판례의 경향을 반영해야 할 주제에 초점을 맞추고자 한다.

2. 정보제공적 신고로서의 집회시위신고에 따른 집시법의 문제

집회시위의 자유와 관련한 핵심제도가 그것의 사전신고제이다. 그것의 법적 성질에 관해서는 오랫동안 논의에서 비껴나 있었다. 원인은 여러 가지 있겠지만, 기왕의 신고유형(자기완결적 신고와 수리를 요하는 신고로)을 견지하는 이상, 집회시위의 신고를 그 본연에 부합되게 설정하기란 처음부터 기대하기 힘들다. 필자는 오래 전부터 유일하게 기왕의 신고유형의 근본적인 문제점을 제기하여 금지해제적(허가대체적) 신고와 정보제공적 신고로 나눌 것을 주장하였는데,[27] 대법원 2012.4.19. 선고 2010도6388 전원합의체 판결(이른바 전교조 시국선언 사건)이 집회시위신고의 성질에 관하여 '신고는 행정관청에 집회에 관한 구체적인 정보를 제공함으로써 공공질서의 유지에 협력하도록 하는 데 의의가 있는 것으로 집회의 허가를 구하는 신청으로 변질되어서는 아니 되므로'라고 판시하여서, 정보제공적 신고의 존재가 처음으로 공인되었다.[28]

집회허가제가 헌법상 금지된 이상,[29] 정보제공적 신고제는 자명하게 집회자유에 대한 국가적 개입의 최대한에 해당한다.[30] 기실 대법원 2010도6388 전원합의체 판결 이전에도 이미 집회신고를 기왕의 신고유형으로부터 벗어난 접근을 강구하였다.[31] 집회자유의 특별한 의의에 비추어 정보제공적 신고로서의 집회신고는 집시법에서 협력

과정에 해당한다는 점에서 긍정적인 평가를 한다. J. Kersten, Was kann das Verfassungsrecht vom Verwaltungsrecht lernen?, DVBl. 2011, 585(587. 589).

27) 김중권, 건축법상의 건축신고의 문제점에 관한 소고, 저스티스 제61호, 2001.6., 150면 이하; 행정법상의 신고와 관련한 판례의 문제점에 관한 소고, 인권과 정의 제307호, 2002.3.1., 101면 이하.

28) 이 판결에서 개진된 제 논의는 근래 보기 드물게 치밀한 논거를 제시하여 새삼 판례의 진화된 모습을 확인할 수 있다. 특히 제1심판결은 헌법재판소의 판례는 물론 독일 연방헌법재판소의 판례(BVerfGE 69, 315/351/352)까지 직접 인용하여 논증하였다. 이 판결에 관해 간략히 소개한(김중권, 2012년도 主要 行政法(行政)判決의 分析과 批判에 관한 小考, 안암법학 제42호 2013.9.30. 86면 이하) 다음에 본격적으로 다루었다(情報提供的 申告로서의 集會申告의 公法的 意義에 관한 小考, 안암법학 제43호(2014.1.31.), 77면 이하). 참고문헌: 박균성, 집회신고에 대한 행정법적 고찰, 제20권 제4호(2019), 205면 이하.

29) 집회허가제가 헌법상으로 금지된 이상, 집회허가금지를 다른 법률에 의한 허가의무로 우회하는 것은 허용되지 않는다. 따라서 집회신고가 행해진 이상, 기본권으로서의 집회자유에 의거해서 -타인의 도로에 관한 보통사용을 심각하게 저해하지 않는 한- 도로교통법이나 도로법상의 특별사용허가는 배제된다. K. Weber, Zur Anmeldepflicht bei Versammlungen, KommJur 2010, S.410(414).

30) 최근의 문헌으로 강태수, (집회의 자유에 대한 제한)집회의 자유와 '허가'의 의미에 관한 고찰, 헌법재판연구 제4권 제1호, 2017, 3면 이하.

31) 동일한 맥락에서 일찍이 대법원이 "신고의 범위를 일탈한 집회에 대하여 곧바로 당해 옥외집회나 시위를 해산하거나 저지하여서는 안 되고, 그로 인하여 타인의 법익 기타 공공의 안녕질서에 대하여 직접적인 위험이 초래된 경우에 비로소 그 위험의 방지·제거에 적합한 제한조치를 취할 수 있되, 그 조치는 법령에 의하여 허용되는 범위 내에서 필요한 최소한도에 그쳐야 할 것이다."고 판시하였다(대법원 2001.10.9. 선고 98다20929 판결). 헌법재판소 역시 같은 취지에서 "집회의 금지와 해산은 집회의 자유를 보다 적게 제한하는 다른 수단, 즉 조건을 붙여 집회를 허용하는 가능성을 모두 소진한 후에 비로소 고려될 수 있는 최종적인 수단이다."라고 판시하였다(헌법재판소 2003.10.30. 선고 2000헌바67,83(병합) 전원재판부결정).

원칙의 근거이자 요건이며,[32] 행정청과 집회개최자간에 상호협력을 위한 출발점이기도 하다.[33] 즉, 집회신고는 한편으로는 행정청의 협력의무를 성립시키며, 다른 한편으로는 집회개최자 등의 협력부담을 발생시킨다.

집회시위의 자유가 갖는 이중적 헌법적 기능에 비추어,[34] 정보제공적 신고로서의 집회시위신고의 의의가 확산되어야 한다. 이미 오래 전에 판례가 우발적 집회에 대해 신고의무배제를 인정하긴 했지만,[35] 집시법상으로 특별히 규정할 필요가 있다. 그리고 사안의 긴급성으로 인해 시간적으로 매우 촉박하여 법정시간(48시간 전)을 준수할 수 없는 경우에 행하는 긴급집회에 대해 신고의무를 강제할 것인지 여부가 다투어졌는데, 이제 새로운 지평에서 접근할 수 있다. 한편 미신고집회에 대해 행정형벌에 처하게 한 집시법 제22조 제2항과 관련해서 헌법재판소는 헌재 1994.4.28. 91헌바14이래로 위헌이 아니라는 입장을 견지한다. 집회신고가 정보제공적 신고에 해당하는 이상, 협력의무의 위반만을 갖고서 형벌을 과하는 것은 형벌의 본질에 부합하지 않을 뿐 더러, 행정사건에서 행정형벌을 행정질서벌로 대체하는 오늘날의 경향에도 맞지 않는다. 헌재 2009.5.28. 2007헌바22 및 헌재 2014.1.28. 2011헌바174 · 282 · 285, 2012헌바39 · 64 · 240(병합)에서의 반대의견이 향상된 미래를 위한 싹인 결정적인 시사점을 제시하였다고 할 수 있다.[36]

3. 헌법 제21조 제2항의 사전검열 금지의 무차별적 적용의 문제

헌법재판소는 건강기능식품에서 광고사전심의의 위헌성을 과거에는 부인하였는데,[37] 종래의 입장을 바꿔 위헌성을 긍정하였다.[38] 하지만 헌재 2018. 6. 28. 2016헌가8 등은 치명적인 문제점을 지닌다.[39]

---

32) Gusy, Polizei– und Ordnungsrecht, 8.Aufl., 2011, Rn.424.

33) K. Weber, Zur “Kooperation” zwischen Versammlungsbehorde und Veranstalter einer Versammlung KommJur 2011, S.50(51).

34) 헌재 2003.10.30. 2000헌바67 등: 집회의 자유는 개인의 인격발현의 요소이자 민주주의를 구성하는 요소라는 이중적 헌법적 기능을 가지고 있다.

35) 즉, 대학생들이 학교 강당에서 개최한 토론회에 참석하려던 피고인들이 학교당국과 경찰의 정문출입 봉쇄로 뜻을 이루지 못하게 되자, 학교당국과 경찰에 항의하는 의미로 위 집회에 참석하려던 다른 사람들과 함께 피고인들의 선창으로 즉석에서 즉흥적으로 약 20분간의 단시간 내에 그 당시 일반적으로 성행하던 구호와 노래를 제창한 경우에 집회신고의무가 적용되지 않는다고 판시하였다(대법원 1991.4.9. 선고 90도2435 판결). 반면 판례는 피고인이 특정 인터넷카페 회원 10여 명과 함께 불특정 다수의 시민들이 지나는 장소에서 퍼포먼스(Performance) 형태의 플래시 몹(flash mob) 방식으로 노조설립신고 반려 규탄 모임을 진행함으로써 집회 및 시위에 관한 법률상 미신고 옥외집회를 개최하였다는 내용으로 기소된 사안에서, 이 모임은 사전신고의 대상이 된다고 판시하였다(대법원 2013.03.28. 선고 2011도2393 판결).

36) 헌재 2009.5.28. 2007헌바22에서의 조대현 · 김종대 재판관의 반대의견, 헌재 2014.1.28. 2011헌바174 · 282 · 285, 2012헌바39 · 64 · 240(병합)에서의 이정미 · 김이수 · 이진성 · 강일원 재판관의 반대의견.

37) 헌재 2010.7.29. 2006헌바75.

38) 헌재 2018.6.28. 2016헌가8 등.

(1) 헌재 2018. 6. 28. 2016헌가8 등의 논증상의 문제점

먼저 의료광고와 건강기능식품의 표시 · 광고는 광고대상에서 차이가 있다. 의료법에서의 의료광고는 '의료에 관한 것'이 그 대상이지만, 건강기능식품의 경우 광고는 그 것의 기능성에 대한 것이다. 즉, 건강기능식품 광고는 인체에 유용한 "기능성"을 가진 건강기능식품에 관한 광고로서 다른 제품 광고와는 다른 성격을 지닌다(헌재 2010.7.29. 2006헌바75). 그리하여 건강기능식품법 제18조 제1항에서 "질병의 예방 및 치료에 효능 · 효과가 있거나 의약품으로 오인 · 혼동할 우려가 있는 내용의 표시 · 광고"(제1호)와 "의약품의 용도로만 사용되는 명칭(한약의 처방명을 포함한다)의 표시 · 광고"(제4호)를 허위 · 과대의 표시 · 광고에 해당하는 것으로 명시하여 금지하고 있다.

의료광고와는 달리 건강기능식품의 경우 그 기능성의 표시 및 광고가 심의대상이고, 그 기능성의 표시는 국가가 승인한 기능성의 표시이다. 건강기능식품의 핵심징표인 기능성을 국가가 사전에 확인하고 승인한 것은 그것에 관한 사전적 통제의 메커니즘의 채택이다. 건강기능식품의 기능성에 관한 표시 · 광고는 일종의 사후적 통제의 기능을 한다. 국가의 사전적 통제가 법률에 의해 정립된 이상 그것에 관한 사후적 통제 역시 정당화될 수 있다. 따라서 의약품과의 혼동을 막기 위한 기능성의 표시는 오로지 상업적 광고로 접근할 수 없으며 당연히 사전심의의 의무가 요구되며, 또한 전적으로 표현의 자유 영역으로 접근하여서는 아니 된다.

일반적인 광고의 사전심의와 건강기능식품에서의 그것은 본질적으로 다름에도 불구하고, 사전심의의 메커니즘 자체에 초점을 맞춘 논의가 시종 행해졌다. 이 점은 과거 합헌론을 전개한 헌재 2010.7.29. 2006헌바75 역시 지닌 치명적인 결함이다. 국가가 공인한 기능성을 중심으로 한 그것의 표시 · 광고는 사전에 국가의 개입이 전혀 없는 대상의 표시 · 광고와는 본질적으로 다르다. 국민의 건강에 치명적인 영향을 주는 의약품의 경우도 마찬가지로 국가의 사전적 통제에 연계하여 그것의 표시 · 광고에 관해 사전적 심의가 행해져야 한다. 일반 식품의 경우 처음부터 생산시설의 위생과 같은 요청과는 별도로 그 자체에 관한 국가의 사전통제가 존재하지 않았다. 따라서 일반 식품의 광고 사전심의는 소비자보호법의 차원의 문제이지 식품법의 문제가 아니다. 하지만 건강기능식품이나 의약품의 경우는 국가의 사전적 통제에 연계시켜 표시 · 광고의 사전심의를 접근해야 한다. 결론적으로 헌재 2018.6.28. 2016헌가8 등은 의료광고와 건강기능식품의 표시 · 광고의 차이점을 전적으로 간과한 것이다.

39) 상론은 김중권, 건강기능식품의 표시 · 광고의 사전심의제와 관련한 문제점, 식품과학과 산업(한국식품과학회) 제51권 제4호, 2018.12.31., 325면 이하.

(2) 현행 '식품등표시광고법'상의 사전심의위탁제가 사전검열인지 여부

현행 '식품등표시광고법'은 심의주체상의 변화를 표방하였다. 즉, '식품등표시광고법'은 종래 건강기능식품법 등에서 식품의약품안전처장 등의 위탁에 의하여 심사하게 한 것(건강기능식품법 제16조 제2항, 제3항 등)을 바꿔 등록 민간단체가 바로 수행할 수 있도록 하였다(제10조 제1항). 아울러 자율심의기구의 구성에 관해 일련의 기준을 설정하였다(법 제11조). 사전심의의 기조는 유지하면서 법률차원에서 심의주체를 민간으로 바꾼 것이다. 공무위탁은 법률에 의하여 또는 법률에 의거하여 행해지므로, 제도적 법률유보의 차원에서 보면, 종래의 사전심의위탁제와 '식품등표시광고법'상의 사전심의위탁제가 다르지 않고, 심의기구가 여전히 공무수탁사인의 지위를 가지지만, '식품등표시광고법'에 의한 심의구조는 분명히 자율심의구조를 지향한다. 왜냐하면 공무수탁사인은 위임과 법령안에서 자율적으로 활동할 수 있기에, 소관 행정청의 직·간접적인 지도를 받지 않기 때문이다. 다만 국가의 본연의 임무을 최소한 수행하기 위해 국민의 안전을 보호한다는 차원에서 −심의기준과 구성 등과 관련해서− 심의구조에 관한 대강의 법질서를 마련한 것인 점에서 '식품등표시광고법'에 의한 심의구조는 '규제된 자율규제'에 해당한다.

'식품등표시광고법'이 사전심의구조를 그대로 유지한 것에 대해서 여전히 문제될 수 있는데, 사전검열 자체에 대해 엄격성을 견지하는 입장에서 보면, '식품등표시광고법'상의 사전심의구조 역시 사전검열이라고 주장할 법하다. 하지만 여기서 사전검열금지와 관련해서 오로지 표현의 자유의 측면만을 주안점으로 삼기보다는 다른 법익과 조화를 기할 수 있는 탄력적 인식이 요구된다. 이 점에서 건강기능식품의 기능성 표시광고의 사전심의에 대해 합헌으로 판단한 헌재 2010.7.29. 2006헌바75가 보여준 탄력적 인식이 사라지고 검열금지의 명제만이 통용되는 상황은 매우 우려스럽다. 사전검열금지원칙은 모든 형태의 사전적 규제를 금지하는 것은 아니고, 의사표현의 발표 여부가 오로지 행정권의 허가에 달려있는 사전심사만을 금지된다.[40] 결국 광고의 사전심의 메커니즘에서 민간의 자율성이 최대로 보장되게 하는 것이 관건이 된다.

한편 '식품등표시광고법'이 자율심의기구의 구성에 관해 일련의 기준을 설정한 것(법 제11조)이 자칫 민간의 자율적 심의메커니즘과 조화되지 않으며, 국가의 개입이 존재하여 사실상의 사전검열시스템이 온존한 것으로 비난이 가해질 수 있다. 이런 의문점을 불식시킬 수 있는 착안점이 보장국가에 터 잡은 국가의 보장책임론이다.[41] 사실

---

40) 헌재 2008.6.26. 2005헌마506; 2010.7.29. 2006헌바75.

41) 보장국가적 모델의 매력은 양립할 수 없는 대립된 가치, 즉 국가작용상의 합리성과 사회활동상의 합리성을 결합시켜 동시에 추구하는 것이다. 이런 혼합관계는 물론, 거버넌스체제를 법학적으로 어떻게 다룰 것인지가 행정

민간의 규율이 엄격한 행정적 통제를 대신하면, 개인의 자유영역을 위해 긍정적인 면도 있지만, 기본권적 보호본질의 상대화가 초래될 우려도 있다. 국가권력을 조직화된 민간단체(협회)에 넘기는 것은, 다름 아닌 개인의 자유행사를 집단의 권력에 넘기는 것이다. 따라서 법치국가원리를 구체화하는 행정법의 임무는, 민간에 의한 자율적 법집행형식이 그 영역의 자유이념 및 국가이념의 궤도안에서 유지되게 하는 것이다.[42]

4. 헌법 제23조의 재산권보장에서 分離理論의 관철의 문제

재산권에 관한 헌법 제23조의 이해를 둘러싼 공법적 논의는 늘 현재진행형이다. 변함없는 공법학의 화두이다.[43] 즉, 보상이 필요한, 재산권에 대한 공권적 개입(침해)이 존재함에도 보상규정을 두지 않은 경우가 문제된다. 일찍이 독일 대법원(BGH)은 적법한 공권적 개입도 보상이 행해지는데 하물며 －보상규정이 없어서－ 위법한 것은 더할 나위 없이 보상이 당연하다는 물론해석에 터 잡아 유추에 기하여 공백을 메웠다. 그 소산이 바로 준공용개입(수용유사적 침해), 결과적 공용개입(수용적 침해)의 법리이다. 독일 연방헌법재판소가 준공용개입과 결과적 공용개입의 법리가 궁극적으로 자신의 위헌법률심판권에 저촉된다는 점을 뒤늦게 인식하여 이른바 자갈채취결정이래로 종래의 '境界理論'(變換理論)을 대신하여 소위 '分離理論'을 전개함으로써, 이들 법리는 결정적인 전기를 맞았다.[44]

준공용개입의 보상 문제와 관련하여 헌법 제23조 제3항의 법적 효력을 중심으로 위헌무효설, 직접효력설, 유추적용설 등이 전개되고 있다. 그런데 법원은 오래 전부터 보상규정의 부재인 위헌적 상황을 유추의 방법으로 타개하였다.[45] 판례가 경계이론에 바탕을 둔 준공용개입의 보상의 법리를 의식하지는 않았지만 결과적으로 동일한 맥락에서 접근하였다고 하겠다. 하지만 헌법적 차원에서 이 문제는 다른 접근이 강구되었다. 즉, 개발제한구역과 장기미집행도시계획시설에 관해서, 헌법재판소가 1998년[46]과 1999년[47]에 내린 헌법불합치결정을 계기로, "분리이론"의 도입이 화두가 되었다. 이를

법의 중요한 새로운 임무이다(보장국가에 관한 효시적 문헌으로 김남진, 학술원통신 제261호, 2015; 학술원통신 제221호, 2011).

42) Di Fabio, VVDStRL 56, 1997.

43) 일찍이 4반세기 전에 김남진 교수님의 글을 통해 수용유사적, 수용적 침해에 관한 독일 논의가 소개되었다. 동인, 재산권의 공용침해와 손실보상, 고시연구, 1982.11., 39면 이하.

44) 1981.7.14.자 소위 의무납본제에 관한 결정(BVerfGE 58, 137ff.)과 1981.7.15.자 소위 자갈채취에 관한 결정(BVerfGE 58, 300ff.)을 시발점으로 하여, －특히 보전의무부 내용결정을 정립하여 재산권의 내용·한계결정을 嚮導한－ 1999.3.2.자 소위 史蹟保護에 관한 결정(BVerGE 100, 226ff.)을 통해 확고히 정립되었다.

45) 대법원 2011.11.10. 선고 2011두16636 판결: 2011.8.25. 선고 2011두2743 판결.

46) 헌재 1998.12.24. 89헌마214, 90헌바16, 97헌바78(병합).

47) 헌재 1999.10.21. 97헌바26.

계기로 분리이론적 접근의 도입가능성 여부가 격렬히 논쟁되었다.[48] 그런데 분리이론의 근거점은 재산권의 내용·한계의 결정과 공용개입이 문제되는 경우를 엄별하고 있는지 여부이다. 분명 헌법재판소는 이들 결정을 비롯한 후속적 결정을 통해 양자를 구별하면서, 보상규정 등과 같은 상당한 보전수단을 강구하지 않은 재산권의 내용·한계의 결정에 대해 적극적으로 위헌성판단에 나섬으로써, 유추를 통한 손실보상청구권의 행사가능성을 원천적으로 봉쇄하는 결과를 낳는다. 비록 독일처럼 행정소송을 통한 제1차적 권리보호를 우선적으로 강구하게 하진 않지만, 분명 나름 분리이론적 접근을 하고 있다.[49]

헌법재판을 통해 분리이론적 접근이 강구되었음에도 불구하고, 그것의 함의가 적극적으로 구현되지 못하거니와, 널리 소개되고 있지도 않다. 헌법재판소의 결정에 부합하지 않는 법원의 접근에 대한 비판이나 문제제기가 그동안 전혀 없었다는 점이 이를 웅변한다.[50] 분리이론의 바탕인 존속보장의 핵심은 제1차적 권리구제의 우위 즉, 행정소송을 통한 권리구제가 손실보상의 강구보다 우선한다는 데 있기 때문에, 分離理論의 구조식에 따른 나름의 법제도는 행정법에 의해 비로소 발전적으로 구축될 수 있다.[51] 필요한 보상규정이 없는 상황에서의 공용개입에 대해 항고소송을 제기하면서 그 위법성을 법률상의 보상규정의 결여에서 구하는 것이다. 즉, 행정소송의 제기에 위헌법률심판이 병행되는 것이다. 그러나 현재의 논의 사정은 관련 논의가 처음 국내에 소개될 때에서 크게 벗어나지 않아, 여전히 이들 법리의 인정 여부가 문제될 뿐이다.[52] 비단 헌법적 차원에 머물지 않는 공법적 이슈에 대한 심각한 무관심이 결정적 원인이다.[53] 손실보상을 규정한 행정조사기본법 제12조처럼 개별법에서 보상규정을 둔 예가 많지만, 그렇지 않아서 준공용개입의 보상의 법리가 논란이 되곤 한다. 대표적으로 수익적 행정행위를 상대방의 귀책사유가 없음에도 불구하고 직권취소한 경우와 관련해서 직권철회의 경우(도로법 99조, 하천법 77조, 수산업법 81조 등)와는 달리 아무런 보상규정을 두고 있지 않는 상황이 그러하다.

---

48) 상당수 문헌이 그것의 도입을 찬동하지만, 그에 못지않은 상당수 문헌 역시 독일과는 거리가 있는 -특히 (보상부) 공용수용·사용·제한을 규정한- 법문구조상의 차이를 들어, 그것의 도입에 반대하곤 한다.

49) 이에 대한 설득력이 있는 문헌으로 특히 한수웅, 헌법학, 2020, 873면 이하 참조.

50) 대법원 2011.11.10. 선고 2011두16636 판결을 대상으로 한 비판으로 김중권, 分離理論下에서 공용개입유사적 개입의 인정의 問題點, 법률신문 제4031호(2012.5.14).

51) 상론은 김중권, 公用介入類似的(收用類似的), 公用介入的(收用的) 介入의 適用領域에 관한 小考, 토지공법연구 제43집 제2호, 2009.2.25., 1면 이하.

52) 행정법문헌으로 정하중, 헌법상의 재산권보장체계에 있어서 경계이론과 분리이론, 서강법학연구 제5권(2003.5.), 57면 이하; 정남철, 재산권의 사회적 구속과 수용의 구별에 관한 독일과 한국의 비교법적 고찰, 공법연구 제32집 제3호(2004.2.), 363면 이하.

53) 특히 법원이 유추를 통해 보상의 문제를 해결하는 것이 의회의 예산(재정)특권을 치명적으로 훼손한다는 인식이 전혀 조성되지 않고 있다.

5. 헌법 제27조 제1항의 재판청구권의 고양된 의의 문제

법치국가에서 자력구제가 배제되어야 할 이유는, 원고가 국가의 처분에 맡겨진 방법으로 자기가 원하는 동일한 결과를 얻을 수 있다는 점이 사법메커니즘을 통해 사전에 배려되었다는 데 있다.[54] 그리하여 법치국가에서 국가는 私人의 自力執行의 부인에 대한 보전수단으로써, 효과적인 권리보호체계를 마련하고 적합한 결정을 위한 합절차적 요건을 만들어야 한다. 즉, 재판청구권은 법적 분쟁의 해결을 가능하게 하는 적어도 한 번의 권리구제절차가 개설될 것을 요청할 뿐 아니라 그를 넘어서 소송절차의 형성에 있어서 실효성 있는 권리보호를 제공하기 위하여 그에 필요한 절차적 요건을 갖출 것을 요청한다.[55]

헌법 제27조 제1항은 단지 "모든 국민은 헌법과 법률이 정한 법관에 의하여 법률에 의한 재판을 받을 권리를 가진다."고 규정하지만, 독일 기본법 제19조 제4항은 "누구든지 공권력에 의해 자신의 권리를 침해받은 경우, 그에게는 권리구제의 방도(쟁송)가 열려져 있다."고 규정함으로써 효과적인 권리보호의 보장을 헌법상 천명하고 있다.[56] 비록 양자간에 다소간 차이가 있지만, 법치국가원리를 구현하기 위해선 헌법상의 재판청구권의 기능을 포괄적인 사법적 권리보호의 보장에서 바라보아야 한다.[57] 이런 문제인식을 갖고서 권리구제의 방도를 보장하는 재판청구권의 함의(含意)를 제대로 구현하지 못하는 현재의 입법상황에 눈을 돌려야 한다.

먼저 판례와 통설은 행정소송의 종류의 법정화를 일종의 소송종류의 정원제(定員制: numerus clausus)로 이해한다. 즉, 법정의 소송만이 허용되는 것으로 본다. 비록 법률상으로 다른 재판권이 정해져 있지 않는 한에 있어서 비헌법적 종류의 모든 공법적 다툼에서 행정소송의 길이 주어진다는 점을 명백히 하는 독일 행정법원법 제40조과 같은 법규정이 없더라도, 입법자가 정한 소송방도에 의해 권리보호의 실현여부가 좌우된다는 것은 법치국가원리 및 재판청구권에 반한다. 공권력에 대한 흠결 없는 개인적 권리보호의 원칙을 실현하기 위해서는 행정소송의 종류상의 개괄조항이 반드시 마련되어야 하고, 그리하여 이런 개괄규정이 행정소송법의 중심규범으로서 행정소송법의 발전을 견인해야 한다.[58]

---

54) Grunsky, Die Veräußerung der streitbefangenen Sache, 1968, S.226.
55) 헌재 2006.2.23. 2005헌가7, 2005헌마1163(병합) 전원재판부.
56) 동항은 "법치국가의 절정"(Krönung des Rechtsstaat) 또는 "법치국가란 궁륭의 宗石"(Schlußstein im Gewölbe des Rechtsstaates)이라 일컫는다.
57) 동지: 홍성방, 헌법학, 2003, 625면; 한수웅, 헌법학, 922면; 장영수, 헌법학, 2019, 900면; 홍준형, 행정구제법, 2012, 400면
58) 김중권, 행정법, 2019, 696면.

사법통제가 지닌, 사후적, 진압적 권리구제로 인해, 권리보호의 실효성은 결과적으로 의문시될 수 있다. 왜냐하면 법원의 적법성심사 전에 행정청이 돌이킬 수 없는 조치를 집행했다고 하면, 소의 이익이 없다는 이유로 각하될 수밖에 없으며, 이런 상황에서 재판청구권의 실현을 통한 "포괄적이고 효과적인 권리보호"는 口頭禪일 수밖에 없기 때문이다. 따라서 잠정적 권리보호(Vorläufiger Rechtsschutz)는 효과적인 권리보호를 위한 기본요소이고, 잠정적 권리보호제도가 개별소송법에 규정되어 있을 것이 요구된다.[59] 결국 보전기능(Sicherungsfunktion)이 헌법적으로 자리매김이 되어 있는 셈이다.[60] 따라서 잠정적 권리보호는 원칙적으로 헌법상의 위상을 갖는다.[61] 일찍이 Finkelnburg은 "행정법원에 의한 잠정적 권리보호는 입법자가 임의로 부여하거나 제한하거나 빼앗을 수 있는 선물이 아니라, 헌법상의 명령(Verfassungsgebot)이다. 즉, 그것은 기본법 제19조 제4항 제1문에 포함된 효과적인 권리보호부여의 기본권적 명령(원칙)을 나타낸 것이다."고[62] 기술하였다. 그러나 우리의 경우 공법재판에서의 잠정적 권리보호 자체가 본격적으로 논의되기보다는 민사상의 그것의 파생물로 여겨질 정도이다. 30년이 넘는 헌법재판의 역사에서 이제껏 가처분 인용 건수가 5건에 불과하고,[63] 행정소송에서 가처분(가명령)은 대부분의 문헌상의 주장과는 반대로 판례상으로는 여전히 부인되고 있다.[64] —헌재 2018.1.25. 2016헌바208 결정이 보여주듯이— 공법구제에서 집행정지의 원칙의 채용여부를 입법정책의 문제로 파악하여 아무런 의문

59) Ehlers/Schoch, Rechtsschutz im öffentlichen Recht, 2009, §29 Rn.5.

60) 그런데 헌법재판소법에서 명문으로 규정하지 않은 헌법소원심판의 경우에 가처분을 확대 적용하는 데 있어서, 헌법재판소는 아쉽게도 그것의 보전기능에 착안하여 적극적으로 헌법적 근거를 모색하지 않고, 금지할 이유가 발견되지 않는다는 점을 인정근거로 내세웠다(헌재 2000.12.8. 2000헌사471 전원재판부 등). 아쉽게도 잠정적 권리보호의 보전기능의 헌법적 의의가 비단 공법소송만이 아니라, 소송법 문헌에서도 적극적으로 기술되고 있지 않다.

61) 이런 맥락에서 독일의 경우 1953년부터 행정법원법을 성안하면서 1957년의 정부입법안에서 법치국가적 원칙에서 집행정지원칙 및 —가처분에 해당하는— 가명령제도를 채택하였다. 독일의 사회법원법 역시 마찬가지이다. 반면 재정법원법은 행정법원법과는 달리 집행부정지를 원칙으로 하면서 가(임시)명령제도를 채택하고 있다.

62) Finkelnburg/Dombert/Külpmann, Vorläufiger Rechtsschutz im Verwaltungsstreitverfahren, 2011, Rn.1.

63) 헌재 1999.3.25. 98헌사98 전원재판부: 2000.12.8. 2000헌사471 전원재판부: 2002.4.25. 2002헌사129 전원재판부: 2006.2.23. 2005헌사754 전원재판부: 2014.6.5. 2014헌사592 전원재판부.

64) 가처분제도는 비단 민사집행법의 전유물은 아니고, 소송법 전반에 통용될 수 있는 공통의 법제도이다. 비록 모든 법제도가 민사법에서 비롯되긴 해도 공법쟁송은 공법 나름의 인식과 관점이 요구된다. 그런데 행정재판은 물론, 헌법재판에서도 민사소송법 및 민사집행법상의 가처분규정이 준용되기에 민사가처분적 관점이 압도적으로 지배한다. 그런데 가처분이란 용어의 사용이 사고의 출발을 민사가처분에서 하게 한다. 공법소송에 기왕의 대심구조 및 민법상의 법률관계에 바탕을 둔 민사가처분의 기조가 그대로 투영되는 것은 사물의 본성에 반한다. 사실 독일에서도 행정법원법상의 가명령 제도를 정립함에 있어서 그들 민사소송법상의 가처분조항(제935조, 제940조)을 본떠서 규정한 것이 문제되어, 일찍이 비판이 제기되었다(Quaritsch, VerwArch 51(1960), 210(215, 230, 231); Obermayer, GS Peters, S.875(879, 882); Redeker, ZRP 1983, 149(150); Jakobs, VBlBW 1984, 129 (133).). 그리하여 독일의 경우 이런 의문을 불식하기 위해 민사상의 가처분("einstweilige Verfügung")이란 용어 대신 가명령("einstweilige Anordnung")이 공법용어로서 더 낫다고 하여 행정법원법과 연방헌법재판소법에 채택되었다. 이런 사정은 그들 비송사건처리법이 가처분에 갈음하여 가명령제도를 규정하고 있는 데서도 분명히 확인할 수 있다.

이 제기되지 않는다.[65] 독일 연방헌법재판소는 집행정지의 원칙을 규정한 그들 행정법원법 제80조 제1항을 효과적인 권리보호의 기본법적 보장의 개별법적 표현으로, 또한 정지효의 원칙이 공법쟁송의 근본원칙이라고 판시하였다.[66] 현행 집행부정지의 원칙의 위헌성을 적극적으로 개진하는 등 공법재판 전반의 차원에서 관련 논의가 폭발적으로 전개되길 기대한다.[67]

6. 헌법 제29조의 시대역행적인 구조의 문제

1948.7.17.에 시행된 －지금의 제29조와 기본적으로 동일한－ 제헌헌법 제27조가 마련된 다음, 국가배상법이 1951.9.8. 제정 · 시행되어, 지금까지 9차례의 법개정이 있었지만, 그 기조에 별반 큰 변화는 없었다. 현행 국가배상책임구조는 공무원개인의 책임을 매개로 하는 등 민사불법행위론의 연장에 있다는 치명적인 문제점을 안고 있다. 필자는 일련의 문헌을 통해[68] 국가배상시스템의 발본적 개혁을 촉구하였는데, 지난 시절 굴곡진 근대사의 이면을 드러낸 헌법 제29조 제2항의 삭제를 넘어[69] 국가배상시스템의 발본적 개혁을 다시 강조하고자 한다.

현행 헌법 제29조 제1항은 일본의 헌법(1947.5.3. 시행) 제17조와 동일하다. 이처럼 청구권적 기본권으로 접근하게 한 구조를 세밀히 검토할 필요가 있다. 국가의 책임을 직접적으로 표방한 것과 국민이 법률이 정하는 바에 따라 배상책임을 청구할 수 있다고 규정한 것은 차이가 크다. 전자는 당연히 후자를 포함할 뿐만 아니라, 개별법의 미비점을 적극적으로 모색할 수 있다. 하지만 후자는 전자를 전제로 하긴 하나 개별법에 관한 문제인식을 극대화시키는 데 한계가 있다. 왜냐하면 '법률이 정하는 바에 따라'와 같은 한계가 설정되어 있기 때문이다. 여기서의 법률유보를 형성적 법률유보로 본다 하더라도 광범한 입법형성의 자유로 인해 그 사정은 동일하다. 독일(기본법 제34조),[70]

---

65) 유일한 반론으로 김중권, 행정법, 2019, 775면.

66) 하지만 정지효부인의 예외는 허용되어 집행정지와 집행부정지가 원칙과 예외의 관계에 있으되, 만약 이런 관계를 역전시키는 행정실무는 위헌이라고 판시하였다(BVerfGE 35, 382(402)). 일본에서도 일부 헌법학자들이 그들 집행부정지원칙의 위헌성을 주장한다. 松井茂記, 『裁判を受ける権利』(日本評論社, 1993), 186頁 以下.

67) 상론은 김중권, 공법재판에서 잠정적 권리구제시스템의 개혁에 관한 소고, 국가와 헌법 I (성낙인 총장퇴임 기념논문집), 2018.6.20., 1519면 이하; 헌법재판에서 가처분제도의 활성화 방안, 아시아의 항구적인 평화와 번영의 길(박한철 헌법재판소장 기념문집)(2017.1.), 356면 이하; "집회금지처분에 대한 잠정적 권리구제에 관한 소고", 법조 제725호, 2017.10.28., 541면 이하; "헌법재판에서의 가처분제도에 대한 고찰", 2016년 헌법재판소 조사연구보고서.

68) 김중권, 國家賠償法上의 過失責任主義의 理解轉換을 위한 小考, 법조 제635호(2009.8.1.), 45면 이하; 國家賠償法改革을 통한 法治國家原理의 具體化, 행정법학 제2호(2012.3.31.), 69면 이하; 국가배상책임상의 주관적 책임요소와 법치국가원리적 문제점, 법률신문 2015.10.12.); 개헌논의에 따른 국가배상시스템의 발본적 개혁에 관한 소고, 법률신문 제4580호, 2018.2.8.

69) 개헌을 둘러싼 정파적 이해가 극심하게 나뉘므로 언제 개헌이 성사될지 예상하기 힘들다. 개헌이전이라도 일종의 '헌법존중적 헌법침훼'의 방식으로 국가배상법 제2조 제1항 단서를 삭제할 필요가 있다. 김중권, 행정법, 843면.

스위스(연방헌법 제146조)는[71] 물론 EU법(EU운영조약(AEUV) 제340조)[72] 역시 법규정의 구조가 국가책임을 전면에 표방하는 것과 비교하면 청구권적 기본권의 차원에서 접근하는 우리의 법상황은 이례적이라 하겠다.

일본의 경우 明治憲法에서는 공권력행사와 관련한 손해에 대해 국가무책임론에 입각하여 헌법상 국가책임규정은 물론, 독립된 국가배상법을 두지 않았으며, 大審院은 권력적 활동에 민법의 적용을 부정하는 입장을 일관되게 견지하였다. 그리하여 국가는 물론 －형법상의 직권남용에 해당하지 않는 한－ 공무원의 책임은 원칙적으로 배제되었다. 패망이후 비로소 국가배상책임에 관한 헌법규정을 두고 그에 맞춰 국가배상법을 제정한 것을 생각하면, 천황주권하에 국가무책임사상에서 출발한 그네들에게 국가의 직접적 책임을 헌법에 명문화하는 것은 매우 낯선 것임에 분명하다. 그들과 동일하게 규정한 현행 헌법규정에 대한 猛省이 필요하다.

국가책임의 제도적 보장인 헌법 제29조 제1항은 입법자가 넘을 수 없는 책임요건과 책임의 최소한의 보장을 담고 있다.[73] 국가배상법을 지배하는 규정으로서의 위상 및 국가자기책임성을 제고하기 위해서 다음과 같이 현행 헌법규정을 정비할 필요가 있다. 먼저 지금과 같은 청구권적 기본권으로 규정한 방식을 국가가 책임을 지는 식으로 구조를 바꿔야 한다. 국가배상청구권이 입법에 의해 비로소 형성되게 하는 '법률이 정하는 바에 따라'를 삭제하여야 한다. 그리고 공무원 개인적 책임을 암묵적으로 전제로 하는 '공무원'을 삭제하고, 가해 공무원에 대한 선택적 청구권의 행사를 도출하는 데 원인을 제공한 제2문(이 경우 공무원 자신의 책임은 면제되지 아니한다)은 국가자기책임의 본질을 훼손하기에 삭제하여야 한다. 요컨대 국가책임의 발전의 단계에서 대위책임적 구조에 터 잡은 독일보다는 스위스의 법상황이 좋은 방향을 제시한다. 스위스 헌법규정처럼, 현행 법규정을 "국가 또는 공공단체는 그 기관이 직무활동의 수행함에 있어서 국민에게 위법하게 발생시킨 손해에 대해 책임을 진다."고 바꿀 필요가 있다.[74] 이렇게 바꿀 때 바뀐 법규정의 위치가 문제될 수 있는데, 기본권의 장보다는 총강에 두는

---

70) 제34조(직무위반에서의 책임): 어떤 이가 그에게 맡겨진 공무를 수행함에 있어서 제3자를 상대로 하여 그에게 과해진 직무의무를 위반하면, 책임은 그가 근무한 국가나 공공단체가 원칙적으로 진다. 고의나 중과실의 경우에는 구상이 유보된다. 손해배상과 구상에 관한 청구권을 위해선 보통의 재판방도가 배제되어선 아니 된다.

71) 제146조(국가책임): 연방은 그 기관이 직무활동의 수행함에 있어서 위법하게 유발한 손해에 대해 책임을 진다.

72) 제340조(구 공동체조약 제288조) [연합의 직무배상책임] ② 조약외적 책임의 범주에서 EU는 자신의 기관이나 직원이 직무행사에서 발생시킨 손해를 회원국의 법질서에 대해 공통된 일반적 법원칙에 따라 배상한다.

73) Vgl. BVerfGE 61, 149(198); BVerfG(K) NVwZ 1998, 271(272).

74) 이를 계기로 국가배상청구권을 성립시키는 주관적 책임요소에 해당하는 국가배상법 제2조상의 '고의와 과실' 자체를 삭제할 필요가 있다(김중권, 행정법, 849면 이하). 한편 정태호 교수는 국가배상법 제2조 제1항상의 고의·과실의 요건이 법치국가원리를 실현하는 데 최선의 헌법정책적 수단이라고는 할 수 없지만, 헌법상의 '불법행위' 개념이 이런 주관적 책임요소를 전제로 하고 있다고 해석할 수 있어서 위헌이라고는 할 수 없다고 한다(동인, 국가배상법상의 유책요건은 위헌인가? 법학연구(충남대) 제30권 제1호(2019), 77면 이하).

것이 바람직하게 여겨진다.[75)]

7. 예외적인 행정심판전치주의에 따른 헌법 제107조 제3항의 문제

1994년 행정소송법개정으로 행정심판전치주의가 원칙적으로 폐지되고 예외적으로 개별법상 인정될 뿐이다. 가령 도로교통법은 동법상의 처분에 대한 행정소송은 행정심판의 재결(裁決)을 거치지 아니하면 제기할 수 없도록(제47조), 국세기본법은 동법에 따른 －세무서장이나 지방국세청장에 대해 제기하는－ 심사청구 또는 －국세청장에 대해 제기하는－ 심판청구와 그에 대한 결정을 거치지 아니하면 행정소송을 제기할 수 없도록(제47조) 규정하고 있다. 이처럼 행정심판전치주의를 채택할 때에는 사법절차의 준용을 규정한 헌법 제107조 제3항이 나름의 의미를 가진다. 동 조항은 과거 행정심판전치주의에 따라 효과적인 사법통제가 실현되지 않는 상황을 타개하기 위해 1980년 개헌에서 마련되었다. 행정심판전치주의가 통용되는 경우에만 그 의의가 있을 뿐이다. 헌법재판소 역시 동 조항에 대해 필요적 전심절차로서의 행정심판절차에서 사법절차준용의 의미를 강조한다.[76)]

행정심판절차에 사법절차가 준용되는 것이 과거에는 행정심판의 위상을 공고히 하는 데 나름 이바지한 면도 있지만, 사법절차의 준용에 따른 행정심판의 고유함이 제대로 발휘되지 못한 역작용이 더욱 크게 부각된다. 가령 지난 이명박 정부출범에 따른 정부조직법의 개정에 맞물려, 2008.2.29.의 행정심판법개정에서 재결청제도가 폐지되고, 기왕의 국무총리행정심판위원회가 「부패방지 및 국민권익위원회의 설치와 운영에 관한 법률」에 따른 국민권익위원회에 속하게 되어 행정일선에서 유리된 기관이 되어 버렸다. 제도적, 역사적 측면을 고려하면, 행정심판전치주의가 예외화된 지금의 현실에 즈음하여 행정심판전치주의를 전제로 한 헌법 제107조 제3항에 관한 문제인식이 요구된다.[77)] 행정심판절차의 본질을 전심절차로 보는 기존의 이해를 수정할 필요가 있다. 행정심판의 본질은 사법절차가 아니라, 후속적인 행정절차이다.[78)] 행정심판절차

---

75) 학술대회에서 김종현 책임연구관은 공무원에 관한 제7조에 배치하는 것이 적절하다는 의견을 개진하였다(발표문, 261면).

76) 헌재 2000.6.1. 98헌바8 그리하여 사법절차적 요소를 엄격히 갖춰야 할 필요는 없다고 할지라도, 적어도 －판단기관의 독립성·공정성, 대심적(대심적) 심리구조, 당사자의 절차적 권리보장 등과 같은－ 사법절차의 본질적 요소를 전혀 구비하지 아니하고 있다면 '준용'의 요구마저 위반된다고 보았다. 이런 기조에서 헌법재판소가 도로교통법상의 행정심판전치주의에 대해서는 합헌을(헌재 2001헌바40), 지방세법상의 이의신청·심사청구 전치주의에 대해서는 위헌을(헌재 2000헌바30) 판시하였다.

77) 여기서 필요적 전치주의를 표방하는 독일의 법제에 대한 바른 이해가 요구된다. 그들 행정법원법 제68조 제1항은 필요적 전치주의를 원칙으로 표방하면서도 예외가능성을 제시하는데, 그에 따라 최근 주법의 차원에서 행정의 신속화를 위해 행정심판절차의 이행을 배제하는 주 법률이 제정되고 있다. 필요적 전치주의가 축소되는 경향이다. 상세는 vgl. Rüssel, NVwZ 2006, 523ff.

78) 김중권, 행정법, 635면 이하.

가 사법심사절차에 준한 제도가 아닌 이상, 그 본연에 맞게 헌법 제107조 제3항을 정비될 필요가 있다.[79)]

Ⅳ. 헌법이 행정법에 있기 위한 모색: 행정법에 대한 헌법재판소 판례의 영향에 관한 검토

1. 논의의 전제: 행정법은 헌법으로부터 무엇을 배울 수 있는가의 차원에서 접근

'구체화된 헌법으로서의 행정법'이란 F. Werner의 명제를 좇으면, 행정법은 고도로 헌법에 의해 특징이 지워지며, 헌법의 근본적인 변화의 지배를 받다. 헌법재판소의 판례가 행정법에 결정적으로 영향을 미치는 것은 자명하고, 행정법의 헌법화(입헌화, Konstitutionalisierung des Verwaltungsrechts)가 자연히 이루어진다.[80)] 기왕의 글(헌법재판소의 판례가 행정법에 미친 영향에 관한 소고)에서 헌법재판소의 판례가 행정법에 미친 영향 전반을 비판적으로 검토하였는데, 여기서는 기왕의 글에서 다루지 않은 내용을 중심으로 헌법적 문제인식이 긍정적이든 부정적이든 행정법적 메커니즘 및 행정판례에 대해 미치거나 미쳐야 할 영향에 초점을 맞추고자 한다.

그런데 '구체화된 헌법으로서의 행정법'의 명제와 관련해서는 개별법(행정법)적용의 우위의 측면에서 나름의 거리두기가 필요하다. "행정법의 헌법구체화법으로서의 특수성"을 지나치게 강조하게 되면, 행정법의 자율성이나 민주적 입법자의 독자성을 무시하게 된다는 점을 통해 憲法具體化法으로서의 行政法論의 문제점을 제기한 김남진 교수님의 지적은[81)] 큰 의미가 있다. 독일에서도 헌법적 규준을 행정법에 직접 동원하는 것이 줄어드는 경향에서, 이 명제에 대한 강한 비판이 개진된다.[82)] 특히 C. Möllers는 F. Werner의 명제를 타당하지도 바람직하지 않은 것으로서 더 이상 문제삼지 않아야 한다고 강변한다. 독일에서 헌법과 행정법의 관계는 베르너의 말이 전제한 것보다 더 복잡하다. 그 말은 한편으로는 흠결이 없는 사법통제를 포함하여 행정의 −헌법적으로 요구되고 보통의 법률구속성의 의미에서, 다른 한편으로는 헌법적으로 확고한, 행정의 기능적 독립성의 의미에서 이해할 수 있다. J. Schaffer는 베르너의 명

79) 김중권, 행정심판법의 개혁을 위한 소고, 법률신문 제4629호, 2018.8.20.
80) Schochmidt−Aßmann, in: W. Hoffmann−Riem/E. Schmidt−Aßmann/A. Voßkuhle, GVwR Ⅰ, §5 Rn.1f.
81) 김남진, 헌법과 행정법, 공법학의 역사와 미래(2019년 한국공법학회 신진학자학술대회) 발표문(2019.2.14.), 257면 이하.
82) C. Möllers, Methode, in: W. Hoffmann−Riem/E. Schmidt−Aßmann/A. Voßkuhle, GVwR Ⅰ, §3 Rn.13f.; J. Masing. Der Rechtsstatus des Einzelnen im Verwaltungsrecht, in: W. Hoffmann−Riem/E. Schmidt−Aßmann/A. Voßkuhle, GVwR Ⅰ, §7 Rn.63, Fn.136.

제가 유행한 것은 그것의 모호성에서 비롯되었다고 지적한다. 즉, 그 명제의 모호함에 따른 오해로 인해, 자유와 관련성을 지닌, 개별법적으로 규율된 모든 물음이 핵심에서 헌법적 물음이라는 식으로 촉진되었다고 한다.[83] 그러나 F. Werner의 명제가 낳은 행정법의 헌법화에 대해 긍정적인 입장도[84] 엄존한 이상, 현대 행정법의 발전은 행정법의 헌법지향성과 행정법의 독립된 전개 사이에서 행해졌고, 앞으로도 행해질 것이다.[85]

2. 일반적 인격권의 실현의 차원에서 현행 공직제도의 손질 필요

헌법 제10조 제1문이 보호하는 인간의 존엄성으로부터 개인의 일반적 인격권이 보장된다. 일반적 인격권은 인간의 존엄성과 밀접한 연관관계를 보이는 자유로운 인격발현의 기본조건을 포괄적으로 보호하는데, 개인의 자기결정권은 일반적 인격권에서 파생된다. 또한 헌법 제10조 제1문의 행복추구권에는 그 구체적인 표현으로서 일반적인 행동자유권이 포함된다.[86]

그런데 보도(서울신문 2020.2.5.)에 의하면 병무청에서 예비군 훈련 업무를 맡고 있는 공무원이 얼굴과 목, 팔 등에 문신과 피어싱을 했다가 품위 유지 의무 위반으로 감봉 3개월의 징계를 받았다. 이는 궁극적으로 개인의 일반적 행동자유권과 공무원의 품위 유지 의무와의 충돌의 문제이다. 공무원의 품위유지 의무에서의 '품위'는 공직의 체면, 위신, 신용을 유지하고, 주권자인 국민의 수임을 받은 국민 전체의 봉사자로서의 직책을 다함에 손색이 없는 몸가짐을 뜻하고, 공무원은 직무의 내외를 불문하고, 국민의 수임자로서의 직책을 맡아 수행해 나가기에 손색이 없는 인품에 걸맞게 본인은 물론 공직사회에 대한 국민의 신뢰를 실추시킬 우려가 있는 행위를 하지 않아야 하고, 품위 손상행위 여부는 평균적인 공무원을 기준으로 구체적 상황에 따라 건전한 사회통념에 따라 판단된다.[87] 결국 공직사회에 대한 국민의 신뢰가 실추될 개연성이 있는지가 관건인데, 대민업무, 공무원의 신분에 맞는 임무에 해당하는지가 결정기준이 될 수 있다.[88]

독일의 경우 현실에서의 변화에[89] 부응하여 판례 역시 현실적 대응의 차원에서 종

83) ders., Die Umgestaltung des Verwaltungsrechts, 2016, S.76 Fn.135.
84) Schoch, in: W. Hoffmann－Riem/E. Schmidt－Aßmann/A. Voßkuhle, GVwR Ⅲ, §50 Rn.104ff.
85) 차후에 F. Werner의 명제를 둘러싼 독일의 논의, 특히 '구체화'의 의미에 관해 다른 지면에서 상론하고자 한다.
86) 헌재 2019.12.27. 2018헌바161 등.
87) 대법원 2017.11.9. 선고 2017두47472 판결 등.
88) Wagner/Leppek, Beamtenrecht, 2009, S.137.
89) 2017년 9월 독일 일간지 디벨트(Die Welt) 기사에 의하면. 독일인 5분의 1 이상이 문신을 하는데, 특히 25세부터 34세 사이의 여성은 절반에 달하여 2009년보다 19% 증가하였다고 한다. 피어싱의 경우에도 14세부터 34세 사이의 여성은 33%가, 남성은 14.4%가 한다고 한다.

래의 입장을 수정하였다.[90] 일반적 인격권의 실현의 차원에서 자유로운 인격발현과 공직수행을 조화시킬 수 있도록 전시대에 만들어진 현행 공직제도의 손질이 필요하다.[91]

3. 적법절차의 요청의 과도함의 문제

헌법재판소는 헌법 제12조 제3항 본문이 동조 제1항과 함께 적법절차원리의 일반조항에 해당하는 것으로 보고서, 적법절차의 원칙이란 헌법의 기본원리로서 형사절차상의 영역에 한정되지 않고 입법, 행정 등 국가의 모든 공권력의 작용에는 절차상의 적법성뿐만 아니라 법률의 구체적 내용도 합리성과 정당성을 갖춘 실체적인 적법성이 있어야 한다는 것으로 이해한다.[92]

그런데 헌법재판소가 적법절차의 원칙을 정의한 것이 과연 그에 맞는 것인지 의문이 든다. 오히려 그것은 마치 실질적 법치주의에 대한 것으로 여겨질 정도로 너무 넓다.[93] 그리고 헌법 제12조가 기본적으로 신체의 자유를 그 대상으로 하기에, 과연 국가작용 일반에 대한 절차적 요청을 적법절차의 원칙으로 커버할 수 있는지 의문이다. 독일의 경우 행정법의 일반원칙을 과거에는 법치국가원리에서 바로 도출하곤 했지만, 오늘날에는 개별 기본권에 의거하여 이끌어 냄으로써 그것의 통용력을 제고하고 동시에 심도있는 논증의 전개가능성을 제시하였는데,[94] 행정절차의 경우도 마찬가지이다. 상대적으로 막연한 적법절차의 원칙보다는 기본권 및 법치국가원리에 행정절차의 착안점을 두는 것이 바람직하다.[95]

나아가 적법절차원리에 대한 차분한 인식이 필요하다, 과거 권위주의시대에 미란다 원칙을 상징하는 적법절차원리는 선망의 대상이었다. 그때와는 완전히 바뀐 현실에

90) 2017.11.17.에 연방행정법원은 제복착용규정을 발하기 위한 주공무원법상의 일반적 권능이 문신새김을 부정하기 위하여 충분하다는 자신의 입장을 번복하여, 공무원에 대해 허용되는 문신새김의 범위에 관한 규율은 충분히 명확한 법률적 수권을 전제로 한다고 판시하였다(BVerwGE 160, 370). 종래의 불허하는 문신새김에 관한 규정은 사실상 임용신청을 거부하는 적격성요청이 되었고, 이를 근거로 임용된 자에 대해서도 문신새김을 금하는 지시가 발해졌다. 동 판결은, 문신새김을 금지하는 것은 기본법 제2조 제1항과 기본법 제1조 제1항(인간의 존엄성보호)에 의해 공무원에 대해서도 보장된 일반적인 인격권을 침해하는 것으로 보았다.

91) 상론은 김중권, 공직자의 신체는 온전히 자신의 것인가? 법률신문 제4773호, 2020.2.20.

92) 헌재 1992.12.24. 92헌가8 등.

93) 기존 이해에 대한 비판으로 이준일, 헌법학강의, 2019, 490면 이하.

94) 가령 판례와 문헌들이 독일의 경향이 신뢰보호의 원칙이 법치국가원리 및 법적 안정성의 원칙에서 도출되는 것으로 소개하지만, 이는 과거의 일이고, 현재는 판례와 많은 문헌들이 우선적으론 기본권으로부터의 도출을 선행시키고 법치국가원리는 보충적으로 동원한다. 특히 1979년 12월 20일에 행한 Mülheim-Kärlich 판결에서 연방헌법재판소는, 기본법 제2조 제2항의 보호의무로 말미암아 국가는 원자력발전소와 관련한 허가의 발급을 실체적. 절차적 요건과 결부시켜야 한다고 판시함으로써, 효과적인 기본권보호를 위해서라면 기본권이 실체적 권리에 대해서뿐만 아니라 절차적 권리에 대해서도 영향을 미친다고 주장하였다(BVerfGE 53, 31ff.). 처음부터 원리와 원칙에서 근거를 찾는 것은 섬세한 논증을 위한 모색을 포기한 것과 다를 바 없다. 이런 사정은 김중권, 행정법, 56면 이하.

95) 김중권, 행정법, 553면 이하.

서 적법절차의 요청을 실정 행정절차법의 차원에서 접근할 필요가 있다. 그러나 현실은 그렇지 않다. 한편 판례는 집시법상의 해산명령에 대해 적법절차의 원칙에 의거하여 높은 절차적 요청을 설정한다. 즉, 해산명령을 할 때에는 해산사유가 집시법 제20조 제1항 각 호 중 어느 사유에 해당하는지에 관하여 구체적으로 고지하여야만 한다고 본다.[96] 그리하여 해산명령이 적법한 절차로 발해지지 않은 이상, 위법한 해산명령에 따른 경찰의 직사살수는 위법하여 국가배상책임이 인정되었다.[97] 해산명령에서의 해산사유의 고지는 일종의 처분의 이유제시에 해당한다. 현행 행정절차법 제23조 제1항에 의하면 긴급을 요하는 경우에는 이유제시의무가 면제된다. 긴급을 요하는 상황에 해당하는지 여부에 관한 인식 없이 해산명령에 대해 법률상의 구체적 해산사유의 고지를 요구하는 것은 문제가 있다. 집시법 시행령 제17조에 의하면, 해산명령을 하기 전에 먼저 주최자 등에게 종결 선언을 요청한 후 주최자 등이 그 요청에 따르지 아니하거나 종결 선언에도 불구하고 집회 또는 시위의 참가자들이 집회 또는 시위를 계속하는 경우에 직접 참가자들에 대하여 자진 해산할 것을 요청하도록 하고, 그 자진 해산 요청에 따르지 아니할 경우에 한하여 세 번 이상 자진 해산을 명령한 후 직접 해산에 나설 수 있다. 해산사유가 발생하더라도 곧바로 해산명령을 발하지 않고 일정한 시차를 두고서 해산명령을 발하고 실행되게 함으로써, 해산사유가 구체적으로 고지되지 않았다는 문제는 충분히 상쇄될 수 있다. 해산명령에 대한 높은 절차적 요청은 절차하자를 쉽게 인정하게 하는 과도한 절차적 철조망이다. 물론 직사살수가 관련 법규정에 위반하여 행해진 것은 별개의 문제이다. 적법절차의 요청에 대한 과도한 인식에 문제가 있다.[98]

4. 행정소송에서의 –법인화되지 않은– 국공립대학의 당사자능력 문제

로스쿨 인가 조건인 장학금 지급 비율을 지키지 않았다가 로스쿨 정원 축소와 시정명령을 받은 강원대 총장이 교육과학기술부를 상대로 낸 학생모집정지처분과 시정명령 취소소송에서 서울행정법원 2012.5.17. 선고 2011구합32485 판결은 "국립대는 당사자 능력이 인정되지 않는다"며 각하 판결을 내렸다. 그리고 "강원대는 국가가 설립·경영하는 학교로서 법인도 아니고 법인격 없는 사단 또는 재단도 아닌 교육시설의 명칭에 불과해 당사자 능력이 인정되지 않는다. 대표기관인 총장 역시 별도의 법인격을 가진 존재가 아니어서 당사자능력이 인정되지 않는다."고 판시하였다. 이는 과거

96) 대법원 2012.2.9. 선고 2011도7193 판결.
97) 대법원 2019.1.17. 선고 2015다236196 판결.
98) 상론: 김중권, 직사살수와 관련한 최근 판례의 문제점, 법률신문 제4819호, 2020.8.17. 13면.

서울행정법원 2009.6.5. 선고 2009구합6391 판결의 태도를 그대로 견지한 것이다.[99]

완전한 권리능력이 있는 법인(단체)의 신분은 갖지 않으면서도, 일정한 행정임무를 자신의 책임껏 수행할 수 있고 그러한 한에서 고유한 권리와 의무가 부여되는 공법적으로 성립한 조직체가 부분적 권리능력이 있는 행정단위이다. 그것은 구조에 따라 공공조합(공사단)적, 영조물적 성질을 가질 수 있는데, 권리능력이 있는 범주에 한해서 법주체가 된다. 그 예가 독일의 경우 종합대학교의 단과대학이다.[100] 이는 대학교 자체와는 달리 공법인은 아니되, 일정한 측면에서 권리능력을 갖는다.

법적 성질이 영조물에 해당하는 국립대학교의 경우 법인화법률에 의해 성립되지 않는 한, 재산이나 임용에서 귀속주체가 될 수 없다. 다만 학문의 자유와 대학자율권과 관련해서 대학은 기본권의 주체적 지위를 갖기에,[101] 대학자치권과 학문의 자유와 관련하여 부분적 권리능력은 인정된다. 또한 사립대학교의 경우 기본적으로 학교법인이 법주체이기에, 사립대학교가 그런 지위를 갖는다. 이런 법적 지위를 인정할 것 같으면, 국가(교육부)나 학교법인이 국립대학교나 사립대학교를 상대로 대학자치권과 관련하여 행한 조치에 대해서 대학교는 소송법상 어려움 없이 다툴 수 있을 것이다. 필자는 일련의 문헌을 통해 대학의 자율권과 관련해서 대학의 주관적 법적 지위를 별 어려움 없이 긍정할 수 있게 하는 헌법상의 논의를 고려하였다면, 강원대로스쿨 사건에서 소송요건의 문제로 각하되지는 않았을 것이라고 지적하였다.[102] 다행히 헌법재판소는 강원대학교 법학전문대학원에 대한 교육부장관의 모집정지처분과 관련해서 강원대학교의 헌법소원심판의 청구인능력을 ―필자의 주장과 같이― 정당하게 인정하였다.[103] 국가로부터 분리된 민간의 주체만이 주관적 권리의 주체가 될 수 있다는 낡은 생각에서[104] 벗어날 때가 되었다.

---

99) "서울대학교는 국가가 설립·경영하는 학교일 뿐 위 학교는 법인도 아니고 대표자 있는 법인격 없는 사단 또는 재단도 아닌 교육시설의 명칭에 불과하여 권리능력과 당사자능력을 인정할 수 없으므로, 서울대학교를 상대로 하는 법률행위의 효과는 서울대학교를 설립·경영하는 주체인 국가에게 귀속되고, 그 법률행위에 대한 쟁송은 국가가 당사자가 되어 다툴 수밖에 없다 할 것이다."이에 대한 항소심(서울고등법원 2009.11.25. 선고 2009누19672 판결)과 상고심(대법원 2010.3.11. 선고 2009두23129 판결)은 아무런 이의 없이 수긍하였다.

100) 독일에서는 대학을 과거에는 영조물로 보았지만, '대학기본법'(HRG) 제58조 1항이 '공법단체'임을 명시함으로써, 오늘날에는 인적 단체로 보고 있다. 그러나 동 조항이 대학이 동시에 국가시설임을 명시하고 있기에, 공법단체인 대학이 영조물적 특징도 지닌다고 주장이 분분하다. 그 밖의 교육기관은 영조물에 해당한다.

101) 헌재 1992.10.1. 92헌마68·76.

102) 김중권, 行政訴訟에서 大學의 當事者能力에 관한 小考, 법률신문 제4042호(2012.6.25.); 行政訴訟에서 大學의 當事者能力과 原告適格에 관한 小考, 강원법학 제36권(2012. 6) 69면 이하.

103) 헌재 2015.12.23. 2014헌마1149.

104) Hufen, Verwaltungsprozessrecht, 8.Auf., 2011, §14. Rn.94.

5. 행정규칙의 법규성 인정에서 전환규범의 적용의 문제

(1) 헌법재판소와 법원의 同調化

오늘날에는 현실적으로 엄존한 행정규칙의 외부효는 더 이상 부인되지 않는다. 관건은 이 외부효를 어떻게 접근하느냐이다. 독일의 통설과 판례는 행정규칙의 직접적 외부효를 부인하는(비법규성) 기조를 견지하면서도, 행정규칙의 사실적 외부효의 문제는 자기구속의 법리를 매개로 하여 대처하였다. 다시 말해, 평등원칙이나 신뢰보호원칙을 전환규범으로 삼아 행정관례에 터 잡아 행정규칙에 위반한 행위의 위법을 논증하였다. 문헌상의 지배적 입장 역시 행정규칙의 직접적 외부효를 부인하면서 전환규범과 같은 우회적 방도를 통해 위법성을 논증한다. 그런데 헌법재판소는 일찍부터 행정법문헌상의 지배적인 입장처럼 전환규범적 논증을 추가하였다.[105] 하지만 법원은 본래 문헌상의 지배적 입장과는 다른 접근을 하였다. 즉, 시종 행정규칙의 비법규성에 바탕을 둔 전환규범적 이론구성을 수긍하지 않고, 처음부터 관련 규정의 법적 성질이 법규인지, 법규가 아닌지를 가늠하는 방식으로 접근하였다. 당연히 형식적 기준이 아닌 실질적 기준에 의거하여, 처음부터 법적 성질을 재단하였다. 그 결과물이 법령보충적 규칙의 법규성인정이며, 위임재량준칙의 경우에도 간접적인 대외적 효력을 인정하기보다는 처음부터 대상 규범의 법적 성질을 가늠하여 그것의 법규성을 부인하였다. 그런데 법원 역시 최근에 대법원 2009.12.24. 선고 2009두7967 판결을 비롯하여 대법원 2009.3.26. 선고 2007다88828, 88835 판결에 즈음하여, 자기구속의 법리, 평등원칙, 신뢰보호원칙과 같은 전환규범을 매개로 행정규칙의 대외적 구속력을 논증한 접근방식을 추가하였다.[106] 결과적으로 양 사법기관의 접근방식이 동일하게 되었다.

(2) 대통령제국가적 인식에서 행정규칙을 새롭게 바라볼 필요

이제 헌법재판소와 법원은 공히 법령보충적 규칙에[107] 더해서 독일식의 전환규범적 접근을 병행한다. 이런 이원적 접근방식에 대해 대부분의 문헌은 별다른 異議가 없지만, 치명적인 체계정합성의 문제가 있다. 먼저 행정규칙은 물론 행정입법 전반에 대해 매우 백안시하는 기조를 취하는 독일의 통설적 접근은 우리의 권력구조와 맞지 않는

105) 헌재 1990.9.3. 90헌마13.

106) 그런데 대법원 2009두7967 판결에서의 논의대상인 농림사업시행지침서는 법령보충적 규칙에 해당하기에, 사실 전환규범적 접근을 할 필요가 없었다. 김중권, 전환규범을 매개로 한 행정규칙의 법규성인정의 문제점, 법률신문 제3961호(2011.8.22.) 참조.

107) 법령보충적 규칙의 경우 행정규칙에 곧바로 직접적 외부효(구속효)를 인정한 점에서는 결과적으로 독일의 규범구체화 행정규칙과 비슷하지만, 명시적인 법률상의 인정근거가 요구되지 않아 인정범위가 훨씬 넓다.

다. 독일법상 행정의 상대적으로 낮은 위상과 약한 독립성과, 독일법의 법원지향적 통제(심사)관점과 밀접한 상관관계가 있다. 행정의 작용여지에 관한 독일공법의 공포(恐怖)는, 행정규칙이 고유한 힘을 갖지 못하게 하면서, 동시에 그것을 법령과 법원판결 사이에서 꽉 끼게 만들었다.108) 그리하여 일찍이 Ossenbühl은 헌법이론상으로 독일 공법학은 의회에 대해 독점적으로 부여하는 민주적 정당성의 원리의 비현실적인 과도함과는 결별해야 한다고 지적하였다.109)

대통령제국가로서 존재지평이 독일과 완전 다른 우리로서는 이상의 지적을 새로운 인식의 단초로 삼아야 한다. 법령보충적 규칙의 존재는 독일의 통설적 접근과는 다른 접근을 강구할 수 있게 하는 결정적인 착안점이다. 불필요한 전환규범적 논증이 추가됨으로써, 방향전환을 모색하기 곤란하게 되었거니와, 체계정합적인 논의 역시 어렵게 되었다. 한편 법령보충적 규칙이 공인되고 있고, 위임재량준칙 역시 —비록 판례가 아직 수긍하지는 않지만— 대세는 법규성의 인정이다. 그렇다면 행정규칙 가운데 조직규칙과 규범해석규칙을 제외하고서는 실은 모두 법규성이 인정되는 셈이다. 또한 조직규칙 역시 상당 부분이 법령에 의해 정해져 있다. 차제에 우리의 권력구조를 바탕으로 행정규칙의 효력에 관한 논의 전반을 새롭게 전개할 필요가 있다.110)

6. 기본권에 의거한 원고적격의 인정 문제

행정법에서 주관적 공권은 행정작용의 객관적 위법을 소송을 통해 주체적으로 다툴 수 있게 하는 축점이다.111) 2극관계이든 —제3자가 개재된— 다극적 충돌상황이든 제기될 수 있는 물음이, 주관적 공권을 강구함에 있어서 기본권을 동원할 수 있는지 여부와 어떤 요건에서 기본권을 동원할 수 있는지 이다. 헌법의 기본권이 주관적 공권에 해당한다는 것은 다툼의 여지가 없지만, 기본권이 행정법적 법관계에 어느 정도로 적용되는지는 문제된다.112) —세세히 구별되게 형성된 한계규율이 표현되는 것처럼— 기본권의 구체화와 제한에 대해선 입법자가 의무를 진다. 그래서 주관적 공권의 강구함에서 법률 및 하위명령의 적용상의 우위(소위 개별법의 우위)를 유의하여야 한다. 관련 법령이 주관적 공권을 성립시키는지 여부가 우선적으로 탐문되어야 한다.113) 결국

---

108) R. Wahl, Die ungesicherte dritte Kategorie des Rechts, in: Festgabe 50 Jahre Bundesverwaltungsgericht, 2003, S.571(596).

109) ders., Die Not des Gesetzgebers im naturwissenschaftlich—technischen Zeitalter, 2000, S.34.

110) 김중권, 행정법, 435면; 민주적 법치국가에서 의회와 행정의 공관적 법정립에 따른 법제처의 역할에 관한 소고, 행정판례연구 제12집, 2007.6.30., 59면 이하.

111) 상론은 김중권, 規範執行에 관한 權利로서의 行政法上의 主觀的 公權論에 관한 小考, 공법연구 제40집 제4호(2012.6.20.), 159면 이하.

112) 다양한 견해상황에 관해선 Wahl, Die doppelte Abhängigkeit des subjektiven öffentlichen Rech, DVBl. 1996, 641ff.

당해 법률적 규율이 존재하면, 개인보호는 통상 "입법자 역시 그것을 규범화한 경우에만" 존재한다.[114] 이런 심사에서 '헌법합치적 혹은 헌법지향적 해석'은 반드시 필요할 수 있다. 따라서 기본권과 관련한 이익충돌의 해결이 의문스러우면, 관련 기본권주체에게 스스로 규범적 명령을 관철하도록 수권하는 목표를 해당 법률규정으로부터, 그리고 시민의 자기결정과 자기책임을 위한 헌법상의 근본결단(결정)의 배경으로부터 도출하여야 한다.[115] 그래서 기본권은 규범내부적으로(normintern) 효과를 미친다.[116]

해당 개별법상의 규범화가 없을 경우에 또는 이것(규범화)이 헌법적으로 요구된 주관화를 규정하지 않을 경우에 주관적 공권을 기본권으로부터 직접 도출할 수 있는지 여부 즉, 기본권이 규범외부적으로(normextern) 영향을 미치는지 여부가 다투어지고 있다. 독일의 경우 판례와 통설은 －대부분 가중적인 기본권제한의 요건하에서－ 자유권적 기본권과 재산권과 같은 방어권의 경우에 이를 시인하지만, 일부는 기본권은 개인적으로 활성화되어야 할 법적 지위로 여기지 않고, 단지 입법자에 대한 지침으로 여긴다.[117] 우선 기본권의 규범내부적 효과가 개별법상으로나 판례법상으로 충분히 발휘되는 한, 굳이 주관적 권리를 추가적으로 기본권으로부터 직접적으로 도출할 필요는 없다. 그런데 행정법제가 그런 헌법합치적 해석이 가능하도록 나름 정연하게 구조화되어 있으면 모르되, 그렇지 않을 경우 즉, 실체적으로 꼭 필요한 이익균형이 심각하게 도외시된 경우에는 보호규범의 틀에서 벗어나 기본권에 의거하여 주관적 권리를 인정할 수 있다. 따라서 이런 상황에서 기본권은 예외적으로 규범외부적 효과도 발휘한다.[118]

헌법재판소는 병마개제조업자가 경쟁하는 시장에서 국세청장이 특정업체를 납세병마개제조자로 지정하였을 때 그 지정을 받지 못한 경쟁 병마개제조업자가 납세병마개제조자 지정처분을 다툰 사건에서 경쟁의 자유에 의거하여 행정소송상의 원고적격을 인정하였다.[119] 보기에 따라서는 기본권의 규범외부적 영향을 확인할 수 있는 사례로 호평할 수 있고, 문헌에서 기본권에 의거한 원고적격의 인정으로 소개되고 있지만, 경쟁상황에서 어느 일방을 위하여 기본권에 의거하여 개인적 보호를 모색하는 것은 기본권적 보호의무를 인정하더라도 정당화되기 힘들다. 독일의 경우 제3자보호의 경우에는 행정법의 적용우위의 차원에서 주관적 권리를 모색하는 데 있어서 우선적으로 개

113) Maurer/Waldhoff, All. VerwR, 21. Aufl., 2017, §8 Rn.11,
114) BVerfGE NJW 2005, 2289(2295); BVerwGE 107, 215(219).
115) Vgl. Grzeszick, Rechts und Ansprüche, 2002, 174; Reiling, Zu individuellen Rechten im deutschen und im Gemeinschaftsrecht, 2004, 125f., 134ff.
116) Wahl/Schütz, in: Schoch/Schmidt－Aßmann/Bie, VwGo, 2012, §42 Ⅱ Rn.58.
117) 대표적으로 Wahl, in: Schoch/Schmidt－Aßmann/Bie, VwGo, Vorb §42 Ⅱ Rn.98.
118) Schmidt－Aßmann, a.a.O., S.78.
119) 헌재 1998.4.30. 97헌마141.

별법에 의거하여야 한다는 것이 원칙이고, 기본권적 보장을 직접적으로는 동원할 수 없다.[120] 국세청장의 지정을 규정한 관련 법령이 경쟁왜곡을 자아낸다는 점에서, 기본권의 규범내부적 효과의 차원에서 그리고 행정법의 적용우위의 차원에서 관련 법령에서 권리침해여부를 강구하는 데 경쟁의 자유가 동원된 것으로 보는 것이 타당하다.

7. 리스크사회에서의 과소(보호)금지의 원칙의 의의

독일 연방헌법재판소의 1975년의 낙태판결[121]을 계기로 등장한 국가의 기본권적 보호의무는 기본권에 의해서 보호되는 법익(생명과 신체, 재산권)이 제3자의 위법한 개입으로 위태롭게 되는 상황을 전제로 한다. 국가의 기본권적 보호의무는 기본권을 객관적 원리로 이해하는 데서 연유하는데, 주관적 공권론은 물론, 행정법과 헌법과의 관계 등에 새로운 전기를 가져왔다. 그리하여 기본권적 보호의무 자체가 비례적으로 이행되어야 할지 여부가 문제되는데, 독일 연방헌법재판소는 이를 인정하였으며 그 논의는 과소금지(過少禁止)의 원칙(Untermaßverbot)이란 틀로서 수용되었다.[122] 우리 헌법재판소 역시 과소보호금지의 원칙에 의거하여 국가의 보호의무의 위반을 인정한다.[123]

기본권적 보호의무의 수범자가 국가기관이어서 그것은 특히 입법부와 집행부에 과해지며,[124] 현실적으로 전자의 경우에는 입법부작위가, 후자의 경우에는 위험방지의 부작위로 인한 행정(경찰)개입청구권 및 국가배상책임이 다투어진다. 그런데 기본권적 보호의무의 인정에 결부된 도그마틱적 문제는, 목표인 보호를 달성하는 데 있어서 국가가 다수의 가용수단을 갖는다는 사실이다. 특정한 조치에 의해서만 보호의무의 요청이 충족되는 경우란 매우 드물다. 통상 광범한 평가·형성의 여지가 국가에게 인정된다. 그것의 한계치가 바로 과소보호금지의 원칙이다. 과소보호금지의 원칙에 의하면, 국가는 국민의 기본권을 보호할 의무를 헌법상 요구되는 정도보다 하회(下廻)해서 이행하여선 아니 된다. 즉, 방치해서는 아니된다. 위험방지의 부작위는 궁극적으로 행정재량의 축소의 문제이다. 유의할 점은 이 경우 아무리 기본권적 보호의무를 매개시킨다 하더라도 개입의무는 성립시킬 수 있을지언정 －재량 영으로의 축소에 따른－ 특정 개입을 강제할 순 없다. 왜냐하면 선택재량은 여전히 남아 있기 때문이다.[125]

120) U. Ramsauer, Die Dogmatik der subjektiven öffentlichen Rechte, JuS 2012, 769(772f.).
121) BVerfGE 39, 1.
122) 과소금지의 용어는 일찍이 Schuppert가 헌법재판소의 심사에서 요구되는 신중함을 분명히 하기 위해 창안한 것이다(ders., Funktionell－rechtliche Grenzen der Verfassungsinterpretation, 1980, S.15.).
123) 헌재 2008.12.26. 2008헌마419·423·436(병합) 등.
124) 한편 서울고등법원 2009.2.10. 선고 2007나72665 판결은 법원의 기본권보호의무와 관련하여 기본권의 보호를 위해 불법행위법을 적용하는 것이 과소보호금지의 원칙에도 맞다고 판시하였다.
125) Isensee: Isenssee/Kirchhof(Hrsg.), HStR Bd.V, 2000, §111. 국가의 기본권적 보호의무와 재량축소에 관해서는 김중권, 행정법기본연구 I, 2008, 230면 이하.

현대사회가 리스크사회(Risikogesellschaft)化될수록 국가의 기본권적 보호의무의 영향은 더할 것이다. 법률적 수권근거가 없더라도, 국가의 기본권적 보호의무에 의거하여 관련 공권력발동을 정당화할 수 있다고 주장되곤 하는데, 주의가 필요하다. 자칫 국가의 기본권적 보호의무가 제3자에 대한 국가의 무한적(법률적 수권을 검토함이 없이) 개입을 정당화시킬 수 있는 구실이 될 수 있기 때문이다. 국가의 기본권적 보호의무에 관한 피상적 이해는 이런 위험을 증폭시킨다.[126] 특히 안전이 최우선 국정과제가 되어 국가개입의 요구치가 너무 높아지는 지금의 상황에서, 독일 연방헌재 재판관을 역임한 Di Fabio 교수가 "법치국가적 원리의 제방을 리스크사전대비란 우리의 海圖에 더욱 명료하게 기입할 필요가 있다."고[127] 지적한 것을 되새길 필요가 있다.

8. 경찰의 직사살수행위에 대한 권리구제 문제

과거 헌재 2014.6.26. 2011헌마815의 법정의견은 물포발사행위와 관련하여 권리보호의 이익은 물론 심판의 이익까지도 부인하였지만, 그 반대의견은 물포의 반복사용이 예상되며, 헌법재판소도 이에 대하여 헌법적 해명을 한 바 없음을 들어 예외적으로 심판의 이익을 인정하였는데, 이번에 헌재 2020.4.23. 2015헌마1149는 후자와 같은 논거로 심판의 이익을 인정하였다. 다만 이번에는 헌재 2011헌마815의 반대의견과는 달리 살수와 관련한 경찰관직무집행법령상의 규정은 제외하고, 직사살수행위만을 심판대상으로 과잉금지의 원칙의 차원에서 위헌성을 적극적으로 논증하였다.

먼저 살수가 직접강제이든 즉시강제이든 해산명령의 실효성확보의 일환으로 행해진 점에서, 헌재가 과잉금지의 원칙의 차원에서 파생원칙을 개별적으로 대입하여 접근한 것은 문제가 있다. 사안의 직사살수가 살수와 관련한 법규정에 위배하여 행해졌는지 여부가 관건이다. 그리고 헌법소원심판의 보충성으로 인해 살수행위의 법적 성질에 따라 심각한 문제가 발생할 수 있다. 최근 대법원은 권력적 사실행위에 대해 적극적으로 처분성을 인정하고 있다.[128] 판례는 경찰관직무집행법 제6조 제1항상의 범죄예방을 위한 경찰관 제지행위를 즉시강제이자 권력적 사실행위로 본다.[129] 일부 문헌에서처럼 경찰관집무집행법상의 대인적 강제수단을 즉시강제의 차원에서 접근하면, 경찰장비의 일환의 살수차의 사용에 따른 살수행위 역시 권력적 사실행위에 해당할 수도 있어서 심각한 재판관할의 문제가 제기될 수 있다.

독일 대부분 주 경찰법에 직접적으로 규정된 무기사용과는 달리, 경찰의 살수행위

126) 상론은 김중권, 위험방지와 행정구제, 국가법연구 제10집 제2호, 2014.8.31. 31면 이하.
127) ders., Risikovorsorge – uferlos?, ZLR 2003, S.163(172.).
128) 대법원 2014.2.13. 선고 2013두20899 판결.
129) 대법원 2018.12.13. 선고 2016도19417 판결.

는 기본적으로 행정규칙에 해당하는 '경찰직무규정 122'에 상세히 규율되어 있다. 살수와 관련해서 무기사용처럼 법률의 차원에서 규율하지 않은 점이 문제되었지만, 일찍이 독일 연방헌재는 살수가 무기사용과 비슷한 잠재적 위험상황이 야기된다는 점과 무기사용처럼 법률에서 자세히 규정했어야 하는 점이 분명치 않다는 입장을 취하였다.[130] 또한 경찰직무규정에 대한 헌법소원심판청구도 허용하지 않았다. 독일의 경우 직접강제의 일환인 살수행위와 관련한 권리구제는 기본처분에 대해 취소소송을 제기한 다음에 직접강제가 실행된 데 따른 계속적 확인소송의 차원이나 살수행위를 포함한 일련의 경찰조치의 위법성의 확인을 구하는 일반적인 확인소송의 차원에서 검토되고, 이를 바탕으로 국가배상책임이 강구된다.

살수를 포함한 경찰장비의 사용을 독일처럼 직접강제의 차원에서 시급히 체계화할 필요성이 있다. 그렇기 위해선 먼저 직접강제를 포함한 행정강제 전반을 시대에 맞게 확립하여야 한다. 현행 행정소송의 체제를 유지하는 한, －원상회복 자체를 기대할 수 없는－ 살수와 관련한 직접적인 권리구제를 강구할 수가 없다.[131]

Ⅴ. 맺으면서－오토 마이어 행정법이라는 낡고 익숙한 제복을 하루바삐 벗어 버리자

한 세기 전에 우리 선조들은 국권이 상실된 와중에도 국가의 근본이 민주공화제임을 표방하였다.[132] 이는 동시대에 이는 일본뿐만 아니라, 중국의 수많은 헌법문서들 가운데서도 유례를 찾아볼 수 없는 독창적인 형식과 내용이라고 한다.[133] 과거의 권위주의체제가 급속히 해체되고 있다. 민주주의가 제대로 구현되지 않는 법치주의는 자칫 그릇된 법실증주의나 명목상의 그것 나아가 법률가의 지배(Juristocacy)로 전락할 우려가 있고, 아울러 법치주의가 제대로 기능하지 않는 곳에선 자칫 민주주의가 사이비 민주주의나 패거리민주주의로 전락할 우려가 있다.

독일의 경우 공화주의적 관헌국가(republikanischer Obrigkeitsstaat)인 바이마르 시대에 질서개념으로 만들어진, 오토 마이어 행정법이라는 공고화된 제복이, 패전 이후 기본권을 바탕으로 법질서의 입헌주의화(헌법화)가 강구됨으로써, 오래 전부터 더 이상

---

130) BVerfG, NVwZ 1999, 290(291).

131) 상론: 김중권, 직사살수와 관련한 최근 판례의 문제점, 법률신문 제4819호, 2020.8.17. 13면.

132) 임시정부가 1919년 4월11일 제정한, 임시정부 최초의 헌법문서인 '대한민국임시헌장' 제1조는 '대한민국은 민주공화국으로 함'이라고 규정하고 있으며, '대한민국임시헌법'(1919년 9월11일) 역시 주권재민을 규정한다(제1조).

133) 신우철, 비교헌법사, 2008, 300면.

몸에 전혀 맞지 않게 되었다. 오토 마이어 행정법의 극복의 바탕에서 그들의 행정법의 개혁 및 신행정법학으로의 진화가 촉발되었고,[134] 이것은 기본법제정 이후에 오토 마이어 행정법의 관헌국가적 요소를 부단히 제거하여 온 과정의 연장이다.[135]

공법시스템 전반에 드리운 일본식의 관헌국가적 전통을 제거하지 않는 한, 한 발도 앞으로 나아가지 못할 뿐 더러, 개혁이나 현대화는 口頭禪에 그친다. 국민과 국가(행정)와의 관계를 권력관계로 설정한 관헌국가적 인식이 여전히 공법문헌에서 아무런 비판 없이 존재하는 것이 증명하듯이, 오토 마이어 행정법이라는 낡은 제복을 벗지 않는 한, 비단 행정법만이 아니라 헌법을 포함한 공법 전체가 심각한 정체상황에 처한다.[136] 민주적 법치국가 원리는 국민의 주체적 지위를 확고히 하는 것을 전제로 한다. 공동의 가치를 전제로 하면서도 개인을 중심에 그리고 국가보다 앞세우는 공법시스템을 완전히 새로이 정립하는 것이 현 세대의 시급한 책무이고, 포스트 코로나・인공지능 시대에 공법학에 대해 요구되는 핵심과제이다.[137]

* 헌법학연구 제26권 제4호, 2020.12.31., 207면－253면 所收.

134) 구체적인 내용은 김중권, 21세기 국가모델을 위한 행정법의 현대화와 개혁, 공법연구 제48집 제1호, 2019.10.31., 398면 이하.

135) Wahl 교수는 1949년 기본법 제정 이후의 변화상을 독일 공법학의 첫 번째 국면의 전개로 표현하였다. 기실 1949년 제정 이후 독일은 과거의 공화주의적 관헌국가와 결별하였다. 기본법의 보호하에 행정을 법치국가원리에 맞춰 규율하는 것이 2차 세계대전 이후 행정법의 관심사였다, 그리하여 국가가 정점에 있는 것이 아니라, 고유한 인간의 존엄성을 지닌 개인주체가 정점에 있으며, 국가는 인간을 위하여 존재하는 것이 되었다. 참조: M. Stolleis, Innenansicht des deutschen Verfassungsrechts, in: Konferenz deutschsprachiger Juristen in Ostasien, 2019, S.1(4).

136) 독일에서는 권력관계적 접근을 대신하여 중심개념으로 행정법관계론(Lehre vom Verwaltungsrechtsverhältnis)이 오래 전부터 받아들여진 독일과 비교해서, 우리의 경우 행정법관계론에 관한 논의 및 소개가 태부족하다(유일한 문헌으로 김중권, 행정법, 121면). 행정법관계론은 한편으론 모든 행정활동의 상호주관성이 인식되고, 다른 한편으론 행위자의 법(권리)주체성이 인정됨으로써, 행정법학의 패러다임의 변화를 가져왔다. R. Gröschner는 법관계가 우선적으로 법치국가원리로부터 우러나오지 않고, 공화주의로부터 우러나온다고 지적하였다(ders., VVDStRL 63(2004), S.464(465)). 그는 공화주의의 참뜻은 군주의 부재가 아니라 지배가 상위법으로부터 위임된 것에 있다고 강조한다.

137) 개인적으로 지금 국회에 제출된 「행정기본법」이 공법개혁의 싹이 될 것으로 기대한다. 김중권, 행정의 현대화와 행정법개혁을 위한 행정기본법 제정, 법률신문 2020.10.26. * **추론**: 행정기본법이 드디어 제정되었다(2021.3.23.). 행정기본법 시즌2에 시급히 나서야 한다.

제 5 장

국가재구조화와 재조산하의 출발로서의 행정기본법의 제정

Ⅰ. 처음에 – 민주적 법치국가 원리의 철저한 복원이자 미래지향적 적폐청산의 문제인식

지난 대선의 으뜸의 화두는 '적폐청산'과 '제4차 산업혁명'이고, 문재인 정부의 정책기조는 이에 기반을 두고 있다. '적폐청산'이란 잘못된 제도나 부정(不正) 따위를 바로잡아 고치는 것, 즉, 광정(匡正)이다. '적폐청산'의 본질과 목적을 검토할 필요가 있다. 규범과 제도의 차원에서 보면, 적폐란 으뜸의 기본질서인 민주적 법치국가 원리가 제대로 구현되지 못하는, 매우 비정상적 상태 전반을 의미한다. '적폐청산'은 이런 비정상적 상태를 정상의 상태로 바꾸는 것이다(본래 의미의 '비정상의 정상화'). '적폐청산'은 다름 아닌, 훼손된 민주적 법치국가 원리의 철저한 복원이다. '적폐청산'이 그 목적인 민주적 법치국가 원리의 철저한 복원에 이르지 않으면, 그것은 '비정상이 정상화'되는 것을 의미하는 역설적인 '비정상의 정상화'를 야기할 우려가 있다.[1]

법은 국가의 長命靈藥(생명수, Lebenselixier)에 해당하며, 법적 정당성은 모든 국가

1) 참고문헌: 김중권, 행정법의 危機이냐, 행정법학의 委棄이냐?, 제39회 한국행정법학회 정기학술대회 2018.12.15. 발표문; 공공법제, 21세기에 맞게 현대화해야, 매일경제신문 2017.2.10.; 공법(행정법)의 현대화를 통한 규제개혁, 안암법학 제45호(2014.9.30.), 71–115면; 行政節次法의 改革을 위한 行政處分(行政行爲) 規定의 整備, 행정법학 제5호, 2013.9.,219–238면; 21세기 국가모델을 위한 행정기본법의 제정에 관한 소고, 법률신문 제4078호(2012.11.8.); 김중권/김영수, 21세기 국가모델을 위한 가칭 행정기본법의 제정을 통한 행정법과 행정법제의 개혁, 공법연구 제41집 제3호 2013.2.28., 29–49.

활동의 전제가 된다. 법치국가적 활동의 지도원칙(Leitmaxime)은 合理性이다. 보다 자세히 말하자면, 입법과 법률집행의 가치합리적인 불변성 및 목적합리적인 정연성이 그에 해당한다.[2] 법치국가는 법과 합리성을 통해서, 자신의 활동을 사전엔(ex ante) 예상가능하게, 사후엔(ex post) 통제가능하게 만든다. 그런 식으로 규율되어 있을 때, 법치국가는 억제(제어)된 개입권력일 뿐만 아니라, 개인에게 유리한 보호권력 즉, 개인적 인간존엄성, 자유, 재산권 그리고 주관적 권리에 관한 보장자이기도 하다.[3]

성공적인 '적폐청산'을 위한 선결과제는 민주적 법치국가 원리에 관한 확고한 이해와 철학이다. 법치국가는 법과 합리성을 통해서, 자신의 활동을 사전엔 예상가능하게, 사후엔 통제가능하게 만든다. 민주적 법치국가 원리는 국민의 주체적 지위를 확고히 하는 것을 전제로 한다. 민주적 법치국가 원리에 철저할 때, '적폐청산'은 정당화되고, 거부할 수 없으며, 나아가 반발의 움직임 역시 효과적으로 누그러뜨릴 수 있다. 민주적 법치국가 원리의 심각한 훼손으로 인해 '적폐청산'이 대선의 화두가 된 것은 사실 국가적 불행이다. 민주적 법치국가 원리의 철저한 복원을 위해서는 '적폐청산'을 국정농단의 차원을 넘어 전체 국가시스템의 차원에서 바라볼 필요가 있다.

Ⅱ. 현행 행정법제에 대한 자기비판

1. 연원인 일본식 관헌국가적 바탕의 문제[4]

대한민국의 정부수립에 따라 정부조직법이 제1호 법률로서 제정되어(1048.7.17.) 우리의 공공법제가 만들어져 운용된 지 70년이 지났다. 기왕의 공공법제는 관헌(관치)국가적 전통에서 행정을 공권력의 주체로, 국민을 행정의 객체로 설정하여 구축되었다. 가령 대부분의 행정법규정이 "…를 하고자 하는 자는 … 허가를 얻어야 한다."는 식으로 허가 여부를 행정청의 의무인지 재량인지 불분명하게 둠으로써, 국민은 행정처분이 이뤄지기만 기대할 뿐이고 그저 수동적 존재에 불과하다. 우리 법제도는 대부분 일본을 본뜬 것이다. 일제강점을 겪고 근대 법제도의 대부분이 그들에 의해 강제적으로 이식을 당한 우리로선 광복 이후에 국가체제를 만들고 운용하는 데 있어서, 특히 제3공화국 시대에 급속한 근대화와 산업화를 위해, 익숙한 일본의 법제도를 본보기로 삼아 국가의 기간 법제도를 마련할 수밖에 없었다. 우리 행정법이라 하지만, 실은 그 뿌

---

2) Breuer, Konkretisierungen des Rechtsstaats- und Demokratigebotes, Festgabe 50 BVerwG, 2003, S.223(228).
3) 김중권, 행정법 제3판, 2019, 80면.
4) 김중권, 언제까지 일본식 관헌국가적 전통을 따를 것인가, 경향신문 2019.3.4.

리가 일본 행정법이다.

후발국가가 앞서가는 국가를 벤치마킹하는 것은 자연스러운 현상이므로, 일본의 행정법이 우리 행정법의 모델이 된 것 자체를 비난하기는 어렵다. 우리와 일본이 국가시스템과 역사적 전통에서 매우 다름에도, 근본적인 차이점이 간과된 채 별다른 이론의 제기 없이 이런 차용의 결과가 기정사실로 받아들여졌으며, 우리의 고유한 것이 되어 버렸다. 문제는 여기에 있다. 일본 공법은 한 세기 전의 메이지 헌법 시대에 대륙법, 대표적인 관헌국가인 프로이센의 공법을 모범으로 삼았다. 현재 일본 헌법질서의 연원이 된 메이지 헌법은 일왕(천황)주권을 바탕으로 국민이 아닌 신민을 통치 대상으로 하면서 관료를 그 매개체로 한 가부장적 국가시스템을 채용하였다. 외견적 입헌제이기에, 일본에서 관헌(관치)국가적 공법시스템은 피할 수 없는 운명이다.

그런데 임시정부가 1919년 4월11일 제정한, 임시정부 최초의 헌법문서인 '대한민국 임시헌장' 제1조는 '대한민국은 민주공화국으로 함'이라고 규정하고 있으며, '대한민국 임시헌법'(1919년 9월11일) 역시 주권재민을 규정한다(제1조). 한 세기 전에 우리 선조들은 국권이 상실 된 와중에도 국가의 근본이 민주공화제임을 표방하였다. 이는 동시대에 이는 일본뿐 아니라, 중국의 수많은 헌법문서들 가운데서도 유례는 찾아볼 수 없는 독창적인 형식과 내용이라고 한다.[5] 임시정부가 지향한 민주공화제의 참뜻이 제헌 헌법은 물론 현행 헌법에까지 이어진다고 할 때, 공법시스템 전반에 드리운 일본의 관헌국가적 전통을 제거해야 하는 것은 자명한 이치이고, 현 세대의 책무이다.

촛불집회를 계기로 광장의 민주주의가 현실이 되어 과거의 권위주의체제가 급속히 해체되고 있다. 민주주의가 제대로 구현되지 않는 법치주의는 자칫 그릇된 법실증주의나 명목상의 그것으로 전락할 우려가 있고, 아울러 법치주의가 제대로 기능하지 않는 곳에선 자칫 민주주의가 사이비 거품민주주의로 전락할 우려가 있다. 민주주의가 새롭게 다가온 이상, 관헌국가적 전통에서 벗어나 국민을 중심에 그리고 국가보다 앞세우는 것을 바탕으로 공법시스템을 완전히 새로이 정립하는 것이 진정한 극일(克日)이다.

2. 행정작용의 기본매뉴얼의 부재

국가시스템의 기본인 공공(행정)법제의 치명적인 문제점은 행정작용의 기본매뉴얼에 해당하는 행정기본법이 없다는 점이다. 민법이나 형법과 같은 다른 법영역과는 달리 공공법제의 경우 총론에 관한 기본법전이 없어서 체계적, 통일적인 법집행을 처음부터 기대할 수 없다. 가령 허가와 같은 행정행위를 행정청이 취소나 철회할 경우에 그 기

5) 신우철, 비교헌법사, 2008, 300면.

준과 효과가 개별법, 판례와 문헌상의 논의에 의거하며, 또한 어떤 행정행위가 위법하게 발해진 경우 그것이 무효사유에 해당하는지 아니면 단순 위법사유에 해당하는지 역시 전적으로 판례에 의해 좌우되곤 한다. 국민의 법적 지위가 입법상의 구체적 기준보다도 판례와 행정관행에 의해 결정적으로 가늠이 된다는 것은 법치국가원리가 지향하는 예측가능성을 심각하게 훼손한다.[6] 특히 민주화이후 국가에 대한 항변이 폭발적으로 증가하여 다른 국가에 비해 행정사건이 폭증하였다. 그에 비례하여 현행 행정법제에 대한 개선 역시 강하게 강구되었다. 즉, 법제처가 2006년부터 야심차게 진행한 '알기 쉬운 법령 만들기 사업'으로 모든 법률의 한글화와 문장과 용어가 획기적으로 변경되는 성과를 거두었다. 하지만 행정법제는 여전히 갈수록 복잡해지는 행정현상에 대응하지 못하고 있다. 그 결과 행정법은 다른 법보다 심지어 헌법보다 추상적이라 여겨져서 오로지 외워야 하는, 그렇지만 잘 외워지지도 않는 법이 되어버렸다. 법제실무에서도 기본이 되는 행정법일반이론의 내용이 충분히 그리고 제대로 반영되지 않은 채 입법이 강구되어 종종 그 체계성을 기하지 못하거니와 국민불편과 사법비용 역시 막대하다.

3. 산업화시대에 멈춰진 현행 법제

행정법의 역사는 관헌국가시대에 만들어진 행정법의 원형을 민주적 법치국가원리에 맞춰 새롭게 개혁하는 과정이다. 근대국가모델을 기반으로 구축된 행정법은 제4차 산업혁명 시대, global시대, 초연결시대, 분권화시대, 저출산 고령화시대, 반퇴시대, 리스크시대, 자본주의 4.0 시대, 보장국가 또는 공사협력의 시대를 맞이하여 나날이 새로운 모습으로 진화되고 있다. 새로운 길의 모색은 자명한 이치이다. 법학적 언명은 바탕규준의 불변성은 견지하면서도, 미래의 향상된 인식에 개방적이어야 한다.[7] 법의 지속적 갱신은 자명한 요청이다.

'제4차 산업혁명'이 트렌드이지만, 전체 법제도가 여전히 전 시대 수준에 머문 상태에서 그것 역시 규제개혁마냥 슬로건에 그칠 수 있다. 부단히 자신들의 법제를 민주적 법치국가원리와 시대적 요청에 조응시키려 노력하는 독일의 경우 나름의 규제개혁을 성공시켜 변화된 상황에서도 자신들의 선도적 위상을 견지하고 있다. 이미 40년 전인 1976년에 이상의 물음에 대해 입법적으로 정리를 하는 등 행정작용의 전체 메커니즘을 행정절차법에서 구체적으로 체계화하였다. 전체 공공법제가 그것에 맞춰 체계적,

6) 법전이 없다는 점이 순기능으로 작용하여 행정법을 늘 활기차게 만들어 다른 법분야에 비해 역동성과 탄력성을 제고시키지만, 현실적으로 역기능이 순기능을 능가한다.
7) Schmidt-Aßmann, Das allgemeine Verwaltungsrecht als Ordnungsidee, 2.Aufl., 2004, S.1.

통일적으로 형성되어 집행되고 있다. 이런 정연한 기초를 바탕으로 독일은 완전자동화된 행정행위나 허가의제와 같은 새로운 입법수요에 효과적으로 대응하고 있으며, 유럽연합의 법질서를 선도하고 있다.[8)]

독일의 경우 시대에 부응하는 새로운 행정법학이 등장하여 국법시스템 역시 더욱더 현대화되어가는 상황과 비교하면, 우리의 경우 과거 민주적 법치국가원리가 제대로 구현되지 않은 시대에 만들어진 틀이 여전히 강고히 고수되고 있다. 성공적인 규제개혁은 법치국가원리가 효과적으로 지배하는 상황에서만 가능한데, 우리 행정절차법은 단순한 절차규정일 뿐 그 이상의 기능을 발휘하지 못하고 있다. 총칙에 해당하는 일반이론이 성문화되지 않은데, 개별법에서의 체계적 정연성의 요구는 기대가능성의 원칙에 반한다. 이런 난맥의 법제상황으로 인해, 규제개혁이 부단히 강구되지만 항상 실패로 귀결된 것은 당연하다. 대표적으로 신고제를 둘러싼 극심한 난맥상은 법제도의 존재이유 자체를 의문스럽게 한다. 학문적 최소한의 합의마저 성문화된 틀로 전환되지 않은 지금의 상황에서, 행정법의 현대화를 강구하는 것은 비현실적이다. 최근에 이런 정체상황을 효과적으로 극복하기 위해 이른바 '규제 샌드박스'와 같은 일회적 수단의 도입이 강구되는데, 그것만으로 현재의 문제상황을 불식시킬 수 있는지 사실 의문스럽다.

Ⅲ. 맺으면서 – 행정법의 현대화와 개혁을 위한 출발점으로서의 행정기본법제정

촛불집회를 계기로 광장의 민주주의가 현실이 되어 과거의 권위주의체제가 급속히 해체되고 있다. 민주주의가 제대로 구현되지 않는 법치주의는 자칫 그릇된 법실증주의나 명목상의 그것으로 전락할 우려가 있고, 아울러 법치주의가 제대로 기능하지 않는 곳에선 자칫 민주주의가 사이비 거품민주주의로 전락할 우려가 있다. 민주주의가 새롭게 다가온 이상, 관헌국가적 전통에서 벗어나 국민을 중심에 그리고 국가보다 앞세우는 것을 바탕으로 공법시스템을 완전히 새로이 정립하여야 한다.

행정법제가 현대화되어야 비로소 행정법학은 종래의 관헌국가적 행정법 즉, 官房法學으로서의 부정적 측면을 떨치고, 법치국가원리의 구체화로서의 본연의 기능을 수행할 수 있다. 기존의 기본틀은 물론, 시대경향에 대한 비판적 성찰과 새로운 자리매김의 요구는 行政法의 拔本的 改革 및 變革에 다름 아니다. 그 출발점이 기왕의 행정법 일반이론을 중심으로 행정기본법을 제정하는 것이다. 우리 행정법 및 행정법학의 역사

8) 2017년에 발간된, 독일 연방정부의 2016년 규제개혁 보고서(Better Regulation 2016) 서문에서 메르켈 수상은 독일의 안정과 경제적 힘은 훌륭한 법적 틀과 신뢰할 수 있고 효율적인 행정이 그 바탕이라고 지적하였다.

가 70년이 되었다. 그동안의 학문적, 판례의 축척된 업적에 비추어, 행정작용, 특히 행정행위의 작동메커니즘에 해당하는 행정행위의 하자, 행정행위의 취소·철회, 부관 등과 관련해서 행정법총칙과 같은 법규정을 마련하는 것이 그다지 어렵지 않다.[9] 어려움은 새로운 생각이 아니라, 오래된 생각으로부터 벗어나는 데 있다(케인즈, 고용·이자 및 화폐에 관한 일반이론 서문). 행정법 및 행정법학의 역사가 70여년이 지났음도 여전히 일반이론을 집약한 총칙의 토대 없이 행정법을 말하고 행정법제를 운용하는 것의 문제인식이 절실하다.

* 법연 2019년 여름호(통권 제63호), 2019.6.1., 所收.

* **추론**: 여러 가지 어려움에도 불구하고, 2년의 노력으로 행정기본법이 전문 40개 조항으로 제정되어(2021.3.23.) 앞으로 새로운 국면이 전개될 것이다. 행정기본법 시즌2에 시급히 나서야 한다.

9) 행정기본법의 구체적 내용에 관한 참고 문헌으로, 21세기 국가모델을 위한 가칭 행정기본법의 제정을 위한 연구(법제처), 2016.11.

제 2 편 행정작용법의 차원에서의 행정법의 현대화와 개혁

제 1 장 공법의 탈속지주의화에 따른 국제적 행정법에 관한 연구

제 2 장 행정의 국제화에 따른 범국가적 행정작용

제 3 장 인공지능시대 알고크라시(Algocracy)에서의 민주적 정당화의 문제

제 4 장 행정에 인공지능시스템 도입의 공법적 문제점

제 5 장 인공지능시대에 알고리즘에 의한 행위조종과 가상적 행정행위에 관한 소고

제 6 장 인공지능시대에 완전자동적 행정행위에 관한 소고

제 7 장 인공지능(지능형) 시스템의 도입을 위한 법적 규율의 문제

제 8 장 이른바 처분적 행정입법의 문제점에 관한 소고

제 9 장 신고제의 발본적 개혁에 관한 소고

제 1 장

공법의 탈속지주의화에 따른 국제적 행정법에 관한 연구

– 개념형성을 중심으로 –

Ⅰ. 처음에 – 국가중심적인 전통적인 토대에서 벗어난 행정법의 환경변화

환경변화와 세계무역의 자유화, 인터넷과 같은 전 세계적인 커뮤니케이션방식, –고도의 리스크를 초래하는– 원전과 화학공장의 가동, 이민정책의 문제와 같은 것은 더 이상 개별 국가의 단위에 머물지 않는다. 고전적 영토국가의 모습은 오늘날 강하게 약해지고 있으며, 범국가적(월경적) 효과는 세계화시대에 일상적인 현상이다. 당연히 새로운 사고의 착안점이 요구된다. 하지만 행정법을 시종 국내공법만으로 설정하는 데 사로잡히면 이런 문제인식 조차 기대하기 어렵다. 국가임무가 날로 증대하지만, 법의 조종능력[1] 역시 그에 미치지 못한다. 이런 초국가적, 범국가적(월경적) 상황에 대처하기 위해 정책적으로 선도되어 지금까지 걸어온 길과 제시된 해결책은 다양하다. 즉, 이들은 WTO와 같은 초국가적, 국제적 기관의 형성에서, 하나의 법질서를 추구하는 하나의 세계국가(Eine–Welt–Staat)에까지 이른다. 하지만 이런 시도와 강구에도 불구하고, 모든 문제가 초국가적, 국제적인 고차원적으로만 해결될 순 없다.

국제적 행정활동은 결코 새로운 것이 아니다. 행정적 교환관계는 특히 19세기에서

1) 독일어 'Steuerung'의 번역과 관련하여 '제어'와 '조종'이 사용되고 있는데, 여기선 후자로 옮기고자 한다. 조종학(제어학)으로서의 행정법학의 좌표에 관해서는 김남진, 경제에 대한 국가의 역할과 관련하여, 공법연구 제42집 제1집, 2013, 118면 이하.

20세기로의 전환시대에 산업화와 기계화에 맞춰서 고도로 심화되었다.[2] 대표적인 예가 교통법과 보건법이고, 최근에는 환경법, 경제감독법, 규제법, 사회법 및 WTO법과 같은 영역이 이에 해당한다. 그리하여 국제법과 행정법은 급속히 서로 근접하고 있다. 행정관계의 증대된 국제화가 행정법을 국제적 차원에서 새롭게 구상할 계기를 제공하는데, 여기에 국제적 행정법(Internationales Verwaltungsrecht)이 등장하였다.[3] 이미 독일에서는 20세기 초에 국제사법에 빗대 공적 저촉(충돌)법으로서 국제적 행정법에 관해 심도 있는 논의가 있었고,[4] 최근에는 EU법의 융성과 글로벌 행정법의 부상에 따라 넓은 의미의 국제적 행정법의 문제는 최고도로 관심이 고조되고 있으며,[5] 미국에서도 후술하는 글로벌 행정법에 관한 지속적인 관심이 확인되고 있다. 그러나 우리의 경우 행정법을 바라보는데 시종 국내공법으로서의 그것에서 벗어나지 못하고 있다. EU행정법이 극히 낮은 관심에서 여전히 주변부적 테제로 여겨지듯이,[6] 범국가적 행정작용에 관한 논의 역시 매우 드물다.[7] 사정이 이렇기에 우리의 경우 일본과도[8] 대비되게 국제적 행정법의 존재는 아직 활발한 학문적 조명을 받지 못하고 있는 것은 당연하다.[9] 독일의 경우 조종학적으로 유발된 행정법학의 변혁(신행정법학(Neue Verwaltungsrechtswissenschaft))이[10] 국제적 행정법의 수준에 도달하였다.[11]

---

2) Tietje 는 19세기 후반부에 이미 유럽 전역에서 혹은 유럽을 넘어서 경제적, 재정적 관계에서의 중요한 성장이 생겼다고 지적하였다(ders., Internationalisiertes Verwaltungshandeln, 2001. S,29ff.

3) 'Internationales Verwaltungsrecht'의 번역의 문제가 제기되는데, 여기서는 '국제적 행정법'으로 옮긴다. '국제행정법'이란 용어 역시 무방하다 여겨지나 자칫 그것을 국제법의 일부로 이해할 우려가 있어서 일단 전자로 사용하기로 한다.

4) Neumeyer, Internationales Verwaltungsrecht, Bd. Ⅰ, 1910; Bd.Ⅱ, 1922; Bd.Ⅲ, 1930; Bd.Ⅳ, 1936.

5) 그리하여 2007년의 그들 국법학자 대회에서 'Die Entwicklung eines internationalen Verwaltungsrecht als Aufgabe der Rechtswissenschaft'을 주제로서 Classen 교수와 Biaggini 교수가 발제를 하였다(VVDStRL 67, 2008, 365ff.; 413ff.).

6) EU행정법에 관한 문헌으로 김중권, EU행정법, 2018.

7) 상론 김중권, 행정의 국제화에 따른 범국가적 행정작용, 법조 제722호, 2017.4.28., 193－224.

8) 그들의 경우 2차 세계대전 이전에도 横田喜三郎, 田中二郎 교수의 연구가 있었고, 전후에는 국제법전공의 山本草二 교수의 단행본(国際行政法の存立基盤)이 출간되었다. 행정법학자의 관심 역시 지대하다. 참고문헌: 大橋洋一,『行政法Ⅰ 現代行政過程論〔第 2 版〕』, 有斐閣, 2013, 104－112頁; 原田大樹, 「グローバル化時代の公法・私法関係論——ドイツ 「国際的行政法」 論を手がかりとして」, 社会科学研究(東京大学)65巻2号(2014年)9－33頁; 「國際的行政法の發展可能性—グローバル化の中の行政法 (1)」, 自治研究 88巻 12号(2012年), 80－100頁; 興津征雄, 「グローバル化社会と行政法——グローバル・ガバナンスへの日本の学説の対応」, 法律時報 88巻 2号(2016年 2月), 79－85頁; 興津征雄, 行政法から見た国際行政法: 山本草二の論文を読む, 社會科學研究 69巻 1号(2018年 3月), 5－28頁.

9) 이런 빈약한 상황에서 귀한 선행연구로 김성원, WTO 체제의 유효성에 관한 세계행정법 시각에서의 검토, 동아법학 제64호, 2014.8., 205면 이하; 김재선, 국제개발협력법제 체계화를 위한 행정법적 쟁점 검토－영국과 캐나다 비교법적 검토를 중심으로－, 공법학연구 제21권 제2호, 2020.5., 329면 이하; 이창위, 국제행정법의 구조, 국제법학회논총 제39권 제1호(1995.6.), 235면 이하; 국제행정법의 개념 및 기능에 대한 일 고찰, 공법연구 제31집 제2호(2002), 401면 이하; 류병운, 세계행정법(Global Administrative Law), 행정법연구 제16호(2006.10) 231면 이하; 김대인, 세계행정법과 국제기구, 행정법연구 제45호(2016), 1면 이하.

10) 여기서 "신"(Neue)의 의미는 전통적인 행정법도그마틱의 핵심내용(법원론, 작용형식론, 행정의 규준, 하자론 등)에 대한 혁신성 요청을 강조하기 위함이다. 따라서 신행정법학이란 행정법을 위한 개혁적 물음과 법학개혁을 위한 제 이념이 다루어지고 교호적으로 맥락화된 토론형식(Diskussionsformat)을 의미하고. 아카데믹한 학

지금 행정법은 그것의 토대는 물론 계질서가 국가 및 사회조직 전반이 참여하는 거버넌스 체제로 바뀌었다. 그럼에도 불구하고 전통적인 틀에 기반을 둔 현행 행정법은 여전히 고수되고 있다. 당연히 체제변화와의 간극이 심각하고, 행정법의 기능부전이 도처에서 중대하게 드러나고 있다. 국제적 행정법에 관한 연구를 진행함으로써 행정법의 개혁을 견인하고자 한다. 법학연구에서 처음의 이론적인, 도그마틱적 전개의 국면에서는, 바른 물음을 제기하는 것이 중요하다. 국제적 행정법에 관한 논의가[12] 전무한 현재의 상황에서 시급한 것은 그것에 관한 기본이해의 정립이다. 여기서는 향후 심층적인 연구의 첫걸음의 차원에서 국제적 행정법의 개념형성에 초점을 맞추어 논의를 전개한다.[13]

Ⅱ. 공법에서의 탈영토화(탈속지주의화)에 따른 메커니즘[14]

공법의 탈영토화(Entterritorialisierung des Öffentlichen Rechts)는 공법이 자신의 국내의 영토적 한계를 넘어섰다는 것을 나타낸다. 오늘날 고전적 영토국가의 모습은 강하게 씻겨 지고 있다. 법은 자신의 조종능력을 유지하기 위해 경우에 따라서는 경계(국경)를 넘어야 한다.[15] 국가법은 이런 요구에 대해 항상 비판적으로 대하였다.[16]

1. 글로벌 거버넌스 메커니즘의 등장

'거버넌스'란 「모든 영역에 있어서의 국가문제를 관리하기 위한 경제적, 정치적, 행정적 기관의 권한행사로서 볼 수 있다. 거버넌스는 시민과 집단이 그들의 이익을 표현

파에 해당하지 않는다. '새로움'의 다양한 의미의 정의는 당연히 개혁적 관심사에 일치하고, 또한 행정실무에 대한 행정법의 개방에서 성립한다. 참조: J. Schaffer, Die Umgestaltung des Verwaltungsrechts, 2016, S.12f. '신행정법학'이란 표현은 Hoffmann－Riem과 Bumke의 글에서 처음 사용되었다: E. Schmidt－Aßmann/W. Hoffmann－Riem(Hrsg.), Methoden der Verwaltungsrechtswissenschaft, 2004. S.13. 103.

11) Ruffert, Perspektiven des Internationalen Verwaltungsrecht, in: Möllers/Vosskuhle/Walter(Hrsg.), Intrenationales Verwaltungsrecht, 2007, 395ff.

12) 대표문헌으로 Möllers/Vosskuhle/Walter(Hrsg.), Intrenationales Verwaltungsrecht, 2007.

13) 대표적으로 vgl. Schmidt－Aßmann, Internationales Verwaltungsrecht: Begriffsbildung im Spiegel veränderter Staatlichkeit, REVISTA DIGITAL DE DIREITO ADMINISTRATIVO, vol.4, n1, p.15－31, 2017. 이 글은 원래 Voßkuhle/Bumke/Meinel(Hrsg.), Verabschiedung und Wiederentdeckung des Staates im Spanungsfeld der Disziplinen, Beiheft 21 zur Zeitschrift "Der Staat", 2013, S.267－283에 게재되었다.

14) 이하는 김중권, EU행정법, 13면 이하를 요약한 것인데, 이는 Buchholtz의 글(Entterritorialisierung des Öffentlichen Rechts Legitimation "anerkennungsbasierter" Transnationalität in der EU, NVwZ 2016, 1353ff.)을 바탕으로 한 것이다.

15) 법의 글로벌화와 탈국가화에 관한 상론은 Schwarze(Hrsg.), Globalisierung und Entstaatlichung des Rechts, Teilband Ⅰ, 2008.

16) 가령 2016년 독일 국가법학자대회는 국내법을 외부로부터 그리고 위로부터 재형성하는 것이 주제였다. Mayer/Heinig/Lothar(Hrsg.), Verfassung als Ordnungskonzept, VVDStRL 75, 2016.

하고, 그들의 권리를 행사하며, 그들의 의무를 이행하고, 그들의 분쟁을 조정하는 기구와 과정 및 제도를 포함한다(UNDP, 1997).[17] '글로벌 거버넌스'(Global Governance) 개념은 점증하는 탈경계적 세계에서 '더 좋은 지배'(besseres Regieren)를 위한 모호한 개념이다. '글로벌 거버넌스'란 사회적 이슈에 관해 정치질서와 더불어 집합적으로 규율하는 형식의 총합체로 정의된다.[18] 그것의 목표상은 '세계사회'(Weltgesellschaft)이다.[19] 여기서 민주적 결정은 범국가적, 사회적 다수의 하부시스템에 의해 발해진다. 그것의 메커니즘은 '참여', '협상', 그리고 '정렬'이라는 '세 축'을 토대로 작동된다.[20] 그리고 규율은 "수평적인 네트워크"에서 행해지며, 규율이 행해지는 네트워크는 사회의 자기규율(자율), 협력적 규율, 그리고 국가적 규율을 요소로 한다.[21] 그렇지만 이런 종류의 '지배(REGIEREN)'란 결코 국가를 배제하고 절대적으로 민간만의 순수한 형식으로 행해지지는 않는다. 실제로 '정부가 없는 거버넌스'(Governance without government)는 강구할 가치가 없다.

'글로벌 거버넌스'를 다루는 것이 불필요하다거나 학문적으로 그다지 흥미롭지 않은 것은 아니다. '거버넌스'적 요소는 많은 곳에서 규율수단으로 판명되었다. 국가, 기업, NGO, 로비단체, 개개인은 범국가적 요청을 집단적으로 처리하기 위해서 네트워크에 더욱더 빈번하게 집결한다. 특히 그런 네트워크의 예를 금융분야에서 발견할 수 있다. 가령 바젤 은행감독위원회(BCBS)와 국제증권관리위원회기구(IOSCO)처럼,[22] 국제적 위상을 지닌 규율기구가 국내 감독기관과 무관하게 널리 활동하고 있다. 글로벌 규율네트워크의 다른 예로 -공정거래위원회와 같은 경쟁행정청의 비공식적인 협력체인- 국제적 경쟁네트워크(ICN), 세계은행이 주관하는 '거버넌스 프로그램'을 들 수 있다. 나아가 EU 역시 '좋은 거버넌스'(Good Governance)를 천명하고 있다. 이런 맥락에서 EU집행이사회(Kommission; European Commission)는 역량을 증대시키고, 민주적 정당성을 견지하기 위해 '유럽의 지배구조'에 관한 백서를 발간하였는데(2001.7.25.),[23] '더 좋은 지배구조'를 위한 원칙으로, 개방성, 참여, 책임성, 효과성, 그리고 친밀성이 제시되었다.

---

17) 전체 국가시스템이 '거버넌스'의 원칙에 분명히 근접하고 있음은, 국내 의회, 지방자치단체, 사회분야의 대표자간에 상호 자문적, 대화적 문화가 확대되고 있는 사실에서 잘 드러낸다. 'Good Governance'에 관한 상론은 김남진, Good Governance: 관념과 상황, 학술원통신 제294호(2018.1.1.), 4면 이하.

18) Mayntz, in: Benz/Dose(Hrsg.), Governance-Regieren in komplexen Regelsystemen, 2.Aufl. 2004, 37.

19) Luhmann, Die Weltgesellschaft, Archiv für Rechts-und Sozialphilosophie, 1971, 27ff.

20) Ruffert, Die Globalisierung als Herausforderung an das Öffentliche Recht, 2004, S.30.

21) Boehme-Neßler, Von der Euro-Krise zur globalen Demokratie, ZRP 2012, S.237(238f.).

22) 이 기구는 캐나다에서 비공식적으로 성립된 조직이었는데, 그 사이 105개국의 증권감독청이 가입하였다.

23) Weißbuch der Kommission "Europäisches Regieren", KOM(2001) 428 endg.

2. 수직적 · 유월적 메커니즘

탈영토화의 또 다른 메커니즘이 헌법화(입헌주의화, Konstitutionalisierung)와 초국가주의화(Supranationalisierung)인데, 이는 수직적 · 유월적 효력(vertikale Überwirkungen)을 나타낸다. 국제법적 맥락에서 입헌주의화란, 기본적 가치에서의 합의에 근거하여 국제적 공동체를 통해 국제적 질서를 법률(규범)화하는 것을 말한다.[24] 다시 말해, 입헌주의화는 초국가적 차원에서 '공동체이익을 법적으로 응축(凝縮)시키는 것'을 야기한다.[25] 그렇지만 국내법에 대한 방사는 제한적이다. 왜냐하면 헌법질서(가령 독일 기본법 제59조 제2항 제1문)[26]에 의해 국제법의 통용은 가령 의회의 동의(독일은 법률형식의 동의)를 요건으로 하기 때문이다. 국제법이라 하여 국내법에 대해 우위를 요구할 수 없다.[27] 그렇지만 헌법질서(우리 헌법 제6조, 독일 기본법 제59조 제2항)는 (헌법을 포함한) 국내법을 국제법친화적으로 해석할 것을 의무지운다고 할 수 있다.[28]

초국가적 모델이 국가 법질서에 대해 영향을 미치는 메커니즘은 더 강력하다. 그 전형이 유럽통합과정이다. 비록 유럽연합이 주지하듯이 고전적 의미의 국가가 아님에도 불구하고, 그것은 확고한 제도적 구조를 지니고 있으며, -비록 한정적이지만- 회원국과 연합시민에 대해 일종의 자국국가마냥 지배권을 행사하고 있다. 개별 회원국은 자신의 권한을 초국가적 차원으로 이양시킨 것인데, 그것은 전통적인 이해에 의하면 자신의 주권을 버린 것이다. 국가의 쪽에서 보면 법질서의 개방이 행해진 셈이다. 최근에는 초국가화의 '흡입'에서 소위 '일출효과'(spillover effect)가[29] 발생한다. 그러나 이것은 특히 정당성의 차원에서 문제가 되지 않으면, 유럽법적 강행규준을 넘어서 국내법질서의 '임의적' 적응에 해당한다. 그리하여 때때로 전통적인 국내법의 법제도가 수정되면서 제공되고 있다는 점이 만족스러운 효과이다.[30] 서비스경제에서 광범한 법

24) Knauff, Konstitutionalisierung im inner- und überstaatlichen Recht－Konvergenz oder Divergenz?, ZaöRV 2008, S.453(454).

25) Ruffert, Die Globalisierung als Herausforderung an das Öffentliche Recht, 2004, S.39.

26) 독일 기본법 제59조 ② 연방의 정치적 관계를 규율하거나 연방의 입법사항과 관련이 있는 조약은 연방입법을 관할하는 단체가 연방법률의 형식으로 하는 동의나 협력을 필요로 한다. 행정협정에 대해서는 연방행정의 규정이 준용된다.

27) Dederer, Die Architektonik des europäischen Grundrechtsraums, ZaöRV 2006, S.575(616f.); Schilling, Deutscher Grundrechtsschutz, 2010, 210f.

28) Vgl. BVerfGE 111, 307-NJW 2004, 3407. 국경이 없어지는 상황에서 이처럼 국내법이 친국제법적 성격을 가지는 것은 자연스럽다.

29) 일출(溢出)효과(spillover effect)는 가령 어떤 논에서 용출된 물이 넘쳐서 인근의 메마른 다른 논에까지 혜택이 전해지듯이, 특정 지역에 나타나는 현상이나 혜택이 흘러넘쳐 다른 지역에까지 퍼지거나 영향을 미치는 것을 나타낸다(네이버 지식백과 사전).

30) Kahl, 35 Jahre Verwaltungsverfahrensgesetz－35 Jahre Europäisierung des Verwaltungsverfahrensrechts, NVwZ 2011, S.449(454).

개정을 위한 동인(動因)으로 역할을 하는 유럽연합 서비스지침(DRL 2006/123/EG)에서 그렇게 관찰된다.[31)]

그런데 헌법화(입헌주의화)와 관련해서 '세계국가'(Weltstaat)의 사고는 현실적이지도 않을뿐더러, 바람직하지도 않다.[32)] 근대국가가 성립하여 1세기 넘어 견지되어 온 '국가 구상'(Staatskonzept)이 곧바로 초국가적 차원으로 이행될 수는 없다.[33)] EU의 예처럼 초국가적 차원에서의 입헌주의화는 어느 정도로 달성되었다.[34)] 그렇지만 초국가성의 모델은 항상 현실적이지는 않다는 것이 판명된다. 결정의 차원간의 다수의 교착으로 인해 그것의 분명한 위계화가 적어도 더 이상 일관적으로 견지될 수 없기 때문이다.[35)] 그 대신 다양한 차원에서 협력적 연결망이 필요하다.

3. 수평적 · 유월적 메커니즘

추가적으로 ―수평적 · 유월적 효력(horizontale Überwirkungen)이라 간단히 표현할 수 있는― 탈영토화의 메커니즘이 관찰된다. 여기서는 범국가적 법효력(transnationale Rechtswirkungen)이 관건인데, 그것은 위로부터가 아니라, 측면에서 일어난다. 그런 유월적 효력은 국제적으로는 새삼스러운 것은 아니다. 가령 국적법, 성명법의 분야에서. 초국가적 연합법질서가 유월적 결정권한을 성립시키는 EU에서 그런 식으로 영토주의의 원칙을 붕괴시키는 현상은 매우 자주 일어난다. 여기서는 수직적 재형성과 수평적 연결망구축간의 밀접한 접합이 분명해진다.[36)] 그 중심에 법질서외의 결정의 '인정'(Anerkennung)이라는 EU법적 원칙이 있으며, 더불어 최소한의 조화에 의해 보완된다.

EU는 '다양성 속에서의 통합'(Einheit in der Vielfalt)이라는[37)] 야심적인 모토를 표방한다. 그리하여 초국가적 조화(일치화)에 비하면, 인정방식의 접근은 '점잖고 부드러운' 통합방법에 해당한다. 왜냐하면 인정을 통해 '규율융합'을 완전한 일치화 없이 그리고 '회원국의 법적 다양성'은 유지하면서 달성하고자 하기 때문이다.[38)] 인정원칙(Anerkennungsprinzip)은 이미 원래의 역내시장의 기능을 넘어서 자유의, 안전의, 그리고 법의 영역에 들어간다. 여기서 인정원칙은 상품과 서비스와 같은 기본적 자유의 생

---

31) Sauer, Der Einzelne im europäischen Verwaltungsrecht, 2014, 317. 그렇지만 그런 구상은 주권개념이 유지되는 한, 조건부로만 '탈영토화의 메커니즘'으로 유용하다.

32) Knauff, a.a.O., S.453(458f.).

33) Ruffert, Die Globalisierung als Herausforderung an das Öffentliche Recht, S.40.

34) Knauff, a.a.O., S.453(472f.).

35) Di Fabio, Nationales Arbeitsrecht im Spannungsfeld von Grundgesetz und Grundrechtecharta, RdA 2012, S.262(264).

36) Calliess, Europäischer Binnenmarkt und europäische Demokratie, DVBl 2007, S.336(337).

37) Europamotto: https://europa.eu/european－union/about－eu/symbols/motto_en－2020.10.9. 마지막 방문.

38) Schwarz, Grundlinien der Anerkennung im Raum der Freiheit, der Sicherheit und des Rechts, 2016, S.3.

산요소에 더 이상 국한하지 않고, 다양한 규율대상을 지닌 전체 영역을 포착한다.[39] 그리하여 인정은 시민에 대해 (잠재적인) 자유를 제한하는 차원을 지닌다.[40] 잠재적으로 자유를 제한할 수 있다는 점을 논외로 하면, 인정원칙은 '자유로운 시장개방원칙'(liberales Marktöffnungsprinzip)에 해당할 것이다. 이 밖에 －인정원칙을 성립시키듯이－ 분산적인 결정권한은 고전적으로 위계를 특징으로 하는 정당화사고와는 명백히 거리가 있다. '수평적인 차원에서 민주주의적, 법치국가원리적 책임을 확고히 하기 위한 새로운 메커니즘이 필요하다.

Ⅲ. 국제적 행정법의 개념에 관한 논의

1. 논의상황

국제적 행정법 개념은 매우 다양하게 사용되고 있다.[41] 국제적인 활동상황의 다양한 형식을 감안하여 무엇이 국제적 행정법을 의미하는지는 사실상으로 결코 명료하지 않다. 오늘날 국제적 행정법의 개념하에 국내 행정법질서에 대한 국제법의 영향의 문제, 국내행정활동의 국제법적 한계의 문제, 저촉(충돌)법(협의의 국제적 행정법)의 문제, 월경적인 행정협력의 문제, 국제기구의 행정활동의 문제가 논의된다. 그리하여 일부는 국제사법에 대응한 개념으로 공법영역에서의 국내 抵觸法(衝突法, das nationale Kollisionsrecht)으로[42] 일부는 국제법적으로 근거지워진 행정법(das im Völkerrecht begründete Verwaltungsrecht), 즉, 국제법에 근거를 둔 행정법으로,[43] 일부는 행정의 국경을 넘은 임무이행의 법, 즉, 범국가적 행정법(das transnatione Verwaltungsrecht)으로 이해한다.[44] 먼저 국제적 행정법과 국제법의 관계설정이 필요하다. 형용사 '국제적'에도 불구하고 국제적 행정법의 규정은 국내법이고, 결코 국제법의 구성요소가 아

39) Vgl. EU운영조약 제67조(구 공동체조약 제61조, 구 EU조약 제29조)

40) 가령 구류명령의 수범자는 －인정원칙을 매개로 하여－ 유럽차원에서 다른 회원국 국가의 형벌권에 복종하게 될 위험에 놓인다.

41) 독일에서 국제적 행정법 개념은 19세기의 Lorenz von Stein에 거슬러 올라간다. Vgl. Lorenz von Stein, Einige Bemerkungen über das internationale Verwaltungsrecht, Jahrbuch für Gesetzgebung, Verwaltung und Volkswirtschaft im Deutschen Reich 6(1882), S.395ff.

42) 대표적으로 Neumeye 교수이다.

43) 대표적으로 Schmidt－Aßmann 교수이다: Schmidt－Aßmann, Die Herausforderung der Verwaltungsrechtswissen durch Internationalisierung der Verwaltungsbeziehungen, Der Staat 45(2006), 315ff.

44) 대표적으로 Ruffert 교수이다. Ruffert, Der transnationale Verwaltungsakt, DV. 2001, 453ff. 다만 국제법에 근거를 둔 행정법에는 범국가적 행정법이 포함된다고 할 수 있다. Ruffert 교수 역시 넓은 국제적 행정법 개념을 찬동한다. 그는 국제적 행정법은 국제화의 후과(결과)법(Folgerecht)으로 개념을 지울 수 있으며, 그 자체로서 넓은 연구에서 확장되고 차별적으로 전개되어야 한다고 지적하면서. 전체적으로 전개될 수 있는 양상을 Schmidt－Aßmann 교수의 입장에서 기술한다. Ders., Perspektiven des internationales verwaltungsrechts, in: Möllers/Vosskuhle/Walter(Hrsg.), Intrenationales Verwaltungsrecht, 2007, 395(405).

니다.[45)]

2. 전통적인 입장: 저촉법으로서의 국제적 행정법

전통적으로 국제적 행정법을, 외국과 관련한 사안에서 자국 행정청이 －국내법이든 외국법이든－ 어떤 법을 적용하여야 하는지에 관한 규정과 관련이 있는 국가법규범의 총체로 이해한다. 즉, 국제적 행정법을 국내 저촉법(das nationale Kollisionsrecht)이자 '경계법'(Grenzrecht)으로 접근한다. 이런 접근은 Karl Neumeyer 교수의 접근에서 비롯되었는데, 그는 국제적 행정법을 국제사법에 유사하게 전개하고자 노력하였다. 그가 자신의 1909년 제1권 서문에서 기술한 것처럼, 국제사법의 성과(업적)를 자신의 저작에서 주시하였다. 그는 국제적 행정법의 개념을 그때그때의 국내 행정법의 규정의 효력범위를 위한 저촉규칙의 총체(Summe der Kollisionsregeln)로 설정하였다. 그에게 국제적 행정법의 임무가 무엇이어야 하는지, 즉, 행정사건에서 공권력의 한계를 다른 공동체의 공권력에 대해서 설정하는 것은 더 이상 의문스럽지 않다. 한편 당시에 H. Triepel의 이원론(Dualismuslehre)에 따라서[46)] 내부(국내 관할의 공간)와 외부(국제법의 지배를 받는 외부관계)를 구분하는 한, 국제화의 실제 진행된 과정에 대한 이해가 행정법의 차원에서는 성립하지 않는다. 왜냐하면 행정법은 그 원형에서 －국가와 국민간의 관계를 규율하는 데 한정되는－ 전형적인 내부법(Binnenrecht)이기 때문이다.[47)]

한편 Neumeyer 교수 이전에 이미 Otto Mayer 교수가 국제적 행정법을 국제사법과 같은 경계법의 차원에서 접근하였다. 즉, 1886년에 출간된 Otto Mayer 교수의 행정법 초판의 부록인 제62절('국제적 행정법과 연방국가행정법')에서 국제적 행정법을 다루었다.[48)] 여기서 Otto Mayer는 국가권력은 전세계를 위한 국가권력일 것을 요구하지는 않는다고 하면서, 영토내에서 국가권력이 지배자(Herr)이고, 민사법의 분야에서는 국토의 자연적인 폐쇄성이 광범위한 방법으로 붕괴되는데, 이런 붕괴가 행해지게 하는

45) 유엔헌장 제2조 제1항에 근거를 둔, 국가의 주권적 동등성의 원칙은 모든 국가는 제 국가에 주어진 지배영역의 규율화에 국한될 것을 요구하지만, 그 원칙에는 구분이 명확한 윤곽이 없다; 국제법적 조약이나 일반적으로 합의된 원칙선언에 의한 구체화에 여태 도달하지 않았다.

46) H. Triepel의 이원론은 그의 다음의 기술에 집약된다: 국제법과 국내법은 다른 법적 스타일 일뿐만 아니라 다른 법질서이다. 그것들은 기껏해야 접촉하고 절대 교차하지 않는 두 개의 원이다. Triepel Heinrich, Völkerrecht und Landesrecht, 1899(unveränderter Nachdruck Aalen 1958), S.111. H. Triepel의 이원론에 관한 상론은 Bardo Fassbender: Heinrich Triepel und die Anfänge der dualistischen Sicht von "Völkerrecht und Landesrecht" im späten 19. Jahrhundert. In: Lukas Gschwendu.a.(Hrsg.): Recht im digitalen Zeitalter－Festgabe Schweizerischer Juristentag 2015 in St. Gallen. 2015, S.449－469.

47) Tomuschat 교수는 그 당시에 현실은 H. Triepel이 제시한 양상에 부합하였기 때문에 지금의 관점에서 K. Neumeyer의 접근이 잘못이라고 비난할 수는 없다고 지적한다. Tomuschat, Internationalisierung des Verwaltungsrechts, in: FS Battis, 2014, S.63(64).

48) O. Mayer, DeutschesVerwaltungsrecht, Bd.Ⅱ, Berlin, 1.Aufl., 1896, S.453ff

원칙에 관한 학설이 '국제사법'의 이름으로 표현된다고 기술하였다. 그리고 그는 행정법에서의 국제사법에 상응한 현상을 국제적 행정법이라 표현하면서도, 국제적 행정법이 (국제사법에서의) 동일한 규칙을 따르지 않고 국제사법에 대해 짝이 되지 않음을 강조하며, 국제사법이 고유한 학문분야인 데 대해 국제적 행정법의 경우에는 본질적인 소재가 없다고 지적하였다.[49] Otto Mayer 교수는 속지주의로부터의 벗어남, 국적의 고려와 같은 극히 몇 가지 물음만을 다루었고, 전체적으로 민족국가에서의 행정에 초점을 맞추었는데 가령 민사판결은 문화국가의 공통사무를 처리하는 것이어서 그것의 집행가능성이 어느 곳에서나 통용되지만 행정에서는 그런 식의 협력이란 처음부터 존재하지 않는다고 지적하였다. 그러나 Otto Mayer 교수는 Karl Neumeyer 교수가 '외국에의 적용준용지시', '인정' '외국의 작무행위'와 같은 주제로서 다룬 저촉법적 물음에[50] 대해 아무런 언급을 하지 않았다. 그 이후의 판에서 국제적 행정법에 관한 절은 완전히 삭제되었다.

3. 전통적 입장에 대한 비판

대표적으로 Schmidt-Aßmann 교수가 저촉법으로서의 국제적 행정법 개념이 언어적으로도 실체적으로도 합당하지 않다고 다음과 같이 강하게 비판을 하였다.[51] Otto Mayer, Karl Neumeyer 양 교수에게 공통된 것은 국제적 행정법을 오로지 민족국가적 행정(nationalstaatliche Verwaltung)의 관점에서 정하였으며, 국제법과 국법을 엄격히 분리하고 후자에 대해 우위를 부여하는 이원적 구상을 취하였는데, 이런 개념은 심하게 축소적인 언어사용이어서 국제적인 행정관계의 다양성을 감안하면 다음의 세 가지의 이유에서 설득력이 없다고 한다: i) 그 개념은 -국제적 행정적 내왕(verwaltungsverkehr)의 다른 당사자를 고려에 넣지 않고서- 유일한 수범자로서의 국내 행정에 국한한다는 점. ii) 협력관계를 포착하지 않고서 국내 행정을 상호 독립적으로 다룬다는 점. iii) 국제적인 법의 개념이 국내법을 절단하기 위하여 대비하여 들어 왔는데, 편견 없는 언어용례에 의하면 국제적인 법과 국제법(Völkerrecht)은 매우 근사하게, 심지어 동의어로 사용된다는 점.

결론적으로 저촉법으로서의 국제적 행정법 개념은 행정법의 국제화적 영향을 실체

---

49) 특기할 점은 O. Mayer가 국제형법(das Internationalen Strafrecht)에서의 상황이 비슷하다고 하면서 Binding이 그 용어를 정당하게 부인하였다고 지적하였다. Ders., a.a.O., S.454 Fn.1.

50) Neumeyer, Internationales Verwaltungsrecht, Bd.Ⅳ, S.473ff.

51) 이하에서는 Schmidt-Aßmann 교수의 주장을 바탕으로 기술한다(ders., Internationales Verwaltungsrech,: Begriffsbildung im Spiegel veränderter Staatlichkeit, REVISTA DIGITAL DE DIREITO ADMINISTRATIVO, S.15(18ff.).

적으로 포착하지 못하고, 국제사법과의 유사성을 전제로 대증적으로 형성된 개념이다. 주권적인 민족국가와 그 행정의 시각에서 고찰하면 국제적 행정법의 중요한 의의가 완전히 소멸될 우려가 있다. 실제로 '저촉법'으로서의 국제적 행정법 개념에는 국제사법의 핵심이 즉, 당사자의 원칙적인 법체제선택권이 결여되어 있다.[52] 국제적 행정법의 문제가 국제법의 차원이 아니라, 행정법의 차원에서 다루어야 할 이유가 여기에 있으며, 국제적 행정법에 관한 논의가 필요한 이유 역시 그러하다.[53]

4. '공적 저촉법'의 문제

국제적 행정법을 국제사법을 본떠 저촉법으로 개념을 설정한 것은 일종의 개념의 평행가이드(Parallelführung, parallel guide)이다. 이런 개념의 평행가이드를 비판한다고 하여, 결코 행정법질서 사이에 경계설정의 물음을 부정하는 것은 아니다. 문헌상으로 경계설정의 물음을 표현하기 위하여 '공적 저촉법'(Öffentliches Kollisionsrecht)의 개념이 사용되곤 한다.[54] 국제적 행정법의 개념이 국제법적으로 근거지워진 행정적 규율구조의 진상을 더 광범하게 그리고 언어상으로 더 설득력 있게 개념상으로 규명하기 위하여 사용될 수 있기 때문에, 국제적 행정법을 공적 저촉법으로 개념을 형성하는 것은 선호될 만하다. 하지만 저촉법의 이런 지향은 다툼의 여지가 있다. 공법은 항상 완전히 특정 국가와 관련이 있고, 국내 행정은 자신의 법만을 적용해야 하므로, 저촉의 상황은 처음부터 제외되어 있다. 공법적 입법실무에서 실체규범과 저촉규범간의 분리는 거의 판명될 수 없고, 공법적 저촉법을 독립되게 규정하는 것은 존재하지 않는다. 그래서 Schmidt-Aßmann 교수는 공적 저촉법 개념은 생각할 수 없고, 적어도 과잉이라고 지적한다.[55] 한편 갈수록 강해지는 국제화된 행정실무를 감안하여 경합적인 행정법질서 사이의 경계설정의 물음은 더욱더 제기될 수 있는데, 특히 Ch. Ohler의 2005년 저작 이후에 2010년에 M. Kment가 그런 법에 대한 체계상의 반론 및 국제법 및 헌법상의 반론에 대해 하나하나 반박하고, 다방면의 공적 저촉법의 개요를 전개하고자 착수하였다.[56]

광의의 의미에서 공적 저촉법은 '국가너머의 법'(Recht jenseits des Staates)으로 표현

---

52) 국제사법의 분야에서도 국제적 행정법의 경우 국제사법과의 유사점의 모색에서 벗어나 있다고 정당하게 지적되고 있다. C. v. Bar, Internationales Privatrecht, Bd.1, 1.Aufl., 1987, Rn.252.

53) 다만 글로벌화의 차원에서 행정법과 국제법을 고립분산적이지 않고 통합적으로 접근하여야 하는 것은 당연하다.

54) Ohler, Die Kollisionsordnung des Allgemeinen Verwaltungsrechts, 2005, S.48ff.; K.-H. Ladeur, Die Internationalisierung des Verwaltungsrechts: Versuch einer Synthese, in: Möllers/Voßkuhle/Walter (Hrsg.), Internationales Verwaltungsrecht, 2007, S.375(379).

55) Schmidt-Aßmann, Ders. Internationales Verwaltungsrecht, S.15(18ff.).

56) Kment, Grenzüberschreitendes Verwaltungshandeln, 2010, 214ff.

될 수 있는데, 法源의 차원에서 보면 그것의 본질은 국가법이다. 설령 제정에 있어서 개별 국가가 국제법을 고려할 수밖에 없으며, 집행에서 항상 국제법적 도움 가령 행정협정에 의한 도움이 필요하지만, 저촉법의 컨셉은 여전히 국가중심적이다. 이 점에서 국제적 행정법을 '공적 저촉법'의 차원에서 접근하는 것은 내재적 한계가 있다 할 수 있다.

5. 글로벌 행정법의 문제

글로벌 행정법(Global Administrative Law: GAL)은 처음부터 개별국가를 넘는 문제를 다루도록 구상되었다. 뉴욕 대학교 로스쿨에서 강구된 글로벌 행정법 프로젝트를[57] 수행한 B. Kingsbury/N. Krisch/R.B. Stewart는 '글로벌 행정법'을 '글로벌 행정기구의 책임성을 증진하거나 영향을 미치는 메커니즘, 원칙, 실무를 구성하고 –특히 글로벌 행정기구가 투명성, 참여, 이유제시된 결정과 합법성의 적당한 규준을 맞닥치는 것을 확고히 함으로써, 아울러 글로벌 행정기구가 내리는 규정과 결정에 관한 효과적인 심사를 제공함으로써– (글로벌 행정기구의 책임성을 증진하거나 영향을 미치는) 사회적 이해를 지원하는 것'으로 정의한다.[58]

Kingsbury/N. Krisch/R.B. Stewart는 글로벌 행정법을 구상하기 위한 출발점으로 글로벌 행정의 공간을 설정하는데, 행정의 개념은 의식적으로 넓게 파악하여 다음의 다섯 유형을 설정하였다: 국제기구(예: 유엔 안전보장이사회UN–Sicherheitsrat). 국내 행정청의 범국가적 네트워크(바젤 은행감독위원회 Basel–Komitee), 국제규준을 시행하는 국내 행정청(예: 교토협정 Kyoto–Protokoll의 전환), 혼합적인 공사기구(예: 국제식품규격위원회: Codex Alimentarius Commission)와 민간기구(국제인터넷주소관리기구: ICANN).[59] 글로벌 행정법은 국제조직법이나 행정저촉법(Verwaltungskollisionsrecht)과 같은 오래된 연구방향에 연계되지만, 이들 다섯 유형의 행정의 귀속가능성과 책임성에 관한 법적 기준(Rechtsregeln)에 대한 물음을 제기한다.[60]

글로벌행정법은 경합적인 법원시스템과의 상호작용에서 교호관계, 결정의 상관관계 그리고 법정립의 메커니즘을 이론적으로 종합적으로 고찰하고자 한다.[61] 이런 착안점의 핵심사고는 法源과 제도의 다원성을 임무에 관련지어서 포착하는 것이다.[62] 따라

57) https://www.iilj.org/gal/project/–2020.10.9. 마지막 방문.

58) Kingsbury/Krisch/Stewart, The Emergence of Global Administrative Law, Law and Contemporary Problems(Duke University), Vol.68., 2005, S.15(17):

59) Kingsbury/Krisch/Stewart, a.a.O., S.15(20).

60) Kingsbury/Krisch/Stewart, a.a.O., S.15(28).

61) Krisch, The Pluralism of Global Administrative Law, The European Journal of International Law Vol. 17(2006), 247ff.

서 이상의 다섯 행정유형의 구별된 제도적 계층에 대해서 적합성에 따라 구별된 법정립기능이 부여되는데, 그것은 가치지향에서 기술적 세부에서의 시행까지 이른다. 글로벌행정법에서 법적 계층간의 우위를 둘러싼 저촉은 -일반적인 우위나 신법우선의 원칙(lex posterior)과 같은- 견고한 원칙에 의해 해소되지 않고, 책임할당(나눔)의 근거로 동원될 것이다.[63] 나아가 착안점은 참조영역을 글로벌 규제시스템에서 정렬하는 것을 가능하게 한다.[64] 마지막으로 글로벌 행정활동의 기본원리는 민주적 정당성과 법치국가원리의 보장과 같은 핵심원칙을 바탕으로 전개되어야 한다.[65]

그러나 글로벌 행정법은 아직 확고한 내용으로 정립된 수준에 이르지 못하였다. 핵심주장자 역시 타당하게 통일화되고 조직화된 연구분야에 관한 것이 아니라는 점과 이론적인 기초설정(공사)이 여전히 미성숙하였다는 점을 인정한다.[66] 전체적으로 글로벌행정법에 관한 연구의 착안점에서 관건은 글로벌화의 후과(Folgen)로서 성립한 국가임무의 국제화의 질서부여적, 평가적인 현황조사이다. 다만 국제적 행정법의 차원에서 글로벌 행정법의 의의를 되새기는 데 독일에서는 약간의 다른 입장이 제시된다. Schmidt-Aßmann 교수는 글로벌 행정법에서 글로벌거버넌스에 대한 완벽한 보완기능을 발견하고자 모색하는 데 대해서 회의적 입장을 피력하였다.[67] 글로벌 관점 때문에 좁은 스케일의 사안을 놓쳐버릴 수 있다는 비판도 하였다.[68] Tomuschat 교수 역시 글로벌 행정법이 독일에서의 국제적 행정법과 정확하게 맞지는 않다고 지적한다.[69] 반면 Ruffert 교수는 입장을 달리 한다. 그에 의하면, 글로벌 행정법은 진행중인 국제적 행정법과 일종의 친척관계(Verwandschaft)를 성립시키며, 당연히 구별보다는 겹칩의 양상이 우세하고, 글로벌 행정법이 글로벌 행정공간의 개척을 위하여 행정법적

---

62) Cassese, Administrative Law without the State? -The Challenge of global Regulation, NYU Journal of International Law and Politics 37 (2005), 663(668f.). Cassese 교수는 친숙한 국내 행정법과 비교한 글로벌 행정법의 차이는 배타성의 결여, 높은 수준의 자기규제, 과학기준에 의거한 독립위원회의 결정 및 협상의 중요한 역할, 공익과 사익의 경계가 불분명이라고 지적하였다.

63) Krisch, a.a.O., S.247(269ff).

64) Cassese, a.a.O., S.663(670f.) Fn.44.

65) Cassese 교수는 참여권과 방어권은 모든 행정법질서의 핵심적인 요 이라고 정당하게 언급하였다. Ders., a.a.O., S.663(685).

66) Kingsbury/Krisch/Stewart, a.a.O., S.15, 59, 61.

67) Schmidt-Aßmann, Internationales Verwaltungsrecht, S.15(20). 그는 글로벌 행정법은 국내 행정법과는 달리 결정중심적이지도 법원지향적이지도 않고 오히려 정보기반적이어서, 그것의 주요 할동유형은 정보의 수집, 처리 그리고 전송이므로 다양한 행위자에 의한 정보처리를 어떤 룰이 정하는지를 조사하는 것이 필요하다고 지적한다. E. Schmidt-Aßmann, Principles of an International Order of Information, in: Anthony/Auby/Morison/Zwart, Values in Global Administrative Law, 2011, S.117(118).

68) Schmidt-Aßmann, Die Herausforderung der Verwaltungsrechtswissen durch Internationalisierung der Verwaltungsbeziehungen, Der Staat 45(2006), S.315(317). Stelkens 교수 역시 비슷하게 지적한다. Ders., Europäisches Verwaltungsrecht, Europäisierung des Verwaltungsrechts und Internationales Verwaltungsrecht, in: Stelkens/Bonk/Sachs, Verwaltungsverfahrensgesetz 9.Aufl. 2018, Rn.240.

69) ders., a.a.O., S.63(66).

관점을 이용할 핵심적인 구상을 제시하기에, 글로벌 행정법과 국제적 행정법 사이의 유용한 견련을 포기하여서는 곤란하다고 지적한다.[70)]

Ⅳ. 국제적 행정법의 구체적인 모습

1. 기본적 착안점: 국제법에 근거를 둔 법으로서의 국제적 행정법의 본질

개념을 통해 행정의 국제화의 전체 측면을 수용하고 통합하는 것이 성공하면 할수록 더욱더 성공적인 결과를 약속한다. 국제적 행정법의 새로운 정립에 이정표를 제시한 Schmidt-Aßmann 교수는 기본적으로 국제적 행정법을 국내 저촉법이 아니라 국제법에 근거를 둔 법(im Völkerrecht gegründetes Recht)의 차원에서 접근한다.[71)] 그리하여 국제적 행정법의 내용으로 국제법에서 성립한, 행정의 행위법, 결정법 그리고 협력법으로(Aktions-, Determination sund Kooperationsrecht der Verwaltung)으로 구성한다. Schmidt-Aßmann 교수의 이런 구상은 독일에서 많은 학자들의 공감을 얻고 있다.[72)]

여기서 '국제법에 근거를 둔' 것의 의미는 국제적 행정법은 국제적인 특히 국제법적 규준에 소급되어야 하며, 이들을 전환시킨다는 것을 의미한다.[73)] 여기서 개념정의를 국제법과 한정형용사인 '국제적'(글로벌과 대비된)에 연계시킨 것은 국제화된 그리고 국제적인 행정사건의 항상 가장 중요한 당사자는 국가들이라는 점을 분명히 한다. 전술한 글로벌행정법이 국제적인 법(das internationale Recht)에 관한 전통적인 구분과 규율전범에 빠지지 않고, 민간 당사자도 포함시킬 수 있도록, 국제적인 것의 개념을 의식적으로 회피하는 것과 크게 대비된다.

국제법에 근거를 둔 국제적 행정법의 구상은 다음의 두 가지 측면에서 글로벌행정법적 접근과는 뚜렷이 대조를 이룬다. 먼저 이런 구상은 더 집중적이다(konzentrierter). 왜냐하면 국제적 행정법이 쉽게 접근할 수 있는 국가를 전제로 하기 때문이다. 국가는

---

70) Ruffert, Perspektiven des Internationalen Verwaltungsrecht, S.395(404). Ruffert 교수는 글로벌의 관점으로 인해 좁은 스케일의 사안을 놓쳐버릴 수 있다는 Schmidt-Aßmann 교수의 비판은 구상적 구분지움이 아니라 오히려 글로벌행정법의 상응한 방법론적 적합에 의해 대처하여야 한다고 강조한다. 한편 Ruffert 교수는 글로벌행정법의 착안점이 독일의 법률가에 의해 전개되었으며, 그들 공법학이 글로벌행정법에 관한 세계적 논의에서 다시 정점에 다다를 수 있다는 점이 주목할 만하다고 지적하였다.

71) 이하는 Schmidt-Aßmann, Internationales Verwaltungsrecht, S.15(24ff.)를 기초로 하여 여러 다른 문헌을 참고하여 기술한다.

72) 특히 Tomuschat 교수는 광범한 실제적인 현재상황을 체계화하는 것과 관련해서 가장 설득력이 있다고 지적한다. Ders., a.a.O., S.63(66).

73) Vgl. W. Durnner, Internationales Umweltverwaltungsrecht, in: Möllers/Vosskuhle/Walter(Hrsg.), Internationales Verwaltungsrecht, 121ff.

국제적으로 결코 정치적으로만 존재하는 것이 아니라 행정적으로 존재하며, -국가간에, 초국가적으로 그리고 범국가적으로- 발해진 규율의 전환과 강제적 관철을 맡고 있다. 국제법은 오늘날 많은 사람이 수긍하는 것보다 덜 모호하게 여겨진다. 국제법은 최근에 국가사이의 단순한 정렬법에서 협력법으로 변화하였다. 국제법은 시원적인 국제법의 주체로서의 국가를 다루는 것만이 아니라 국가적 당사자와 다른 당사자(국제기구, NGO와 범국가적 기업)도 다룬다. 국제법에 근거를 둔 국제적 행정법의 구상은 주권국가간의 전통적인 법률행위를 넘어선 법률관계에 대해 법적 기본조건을 제공하는 데 적합하다. 두 번째로 국제법에 근거를 둔 국제적 행정법의 구상은 더 구체적이다. 왜냐하면 세계적인 실효적 세력과 글로벌적으로 포착가능한 활동만이 아니라, 간단한 국가간의 행정사건도 역시 관심을 가지기 때문이다. 특히 국제법에 근거를 둔 국제적 행정법의 구상은 -직무원조, 정보전달과 정보보호와 같은 행정법적 실무의 다수 문제점이 구체적으로 규율되어 있는- 양자 및 다자의 협약과 행정협정의 효과적인 토대(기초)를 개발한다. 이런 비교활용은 국제적 행정법의 일반적이거나 (분야에) 특별한 원칙의 개발 역시 촉진할 수 있다. 요컨대 Schmidt-Aßmann 교수가 제시한 국제법에 근거를 둔 국제적 행정법의 구상을 취하여 국제법과 조약과 협약의 실정법을 목표로 삼음으로써, 국제적 행정법이 글로벌거버넌스 및 글로벌행정법에 관한 논의로부터 정당한 간격을 유지하게 된다.[74)]

2. 국제적 행정법의 세 가지 기능범주

Schmidt-Aßmann 교수는 국제법에 근거를 둔 국제적 행정법을 다음의 세 가지 기능범주로 구분한다.[75)] 같은 맥락에서 Stelkens 교수는 국내 행정을 위한 국제적 행정법의 의의를 i) a) 국제법적 조약을 통한 국내 행정법의 동조화(Harmonisierung), ii) 월경적 행정활동과 월경적 행정협력(grenzüberschreitende Verwaltungszusammenarbeit), iii) 국제기구와 국가간기구(zwischenstaatliche Einrichtungen)에 의한 행정임무의 행사와 영향으로 세분하여 기술한다.[76)]

(1) 행위법으로서의 국제적 행정법

이 개념은 국제적 차원에서의 다양한 행정적 활동을 특히 국제기구의 활동을 연관

74) 동지: Terhechte/Möllers, in: Terhechte(Hrsg.), Verwaltungsrecht der EU, 2011, §40, Rn.5.

75) 상론은 vgl. Schmidt-Aßmann, Überlegungen zu Begriff und Funktionskreisen des Internationalen Verwaltungsrechts, in: Festschrift für H. Siedentopf, 2008, S.101(111ff.).

76) ders., Europäisches Verwaltungsrecht, Europäisierung des Verwaltungsrechts und Internationales Verwaltungsrecht, Rn.245ff.

시킨다. 국제적인 고유행정(Eigenverwaltung)의 법인 셈인데, EU 고유행정법(Eigen-verwaltungsrecht)이 전범이 된다.[77] 따라서 국제기구의 내부 행정의 법도 포함된다. 이를 넘어서 행위법(Aktionsrecht)은 오늘날 더욱더 다른 당사자(국가, 국가하위 행정주체, 기업, 사인)에 대한 외부 행정관계의 법으로 진전된다. 이에 따라 -가령 세계은행과 유엔개발프로그램(UNDP)의 예처럼- 국제개발원조(ODA: Official Development Assistance)가 개발행정법(급부행정법)의 기초형식이 존재하는 영역이다(프로그램계획, 프로젝트수행, 조약체결과 심사수단).[78]

행위법을 위한 특징은 그 작용형식의 다양성이다. 정식의 행정작용 말고도 일련의 비공식적인 수단도 포함한다. 부분적으로 행위법은 국제법에 근거를 두기도 한다. 이 밖에 중요한 것은 관련 국제기구에 의한 2차적 법정립(Sekundärgesetzgebung)의 모든 형식이다. 그러나 광범한 의미에서 권고와 지침, 종종 책에서 표현된 과정상의 규칙도 속한다. 그런 '약한' 조종과 연성법(soft law)적[79] 수단의 이용이 국제법의 특징이고, 국제적 행정법에도 영향을 미친다.[80]

국내 행정법질서와 EU행정법은 일반적인 원칙의 형식으로 그런 기준을 오래전에부터 개발하였고, 법치국가원리적-민주적 관리의 기본요건으로 삼았다. 그러나 국제기구의 행정활동의 경우에는 그것을 확고히 하기 위한 규범재료가 충분하지 않다. 비록 국제기구의 행위법을 행정법의 모델에 비견하여 성급하게 확정해서는 아니된다고 하더라도, 국제법에서의 개인위상의 변화와 국제법의 헌법화(Konstitutionalisierung des Völkerrechts)의 현상은 국제적 행정법의 차원에서도 인식될 수 있다. 이런 진전의 결과로, 국제기구와 기타의 당사자의 행위법을 위하여 투명성, 책임의 명료성, 공평성이 보장되어야 한다. 개입적 개별행위의 경우에는 최소한의 기본적인 권리보호 및 권리구제수단 역시 보장되어야 한다.[81]

(2) 결정법으로서의 국제적 행정법

국내 행정법의 내용적 형성을 위한 규준을 담고 있는 국제법적 규범을 결정법

77) EU 고유행정법에 관한 상론은 김중권, EU행정법, 81면 이하.

78) 개발행정법(Entwicklungsverwaltungsrecht)은 공적개발원조(Official Development Assistance)의 이전의 법인데, 동법은 공적개발원조가 주어지는 절차, 수단 그리고 규준을 규율한다. 이에 관한 상론은 Dann, Grundfragen eines Entwicklungsverwaltungsrechts, in: Möllers/Voßkuhle/Walter(Hrsg.), Internationales Verwaltungsrecht, 7ff.; ders., Entwicklungsverwaltungsrecht, 2012, 273ff.

79) 이는 엄격한 의미의 법은 아니지만, 정치적 표현에 그치는 것은 아니고, 법과 정치 사이의 중간지대적 성격을 지닌 일종의 국제적 행동규칙을 말한다(정인섭, 신국제법강의, 2020, 77면).

80) Vgl. Knauff, Der Regelungsverbund: Recht und Soft Law im Mehrebenensystem, 2010, S.257ff.

81) 법과 행정관계의 국제화는 법원이 새로운 도전에 맞닥치게 한다. 상론은 vgl. Schmidt-Aßmann, Ansätze zur Internationalisierung des verwaltungsgerichtlichen Rechtsschutzes, in: Liber Amicorum R.Wolfrüm, 2012 S.2119(2139ff.).

(Determinationsrecht)이라 표현할 수 있다. 국제법공동체는 국가 상호간 관계와 국제적 행정주체의 행정활동만을 관심사로 하지 않고, 국가의 행정법이 특정한 정책분야에서 통일적인 요청에 부합하는지도 관심을 가진다. 결정법은 특히 국제법적 조약 가령 글로벌 · 지역 인권규약(covenants on human rights, Menschenrechtspakten),[82] 제네바 난민협약(Die Genfer Flüchtlingskonvention)과[83] 같은 특별한 협정, 경제 · 환경국제법에 존재한다. 결정법은 그에 구속되는 국가 스스로에 의해 만들어지며, 종종 －포럼으로서 시민사회의 당사자에게 개방된－ 회의에서도 마련된다. 여기서 예로 오르후스(Århus) 협약을 들 수 있는데, 동 협약은 체약국에 대해 국내법에서 환경문건에 대한 접근을 모든 사람에게 개방할 것, 환경영향평가를 규정할 것, 환경단체소송을 허용할 것을 의무지운다.[84] 일반적인 관세무역에 관한 협정(GATT), 일련의 무역합의, WTO 협정의 부속협정(기술적 무역장애협정: TBT 등)이 결정법을 위한 풍부한 실물자료에 해당한다.[85] 마지막으로 국제법에서 광의의 법원의 의미에서 국제적인 법의 일반적 원칙을 행정법적 내용으로도 채워 넣는 경향을 주목하여야 한다.

국제적 행정법으로서의 결정법은 다양한 방법으로 국내 행정법에 영향을 미칠 수 있는데, 이를 통해 국내법을 관통한다. 국제관습법과 국제법의 일반적 규칙(원칙)이 그 자체로 국내 법질서의 구성요소가 되는 반면, 국제법적 조약은 국내 행정을 위하여 의무적이기 위해서는 －체결과 공포와 같은－ 국가의 법적 행위에 의한 적용명령(Anwendungsbefehl)을 전제로 한다.[86] 국제실무에서 지배적인 집행이론에 의하면, 조약규범은 국제법적 성격을 견지한다. 그래서 해당 규범이 직접적으로 집행될 수 있는 경우에, 행정이 적용하는 것은 국제법이지 결코 국내법이 아니다. 따라서 해당 규정의 해석은 국제법적 원칙을 따라야 한다. 이것과 병존하는 것이 국내법의 국제법합치적 해석인데, 이는 결정법이 국내 행정법에 대해 간접적으로 영향을 미치는 결과를 낳는

82) 국제인권규약은 1966년 12월 16일 제21차 국제연합(UN) 총회에서 인권의 국제적 보장을 위하여 채택된 협약으로 1976년 9월 3일 발효되었다. 이 규약은 '경제적 · 사회적 및 문화적 권리에 관한 국제규약(A규약)'과 '시민적 및 정치적 권리에 관한 국제규약(B규약)' 및 '시민적 및 정치적 권리에 관한 국제규약 선택의정서(B규약 선택의정서)'로 구성되어 있다.

83) 난민의 지위에 관한 협약은 국제사회에 널리 적용되고 있는 난민에 대한 다자 조약이다. 1951년 7월 제네바에서 채택되었다. 보통 난민협약이라고 부른다.

84) EG지침(Richtlinie 2003/35/EG)을 통해 EU법의 입법자는 EU법을 오르후스(Århus)협약의 규준에 상응하도록 하였다. 위반규정이 개인의 권리를 성립시켜야 한다는 것(소위 보호규범부종성; Schutznormakzessorietät)을 요구함으로써 환경단체의 제소권을 현저히 제한한 과거 2006년의 환경권리구제법 제2조 제1항 제1호에 대해, EU최고재판소는 EU법위반이라 판결하였다('Trianel－판결'). 즉, 동규정은 관련 공중(公衆)에 대해 확대된 對司法的 접근권을 부여한 (오르후스 Århus협약의) 목표에 배치되고, 또한 관련 단체가 EU환경법상의 법규정의 위반도 일반공중의 이익을 보호한다는 이유로 주장할 수 없다면 이는 효과성의 원칙에 위반된다고 판시하였다(EuGH NJW 2011, 2779(2780 Tz.46). 오르후스(Århus)협약에 관해서는 Vgl. A. Schwerdtfeger, Der deutsche Verwaltungsrechtsschutz unter dem Einfluss der Aarhus－Konvention, 2010.

85) Ruffert, Rechtsquellen und Rechtsschichten des Verwaltungsrechts, in: Hoffmann－Riem/Schmidt－Aßmann/Voßkuhle(Hrsg.), Grundlagen Bd.I, 2012, §17 Rn.158ff.

86) Tietje, a.a.O., S.585ff.

다.[87] 전체적으로 국내 행정청의 국제법적으로 관련이 있는 책임성은 증가하는 국제적인 규율의 밀도와 함께 증대한다.[88]

(3) 행정협력법으로서의 국제적 행정법

오늘날 국제적 차원에서 행정의 가장 많은 부분이 행정협력(Verwaltungszusammen-arbeit)이다.[89] 협력규율은 행위법과 결정법에도 존재한다. 따라서 여기서 특별히 언급하는 협력법은 그 자체 제3의 法源이 아니라, 특수한 기능영역을 나타낸다고 할 수 있다. 상이한 당사자의 활동영역간의 교차점에 관한 것이고, 제기되는 효율성, 투명성, 권리보호의 문제가 중요하다. 협력의 모든 형식은 행정법의 규준물음(Standardproblemen)에 더해지는 특별한 물음을 낳는다. 행정법적 국제화과정에서 특히 법계층간의 횡단적 연계(Querverbindungen)의 분석과 연계메커니즘의 정당한 법치국가원리적 부담능력의 조성이 관건이 되어야 한다.[90]

국제적 행정법의 대상이 되는 행정협력은 국제기구와 국가간에 수직적으로 또는 국가 및 그 행정간에 수평적으로 행해진다. 참여자들은 私法으로 도피하지 않는 한, 경우에 따라선 상이한 법체제에 따라 활동한다: 국제기구는 국제공법에 따라, 국내 행정은 자신의 국내법과 경우에 따라선 －국내법에 편입되었던－ 국제법규정에 따라. 협력영역의 법원은 그래서 상이하다. 광의의 의미에서의 '행정협력법'은 전체 협력범위를 의미한다; 협력의 개념은 국제법적 법적 행위에 국한되어야 한다. 관여 법체제의 절차적, 실체적 측면에서의 맞물림과 조절이 결정적이다. 이것은 －협력영역의 중요한 두 가지 수단에 해당하는－ 쌍방적 응원(원조)과 쌍방적 인정에서 잘 드러난다. 양자는 국제법적 근거 말고도 국내법에서의 부벽(지지대)를 필요로 한다. 특히 여기서 국제법과 국내 행정법이 얼마나 긴밀히 접근하였는지가 잘 드러난다.[91]

---

87) 이것은 독일법을 위해서는 개방적인 국가적 상황을 위한 헌법결단으로부터 비롯된다(기본법 제24조). BVerfGE 74, 358 (370); 112, 1(24ff.); 128, 326(366ff.); Ruffert, Rechtsquellen und Rechtsschichten des Verwaltungsrechts, in: Hoffmann－Riem/Schmidt－Aßmann/Voßkuhle, Grundlagen des Verwaltungs-rechts Bd.I, §17 Rn.41.

88) Tietje, a.a.O., S.593.

89) Schuppert, Verwaltungsorganisation und Verwaltungsorganisationsrecht als Steuerungsfaktoren, in: Hoffmann－Riem/Schmidt－Aßmann/Voßkuhle(Hrsg.), Grundlagen Bd.1, §16 Rn.166ff.

90) Ruffert, Perspektiven des Internationalen Verwaltungsrecht, in: Möllers/Voßkuhle/Walter(Hrsg.), Internationales Verwaltungsrecht, S.411.

91) 국제적 행정법과 국내 행정법 말고도 고유한 원천으로서 등장할 수 있는 협력적인 범국가적인 공법이 어느 정도로 전개되는지는 아직 예측할 수가 없다고 Schmidt－Aßmann 교수는 진단한다.

Ⅴ. 맺으면서 – 국내공법으로서의 행정법에 관한 새로운 이해의 필요

법발전을 관철하며, 그 상관관계를 분석하고, 입법 · 행정 · 사법에서의 법실무에 대해 가능한 발전관점을 지적하는 것이 법학의 핵심임무이다.92) 많은 영역에서 생활관계와 법관계의 세계화와 국제화는 국가에 대해서만이 아니라, 국가의 행정에 대해서도 일종의 도전이다. 특히 글로벌 거버넌스는 국가의 의의를 변화시키고, 고권적 활동의 탈영토화를 가속화시킨다. 한편으로 현대의 개입국가(Interventionsstaat)는 자신의 법적 규율의 실체적 내용을 널리 국제법으로부터 받아들인다. 국제적 행정법이라는 '혁신의 실험실'(Innovationslaboratorium)이 국내 차원에서의 행정법의 발전을 위한 자극을 제공할 수 있다는 Ruffert 교수의 지적처럼93) 국제적 행정법을 국제법과 행정법의 관계 설정을 넘어선 차원에서 접근할 필요가 있다.

행정법의 역사는 관헌국가시대에 만들어진 행정법의 원형을 민주적 법치국가원리에 맞춰 새롭게 개혁하는 과정이다. 행정법을 위한 새로운 길은 이미 곳곳에서 기능부전을 노정하는 기왕의 패러다임과 과감하게 결별하여 현시대의 흐름에 부합하는 새로운 패러다임을 부단히 구축하는 데 있다.94) 특히 세계화와 국제화 시대에 한 국가의 체제는 고립되어 존재하지 않는다.

* 공법연구 제49집 제1호, 2020.10.31., 93면 – 115면 所收.

---

92) Schmidt – Aßmann, Ansätze zur Internationalisierung des verwaltungsgerichtlichen Rechtsschutzes, in: Liber Amicorum R. Wolfrum, Bd.2, 2012, S.2119.

93) ders., Perspektiven des Internationalen Verwaltungsrecht, S.395(418). 그는 행정법의 새로운 연구영역으로서의 국제적 행정법을 개발하기 위해서는 연구성과를 구상적으로 구조화하는 것이 필요하며, 이론모델이나 이론적 구상의 균형잡힌 혼합이 마련되어야 한다고 강조하였다(S.397).

94) 국내에서 일찍부터 김남진 선생님이 선구자적 역할을 하셨다. 최근 대한민국 학술원의『학문연구의 동향과 쟁점』(2018)에서 "행정법을 위한 새로운 길의 모색"의 제명으로 그간에 발표한 관련 글을 종합적으로 집대성하였다(261면 이하).

제 2 장

행정의 국제화에 따른 범국가적 행정작용

– 범국가적 행정행위에 관한 독일에서 논의를 바탕으로 –

Ⅰ. 처음에 – 공법의 탈영토주의화

국가작용이 국경을 넘어 효과를 발휘한다는 것이 비록 막연하긴 해도 새삼스러운 현상은 아니다. 2001년의 9.11.비극, 2003년의 사스발병, 2005년의 조류독감에 관한 전 세계적 공포, 2008년의 은행금융위기, 2011년의 후쿠시마원전비극을 통해 우리는 세계적인 상호의존성을 아주 고통스럽게 목도하였다. 새삼 우리는 "세계적 리스크사회"(Weltrisikogesellschaft)에 살고 있다. 하지만 테러와 범죄에 대한 국제적 대처나 전 세계적 전염병의 저지만이 국가적 행동반경을 확대시킨 것은 아니다. 환경변화와 세계무역의 자유화, 인터넷과 같은 전세계적인 커뮤니케이션방식, –고도의 리스크를 초래하는– 원전과 화학공장의 가동, 이민정책의 문제와 같은 것은 더 이상 개별 국가의 단위에 머물지 않는다. 이처럼 법의 국경을 넘는 효과 즉, 범국가적(월경적) 효과는 세계화시대에는 일상적인 현상이다.[1)] 당연히 새로운 사고의 착안점이 요구된다. 하지만 행정법을 시종 국내공법만으로 설정하는 데 사로잡히면 이런 문제인식 조차 기대하기

1) 공법에서의 탈영토주의 메커니즘에 관해서 vgl. Buchholtz, Entterritorialisierung des Öffentlichen Rechts, NVwZ 2016, 1353ff.

어렵다.

이런 초국가적, 범국가적(월경적) 상황에 대처하기 위해 정책적으로 선도되어 지금까지 걸어온 길과 제시된 해결책은 다양하다. 즉, 이들은 WTO와 같은 초국가적, 국제적 기관의 형성에서, 하나의 법질서를 추구하는 하나의 세계(Eine－Welt－Staat)에까지 이른다. 하지만 이런 시도와 강구에도 불구하고 모든 문제가 초국가적, 국제적인 고차원적으로만 해결될 순 없다. 국경을 넘어 효과를 발생시키는 많은 사안을 보면, 마치 개인과 개인간의 법적 다툼의 관계처럼, 국가간의 관계에서도 각각의 법질서간의 관계와 상호간의 양방적 영향미침의 관계에 관한 다수의 물음이 매일 발생한다. 세계화시대에 빈번해진 범국가적(월경적) 사안의 경우 초국가적 차원의 수직적 대응보다는 오히려 국가상호간의 협력의 차원에서 이루어진 수평적 대응이 시급히 요구된다.

국가에 의한 고권적 행위가 범국가적(월경적)으로 작동하고 효과를 발생시킬 경우, 많은 법질서는 대부분 상이한 위계에서 서로 얽혀있게 된다. 초국가적, 국제적, 국가적 법적 행위의 이런 체제논의에서 핵심적으로 중요한 것은, 행정활동의 차원에서 좋은 기능을 발휘하는 도구(수단)가 준비되어 있다는 점이다. 즉, 국가는 자신이 가동할 수 있는 수단 가운데 범국가적인 공영과 공존을 위해 다듬어질 수 있는 일정한 작용형식을 선택한다. 행정작용의 국제화에 관한 논의를 전개하고, 이를 통해 공법의 탈영토주의화와 행정법의 국제화를 정연한 법적 궤도에서 정립하고자, 범국가적 행정작용 가운데 대표적 형상인 범국가적 행정행위(Der transnationale Verwaltungsakt)에 관해 독일에서의 논의를 전개한다. FTA로 인해 법의 內外의 경계가 해소되어 글로벌 행정법의 모색이 절실히 필요한 상황임에도 불구하고 범국가적 행정작용에 관한 논의현황은 너무나 빈약하다. 이 글을 향후 국제적 행정법의 구축을 위한 출발점으로 삼고자 한다.[2)]

Ⅱ. 범국가적 행정행위의 개념

1. 범국가적 행정행위의 의의

범국가적 행정행위(Der transnationale Verwaltungsakt)에 관한 문헌상의 논의에서[3)] 범국가적 행정행위이란 국내 행정청이 발한 행정행위로서 그 효과가 전체 유럽연합내

2) 여기서 유의할 점은 국제적 행정법은 결코 국제사법에 대비된 것으로 이해해서는 아니 된다. 그것은 국제법에서 성립한 행정법으로 이해할 수 있다. Schmidt－Aßmann, Die Herausforderung der Verwaltungsrechtswissen durch Internationalisierung der Verwaltungsbeziehungen, Der Staat 45(2006), 315; Fischer－Lescano, Transnationales Verwaltungsrecht, JZ 2008, 373(375).

3) 처음 등장한 문헌으로 Schmidt－Aßmann, Deutsches und Europäisches Verwaltungsrecht, DVBl. 1993, 924(935).

에 미치는 것을 말한다. 즉, 행정행위의 효과가 국내적으로만이 아니라 국경을 넘어 즉, 범국가적으로(transnational) 발생하는 것을 말한다.[4] 그것의 근거로서 EU법의 지침법상의 인정원칙(Anerkennungsprinzip)이 언급되는데, 그에 의하면 개개 회원국의 행정은 다른 회원국의 행정결정을 마치 그 자신이 발한 것처럼 인정할 의무를 진다.[5] 하지만 이것이 다른 회원국의 행정결정이 회원국의 고유한 행정청의 그것으로 의제된다는 것을 의미하지 않고, 발한 다른 회원국의 행위라는 점은 변함이 없다.[6] 그리하여 다음의 결과를 낳는다: i) 이런 행위에 대해 회원국의 고유한 법원을 통한 사법구제는 허용되지 않는다. ii) 회원국은 자신이 발하지 않은 행위에 대해 책임을 지지 않는다. iii) 이런 행위의 폐지는 전적으로 발한 국가의 행정청이 할 수 있고, 다른 회원국의 행정청은 할 수가 없다.[7] 하지만 유럽법의 규율이 규정하지 않고 정당화되지 않은, 다른 회원국의 주권에 대한 개입의 경우에는 완전히 다를 것이다. 한편 범국가적 행정행위가 국외의 고권행위의 월경적 효과의 두드러진 구성요건으로서의 규율로[8] 혹은 그 효과가 처분청의 국가영역에 국한하지 않는 행정행위로[9] 정의됨으로써, 범국가적 행정행위의 의의는 유럽법의 차원을 넘는다.[10] 유의할 점은 외국의 행정청이 발한 행정행위의 경우 어떤 경우에도 독일 행정절차법 제35조상의 행정행위에는 해당하지 않는다. 왜냐하면 동법상의 행정행위는 독일 행정청에 의해서 발해진 것만을 전제로 하기 때문이다.[11]

한편 자신이 발한 것과 같은 인정이란, 다른 회원국의 행정청의 결정이 회원국의 고유한 행정청에 대해 그 스스로가 발한 것과 같은 방법으로 구속력을 갖는다는 것을 의미한다.[12] 여기서는 다른 행정청을 위한 행정결정의 구속효가 문제되는데, 이런 현상은 독일 행정법에서의 행정행위의 구성요건적 효력의 문제로 표현할 수 있다.[13]

---

4) Neßler, Der transnationale Verwaltungsakt－Zur Dogmatik eines neuen Rechtsinstituts, NVwZ 1995, 863(864); Becker, Der transnationale Verwaltungsakt, DVBl 2001, 855(866); Kemper, Der transnationale Verwaltungsakt im Kulturgüterschutzrecht, NuR 2012, 751(752).

5) 따라서 원전발전소와 같은 입지와 관련한 설비의 승인결정처럼 비록 그 자체로 월경적 효과를 발생시키며, 또한 유럽환경영향평가지침(UVP－RL)에 의해 인접영향을 지닌 설비의 경우 월경적인 행정청과 一般公衆의 참가가 규정되어 있다 하더라도, 그것은 여기서 논하는 범국가적 행정행위에 속하지 않는다.

6) Schmidt－Aßmann, Verwaltungskooperation und Verwaltungskooperationsrecht in der Europäschen Gemeinschaft, EuR 1996, 270(300f.).

7) 이것은 원칙이 그렇다는 것이고, 예외적으로 회원국은 행정행위의 범국가적 효력을 제한(박탈)하는 조치를 취할 수 있다. Schmidt－Aßmann, Verwaltungskooperation und Verwaltungskooperationsrecht, 270(301).

8) Schmidt－Aßmann, Deutsches und Europäisches Verwaltungsrecht, 924(935).

9) Fastenrath, Die veränderte Stellung der Verwaltung und ihr Verhältnis zum Bürger unter dem Einfluss des europäischen Gemeinschaftsrecht, DV 1998, 277(302).

10) Ruffert, Der transnationale Verwaltungsakt, DV 2001, 453(457).

11) Ruffert, a.a.O., 453(470).

12) Becker, a.a.O., 855(867).

13) 행정행위의 구속효 및 구성요건적 효력에 관한 상세는 김중권, 행정법, 2016, 276면 이하.

2. 개념적 징표로서의 범국가성

범국가성(월국가성: Transnationalität)은 초국가성(Supranationalitä)처럼 '국가를 넘어선 상태'(Überstaatlichkeit)를 의미한다. 초국가성 개념은 정치적 분야에서 비롯된 것이고, 범국가성은 경제적 분야에서 비롯된 것이다.[14] 법의 측면에서 범국가성은 고권적 행위의 영토외적 성격(Extraterritorialität)과 상관관계가 있다. 사안의 규율이 그것을 발한 국가의 고권영역의 이외에 대해서 그리고 관련국가의 동의가 없이도 그 효력을 발생시킬 때 영토외적 영향 즉, 월경적 효력(grenzüberschreitende Wirkung)이 존재한다고 할 수 있다.[15] (범국가적 행정행위에서) 행정행위의 범국가성의 특징은, －발급국가(처분국가)의 통용영역을 넘어 법효과를 전개하는 식으로－ 그 행정행위가 국경을 넘는 효과를 발생시키는 메커니즘(Überwirkungsmechanismus)을 전개하는 경우에 시인된다. 범국가성(월국가성)과 영토외적 성격은 상치된 행정행위의 고유한 특징이 아니라. 월경적인 고권적 활동의 특징이다.[16] 발급국가에서의 행정행위의 발급이 관련 국가에서의 행정행위의 면제의 성립요건에 해당한다. 한편 범국가적 행정행위는 행정양도(Verwaltungszession)와는 구별되어야 한다. 후자는 외국국가가 협정에 의거해서 일정한 사안과 관련한 관할권을 행사할 수 있을 때 존재한다.[17]

Ⅲ. 범국가적 행정행위의 목적과 발전역사

1. 범국가적 행정행위의 목적[18]

범국가적 행정행위는 최근 정치, 경제 그리고 법의 유럽화와 글로벌화로 인해 점차 중요성을 갖는다. 회원국의 법질서가 천차만별인 상황은 EU조약상의 자유의 실현에 대한 장애를 유발하는데, －회원국의 국내질서를 세세히 균질적이고 동화시키지 않은 채－ 이런 장애를 제거하는 것을 EU 제2차법(Sekundärrecht)인 지침법(Richtlinienrecht)상의 범국가적 행정행위는 목표로 한다.[19] EU시민이 EU조약상의 자유를 실현하는 셈인 일련의 활동은 비단 독일에서만이 아니라 모든 회원국에서 허가를 필요로 한다

14) Bergmann, Handlexikon der Europäischen Union, Baden－Baden 2012, S 143.
15) Vgl. Meng, Exterritoriale Jurisdiktion im öffentlichen Wirtschaftsrecht, Berlin 1994, S.73.
16) Ruffert, a.a.O., 453(455).
17) Vertrag vom 23. 11. 1996, BGBl. 1967, S.2029.
18) Neßler, a.a.O., 863(865f.)
19) 한편 EU운영조약 제34조 이하에 규정된 무역의 자유로부터, 상품의 제조시판에 관한 (회원국) 국내규율을 상호 인정할 의무가 도출되는데, 이런 상호인정은 제1차법적 원칙(Primärrechtliches Prinzip)이다.

(genehmigungspflichtig). 가령 전체 유럽전역에서 활동에 나서기 위해서는 개개의 회원국에서 모두 허가를 신청하여야 하는 결과를 낳는다. 이런 상황은 공동시장과 하나의 역내시장(Binnenmarkt)을 목표로 하는 EU조약상의 경제적 자유와는 일치하지 않는다. 즉, EU 전역에서 경제활동에 나서기 위해서는 하나의 허가로도 충분하게 하는 것처럼, 범국가적 행정행위를 통해 이런 곤란한 상황을 해소할 수 있다. 왜냐하면 이런 허가는 국내만이 아니라 범국가적으로 즉, EU의 모든 회원국에서 효력을 발생시키기 때문이다.[20]

2. 발전역사(전개역사)

범국가적 행정행위의 법제도는 법의 유럽화를 통해서 중요성이 대폭 증대되었다. 이를 위한 결정적인 것이 1979년의 유럽최고재판소(EuGH)의 'Cassis－de－Dijon' 판결이다. 사안의 내용은 독일 연방주세국(Bundesmonopolverwaltung für Branntwein)이 수입허가거부를 통해 자유로운 상품거래를 저지한 데 대해서 증류주제조자가 제소한 것이다.[21] 여기서 유럽최고재판소는, 회원국에서 적법하게 제조되고 시판되는 주류가 다른 회원국에 수입되는 것을 (수입 회원국이) 저지하는 것은 아무런 분명한(stichhaltigen) 근거가 없다고 판시하였다.[22] 전적으로 법질서의 상이한 데서 비롯된 그런 식의 행위저지 방식은 'Cassis－de－Dijon－원칙'에 의거하여 원칙적으로 수용되어서는 아니 된다.[23] 오히려 원산지국가가 당해 주류음료의 시판을 허용하였다면 그것은 받아들여져야 한다. 즉, 각 회원국에서 해당 제품의 수입은 아무런 별도의 허가절차 없이 허용되어야 한다는 것이다. 유럽최고재판소는 이 원칙을 그 뒤에 지속적으로 확대함으로써, 동 원칙은 상품판매의 자유의 분야만이 아니라 서비스제공의 자유의 분야에까지 확대되었다.[24] 동 판결을 기화로 상호인정의 원칙(Anerkennungsprinzip)이 파생하였다. 동 원칙은 유럽집행이사회가 EU에서의 법질서의 동화라는 '새로운 구상'을 위한 근거가 되었으며,[25] 범국가적 행정행위를 위한 근거(기초)가 된다(후술).

---

20) 한편 월경적 개별적 규율의 문제는 독일과 같은 연방국가에서도 생긴다. 참고로 미국 1787년 헌법 제4조는 미국 전역에서의 개별주의 법적 행위 일체에 대해 충분한 신뢰와 신용을 부여하도록 규정하고 있다.

21) EuGH, Urt. v. 20. 2. 1979－120/78, Slg. 1979, S.649, Rdnr. 5－Cassis de Dijon.

22) EuGH, Slg. 1979, 649 (664)＝NJW 1979, 1766－Rewe－Zentral－AG.

23) Haratsch/König/Pechstein, Europarecht, Tübingen 2012, Rdnr. 730.

24) EuGH, Slg. 1979, 35 (54)－van Wesemael; EuGH, Slg. I 1981, 3305 (3326)＝NJW 1982, 1203－Webb.

25) Neßler, a.a.O., 863(864). 집행이사회의 입장은 회원국의 법질서가 모든 세부적 사항에서 균일할 수 있다는 것은 아니고, 회원국의 국내법질서상의 차이가 유럽공동체조약의 자유의 실현을 더 이상 방해하지 않아야 한다는 것이다.

3. 범국가적 행정행위의 제도적 의의(장단점)

범국가적 행정행위는 그것의 존재를 다른 국가의 국가기관이 존중하여야 한다는 의미의 일종의 구성요건적 효력의 차원에서, 수범자인 시민에 대해 행정절차상의 현저한 간이함과 함께 높은 법적 안정성을 가져다준다. 왜냐하면 −범국가적 행정행위의 예에 해당하는 운전면허, 학위증, 제품승인 등− 자신에게 수익적 행정행위의 인정을 위한 노력을 새삼스럽게 강구할 필요가 없기 때문이다. 그런데 반대측면도 있다. 2000년 10월 31일에 프랑스의 노르망드 해안에서 이탈리아 선적의 유독 화학물 운반선(Ievoli Sun)이 침몰한 엄청난 환경사고가 발생하였는데, 운반선에 대한 감독과 통제를 관할하는 이탈리아의 담당 행정청(Registri Italiano Navale)에 대해 프랑스의 비판이 집중되었다. 그 사건 10 개월 전에 프랑스의 대서양 연안에서 동 부처가 승인한 석유운반선이 침몰하여 심각한 환경재난을 발생하였기 때문이다. 어떤 회원국에서의 조치가 다른 회원국에서의 사고발생의 원인이 될 수 있다는 점에서, 이런 사고는 회원국과 유럽연합EU의 관계가 아니라 회원국간의 협력 및 그 상호관계에서의 문제점에 대해 숙고하게 한다.[26) 요컨대 범국가적 행정행위는 EU의 회원국간의 행정협력(Verwaltungskooperation)의 문제이기도 하다.[27)]

Ⅳ. 범국가적 행정행위의 법적 근거와 인정원칙

원칙적으로 행정행위의 범국가적 효력을 위해서는 국제법적 조약과 같은 형식적 법적 근거(독일 기본법 제24조) 또는 −특히 EU의 경우에− 행정행위를 위한 일정한 규율영역을 위한 인정원칙(Anerkennungsprinzip)을 성립시키는 EU지침(Richtlinie)을 필요로 한다. 범국가적 행정행위의 효력은 대체적으로 인정원칙에 그 바탕을 둔다. 인정원칙이란, 그것이 지침에 의해 규정된 곳에서는 관련된 회원국의 그때그때의 행정이 발급국가의 행정결정을 그 자신이 발했던 것과 같은 방식으로 인정해야 한다는 것을 말한다.[28)] 그리하여 연합법의 적용영역에서 관련 국가는 행정행위의 전환과 관련해서 통제(심사)조치를 수인해야 한다.[29)]

인정원칙은 EU(공동체)조약상의 자유행사를 용이하게 하는 경제정책적 결과를 낳을

26) Becker, a.a.O., 855(855).
27) Stelkens/Bonk/Sachs, VwVfG Kommentar. 8.Aufl. 2014, in: Europäisches Verwaltungsrecht, Europäisierung des Verwaltungsrechts und Internationales Verwaltungsrecht, R.179ff.
28) Peine, Allgemeines Verwaltungsrecht, 2011, §7 Rn.478.
29) Pernice/Kadelbach, Verfahren und Sanktionen im Wirtschaftsverwaltungsrecht, DVBl. 1996, 1100(1109).

뿐만 아니라, 이를 넘어 법도그마틱적으로 흥미로운 결과를 가져다주었다. 즉, 국내 행정청의 결정에 대해서 국경을 넘어서는 효력을 부여한 것이다. 범국가적 효력이 개별사건에서 인정에 의해 성립되는 것은 아니고, EU지침은 사전에 일반적 인정을 요구한다.[30] 국내 행정행위는 인정지침의 분야에서 자동적으로 다른 모든 회원국에서 통용되고, 그리하여 그 행정행위는 국내 행정행위일 뿐만 아니라, 범국가적 행정행위에 해당한다. 인정원칙과 관련해서 유의할 점은, 범국가적 행정행위에 해당하는 그것이 관련 회원국의 고유한 행정청의 그것으로 의제되는 것은 아니고, 여전히 발급(처분)국가의 그것에 해당한다는 점이다.[31] 그 결과, 후술하듯이, 범국가적 행정행위에 대한 권리구제가 전적으로 발급국가와 관련해서 전개될 수밖에 없다.

행정행위의 효력을 인정하는 데 있어서 이 상호인정의 원칙은, 당해 행정행위가 적법하고, 그와 관련한 입법적 기준은 물론 행정기준이 관련 국가와 발급국가에서 공히 비견될 수 있다는 점을 요건으로 한다. 이 점을 행정행위의 상호인정에 관한 유럽최고재판소의 판결은 항상 강조한다.[32] 왜냐하면 만약 그렇지 않다면, 인정원칙이 역내시장에서의 경쟁을 왜곡시키는 결과를 낳기 때문인데,[33] 이런 결과는 EU조약의 의도와 일치하지 않을뿐더러 정치적으로 관철될 수 없는 일이다. 비견가능한 규율과 행정의 기준은 인정원칙을 담은 EU 지침에 의해 받아들여지고 있다.[34] 만약 그렇지 않다면 법영역은 인정지침이 발해지기 전에 정렬지침에 의해서 비로소 동화되어 진다. 이런 식의 대처방식의 예가 의료직업의 행사의 규율(Regelung der Ausübung medizinischer Berufe)이고, 정렬규율은 종종 인정원칙도 함께 규정하고 있는 정렬지침(Koordinierungsrichtlinie)에 존재한다.[35]

한편 적어도 EU법의 적용영역에서 인정되고 있는 점은, 일정한 법적 정당화근거가 존재하는 경우에는 범국가적 행정행위가 인정될 필요가 없다는 것이다. 공공목리의 강행적 근거에서 필요한 경우에 인정거부는 용납된다. 해서 가령 공동체법상으로 확고한 상품거래의 자유에도 불구하고, 독일 기본법 제2조 제2항상의 신체불훼손의 보호를 위

30) Neßler, a.a.O., 863(865); Schmidt-Aßmann, Deutsches und Europäisches Verwaltungsrecht, 924(935).

31) Schmidt-Aßmann,Verwaltungskooperation und Verwaltungskooperationsrecht, 270(300f.).

32) EuGH, Slg. 1976, 1871 (1887)-Simmenthal; Slg. 1979, 35 (54)-van Wesemael; Slg. 1981, 3305 (3325f.)-Webb; Slg. 1986, 419 (436)-Kommission/Frankreich.

33) Peine, a.a.O., §7 Rn.483.

34) 지침을 통해 학위와 시험증명서(Richtlinie 89/48/EWG, ABlEG 1989 Nr. L 19, s.16), 선박증명서(Richtlinie 76/135/EWG, ABlEG 1976 Nr. L 21, s.10.), 각종 제품승인결정(Richtlinie 87/540/EWG, ABlEG 1987 Nr. L 1322, s.20; Richtlinie 87/404/EWG, ABlEG 1987 Nr. L 220, s.48; Richtlinie 88/344/EWG, ABlEG 1988 Nr. L 157, s.28; Richtlinie 88/378/EWG, ABlEG 1988 Nr. L 187, s.1; Richtlinie 89/392/EWG, ABlEG 1989 Nr. L 183, s.9; Richtlinie 89/686/EWG, ABlEG 1989 Nr. L 399, s.18; Richtlinie 89/106/EWG, ABlEG 1989 Nr. L 40, s.12)에 관한 상호인정이 요구한다. 유전공학법, 은행법 및 보험법상의 각종 승인제도와 관련해서도 마찬가지이다.

35) 적절한 예로 Direktversicherungsrichtlinie, Richtlinie 92/49/EWG, ABlEG 1992. Nr. L 228, s.1.

해 꼭 필요하다고 여겨지는 경우에는 제조승인의 인정 및 수입은 거부될 수 있다.[36)]

V. 범국가적 행정행위의 인정과 관련한 헌법상의 문제점

범국가적 행정행위의 인정은 그것의 헌법상의 정렬과 같은 헌법적 물음을 제기한다. 민주주의의 원리에 따라 국가권력의 정당성은 민주적 정당성에서 비롯되는데, -외국의 행정청이 발한- 범국가적 행정행위의 법적 효력을 인정하여 그것의 국내적 효력을 승인함으로써 "국민과 국가권력"간의 정당성사슬이 두절되기 때문이다. 범국가적 행정행위의 법효과가 기본법 제20조 제2항 제1문상의 민주주의 원리와 갈등관계에 있다는 점은 분명하다. 왜냐하면 관련 법적 행위가 독일 국민에 의해 정당화되지 않은 국가권력에서 비롯되었기 때문이다. 또한 마찬가지로 국제법상의 국가면책(Staatenimmunität)의 원칙과도 갈등관계에 있다. 그리고 명문으로 독일 기본법 제23조 제1항 제2문은 EU에 대한 高權(Hochheitsrecht)의 이전을 허용하고, 기본법 제24조 제1항 및 제1항 a는 국가적 고권의 국가간의 기구와 국경인접한 기구에 대한 이전은 허용한다. 하지만 다른 국가에 대한 고권의 이전은 기본법은 언급하지 않고 있다. 지배적 입장은 고권의 다른 국가에 대한 이전을 부인하는데,[37)] 이에 의하면, 독일 기본법의 적용영역에서 외국에 의한 고권적 개입의 행사는 배제된다.[38)]

국가면책은 국외 법적 행위를 배제하는 보호메커니즘에 불과하다. 더해서 범국가적 행정행위는 고유한 고권주체에 의한 전환을 필요로 한다. 범국가성(Transnationalität)이란 자동적 과정이 아니다. 오히려 -행정행위가 터 잡아 취하는- 공동체법적, 국제법적 근본규범의 효력통제에서 기본법의 정당화한계가 발생하여야 한다. 동시에 대저 독일 기본법 제23조 제1항 제1문과 제24조 제1항에 의거하여 고권이 다른 법주체에게 이전될 수 있다. 그러나 여기서 다음의 점이 문제된다. 양 규정은 語義에 의하면 고권을 국가간의 기구 내지 조직(기관)에 대한 이전만을 허용한다. 따라서 이들 규정을 엄격히 해석하면, 다른 국가의 범국가적 행정행위는 포함되지 않는다. 그런 어의에 의하여 범국가적 행정행위의 헌법적 가능성을 부인하고 그것을 위헌으로 여길 경우, 독일 국가는 -다수의 국제간, 초국가적 합의상의 회원국자격에서 비롯된- 의무와 임무를 준수할 수 없을 것이다.[39)] 또한 특히 유럽 통합의 과정과 -증대된- 국제간의 규율화 역시 봉쇄될 것이다. 결과적으로 규율의 의미와 목적을 참조하고, 개발된 국가적 상태

36) Pernice/Kadelbach, a.a.O., 1100(1109).
37) 다른 입장으로 Schmidt-Aßmann, Verwaltungslegitimation als Rechtsbegriff, AöR 1991, 340f.
38) Papier/Olschewski, Vollziehung ausländischer Verwaltungsakte, DVBl. 1976, 477.
39) Vgl. Ruffert, a.a.O., 453(482).

의 원칙에 기하여 다음과 같이 논증된다: "국가간 기구"(zwischenstaatliche Einrichtungen) 개념은 광의로 해석되어야 한다; 그렇게 하여만 과거의 기구개념의 광범한 의의로의 변화가 고려될 수 있다.[40] 이런 넓은 해석에 의거하여 다른 국가의 범국가적 행정행위 역시 독일 기본법상으로 허용되는 것으로 논증할 수 있다고 한다.[41]

전술한 대로 원칙적으로 발급국가의 법상황이 행정행위의 적법성 판단을 위해 규준이 되기 때문에, 범국가성의 헌법적 판단과 관련해서 외국에 영향을 발휘하는 독일의 행정행위의 경우에만 독일 기본법 제20조 제3항이 중요하다.[42]

Ⅵ. 범국가적 행정행위의 유형

범국가적 행정행위는 그 발현형식에 따라 크게 진정한 범국가적 행정행위와 매개적 범국가적 행정행위로 나눌 수 있는데, 전자는 그것이 관련된 국가에서 효력을 직접적으로 당연히(ipso iure) 발생시키는 행정행위를 말한다.[43] 가령 국적의 인정의 경우처럼 범국가성이 국제관습법에 의해 인정되거나 관세법상의 결정이나 Schengen-Visum처럼 유럽명령(Verordnungen, Regulation)에 의해 규율의 내용과 효과가 규정되기도 한다. 여기서는 원산국가의 원칙(Herkunftsland-Prinzip)에 따라 공동체차원의 효력을 위해서는 규율과 관련한 원산국가에서의 행정결정이 규준이 된다.[44] 반면 후자는 관련 국가에서의 효력을 위해서는 -가령 EU지침에 의거한 전환처럼- 특별한 인정행위를 필요로 하는 행정행위를 말한다. 이하에서는 Ruffert가 전개한 것에 따라 세 유형을 나누고자 한다.[45]

1. 효력과 관련한 범국가적 행정행위

이것은 어떤 국가에서 그 국가에 거주하는 수범자에 대해 발해진 행정행위가 그 국가의 국경을 넘어서 법적 효력을 발휘하는 것을 말한다. 그 예로 거주의 자유와 서비스제공의 자유의 영약에서의 승인결정, 직업자격시험의 인정을 들 수 있다. 효력과 관련한 범국가적 행정행위는 EU역내시장에서 가장 빈번하게 발생하는 범국가적 행정행위의 형식인 동시에 다툼의 여지가 가장 적다. 이것의 특징은 -매개적 범국가적 행

40) Ruffert, a.a.O., 453(482).
41) Kemper, a.a.O.,, 751(754).
42) Neßler, a.a.O., 855(864).
43) 국적인정의 기초가 된다고 할 수 있다.
44) Peine, a.a.O., §7 Rn.481.
45) Ruffert, a.a.O., 453(457).

정행위처럼– 그 범국가적 효력이 법적 행위에 의거하여 발현된다. 행정이 –외국의 기본행위와 구분된– 인정행위를 발하지 않더라도, 효력과 관련한 범국가성은 개별경우에서 흡사 자동주의(Automatismus)로 일어날 수 있다. 가령 독일 행정청이 아닌 다른 회원국의 행정청이 발급한 유효한 운전면허 역시 독일 자동차교통에 관한 명령(Verordnung über den nationalen Kraftfahrzeug– Verkehr)에 의거하여 인정된다. 그런데 이런 행정행위의 범국가성은 다른 (국가의) 법질서의 실체법적 규율에 대한 최소한의 믿음을 조건으로 한다는 점을 유의하여야 한다.

2. 수범자와 관련한 범국가적 행정행위

이것은 수범자와 처분청이 각기 다른 국가에 있을 때 존재한다. 이런 '일치행정행위'(Korrespondenzverwaltungsakte)의 바탕, 즉, 그것의 구속효는 법질서의 동조화에 의해서가 아니라, 행정청의 구속적, 월경적 참여에 의해서 성립한다.[46] 예로 유럽공동체명령(EG–VO) 제259/93 에 의한 폐기물이송허가의 경우를 들 수 있다. 이것은 수송국가의 신청자에 대해 결정국가(수령국가)의 관할 행정청이 발급하는 식으로 진행된다(동 명령 제4조 제2항). 허가의 바탕이 되는 결정에 대해 사전에 –경우에 따라서는 하나나 다수의 통과국가와 더불어– 수송국가는 절차상의 동의(결정)의 방법으로 참여하여야 한다. 그리고 발급권한을 가진 수령국가는 다른 국가의 이의제기에 구속되고, 그것을 허가결정에 포함시켜야 한다.[47] 통일적인 법국가적 행정절차의 결과로서의 범국가적 행정행위는 고도의 통합된 EU법질서의 이례적인 현상인데, 그것은 EU법질서를 넘어서는 아직 생기지 않았다.

3. 행정청과 관련한 범국가적 행정행위

이것의 징표인 행정청 관련성은, 가령 행정청의 소속직원이 외국에서 행정행위를 발하기 위해 국경을 물리적으로 월경하여 그 행정행위를 발한 경우에 존재할 수 있다. 이 경우 그 행정행위는 흡사 그 자체로 효력이 국경을 넘기보다는 처분청에 의해 외국으로 "전달되는 데" 존재한다.[48] 예로 독일과 스위스간의 양자 협정에 의거하여 행해지듯이, 숨은 조사자의 투입과 예방적 위험방지의 조치가 거론될 수 있다. 그리고 동조화된 EU역내시장법에서도 행정청과 관련한 범국가적 행정행위의 예가 있다. 원산국가에 의한 은행·보험의 감독의 범주에서 감독청은 외국에서의 지점승인 역시 심사

46) Peine, a.a.O., §7 Rn.486.
47) Ruffert, a.a.O., 453(465). Ruffert는 이를 '집중효'("Konzentrationswirkung")로 표현하였다.
48) Vgl. Ruffert, a.a.O., 453(467).

하거나 심사하게 할 수 있다. 그리고 외국에서의 독일인 검사자 및 국내의 외국인 검사자는 직접적 강제를 예외로 한 강제조치까지도 할 수 있다. 하지만 유의할 점은 현재 여기서 범국가적 행정행위를 상정하기란 힘들다.

Ⅶ. 범국가적 행정행위의 적법성 요청

1. 행정행위의 적법성

인정원칙은 그 결정이 적법한 경우에만 통용된다. 이 때 적법성의 척도는 인정하는 관련 국가의 법이 아니라, 행정결정을 발하였던 행정청의 국가(발급국가)의 법이다.[49] 즉, 범국가적 행정행위의 적법성 여부의 물음은 전적으로 발급국가(처분국가)의 법을 목표로 삼아야 한다. 행정행위의 효력이 관련 국가의 법상황에 좌우될 수 없다.[50] 왜냐하면 그렇지 않다면, 당해 행정행위가 포괄적이고 직접적으로 범국가적으로 통용되어야 한다거나 EU차원의 효력을 발생시켜야 한다는 범국가적 행정행위의 목표가 저지될 것이기 때문이다. 그리고 통일적이고 EU차원에서 유효한 회원국행정청의 조치란 생각할 수 없기 때문이다. 그런데 적법성의 유효요건과 관련해서 독일 행정절차법 제45조에 따라 치유가능한 절차나 형식상의 하자로 인해 행정행위가 －취소사유에 해당하는－ 단순 위법인 경우에 어떻게 판단하여야 할지의 물음이 제기된다. (발급국가가 아닌) 관련 국가가 나름의 고려에서 그 범국가적 행정행위를 위법하다고 생각하여 그것의 적용과 통용을 거부할 수 있는지 여부가 문제된다. 고찰의 출발점이 지침법의 원칙인데 그것은 적법한 행정행위만이 범국가적 효과를 발생시킬 수 있으며, 이때 발급국가의 법질서가 결정적이다. 그리하여 행정행위의 적법성과 관련해서 관련 국가는 판단권한 및 배척권한을 가지지 않는다. 결론적으로 －발급국가의 법원이 행정행위를 확정력 있게 취소하지 않는 한－ 그 자체로 위법한 행정행위는 범국가적 효력을 발휘한다.

2. 비견가능한 입법기준과 행정기준

유럽연합 회원국의 법이 그사이 많이 동조화되었다는 점을 전제로 하면, 이런 요건은 대부분 시인되어야 한다. 만약 그렇지 않을 경우에는, 기준상의 차이점은 소위 조

49) 'Cassis－de－Dijon' 판결에 관한 집행이사회의 결론이다. ABlEG 1980 Nr. C 256, S.2
50) 유의할 점은 국제사법의 경우 적용법질서의 선택의 물음이 제기되나 국제적 행정법에서는 그런 문제가 생기지 않는다. 영토주의(속지주의)의 원칙상 국내 행정법의 규범은 그 국가의 고유한 행정청만을 지향하기 때문이다. Ruffert, a.a.O., 453(473)

정지침에 의해 보족적으로 제거될 수 있다. 이 조정지침은 인정지침이 조정지침에 내재하지 않을 경우에는 그 인정지침을 따른다. 이런 효력요건의 필수성은 경쟁난맥을 저지하는 인정원칙의 목적에서 비롯된다.51) 동시에 그것은 인정원칙이 근거를 둔 상응한 지침이 존재하는 경우에는 이미 주어진 것으로 여겨진다.

3. EU(공동체)법

행정행위의 적법성 판단을 위해서는 전적으로 발급국가의 법질서에 좌우된다는 사실에도 불구하고, －공서양속이나 독일법의 목적에 반하는 회원국의 사법의 적용여부와 같이－ 관련 국가쪽에서 적용을 위해 존재할 수 있거나 설정될 수 있는 (행정행위의 범국가성을 위한) 한계가 존재하지 않는지 여부가 다투어진다. 공서양속(ordre public) 법제도 역시 다수 문헌에 의해 관련이 있다.

공서양속의 규준에 의거하여 범국가성을 심사하고자 할 경우, 고권적 행위 그 자체를 목표로 삼아서는 아니 되고, －고권적 행위의 정당성이 도출될 수 있는－ 공동체법상의 수권근거 그 자체를 목표로 삼을 수 있다.52) 그런 공서양속의 존재는 전적으로 유럽적인 것일 수 있어서 유럽최고재판소에 제청을 하여 조사되어야 한다. 왜냐하면 만약 각 회원국의 국내적 공서양속을 목표로 할 경우에는 범국가성의 메커니즘 그 자체가 붕괴될 수 있기 때문이다. 이런 결과는 EU법의 일반원칙인 유효성(효과성)의 원칙(*effet utile*)에도53) 배치될 것이다. 그래서 EU법적 기본자유를 위하여 가장 적합한 방안이 공서양속을 초국가적 차원으로 이전시키는 것이다. 하지만 여전히 해소되지 않는 의문스러운 구석이 공서양속이 최후 수단이 되어야 한다는 보충성의 원칙(Subsidiaritätsprinzip)과의 관계이다.

4. 국제법

한편 공동체법에 속할 수 없는 법적 행위의 인정과 관련해서, 행정행위의 유효성 인정이 발급국가의 국제법적 인정에 좌우되는지 여부가 문헌상으로 강하게 다투어진다. 프랑스와 미국의 판례는 국제법적 정당성이 결여된 행정행위의 효력을 부인한다.54) 반면 스위스, 오스트리아, 독일의 법원은 인정상황의 분리의 차원에서 국제법적으로 인정되지 않은 정부가 행한 법적 행위에 대해서 그 효력을 인정한다.55) 독일 문

51) Neßler, a.a.O., 855(864).
52) Pernice/Kadelbach, a.a.O., 1100(1111).
53) 이에 관한 상세는 김중권, 유럽화된 독일행정절차법에 관한 연구, 한국법제연구원, 2008, 64면 이하.
54) König, Anerkennung ausländischer Verwaltungsakte, 1965, s.36.

헌상의 통설 역시 법적 안정성의 견지에서 동일한 입장이다. 즉, 국제법적으로 인정받지 못한 국가의 행정행위라 하더라도 관련된 국가에서 그 효력을 발휘한다고 본다.

Ⅷ. 범국가적 행정행위의 내국적 효력[56)]

외국 행정청이 발한 범국가적 행정행위는 후속 결정을 내리는 독일 행정청에 대해서 구속효를 발생시킬 수 있다. 그리하여 독일 행정청은 범국가적 행정행위의 존재와 규율내용에 구속된다. 이런 행정행위의 구성요건적 효력은 비단 행정청에 국한되지 않고, 법원에 대해서도 미치는데, 심지어 행정사건만이 아니라 민형사사건의 경우에도 그러하다. 구성요건적 효력의 하위경우인 합법화의 효과(Legalisierungswirkung)에 의거하여 범국가적 허가는 질서행정청의 행위제한적 공취 및 허가수범자의 민사법적 사용을 제한한다. 왜냐하면 그것의 법효과가 국내법의 통용범위를 넘기 때문이다. 행정행위에서 존속력이 발생한 사실확인에 대해서도 원칙적으로 구속력이 인정된다. 특히 월경적인 감독권능과 위험방지권능에서 집행명의로서 범국가적 행정행위를 행사하는 것 역시 원칙적으로 생각할 수 있다.

Ⅸ. 위법한 범국가적 행정행위의 문제[57)]

적법한 행정행위만이 범국가적 효력을 발생시킨다는 지침법의 원칙에 비추어, 위법한 행정행위에 대해서는 범국가적 효력이 인정되지 않는다고 결론이 도출될 수 있다. 여기서는 만약 국내의 행정청이 범국가적 행정행위를 위법하게 여길 경우에는 그것을 무시할 수 있는지 여부의 물음이 제기된다. 인정의무의 존재를 전제로 이 물음에 대해서는 부인되어야 한다. 관련 국가의 개개의 국내 행정청이 (범국가적) 행정행위의 범국가적 효력을 결정할 권능을 가진다면, EU조약상의 자유가 용이하게 행사되게 한다는 범국가적 행정행위의 법제도의 목적이 실현될 수 없다. 따라서 관련 국가의 국내 행정청은 이런 배척권한(Verwerfungskompetenz)을 행사할 수 없다고 보아야 한다. 유효성(효과성)의 관점에서 배제권한은 범국가적 행정행위를 발한 회원국의 법원에 대해서 전적으로 부여되어야 한다. 이들 회원국의 법질서가 적법성의 판단규준이 되기 때문이다. 만약 모든 회원국의 법원이 심사권을 갖는다면, 범국가적 행정행위의 적법성을 둘

---

55) Z. B. RG, Urt. v. 16. 10. 1925－VI 182/25, JW 1926, 1986 ff.
56) Ruffert, a.a.O., 453(472).
57) Peine, a.a.O., §7 Rn.482.

러싸고 각국에 따라 천차만별인 판결이 내려질 가능성을 피할 수 없다. 또한 실제로 발급국가의 법원이 문제되는 행정행위의 위법 여부에 관한 판단기준이 되는 법령을 가장 잘 안다는 점도 고려해야 한다. 따라서 위법한 범국가적 행정행위 역시 원산국의 법원이 취소판결을 내리거나 원산국의 행정청이 직권취소하지 않는 한, 유효한 것으로 범국가적 효력을 지니며, 모든 국내 행정청 역시 존중하여야 한다(일종의 행정행위의 구성요건적 효력).[58]

그런데 전혀 범국가적 효력을 발생시킬 수 없는 무효인 행정행위는 다르다. 독일 국내 행정청은 그것을 무시할 수 있다. 하지만 당해 행정행위의 무효 또는 단순 위법 여부를 판단하는 척도는 독일 국내법이 아니라 발급국가의 법질서이라는 점은 변함이 없다. 또한 범국가적 효력의 구상은 관련 국가의 행정청에 의한 새로운 적법성 심사를 일반적으로 금지한다. 따라서 범국가적 행정행위의 무효는 극히 이례적인 상황에 인정될 수 있는데, 가령 사실상 불능인 경우나 공서양속에 반하는 경우에 범국가성의 구상에서 벗어날 수 있다.[59]

한편 범국가적 행정행위가 EU법위반이라 하더라도 이상의 논의가 그래도 통용되어 다른 회원국은 그것을 인정하여야 한다. EU법상의 행정행위 하자론에 의하면, 특별히 중대한 하자가 명백한, EU기관의 법적 행위는 무효로 판단한다. 이 경우 EU법적 행위는 법적으로 존재하지 않는 셈이 된다. EuGH는 기본적이고 종종 충돌하는 요청인 법적 안정성과 적법성의 요청을 균형을 잡기 위해 지속적인 판례를[60] 통해 우리나 독일에서 주창된 중대명백성에 의한 논의와 동일하게 중대명맥성설을 취한다. 따라서 범국가적 행정행위의 경우에도 중요한 발급요건의 결여가 행정행위 그 자체에서 바로 드러난 경우처럼[61] 그 위반이 명백한 경우에는 인정의무에 대한 예외가 인정될 수 있다.[62]

X. 범국가적 행정행위에 대한 권리보호와 통제

독일 기본법 제19조 제4항은 자세한 형식을 정함이 없이 원칙적으로 모든 시민에

58) 비상시에는 회원국은 자기 영토에서의 (다른 회원국의 행정청이 발한) 범국가적 행정행위의 효력을 폐지할 수 있다. Becker, a.a.O., 855(861).

59) Ruffert, a.a.O., 453(475).

60) EuGH, Rs. C−245/92, Slg. 1999, I−4643 (4690; Rn.94)−Chemie Linz/Kommission; EuGH, Rs. C−137/92, Slg. 1994, I−2555 (2647; Rn.49)−Kommission/BASF.

61) 이 경우 행정행위의 수범자는 아무런 신뢰보호를 주장할 수 없다. Vgl. EuGH, Rs. C−329 und C−343/06, EuGHE 2008, I−4635 Rn.67ff.

62) Stelkens/Bonk/Sachs, in: Europäisches Verwaltungsrecht, Europäisierung des Verwaltungsrechts und Internationales Verwaltungsrecht, R.184.

대해 사법적 권리구제방도가 열려져 있다는 것만을 확인한다.[63] 이처럼 일반적인 권리보호가 보장되고 있기에, 범국가적 행정행위에 대한 권리구제 역시 존재하여야 한다. 독일 연방헌법재판소에 의하면, 동조는 독일 국내의 공권력의 활동에 대해서만 통용되고, 외국에서의 그것에 대해서는 통용되지 않는다.[64] 따라서 특히 EU나 다른 국제기구의 법적 행위는 동조상의 공권력에 포함되지 않는다.[65] 일부 문헌 역시 같은 맥락에서 동조해석과 관련해서 독일적 사법적 구제만을 대상으로 하는 해석만이 허용되는 것으로 본다.[66] 그런데 외국에서 행해진 행정행위에 대해 그것이 국내적으로 효력을 발생시킴에도 불구하고 내국 법원이 아무런 심사권한을 가지지 않는다는 것은 분명 문제이다.

하지만 앞에서 본 대로, 인정원칙의 의의에 따라 범국가적 행정행위의 경우 그것의 적법성 여부와 관련해서 발급국가의 법상황이 전적으로 규준이 되기에, 독일 법원은 그것의 적법성 여부를 판단할 수 없다.[67] 범국가적 행정행위, 비독일적 행정행위가 독일 사법통제의 대상이 되지 않는 것은 상위의 법, 인정지침에 의한 국내 법질서에 의해 인정된다.[68] 그리하여 국내 행정기관으로서는 그 행정행위를 법적 심사 없이 그리고 독일법에 대해 우위인 것으로 전환할 의무를 진다. 이런 원칙에 따르면, 범국가적 행정행위의 수범자에 해당하는 시민은 독일 국내의 사법절차가 아니라, 발급국가에서의 권리구제방도만을 다툴 수 있다. 나아가 관련 국가 역시 범국가적 행정행위가 자신의 직접 발한 것이 아니어서 책임을 지지 않는다.[69]

요컨대 범국가적 행정행위의 메커니즘으로 인해 권리구제절차에서 결정적인 장애가 존재한다. 왜냐하면 실제로 수범자는 자신의 국내 사법절차를 밟을 수 없고, 전적으로 발급국가에서의 권리구제방도를 밟아야 하기 때문이다. 공권력에 대한 각국의 권리보호메커니즘이 다르기에 자칫 권리보호상의 심각한 차이가 있을 수 있다.

XI. 맺으면서

범국가적 행정행위의 장 · 단점에 관계없이, 범국가적 행정행위는 오늘날 중요한 의

---

63) Jarass/Pieroth, GG, 11.Aufl. 2010, Art.19 Rdnr.29 ff.; Papier/Olschewski, a.a.O., 475(479).
64) VerfG, Beschl. v. 10. 11. 1981－1 BvL 18/77, BVerfGE 59, 36/88.
65) VerfG, Beschl. v. 23. 6. 1981－2 BvR 1107/77, BVerfGE 58, 1/26 und BVerfG, Beschl. v. 10. 11. 1981－1 BvL 18/77, BVerfGE 59, 33/88; BVerwG, Urt. v. 29. 10. 1992－2 C 2.90, BVerwGE 91, 126/129.
66) Vgl. Papier/Olschewski, a.a.O., 475(481).
67) Vgl. Ruffert, a.a.O., 453(474).
68) Ruffert, a.a.O., 453(474).
69) Becker, a.a.O., 855(857).

의를 지니며, 그 중요성은 EU법 내지 지속적인 글로벌화에서 증대된 법정립을 통해 나날이 증가한다는 것은 의문의 여지가 없다. 이런 경향은 이미 Århus－협정(Konvention)이 국가공권력만이 아니라 '공무수탁의' 사인의 작용방식에 관한 규율을 발한 데서도 분명해진다.[70)]

세계화와 국제화 시대에 한 국가의 체제는 고립되어 존재하지 않는다. 특히 우리의 경우 미국과의 그리고 유럽연합과의 자유무역협정(FTA)을 체결함으로 인해 우리의 국내법적 상황을 고집할 수 없게 되었다. 즉, 이제 내외국법간에 경계가 허물어졌다. 이런 환경의 변화는 행정법의 존재형식에 대해서도 결정적인 영향을 미친다. 국내 대부분의 행정법 문헌처럼 행정법을 단순히 국내공법이라 설정하면, 세계화와 국제화 시대에 일국의 행정작용이 자연스럽게 다른 국가에서도 법적 효과를 발휘하는 법현상을 도저히 포착할 수가 없다. 행정법의 국제화는 세 가지 국면에서 생겨난다. 여기선 본범국가적 행정작용을 중심으로 한 것, 초국가적 기관의 법적 행위에 의해 법질서가 구축되는 것, 그리고 국가간의 법질서가 저촉(충돌)에 따라 그것을 조율하는 것. 이런 내용은 국제적 행정법을 형성하는 3가지 축이다. 따라서 여기서의 논의는 행정법의 국제화의 법적 대강조건인 국제적 행정법(Internationales Verwaltungsrecht)을 마련하는 데 기틀이 될 것이다.[71)] 따라서 행정법에 대한 새로운 인식을 바탕으로 기왕의 행정법의 외연을 바람직하게 확대할 수 있을 것이다.

* 법조 제722호, 2017.4.28., 193면－224면 所收.

---

70) 즉, 동 협정은 행정청을 그 임무의 상관관계에 비추어 '국내법에 의거하여 공행정의 임무를 수행하는 자연과 법인으로' 정의를 하는데(68 Art. 2 Ziff. 2 Århus－Konvention), 독일인증기관인 기술시험협회(TÜV)에 의한 제품승인 역시 유럽연합영내에서 유효하게 받아들여져 한다.

71) 이에 관한 일본의 논의는 개별논문은 물론 교과서의 수준에서도 매우 활발한 것과 비교해서 국내의 논의는 殆無하다. 참고문헌: 大橋洋一,『行政法Ⅰ 現代行政過程論〔第 2 版〕』, 有斐閣, 2013, 104－112頁; 原田大樹,「國際的行政法の發展可能性―グローバル化の中の行政法 (1)」自治研究 88巻 12号(2012年), 80－100頁; 興津征雄, グローバル化社会と行政法――グローバル・ガバナンスへの日本の学説の対応, 法律時報 88巻 2号(2016年 2月), 79－85頁.

제 3 장

인공지능시대 알고크라시(Algocracy)에서의 민주적 정당화의 문제

Ⅰ. 처음에 – 민주주의(Democracy) vs. 알고리즘의 지배(Algocracy)

현재 기업은 물론, 국가 역시 고권적 목적을 위하여 인공지능시스템을 적극적으로 도입하고 있다. 행정활동의 자동화는 오랜 동안 사람의 보조활동을 기계로 대체하는 것에 제한된다. 조세행정과 사회보장행정과 같은 분야에서 컴퓨터 없이는 국가는 아무것도 할 수 없을 지경이다. 그러나 컴퓨터기술과 정보통신기술에서의 이런 자동화기술은 초창기 수준이었고, 그것은 행정정책적 관점에서 급격한 새로운 발전을 의미하지 않고, 또한 종래의 행정법의 원칙을 새삼스럽게 성찰을 위한 필요도 없었다.[1] 자동화의 초기시기에는 기술을 행정에 마찰 없이 도입하기 위하여 실체법적, 절차법적 요청을 해제하는 것이 관건이었다.[2] 그런데 최근에는 학습능력이 있는 컴퓨터, 거대한 데

* 이 논문은 2017년 대한민국 교육부와 한국연구재단의 지원을 받아 수행된 연구임(NRF–2017S1A6A3A01078538)

1) 인공지능은 디지털화의 매우 진전된 양성이고 진정한 전자정부(E–Gonernment)를 대변하는데, 이미 독일에서는 1950/60년대에 기계에 의한 행정결정의 의미에서 자동화(Automation, Automatisierung)에 관한 논의가 시작되었는데, 효시적인 것이 Zeidler, Über die Technisierung der Verwaltung, 1959 이다. 비록 그 당시의 논의수준이 지금과 비교하면 매우 초보적이고, 행정정책적 관점에서 급격한 새로움을 의미하지 않고, 원칙성찰을 위한 행정법학을 필요로 하지도 않았지만, 분명 지금의 논의에도 유익한 영향을 미친다고 할 수 있다. 그 당시의 논의는 vgl. Guckelberger, Öffentliche Verwaltung im Zeitalter der Digitalisierung, 2019, S.18ff.

2) 대표적으로 독일의 경우 행정절차법 제정 당시(1976년)에 '자동장치를 이용하여 발해지는 문서적 행정행위' 즉, 컴퓨터행정행위를 중심으로 서면형식, 청문, 이유제시 등과 관련하여 특별규율을 담았다. §§28(2) Nr.4, 37(5), 39(2) Nr.3 VwVfG.

이터양과 향상된 알고리즘에 의거하여 '스마트' 정부와 행정을 위한 완전히 새로운 가능성이 생겨난다. 아울러 인공지능시스템에 의한 입법과 재판도 빈번히 논의되는데, 이미 법률서비스영역에서 '리걸 테크'의 활용은 조만간 일상화될 것으로 예상되기도 한다. 인공지능시스템은 국가규제의 대상일 뿐만 아니라 규제적 결정과정에 편입되기도 하고 그리하여 고권적 행위조종의 모드가 된다.[3]

인공지능의 도입확산은 공법학에 심대한 화두를 제기하는데,[4] 희망과 기대가 높은 것에 비례해서 불안과 우려 역시 그에 못지않다. 이런 불안과 우려가 응축된 개념이 바로 알고리즘의 지배(Algocracy; Algokratie)의 위협이다.[5] 알고리즘의 지배(Herrschaft der Algorithmen) 즉, 알고크라시는 다름 아닌 디지털지배(digitale Herrschaft)이다.[6] 알고크라시는 공공의 의사결정과정의 정당성(legitimacy of public decision-making processes)을 위협하는데, 그것에는 민주주의시스템의 전통적인 원칙이 통하지 않으며, 컴퓨터시스템이 -사람을 대신하여- 논거와 이해에 대해 접근할 수 없고 불투명한(opaque) 방식으로 행위를 한다는 걱정이 배여 있다.[7] 자유로운 주체로서의 개인은 현대 헌법국가의 선험적인 존재이고, 모든 정당성의 최후의 주체이기에,[8] 알고크라시는 매우 위협으로 다가오는 것은 자연스럽다. 법학적으로 이런 문제는 특히 私法의 분야에서 논의가 되었는데, 중점은 우선 책임의 관점에서 논의된 물음이다. 즉, 누가 그 결과가 완전히 예측가능하지 않은 컴퓨터시스템과 관련해서 책임을 지는가의 물음

3) 이런 의미에서 독일 입법자는 행정절차법 제35조의a를 이용하여 그 가능성을 열었다.

4) 제4차 산업혁명시대에 따른 법적 대응이 어떠해야 하는지를 극명하게 보여주는 최근 문헌으로 김남진, 제4차 산업혁명시대와 중요 법적 문제, 학술원통신 제319호, 2020.2.1., 2면 이하; 인공지능(AI)기술과 공법학의 변용, 학술원통신 제321호, 2020.4.1., 2면 이하.

5) Danaher, The Threat of Algocracy: Reality, Resistance and Accommodation, Philosophy &Technology 2016, p.245. Danaher 교수는 알고크래시를 컴퓨터프로그래밍된 알고리즘을 바탕으로 조직화되고 구조화된 거버넌스의 특별한 일종으로 서술한다(p.247).

6) 알고리즘의 개념은 매우 다양하게 이해된다. 매우 넓게는 자율적 시스템 자체를 의미하기도 한다. 알고리즘 개념은 오래되었다. Herschel의 고전적 정의에 따르면, 전통적인 알고리즘(algorithmen)이란 「당초의 데이터에 적용하여서 유한한 많은 단계를 거친 연후에 해결책에 도달하게 되는 確定的이고 一般的인 과정」을 의미한다(R. Herschel, Einführung in die Theorie der Automaten, Sprachen und Algorithmen, 1974, S.158). 즉, 알고리즘은 어떤 문제를 해결하기 위한 절차(과정)를 명확히 기술해 놓은 것이다. 알고리즘을 컴퓨터가 이해할 수 있도록 구체적 형태로 표현한 것이 프로그램이다. W. Hoffmann-Riem는 다음과 같이 기술한다: 디지털 알고리즘이란 컴퓨터로 식별 가능한 (디지털) 언어로 쓰여져 있고, 일정한 업무를 기본적으로 지정된 절차(즉 결정론적으로)에 따라 이행하는 규칙이다. 규칙이 이런 것을 정의된 패턴에 따라서만 행하지 않고, 유사한 경우에 사전에 지정된 결정과정만을 사용하여 행하지 않고, 자신의 프로그램을 스스로 계속해서 발전시키는 경우, 이를 학습 알고리즘이라 칭한다. 이런 알고리즘의 특수한 능력은 특히 그에 적합한 인공(즉, 인간이 아닌, 기술적으로 만들어진) 지능의 사용에 기인하다(W. Hoffmann-Riem, Die digitale Transformation, in: Unger/Unger-Stenberg(Hrsg.), Demoktratie und künstliche Intelligenz, 2019, 129(134)). 알고리즘에 의한 행위조종에 관한 상론은 김중권, 인공지능시대에 알고리즘에 의한 행위조종과 가상적 행정행위에 관한 소고, 공법연구 제48집 제3호, 2020.2.28., 287면 이하.

7) Danaher, Philosophy &Technology 2016, 245(249).

8) Masing, Der Rechtsstatus des Einzelnen im Verwaltungsrecht, in: Hoffmann-Riem/Schmidt-Aßmann/Voßkuhle(Hrsg.), Grundlagen des Verwaltungsrechts, Bd. I, 2.Aufl.. 2012. §7 Rn.8.

이다.

하지만 공법적 시각에서는 이런 물음은 궁극적으로 정당화(Legitimation)의 물음에 의해 규정된다. 국가적 맥락에서 도입된 컴퓨터시스템의 아웃풋은 정당화의 주체가 결정을 통해 충분히 정해져 있다는 의미에서 정당화의 주체에 귀속될 수밖에 없다. 현재의 국가권력의 행사는 관료제의 아날로그 조직방식에 기반한 정당화의 구조에서 이루어져 왔는데, 컴퓨터시스템이 사람의 인식과정이 생략된 채 사람을 대신하여 어떤 결정을 내리고 행위를 하는 인공지능시스템은 분명 이런 전통적인 정당화(정통성)의 구조와는 충돌한다.[9] 따라서 인공지능시스템을 공공부문에 도입하는 데는 먼저 다소간 자율적인 컴퓨터시스템을 고권주체가 도입하는 것이 이런 범주에서 정당화될 수 있는지 여부와 아니면 디지털지배의 시대를 위한 새로운 정당화구상을 필요로 하지 않는지 여부의 물음이 검토되어야 한다.[10] 논의에 들어가기 전에 전제될 것이 어느 수준의 인공지능을 바탕으로 논의를 전개하는지의 물음인데,[11] 지금 현 단계에서 강한 인공지능을 정책의 목표로 삼는 것은 구체성이 떨어진다.[12]

Ⅱ. 새로운 지배의 형식으로서의 디지털지배

1. 공적 영역에서의 양상 개관 및 전망

알고리즘으로 생성된 의사결정의 응용 분야는 가히 무한적이다. 포털에서의 기사제공 역시 인공지능(AI)이 그 역할을 수행하고 있다. 기술진보에 따라 인공지능의 도입과 잠재적 가능성은 인간의 고려가 필요한 거의 모든 삶의 영역에 미치고 있고, 우리 일상은 급속한 변화와 새로운 도전에 직면하고 있다. 행정영역에서도 결정을 준비하는

9) 상론은 김남진, 행정의 민주적 정통화론, 학술원통신 제290호, 2017. 9.1., 9면 이하.

10) 알고리즘과 민주주의 문제나 디지털지배의 문제에 관한 국내 논의가 태부족하여 부득불 외국의 논의를 바탕으로 전개하는데, 이 글은 특히 S. Unger, Demoktratische Herrrschaft und künstliche Intelligenz, in: Unger/Unger-Stenberg(Hrsg.), Demoktratie und künstliche Intelligenz, 2019, 113ff.을 참고하여 작성되었다.

11) 인공지능학(KI-Wissenschaft)에서 소위 강한 인공지능(starke KI, strong AI, general AI)과 약한 인공지능(schwache KI, weak AI, narrow AI)을 구분하여 논의가 전개된다. 강한 인공지능을 주장하는 자는, 인간의 전체 사고작업이 인공지능으로써 매핑(寫像)될 수 있어서, 일반적인 문제해결능력과 궁극적으로 어쩌면 인간의 지능수준을 능가하는 인공지능이 만들어질 수 있다는 점을 출발점으로 삼는다. 이에 반해 약한 인공지능을 주장하는 자는 개별적인 구체적인 문제를 인간지성(지력)의 특정 요소를 재현하면서 인공지능의 자기최적화를 기반으로 해결하는 것만이 가능하다고 본다. 컴퓨터시스템이 그 스스로 문제를 제기하고 해결하고 그럼으로써 사람과 완전히 무관하게 운용되는 경우에 그것은 초지능적이다(Superintelligent). 그리고 모든 면에서 인간능력을 훨씬 뛰어 넘는 초인공지능(Super AI)은 강한 인공지능의 진화된 형태이다. Frese, Recht im zweiten Maschinenzeitalter, NJW 2015, S.2090(2092).

12) 독일 연방정부 역시 인공지능전략에서 약한 인공지능을 목표로 한다. Strategie Künstliche Intelligenz der Bundesregierung, November 2018, https://www.ki-strategie-deutschland.de/home.htm(마지막 검색일자 2020.2.11.).

데 유용한 도움을 주는 차원에서 예측치안활동(predictive policing)은[13] 이미 공론화의 대상이 된 지 오래되었고, 이를 넘어서 실제로 의사결정을 내리는 완전자동적 행정행위 역시 출현하였다. '행정행위의 완전자동적 발급'을 내용으로 하는 독일 행정절차법 제35조의a가[14] 신설되었고, 국회제출된 행정기본법안 역시 그에 관한 명문의 근거규정을[15] 두고 있다.[16]

정치현장에서도 후술할 인공지능에 의한 입법을 생각할 수 있다. 이미 오래 전에 '소셜 봇'(social bot)과 '마이크로 타겟팅'(Microtargeting)이[17] 출현하였다. 가령 정당의 인터넷 게시판이 소셜미디어를 기반으로 스스로 운용되도록 하여 자당에 유리한 댓글을 양산하여 여론을 호도할 우려가 있다. '좋아요'의 숫자로서 해당 주제에 대한 일정한 정치적 입장이 대중에게서 큰 지지를 얻고 있다는 인상을 자아낼 수 있다. 특히 선거국면에서 소셜봇을 통해 정당의 견해에 관한 사회적 힘을 오도시켜서 잠재적 유권자에게 의도적으로 가짜 뉴스(Fake News)를 제공하려고 한다. 국가의사와 국민의사의 상호 피드백을 보장하는 필수적 연결(링크)제도로서의 정당의 헌법적 임무는 -특히 선거참여를 통해- 정치적 의사를 형성하는 데, 또한 사회여론의 흐름을 결집하고 관철하는 데 있다. 선거는 대의기관에 민주적 정당성을 부여함으로써 대의기관에 의한 국가권력의 행사를 정당화시킨다. 선거를 통해 민주적 정당성을 담보하는 핵심은 국민의 의사가 얼마나 굴절 없이 정당하게 반영되었느냐 여부이다.[18] 선거의 기본원칙 가운데 하나인 자유선거의 원칙에 의해, 유권자의 자유로운 의사형성과정과 의사결정과정이 포괄적으로 보호된다. '침묵의 나선이론'(Schweigespirale)에 의하면 사람은 강한 의견에 덜 반대하거나 심지어 동조하는 경향을 나타내기에, 여기서 소셜봇은 유권자의

13) 사진인식의 방법으로 가령 폭력행위가 감시카메라에 의한 녹화(촬영)에서 확인되어 바로 경찰에 통지될 수 있게 하는 예측치안은 데이터보호 및 과도한 국가감시의 위험과 관련해서 문제점을 야기한다. 한편 경찰은 미국 로스앤젤레스(LA) 경찰이 운영하는 범죄예측 프로그램인 '프레드폴'(PredPol) 시스템을 모델로 삼아 '한국형 인공지능 기반 범죄예측 시스템'을 개발할 방침이라고 한다(연합뉴스 2019.9.6.). 경찰의 폭력과 인종 차별에 대한 압박이 가중됨에 따라 캘리포니아의 산타 크루즈시 당국은 이 기술을 개척한 회사 (PredPol)의 본사가 자신의 시에 소재함음에도 불구하고 미국 최초로 예측치안제도를 금지하고자 한다. 웹 사이트에서 PredPol은 자사의 기술이 경찰이 범죄와 싸우는 데 도움이 되며 Santa Cruz 경찰이 프로그램을 구현한 이후 범죄가 19% 감소하였다고 밝혔다(Thomson Reuters Foundation Thursday, 18 June 2020 12:52 GMT).

14) 제35조의a(행정행위의 완전히 자동화된 발급) 법규정에 의해 허용되고, 재량이나 판단여지가 존재하지 않는 한, 행정행위는 완전히 자동적 장치에 의해 발해질 수 있다. * **추론**: 입법과정에서 '법령'이 '법률'로 수정되었다.

15) 제20조(자동적 처분) 행정청은 법령으로 정하는 바에 따라 완전히 자동화된 시스템(인공지능 기술을 적용한 시스템을 포함한다)으로 처분을 할 수 있다. 다만, 처분에 재량이 있는 경우는 그러하지 아니하다.

16) 상론: 김중권, 인공지능시대에 완전자동적 행정행위에 관한 소고, 법조 제723호, 2017.6.28., 146-182; 이재훈, 전자동화 행정행위에 관한 연구, 성균관법학 제29권 제3호, 2017, 143면 이하; 전자동화 행정행위 도입 후 독일 행정절차법제 논의의 전개 양상, 공법학연구 제19권 제4호, 2018, 481면 이하.

17) 2016년 12월 스위스 잡지 "Das Magazin"은, 공화당 진영이 전략적으로 최근의 미국 선거 운동을 계기로 알고리즘적으로 도움을 준 "유권자 마이크로 타깃팅"에 의존하고 있음을 밝혔다. https://www.dasmagazin.ch/2016/12/03/ich-habe-nur-gezeigt-dass-es-die-bombe-gibt/.

18) 헌재 1991.3.11. 선고 91헌마21 전원재판부.

자유의지와 정당의 평등한 기회를 위험에 빠뜨릴 근본적인 잠재성을 지니고 있다. 민주적 의사결정과정에 대한 사회적 신뢰를 보장하기 위해 소셜봇의 사용에서 투명성을 강화하는 조치가 필요하다. 가령 추상적으로 정당에 소셜 봇의 가동에 관한 정보를 제공할 의무를 지우는 것을 생각할 수 있는데, 인터넷게시판 이면에 있는 봇 프로파일을 표시할 의무를 과하는 것도 생각할 수 있다.[19)]

2. 전제로서의 국가권력행사의 민주적 정당화의 요청

국가의 지배는 정당성을 필요로 한다는 것은 계몽주의에 따른 인식이다. 그리하여 민주주의원리에 따라 국가권력을 행사하는 국가기관(입법, 행정, 사법)에 대해 민주적 정당성이 요구된다. 민주적 정당성의 요청은 국가권력의 주체로서의 국민과 국가권력을 행사하는 국가기관을 연결하는 고리이다.[20)] (구체적인) 민주적 정당성은 일반적으로 인적 정당성과 사물적-내용적 정당성을 통해 매개된다. 인적 민주적 정당성은, 국가권력을 행사하는 자가 자신의 임명 및 국가권력행사에서의 자신의 독립된 담당을 정당성의 주체로서의 국민에게 되돌릴 수 있을 때 주어진다. 따라서 공직자는 선거에 의해 직접 선출되거나 국민에 의해 선출된 국가기관에 의해 임명됨으로써 인적 민주적 정당성의 요청을 충족한다. 인적 민주적 정당성의 차원에서 국민과 국가임무를 맡은 기관과 담당자 사이의 정당성의 사슬은 단절되어서는 아니 된다.[21)] 민주주의와 법치국가원리는 민주적 정당성을 지닌 자연인에 의한 지배를 바탕으로 한다는 점에서, 국가권력행사에서의 인공지능의 도입은 특히 인적 민주적 정당성의 차원에서 문제를 당연히 야기한다.[22)]

3. 문제의 제기: 자율의 해명과 함께

컴퓨터시스템은 기능에 의거하여 인풋 즉 데이터를 아웃풋으로 전환시킨다.[23)] 컴퓨터시스템이 자기학습의 능력을 사용할 수 있을 때 그것은 '지능적'(Inteligent)이라고 표현된다.[24)] 인공지능을 특징지우기 위한 기본은 그 자체가 자신의 고유한 능력을 독립

19) Klaas, Demokratieprinzip im Spannungsfeld mit künstlicher Intelligenz, MMR 2019, S.84(89).
20) 상론은 허완중, 민주적 정당성, 저스티스 제128호, 2012, 132면 이하.
21) BVerfGE 52, 95(130); 68, 1(88); 77, 1(40); 83, 60(72 f.).
22) 그 밖에 기본권적 물음은 김배원, 지능정보사회와 헌법, 공법학연구, 제21권 제3호, 2020.8., 67면 이하 참조.
23) 한편 데이터(Date)와 정보(Information)의 차이를 살펴볼 필요가 있다. 정보는 의미론적으로 인식된 데이터이고, 데이터는 이런 정보의 운반자(Träger von Informationen)라 할 수 있다. 데이터는 커뮤니케션에서의 사용을 위한 원료가 된다. W. Hoffmann-Riem, Die digitale Transformation, in: Unger/Unger-Stenberg (Hrsg.), Demoktratie und künstliche Intelligenz, 2019, 129(136). 비슷한 내용으로 황성기, 디지털 기본권의 의미와 내용, 헌법학연구 제24권 제3호, 2018, 4면 이하.
24) 통상 영어의 지능(intelligence)은 기본조건(프레임 워크)에 의한 이질적인 환경에서 목표를 달성하는, 행동주체

적으로 발전시켜 나가는 것이다. 즉, 주어진 데이터로부터 스스로 학습하는 능력 다시 말해, 자기학습 프로그램이 핵심이다. 지능형시스템은 이로써 －결정과정을 사람의 프로그래밍에 의해 세세히 주어지지 않고서－ 새로운 데이터를(input) 결정 및 활동으로(output) 변환시킬 수 있다. 오히려 결정발견이 시스템의 학습경험에 의해 함께 조건이 지워진다. 따라서 지능형시스템의 도입은 사전에 보지 못하거나 사전에 예측할 수 없는 영향을 발생시킨다.[25)]

인공지능시스템의 경우 인풋을 아웃풋으로 전환시키는 기능이 시스템 자체에 완결적으로 즉, 사전에 프로그래밍되지 않고, 그것이 전체적으로나 부분적으로 자기학습단계를 거치면서 비로소 성립하게 된다.[26)] 인공지능시스템의 목표는 경험을 기반으로 자기학습을 통해 이런 전환기능을 향상시키는 것이다. 그러나 전환기능은 학습단계가 완료된 이후에 성립하여 사전에 규율될 수 없어서 막대한 비용을 투입하여야 비로소 성립되고 규정될 수 있다. 따라서 컴퓨터시스템의 아웃풋은 단지 제한적으로만 예상가능하다.[27)] 지능형 컴퓨터시스템은 이런 배경에서 다소간 자율시스템(autonomes System)으로 기능한다. 인간을 대신해서 업무를 수행하는 소프트웨어인 소프트웨어에이전트(Softwareagent)가[28)] 알고리즘의 적용을 지배하는데, 소프트웨어에이전트(Softwareagent)를 자율적인 행위자로 보아야 하는지 여부는 법학적으로 결정을 내릴 물음이다.[29)] 통상적으로 자율(Autonomie)의 의미는 자유롭고 이성적인 존재로서 자기결정적으로 활동하는 능력을 의미한다. 이는 책임인정의 근거이다. 그런데 학습기술의 응용능력으로 사람과 기계의 긴밀한 상호작용은 심화되는데, 나아가 사람과 기계의 공생(Symbiosen)을 가능하게 한다. 여기서 해명이 필요하다.[30)] 체화된 지능형 시스템(지능형로봇)의 경우 종종 자율시스템라고 하는데, 이런 시스템은 생활세계에서 종종 직접 사람과 상호작용한다. 따라서 여기선 시스템의 결정의 책임성과 귀속의 물음이 매우 분명하다. 기술적 측면에서 '자율'(Autonomie)의 의미는 시스템이 인간프로그래머에 대해 부분적으

의 능력으로 정의된다. 반면 지능이란 독일어 개념(Intelligenz)에는 종종 이를 넘는 의미의 본지가 주어진다. 여기서 컴퓨터 공학자인 Larry Tesler의 정리는 많은 것을 시사한다: "지능이란 기계가 이제까지 행하지 않은 모든 것이다"(Intelligence is whatever machines haven't done yet), "인공지능은 이제까지 행해지지 않은 모든 것이다"("AI is whatever hasn't been done yet).

25) Wischmeyer,Regulierung intelligenter Systeme, AöR 143(2018), S.1(12).

26) Ertel, Grundkurs Künstliche Intelligenz, 4.Auf., 2016, S.194.

27) Wischmeyer, a.a.O., 1(12).

28) 소프트웨어 에이전트란 인간을 대신해서 업무를 수행하는 소프트웨어를 말한다. 여기서 'agent'의 의미를 되새겨볼 필요가 있는데, 행정활동과 관련해서 행정주체, 행정기관(행정청), 행정담당자에 관한 이해가 도움을 준다. 행정주체는 통상 사람처럼 법효과가 귀속하는 존재이다. 행정기관은 행정주체를 대신하여 행정주체에 대해 법효과를 귀속시키는 행위자(agent)로서의 역할을 하고, 행정담당자는 행정기관의 구체적인 구성요소로서 직접적으로 행동에 나서는 자(actor)이다. 여기서 'agency'의 개념에 관한 이해가 필요한데, 공법에서는 그것을 행정청으로 옮기지만, 본래 철학이나 사회과학에서는 '인간의 주제적 역량'을 뜻한다.

29) Teubner, Digitale Rechtssubjekte? AcP 218(2018), S.155(168ff.).

30) Wischmeyer, a.a.O., 1(5); Kersten, Menschen und Maschinen, JZ 70(2015), 1ff.

로 의존하지 않는다는 것인데, 이런 비의존성은 시스템의 학습능력에서 비롯된다. 자칫 기술적 자율개념과 까다로운 철학적 자율개념의 다름이 간과되면, 규범적 추정이 성찰 없이 법에 들어올 수 있는데, 이는 －타당하지 않게도－ 법적인 물음인 귀속물음에 영향을 미칠 수 있다. 그리하여 이상의 지적을 바탕으로, Wischmeyer 교수는 법적 차원에서 오해의 여지가 있는 자율시스템보다는 지능형 컴퓨터시스템이 더 낫다고 지적하였다.[31] 따라서 인공지능과 관련한 법적 논의에서 자율의 의미는 사전에 확정된 프로그램에서 벗어날 수 있다는 차원에서 즉, '예측불가능한 결정'을 발하는 능력의 차원에서 이해해야 한다.[32] 학습능력이 있는 컴퓨터시스템과 지능형 컴퓨터시스템 역시 －통상적인 이해에 비해－ 이런 축소된 의미에서 자율적으로 작동한다.[33] 여기서 자율의 정도에 따른 자율적 시스템의 나눔이 필요하다.[34]

학습단계에서의 컴퓨터코드의 변경이 아웃풋의 불가측성에 이바지한다. －예측불가능한 결정이 내려진다는 의미에서의－ 자율적 컴퓨터시스템은 이런 의미에서 점차 정치적 지배의 행사(가령 집단적으로(공동적으로) 구속적인 결정의 파생되지 않은 형성)에도[35] 도입된다. 자율적 컴퓨터시스템이 도입된 후에 결정은 더 이상 사람에 의해 발해지지 않고, 전체적으로나 부분적으로나 컴퓨터시스템에 맡겨져 있는데, 컴퓨터시스템은 사람을 대신하여 사안의 일정한 데이터를 완전히 예측할 수 없는 아웃풋으로 전환시킨다. 설령 다소간 자율적으로 인풋을 아웃풋으로 전화시키더라도, 자율적 컴퓨터시스템은 항상 사람과 기계를 통합시키는 상위의 결정시스템에 연계된다. 하지만 자율적 컴퓨터시스템은 단순한 기계시스템과는 달리 결코 순수한 도구는 더 이상 아니다. 왜냐하면 그것의 아웃풋은 완전히 사전에 결정 내려진 것이 아니어서 완결적으로 그 자체는 물론 그 귀속관계를 사전에 예측할 수 없기 때문이다. 다시 말해 자율적 컴퓨터시스템의 운용방식은 부분적으로 블랙박스(Blackbox)에 흡사하기에, 당연히 민주주의적 귀속가능성의 물음이 제기된다. 더불어 개인이 나날이 복잡해지는 디지털 세계에서 기

31) Wischmeyer, a.a.O., 1(5 Fn.12).

32) 자율은 전적으로 인간에 대해서만 통용되고 아무리 진화된 형태라 하여도 알고리즘의 경우에는 자율이 아닌 자동의 문제라고 볼 수 있는데, 엄밀한 개념사용의 차원에서는 수긍할만 하나, 인간의 판단과 결정 역시 기왕의 논의로부터 완전히 자유로운 상태, 마치 진공상태에서 내려지는 것은 아니다. 즉, 자율과 자동의 구분의 문제는 상대적이다.

33) Teubner 교수는 법이 다음의 경우에 자율－소프트웨어에이전트의 결정능력과 책임능력－을 착안점으로 삼아야 한다고 지적한다. (1) 소프트웨어 에이전트가 대안 가운데 결정을 내려야 할 정도로 프로그래밍되어 있고, (2) 그것이 여러 상이한 기준의 최적화로서의 이런 결정을 내려야 하고, (3) 프로그래머가 소프트웨어 에이전트의 행위를 추후적으로 설명할 수도 없고, 미래를 위하여 예측할 수도 없고, 오로지 사후에 교정할 수 있을 뿐인 경우(ders., a.a.O., 155(174)).

34) 부분자율적 시스템의 경우는 기계에 의한 방향설정을 바탕으로 완결적으로 결정을 내리는 것은 여전히 사람에게 맡겨져 있는 것으로, 절반자율적 시스템의 경우는 결정 역시 기계에 의해 행해질 수 있으되, 그 시스템을 사람이 감독하는 것으로, 완전자율적 시스템의 경우만이 사람이 완전히 배제되는 것으로 현재에는 존재하지 않는다. Dederer, Letale Autonome Waffensysteme(LAWS), RW 2018, S.380(386ff.).

35) 정치적 지배의 개념에 관해서는 S. Unger, Das Verfassungsprinzip der Demokratie, 2008, S.10ff.

술시스템을 설명 · 이해 · 제어하지 못하므로, 법질서는 사회의 기본가치를 기술형성에서 직접 실행하는 것과 통제를 위한 효과적인 메커니즘을 개발하는 것을 더욱더 중시하여야 한다.36)

4. 민주적 귀속문제로서의 디지털지배의 문제점

대의제 민주주의는 그 기능방식에 비추어 지배(공권력)의 행사가 우선 국가기관에 대해서 그리고 책임의 사슬을 통해 마지막으로 정당성의 주체에 대해 귀속될 수 있는 식으로 해석된다.37) 대의제 민주주의는 이런 관점에서 귀속의 상관관계, 책임의 상관관계 그리고 정당성의 상관관계이다.38) 이런 상관관계가 충분히 효과적이고 안정적일 때, 국가권력은 국민으로 나온다는 헌법 제1조 제2항의 명제가 구현된다. 그렇지 않으면 국가권력 및 그 행사는 헌법적 관점에서 위헌이 된다.39) 이런 배경에서 고권주체에 의한 인공지능의 도입 및 그로 인한 다소간 자율적 컴퓨터시스템의 도입은 귀속등의 상관관계의 차원에서 문제된다. 시스템의 아웃풋을 완결적으로 예상할 수 없어서 책임이 최후의 특정한 사람에게까지 귀속될 수 없기 때문이다.40) 민주주의의 측면에서 알고리즘의 지배의 문제는 민주적 귀속의 문제이다.41)

과실책임주의를 바탕으로 한 현재의 책임도그마틱은 심각한 도전에 처한다. 특히 私法에서는 컴퓨터도입에서의 책임의 흠결(Verantwortungslücken)의 문제가42) 논의된다. 궁극적으로 과실책임주의를 바탕으로 한 귀속체제가 근본적인 수정보완을 필요로 하는지 여부가 논의가 된다.43) 압도적인 견해에 의하면, 지능형(초지능형은 아닌) 시스템이 '인간의 활동의 영역'에 삽입되는 점에는 변함이 없다.44) 이런 인간의 활동에 삽입되는 것이 수긍되면, 시스템의 행위(용태)가 전통적인 사법상의 귀속체제에 기초하여

36) Martini, Algorithmen als Herausforderung für die Rechtsordnung, JZ 2017, S.1017(1019f,).

37) Böckenförde, Demokratische Willensbildung und Repräsentation, in: Isesee/Kirchhof(Hrsg.), HStR Ⅲ, 3.Aufl., 2005, §34 Rn.16ff.

38) H. Dreier, in: ders.(Hrsg.), GG Ⅱ, 3.Aufl., 2015, Art.20 Rn.109; BVerfGE 130, 76(123); 135, 155(221); 136, 194(261).

39) H. Dreier, in: ders.(Hrsg.), GG Ⅱ, 3.Aufl., 2015, Art.20 Rn.84.

40) Wischmeyer, a.a.O., S.1(36).

41) 이 글에서는 지면관계상 알고리즘과 민주주의 문제는 별도로 다루지 않는다. 디지털 코드의 민주화에 관해서는 vgl. Boehme-Neßler, Algorithmen und Demokratie: Anmerkungen zur Digitalisierung des Verfassungsrechts, GewArch 2019, S.129(130f.)

42) Teubner,a.a.O., S.155(157f.).

43) 특히 지능형시스템에 대해 -시스템을 권리와 의무의 독립된 주체로 만드는- '디지털 인격성'(digitale Persönlichkeit)을 인정하는 것이 가능하거나 의미있는지 여부가 고려된다. 대안적으로 대리인(Vertreter)이나 이행보조인으로 분류하는 것에 관해 숙고된다. 상응한 숙고는 책임과 같은 범주가 기계에 확대되는지 여부의 물음이나 지능형시스템이 인격권이나 법적 인격성의 인정이 필요하다는 인식을 가지고 있는지 여부의 물음에 이바지하는 논쟁과 결합되어 있다. Wischmeyer, a.a.O., S.1(36f.).

44) Wischmeyer, a.a.O., S.1(38).

(시스템의 제조자나 사용자와 같은) 자연인이나 법인에 대해 귀속된다는 주장은[45] 충분히 가능하고 설득력이 있다.[46]

하지만 私法영역에서 책임귀속에 초점을 맞춘 이런 해결방안이 컴퓨터시스템의 아웃풋의 민주적 정당성의 물음을 직접적으로 해소하지는 못한다. 국가권력 및 국가활동은 민주적 정당성을 바탕으로 한다. 민주적 정당성은 귀속에 관한 까다로운 구상을 바탕으로 인정된다. 사법에서의 책임귀속자의 인정에서처럼 그 행위의 책임자가 밝혀질 수 있거나 법률상으로 규정되어 있다는 점으로는 민주적 정당성의 문제를 해결하는 데 충분하지 않다.[47] 오히려 역으로 컴퓨터시스템의 행위가 모든 권력이 국민에게서 나온다는 의미에서 이런 책임자에 대해 귀속될 수 있어야 한다. 왜냐하면 책임귀속의 본질적인 특성에서 컴퓨터시스템의 행위가 책임자에 의해 정해져 있기 때문이다. 전통적인 정당성의 구조에서 이런 귀속의 상관관계는 우선 사항적 · 내용적 정당성의 차원에서 –직접 민주적으로 정당화된 의회의 입법자에 의한– 추상적, 일반적 규율로서의 법률과 –행정부와 개개의 집행부서 사이에 존재하는– 수직적 감독지시의 관계에 의해서 만들어진다.[48] 컴퓨터시스템의 결정이 정당성의 주체와 국가적 대표자에 의한 조종을 면하는 경향이라는 점을 용인할 수밖에 없다. 따라서 다소간의 자율적 컴퓨터시스템은 이런 귀속아키텍처(Zurechnungsarchitektur)를[49] 요구한다고 하겠다.

새로운 조직유형으로서의 디지털화의 과정에서 컴퓨터시스템에 의한 알고리즘적 조종이 관료제와 시장이라는 전통적인 조직유형과 병행한다는 조직론적 전제는 큰 도움이 된다. 민주주의에 관한 특별한 독일적 이해는 그것을 귀속 · 책임 · 정당성의 상관관계로서 접근하는 데 있다. 이런 접근은 전적으로 관료제의 조직유형에 바탕을 둔다.[50]

---

45) 한편 '디지털 사람'(digitale Person) 즉, '전자인'(e-person)의 경우 그 스스로 권리와 의무의 주체가 될 수 있고, 그리하여 그의 행위와 관련해서 자신이 책임을 질 수 있게 된다. '디지털 사람'이라는 존재의 인정은 더 확실한 방법으로 귀속물음을 넘어서는 것이 되어, 근본적으로 다른 해결방안이 된다. 이런 관점에 관해서는 Teubner, AcP 218(2018), 155ff.; Kersten, JZ 2015, 1(6f.).

46) 여기서 독일 민사법에서는 제조자의 책임으로 접근하는 입장(Wagner, AcP 217(2017), 707)과 사용자의 책임으로 접근하는 입장(Hacker, RW 2018, 243(248ff.)이 나뉘는데, Schaub는 입법정책적으로 제조자의 제조물책임 이외에 사용자의 위험책임을 찬동한다(ders., Interaktion von Mensch und Maschine, JZ 2017, 342(348)).

47) Unger, Demoktratische Herrrschaft und künstliche Intelligenz, S.113(119).

48) Böckenförde, a.a.O., §34 Rn.21f.

49) 아키텍처(architekture)는 컴퓨터에 필요한 논리적 기능이나 표현 방식 또는 컴퓨터의 기능 요소와 그 구성방식 등 하드웨어를 제작하는 데 해당되는 설계사양을 말한다. 컴퓨터 아키텍처라고도 한다. 수요자 입장에서 본 컴퓨터의 하드웨어 구조나 동작 및 논리구조의 개념이다(컴퓨터 정보용어대사전). 인터넷의 아키텍처에 관한 상론은 Bauer/Latzer, Handbook on the Economics of the Internet, 2016, S.288f.

50) 일찍이 Max Weber는 관료제 행정을 가장 합리적인 지배 · 조직형성의 형식으로 분류하였다(Max Weber, Wirtschaft und Gesellschaft–Soziologie, in: Baier(Hrsg.), Max Weber–Gesamtausgabe, Abt. I Bd.23, 2013, S.463.). 관료제(Bürokratie, Bureaucracy)란 명칭을 창안한 그의 견해에 의하면, 궁극적으로 기계처럼 작동하기에, 관료제 행정은 순전히 기술적으로 최고도로 완전하게 될 수 있으며, 그래서 특히 대량행정에서는 포기할 수 없다고 한다. 그런데 Max Weber가 100년 전에 창안한 관료제 행정 자체가 행정의 디지털화로 인해 특히 인공지능을 기반으로 한 공공 사물인터넷을 통해 기계 자체에 의해 운용되는 극적인 상황을 맞이하고 있다.

관료제의 조직유형에서 ―우선은 행정의 분야에서― 공권력행사의 지배메커니즘은 조건적으로 구조화된 규범적 프로그램에 강하게 복속된다, 그리고 위계, 감독, 공백 없는 지시라인이 그 특징이다.[51] 일견 컴퓨터시스템에 의한 알고리즘적 조종은 관료제의 조직유형과 유사함을 보여준다. 사실상으로 고권적인 결정아키텍처(Entscheidungsarchitekturen)에[52] 컴퓨터시스템을 결합시킬 경우에 추상적, 일반적 규율을 이진법 코드에 이전시키고, 이어서 사람이 아니라 기계에 의해 처리될 것이다. 그러면 알고리즘에 의한 조종은 사실상으로 어느 정도로 '관료제의 소프트웨어 버전'이[53] 될 것이며, 그리하여 쉽게 전통적인 귀속 · 정당성의 아키텍처에 통합될 것이다. 이 경우에 사람에 의한 규칙집행보다 기계에 의한 규칙집행이 매우 탁월할 것이다. 왜냐하면 기계에 의한 규칙의 집행의 경우에는 사람이 종종 범하는 비합리적인 고려가 제외되기 때문이다. 그렇지만 이런 호평에는 편견배제의 이점에 못지않게 중요한 번역문제가 간과된다. 법률과 코드는 공통의 메타언어를[54] 가지고 있지 않다.[55] 법률이 코드로 번역되는 경우, 그것의 지향점은 필연적으로 변화를 겪는다. 비학습적인 컴퓨터시스템의 경우에도 코드에 대해 어느 정도의 고유한 역동성과 독자성을 부인할 수는 없는데,[56] 이것은 특히 법률이 곧바로 코드로 번역될 수 없는 규율(재량여지와 판단여지를 부여한 규정)을 담고 있는 경우에 그러하다.[57] 번역작업은 그 본연에 맞춰― 의회가 아니라, ―다양하게 민간전문가를 활용하는― 집행부가 완수한다. 이런 이유에서도 법률은 그 중요성을 상실한다.[58] 이상에서 제기되는 불확실성의 물음은 학습능력 컴퓨터시스템에서 그 문제가 심화된다. 즉, 인풋을 아웃풋으로 변환시키는 기능이 자기학습의 국면에서 바뀌는데, 그리하여 지능형시스템은 상황에 맞춰 응용적으로 운용되고, '규칙에 기반하여 사전프로그래밍에 맞게'(regelbasiert präprogrammiert) 운용되지는 않는다.[59]

---

51) H. Dreier, Hierachische Verwaltung im demokratischen Staat, 1991, S.142.

52) 이를 통해 알고리즘의 도입의 맥락으로 확장되는데, 분명해지는 점은, 알고리즘은 소프트웨어와 하드웨어와의 공동작용은 물론, 소프트웨어와 하드웨어를 복잡한 인프라에 삽입하는 것과도 연계된다. 그리하여 정보통신기술의 후속적인 기능적 요건과 활용가능성의 중요성이 간접적으로 분명해진다. ―알고리즘개발자, 컴퓨터망도안자, 인프라구축자, 업무모델개발자, 서비스제공자 등과 같은― 행위주체의 각각의 역할이 특별한 행위맥락에 연결된다.

53) 그리하여 실체적 법규가 디지털화된다고 지적된다. Ahrendt, Alte Zöpfe neu geflochten―Das materielle Recht in der Hand von Programmierern, NJW 2017, S.537(540).

54) 메타언어는 언어학 및 논리학에서 대상 언어의 기술 내용을 범주화하거나 규칙화하는 데에 사용되는 언어를 의미한다. 네이버 백과사전.

55) Buchholz, Legal Tech, JuS 2017, S.956(956f.).

56) Maier, Verfassungsrechtliche Aspekte der Digitalisierung des Besteuerungsverfahrens, JZ 2017, S.614(618).

57) Ahrendt, a.a.O., S.537(540).

58) 따라서 Unger 교수는 고전적, 관료제적, (전통적인 정당성의 구조에서의) 민주제적 조종수단으로서의 법률의 선도적 역할이 지속적으로 견지할지 여부 또는 법률적 규칙을 컴퓨터시스템에 의한 후속 프로그래밍을 위한 제안으로 규정하는 것이 중기적으로는 생략되지 않고, 행해질지 여부가 의문스럽게 여겨진다고 지적한다(ders., a.a.O., S.113(121)).

59) Unger, Demoktratische Herrschaft und künstliche Intelligenz, S.113(122).

5. 특히 정치영역에서 민주적 정당화의 차원에서 문제되는 상황: 인공지능에 의한 입법의 문제[60)]

특정 정파에 대한 호불호를 떠나서 대국민신뢰도지수가 보여주듯이 대부분의 국민들은 국회를 곱지 않은 눈으로 보고 있다. 국회가 제 할 일을 하지 않는다는 것이다. 국회의 본래의 소임은 입법이다. 그러나 현실에서 각 정파의 이해로 인해 시급한 입법이 빈번히 심각한 교착상태에 처하곤 한다. 여기서 AI의 자기학습 알고리즘을 바탕으로 입법하는 것에 대해 생각해 봄직 하다.[61)] AI기술이 지금보다 더 진보하여, 입법자의 의사가 제대로 반영될 수 있게, 풍부한 데이터베이스를 체계화 하여 최대한 빅데이터를 활용하고, 체계상의 모순을 가능한 정확하게 제거한다면, 연구수준과 사회적 요청에 적절히 부응한 입법을 만들어 낼 수 있을 것이다.

문제는 AI의 자기학습 알고리즘을 바탕으로 한 이런 입법과정 및 결과가 과연 민주주의의 원리에 부합하는지 여부이다. 모든 국가 권력은 국민으로부터 나온다. 대의제하에서 국가권력의 정당성은 국민에 의해 선출된 자가 국가권력을 행사하는 데 있다. 관건은 입법과정에서 AI를 사용하는 것이 민주적 정당성의 요구수준을 저해하는지 여부이다. 현실에서 이미 해당분야의 많은 전문가가 입법과정에 적극적으로 관여하고 있다. 특히 복잡하고 다층적인 규율대상의 경우 초안 마련에서부터 해당 분야 전문가의 폭넓은 자문과 협력이 결정적이다. 입법에 대해 외부 전문가의 인적 자문이 사용되든, 그런 것이 지능형 소프트웨어에 의해 생성되었든 아무런 차이가 없다. 입법에 AI를 활용하는 것 자체는 문제되지 않는다. 문제는 민주주의의 원리에 따른 의회의 결정고권(Entscheidungshoheit des Parlaments)을 어떻게 견지하느냐이다.

의회가 국민에 의한 선출을 통해 민주적 정당성을 갖기에, 의회는 자신의 권한행사에 대해 국민에게 책임을 져야 한다. AI의 자기학습 알고리즘이 아무리 진보한다 하더라도 그것은 단지 입법을 지원하는 수준에 그친다. 설령 입법과정에서 인공지능이 주도적 역할을 하더라도, 그로 인해 결코 의원의 고유한 입법권이 훼손되거나 국민이

60) 이하의 내용은 Klaas, Demokratieprinzip im Spannungsfeld mit künstlicher Intelligenz, MMR 2019, 84ff.을 참고한 것이다.

61) AI를 도입하여 입법을 한다면, 다음과 같은 과정을 상상할 수 있다. 우선 입법목적을 실현하기 위해 법률 분야의 연구와 결과를 담은 빅데이터를 기반으로 한 알고리즘이, 법률을 포함한 관련 분야 전문가와 정보처리전문가에 의해 만들어지고, 여기에는 해당 법률과 직접 관련되는 이해관계자의 찬반의 논거와 의견이 포함된다. 이러한 개별 정보블록을 자기학습 알고리즘의 소프트웨어가 법률제안자가 정의한 목표를 달성하기 위한 중요도에 따라 독자적으로 저울질한다. 이와 병행해서 관련 이해 당사자의 반론을 타당성의 차원에서 검토하고, 그것을 고려할지도 함께 저울질한다. 이어서 알고리즘은 이런 방식으로 생성된 정보의 형상을 법학적으로 처리할 수 있는 형식으로 즉, 법률의 형식으로 변환시킨다. 빅데이터에 관한 상론은 vgl. W. Hoffmann-Riem, Die digitale Transformation, in: Unger/Unger-Stenberg(Hrsg.), Demoktratie und künstliche Intelligenz, 2019, 129 (135ff.).

의원에게 맡긴 고유한 임무가 대체되어서는 아니 된다. 특히 초안 작성 및 위원회 단계에서의 준비작업이 전적으로 AI알고리즘에 입각해 진행되고 의원들이 충분한 독회를 통해 관련 내용을 숙고하지 않는다면, 민주적 정당성의 차원에서 민주주의의 결핍(Demokratiedefizit)이라는 심각한 문제가 발생한다. 민주주의의 원리의 차원에서 중요한 것은, 의원의 최종의결에 의해 법률이 완성되었다는 결과가 아니라, 입법과정에서 의원이나 의회가 빅데이터를 기반으로 한 입법알고리즘의 제안을 광범하게 충분히 논의하였는지, 관련한 후속적인 물음을 제기하고, 대안적 해결의 착안점을 고려하였는지 여부이다. 만약 이런 노력이 강구되지 않은 채 입법이 되면 사실상 알고리즘이 입법한 셈이고,[62] 이는 허용되지 않는 입법아웃소싱(Gesetzgebungsoutsourcing)에 해당한다.[63]

Ⅲ. 디지털지배의 민주적 정당화 문제를 해결하기 위한 모색

1. 전제: 현실론적 접근

디지털시대에 즈음하여 기본권에 기하여 의무를 지는 국가는 자율적 시스템에서 비롯된 인격훼손이 없도록 개인의 자율을 보호하는 과제를 진다. 자기학습 소프터웨어 애플리케이션의 다양한 동원가능성을 효과적인 규율시스템으로 관리하여야 한다.[64] 하지만 디지털화 및 지능형 컴퓨터시스템이 지닌 문제점과 그로 인한 기왕의 법질서에 대한 위협이 '알고크라시'란 명제가 시사하듯이 막대하다 하더라도, 모든 영역의 디지털화를 원천적으로 저지할 수 없는 이상, 디지털지배의 문제를 디지털시대 이전의 사고에서 바라보는 것은 타당하지 않은 뿐 더러 지극히 비현실적이다.[65] 디지털화의 문제는 兩價的이다. 가령 알고리즘 및 컴퓨터시스템의 불투명성 문제는 한편으로는 프라이버시와 지적재산권의 차원에서는 분명히 음(-)의 효과이지만, 다른 한편으로는 디지털화를 촉진하는 동력이기도 하다. 입법자는 효과적인 인격보호, 영업비밀의 보호, 디지털의 잠재가치의 증진사이의 복잡한 갈등상황에서 그 갭을 처리하여야 하는데, 갈수록 급속한 디지털화의 현실을 전제로 합리적인 대안의 마련에 나서야 한다. 이하에서는 디지털지배의 민주적 정당화 문제를 해결하기 위하여 여러 차원에서 강구될 수

62) Klaas, a.a.O., S.84(87).

63) 입법아웃소싱에 관한 상론은 김중권, 이른바 입법아웃소싱의 공법적 문제점에 관한 소고, 입법평가연구 제10-2호, 2016.10.30., 15면 이하.

64) Martini, a.a.O., S.1017(1025).

65) Danaher 교수 역시 알고크라시의 위협에 저항하는 것은 가능하지도 바람직하지도 않다는 점을 강조한다. Danaher, The Threat of Algocracy, 245(255). 그는 알고크라시의 위협을 수용하는 방안으로 ⅰ) 알고리즘에 대한 인간의 심사, ⅱ) 인간의 인식 향상, ⅲ) 기록(Sousveillance)기술의 수용, ⅳ) 알고리즘과 개별적 파트너십의 형성을 제시한다(p.258ff.).

있는 모색을 검토하고자 한다.[66)]

2. '아웃풋지향적'(output – orientiert) 정당화구상의 동원 문제

아웃풋의 산출에서 상대적으로 사전예측이 불가능하다는 의미에서의 시스템의 자율은 문제되지 않는다. 임무가 자율적으로 활동하는 사람에 의해 이행되든, 자율적으로 활동하는 알고리즘에 의해 이행되든, 그것은 차이가 없다는 지적은 타당하다. 임무가 자율적으로 활동하는 사람에 의해 이행되는 경우에도 사람의 내적 과정에 접근하기란 애초에 불가능하다. 관료제의 조종수단의 핵심인 법률과 감독체제는 사람 및 언어지시를 이해하고 따르는 사람의 능력에 맞추어 만들어졌다.[67)] 기왕의 관료제적 메커니즘이 사람의 행위의 불가측성(예측불가, Unvorhersehbarkeit)을 수긍할 정도로 축소시키는 데는 적합할 수는 있지만, –설령 조종의 명령이 기계의 언어 즉, 코드로 옮겨진다 하더라도– 지능형시스템에서는 그것의 불가측성을 그다지 축소하지 못한다.[68)] 지능형 컴퓨터시스템에서의 아웃풋의 불가측성은 핵심의 일부이고, 현실의 암흑구조에서 미지의 상관관계를 나타내는 것이 문제된다. 이와 관련해서 G. Teubner 교수는 자율적 알고리즘의 발견절차에 관해 언급하였는데, 그에 의하면 이런 절차에서는 무모한 모험(Sprung ins Dunkle)을 감행하며, 새로운 것을 시험(음미)하는 데, 그리고 더 이상 미리 계산하지 않고, 오로지 사후적으로 그 후과를 심사하는 데에만 혁신의 잠재성이 최대한 이용된다고 한다.[69)] 즉, 지능형시스템의 핵심적 특징인 자율은 결코 원치 않는 부작용이나 결함은 결코 아니고, 오히려 지능형시스템이 구비해야 할 특별한 성능을 충족시키기 위한 요건(조건)이다.

관료제의 조종수단은 제도의 본질로 인해 부분적인 공전(Leerlauf)은 피할 수 없다. 그런데 이런 공전의 문제점을 행정청이 내린 결정의 특별한 품질이나 그것의 합리화 효력이 메울 수 있다.[70)] 즉, 원천적인 제도적 한계가 아웃풋 즉, 결과와 내용으로 정

---

66) 이하의 내용은 Unger 교수의 주장(ders., Demoktratische Herrrschaft und künstliche Intelligenz, S.113(118ff.)을 바탕으로 한 것인데, 여기서의 논의를 토대로 알고리즘의 법적 규율에 관한 연구를 수행하고 있다.

67) 사람이 법을 따르는 것은 사람의 자율의 표현이라고 Funke, in: Hilbert/Raumer(Hrsg.), Warum befolgen wir Recht?, 2019, S.201(213f.)는 지적하였다.

68) Borges는 자율시스템은 법에 대해 엄청난 요구를 제기하는데, 그 이유는 법은 오로지 사람의 자율적 행위를 상정하고, 기계에 의한 자율에 대해서는 준비가 되어 있지 않기 때문이라고 한다(ders., Rechtliche Rahmenbedingungen für autonome Systeme, NJW 2018, S.977(978)). Boehmer–Neßler 교수는 법은 기술을 조종할 수 없다고 지적하였는데(ders., a.a.O., S.129(131): Boehme–Neßler 교수는 아날로그적인 법과 디지털 세계를 대비시켜서, 탈경계로서의 디지털과 경계설정으로서의 법 등을 지적한다(ders., Die Macht der Algorithmen und die Ohnmacht des Rechts, NJW 2017, 3031ff.).

69) Teubner, a.a.O., S.155(157f.).

70) 이에 관해서는 Ruffert, in: Calliess/ders.(Hrsg.), EUV/AEUV, 5.Aufl., 2016, Art.9 EUV Rn.11.

당화되는 셈이다. 그런데 공법시스템의 민주적 정당화의 기본구조는 선거와 같이 정당성을 부여하는 대위적 메커니즘을 근간으로 하는 '인풋 지향적'(input-orientiert) 정당화구조이다. 그리하여 헌법에 바탕을 둔 공법시스템(대위제) 그 자체가 지능형시스템의 도입의 결정적인 장애가 된다. 지능형 컴퓨터시스템이 사람과 대비하여 갖는 특별한 성능이, 민주적 정당화를 위하여 '아웃풋지향적'(output-orientiert) 정당화구상에 의거하여 동원될 수 있다.[71] 가령 Petersen 교수는 민주적 정당성은 국민의 투표행위에 전적으로 확고히 기인하지 않고, 경우에 따라서는 권력행사자의 감정서와 전문지식에 의해서도 성립할 수 있다고 한다.[72] Teubner 교수 역시 고유한 리스크를 지닌 불확실성의 결정으로서의 자율적인 결정의 나름의 정당화는 자율적인 알고리즘의 도입의 발견절차에, 즉, 그것의 막대한 혁신의 잠재성에 있다고 하였다.[73] 그래서 '아웃풋지향적인' 정당화구상에 비판적인 Unger 교수는[74] 자율적 컴퓨터시스템의 도입을 규율하기 노력이 고권주체와 관련해서 아웃풋 지향적으로 논증하는 점이 놀랍지 않다고 지적한다.[75]

대위제 민주주의가 견지되는 이상, 헌법상의 민주적 정당성 요청은 '인풋 지향적인'(input-orientiert) 정당화를 바탕으로 한다. 따라서 '아웃풋지향적인'(output-orientiert) 정당화구상은 '인풋 지향적인'(input-orientiert) 정당화를 대체할 수는 없다. 다만 그것을 보완하는 점은 나름 수긍할 만하고,[76] 그에 따라 민주적 귀속 문제를 다소간 완화할 것으로 기대된다. 사실 선출과 같은 민주적 정당화의 전통적인 형식은 행정결정의 수용가능성을 제공하는 데 있어서 종종 불충분하다. 민주주의에서는 행정청이 바르게 활동한다는 것만으로는 충분하지 않다. 행정결정은 비단 관련자만이 아니라, 다수의

---

71) '인풋 지향적' 정당화와 '아웃풋지향적' 정당화의 구분은 본래 유럽연합의 정당성에 관한 논쟁에서 법학에 들어왔다. 전자는 'government by the people'를 지향하고, 후자는 'government for the people'을 지향한다. '아웃풋지향적' 정당화는 법학과 정치학에서 많은 비판이 제기되는데, 민주주의의 절차적 성격을 무시하고 자칫 전문가에 의한 지배(Expertokratie)로 전락할 수 있다는 것이다. 그러나 이에 대해 Petersen 교수는 그 비판은 오해에서 비롯된 것으로 실은 '아웃풋지향적' 정당성은 기왕의 실체적(내용적) 정당성(substantieller Legitimität)에 비견되는 것으로 '인풋 지향적' 정당성과는 달리 절차적, 실체적 두 가지 성질을 가진다고 반론을 제기한다. 가령 절차적인 문제에서 국가의사결정에 시민의 참여의 정도와 관련해서 양자는 관점의 차이에 지나지 않는다고 하면서, '인풋 지향적' 정당성의 경우에는 가능한 높은 수준을 설정하는 데 대해서, '아웃풋 지향적' 정당성의 경우 가능한 좋은 결정을 기대할 수준에 만족한다고 지적한다. 그리하여 그는 기본법의 제도적 구조는 두 가지의 정당성을 모두 가진다고 주장한다. Petersen, Demokratie und Grundgesetz, 2008, S.8ff.

72) Petersen, a.a.O., S.26f.

73) ders., a.a.O., 155(175f.), 그에 의하면 궁극적으로 개인과 공중을 위한 효용과 리스크의 형량이 문제된다. 한편 Zech 교수는 알고리즘이 예상불가의 결정을 내릴 리스크를 무릅써야 하는 문제에 대해 매우 엄격한 입장을 견지하여 현행법상으로 자율적 알고리즘의 도입은 원칙적으로 위법이고, 입법자만이 허용할 수 있는데, 그것도 입법자가 효과적인 리스크사전배려를 동시에 규정한 경우에만 될 수 있다고 주장하였다(ders., in: Gless/Seelmann(Hrsg.), Inteligente Agenten und Recht, 2016, S.163(191ff.).

74) ders., Das Verfassungsprinzip der Demoktratie, 2008, S.278ff.

75) Unger, Demoktratische Herrrschaft und künstliche Intelligenz, S.113(123).

76) Trute, Die demokratische Legitimation der Verwaltung, in: Hoffmann-Riem/Schmidt-Aßmann/Voßkuhle(Hrsg.), Grundlagen des Verwaltungsrechts, Bd. I, 2.Aufl.. 2012. §6 Rn.53.

'바르게 공평하게 사고하는 시민'도 설득해야 하는데, 이를 위해서는 행정결정의 탁월함만을 내세우기보다는 민주주의원리의 요구도 수용하고 증진하는 절차형성이 필요하다.77) 이런 차원에서 Wischmeyer 교수는 다음과 같이 주장하였다: 지능형 시스템의 모든 결정을 관련인에 대해서 이해시키는 것이 정책의 중요한 목표나 헌법적 의무의 집행은 아니지만, 인공지능시스템을 찬반 논거 및 결정과 통제의 네트워크에 즉, 법치국가원리적 제도와 절차에 연결시키는 것은 꼭 필요하다. 이것은 이유제시 아키텍처와 통제 아키텍처의 범주에서 '법치국가의 제도와 절차에' 컴퓨터시스템을 편입시켜야 한다는 요구이다. 컴퓨터시스템이 이렇게 편입되면, 컴퓨터시스템은 결정을 지지하는 이유에 관한 정보를 스스로 제공하고, 해서 프로그램과 프로그래머의 차원에서의 '자기통제와 타자통제'를 가능하게 한다.78)

3. 인간행위의 우위에 의한 정당화 확보 문제79)

유럽에서는 '인공지능의 윤리'(Ethics of Artificial Intelligence)의 이름으로 −자율적 컴퓨터시스템의 개발과 도입을 위한 지침으로써− 일련의 윤리적 제 요청이 마련되었다. 유럽의 차원에서 유럽집행이사회가 임명한 전문가집단(High−Level Expert Group on Artificial Intelligence (AI HLEG))이 '신뢰할 수 있는 인공지능 윤리가이드라인'(The Ethics Guidelines for Trustworthy AI)을 마련하였다. 이 '신뢰할 수 있는 인공지능 윤리가이드라인'은 유럽기본권과 일반적인 윤리 원칙으로부터80) 인공지능에 관한 상대적으로 구체적인 다음의 7가지의 중요한 요청을 집약하였다.81) 7가지의 중요한 요청 가운데 '투명성', '책임성', '인간의 주체성과 감독(감시)'의 요청이 민주주의원리와 관련이 있

77) 헌법재판소 역시 의회민주주의 원리와 관련하여 과정상의 민주적 정당화까지 요구한다: 의회민주주의 원리는 국가의 정책결정에 참여할 권한을 국민의 대표기관인 의회에 유보하는 것에 그치지 않고, 의사결정과정의 민주적 정당성까지 요구한다. 절차의 민주성과 공개성이 보장되어야만 민주적 정당성도 획득될 수 있다. 의회민주주의국가에서 의사절차는 공개와 이성적 토론의 원리, 합리적 결정, 다원적 개방성, 즉 토론과 다양한 고려를 통하여 의안의 내용이 변경될 가능성, 다수결의 원리에 따른 의결 등 여러 가지 요소에 의하여 이루어져야 한다(헌재 2016. 5. 26. 2015헌라1 등).

78) Wischmeyer, a.a.O., 1(61). Wischmeyer 교수에 의하면, 이것이 성공하는 경우에만, 장기적으로 기술공학에 대한 신뢰가 증대되어 기술공학의 잠재적 생산력 역시 실현된다고 한다. 그리고 이유제시의 법제도의 분석이 기계결정이 법적 관점에서 효과적으로 비판될 수 있는 인프라를 위한 앵커포인터(기준점)를 제시한다고 한다.

79) 인간행위우위의 문제는 비단 '강한 인공지능'에서만이 아니라, '약한 인공지능'의 경우에도 논의가 필요하다. 공히 인간에 의해 인간이 배제되는 상황이기 때문이다.

80) 유럽기본권으로 인간 존엄성의 존중, 개인의 자유, 민주주의 · 사법권 · 법의 지배의 존중, 평등, 차별 없음, 연대, 시민의 권리를 들고, 일반적인 윤리원칙으로 인간 자율의 존중 원칙, 피해방지의 원칙, 공평의 원칙, 설명가능의 원칙을 든다. The Ethics Guidelines for Trustworthy AI, S.10ff.

81) High−Level Expert Group on Artificial Intelligence (AI HLEG), The Ethics Guidelines for Trustworthy AI, 2019, 14ff.: 1. 인간의 주체성과 감독(Human agency and oversight), 2. 기술적 견고함과 안전성(Technical robustness and safety), 3. 프라이버시와 데이터 거버넌스(Privacy and data governance), 4. 투명성(Transparency), 5. 다양성, 무차별, 공평(Diversity, non−discrimination and fairness), 6. 사회적, 환경적 월빙(Societal and environmental wellbeing), 7. 책임성(Accountability).

다. '투명성 요청'은 기계에 의한 결정과정의 기록과 표시에 통용된다. 그리하여 '책임성'의 개념하에 요구된 사후심사가능성(필요하면 상당한 권리보호의 범주에서)을 위한 근거가 존재한다는 것을 확고히 한다. '신뢰할 수 있는 인공지능 윤리가이드라인'은 '투명성 요청'에 추적가능성(Traceability), 설명가능성(Explainability), 의사소통(Communication)을 포함시킨다. '인간의 주체성과 감독'의 요청은 전체 '결정아키텍처'(Entscheidungsarchitekturen)와 사람과 기계간의 관계를 고려한다.[82] '신뢰할 수 있는 인공지능 윤리가이드라인'은 컴퓨터시스템의 기본권관련성에 입각하여 사람에 의한 통제와 감독에 대한 가변적인 최소한 정도를 요구하는데, 이를 통해 인간참여형 모델(Human–in–the–loop: HITL), 인간감독형 모델(Human–on–the–loop: HOTL), 인간명령형 모델(Human–in–command: HIC)의 접근과 같은 단계적인 거버넌스 메커니즘이 확고히 될 것이다.[83] 그리하여 국가개입의 부재로 기본권이 중대하게 훼손되지 않도록 과소금지(Untermaßverbot)의 의미에서[84] 자율적 컴퓨터시스템의 도입에서 사람이 원천 배제되지(out of the loop) 않는 것이 보장되어야 한다.[85] 이와 관련해서 Bull 교수는, 선거로부터 비롯된 국가권력 및 그것의 행사에 대한 영향에 관한 정당성을 공허하게 만드는 것은 민주적 정당성의 차원에서 금지된다는 점을 착안점으로 삼아,[86] 컴퓨터의 광범한 활용에 대한 사람의 결정력과 형성력의 고수의 원칙을 그들 기본법 제38조 제1항에서[87] 도출하여 제안하였다.[88] Unger 교수는 이런 방법으로 컴퓨터시스템은 사람에 맞춰진 정당성의 구조에 여전히 편입된다고 지적한다.[89] 참고로 베텔스만 재단(Bertelsmann Stiftung)이 발간한

---

82) '신뢰할 수 있는 인공지능 윤리가이드라인'의 다음과 같은 지적에서(S.15) 뚜렷하다: 인공지능 시스템은 인간의 자율성을 존중한다는 원칙에 따라 서술된 대로, 인간의 자율성과 의사결정을 지원해야 한다. 이는 인공지능 시스템에 대해 두 가지 점을 요구한다. 하나는 사용자의 주체성을 지원함으로써 민주적이고 번영하며 공평한 사회를 가능하게 하여야 하고, 다른 하나는 기본권을 육성해야 하고 인간에 의한 감독을 허용해야 한다.

83) 인간의 의사결정 단계는 스스로 관찰하고(Observe), 판단하고(Orient), 결심하고(Decision), 행동(Act)하는 일련의 자율 단계를 거치는데 이 단계의 앞글자를 따서 OODA 루프 또는 루프(loop)라고 부른다. 가령 무기체계가 작동될 때 인간의 통제로 무기체계를 사용한다면 'Human in the loop', 무기체계가 인간의 감독을 받고 있고 인간에 의한 중지가 가능하다면 'Human on the loop', 인간의 통제 없이 무기체계가 자체적으로 의사를 결정하고 행동한다면 'Human out of the loop'이다. '윤리가이드라인'에 의하면(S.16), 인간참여형 모델(HITL)은 시스템의 모든 결정 사이클에 인간이 개입할 수 있는 모델인데, 이는 대부분의 경우에 가능하지도 바람직하지도 않다고 한다. 인간감독형 모델(HOTL)은 시스템의 디자인 사이클과 시스템가동의 모니터링 중에 인간이 개입할 수 있는 모델이다. 인간명령형 모델(HIC)은 인공지능시스템의 전반적인 활동(더 광범한 경제적, 사회적, 법적, 윤리적 영향을 포함한다)을 감독할 수 있으며, 특정한 상황에서 시스템의 사용 여부와 방법을 결정내릴 수 있는 모델이다. 여기에는 특정한 상황에서 인공지능을 사용하지 않게 하는 결정, 인공지능사용 중의 인간의 재량의 수준을 정립하는 결정, 시스템에 의한 결정을 번복할 수 있음을 확실하게 하는 결정을 포함한다.

84) 과소금지의 용어는 일찍이 Schuppert가 헌법재판소의 심사에서 요구되는 신중함을 분명히 하기 위해 창안한 것이다(Ders., Funktionell–rechtliche Grenzen der Verfassungsinterpretation, 1980, S.15.). 비록 그것이 원래 생명, 신체 및 재산권과 같은 중요 법익과 관련하여 전개되었지만, 이들을 넘어 기본권의 보호법익 전반에 –나름 차별적으로– 통용될 수 있다고 보아야 한다.

85) Unger, Demoktratische Herrschaft und künstliche Intelligenz, S.113(125).

86) 이는 이른바 Maastricht 판결에서(BVerfGE 89, 155(171f.)) 처음 등장하였다.

87) 독일 연방의회 의원은 보통 · 직접 · 자유 · 평등 및 비밀 선거에 의하여 선출된다. …

88) ders., Über die rechtliche Einbindung der Technik, Der Staat 58(2019), S.57(64f.).

'알고리즘의 규칙'에서 알고리즘의 제어가능성의 확고함과 관련해서, 시스템의 운용방식이 사람이 제어할 수 없을 정도로 또는 더 이상 변경할 수 없을 정도로 너무 복잡하고 파악할 수 없어서는 아니 되는데, 이것이 특히 자기학습 시스템에서 통용된다고 된다고 강조하면서, 이런 제어가능성(Beherrschbarkeit)이 확고하게 될 수 없으면, 알고리즘에 의한 시스템의 도입은 포기되어야 한다고 강변한다.[90] 민주주의와 법치국가원리에 의해서, 인공지능 그 자체가 법률적, 인간에 의한 규준과 관계없이 행정과정의 어떤 결과가 기대되는지, 어떤 결과가 적응을 통해 수정되어야 하는지를 정하는 것은 금지된다.[91]

EU 데이터보호기본명령(DSGVO)[92] 제22조 제1항은 완전자동화된 결정절차에 대한 방어권을 규정하고 있다. 즉, 동 규정은 전적으로 자동처리에 의거한 －관련인에 대해 법적 효과를 발생시키거나 비슷하게 그를 현저하게 제한하는－ 결정에는 따르지 않을 권리를 보장한다. 그리하여 동 규정은 사람의 활동과 감독의 우위의 요청을[93] 규범적으로 표현한 셈이다. 기본권의 핵심사상은 사람을 주체로 대하지 목적과 수단으로 대하지 않는 것이다. 따라서 EU 데이터보호기본명령 제22조 제1항의 배경에는 개개인은 기계 결정의 단순한 객체가 되어서는 아니 된다는 확신이 존재한다. 하지만 동 규정에 대한 비판이 상당하다.[94]

4. 법형성을 통한 정당화 문제

자율적 컴퓨터시스템의 도입은 '디지털 민주주의의 헌법'에 따라 국가에 대해 허용되지 않는 것은 아니다.[95] 그러나 투명성, 책임성, 인간의 주체성이라는 민주주의 특유의 관점에서 보면, 자율적 컴퓨터시스템의 도입은 이들 규준에는 저촉되는데, 이들 규준의 밀도는 시스템의 자율정도, (시스템에 전부나 부분이 맡겨진) 결정의 본질성, 결정의 可逆性(Umkehrbarkeit)에[96] 좌우된다. 이들 규준은 결합하여, 알고리즘에 의한

89) Unger, Demoktratische Herrrschaft und künstliche Intelligenz, S.113(125).

90) https://www.bertelsmann－stiftung.de/fileadmin/files/BSt/Publikationen/GrauePublikationen/Algo.Rules_DE.pdf－2020.8.14. 마지막 호출.

91) Stelkens, in Stelkens/Bonk/Sachs, Verwaltungsverfahrensgesetz, 9.Aufl. 2018, § 35a Rn.47.

92) 문헌상으로 EU 개인정보보호법이라 불리기도 하는데, 앞에서 본 대로 데이터와 정보가 다르다는 점에서, 'DSGVO'(Datenschutz－Grundverordnung)이나 'GDPR'(General Data Protection Regulation)을 개인정보보호법으로 옮기는 것은 엄밀성에서 문제가 있다.

93) Martini, a.a.O., S.1017(1019f,).

94) 언제 결정이 자동처리에 전적으로 바탕을 두고 있는지가 불분명하다. EU기본데이터명령 제22조 제2항의 광범한 예외는 제쳐 두고서, －종종 결정 그 자체에 대해 현저하게 영향을 미치는－ 자동적인 지원과 준비 역시 아무런 제약 없이 여전히 허용된다. 나아가 '자율적 편견'의 관점하에서 중간에 개재된 사람이 지능형 컴퓨터시스템의 사전결정으로부터 자유로울 수 있는지 여부도 의문스럽게 여겨진다.

95) Bull, a.a.O., S.57(86).

96) 민주적 지배의 구조요소의 하나가 결정의 수정가능성이다. 민주주의는 다수결로 이해되어야 하지만 소수가 다

지배행사의 현상을 민주법치국가의 전통적인 정당화수단으로써 다루려는 기대를 반영한다. 그렇지만 투명성, 책임성, 인간의 주체성과 같은 착안점이 장기적으로 주효할 것인지 여부는 불확실하게 여겨진다. 사람이 각인시킨 결정의 주변환경에서 컴퓨터시스템이 단지 사람에 의한 결정을 준비하고 지원하는 경우에는 이런 착안점이 상대적으로 쉽게 실행되지만, 나날이 증가하는 컴퓨터시스템의 성능으로 인해 곧 한계에 봉착한다. 즉, 민주주의를 특징지우는 규준이 더 이상 주효하지 않을 수 있게 되어버린다.[97] 여기서 그리고 유사한 사례에서 가까운 미래에 '인간의 주체성'(human agency) 역시 전체적으로 포기될 수 있는지 여부의 물음이 제기된다.

이와 무관하게 실행의 물음이 제기된다. 정치적 지배를 알고리즘에 의해 행사하는 것을 규율하는 것은, 간단한 기술법의 문제 즉, 기술적 사안의 규율의 전통적인 착안점의 문제이다. 자율적 컴퓨터시스템에 대한, 외부로부터 비롯된 규범적인 요청은 그 효력을 상실한다. 개개의 요청이 '직접적으로 코드에 입력되는' 까다로운 착안점이 필요하다.[98] Hildebrandt 교수는 (민주적 조종수단으로서의) 법률이 활자에 구속된 '존재양식'을 바꾸고, 디지털화에 적응시키는 것이 소용이 없을지 아니면 성공할 것인지의 선택에 놓여 있다고 지적하였다.[99] 이 때 법은 순전히 외부적인 규율로 물러설 수 없고, '기술로 변환되어야' 한다.[100] 정보통신의 인프라가 처음부터 법적 요청을 충족할 뿐만 아니라, 어느 정도로 구현하여야 한다.[101] 정치적 지배의 행사에 자율적 컴퓨터시스템을 도입하는 것을 고려한 즉, 그것은 구체적인 요청, 궁극적으로 법치국가원리적, 민주주의적 요청으로 이어진다. Hildebrandt 교수는, 자율적 컴퓨터시스템은 (1) 시스템이 조성하는 흠결에 대해 민주적 참여를 끌여 들여야 하며, (2) 저항할 수 있게 하는 방법으로 운영되고, 고안되어야 하고, (3) 법정에서 다툴 수 있게 만들어져야 한다고 주장한다.[102] 이것은 까다롭고 처음부터 학제적인 시도인데, '디자인에 의한 가치'(values-by-design)의 착안점에 표현된다. '디자인에 의한 가치'를 보장하는 방법이 시스템이 존중해야 할 추상적 원칙과 특정의 실행결정 사이에 정확하고 분명한 연계를 제공한다. 이는 규범의 준수가 인공지능 시스템의 디자인까지 구현될 수 있다는 일

수가 될 수 있음을 허용하는 조건이 있다. Vgl. H. Dreier, in: ders.(Hrsg.), GG Ⅱ, 3. Aufl., 2015, Art.20 Rn.72; BVerfG NVwZ 2015, 209; BVerfG NJW 2009, 2267.

97) 그리하여 이미 독일 행정절차법 제35조의a는 기속적 행정행위의 완전자동적 발급을 규정한다. 동법의 입법자는 기속적 행정결정에 제한한 것을 고려한 즉, 컴퓨터시스템이 사람과 마찬가지로 코드로 전환된 법에 의해 조종되고 이런 방식으로 정당화될 수 있다는 점을 근거로 삼았다.

98) Boehme-Neßler, Digitalisierung und Verfassungsrecht, S.129(131); Herberger, "Künstliche Intelligenz" und Recht, NJW 2018, S.2825(2828).

99) Hildebrandt, Smart Technologies and the End(s) of Law, 2015, S.214ff.

100) Boehme-Neßler, a.a.O., S.129(131).

101) Hildebrandt, a.a.O., S.218.

102) Hildebrandt, a.a.O., S.263.

반적인 사고에 바탕을 둔다.[103] '기술형성 및 데이터친화적 사전설정에 의한 데이터보호'의 이름의 데이터기본명령 제25조가 좋은 예이다.[104] 같은 맥락에서 자율적 컴퓨터시스템의 고권적 도입 역시 '기술형성에 의한 정당화'를 필요로 한다. 그런데 여기서는 필경 전망적 성격보다는 오히려 회고적 성격을 가질 것인데, 이는 민주적 정당화를 고려하면 맹점이 된다.

Ⅳ. 맺으면서 – 언제까지 아날로그 시대의 사고를 墨守할 것인가?

일찍이 Polomski 판사가 행정행위를 발하기 위해 전문가시스템을 배치하는 것은 현행 행정절차법의 측면에서 허용되지 않을 뿐더러 입법정책적으로도(de lege ferenda) 배제되어야 한다고 강변하였지만,[105] 가히 인공지능의 전성시대이다. 민간영역에서 하루가 멀다 않게 인공지능의 도입이 강구되는 상황에서 인공지능을 공적 영역에 광범하게 도입하려는 현재의 경향은 지극히 자연스럽다. 현재의 법질서와 법적 인식은 지난 시절 아날로그 시대에 만들어졌기에, 당연히 현재의 흐름과는 극복될 수 없는 간극이 존재한다. 변화된 시대에 부응하지 못하면, 개인이든, 법제도이든, 국가이든 더 이상 지속될 수가 없다. 특히 우리의 경우 법학과 법제도 및 법문화가 근대를 몸으로 겪지 않은 채 일본의 관헌국가의 전통에서 비롯되었기에, 시대와의 부조화가 더욱 두드러진다. 특히 AI판사에 대한 이례적으로 강한 호감이 확인되는 데서 분명하게 확인할 수 있듯이, 현재의 법제도 및 법률가에 대한 不信이 상당하다. 디지털시대에 즈음하여 비단 여기서 다룬 알고크라시의 차원을 넘어 국가권력행사에서 여하히 민주적 정당성의 요청을 실현할 것인지 깊은 성찰이 필요하다.

* 법조 제743호, 2020.10.28., 181면–207면 所收.

---

103) High–Level Expert Group on Artificial Intelligence (AI HLEG), The Ethics Guidelines for Trustworthy AI, 2019, 21.

104) 실례로 많은 데이터가 사용되지 않는 사용자인증설비, 위법한 인격침해의 즉시확인과 통지를 위한 기술적 예방조치, 이의신청권의 손쉬운 기술적 전환을 든다.

105) ders., Der automatisierte Verwaltungsakt, 1993, S.102.

제 4 장

행정에 인공지능시스템 도입의 공법적 문제점

Ⅰ. 처음에 – VUCA-World의 새로운 도전으로서의 인공지능시스템

지금 시대의 유행어가 인공지능(artificial intelligence(AI), Künstliche Intelligenz(KI))과 제4차 산업혁명시대이다.[1] 온통 '인공지능(AI) – 00'이 흘러넘친다. – 국내 대표적 가전기업인 삼성전자와 LG전자가 앞 다퉈 AI를 가전에 적용하는 것이 보여주듯이 – VUCA – World에서[2] 민간경제 분야는 이미 인공지능의 경제가 되고 있다. 공공분야 역시 하루가 멀다고 인공지능이 이슈화되고 있다. 정치분야 모든 결정주체는 이미 오래 전에 닥친 이런 미래주제를 감안하여 나름의 자리를 잡으려 한다. 과거와 비할 수 없게 현재와 미래를 형성하는 정보통신기술에 뒤처지지 않도록 경주를 하고 있다. 가령 문재인 대통령은 지난해 12월 17일 '인공지능 국가전략'을 발표했다.[3] '정보기술

1) 2011년에 개최된 독일 CeBIT(하노버 국제정보통신박람회)에서 '제4차 산업혁명'의 오리지널 버전인 '산업 4.0'(Industrie 4.0)의 사상이 처음 표명되었고, 2013년 CeBIT에서 연방정부가 관련 최종보고서를 제시하였는데, 이를 시발로 제4차 산업혁명의 명제가 성립하였다. '산업4.0'는 핵심에서 생산과 논리에서 사이버 물리 시스템(cyberphysisches Systemen: CPS)에 의한 기술적 통합이고, 산업과정에서 사물·사무의 인터넷(Internets der Dinge und der Dienste)의 적용을 의미한다(Forschungsunion/acatech, Deutschlands Zukunft als Produktionsstandort sichern – Umsetzungsempfehlungen für das Zukunftsprojekt Industrie 4.0, Abschluss-bericht des ArbeitskreisesIndustrie 4.0, 2013, S.18). 제4차 산업혁명시대에 따른 법적 대응이 어떠해야 하는지를 극명하게 보여주는 최근 문헌으로 김남진, 제4차 산업혁명시대와 중요 법적 문제, 학술원 통신 제319호, 2020. 2. 1., 2면 이하.

2) 이는 현대사회의 특징으로 변동성(Volatility), 불확실성(Uncertainty), 복잡성(Complexity) 그리고 모호성(Ambiguity)을 내세워 만든 약어인데, Warren Bennis와 Burt Nanus의 리더십 이론을 바탕으로 1987년 처음 사용되었다고 한다.

(IT) 강국을 넘어 AI 강국으로'란 비전으로 2030년까지 디지털 경쟁력 세계 3위 국가를 목표로 내세웠다.[4] 이미 독일의 경우 연방의 차원은[5] 물론, 주의 차원에서도[6] 우리보다 앞서 전략을 수립하였다.[7]

바야흐로 인공지능(AI) 전성시대이다. 인공지능 국가전략을 순전히 산업과 경제의 차원에서 바라보는 것은 단선적이다. 행정의 현대화 역시 핵심적인 목표가 되어야 한다. 12월 17일 '인공지능 국가전략' 역시 최첨단 정보통신 기반을 토대로 세계적 수준의 전자정부를 넘어서는 인공지능 기반 차세대 지능형 정부로 탈바꿈하여 수준 높은 공공서비스를 제공하는 것을 내세운다. 후술하듯이 인공지능시스템 역시 그 자체로 한계를 내재하고 있기에, 복잡성과 불가측성이 명백하게 증대된 상황에서 인공지능시스템을 공적 의사결정에 사용하는 것은 분명 새로운 도전이고,[8] 피할 수 없다. 행정은 치열한 경쟁에서 부단히 자기혁신을 강구하는 민간경제와 비교해서 종종 혁신적이지

---

3) 한편 공공서비스제공에 AI를 사용할 준비가 됐는지에 대한 평가가 정부 AI 준비지수인데, 영국 옥스포드 인사이트가 발표한 2019년 순위에 우리나라가 26위를 차지하였다. UN 2018년 전자정부 백서에서 193개국 가운데 3위의 순위와는 극명하게 대비되는 결과이다. 독일의 경우 와세다 국제 디지털 2017년 정부 순위에서(Waseda IAC International Digital Government Ranking 2017) 65개국 가운데 15위이고, UN 2018년 전자정부 백서에서 12번째이고, EU 내의 디지털 공공서비스(공무)를 위한 EU의 2017년 유럽 디지털 전진 보고서(Europäische Kommission, Europe's Digital Progress Report 2017)에 의하면 20위에 위치한다. 독일의 이런 위상은 그들이 하이테크 국가로서 디지털행정의 분야에서도 정상의 지위를 차지하는 요청에는 적합하지 않다는 지적이 있는데, 인공지능이 광범하게 적용되는 민간경제와 비교해서 공공부문에서 이렇게 활발하지 않은 이유로 행정에서는 혁신추구요인으로서의 경쟁압력이 없는 점, 법치국가원리적 행정에 따라 강행적이고 엄격한 법률구속(기본법 제1조 제3항)이 인공지능기술의 실험적 도입을 저지한다는 점이 거론된다.

4) 비단 국가차원에 그치지 않고, 각 지방자치단체 역시 제4차 산업혁명, 사물인터넷, 인공지능 등을 내세워 AI 산업유치의 경쟁에 뛰어들었다. 가령 전국 17개 광역지자체가 AI 산업 육성 및 관련 인프라 구축 등을 위해 2020년에 총 534억원 이상을 투입할 계획인데, 이는 2019년보다 5배 증액된 수준이다(전자신문 2019. 12. 22.).

5) 2018. 12. 3.－4.의 디지털정상회담에서 2018. 11. 14./15.에 채택된 인공지능전략(Strategie Künstliche Intelligenz)을 발표하였는데, 인공지능에서 선도적 자리를 차지하고, 미래의 경쟁력을 확고히 하기 위해 2025년까지 30억 유로를 투자하는 것을 내용으로 하였다(Strategie Künstliche Intelligenz der Bundesregierung, November 2018, <https://www.bmwi.de/Redaktion/DE/Publikationen/Technologie/strategie－kuenstliche－intelligenz－der－bundesregierung.html>(마지막 검색일자: 2020. 4. 25.).

6) 가령 2017년 Baden－Württemberg 주가 최초로 종합적인 디지털 전략을 제안하였고, 2018년 11월 중순에 자신의 인공지능 전략 보고서("Strategiepapier Künstliche Intelligenz")를 제출하였다. 이 보고서는 인공지능 분야에서 선도적인 네트워크를 구축하기 위한 프로젝트를 촉진하는 데 수 천만 유로를 예정하였다(Staatsministerium Baden－Württemberg, Vorreiter für Künstliche Intelligenz: <https://www.baden－wuerttemberg.de/de/service/presse/pressemitteilung/pid/vorreiter－fuer－kuenstliche－intelligenz/>(마지막 검색일자 2020. 4. 25.).

7) 독일 연방정부의 인공지능전략은 그것의 목표가 인공지능을 책임감 있게, 공공복리지향적으로 개발하는 것과 활용하는 것에 있음을 표방한다. 전략의 구체적인 내용으로. 독일과 유럽에서의 인공지능 연구의 강화, 연구성과의 경제계로의 이전의 신속화, 전문인력과 전문가의 가용성의 촉진, 노동계와 노동시장에서의 구조변화의 형성, 동원하는 것, 인공지능도입을 위한 윤리적 기본조건의 마련, 인공지능 테마에 관한 유럽의, 국제적 공동협력의 심화, 인공지능의 기회와 영향에 관한 공동체의 대화의 증진을 내세운다.

8) 여기서 산업 4.0에 대응한 개념인 행정 4.0는 새로운 국면을 상징적으로 드러내는데, '행정4.0'는 핵심에서 공행정에서 사이버 물리 시스템에 의한 기술적 통합, 행정과정의 범주에서 사물·사무의 인터넷(Internets der Dinge und der Dienste)의 적용 및 그로부터 비롯된 가치창출, 직무모델, 복제된 서비스를 위한 결과를 의미한다(J. v. Lucke, Smart Government－Wie uns die intelligente Vernetzung zum Leitbild "Verwaltung 4.0" und einem smarten Regierungs－ und Verwaltungshandeln führt, 2015, S.8).

않다고 여겨지는데, 행정이 시대의 흐름에 부응하지 않으면 자칫 민간영역 및 실제 현실과의 연계를 상실할 위험에 처한다.[9] 인공지능시스템의 도입은 사람의 의의 및 궁극적으로 의사형성을 위한 민주적 과정을 위험스럽게도 뒤로 물릴 수 있어서[10] 민주주의에 대한 알고리즘지배의 위협이 문제된다.[11] 이에 민주주의가 그에 대해 어떤 요청을 제기하는지 그리고 민주주의의 이해가 어떻게 진전되어야 하는지의 물음이 던져진다.[12] 현재와 미래가 더 이상 과거의 연장이 아니어서 행정의 지속적인 변화가 요구된다.[13] 행정에 인공지능을 도입하는 것에 관한 공법적 논의가 시급하다.[14]

Ⅱ. 인공지능의 의의

1. 인공지능의 정의

인공지능 개념이 부분적으로 과한 면이 있으므로, 먼저 개념정의가 행해져야 한다. 개념사용을 거슬러 보면, 1955년에 독립된 학문분과로서의 인공지능을 위한 초석으로 여겨지는 세미나를 개최하기 위해 록펠러재단에 연구프로젝트를 신청한 것이 시발점이다.[15] 인간의 지능은 그 자체가 수치화할 수 없어서 정량화하기는 극히 어렵다. 인간지능과 비교에서 항상 고려해야 할 점은, 지능에 관한 일반적인 이해를 위해서는 문제해결의 결과만이 아니라 해결방법 역시 결정적이라는 점이다. 특정한 문제가 창의적으로 해결되는지 아니면 '단지' 통례적인 시험에 의해 해결되는지 여부의 물음이다. 그리하여 언필칭 인공지능과 인간사고의 산출을 단순히 대비시키는 것은 중요하지 않다.[16]

통상 영어의 지능(intelligence)은, 기본조건(프레임 워크)에 의한 이질적인 환경에서 목표를 달성하는, 행동주체의 능력으로 정의된다.[17] 인간에 의해 생물학적인 생식과정 밖

---

9) 행정에 인공지능시스템의 도입의 각국 현황에 관한 참고문헌: <https://www.bundestag.de/resource/blob/651772/283b88c482b0ba3130219a633b4d6675/WD-10-037-19-pdf-data.pdf>(마지막 검색일자 2020. 4. 25.).

10) H. Hill, Die Kunst des Entscheidens, DÖV 2017, S.433(435).

11) J. Danaher, The Threat of Algocracy: Reality, Resistance and Accommodation, Philosophy &Technology Vol. 29(2016), 245-268.

12) Vgl. Unger/Ungern-Sternberg(Hrsg.), Demokratie und Künstliche Intelligenz, 2019.

13) 디지털화에 따른 새로운 도전으로서의 행정패러다임의 변모에 관해서는 vgl. A. Schmid(Hrsg.), Verwaltung, eGovernment und Digitalisierung, 2019.

14) 알고리즘에 의한 행위조종에 관한 상론은 김중권, 인공지능시대에 알고리즘에 의한 행위조종과 가상적 행정행위에 관한 소고, 공법연구 제48집 제3호, 2020. 2. 28., 287면 이하.

15) McCarthy/Minsky/Rochester/Shannon, A Proposal for the Dartmouth Summer Research Project on Artificial Intelligence, August 31, 1955, AI Magazine Volume 27 Number 4 (2006): <https://www.aaai.org/ojs/index.php/aimagazine/article/view/1904/1802>(마지막 검색일자 2020. 4. 25.).

16) J. Kaplan, Künstliche Intelligenz-Eine Einführung, 1. Aufl. 2017, S.15.

에서 정교하게 만들어 진 지능이 인공적인 것이다. 지능이란 독일어 개념(Intelligenz)에는 종종 이를 넘는 의미의 본지가 주어지는데, 하지만 실은 지능의 차원의 다양성을 감안하면, 이런 개방적이고 동시에 중립적인 핵심에 제한하는 것은 추천할만하다. 인공지능을 특징지우기 위한 기본은 그 자체가 자신의 고유한 능력을 독립적으로 발전시켜 나가는 것이다.[18] 즉, 자기학습 프로그램이 핵심이다.[19] 독일 '인공지능 국가전략'에 의하면, 인공지능은 인간의 지적능력을 컴퓨터로 구현하는 과학기술이고, 상황을 인지하고 이성적・논리적으로 판단・행동하며, 감성적・창의적인 기능을 수행하는 능력까지 포함한다.

2. 인공지능시스템의 이해

머신러닝(maschinellen Lernens(machine learning)), 즉 기계학습 개념이 인공지능에 관한 논의에 들어간다.[20] 이것은 실제로 인공지능 연구 분야의 하위 영역이지만, 이제는 인공지능 시스템의 기본기능으로 간주되어 심지어 AI와 동의어로 사용되기도 한다. 기계학습에서 AI는 패턴을 식별하기 위해 예를 사용한다. 이 학습 과정은 소위 인공신경망에 대한 딥 러닝의 많은 현재 시스템에서 이루어지며, 그 구조는 인간 두뇌의 기능에 따라 모델링된다. 인공지능학(KI－Wissenschaft)에서 소위 강한 인공지능(starke KI)과 약한 인공지능(schwache KI)을 구분하여 논의가 전개된다.[21] 강한 인공지능을 주장하는 자는, 인간의 전체 사고작업이 인공지능으로써 매핑(寫像)될 수 있어서, 일반적인 문제해결능력과 궁극적으로 어쩌면 인간의 지능수준을 능가하는 인공지능이 만들어질 수 있다는 점을 출발점으로 삼는다.[22] 이에 반해 약한 인공지능을 주장하는 자는 개별적인 구체적인 문제를 인간지성(지력)의 특정 요소를 재현하면서 인공지능의 자기최적화를 기반으로 해결하는 것만이 가능하다고 본다. 지금 현 단계에서 강한 인공지능을 정책의 목표로 삼는 것은 구체성이 떨어진다. 독일 연방정부 역시 인공지능

17) Vgl. M. Herberger, "Künstliche Intelligenz" und Recht, NJW 2018, S.2825(2826).

18) Vgl. J. Kaplan, a.a.O., S.43.

19) 독일 연방정부는 인공지능전략에서 인공지능 개념에 관한 유일하고 보편적인 정의는 없다는 것을 출발점으로 삼았다: "강한 인공지능은 사람과 동일하거나 사람을 능가하는 지적 완성도를 지닌 것으로 보며, 약한 인공지능은 수학과 정보학을 기반으로 하면서 구체적인 적용문제의 해결에 초점을 맞추는데, 개발시스템은 자기최적화할 수 있다. 여기선 인간지능의 측면 역시 재현되고 공식화되어 서술되며, 인간의 사고를 시뮬레이션하고 지지하는 시스템이 만들어진다."고 기술하였다.: Strategie Künstliche Intelligenz der Bundesregierung, November 2018, <https://www.bmwi.de/Redaktion/DE/Publikationen/Technologie/strategie－kuenstliche－intelligenz－der－bundesregierung.html>(마지막 검색일자: 2020. 4. 25.).

20) 한편 Th. Wischmeyer는 학습능력이 있는 지능형시스템의 세 가지 핵심요소로 빅데이터, 학습능력이 있는 알고리즘, 인간의 감독을 든다. Ders., Regulierung intelligenter Systeme, AöR 143(2018), S.1(10ff).

21) 약간의 차이는 있지만 거의 유사하게 범용인공지능(General AI)과 제한된 인공지능(Narrow AI)이 사용되기도 한다.

22) 강한 인공지능의 진화형태로 모든 면에서 인간능력을 월씬 뛰어 넘는 초인공지능(Super AI)을 추가하기도 한다.

전략에서 약한 인공지능을 목표로 한다.[23)]

Ⅲ. 행정에 인공지능시스템 도입의 양상 및 그 전망

2020년은 Max Weber의 사후 100년이 되는 해이다. 관료제(Bürokratie, Bureaucracy)란 명칭을 창안한 그의 견해에 의하면, 궁극적으로 기계처럼 작동하는데,[24)] 그가 100년 전에 창안한 관료제 행정 자체가 행정의 디지털화로 인해 특히 인공지능을 기반으로 한 공공 사물인터넷을 통해 기계 자체에 의해 운용되는 극적인 상황을 맞이하고 있다. 최근 보도에 의하면, 경북 구미시 옥계초등학교 어린이보호구역에 보행자가 접근하면 횡단보도에 자동으로 불이 켜지는 '지능형 횡단보도용 교통안전 시스템'이 시범 운용되고 있다고 한다. '딥러닝 기반 보행자 속성 식별 기술'을 기반으로 하는 이 시스템은 횡단보도에 접근하는 보행자와 차는 물론 교통신호 변화를 실시간 인식해 횡단보도 표지판과 바닥조명을 자동 점멸 · 점등하면서 경고하는 서비스를 제공한다고 한다. 지난 1월 28일에 대전시는 인공지능(AI)을 기반으로 한 시 · 청각 장애인을 위한 민원안내 시스템을 구축한다고 밝혔다. 독일의 경우에도 가령 연방도로공사(Bundesanstalt für Straßenwesen)는 인공지능 기반의 시스템을 구축하였는데, 이 시스템은 교통데이터와 날씨 데이터를 평가하고 이에 바탕을 두고서 교통참여자의 행위에 대해 추월금지, 속도제한, 일시적인 갓길해제를 통해 영향을 미친다.[25)] 앞으로의 도입양상을 아래와 같이 전망하고자 한다.[26)]

1. 시민과의 의사소통의 차원

행정청과 시민과의 의사소통(Kommunikation mit dem Bürger)의 분야는 동시에 빈번하게 개관가능한 문제의 복잡성에서의 시간적 비용을 나타낸다. 이런 목적을 위하여

23) 얀 르쿤 교수의 다음과 같은 지적은 의미롭다: "인공발전으로 '터미네이터 로봇'이 탄생해서 인류를 멸종시키는 일은 불가능하다. 우리가 아무리 지능적인 기계를 만들어도, 기계는 인간을 지배하려는 의지를 갖지 못한다. 지배 의지와 지능 사이에는 어떤 관계도 없기 때문이다. 인간이 지배욕을 가지는 것은 사회적 동물이기 때문이다. 다른 개체에 영향을 미칠 수 있으므로 지배 의지를 갖게 된다. 인간 이외의 지능적 개체 중 오랑우탄을 살펴보면, 홀로 사는 녀석에게는 지배욕이 없다. 사회적 관계 자체가 없기 때문이다. 우리가 미래에 만나게 될 인공지능 로봇은 터미네이터가 아니라 <스타워즈>의 C-3PO나 R2-D2에 가까울 것이다."(시사IN 2018. 8. 6.).

24) Max Weber, Wirtschaft und Gesellschaft-Herrschaft, in: Baier(Hrsg.), Max Weber-Gesamtausgabe, Abt. I Bd.22-4, 2005, S.185.

25) Bundesanstalt für Straßenwesen, Anlagen zur Verkehrsbeeinflussung auf Bundesfernstraßen: <http://www.bast.de/DE/Verkehrstechnik/Fachthemen/v5-verkehrsbeeinflussungsanlagen.html>(마지막 검색일자 2020. 4. 25.).

26) 이하의 내용은 L. Guggenberger, Einsatz künstlicher Intelligenz in der Verwaltung, NVwZ 2019, 844ff.을 바탕으로 하여 관련 쟁점에 관해 추가 보완하였다.

확신한 전형적인 표준물음에 대해 독자적으로 답을 할 수 있는 챗봇(Chatbots)이 투입된다.[27] 이 경우 인간적 대화를 재현하고 제기된 문제제기를 기계학습과 인공지능을 이용하여 해결할 수 있는 소프트웨어가 관건이다. 그리하여 챗봇의 도입은 시민의 물음을 위한 일종의 첫 단계의 지원(First－Level－Support)이다.

지금은 소셜 봇(social bot)의 전성시대이다. 토이봇, 챗봇, 맛집봇 등. 하루가 멀다 하고 새로운 소셜 봇(social bot)이 등장하고 있다.[28] 기업활동에서 챗봇의 사용은 더 이상 생소하지 않고, 나날이 증대되고 있다.[29] 공공부문 역시 앞 다투어 챗봇을 도입하고 있다.[30] 외국의 사례를 보면, 오스트레일리아 조세당국은 가상적 조수(Alex)를 처음으로 2017년 3월에 투입하였고, 처음의 결론에 의하면 첫 번 접촉에서의 물음 가운데 80%를 해결할 수 있었다.[31] 행정의 가상적 조수를 시민의 조수와 연결시키는 것 역시 생각할 수 있을 것이다. 그리하여 독립적인 일정협약을 위하여, －(마이크로스프트 인공지능 프로그램인) Cortana, (아마존에서 개발한 인공지능 플랫폼) Alexa oder (애플의) Siri의 형성으로－ 주차증명서의 자동적 연장이나 국가지원서비스의 고도의 상응을 물어보기 위하여 이용자의 인공지능의 직접적인 접촉이 행해질 수 있다.[32] 이

27) Vgl. M. Martini, Transformation der Verwaltung durch Digitalisierung, DÖV 2017, S.443(453); H. Hill, Was bedeutet Künstliche Intelligenz (KI) für die Öffentliche Verwaltung? Verwaltung & Management 2018, S.287(289).

28) 소셜 봇은 소셜 네트워크상에서 인간의 의사소통 행위를 시뮬레이션하고 네트워크 프로파일 뒤에 진짜 사람의 존재를 다른 사용자에 대해 속여서 진짜이게 속인다. 프로그램은 일반적으로 키워드에 응답하고 사전 결정된 내용으로 토론진행에 끼어든다. 그런데 소셜 봇의 도입이 문제되는 영역이 정치적 활동 특히 선거운동이다. 사회 봇의 사용에서 문제가 되는 것은, 허위사실의 확산유포가 아니라, 그 자체로 허용되는 의사소통의 형식이다. 가령 정당의 인터넷게시판이 소셜미디어를 기반으로 스스로 운용되도록 하여 자당에 유리한 댓글을 양산하여 여론을 호도할 우려가 있다. '좋아요'의 숫자로서 해당 주제에 대한 일정한 정치적 입장이 대중에게서 큰 지지를 얻고 있다는 인상이 자아낼 수 있다. 사실 이런 소셜봇을 통해 정당의 견해에 관한 사회적 힘을 오도시켜서 잠재적 유권자에게 의도적으로 위장된 정보를 제공하려고 한다. '침묵의 나선이론'에 의하면 사람은 강한 의견에 덜 반대하거나 심지어 동조하는 경향을 나타내기에, 여기서 소셜봇은 유권자의 자유의지와 정당의 평등한 기회를 위험에 빠뜨릴 근본적인 잠재성을 지니고 있다. 민주적 의사결정과정에 대한 사회적 신뢰를 보장하기 위해 소셜봇의 사용에서 투명성을 강화하는 조치가 필요하다. 가령 추상적으로 정당에 사회적 봇의 가동에 관한 정보를 제공할 의무를 지우는 것을 생각할 수 있는데, 인터넷게시판 이면에 있는 봇 프로파일을 표시할 의무를 과하는 것이 그것이다.

29) 최근 보도(뉴시스 2020. 1. 15.)에 의하면, 아시아나항공이 2017년 11월 국내 항공사 최초로 챗봇아론(Aaron)을 선보여, 2019년에 49만2461명(월평균 4만1038명)이 이용해 전년 대비 이용자가 300%가 증가하였다고 한다. '아론'은 마이크로소프트와 협업하여 마이크로소프트 클라우드 플랫폼인 '애저(Azure)'와 인공지능(AI)기반의 자연어 처리 서비스 '루이스(LUIS: Language Understanding Intelligent Service)'를 활용해 개발됐다.

30) 최근 보도(뉴시스 2020. 1. 28.)에 의하면, 대전시는 인공지능을 기반으로 한 시·청각 장애인을 위한 민원안내시스템('스마트미러')을 구축한다고 한다. 이 시스템은 인공지능이 탑재된 거울 형태의 키오스크(KIOSK)를 통해 대전의 교통과 관광, 행사, 여권 등 민원안내 정보를 장애 유형에 맞춰 제공한다. 스마트 미러가 제공하는 맞춤형 서비스는 민원안내 정보 4개 분야, 여권안내 6개 분야, 장애인복지 정보, 정사 안내도, 비상시 대피요령 등이다. 대전시는 연말까지 시청 청사내 4곳과 주요 지하철역 2곳에 시스템 설치를 끝낼 계획이다.

31) Farrelly, Are virtual assistants the future of Public Sector consumer service?, <https://www.criterionconferences.com/blog/government/virtual－assistants－future－public－sector－customer－service> (마지막 검색일자 2020. 4. 25.).

32) Aupperle/Langkabel/Ramsauer, Denkimpulse Digitale Ethik „Künstliche Intelligenz－Assistenz oder Kon－kurrenz in der zukünftigen Verwaltung?, <https://initiatived21.de/publikationen/denkimpulse－

전 문의와 이용자특유의 관점의 데이터뱅크의 도움을 받아서 대화시스템은 이용자에 딱 맞는 권고를 전개하고 표현할 수 있을 것이다.[33] 독일 Govii UG이 행정청 챗봇(Behördenbot)인 Govii을 제공한다. 이것은 행정의 관할(소관)의 물음에 대해 답할 수 있으며, Die Govii UG bietet einen 인공지능을 통해 자신의 능력을 발전시킬 수 있다. 대형 프로젝트의 범주에서의 시민참여를 위해서도 챗봇이 도입될 수 있다. 이를 통해 적은 자원투입하면서 즉시 피드백에서의 시민의 관점에서의 문의가 가능하다; 미국의 애틀란트의 근거리교통을 계획하는 데 시민을 참여시키기 위하여 챗봇 Textizen을 활용하였다.[34]

그러나 챗봇의 도입이 완전히 위험이 없는 것은 아니다: 이들이 바라지 않는 이용자행위를 학습할 수 있다. 가령 마이크로 소프트가 의사소통능력의 차원에서 인공지능의 발전수준을 설명하기 위하여 2016년에 출시한 챗봇인 Tay의 경우가 그러하다. 실제로 Tay는 인간 이용자와 －사전에 정해 놓지 않은－ 다양한 대화를 수행할 수 있었다. 더해서 그것은 그의 대화능력을 확대시키고, 대화상대방으로부터 배우기도 한다. 하필 그것의 학습능력, 그의 언어이해의 기초(토대)가 아킬레스 건이 되었다. 대화상대방인 사람이 배우려는 봇을 조작할 수 있게 되어 얼마 지나지 않아 Tay로 하여금 인종차별적 주장을 표명하게 하거나 홀로코스트를 부인하게 하였다. 그리하여 그 프로젝트는 대실패(Fiasko)로 2016. 3.에 중단되었다.[35]

2. 결정준비의 차원

결정준비(Entscheidungsvorbereitung)의 차원에서 인공지능시스템이 도입된다. 여기서 인공지능시스템은 특히 정보를 제공할 수 있다. 즉, 인공지능시스템은 빅 데이터를 활용할 수 있다(data mining).[36] 정보를 비구조적 데이터로부터 데이터 파일(Datenberg)을 추출하고 경우에 따라선 요약할 수 있다(information retrieval).[37] 그런 절차는 가령

---

zur－digitalen－ethik＞(마지막 검색일자 2020. 4. 25.).

33) H. Hill, Verwaltung & Management 2018, 287(289).

34) Desouza/Krishnamurthy, Chatbots move public sector toward artificial intelligence, ＜https://www.brookings.edu/blog/techtank/2017/06/02/chatbots－move－public－sector－towards－artificial－intelligence/＞(마지막 검색일자 2020. 4. 25.).

35) Boyle, Microsoft's chatbot gone bad, Tay, makes MIT's annual list of biggest technology fails, ＜https://www.geekwire.com/2016/microsoft－chatbot－tay－mit－technology－fails＞(마지막 검색일자 2020. 4. 25.).

36) 대규모로 저장된 데이터 안에서 체계적이고 자동적으로 통계적 규칙이나 패턴을 찾아내는 것이다. 다른 말로는 KDD라고도 일컫는다.

37) 집합적인 정보로부터 원하는 내용과 관련이 있는 부분을 얻어 내는 행위를 말한다. 이를 위해 메타데이터나 색인이 사용될 수 있다. 자동화된 정보 검색 시스템은 소위 '정보 과부하'라 불리는 상태를 완화시키기 위해 사용된다. Wagner, Legal Tech und Legal Robots－Der Wandel im Rechtsmarkt durch neue Technologien und künstliche Intelligenz, 2018, S.23.

데이터구조에 의거하여 남용을 발견하기 위한 금융감독의 분야에서 조세사정 목적의 재무행정에서 제시된다.[38] 이런 범주에서 제출된 데이터를 다른 데이터뱅크로부터 자유로이 사용할 수 있는 데이터로써 조정하는 것(데이터조정) 역시 행해질 수 있다. 가령 금융감독의 범주에서 주식데이터로써 조정하는 것. 서류를 기계로 판독가능한 형식으로 행정시스템에 입력하는 문면인식을 위한 시스템 역시 노동 감경을 가져다줄 수 있다.

법적 물음에 답하기 위해 IBM 왓슨을 바탕으로 개발된 Ross Intelligence Legal가 인공지능기반의 툴을 제공한다.[39] 성적 폭력의 장면이나 금지된 상징처럼, 인터넷에서의 바람직하지 않은 장면을 확인할 수 있으며, 얼굴이나 필적의 자동확인 역시 경찰과 비밀(첩보)업무에서 위험방지와 형사소추의 범주에서 도입될 수 있다. 나아가 사진인식의 방법으로 가령 폭력행위가 감시카메라에 의한 녹화(촬영)에서 확인되어 바로 경찰에 통지될 수 있다. 소위 예측치안(Predictive Policing)은 종종 데이터보호 및 과도한 국가감시의 위험과 관련해서 비판적으로 주시되고 있다. 이는 불법행위의 발생에 관한 일종의 예보인데, 불법행위의 발생에서의 전형을 인식하고, 장소에서의 범행의 개연성을 정하고, 이런 인식이 투입계획에 유입되도록 하기 위해, 시스템은 가령 범죄통계 및 －드론과 카메라에 의한－ 감시화면에 관한 자동화된 평가를 이용한다. 예측치안을 위한 알고리즘기반의 시스템은 현재 독일 여러 주(Baden－Württemberg, Bayern, Berlin, Hessen, Niedersachsen und Nordrhein－Westfalen 등)에서 도입되었다.[40] 우리 역시 미국 로스앤젤레스(LA) 경찰이 운영하는 범죄예측 프로그램인 '프레드폴'(PredPol) 시스템을 모델로 삼아 '한국형 인공지능 기반 범죄예측 시스템'을 개발할 방침이라고 한다.[41][42]

---

38) Heuermann/Tomenendal/Bressem, Digitalisierung in Bund, Ländern und Gemeinden－IT－Organisation, Management und Empfehlungen, 2018, S.231.

39) <https://rossintelligence.com>(마지막 검색일자 2020. 4. 25.).

40) Knobloch, Vor die Lage kommen: Predictive Policing in Deutschland－Chancen und Gefahren datenanalytischer Prognosetechnik und Empfehlungen für den Einsatz in der Polizeiarbeit, August 2018, <https://www.bertelsmann－stiftung.de/fileadmin/files/BSt/Publikationen/GrauePublikationen/predictive.policing.pdf>(마지막 검색일자 2020. 4. 25.).

41) 연합뉴스 2019. 9. 6.

42) 한편 AI의 자기학습 알고리즘을 바탕으로 입법하는 것에 대해 생각해 봄직 하다. 물론 이것은 국회의 과중한(?) 업무부담을 덜어준다는 차원에서도 생각해볼 수 있다. AI입법의 가능성은 과거에는 상상조차 할 수 없는 발칙한(?) 생각이지만, 이른바 4차 산업혁명시대에 사물인터넷과 빅데이터, 그리고 AI를 통해 우리네 인식과 환경이 완전히 바뀌었기에 지금은 충분히 상상력의 대상이 될 수 있다. AI를 도입하여 입법을 한다면, 다음과 같은 과정을 상상할 수 있다. 우선 입법목적을 실현하기 위해 법률 분야의 연구와 결과를 담은 빅데이터를 기반으로 한 알고리즘이, 법률을 포함한 관련 분야 전문가와 정보처리전문가에 의해 만들어지고, 여기에는 해당 법률과 직접 관련되는 이해관계자의 찬반의 논거와 의견이 포함된다. 이러한 개별 정보블록을 자기학습 알고리즘의 소프트웨어가 법률제안자가 정의한 목표를 달성하기 위한 중요도에 따라 독자적으로 저울질한다. 이와 병행해서 관련 이해 당사자의 반론을 타당성의 차원에서 검토하고, 그것을 고려할지도 함께 저울질한다. 이어서 알고리즘은 이런 방식으로 생성된 정보의 형상을 법학적으로 처리가능한 형식으로 즉, 법률의 형식으로 변환시킨다. AI

3. 독립된 결정의 차원

알고리즘에서의 문제해결의 착안점은 행정에서의 결정발견과 어느 정도 부합한다. 가령 데이터의 입력은 행정행위의 요건에 해당하는 사인의 공법행위로서의 신청을, 사전에 정해진 작용단계(행정법/알고리즘)에 의해 산출은 행정행위로 대입시킬 수 있다. 법적 물음에 관한 결론이 법률에 이미 추상적·일반적으로 주어져 있다는 점을 전제로 할 때, 기속적 행정결정의 경우에는 하나의 바른 결정만이 고려될 수 있다는 인식은 자연스럽다.[43] 이런 기본적 인식에 바탕을 두면, 인공지능시스템에 기반한 결정발견 역시 어렵지 않게 받아들여진다. 행정행위의 완전한 자동적 발급을 규율한 독일 행정절차법 제35조의a는 이런 배경에서 마련되었다.[44] 재량결정의 경우에도 그런 식의 시스템에 의한 결정발견이 훈련과정을 통해 재량고려를 받아들일 수 있고 재현할 수 있을 인공지능알고리즘의 학습능력에 의거하여 생각할 수 있다.[45] 현재 특히 조세확정의 범주에서 사안의 '산정(예상)가능성(Berechenbarkeit)'에 의한 그런식의 결정을 생각할 수 있다. IBM Watson과 같은 현재의 인공지능시스템은 법적 문제제기에 대해 궁극적으로 피상적인 방법으로 답할 수 있긴 하나 실은 답을 설명하거나 법적으로 논증할 수 있다.[46] 그러나 특히 독일 행정절차법 제39조 제1항에 따른 서면이나 전자적 행정행위에 요구되는 이유제시를 고려한 즉, 이것은 현재 인공지능시스템의 도입에 대한 결정적인 기술적 방해물에 해당한다. 현재 행정절차법 제35조의a로 인해 재량행위에 인공지능의 도입은 법적으로도 불가능하다.

기술이 지금보다 더 진보하여, 입법자의 의사가 제대로 반영될 수 있게, 풍부한 데이터베이스를 체계화 하여 최대한 빅데이터를 활용하고, 체계상의 모순을 가능한 정확하게 제거한다면, 연구수준과 사회적 요청에 적절히 부응한 입법을 만들어 낼 수 있을 것이다. 문제는 AI의 자기학습 알고리즘을 바탕으로 한 이런 입법과정 및 결과가 과연 민주주의의 원리에 부합하는지 여부이다. 모든 국가 권력은 국민으로부터 나온다. 대의제하에서 국가권력의 정당성은 국민에 의해 선출된 자가 국가권력을 행사하는 데 있다. 관건은 입법과정에서 AI를 사용하는 것이 민주적 정당성의 요구수준을 저해하는지 여부이다. 현실에서 이미 해당분야의 많은 전문가가 입법과정에 적극적으로 관여하고 있다. 입법에 AI를 활용하는 것 자체는 문제되지 않는다. 문제는 민주주의의 원리에 따른 의회의 결정고권을 어떻게 견지하느냐이다. 의회가 국민에 의한 선출을 통해 민주적 정당성을 갖기에, 의회는 자신의 권한행사에 대해 국민에게 책임을 져야 한다. AI의 자기학습 알고리즘이 아무리 진보한다 하더라도 그것은 단지 입법을 지원하는 수준에 그친다. 인공지능기반한 입법의 민주적 정당성의 문제에 관한 상론은 A. Kolas, Demokratieprinzip im Spannungsfeld mit künstlicher Intelligenz, MMR 2019, 84ff.

43) Vgl. H. Hill, Die Kunst des Entscheidens, DÖV 2017, S.433(434).

44) 독일의 완전자동적 행정행위에 관해서는 김중권, 인공지능시대에 완전자동적 행정행위에 관한 소고, 법조 제723호, 2017. 6. 28. 146~182; 이재훈, 전자동화 행정행위 도입 후 독일 행정절차법제 논의의 전개 양상(2018. 11., 공법학연구)

45) H. Hill, Verwaltung & Management 2018, 287(290).

46) Ashley, Artificial Intelligence and Legal Analytics–New Tools for Law Practice in the Digital Age, Cambridge University, Press 2017, 3.

4. 행정내부적 사용

행정내부적 사용(Behördeninterne Verwendung)의 차원에서 소위 로보틱 처리(프로세스) 자동화(Robotic Process Automation: RPA)가 도입될 수 있다. 이는 사람이 했던 단순하고 반복적이며 정형적인 대량의 업무를 자동으로 처리해주는 소프트웨어 프로그램을 일컫는데, 사람이 업무를 하는 것보다 비용 절감, 오류 감소, 생산성 향상 등의 이점이 있어 다양한 분야에서 활용되고 있다.[47] 소프트웨어 로봇을 사용하여 인간 동작을 모방하고 일상 작업을 자동화하는 것이다. 법정 양식을 채우고 데이터를 다른 표로 이전하는 것과 같은, 특히 처리하는 사람과 IT－System의 상호작용이 요구되는 부서에서 수행하는 임무가 그에 해당할 수 있다.[48] 또한 일정한 행정내부적 프로세스 역시 잘 훈련된 인공지능 봇을 이용하여 자동화될 수 있을 것이다. 즉, 국가인프라의 보존, 비상사태의 관리 및 스마트 시티의 요소로서 －날씨 데이터를 위한 것과 같은 － 센서가 장착된 인공지능이 운용될 수 있다. 나아가 인공지능시스템은 순전히 행정내부의 차원에서는 저장을 인식하는 경우와 의미 있는 데이터를 분석, 활용 및 기록하는 경우에도 유용할 수 있다. 나아가 데이터를 신속히 인식하는 나름의 기능을 활용하면, 인공지능은 －사람들의 신청과 질문을 나름의 알고리즘에 의거하여 빠르고 정확하게 분류하고 배분할 수 있는－ 일종의 우편국으로서 도입될 수 있을 것이다.

Ⅳ. 행정에 인공지능시스템 도입의 명암(明暗)

1. 기회의 측면

행정에 AI를 사용하는 것은 많은 기회와 잠재력을 제공한다. 모든 독일인이 행정서비스를 처리하는 데 소요되는 시간은 연간 4억 시간으로 추산되며, 이것은 시간당 임금 15.50 유로로 하면 시민에 대한 62억 유로의 부담에 이른다.[49] 이 점에서 인공지능의 도입의 가장 명백하고 큰 기회는 효율성의 증대(Effizienzsteigerungen)이다. 특히 인공지능은 인간과 비교해서 비용절감을 유발하는데, 특히 질병이나 휴가의 문제가 없어서 효율성을 악화시키지 않는다.[50] 인공지능 도입 필요성의 잠재성(Potenziale)은 특

47) 네이버지식백과.

48) Eggers/Schatsky/Viechnicki, AI－augmented government －Using cognitive technologies to redesign public sector work, 26.4.2017, Deloitte University Press, <https://www2.deloitte.com/insights/us/en/focus/cognitive－technologies/artificial－intelligence－government.html>(마지막 검색일자 2020. 4. 25.).

49) M. Martini, a.a.O., S.443.

50) Vgl. H. Hill, Verwaltung & Management 2018, S.287(288).

히 일상적 업무와 반복적인 작업과정에서 생겨난다. 문헌에 의하면, 행정인력의 전체 작업시간의 1/4이 일상적 업무와 반복적인 작업을 수행하는 데 투입된다고 한다.[51] 인간에 의한 작업수행에는 필연적으로 하자와 조작, 선입관과 개인적 호감이 내재한다. 컴퓨터에 의한 객관적인 순전히 논리적인 작동방식은 작업시간의 경감의 차원을 넘어서 인간적 요소에 기한 그릇된 판단의 가능성을 배제시킬 수 있다. 인공지능시스템은 엄청나게 다양한 데이터를 기반으로 한다. 개개의 행정인력은 분명히 한정적인 '데이터처리능력'으로 인지하지 못할 수준의 개별경우의 개별적 해결이 인공지능시스템에 의해 가능할 수 있다.[52] 따라서 —데이터와 관련해서 편견이 배제된 것을 전제로— 인공지능시스템에 의한 업무수행이 궁극적으로 평등원칙의 향상된 실현을 가져다줄 수 있다. 그리고 공공 사물인터넷 등에서 자신의 데이터를 활용하게 협력함으로써, 궁극적으로 자기결정과 자기책임에 터 잡아서 민주주의가 좀 더 실질적으로 실현될 수 있다.

2. 문제의 측면

세상의 모든 일은 늘 明暗이 교차하는 것처럼, 교차적 공학(Querschnittstechnologie)으로서의 인공지능의 성격에 비추어, 행정에 인공지능의 도입 역시 자연스럽게 도전과 문제를 낳는다. 여기서 가령 대민소통이나 행정내부적 사용의 범주에서와 같이 단지 지원을 받는 식의, 결정과 거리가 먼 영역에 인공지능을 도입하는 경우와, 대외적으로 법효과를 발생시키는 결정의 사전단계나 그 결정 그 자체의 범주에서 인공지능을 도입하는 경우는 구분되어야 한다. 전자에서의 리스크는 가령 특히 해킹공격에 즈음하여 인공지능시스템 자체 및 그 바탕이 되는 IT－Infrastruktur의 불안전성의 위험과[53] 같이 IT기술의 도입에 내재한 일반적인 리스크에 국한된다. 인공지능시스템의 명백한 장점으로 칭찬되는, 완벽과 무결함의 상태가 외양으로만 그럴 수 있어서, 도리어 위조와 조작의 위험을 가릴 위험도 있다.[54]

한편 인공지능시스템을 결정에 근접하게 도입하는 경우는 다른 문제점을 맞닥친다.

---

51) Eggers/Schatsky/Viechnicki, AI－augmented government－Using cognitive technologies to redesign public sector work, 26.4.2017, Deloitte University Press, <https://www2.deloitte.com/insights/us/en/focus/cognitive－technologies/artificial－intelligence－government.html>(마지막 검색일자 2020. 4. 25.).

52) H. Hill, Scientific Regulation－Automatische Verhaltenssteuerung durch Daten und Algorithmen in: Hill/Hermann/Schliesky/Utz(Hrsg.), Auf dem Weg zum Digitalen Staat－auch ein besserer Staat?, 1. Aufl. 2015, S.272.

53) Vgl. Aupperle/Langkabel/Ramsauer, Denkimpulse Digitale Ethik „Künstliche Intelligenz－Assistenz oder Konkurrenz in der zukünftigen Verwaltung?, Stand 17.1.2018, <https://initiatived21.de/publikationen/denkimpulse－zur－digitalen－ethik>(마지막 검색일자 2020. 4. 25.).

54) H. Hill, Scientific Regulation, 274f.

미래 지향적 활동은 고도의 창의적 사고력과 비전있는 미래형성의 지향을 필요로 한다. 현재의 발전의 불확실성과 불계속성은, 결정발견의 범주에서 선형적 논리의 단순한 합리성을 능가하는 －제도, 창의성, 인식, 감성을 포함할 수밖에 없는－ 다극적 논리를 요구한다.[55] 특히 전통적인 의미의 합리성 자체는 －법제도가 기본적으로 공동체 및 공동체 구성원에 의한 만들어진 산물인 것처럼－ 불가분적으로 판단주체의 상황과 연계된다.[56] 데이터는 인공지능시스템의 결정근거로서 그런 종류의 결정의 사실상의 복잡성을 축소시키는 결론이다. 여기서 가치, 목표, 의도, 의사, 동기, 관심사와 데이터의 개발역사가 인간의 결정발견에 전적으로 들어간다. 아무리 학습 프로그램에 기반을 두더라도 인공지능은 이미 존재하는 지나간(vergangen) 데이터의 분석에서 획득된 인식(지식)의 적용에 불과할 수 있어서, 창의적인 혁신을 위해서는 단지 제한적인 여지만을 제공한다. 따라서 인공지능이 혁신과정에서 연관성을 만들고, 제안을 하고, 관점을 제시하기 위해서도 사용될 수 있긴 하지만, 논리적으로 전개된, 과거로부터 획득된 경험지평에 의거하기 때문에, 파괴적이고 놀라운 혁신을 기대할 수는 없다.[57] 오히려 실수를 범하는 인간의 경향이 그런 예상에 없는 창의력을 자아낸다.[58] 인공지능시스템에 의한 미래형성적 인도는 결정적인 한계가 따른다. 왜냐하면 그것이 기왕의 지나간 데이터(사실)에 관해 현존한 규범적 상태를 나타낸 것이어서 비전 있는 관점이 결여되기 때문이다. 현재 약한 인공지능의 수준만을 상정하면, 인공지능시스템이 그런 능력을 전개할 수 있을 것인지 여부는 의문스럽게 여겨진다.

V. 행정에 인공지능시스템 도입을 위한 법적 기본조건

사람은 대상이 되어서는 아니 된다는[59] 기본공식을 따르면, 순전히 기술적으로 생성된 행정결정은 사람에게 적어도 바로 적합한 것은 아님을 시사한다. 인공지능시스템의 도입이 가능한 곳에서 기본권에 민감한 영역에서는 입법자는 보장책임에 맞춰 기술수준을 높여야 하고, 다른 영역에서는 그런 대처가 민주주의의 보호, 법치국가적 상태나 다른 헌법가치의 이유에서 꼭 필요할 것이다, 이하에서는 인공지능시스템 자체의 법적 규율은 다른 지면에서 검토하기로 하고,[60] 행정차원에서 강구되어야 할 법적 기

55) Vgl. H. Hill, Die Kunst des Entscheidens, S.433(442).

56) 여기서 인공지능시스템의 도입에 우리가 고민할 것이 기왕의 법제도 및 현실에서 구현되는 합리성의 수준이다.

57) H. Hill, Sei innovativ, Verwaltung! －Weichenstellungen und Impulse zur Innovationsfindung－, Speyrer Arbeitsheft Nr.230, 16.

58) H. Hill, Verwaltung & Management 2018, 287(291). 여기서 2016년에 알파고와의 역사적 棋戰에서 이세돌 기사가 제4국에서 알파고의 실수를 유발하여 승리한 것을 생각할 수 있다.

59) BVerfGE 9, 89(95); 27, 1(6); 28, 386(391); 45, 187(228); 50, 166(175); 87, 209(228).

본조건에 관해서만 살펴본다.[61)]

1. 전제로서 디지털 신뢰의 구축

법질서의 신뢰성은 자유행사의 기본적 전제요건에 해당한다. 자신의 행위가 나중에 불이익한 결과에 연계되지 않으리라고 믿을 수 있는 자만이 자신의 자유권을 꺼리지 않고 행사할 것이다.[62)] 국민이 디지털 행정서비스를 요구하고 행정과 디지털로 의사소통하려는 마음을 먹기 위해서는 디지털 행정에 대한 신뢰가 그 요건이다. 인공지능이나 사물인터넷과 같은 디지털화의 공세가 행정에서 성공을 거두기 위해서는, 잠재적 이용자 즉, 국민의 수용의 태도가 중요하다. 소위 디지털 신뢰(Digitales Vertrauen)를 구축하는 것이 핵심적 정책적 요청이다.

신뢰 개념은 상대방이 어떻게 행동할 것인지에 관한 일정한 기대를 나타낸다. 국가와의 관계에서 국민은 국가의 결정이 맞다고 즉, 법과 법률의 구속하에서 발해졌다고 믿는다. 상호 의사소통의 과정이 신뢰를 형성하게 하는데, 조직체와 합리적인 결정절차가 더해짐으로써 신뢰의 수준 역시 제고된다. 그런데 행정의 디지털화는 신뢰형성의 요인을 변화시킨다. 공공사물인터넷의 예가 보여주듯이 디지털화된 국가는 국민 개개인을 전통적인 행정조직체와는 다르게 온라인으로만 상대한다. 사람이 행한 결정의 타당성에 관한 신뢰가 기술적으로 만들어진 결정의 타당성에 관한 신뢰로 바뀐다. 성공적인 디지털정책은 국민의 신뢰에 좌우된다. 특히 국민의 정부 신뢰도가 관건이다.[63)] 기계가 행하였기에 실수가 있을 수 없다는 인식은 정부신뢰도가 높지 않은 상황에서는 매우 위험하다. 국민을 국가권력의 단순한 대상으로만 보기 때문이다. 기계가 행하였기에 실수가 있을 수 있다.[64)] 디지털시대를 맞이하여 공동체 전체의 신뢰 문제를

---

60) Th. Wischmeyer, Regulierung intelligenter Systeme, AöR 143(2018), S.1ff.

61) 여기서 유의할 점은 법은 기본적으로 개인의 권리와 공익을 보호하기 위하여 기술에 대해 한계를 설정하는 것이지만, 그것만이 유일한 기능은 아니다. 궁극적으로 법은 인공지능개발의 토대이자 한계 나아가 형성을 만든다. Djeffal, Künstliche Intelligenz in der öffentlichen Verwaltung, Berichte des NEGZ Nr.3, S.1: <https://negz.org/projekte-publikationen>(마지막 검색일자 2020. 4. 25.).

62) Voßkuhle/Kaufhold, Vertrauensschutz, JuS 2011, 794ff.

63) 지난 연말 행정안전부가 2019년도 오이시디(OECD) 국가의 정부 신뢰도를 발표했는데, 39%의 신뢰도로 그 순위는 오이시디 36개 국가 가운데 22위를 차지했다. 2017년 조사에선 24%, 32위의 최하위권에 속하였지만, 2018년 조사에선 36%, 25위로 새롭게 발돋움하고 이번에 2007년에 시작된(24%, 31위) 이래 가장 높다. 비록 1위를 차지한 스위스의 85%와는 그 차이가 매우 크지만, 세계 10대 선진국 가운데 일본, 프랑스, 미국, 스페인, 이탈리아보다는 높으며, 점차 향상되어온 결과여서 향후 큰 기대를 갖게 한다. 하지만 여전히 공동체 전체의 신뢰에 관해 자신 있게 말할 수 없다. '2019 에델만 신뢰도 지표 조사'에 의하면, 정부의 신뢰도수준은 48%, 언론은 42%, 기업은 39%, 비정부기구(NGO)는 56%이다. 특히 우려되는 것은 직원들의 고용주에 대한 신뢰도가 56%로 26개국 중 최하위에 속한 것이다.

64) 한편 2018년의 신뢰성 있는 인공지능을 위한 유럽 윤리가이드(Ethik-leitlinien für eine vertruenswürdige KI)가 신뢰성 있는 인공지능을 위한 7개 요청을 제시하였는데, 맨 처음으로 '인간에 의한 활동과 인간에 의한 감독의 우위'를 설정하였다. 그 밖의 요청은 다음과 같다: ii) 기술적 견고성 및 보안, iii) 사적 영역의 보호 및 데이터 품질 관리, iv) 투명성, v) 다양성, 차별금지 및 공정성, vi) 사회적, 생태적 복지, vii) 해명의무를

새롭게 시급하게 검토할 필요가 있다.[65]

2. 명확성의 요청의 차원

인공지능기반의 결정의 불투명성은 법치국가원리의 배경에서 문제로 여겨질 수 있다. 인공지능시스템의 도입에서 학습과정에 따른 그것의 알고리즘적 논리는 종종 원래 시스템의 개발자조차 더 이상 파악할 수 없는 데서 그러하다(Blackbox 인공지능). 행정과정의 투명성(Transparenz von Verwaltungsprozessen)이 법치국가원리의 본질적 구성요소이므로,[66] 결정과정의 근거와 인공지능시스템의 논리를 공개하는 것 역시 요구된다. 소위 시스템의 책임(accountabilty)을 공고히 하는 것이다.[67] 왜냐하면 인공지능시스템은 비록 그 출발은 사람에 의하지만, 그 이후에는 자기학습 프로그램에 의해 자체적으로 운용되기에 당연히 책임의 소재가 문제된다. 시스템의 책임성은 먼저 그 과정이 투명하고, 표시에 접근가능하다는 것을 전제로 한다. 이외에도 민주적 합의가 행해져야 하는, 합당한 법적·정치적·사회적 규범과의 일치 역시 보장되어야 한다. 이를 위하여 그 과정은 물론, 합당한 알고리즘과 결론의 무작위추출에 관한 통제(심사)가 행해져야 한다.[68] 정보공개법(정보자유법) 및 행정의 투명성에 관한 규정(Transparenzvorschriften)이 인공지능시스템에 관한 一般公衆의 심사를 쉽게 할 수 있다.[69] 나아가 투명성요청에 상응한 법적·윤리적 표준이 이미 인공지능시스템의 코드 자체에서 구현되어야 한다.

3. 독립된 결정과 관련한 법률유보의 차원

인공지능의 도입에서 행정은 모든 그밖의 활동처럼 헌법의 기본질서인 법치국가원리에 의해 법과 법률에 구속된다. 국민에게 직접적인 법효과를 발생시키는 행정작용의 경우가 문제된다. 인공지능에 기반한 행정작용의 허용성은 민주적 정당성의 요청에서 검토되어야 한다. 국가작용의 민주적 정당성은 인적 정당성과 사물적-내용적 정당성

책임.

65) 지면 관계상 디지털 신뢰 문제는 다른 곳에서 상론할 계획이다. 참고문헌: A. Berger, Digitales Vertrauen. Eine verfassungs- und verwaltungsrechtliche Perspektive, DVBl 2017, 804ff.

66) Debus, BeckOK Medien -und Informationsrecht, 22. Edition, Stand 1.11.2018, §1 IFG Rn.22.

67) M. Herberger, a.a.O., S.2825(2828); Kroll, Accountable Algorithms, University of Pennsylvania Law Review 633-705, <https://scholarship.law.upenn.edu/penn_law_review/vol165/iss3/3>(마지막 검색일자 2020. 4. 25.).

68) Prell, BeckOK VwVfG, 41. Edition, Stand 1.10.2018, §35 a Rn.19.

69) Positionspapier "Transparenz der Verwaltung beim Einsatz von Algorithmen für gelebten Grundrechts-schutz unabdingbar", <https://www.datenschutzzentrum.de/uploads/informationsfreiheit/2018_Positionspapier-Transparenz-von-Algorithmen.pdf>(마지막 검색일자 2020. 4. 25.).

을 통해 매개되는데, 인적 민주적 정당성은, 국가권력을 행사하는 자가 자신의 임명 및 국가권력행사에서의 자신의 독립된 담당을 정당성주체로서의 국민에게 되돌릴 수 있을 때 주어진다. 인적 민주적 정당성의 차원에서 국민과 국가임무를 맡은 기관과 담당자 사이의 정당성의 사슬은 단절되어서는 아니 된다.[70)]

독일의 경우 행정절차법 제정 당시(1976년)에 '자동장치를 이용하여 발해지는 문서적 행정행위' 즉, 컴퓨터행정행위를 중심으로 서면형식, 청문, 이유제시 등과 관련하여 특별규율을 담았는데,[71)] 그것에 의해서는 인공지능 기반의 행정행위가 포착되지 않으므로 '행정행위의 완전자동적 발급'을 내용으로 하는 행정절차법 제35조의a가[72)] 신설되었다. 동 조항의 의의는 인간의 의사활동이 결여된 완전 자동화된 결정의 경우에도 행정행위가 존재할 수 있다는 것을 분명히 하는 데 있다.[73)] 그리하여 2017.1.1.부터 완전자동적 행정행위 및 완전자동적 행정절차(완전행정자동절차)의 법제도가 시행되고 있다. 행정이 －모든 결정매개변수가 사전에 인간에 의해 확정되지 않은－ 자기학습의 알고리즘(selbstlernende Algorithmen)을 어느 정도로 도입할 수 있는지의 물음은 행정절차법 제35조a가 규율하지 않는다.[74)] 학습하는 인공지능에 의해 발해진 독립된 결정은 비할 수 없이 높은 위험의 잠재성을 드러내기 때문에, 여기에는 법률에 의한 허용(입법적 허가유보)이 당연하게 통용되어야 한다. 민주주의와 법치국가원리는 인공지능 그 자체가 법률적, 인간에 의한 규준과 관계 없이 행정과정의 어떤 결과가 기대되는지, 어떤 결과가 적응을 통해 수정되어야 하는지를 정하는 것을 금지한다. 입법자는 구체적인 규율내용에 관한 지배를 동적 적용지시에 비견될 수 있게 완전히 포기할 수는 없다. 그러나 비록 활동옵션 그 자체가 알고리즘에 의해 획득되고 완성된다 하더라도, 바라던 절차결론과 관련한 목표가 민주적 정당화된 자연인에 의하여 제시되면 충분하다. 그러나 우리의 경우 과거 1987년의 행정절차법안에는 자동적 행정행위(자동장치에 의한 처분)를 직접적으로 규정하였고(동법안 제28조), 행정절차법안(1996)은 행정자동결정의 착안점(대량의 동종처분)을 명시적으로 언급을 하였지만(제28조 제1항 제2호), 행정절차법이 제정되면서 그것을 단순・반복적 처분을 대체시켰다. 미흡하지만 자동적 행정행위의 착안점을 단순・반복적 처분에서(제23조 제1항 제2호) 찾을 수밖에 없다.

그런데 인공지능 기반의 행정행위의 발급의 경우 새로운 국면을 맞는다. 행정결정의 타당성을 제고하기 위해 행정내부에서 조사수단으로 AI를 활용하거나, 행정과 국민

70) BVerfGE 52, 95(130); 68, 1(88); 77, 1(40).

71) §§28(2) Nr.4, 37(5), 39(2) Nr.3 VwVfG.

72) 제35조의a(행정행위의 완전히 자동화된 발급) 법규정에 의해 허용되고, 재량이나 판단여지가 존재하지 않는 한, 행정행위는 완전히 자동적 장치에 의해 발해질 수 있다.

73) L. Guggenberger, Einsatz künstlicher Intelligenz in der Verwaltung, NVwZ 2019, S.844(846).

74) Vgl. Stelkens/Bonk/Sachs, Verwaltungsverfahrensgesetz, 9. Aufl. 2018, §35a Rn.47.

간의 의사소통을 증대하기 위한 수단으로 AI 기반의 챗봇을 운용하더라도, 국민에 대해 직접적인 법효과가 발생하지 않으므로, 그것 자체가 심각한 법적 문제를 야기하지는 않는다. 하지만 이상의 '지능형 횡단보도용 교통안전 시스템'은 보행자와 운전자에게 공권력행사를 통해 직접적으로 법적 의무를 발생시켜서 전혀 다른 상황을 낳는다. 행정과정의 자동화는 규율을 필요로 할 정도로 그 양태와 방식에서 질적으로 새로운 현상이다.[75] 그런데 기계의 학습능력을 토대로 한 인공지능 시스템은 인간에 의한 인식작용을 부분적으로 대체함으로써, 인간의 의사가 빠짐없이 배어 있는 종래의 행정자동화와는 분명히 다르다. 따라서 인공지능 시스템에 기반을 둔 독립된 결정의 차원에서는 그에 관한 실정법적 근거를 시급하게 마련하여야 한다.[76] 한편 실정법적 근거 없이 완전자동적 행정행위를 발한 경우 그것은 법률유보의 원칙에 따라 위법할 수 있으며, 다만 그 하자는 취소사유에 머문다고 할 수 있다.[77] 자칫 법이 기술개발의 역동성을 저지할 우려에 대한 문제인식도 필요한데, 독일 몇몇 주의 전자정부법은 전자적 행정인프라의 도입과 진보를 위하여 주정부가 한시적 법규명령을 통해 관할과 형식 등에서 다른 규정을 만들 수 있는 실험규정(Experimentierklauseln)을 두고 있다.[78]

4. 데이터편견의 수정가능성 및 개인정보보호의 차원

인공지능은 빅 데이터를 기반으로 하기에 데이터 자체에서 여러 법적 문제점을 배태한다. 인공지능시스템에 의한 결정논리에는 차별화가 은폐되어 오히려 정당화될 수 있다.[79] 이것은 특히 이미 존재하는 차별화를 인공지능시스템에서 머신러닝의 학습데이터(Trainingsdaten)에 기록하는 데서 생겨날 수 있다.[80] 이미 존재하는 지나간(vergangen) 데이터의 분석을 출발점으로 삼는 데서 초기 데이터 자체에 관한 성찰적 접근이 강구되어야 한다. 데이터의 편견이 인공지능시스템 자체에서 수정될 수 있게 하는 메커니즘이 구축되어야 한다. 여기서 독일 행정절차법 제24조 제1항 제3문을[81] 주목할 필요가 있다. 완전자동화방식의 업무처리에서 문제되는 것이 사안조사가 한정적일 수 있으며 일정한 사항이 고려되지 못할 우려가 있다는 점인데, 동 규정은 이런 리스크에 대

75) N. Luhmann, Recht und Automation in der öffentlichen Verwaltung, 1966, S.12.

76) * **추론**: 2021. 3. 23.에 공포된 행정기본법은 다행히 완전자동화된 행정행위에 관해서 명문의 근거를 두었다: 제20조(자동적 처분) 행정청은 법률로 정하는 바에 따라 완전히 자동화된 시스템(인공지능 기술을 적용한 시스템을 포함한다)으로 처분을 할 수 있다. 다만, 처분에 재량이 있는 경우는 제외한다.

77) Th. Siegel, Automatisierung des Verwaltungsverfahrens, DVBl 2017, S.24(26).

78) Art. 19 des BayerischenE－Government Gesetzes; §20 dessächsischen E－Government Gesetzes.

79) M. Martini, a.a.O., S.443(453).

80) Lenzen, Künstliche Intelligenz－Was sie kann &was uns erwartet, 2018, S.173.

81) 행정행위를 발하기 위해 자동장치를 도입한 때, 행정청은 자동절차에서는 조사되지 않을, 개별경우를 위하여 중요한, 참여자의 사실적 정보(사항)를 고려해야 한다.

응하기 위하여 특별히 만들어졌다.[82)]

특별한 문제가 개인정보보호의 문제이다. 알고리즘을 통해 균일화와 표준화의 과정이 진전되면 진전될수록, 개인정보보호의 불충분함은 더욱더 부각된다. 특히 공공 사물인터넷의[83)] 등장은 정보보호와 관련하여 심각한 문제점을 발생시킨다. 왜냐하면 사물인터넷의 특징이 데이터수집이 자동적이고, 어느 곳에서나(遍在的으로, 유비쿼터스적으로) 가능하며, 영구적일 수 있기에 그러하다. 최근에 개인정보보호법, 정보통신망법, 신용정보법 등 '개인정보'와 관련된 데이터 3법의 개정을 통해 인공지능에 의한 익명정보나 가명정보가 활발히 활용될 것으로 예상되는데,[84)] 이에 대응하여 개인정보의 보호강도를 상향시키는 것이 바람직하다.[85)] 하지만 개인정보의 절대적 보호를 주장하는 것은 현실적이지 않을 뿐 더러, 미래발전의 개방성에도 반한다. 관건은 현실에 상응하고 수용가능한 조화를 발견하는 것인데, 개인정보의 보호 자체를 혁신의 적(Innovationsfeind)으로가 아니라 경쟁의 우위를 제공하는 기저로 접근할 필요가 있다.[86)]

VI. 맺으면서 – 인간과 기계의 共生

행정에서의 인공지능의 도입은 전례 없는 기회를 제공한다. 국가의 인공지능전략과 같은 현재의 움직임은 좋은 자극을 필연적으로 제공한다. 그러나 그것은 정책의 표방과 재원의 투입만으로는 결코 충분하지 않다. 오히려 행정 자체가 아래에서부터 혁신의 정신과 실험의 기쁨이 충만해야 한다. 왜냐하면 아날로그시대를 삶아온 기성세대와는 달리 젊은 세대는 태어나면서부터 디지털시대를 살아 왔기 때문이다. 독일의 경우 이미 1976년 행정절차법에 컴퓨터를 이용하여 행정행위를 발하는 것에 관해 규정하였지만, 우리 행정절차법은 아무런 언급을 하지 않는 상황이 보여주듯이, 우리의 행정 및 그 법제는 행정환경과 현실의 변화에 따라가지 못한다. '경험의 지평'(Erfahrungshorizont)이 훈련데이터의 형태의 기왕의 것에 내재적으로 제한되는 것을 감안하면, 인공지능시스

82) Th. Siegel, a.a.O., S.24(27).

83) 사물인터넷의 개념은 아직 확립되지 않았는데, 여기서는 "환경의 대상이 네트워크화되고, 인증·통지가능하며 센서를 통해 확실한 관찰이 가능한 정보기술시스템을 갖추고 있으며, 네트워크화된 시스템 그 자체가 관찰에 대응할 수 있는 것"으로 정의한다(Ch. Djeffal, Das Internet der Dinge und die öffentliche Verwaltung – Auf dem Weg zum automatisierten Smart Government? DVBl 2017, S.808(809)).

84) 정상조, 인공지능과 데이터법, 법률신문 2020.2.10.

85) 정부는 개인정보의 안전한 보호와 활용을 위한 추진전략과 세부 과제를 마련했다. 개인정보보호위원회는 내년부터 3년간의 개인정보 보호 추진 방향과 핵심 과제 등을 담은 제4차 개인정보 보호 기본계획을 2020. 2. 12. 발표했다. 여기서 '개인정보 보호를 실질화해 안전한 디지털 신뢰사회 구현'을 비전으로 설정하고서 선제적 개인정보 보호 강화, 안전한 개인정보 이용 환경 구축, 글로벌 개인정보 리더십 확보라는 3대 추진전략을 내세웠다.

86) 이 점에서 유럽의 데이터보호기본명령(DSGVO; GDPR)이 일종의 글로벌 스탠다드가 된다.

템의 현재의 가동방식은 시민과 행정청 간의 의사소통, 결정준비, 독립된 결정 및 행정청내부적인 사용을 용이하게 하는 것과 같은 지원임무 이외에, 표준화된 대량경우의 처리를 위하여 적합하다. 하지만 현재의 수준에서 약한 인공지능만이 상정할 수 있듯이, 아직은 개별적 특징을 지닌 복잡한 경우의 범주에서 독자적인 결정을 위해서는, 그리고 행정에서의 불가결한 창의적인 형성과정과 혁신과정을 위해서는, 인공지능의 도입은 자연스럽게 한계가 있을 수밖에 없다. 가장 좋은 결과는 인간과 기계의 협력에서 얻어진다. 따라서 행정에 인공지능을 도입하는 데 있어서 인간과 기계, 양자의 共生(Symbiose)을 최적으로 형성하는 것이 결정적인 과제이다. 인공지능시대에 지나친 낙관도 지나친 비관도 떨쳐야 한다.

* 법조 제740호, 2020.4.28., 53면－77면 所收.

제 5 장

인공지능시대에 알고리즘에 의한 행위조종과 가상적 행정행위에 관한 소고

Ⅰ. 처음에 – Max Weber 사후 100년의 행정의 변모

시대적 트렌드인 제4차 산업혁명에서 디지털화로 인해 행정의 변모는 가속화되고 있다.[1] 공공 사물인터넷(Iot), Once–only–prinzip, 자동적 행정절차, 전자정부적 Nudging 등이 시대 트렌드를 나타내고, 온통 'AI(인공지능)–00'이 흘러넘친다. 인공지능(Artificial Intelligence: AI, Künstliche Intelligenz:KI)이 시대적 화두이다. 작년 12월 8일자 보도에 의하면, 경북 구미시 옥계초등학교 어린이보호구역에 보행자가 접근하면 횡단보도에 자동으로 불이 켜지는 '지능형 횡단보도용 교통안전 시스템'이 시범 운용되고 있다고 한다. '딥러닝 기반 보행자 속성 식별 기술'을 기반으로 하는 이 시스템은 횡단보도에 접근하는 보행자와 차는 물론 교통신호 변화를 실시간 인식해 횡단보도 표지판과 바닥조명을 자동 점멸 · 점등하면서 경고하는 서비스를 제공한다고 한다.

2020년은 Max Weber의 사후 100년이 되는 해인데, 일찍이 Max Weber는 관료제 행정을 가장 합리적인 지배 · 조직형성의 형식으로 분류하였다.[2] 관료제(Bürokratie, Bureaucracy)란 명칭을 창안한 그의 견해에 의하면, 궁극적으로 기계처럼 작동하기

1) 제4차 산업혁명시대에 따른 법적 대응이 어떠해야 하는지를 극명하게 보여주는 최근 문헌으로 김남진, 제4차 산업혁명시대와 중요 법적 문제, 학술원 통신 제319호, 2020.2.1., 2면 이하.

2) Max Weber, Wirtschaft und Gesellschaft–Soziologie, in: Baier(Hrsg.), Max Weber–Gesamtausgabe, Abt. I Bd.23, 2013, S.463.

에,[3] 관료제 행정은 순전히 기술적으로 최고도로 완전하게 될 수 있으며, 그래서 특히 대량행정에서는 포기할 수 없다고 한다.[4] 그런데 Max Weber가 100년 전에 창안한 관료제 행정 자체가 행정의 디지털화로 인해 특히 인공지능을 기반으로 한 공공 사물인터넷을 통해 기계 자체에 의해 운용되는 극적인 상황을 맞이하고 있다.

이미 1966년에 행정에서의 법과 자동화에 관하여 이정표를 제시한 N. Luhmann이,[5] 법과 데이터처리가 많은 점에서 상호관계가 있음을 내세웠는데, 어느덧 기술적 법칙으로서의 알고리즘은 공공분야를 넘어서 우리네 일상과 현실을 형성한다. 특히 'Legal Technology'에 의해 전통적인 법적용이 더욱더 알고리즘이나 코드에 의해 처리될 수 있다. 사이버공간이 이미 현실을 압도적으로 지배하고 있으며, 사이버공간을 규율하는 소프트웨어와 하드웨어와 같은 코드(Code)가 기왕의 법을 넘어서 또 다른 법이 되었다.[6] 행위조정의 측면에서 그것은 급속하게 법에 비견한 존재가 되어 법을 지지, 수정하거나 그 효력을 좌절시킬 수 있다.[7] 극단적으로 법의 지배가 아닌, 코드나 알고리즘에 의한 지배가 통용될 수 있다.

이런 인공지능의 알고리즘의 발전의 급속한 진전과 현재의 합리화압력에 즈음하여, 미래에서의 지속적 개발은 배제되지 않으므로, 국가는 질서시스템으로서 자신의 내적, 외적 상태를 이런 기술적 혁신도입에 맞춰야 한다. 그렇지 않으면, 국가는 시민의 디지털화된 생활세계와 기능세계에 대해 긴밀한 관계를 상실할 위험이 있다. 그러나 4차 산업혁명, 행정의 디지털화, 행정 4.0, 인공지능 행정의 디지털화, 그리고 행정작용의 자동화에 관한 현하의 논의상황은 행정법이 제4차 산업혁명 시대를 선도하기는커녕 전혀 그것과 호흡을 하지 못하고 있다.[8] 2017.1.1.부터 AI기반 행정행위를 상정한 완전자동화된 행정행위를 행정절차법 제35조의a를 통해 제도화시킨 독일과 극명하게 비교된다.[9] 디지털행정에 관한 법적 접근을 위한 기초적인 작업이 디지털화의 기본인

---

3) Max Weber, Wirtschaft und Gesellschaft－Herrschaft, in: Baier(Hrsg.), Max Weber－Gesamtausgabe, Abt. I Bd.22－4, 2005, S.185.

4) Max Weber, Soziologie, S.463, 465.

5) N. Luhmann, Recht und Automation in der öffentlichen Verwaltung, 1966.

6) L. Lessig 교수는 코드가 또 다른 법으로서 자유주의에 대한 최대의 약속이자 최대의 위협이라고 지적하면서 근본가치를 보호하기 위하여 또는 그것이 사라지도록 사이버공간을 구축하고, 구조화하며, 코드화할 수 있다고 주장하였다(Code Version 2.0, 2006, p.6). L. Lessig 교수의 이 책은 1999년의 「Code: And Other Laws of Cyberspace」의 제2판이다. 이에 관한 번역본으로 김정오 옮김, 코드, 2001; 코드 2.0, 2009.

7) L. Lessig 교수 역시 사이버공간의 진전과정에서 근본가치인 자유가 사라질 우려가 있음을 지적하면서, 무정부의 사이버공간에서 통제의 사이버공간으로의 변화를 추구하였다((Code Version 2.0, 2006, p.5).

8) 기실 법학에서 인공지능의 문제는 알고리즘의 획기적인 진화형태인 법학적 전문가시스템(juristische Expertensysteme)의 문제이다. 상론은 김중권, 인공지능시스템에 의한 행정행위의 허용성에 관한 小考, 법제 제673호(2016.9.15.), 5면－7면 이하.

9) 독일의 완전자동적 행정행위에 관해서는 김중권, 인공지능시대에 완전자동적 행정행위에 관한 소고, 법조 제723호, 2017.6.28. 146－182; 이재훈, 전자동화 행정행위에 관한 연구: －독일 연방행정절차법 제35조의a를 중심으로－, 성균관법학 제29권 제3호, 2017, 143면 이하.

알고리즘에 의한 행위조종의 전반에 관한 심도 있는 논의이다. 이 논의를 바탕으로 가상적 행정행위를 우리 법제에 안착시키기 위한 방안을 모색하고자 한다.

Ⅱ. 알고리즘에 의한 행위조종에 관한 논의

인간사회는 행위에 대해 영향을 미치는 다수의 규칙(법칙)을 인식하고 있다. 현재의 정보사화와 지식사회에서 법적, 사회적 법칙(규칙) 이외에 디지털 알고리즘에 담겨진 기술적 법칙이 중요성이 증대된다. 알고리즘은 현실, 지식, 가치, 의식, 문화에 관한 개인적, 사회적 구조 및 여론과 사회질서 전반에 대해 심대한 영향을 미친다. 즉, 알고리즘은 사람의 행위의 조종은 물론, 사회질서의 형성, 경제적 · 사회적 전개와 그 이상과 관련이 있다. 알고리즘은 기술적 행위조종의 수단으로 도입된다.[10] 알고리즘은 사람의 행위의 조종은 물론, 사회질서의 형성, 경제적 · 사회적 전개와 그 이상과 관련이 있다. 그리하여 법학을 위해서도 알고리즘에 의한 기술조종의 가능성과 의의 및 법동원에 대한 그것의 관계를 다루는 것이 중요하다.[11]

1. 알고리즘의 의의

(1) 개념

알고리즘 개념은 오래되었다. Herschel의 고전적 정의에 따르면, 전통적인 알고리즘(algorithmen)이란 「당초의 데이터에 적용하여서 유한한 많은 단계를 거친 연후에 해결책에 도달하게 되는 확정적이고 일반적인 과정」을 의미한다.[12] 알고리즘이란 어떤 문제를 해결하기 위한 절차(과정)를 명확히 기술해 놓은 것이다. 알고리즘이 추상적인데 대하여, 알고리즘을 컴퓨터가 이해할 수 있도록 구체적 형태로 표현한 것이 프로그램이다. 양자가 엄격히 구별되어야 하지만, 종종 구별되지 않고 알고리즘으로 불린다. 일반적으로 최종성, 일반성 그리고 확정성을 알고리즘의 징표로 들고 있다.[13] 아무튼

---

10) 알고리즘의 규제속성에 관해서는 심우민, 인공지능의 발전과 알고리즘의 규제적 속성, 법과 사회 제53호, 2016, 54면 이하. 참고문헌: 심우민, 인공지능의 발전과 알고리즘의 규제적 속성, 법과 사회 제53호, 2016, 41면 이하; "인터넷 본인확인의 쟁점과 대응방향: 본인확인 방식과 수단에 대한 아키텍처 규제론적 분석", 법과 사회, 제47호, 2014, 209면 이하.

11) 이하의 내용은 Hoffmann－Riem, Verhaltenssteuerung durch Algorithmen, AöR 2017, 1ff.을 바탕으로 다른 문헌을 참고하여 서술한다.

12) R. Herschel, Einführung in die Theorie der Automaten, Sprachen und Algorithmen, 1974, s.158.

13) 개개의 단계(법칙)과 일련의 적용이 명확하게 규정됨으로 말미암아, 동일한 처음데이터에 적용할 것 같으면 같은 결과인 해결책이 도출될 때, 이를 알고리즘의 確定性(Determiniertheit)이라 한다. 처음데이타에 적용되어 미리 정해진 몇 단계를 거친 연후에 예기된 해결책이 성립하게 될 때, 이를 알고리즘의 最終性(Endlichkeit)이라 한다. 알고리즘을 통하여 모색되는 해결책은 구체적 경우에 대한 것이 아니라 전체 문제에 대한 것인데, 이

일정한 문제를 사전에 결정이 내려진 개개의 단계에서 해결하기 위해 동원된 분명한 행위규정으로서의 특징을 가진다. 인간은 그런 행동양식을 자신의 일상적인 활동에서 활용한다. 기계는 오래 전부터 알고리즘에 의해 기술적으로 조종된다. 알고리즘은 거의 모든 사회분야에서 특히 디지털 커뮤니케이션과 현대 커뮤니케이션기반구조의 기능방식－대표적으로 인터넷－을 위하여 포기할 수 없다.

(2) 규율적 구조로서의 결정아키텍처

일찍이 L. Lessig는 행위조종에서의 알고리즘의 의의와 법적 규율과의 관계에 관한 자세한 논의를 위한 중요한 동인으로 Code 개념을 설정하였는데, 그는 Code 개념을 넓은 의미로 사용하여,[14] 컴퓨터의 소프트웨어・하드웨어나 특별한 기술적 법칙시스템에 국한하지 않는다. 그는 그것을 하드웨어와 소프트웨어와 상관관계에 의해 형성된, 인터넷의 결정아키텍처(Entscheidungsarchitekturen)에[15] 관련시켰다.[16] 이를 통해 알고리즘의 도입의 맥락으로 확장된다. 분명해지는 점은, 알고리즘은 소프트웨어와 하드웨어와의 공동작용은 물론, 소프트웨어와 하드웨어를 복잡한 인프라에 삽입하는 것과도 연계된다. 그리하여 정보통신기술의 후속적인 기능적 요건과 활용가능성의 중요성이 간접적으로 분명해진다. 확대해서 보면, －알고리즘개발자, 컴퓨터망도안자, 인프라구축자, 업무모델개발자, 서비스제공자 등과 같은－ 행위주체의 각각의 역할은 특별한 행위맥락에 연결된다.

알고리즘의 개발・도입의 요소와, 행위조종을 위한 그것의 힘의 인정을 보면, 알고리즘은 법학문헌에서 사용되는 규율구조의 개념과[17] 유사한 모습을 띤다.[18] 이런 유사성을 감안하여, 알고리즘에 기반한 규칙을 법적 규칙과[19] 마찬가지로 고립적으로 고찰해서는 아니 된다. 알고리즘에 기반한 규칙과 법적 규칙, 이들 양자는 행위조종을 위한 도입가능성과 기능성을 가능하게 하고 결정하는 여러 요소의 앙상블의 일부이

를 알고리즘의 一般性(Allgemeinheit)이라 한다.

14) L. Lessig, Code Version 2.0, 2006, at 5.

15) 아키텍처(architekture)는 컴퓨터에 필요한 논리적 기능이나 표현 방식 또는 컴퓨터의 기능 요소와 그 구성방식 등 하드웨어를 제작하는 데 해당되는 설계사양을 말한다. 컴퓨터 아키텍처라고도 한다. 수요자 입장에서 본 컴퓨터의 하드웨어 구조나 동작 및 논리구조의 개념이다(컴퓨터 정보용어대사전). 인터넷의 아키텍처에 관한 상론은 Bauer, Johannes M. (EDT), Latzer, Michael (EDT), Handbook on the Economics of the Internet, 2016, S.288f.

16) 인터넷의 결정아키텍처의 소극성에 대비시켜 인공지능 알고리즘에 근거한 아키텍처 규제적 속성은 일정부분 동적이고 적극적인 특성을 가진다는 지적으로 심우민, 앞의 글, 56면.

17) 규율구조에 관한 상론은 W. Hoffmann－Riem, Innovation und Recht－Recht und Innovation, 2016, S.9f; Schuppert, Verwaltungsorganisation und verwaltungsorganisationsrecht als Steuerungsfaktoren, in: W. Hoffmann－Riem/E. Schmidt－Aßmann/A. Voßkuhle(Hrsg.), Grundlagen des Verwaltungsrechts Bd. I , 2.Aufl., 2012, Rn.26ff.

18) 심우민, 인공지능 기술과 IT법체계 법정보학적 함의를 중심으로, 동북아법연구 제12권 제1호, 2018, 57면.

19) 여기서 법적 규칙(Regeln)은 법규성 여부를 넘어 나름의 구속력을 지닌 규범을 총칭한다.

다.[20]

(3) 알고리즘에 의한 거버넌스 및 알고리즘의 거버넌스 문제

거버넌스 개념은 사회적으로, 경제적으로, 정책적으로, 기술적으로 조정시키는 것(Koordination)과 조종시키는 것의 형식과 메커니즘을 목표로 한다.[21] 알고리즘에 의한 행위조종은[22] 거버넌스의 차원에서 이해할 수 있다.[23] 알고리즘은 거버넌스의 주체이자 객체이기도 하다. 다시 말해, 알고리즘은 정보의 선택과 행위의 조종에서 조정의 특별한 양식이다(알고리즘에 의한 거버넌스). 그런데 데이터자동처리를 기반으로 한 자동화된 알고리즘적 선택과 조종은 궁극적으로 특별한 거버넌스의 방식으로 형성될 수 있는데, 이것은 보통의 거버넌스의 방식－즉, 위계, 시장, 협상, 네트워크－을 보완한다고 할 수 있다. 물론 그에 따른 위험도 있다.[24] 자칫 한정된 데이터를 바탕으로 하면서, 또한 여과되지 않는 편견과 왜곡에서 출발한 프로그래밍에 기반한 알고리즘은 그 자체로 심각한 문제를 유발할 수 있다. 조종적 착안점은 민주주의원리를 중심에 둔다는 점에서 여기서 알고리즘의 거버넌스(Governance of Algorithms)에 관한 논의가 필요하다.[25] 그리하여 거버넌스의 관점에서 알고리즘이 어떻게 성립하고, 알고리즘의 선택과 조종의 종류와 방법에 영향을 미치는지 여부와 어떻게 영향을 미치는지 방법에 관해서 물음이 제기되어야 한다. 다른 사회의 발전기회를 활용하고 그 리스크를 축소시키는 데 도움을 주는 알고리즘의 개발을 위하여 어떤 거버넌스 모델과 수단이 유용한지를 탐문해야 한다. 알고리즘의 거버넌스의 정당성은 알고리즘에 의한 선택과 동반하는 리스크에 의해 제시된다. 즉, 공익의 관점에서 알고리즘에 의한 선택의 리스크를 축소하고 그 혜택을 증대하는 것이 관건이다.

---

20) 여기서 종래의 이분법적 고찰은 바른 사고와 접근을 저해한다. 가령 공법과 사법을 완전히 고립분산적으로 접근하는 것은 융합적 상황에 전혀 제 기능을 하지 못하고 있다.

21) 상론은 김남진, Good Governance: 관념과 상황, 『학술원통신』 제294호(2018. 1), 4－8면 참조.

22) 독일어 'Steuerung'의 번역과 관련하여 '제어'와 '조종'이 사용되고 있는데, 여기선 후자로 옮기고자 한다. 독일에서는 1970년대 중반부터 사회과학적 조종논의가 시작되었다. 1960년대의 계획의 낙관주의 및 (그것과 결합된) 정책의 합리성에 대한 믿음이 국가적 프로그램의 전환에서의 이행부전으로 인해 사라진 다음에, 사회과학적 연구관점이 정책시스템의 내적 구조에서 그것의 환경적 관계로 이전하였다. 그리하여 정책주체가 사회적 환경을 구상에 의해 목적지향적으로 형성하는 것의 가능성과 효력상관관계에 대한 물음이 관심의 중심이다. 그사이 정책상의 조종이 여러 연구방향의 대상이 되었다. 행정법학에서는 작용중심적 조종착안점이 동원되고, 조종이란 '시스템의 의도적인 영향미침'(die gezielte Beeinflussung von Systemen)이라 할 수 있다. 조종과학으로서의 행정법학이 요구되는 시대이다. 조종학(제어학)으로서의 행정법학의 좌표에 관해서는 김남진, 경제에 대한 국가의 역할과 관련하여, 공법연구 제42집 제1집, 2013, 118면 이하; A. Voßkuhle, Neue Verwaltungsrechtswissenschaft, in: W. Hoffmann－Riem/E. Schmidt－Aßmann/A. Voßkuhle, GVwR Ⅰ, §1, Rn.18ff.

23) N. Just/M. Latzer, Governance by Algorithms: Reality Construction by Algorithmic Selection on the Internet, Media, Culture & Society 2016, S.1ff.

24) 거버넌스의 측면에서 알고리즘은 개인화, 상업화, 불평등성과 탈지역화를 증대시키고, 반면 투명성, 통제성, 예측성은 감소시킨다.

25) F. Saurwein/N. Just/M. Latzer, Governance of algorithms: options andlimitations DOI 2015, S.35ff.

2. 알고리즘도입의 증대된 의의

알고리즘의 도입가능성과 성능은 증가하고 변하여, 알고리즘은 우리의 일상적 삶과 현실을 경험하지 못한 수준에서 형성하고 있다. 민간과 사회의 분야에서만이 아니라, 국가가 수행하는 임무의 이행에서도 알고리즘의 도입은 나날이 증대하고 있다. 자기학습의 알고리즘(selbstlernende Algorithmen)에 바탕을 둔 시스템은 새로운 문제상황에 독자적으로 조응할 수 있다.[26] 이런 능력은 학습결론의 분명한 프로그래밍의 결과는 아니고, 컴퓨터에서 예를 통해 얻은 경험의 자동적 평가에 의거한 훈련을 통해서도 발전될 수 있다. 머신러닝(machine learning)이나 딥 러닝(deep learning)처럼 기계적 프로그래밍과 상관없이 시스템 자체가 자신의 고유한 프로그램을 계속 만들어내는 식으로 급속한 기술적 진보가 일어나고 있다.[27] 여기서 인공지능의 전개와 적용에서의 진전과 관련해서 가령 인간두뇌 활동과 흡사한 인공신경망에 의한 딥 러닝과 같은, 광범한 새로움을 기대할 수 있다.[28] 대표적으로 사물인터넷, 빅 데이터, 전자정부,[29] 리걸 테크(Legal technology),[30] 소셜 봇(social bot), 마이크로 타켓팅, 예측치안활동(predictive policing),[31] 완전자동적 행정행위 등이다.

3. 물리적 세계와 가상적 세계의 결합: 온라이프(Onlife)의 등장

알고리즘의 도입에 따라 현재는 온라인 영역과 오프라인의 영역의 증대된 착종현상이 매우 중요하다. 정보통신기술의 활용을 위해 중요한 인터넷은 결코 가상적 공간에

26) 종래보다 진화된 알고리즘의 양상과 관련해서, Jack M. Balkin는 Lessig의 명제(Code is Law)는 컴퓨터 하드웨어와 소프트웨어의 결합이 다른 유형의 규제처럼 사람의 행위를 구속하고 향도할 수 있다는 것인데, 지금의 인공지능에 의한 창발적 진화의 양상(Emergence)은 정반대의 문제점을 드러낸다고 지적하면서, 자기학습시스템은 예측할 수 없거니와 적절한 행위에 대한 인간의 기대에 의해서 구속되지도 않는다고 지적하면서 코드는 無法이라는(Code is lawless) 주장을 하였다. Jack M. Balkin, "The Path of Robotics Law", 6 California Law Review Circuit 45, 52(2015).

27) Vgl. S. Kirn/C.D. Müller－Hengstenberg, Intelligente (Software－)Agenten: Von der Automatisierung zur Autonomie? －Verselbstständigung technischer Systeme, MMR 2014, 225ff.

28) Vgl. M. Herberger, "Künstliche Intelligenz" und Recht, NJW 2018, 2825ff.

29) 전자정부시대를 열기 위하여 2007.1.3. '전자정부법'을 제정하였고, 행정절차법 역시 2002.12.30.자 개정을 통해 전자방식의 송달이나 처분방식을 규정함으로써(제14조, 제24조), 電子的 行政節次가 구축되었다. 독일 역시 2003.2.1.부터 발효되는 제3차 행정절차법 개정을 통해 행정과 시민간의 전자적 요건과 보장에 관한 특별한 규율을 도입하였고(제3조의a 등), 그들의 조세기본법과 사회절차법도 이를 따랐다. 유럽 역시 유럽연합을 가장 경쟁력이 있고 역동적인 지식기반 사회로 만들기 위하여, 전자정부가 "e－유럽 2005 행동계획(Action Plan)－모두를 위한 정보사회"의 주된 목표점임을 강조하였다.

30) Vgl. G. Buchholtz, Legal Tech: Chancen und Risiken der digitalen Rechtsanwendung, JuS 2017, 955ff.

31) 사진인식의 방법으로 가령 폭력행위가 감시카메라에 의한 녹화(촬영)에서 확인되어 바로 경찰에 통지될 수 있게 하는 예측치안(Predictive Policing)은 데이터보호 및 과도한 국가감시의 위험과 관련해서 문제점을 야기한다. 한편 경찰은 미국 로스앤젤레스(LA) 경찰이 운영하는 범죄예측 프로그램인 '프레드폴'(PredPol) 시스템을 모델로 삼아 '한국형 인공지능 기반 범죄예측 시스템'을 개발할 방침이라고 한다(연합뉴스 2019.9.6.).

머물지 않는다. 가령 사물인터넷처럼 정보통신의 새로운 기술이 사회의 물리적 공간을 증대한다. 4차 산업혁명하에 사이버 물리적 시스템(CPS)의 전개와 적용이 사람, 과정, 데이터 그리고 사무를 디지털적으로 결합시키는 데 따라 '모든 것의 인터넷'이라 말할 수 있다. 이를 통해 모든 것이 모든 것과 연관을 맺게 되는 상황이 전개된다. 특히 디지털화된 통신케뮤니케이션은 커뮤니케이션적 교환 이상의 의미를 갖는다. 즉, 그것은 편재적인 토대적 기반에 해당한다.

최근 온라인과 오프라인의 상호작용의 착종을 언어적으로 표현하여, 영국 옥스퍼드 Floridi 교수가 창안한 '온라이프'(onlife) 개념이 새로이 등장한다.[32] 현실(reality)과 가상(virtuality)의 구분이 희미해지는 이 개념으로 우리 네 삶이 더 이상 온라인이나 오프라인의 일도양단적 형태로 전개되지 않고, '온라이프'라는 새로운 세계가 형성되기 시작하였다. 여기서 컴퓨터시스템은 사람이 반드시 결정을 내려야 한다는 요청을 면하게 할 수 있다. 즉, 인간에 의한 결정을 대체한다. 그런 식으로 결정내리는 것의 경감(Entscheidungsentlastung)은 삶의 질에서 커다란 기회와 이익을 가져다줄 것으로 판단되나, 다른 한편에서는 관련인이 의도한 개입의 기회를 가지지 못한다는 점에서 비판 역시 비등하다. 선제적 컴퓨팅시스템(Preemptive Computing System)이라 일컫는 '온라이프'에 동원된 기술로 인해 인식적인 성찰이 진행되지 않는다. 그리하여 '온라이프'의 세계에서 사람이 다양하게 '디지털적 무의식적 존재'나 '무의식적 조정의 대상'이 되어버린다. 그리하여 현대사회의 근본원칙 즉, 활동에서의 자율이 침식될 우려가 있다. 행동에서 개인의 자율의 보장은 시민사회의 핵심적 가치이고 근대법질서의 근본 바탕이다. 비록 자율이 헌법에 의해 광범하게 보장되지만, 그 행사가 실제로는 기술에 따른, 인식할 수 없거나 힘든 타자조종에 의해서 무력화될 수 있다.

4. 법규범과 알고리즘에 의한 조종의 차이점[33]

(1) 규율타입의 차이

가) 사회적 구성개념으로서의 법적 규칙

법적 규칙은 사람의 활동 즉, 집합적인 사람의 활동의 산물이다. 법적 규칙(Regeln)은 사회적 구성개념(soziale Konstrukte)이다. 법적 규칙은 한편으로는 일반추상적인 법을 설정하고, 다른 한편으로는 그 법이 개별경우에 적용되게 한다. 구체적 적용의 양상에서 법적 규칙은 규율내용의 감시에, 경우에 따라서는 규칙위반에 대한 제재에 적

32) 이에 관한 상론은 L. Floridi(edit.), The Onlife Manifesto: Being Human in a Hyperconnected Era, 2015.
33) 정보정책의 규칙이 기술에 의해 형성되는 것에 관한 참고문헌: J.R. Reidenberg, Lex Informatica: The Formulation of InformationPolicy Rules Through Technology, 76 Tex. L. Rev. 553 (1997-1998).

용된다. 일반적 추상적 법규범을 해석하는 것, 구체적인 경우에 결정규범을 구체화하고, 적용하는 것이 사회적 구성개념이다.[34] 그렇지만 이런 구성개념의 성립은 결코 언어의 임의로운 유희가 아니라, 일정한 상황과 문제해결을 지향하면서 법의 특별한 규율구조에 편입된 사회적 행위이다. 그 성립은 변호사, 행정공무원, 법관. 사인과 같은 일정한 행위주체에 의해 행해지는데, 법질서의 규준과 관련한 고유한 합리성을 따른다.[35]

사람의 언어로 표현된 법규정은 명료성을 특징으로 하지 않고, 해석을 필요로 하는, 해석에 개방적인 개념이다. 원칙적 적용은 의미해석에 좌우된다. 규범이란 그 자체로 상호작용을 필요로 하는 많은 개념을 결합시킬 수 있고, 동시에 다른 법질서와 분명히 연관을 짓는다. 해석이란 선행하는 실무로부터 영향을 받는데, 법의 경우 법학적 주석서에서나 법도그마틱에서의 체계화에 의해서도 영향을 받는다. 구체적인 경우에서의 해석과 적용의 절차 및 그 결론은 경우에 따라선 쟁송제기를 통해 공격을 받을 수 있는데, 그리하여 규준적인 규범본지가 다른 원칙의 규준에 의해 수정될 수 있다. 역동성과 변화는 법의 대상에 내재하고 있으며, －법적으로 처리될 수밖에 없는－ 법외적 현상이 결코 아니다.[36] 따라서 시간이 경과하면서 규범은 종종 그 내용에 비추어 규정이 변하지 않더라도 바뀐 해석이나 법형성(Rechtsfortbildung)을 통해 변경될 수 있다. 즉, 과거에 만들어진 법이 판례를 통해 생생한 생명력을 가져서 현재화된다.[37] 따라서 경우에 따라선 새로운 문제점이나 변화된 기본조건에 －특히 법적 규율의 변화된 경험적 그리고 규범적 전제에－ 탄력적으로 대응할 수 있다. 결론의 일관성을 전제로, 개념·규범의 해석상의 개방성, 맥락적 의미해석의 불가피성, 규범의 개별경우 지향성의 불가피성은 당연하다.

나) 사회적, 기술적 구성개념으로서의 알고리즘

알고리즘은 임무의 자동적 처리를 위한 기술적 규칙을 담고 있다. 문언형식의 언어가 아니라, 특수한 기술적 언어에 바탕을 둔다. 사용된 소위 2진법코드는 정보를 상이한 두 가지의 상징인 1과 0의 시퀀스로 나타낸다. 이런 상징의 명확성과 사전정의, 된 개별단계의 서술의 명확성이 컴퓨터에서 이들을 사용하기 위한 요건이다. 문제처리를 위한 알고리즘의 구체적인 도입은 결코 사회적 상호작용의 행위가 아니다. 그것은 사

34) W. Hoffmann－Riem, Innovation und Recht－Recht und Innovation, S.57ff., 79ff.
35) W. Hoffmann－Riem, Innovation und Recht－Recht und Innovation, S.155ff.
36) O. Lepsius, Relationen: Plädoyer für eine bessere Rechtswissenschaft. 2016, S.15f.
37) P. Kirchhof, Der Auftrag des Bundesverwaltungsgerichts zur kontinuierlichen Erneuerung des Rechts, in: Festgabe 50 BVerwG, 2003, S.255(257ff.). 법형성에 관한 상론은 U. Volkmann Gelingensvoraussetzungen von Rechtsfortbildung, in: W. Hoffmann－Riem(Hrsg.), Innovationen im Recht, 2016, S.63ff.

회적 구성개념이 아니라, 기술적 구성개념이다.[38)]

알고리즘의 성립에는 복잡한 소프트웨어개발과정이 포함되어 있다. 소프트웨어개발과정은 다음의 점을 목표로 한다－구체적인 문제를 처리하는 것, 문제해결상의 요청을 부각하는 것, 소프트웨어 아키텍처를 구성하는 것, 코딩에 의해 전자데이터처리를 기술적으로 구현하는 것, 소프트웨어를 실제로 도입하는 것과 경우에 따라선 시험가동이나 실제가동에서의 경험에 따라 소프트웨어를 수정하는 것. 기술적 전환이 궁극적으로 소프트웨어 개발자나 프로그래머에 의해 행해진다 하더라도, 통상 여러 상이한 행위주체나 거대한 팀이 참여한다. 이 점에서 소프트웨어 개발은 결코 순전히 기술적인 행위나 중립적인 행위가 아니라, 목표와 평가가 처리되는 사회형성적 행위이다. 이 점에서 법규범의 조성과 구조적인 유사점이 있다. 그러나 결정적인 차이점은, 알고리즘의 개발에 영향을 미치는 요소가 법적 특징을 가질 필요가 없으며, 원칙적으로도 그렇지 않다는 것이다. 개발된 알고리즘은 －사전 정의된 단계에서의 문제해결을 가능케 하는－ 명료한 언어명령을 담고 있어야 한다. 알고리즘의 개발에 과거의 경험이 영향을 미치며, 추구하는 목적과 가치가 일정한 맥락에서 전개된다. 알고리즘은 그 전체를 사람이 이해할 수 없고 그것의 작동방식이 제한적으로만 파악될 수 있을 정도로 복잡하다. 블랙박스처럼 작동한다.[39)] 하지만 알고리즘을 이용하여 구체적인 문제를 해결하는 데 있어서 인간적 요소가 배제되지는 않는다. 인간과 조직에 마련된 정보가 투입되어 이용되기 때문이다. 물론 알고리즘을 이용한 그런 처리는 전적으로 기술적인 과정이다.

요컨대 알고리즘 자체는 －적어도 출발점에선－ 사람에 의해 만들어진다는 점에서, 그것은 －여타 기술과 공학처럼－ 일정한 맥락에서 만들어진 사회적 구성개념이기도 하다.[40)] 이는 고도로 발전된 알고리즘, 즉, 자기학습하고 독립적으로 프로그래밍할 수 있는 알고리즘에 대해서도 출발점에선 마찬가지이다.

정보학에서 말하는 'agent'가[41)] 인간을 대신해서 업무를 수행하는 소프트웨어인 소프트웨어 에이전트가 알고리즘의 적용을 지배한다.[42)] 소프트웨어 에이전트는 주변환

---

38) W. Schulz/K. Dankert, 'Governance by Things' as a challenge to regulation by law, Internet Policy Review, 5(2), 2016, Abschn.Ⅱ.3.B.

39) 영어식 표현으로 불투명하고 불가해한 인공물(opaque, inscrutable artefacts)로 표현된다.

40) W. Hoffmann－Riem, Verhaltenssteuerung durch Algorithmen, S.29.

41) 여기서 행정활동과 관련해서 행정주체, 행정기관(행정청), 행정담당자에 관한 이해가 도움을 준다. 행정주체는 통상 사람처럼 법효과가 귀속하는 존재이다. 행정기관은 행정주체를 대신하여 행정주체에 대해 법효과를 귀속시키는 행위자(agent)로서의 역할을 하고, 행정담당자는 행정기관의 구체적인 구성요소로서 직접적으로 행동에 나서는 자(actor)이다.

42) 소프트웨어 에이전트는 사람과 같은 지능을 가지고 있어야 하므로 인공지능 분야의 하나로 간주되고 있다. 소프트웨어 에이전트는 전자상거래가 발전하면서 가속화하고 있다. 주요 에이전트로는 학습 · 추론 · 계획능력과 같은 지능적 특성을 지닌 지능형 에이전트(intelligence agent), 컴퓨터 시스템을 사용하기 편리하도록 지원하는

경으로부터 정보를 얻고, 행동(조처)을 수행하는 경우에 행동한다. 자율적으로 비동기적으로(사람에 의한 입력과 무관하게) 가동되는 소프트웨어 에이전트가 '지능적인 것'으로 표현될 수 있다. 그것은 소위 다중 에이전트 시스템(MAS)의 부분일 수 있다. 에이전트는 학습능력이 있거나 응용적으로 상이하게 복잡할 수 있다. 지능적 에이전트는 인간에 의해 만들어지지만, 경우에 따라선 만든 사람인 전주인(patron)으로부터[43] 해방될 수 있으며, 문제해결의 독자적인 방도를 발견할 수 있고, 변화된 환경에 적응할 수 있다. 그러나 그것은 (지금까지는) 인간적인, 사회적인 활동을 할 수는 없다. 법정립과 법적용을 위한 전형적인 행동방식-집합적인 집단역동적인 특징인 자문이나 협력적 문제해결책에 의한 교섭-은 알고리즘을 이용하여 재현될 수 있긴 하지만, 내용적으로 완전히 재현될 수 없다.

(2) 생성규준의 차이

먼저 법의 형성과정과 비법적 알고리즘의 형성과정이 다르다. 법정립은 일정한 법적 특징이 지워진 규율구조와 결정구조에 들어간다. 따라서 법적으로 제도화된 관할, 절차, 작용형식이 통용된다. 그런 구조가 법질서의 기능적합성과 합법성을 공고히 한다. 그렇지만 소프트웨어개발은 기업가의 자율적인 자기형성의 행위이다. 기업가는 경제적 합리성이나 나름의 기업이익의 관점에 따라 행위에 나선다.

법정립에 통용되는 유사한 규준이나 자극이 알고리즘의 생성에 부분적으로 중요한 역할을 하긴 하나, 법정립의 경우와는 간격이 있다. 기업가의 소프트웨어 개발은 법치국가원리에 입각한, 투명한, 제3자에 의한 심사가 가능한 절차의 산물이 아니다. 관련인 또는 제3자의 참여가 배제되는 것이 원칙은 아니지만, 실제로는 참여가 배제되곤 한다. 크라우드에 의한 소프트웨어개발은 예외적으로 제3자의 참여를 기반을 하지만, 여기서도 그 참여는 법적으로 독립되게 규율된 절차가 진행되지 않아서 민주적 법치국가원리의 지배가 통용되지 아니 한다.

그러나 문제해결을 위하여 법적 규준이 존재하는 한, 소프트웨어개발과 프로그래밍에서 그 법적 규준은 자명하게 준수되어야 한다. 마찬가지로 데이터보호나 저작권과 관련한 법적 규준 역시 당연하다. 이런 준수는 알고리즘에 통합되어야 하는데, 알고리즘에서의 법적 규준을 준수하였는지 여부는 투명성의 결여를 고려하면 제3자가 심사

사용자 인터페이스 에이전트(user interface agent), 단순히 사용자 작업을 돕는 보조 에이전트(assistant agent), 분산환경에서 상호 협력을 통해 작업을 수행하는 다중 에이전트(multi agent), 프로그램 자체가 네트워크를 돌아다니며 수행되는 이동 에이전트(mobile agent) 등이 있다(네이버 지식백과). 소프트웨어에이전트(매일경제, 매경닷컴)

43) 'patron'는 통상 후원자를 의미하지만, 로마사의 평민 보호 귀족과 (해방된 노예의) 전 주인을 의미하기도 한다.

할 수 없거나 지극히 어렵다. 왜냐하면 현행법에 의하면 알고리즘은 원칙적으로 공개를 필요로 하지 않기 때문이다. 알고리즘은 대개 공개 소프트웨어가 아닌 한 업무비밀로 다루어진다. 투명성의 포기로 말미암아, 결국 알고리즘의 사용과 관련한 사람을 보호하기 위한 효과적인 사전방지조치가 존재하지 않게 된다. 구글, 아마존, 페이스북과 같은 글로벌 IT기업은 자신의 활동의 탈영토주의화에 따라 여러 가능한 수단을 동원할 수 있는데, －일종의 바닥치기 경쟁(race to the bottom)과[44] 같이－가능한 약하거나 없는 법적 규칙을 수용하기 위해 그 수단을 다양한 방법으로 활용한다. 대표적인 예가 페이스북이 매우 약한 데이터보호를 강구하는 아일랜드에 유럽 지점을 둔 것이다.

(3) 관철방식의 차이

가) 법규범

법적 규칙의 효력은 그것의 준수에 좌우된다. 이런 준수메커니즘은 법적 규율에서 통상적으로 규범수범자의 상응한 결정을, 경우에 따라선 제재를 통한 강제를 조건으로 한다. 그렇지만 수범자는 구체적인 경우에 법적 규칙을 준수할 목표에 의해 인도될 필요는 없다; 그는 오로지 사회적, 도덕적 구속규준을 의식하면서 행동할 수 있다. 법규범에 담긴 규칙의 준수에 관한 결정은 법적용의 행위를, 즉 추상적, 일반적 규범을 구체적 경우에 연관시키는 행위를 요구한다. 행정청이나 법원과 같은 고권적 법관철의 주체가 관여하는 한, 규범과 관련된 자는 그 절차에 참여할 수 있다(제안권, 청문).

나) 알고리즘에 기반한 규칙

알고리즘에 의해 형성된 규칙의 적용은 그 자체로 기술적 일이다. 사람의 능력이 기술에 의해 제한되어 있는 한, －행위조종을 위하여－ 알고리즘에 삽입된 규칙을 관련자가 인식한다는 것은 결코 필요하지 않다. 관련자가 행위를 선택할 가능성은 존재하지 않는다. 왜냐하면 여기서의 행위조종은 규범전형적인 규준을 이용하여 허용/예외불허의 금지나 예외허용의 금지의[45] 범주에서 일어나지 않고, (사실적) 가능상의 제한에 의해 직접적으로 일어나기 때문이다.[46] 즉, 알고리즘에 의해 처음부터 할 수 있는 것과 할 수 없는 것이 가늠된다. 알고리즘에 기반한 규칙은 법적 규칙과는 달리 그 자체로서 '자기집행적'(self－executing) 성격을 지니므로,[47] 사법메커니즘에 의한 관철

44) 경제학적으로 정부의 과한 규제 완화 또는 비용 절감을 통한 개체들 간의 경쟁으로 편익이 감소하는 상황을 나타내는 용어이다.

45) 독일의 법규정에서 금지나 불허용이 'sollen'으로 표현된 경우에는 그 자체로 정당한 경우에는 예외가 허용된다.

46) 법은 사람이 어떻게 행동해야 하는지에 대해 영향을 미치지만, 표준적 기술은 사람이 어떻게 행동할 수 있는지에 대해 영향을 미친다. K. Dankert, Normative Technologie in sozialen Netzwerkdiensten, KritV 2016, S.49(52f.).

은 처음부터 생겨날 수 없다. 나아가 네트워크의 이용자인 관련자는 기술형성에 따른 무의식적인 객체가 될 수 있다. 물론 그런 조종은 개인의 입장과 행동방식에 영향을 미칠 수 있을 뿐만 아니라, 전체 사회적으로 영향을 지닐 수 있다.

인간에 의한 더 이상의 결정이 불필요하게 알고리즘은 결정을 위한 근거를 직접적으로 형성할 수 있다. 그렇지만 법질서는 데이터의 자동처리에 결정이 전적으로 의거해서는 아니 된다는 예외적인 규준을 인정한다.[48] 알고리즘베이스의 근본결정은 −가령 사람의 신뢰성을 조사하기 위한 점수매김에 의거하여− 추가적인 인간의 전환결정과 결부될 수밖에 없다. 그렇지만 여기서 제기되는 물음이, 보완활동에 나선 결정자가 자동화된 사전결정으로부터 얼마나 벗어날 수 있는지, 결론과 이유제시에 의거하여 납득가능성통제를 넘어 얼마나 행할 수 있는지 이다. 여기서 인간에 의한 심사는 실제론 널리 효과가 없다 즉, 빈 형식으로 판명된다.

5. 법적 예방조치가 무력화될 리스크 문제

알고리즘에 의한 직접적, 간접적 행위조종의 예는 새로운 기술과 결합된, 잠재적인 기회와 리스크를 제시한다. 알고리즘에 의한 조종에서 우려되는 점은 법의 실제적인 규준력이 침식된다는 점과 자칫 알고리즘이 법을 대체하는 것이다. 먼저 동의를 이용하여 법적 보호를 형해화하는 것이 문제된다. 구글이나 페이스북과 같은 정보매체와의 관계에서 이용자는 법관계를 형성하는 데 있어서 동의란 법제도가 활용되는데, 이로 인해 법적 보호가 공허화된다. 보통거래약관과 결합하여 행해지는 동의는 포털기업의 활동력의 확장을 위한 실제적 수권에 해당한다. 이용자의 자율보호를 위해 전개된 동의제도가 실은 이런 확장을 통해서 이용자의 자율을 침식시킬 우려가 있다. 동의가 권리침해를 조각한다는 인식에 수정이 가해져야 한다.

디지털화에 의한 기술조종으로 인해 법규범적 규제가 광범하게 상실될 우려가 있다. 자칫 스마트규제로 인해 정의, 법적 안정성, 목적지향성과 같은 규범적 원칙을 포함한 전통적인 법이 급격히 조종력을 상실하게 된다.[49] 요컨대 근본적인 법치국가원리적 원칙의 통용이 침식될 우려가 있다. 또한 알고리즘 자체에는 은폐된 차별화와 조작의 리스크가 존재하며, 구글이나 페이스북의 경우처럼 다국적 초거대 기업의 지배와 결부하여 일방적인 선택과정이 강요된다. 나아가 특히 스마트 기술을 특징지우는 −사

---

47) J.R. Reidenberg, Lex Informatica: The Formulation of InformationPolicy Rules Through Technology, 76 Tex. L. Rev. 553(1997−1998). p.569.

48) 국가권력행사에 인공지능이 도입될 경우 문제되는 것이 민주적 정당성의 사슬의 단절이다.

49) M. Hildebrandt, Smart technologies and the end(s) of law :novel entanglements of law and technology, 2015, p.133

람을 무의식적인 조종의 객체로 다루는– 선제적 컴퓨팅시스템(Preemptive Computing System)에 의해, 법적으로 형성된 기왕의 원칙과 가치가 치명적으로 훼손될 우려가 있다. 자율의 무력화 역시 임박하다. 특히 문제되는 것이 선거국면에서 소셜(사회적) 봇과 마이크로 타겟팅으로 인해 국민의 의사가 왜곡되는 상황이다. 개별 국민의 선거결정은 자유로운 의견형성을 바탕으로 행해진다. 유권자의 자유롭고 자율적인 결정이 훼손되어서는 아니 된다는 점에 정당의 선거운동의 한계가 있다. 하지만 민주주의와 법치국가원리는 민주적 정당성을 지닌 자연인에 의한 지배를 바탕으로 한다는 점이 간과되어서는 아니 된다.

Ⅲ. 가상적 행정행위에 관한 논의

1. 가상적 행정행위의 개념

(1) 의의

후술할 전통적인 전자적 행정행위(Der elektronische Verwaltungsakt)라는 개념과 비교해서 가상적 행정행위의 개념의 해명이 필요하다. '가상적'(virtuell)이라는 형용사는 물리적으로 존재하지는 않지만 허구가 아닌 것으로 나타나는 현상과 관련이 있다. 하지만 언어상으로 '가상적'(virtuell) 개념의 어원으로 돌아가서 보면, 다른 해석의 가능성이 보인다. 어원인 라틴어 'virtus'는 덕성을 의미하는 점에서 가상적인 것에는 사람과의 특별한 연계가 포함될 수 있다. '가상적'이라는 것에 포함된 이런 이중적 기능에 착안하여, 행정행위를 발함에 있어서 인적 요소와 IT와 관련한 요소가 어떤 관계에 놓일 수 있는지, 어떻게 놓여야 하는지 등의 물음에 대해 답이 내려질 수 있다. 이런 배경에서, 가상적 행정행위(Der virtuelle Verwaltungsakt)란 행정행위를 발함에 있어서 비인간적 요소가 중요하게 도드라지게 기능하는, 즉 '전자적으로 조종되는 행정행위'로 정의내릴 수 있다.[50]

가상적 행정행위와 자동적 행정행위와의 관계가 문제될 수 있다. 데이터처리부터 최종 결정까지 전체 결정과정이 자동화되어 있는 행정자동절차에 의해 내려진 결정이 자동적 행정행위(컴퓨터행정행위)이다.[51] 가상적 행정행위가 컴퓨터에 기반한 자동적 처리를 전제로 하는 점에서 가상적 행정행위 개념과 자동적 행정행위 개념은 합동적이라 할 수 있다.[52] 다만 언어적 의미에서 '자동적'이란 어의는 단순히 처리과정의 자

---

50) Th. Siegel, Der virtuelle Verwaltungsakt, VerwArch 105(2014), S.241(242).

51) 여기서 인공지능 수준의 자동시스템에 의거한 경우와 그렇지 못한 수준의 자동시스템에 의거한 경우를 구분할 필요가 있다. 완전자동적 행정행위는 전자에 해당한다.

동성을 의미하는 반면, '가상적'이란 어의는 디지털기반을 드러낸다.

(2) 전자적 행정행위와 차이점

행정절차법 역시 2002.12.30.자 개정을 통해 전자방식의 송달이나 처분방식을 규정함으로써(동법 제14조, 제24조), 전자적 행정절차(elektronisches Verwaltungsverfahren)가 구축되었고, 전자적 행정행위(elektronischer Verwaltungsakt)가 존재하게 되었다.[53] 전자적 방식으로 진행되어 전자서명을 중핵으로 하는 전자적 행정절차에 의해서 발해지는 행정행위가 전자적 행정행위이다. 전자적 행정행위와 가상적(자동적) 행정행위와는 -규율상의 상위와 실질적 이유에서- 엄연히 구분된다. 전자적 행정행위는 전자적 행정절차에서 전달(송부)의 방식에 초점을 맞춘 고찰의 소산이다. 종전의 문서나, 구술에 의한 방식이 아니라, 이메일이나 첨부파일 등과 같은 정보통신기술에 따른 전자적 방법이 동원된다. 전자적 행정행위의 본질은 바로 종이라는 미디어의 포기이다. 행정과 시민과의 커뮤니케이션이 전자적 방식으로 행해지더라도, 그것의 법효과와 결과에서 종래의 문서 등의 방식에 의한 경우와 하등 다를 바 없다. 결정의 내용이 컴퓨터에 의해 확정되지 않고, 행정청에 의한 전통적인 방법에 의해 확정된다 하더라도, 전자적 행정행위가 성립하는 데는 아무런 문제가 없다. 이 점에서 결정의 전달방식이 아닌 -컴퓨터에 의한-결정의 확정방식 그 자체에 착안점을 둔 가상적 행정행위와는 당연히 거리가 있다. 그러나 양자의 본질적 차이점에도 불구하고, 가령 가상적 행정행위가 전자식으로 전달되는 경우처럼, 실제론 양자는 항상 서로 교차한다. 다시 말해, 전자적 행정행위와 자동적 행정행위의 交集合이 존재한다.

2. 가상적 행정행위를 위한 법적인 기본조건

가상적 행정행위는 결코 유토피아가 아니며 또한 환상도 아니다. 갈수록 급속하게 진행되는 행정의 디지털화로 인해 미래에는 가상적 행정행위가 통상의 법제도가 될 수 있는지의 물음이 제기될 수 있다. 따라서 행정법적으로 어떤 요건하에서 가상적 행정행위가 가능하다고 여겨지는지의 물음이 제기된다. 이와 관련해서 가상적 행정행위를 위한 법적 기본조건(Rahmenbedingungen)을 관할, 절차권, 정보보호, 결정의 발견,

---

52) 그런데 이상의 자동적 행정행위는, 전체 결정과정의 개개의 단계에서 컴퓨터가 사용되지만, 그것의 산출(Output)만은 명백히 사람에 의해서 행해지는, 즉 최종결정행위만은 여전히 사람이 행하는 경우를 포섭하지 못한다. 후자의 경우는 '행정자동보조절차'의 차원에서 접근할 수 있는데, 사전준비 단계에서 자동시스템을 사용한 것에 불과하다. '행정자동보조절차'에서 발해진 행정행위에 대해 굳이 이름을 붙이자면 '자동보조적 행정행위'로 볼 수 있다.

53) 김중권, 행정법, 2019, 246면.

권리보호, 배상책임의 차원에서 정립하고자 한다.[54)]

(1) 법률적 근거 문제

독일의 경우 행정절차법 제정 당시(1976년)에 '자동장치를 이용하여 발해지는 문서적 행정행위' 즉, 컴퓨터행정행위를 중심으로 서면형식, 청문, 이유제시 등과 관련하여 특별규율을 담았는데, '행정행위의 완전자동적 발급'을 내용으로 하는 행정절차법 제35조의a가[55)] 신설되었다. 그리하여 2017.1.1.부터 완전자동적 행정행위 및 완전자동적 행정절차(완전행정자동절차)의 법제도가 시행되고 있다.

우리의 경우 과거 1987년의 행정절차법안에는 자동적 행정행위(자동장치에 의한 처분)를 직접적으로 규정하였고(동법안 제28조), 행정절차법안(1996)은 행정자동결정의 착안점(대량의 동종처분)을 명시적으로 언급을 하였지만(제28조 제1항 제2호), 행정절차법이 제정되면서 그것을 단순·반복적 처분을 대체시켰다. 미흡하지만 자동적 행정행위의 착안점을 단순·반복적 처분에서(제23조 제1항 제2호) 찾을 수밖에 없다. 그런데 인공지능 기반의 행정행위의 발급의 경우 새로운 국면을 맞는다. 행정결정의 타당성을 제고하기 위해 행정내부에서 조사수단으로 AI를 활용하거나, 행정과 국민간의 의사소통을 증대하기 위한 수단으로 AI 기반의 챗봇을 운용하더라도, 국민에 대해 직접적인 법효과가 발생하지 않으므로, 그것 자체가 심각한 법적 문제를 야기하지는 않는다. 하지만 이상의 '지능형 횡단보도용 교통안전 시스템'은 보행자와 운전자에게 공권력행사를 통해 직접적으로 법적 의무를 발생시켜서 전혀 다른 상황을 낳는다. 행정과정의 자동화는 규율을 필요로 할 정도로 그 양태와 방식에서 질적으로 새로운 현상이다.[56)] 그에 관한 실정법적 근거를 시급하게 마련하여야 한다. 독일의 경우에도 '자동장치'를 이용한 행정행위(der mit Hilfe automatischer Einrichtungen erlassene Verwaltungsakt)의 발급과 관련한 법규정에[57)] 행정행위의 완전자동적 발급이 포섭되지 않아서 특별한 규정을 신설하였다.[58)] 즉, 동 조항의 의의는 인간의 의사활동이 결여된 완전 자동화된 결정의 경우에도 행정행위가 존재할 수 있다는 것을 분명히 하는 데 있다.[59)]

---

54) 이하의 내용은 Th. Siegel, Der virtuelle Verwaltungsakt, S.241(255ff.)을 바탕으로 기왕의 자동적 행정행위에 관한 논의를 반영하여 서술한다.

55) 제35조의a(행정행위의 완전히 자동화된 발급) 법규정에 의해 허용되고, 재량이나 판단여지가 존재하지 않는 한, 행정행위는 완전히 자동적 장치에 의해 발해질 수 있다.

56) N. Luhmann, Recht und Automation in der öffentlichen Verwaltung, 1966, S.12.

57) §§28(2) Nr.4, 37(5), 39(2) Nr.3 VwVfG.

58) 실정법적 근거 없이 완전자동적 행정행위를 발한 경우 법률유보의 원칙에 따라 위법할 수 있으며, 그 하자는 취소사유에 머문다고 할 수 있다. Th. Siegel, Automatisierung des Verwaltungsverfahrens, DVBl 2017, S.24(267).

59) L. Guggenberger, Einsatz künstlicher Intelligenz in der Verwaltung, NVwZ 2019, S.844(846).

(2) 관할의 문제

관할의 문제는 주체상의 요건인데, 관할질서의 유지가 맨 먼저 극복되어야 할 장애물이다. 관할질서의 형식적인 측면은 실체법적 이면의 측면 즉, 관련 분야에서의 임무상의 책임을 부여하는 것 역시 나타낸다. 다시 말해, 관할에 관한 법규정은 결정책임과 절차책임을 언급한 셈이고, 형식적 관할과 실체적 임무책임은 내적 관련성을 지닌다.[60] 행정결정은 항상 실체적으로도 정당할 수 있는 결정주체에게 부여되어야 하므로, IT－구조에 기반한 행정활동의 경우에도 국가의 관할규정은 견지되어야 한다. 그러나 관할규정의 고수는 결과적으로 IT에 내재한 광범한 균일화와 표준화의 요청과 불가피한 마찰이 빚어질 수 있다. 왜냐하면 의사소통적 한계와 접속장치를 제거하는 것은 관할질서 및 임무상의 책임의 상대화의 위험을 낳을 수 있기 때문이다. 더해서 공공기관이 사적 전문가의 투입에 좌우되기도 한다. 하지만 공공기관은 이런 방법으로 임무상의 책임을 모면해서는 아니 된다. 따라서 IT－구조에 의한 은폐된 민간화를 피해야 한다. 이는 궁극적으로 가상적 행정행위의 경우에도 책임의 메커니즘이 형해화되어서는 아니 된다. 그런데 임무책임의 문제는 궁극적으로 권리보호의 문제에 이어진다(후술).

(3) 청문과 같은 절차권의 문제

청문권은 국가에 대하여 인간의 존엄을 존중하고 보호할 의무를 지우는 것의 당연한 방사(放射)에 해당한다. 나아가 행정의 예측가능성과 가시성을 제공함으로써 법치주의의 구현에도 이바지한다. 행정절차상의 청문이란 법치국가원리의 필연적인 결과에 해당한다. 따라서 청문을 비롯한 절차권의 유지가 다른 법적 기초이다. 절차권은 IT－구조에 의해 흡사 도외시되는 것은 허용되지 않는다. 이 점은 법치국가원리의 토대에 해당하는 청문권에 통용된다.[61] 현행 행정절차법의 사전통지 및 청문의 면제사유를 바탕으로 검토한다. 독일 행정절차법 제28조 제2항 제4호는 청문생략을 규정하고 있다. 수범자가 다수인 경우에 개개인 모두에 대해 청문할 수 없는 것은 자명하다.

그러나 자동장치(시스템)의 활용 그 자체가 현저한 절차완화에 해당하지는 않는다. 현저한 절차완화는 개별적 정의와 투명성이라는 법치국가원리적 문제점을 갖고 있는데, 청문생략을 통해 그것이 증대될 수 있다. 가상적 행정행위가 침익적 성질을 가질 때 청문의 생략 문제는 법치국가적 문제이기도 하다. 계속적인 전자화의 국면에서 이

60) 형식적 관할과 임무책임간의 상관관계에 관해서는 vgl. Th. Siegel, Entscheidungsfindung im Verwaltungsverbund, 2009, S.20f.

61) J. Ziekow, VwVfG, 3.Aufl. 2013, §28 Rn.1.

런 절차원칙을 우선적으로 주의해야 한다. 행정절차에 관한 일반규정은 물론, 행정행위 및 불복고지에 관한 특별규정 역시 원칙적으로 행정행위의 완전자동적 발급을 위해 무제한적으로 통용된다. 여기서 특히 중요한 것이 독일 행정절차법 제24조 제1항 제3문이다.[62] 자동처리에서 문제되는 것이 사안조사가 한정적일 수 있으며 일정한 사항이 고려되지 못할 우려가 있다는 점이다. 동 규정은 이런 리스크에 대응하기 위함인데,[63] 이를 통해 개별경우를 위해 중요한 관련인의 사실적 정보를 완전자동절차에서도 간과해서는 아니 된다는 것이 분명해진다.

(4) 개인정보보호의 문제

가상적 행정행위에서 특별한 문제가 개인정보보호의 문제이다. 행정의 모든 활동은 전적으로 정보처리의 작동이다. 정보처리는 행정법의 새로운 토대를 구축하게 한다. 정보, 커뮤니케이션(소통), 앎(Wissen)과 같은 개념이 새로운 행정법학의 기본범주가 되며,[64] 정보행정법에서는 행정작용의 정보적 토대에 주목을 한다. 행정절차는 정보의 획득과 처리의 정연된 과정이므로, 정보처리와 행정결정간의 긴밀한 연계와 상호의존이 강조되어야 한다.[65] 당연히 개인정보보호의 문제는 행정절차에서도 고양된다.[66] 최근 유럽 최고재판소가 데이터저장지침이 유럽기본권헌장과 불일치하다고 판시하고,[67] 또한 인터넷상의 데이터의 삭제에 관한 권리를 인정함으로써[68] 개인정보보호의 문제를 환기한다.

그런데 알고리즘을 통해 균일화와 표준화의 과정이 진전되면 진전될수록, 정보보호의 불충분함의 리스크는 더욱더 커진다. 특히 공공 사물인터넷의[69] 등장은 정보보호와 관련하여 심각한 문제점을 발생시킨다. 왜냐하면 사물인터넷의 특징이 데이터수집

62) 행정행위를 발하기 위해 자동장치를 도입한 때, 행정청은 자동절차에서는 조사되지 않을, 개별경우를 위하여 중요한, 참여자의 사실적 정보(사항)를 고려해야 한다.

63) Th. Siegel, Automatisierung des Verwaltungsverfahrens, S.24(27).

64) A. Voßkuhle, in: Grundlagen Ⅰ, §1 Rn.11.

65) E. Schmidt-Aßmann, in: Hoffmann-Riem/Schmidt-Aßmann/Voßkuhle(Hrsg.), Grundlagen des Verwaltungsrechts, Bd.Ⅱ, 2.Aufl.. 2012, §27 Rn.1f.

66) 독일의 경우 연방헌법재판소의 국세조사판결(Volkszählungsurteil)을 계기로(BVerfGE 65, 1ff.) 행정절차에서의 데이터보호의 문제가 제기되었다. 이에 관한 상론은 vgl. F. Hufen/Th. Siegel, Fehler Im Verwaltungsverfahren, 5.Aufl., 2013, Rn.228ff.

67) EuGH, Urt. v. 8.4.2014, NVwZ 2014, 709, Rn.65-Digital Rights Ireland. 기왕의 판결은 2차적 연합법에 대한 1차적 연합법의 적용상의 우위(Anwendungsvorrang)을 표명했는데(EuGH, Urt. v. 11.3.1999, EuZW 1999, 341, Rn.31-Britisch Agrochemicals), 동 판결은 2차 연합법에 대한 1차 연합법의 통용상의 우위(Geltungsvorrang)를 명시적으로 인정하였기에 주목할 만하다.

68) EuGH, Urt. v. 13.5.2014-Rs. C-131/12, Rn.99-Google Spain.

69) 사물인터넷의 개념은 아직 확립되지 않았는데, 여기서는 "환경의 대상이 네트워크화되고, 인증·통지가능하며 센서를 통해 확실한 관찰이 가능한 정보기술시스템을 갖추고 있으며, 네트워크화된 시스템 그 자체가 관찰에 대응할 수 있는 것"으로 정의한다(Ch. Djeffal, Das Internet der Dinge und die offentliche Verwaltung-Auf dem Weg zum automatisierten Smart Government? DVBl 2017, S.808(809)).

이 자동적이고, 어느 곳에서나(遍在的으로, 유비쿼터스적으로) 가능하며, 영구적일 수 있기에 그러하다. 따라서 가상적 행정행위가 공공 사물인터넷을 기반으로 하는 경우에는 개인정보의 보호강도를 상향시키는 것이 바람직하다. 하지만 가일층 급속하게 전개될 기술발전을 감안하면 개인정보의 보호만을 앞세우는 것은 현실적이지 않을 뿐 더러, 미래발전의 개방성에도 반한다.70)

(5) 결정책임의 원칙의 견지

디지털화된 국가는 국민에 대해 전통적인 조직과는 다르게 다가선다.71) 법치국가원리와 민주주의원리는 행정조직의 구축을 위한 기본언명을 담고 있는데, 이들 국가구조원리에 책임명료성의 원칙(Gebot der Verantwortungsklarheit)72) 및 혼합행정의 금지(Verbot der Mischverwaltung)가 존재한다. 임무상의 책임은 결정책임을 포함하고 있다.73) 이 점은 행정청 상호간의 관계는 물론, IT-구조의 사용의 경우에도 통용된다. 책임명료성의 원칙 및 혼합행정의 금지와 같은 분리원칙은 관할과 임무영역의 상호관계에서의 질서를 목표로 한다. 그리하여 입법자는 국가결정의 디지털화를 내세워 불투명한 혼합행정의 성립요건을 만들거나 관할을 불분명하게 해서는 아니 된다.74) Schmitz/Prell 역시 자동화가 결코 책임의 모호화나 관할의 은폐를 초래해서는 아니 된다고 강조한다,75)

행정작용에서 인적 결정요소의 필요성은 결코 강제적이지 않지만,76) 가상적 행정행위를 발하는 데 있어서 일체의 납득가능성의 심사가 존재하지 않으면, 결정책임과의 모순이 생길 수도 있다.77) -조세기본법 제164조에 규정되어 있는 것처럼- 사후심사의 유보(Vorbehalt der Nachprüfung)가 그런 납득가능성의 심사를 위한 가능한 입구포트(게이트)에 해당한다.78) 결정책임이 IT-구조에 의해 상대화되어서는 아니 된다. 따

---

70) Ch. Djeffal는 유럽연합이 eCall시스템(유럽연합 영내에 발생한 교통사고시에 긴급연락이 되게 하는 긴급구조시스템)의 구축에서 미래혁신을 감안하여 나름의 타협적 접근을 강구하였다고 평가한다(ders., a.a.O., S.808(812)). eCall 명령(VO) 제6조 제2항에 따라 개인정보는 응급호출센터와의 자동커뮤니케이션의 목적에 국한하여 사용되어야 하는데, 아울러 동조는 엄격한 익명화의무와 말소의무가 규정되어 있다.

71) 종래 국민의 대국가적 신뢰가 조직 및 조직구성원인 사람의 활동에서 바탕을 두었기에, 디지털화는 신뢰형성의 요소를 변화시키는 결과는 낳는다. 공법적 관점에서 디지털신뢰의 구축이 선행되어야 한다. A. Berger, Digitales Vertrauen-Eine verfassungs- und verwaltungsrechtliche Perspektive, DVBl. 2017, 804ff.

72) A. Berger, Die Ordnung der Aufgaben im Staat, 2016, S.59ff., 97f., 101f.

73) IT시대의 결정책임에 관해서는 Briz, Elektronische Verwaltung, in: Grundlagen Ⅱ, §26 Rn.67ff.

74) A. Berger, a.a.O., S.804(806).

75) H. Schmitz/L. Prell, Neues zum E-Government. NVwZ 2016, S.1273(1276f.),

76) M. Eifert, Electronic Government, 2006, S.127ff.

77) Vgl. BVerwG, v. 26.11.2009, NVwZ 2010, 522(525).

78) 전술한 독일 행정절차법 제24조 제1항 제3문과 같은 보완적 심사제도가 사후심사제도를 두는 데 이바지할 수 있다.

라서 납득가능성의 심사의 요청이 고유한 결정발견에 대해 한계를 설정한다.

(6) 권리보호

완전한 사법심사의 원칙은 IT－구조에서 알고리즘에 의거해서 행해진 결정발견에 대해서도 당연히 통용된다.[79] 따라서 완전한 사법심사의 원칙의 일환인 효과적인 권리보호의 원칙에 따라 이상에서 본 납득가능성의 심사 역시 사법심사될 수 있어야 한다. 그러나 사법심사가 제한될 수 있다는 물음이 제기되는데, 여기서는 재량결정 및 불확정법개념과 관련한 제한적인 심사밀도의 양상을 생각할 수 있다. Th. Siegel에 의하면 납득가능성심사의 완전한 불이행의 의미에서의 납득가능성심사의 해태에는 유추적 하자가 존재할 것이라고 한다.[80]

예상하기 싫지만, 이상의 '지능형 횡단보도용 교통안전 시스템'에 원인불명의 장애로 인해 사고가 난 경우에, 과연 현행 국가배상책임법이 제대로 기능할 수 있을까? 현행 국가배상책임의 과실책임주의는 인간의 행위방식에 바탕을 두고 있는데, 사람에 의한 인식과정을 AI가 대체하는 경우에는 종래의 이해와 접근 자체가 통하지 않는다. 설치와 관리에서 공무원에게 책임을 지울 수 없는 경우에는 심각한 권리보호상의 공백이 빚어진다. 이는 위험책임의 법리의 문제이다. 일찍이 Zeidler는 자동장치가 수행하는 전체적인 결정과정을, 행정법의 체계에 완전히 적합하게 되는 행정작용(Verwaltungshandlung)과 순전히 기술적이고 제품화된 행정제품(Verwaltungsfabrikat)으로 나누었다. 그는 행정자동결정이란 전통적인 의미의 행정행위로 볼 수 없으며, 행정제품인 행정자동결정에 대해서는 그것이 기술적으로 타당한지 여부만을 판단내릴 수 있을 뿐, 적법성이나 위법성을 논할 수 없다고 보았다. 그리하여 위험책임법리의 도입에 대해 적극적인 입장을 견지하였다.[81] 하지만 다수 입장은 개별법상의 인정과는 별개로 그것의 인정에 소극적이고, 독일 법원 역시 위험책임원칙을 법관을 통해 유추적용하는 것은 허용된 법형성이 아니라 허용되지 않는 입법으로 보려고 하였다.[82] 비록 입법권한의 결여로 무효로 판시되었지만, 독일 1981년 국가책임법은 컴퓨터의 고장과 관련해서 위험책임법리에 바탕을 두고서 별개의 책임요건을 규정하였다.[83] 무과실의

79) BVerwG, v. 26.11.2009, NVwZ 2010, 522(525).
80) Th. Siegel, Automatisierung des Verwaltungsverfahrens, S.24(28).
81) K. Zeidler: "Verwaltungsfabrikat" und Gefährdungshaftung. DVBl. 1959, S.681(685).
82) BGHZ 55, 229(234). 한편 "교통신호등 고장사건－Ⅱ"(Urtei v.18.12.1986, NJW 1987, 1945)에선 개입의 직접성을 인정하여 공용개입유사적 개입을 인정하였다. 한편 이 판결에 대해선, W. Schmidt, Die Aufopferung vermögenswerter Rechte, NJW 1999 S.2847(2848) 는, 개입조치가 여전히 적법하다는 점에서 도그마틱적으로 잘못되었다고 비판을 하였다.
83) 제1조 제2항: 행정주체가 사람이 아니라 기계장치로 공권력이 독립되게 행사되게 하고 그 고장이 사람의 위무위반에 부합할 경우에는 기계장치의 고장은 의무위반으로 간주된다.

결과책임의 메커니즘인 구 동독 국가책임법하에서는 그 자체로 위험책임의 법리가 수용될 수 있지만, 행위책임의 구조를 견지하는 한, 위험책임법리의 문제는 실정법적 문제이다. 요컨대 결과책임으로 나가지 않는 이상, 국가배상법에 가상적 행정행위를 대상으로 특별한 법규정을 둘 수밖에 없다.

Ⅳ. 맺으면서 – 디지털국가에서 행정법의 과제

인공지능 시대에 행정의 디지털화가 광폭적으로 진행되고 있는 현재의 상황에서 관료적 행정이 지식에 의한 지배를 의미한다는 Max Weber의 언급은 다른 의미로 다가온다. 현재 우리 현실은 알고리즘적 선택과 조종 없이는 상상할 수 없다. 알고리즘에 의한 행위조종 메커니즘 자체에 대해 법적 관점에서 원칙적으로 이론을 제기할 수가 없다. 알고리즘기반의 행위조종의 메커니즘은 법학에 대한 새로운 도전을 야기한다. 아날로그 시대에 구축된 행정이 변화된 환경에 즈음하여 중대한 기로에 서 있다. 왜냐하면 관헌국가적 모델에 기반한 현행 법제도 대부분은 4차 산업혁명의 시대에 전혀 어울리지 않고, 심지어 치명적 장애물이기 때문이다. '아날로그 세계'에 그에 맞춰 구축된 제 원칙들이 '디지털 세계'에서도 여하히 통용되는지가 관건이다, 현재 가상적 행정행위는 결코 유토피아가 아니지만, 그렇다고 해서 조만간 예상가능한 시간에 그것이 뉴 노멀이 되지는 않을 것이다. 디지털사회의 기회는 충분히 살리면서 다른 한편 그 리스크는 축소되도록 하여야 하는데, 제4차 산업혁명시대에 아날로그적 조건에 바탕을 두고 형성된 근대 행정법의 체계를 시대에 맞춰 형성하는 것, 즉 현대화하는 것이 현하의 과제이다.[84] 여기서 유의할 점이 성공적인 디지털정책은 국민의 신뢰에 좌우된다는 것이다.[85]

* 공법연구 제48집 제3호, 2020.2.28., 287면–312면 所收.

* **추론**: 여러 가지 어려움에도 불구하고, 2년의 노력으로 행정기본법이 전문 40개 조항으로 제정되어(2021.3.23.) 앞으로 새로운 국면이 전개될 것이다. 행정기본법 시즌2에 시급히 나서야 한다.

---

84) 상론은 김중권, 21세기 국가모델을 위한 행정법의 현대화와 개혁, 공법연구 제48집 제1호, 2019.10.31., 387면 이하.

85) A. Berger, Digitales Vertrauen – Eine verfassungs– und verwaltungsrechtliche Perspektive, DVBl. 2017, 804ff.

제 6 장

인공지능시대에 완전자동적 행정행위에 관한 소고

Ⅰ. 처음에 – 패러다임교체로서의 행정행위의 완전자동화

행정은 오랜 전부터 당대의 기술적 수단과 가능성을 활용하였다. 현대 정보통신기술의 성과는 행정에 대해 종전에 전혀 생각지 않은 새로운 차원을 열어 주었다. 알파고와 같은 인공지능(AI)의 등장이 보여주듯이, 고도화된 정보통신기술로 인해 이제 컴퓨터는 단순 보조의 수단을 넘어섰다. 시대적 트렌드인 제4차 산업혁명에서[1] 인공지능의 양상은 더욱더 구체적 현실이 되고 있다. 법학에서 인공지능의 문제는 알고리즘의 획기적인 진화형태인 법학적 전문가시스템(juristische Expertensysteme)의 문제이다.[2]

행정법의 차원에서는 행정작용의 중핵이자 행정법의 중심개념인 행정행위(행정처분)를 자동장치(컴퓨터)가 스스로 발할 수 있는지 여부가 문제된다. 독일의 경우 행정절차

1) 2016년에 세계경제포럼(WEF)이 향후 세계가 직면할 화두로 제시한 '4차 산업혁명'의 명제는, 원래 독일 연방정부는 하이테크 전략의 차원에서 추진한 연구프로젝트의 명칭인 '산업 4.0'(Industrie 4.0)에서 연유하였다. '산업 4.0'(Industrie 4.0)은 2011년에 처음으로 일반대중에 알려졌다.

2) 법학적 전문가시스템은 제5차원의 인공지능연구와 관계가 있다. Clemens, Die elektonische Willenserklärung – Chancen und Gefahren, NJW 1985, s.1998(2002). 이제 기술적 법칙으로서의 알고리즘이 우리네 일상과 현실을 형성하는 셈이다. 행위조정의 측면에서 그것은 급속하게 법에 비견한 존재가 되어 법을 지지, 수정하거나 그 효력을 좌절시킬 수 있다. Vgl. Hoffmann – Riem, "Verhaltenssteuerung durch Algorithmen", AöR 2017, 1ff.

법 제정 당시(1976년)에 '자동장치를 이용하여 발해지는 문서적 행정행위' 즉, 컴퓨터 행정행위를 중심으로 서면형식, 청문, 이유제시 등과 관련하여 특별규율을 담았는데,[3] 최근 「과세절차현대화법률」에 의거하여 '행정행위의 완전자동적 발급'을 내용으로 하는 행정절차법 제35조의a가 신설되었다. 그리하여 2017. 1. 1.부터 완전자동적 행정행위 및 완전자동적 행정절차(완전행정자동절차)의 법제도가 시행되고 있다. 결정과정에서 인적 처리가 완전히 배제된 행정행위의 양상, 즉, 완전자동화된 행정행위이자 완전자동적 행정행위(der vollständig automatisiert erlassene Verwaltungsakt)에 관한 입법화는 행정자동화의 차원에서 새로운 전기를 제공한다. 그것은 법적 측면에서 정보기술의 (행정절차상의) 기왕의 도입에 대해서 일종의 패러다임교체(Paradigmenwechsel)를 시사한다.

기능적 측면에서 행정은 "국가공동체라는 범주내의 거대한 정보처리시스템"의 일종으로 볼 수 있다. 인터넷이 일상화된 제4차 산업혁명시대에 행정법의 체계를 형성하는 것이 현하의 과제이다. 그런데 독일의 활발한 논의와 비교해서 우리는 전자정부와 관련한 논의는 그동안 많았지만, 의아스럽게도 행정작용의 자동화에 관해서는 별로 논의가 없다.[4] 행정절차법 역시 그에 관해 분명하게 언급하고 있지 않다.[5] 필자는 과거 1993년에 독일 문헌을 바탕으로 법학적 전문가시스템에 관해 처음으로 논의를 전개하였는데, 알파고 쇼크에 이은 제4차 산업혁명시대에 즈음하여 독일의 현재의 입법상황과 비교하면 우리 행정법의 낙후성은 더욱 도드라진다. 이하에서는 독일 행정절차법 제35조의a상의 완전자동적 행정행위에 관한 독일의 논의를 통해 제4차 산업혁명시대에 대응하기 위한 착안점을 찾고자 한다.[6]

Ⅱ. 완전자동적 행정행위에 관한 독일 행정절차법상의 입법상황

「과세절차현대화법률」(Gesetzes zur Modernisierung des Besteuerungsverfahrens)을 위

---

3) §§28(2) Nr.4, 37(5), 39(2) Nr.3 VwVfG. 과거에는 제37조 제4항이었지만, 제3차 개정법률에 따라 동조 제5항으로 바뀌었다.

4) 참고문헌: 김중권, "인공지능시스템에 의한 행정행위의 허용성에 관한 小考", 법제(제673호), 법제처(2016. 9. 15.), 5면 이하; 김중권, "자동적 행정행위(컴퓨터 행정행위)에 관한 소고", 공법연구(제28집 제4호), 한국공법학회(2000. 6.), 225면 이하; 김중권, "행정자동기계결정의 법적 성질 및 그의 능부", 공법연구(제22집 제3호), 한국공법학회(1994. 6.), 371면 이하.

5) 우리의 경우 과거 1987년의 행정절차법안에는 자동적 행정행위(자동장치에 의한 처분)를 직접적으로 규정하였고(동법안 제28조), 행정절차법안(1996)은 행정자동결정의 착안점(대량의 동종처분)을 명시적으로 언급을 하였지만(제28조 제1항 제2호), 행정절차법이 제정되면서 그것을 단순·반복적 처분을 대체시켰다. 미흡하지만 자동적 행정행위의 착안점을 단순·반복적 처분에서(제23조 제1항 제2호) 찾을 수밖에 없다.

6) 이 글은 '행정행위의 완전자동적 발급'을 다룬 최근 독일 문헌(Schmitz/Prell, NVwZ 2016, 1273ff.; Binder, DÖV 2016, 981ff., NVwZ 2016, 342ff.)을 주된 글감으로 기왕의 논의를 접목시켜 전개한다.

한 연방정부안은[7] 원래 조세기본법에서만 완전자동적 행정행위의 발급(vollautomatisierten VA-Erlass)의 도입을 규정했다. 연방내무부의 논의안이 공지되었을 때, 그곳에 규정된 조세기본법의 개정은 절차법적 측면에서 비판적 고찰의 계기를 제공하였는데, 완전자동적 행정행위의 발급을 위해 규율필요성이 있는지 그리고 어떻게 취급하여야 하는지의 물음이 연방내무부의 행정절차법 자문(고문)단(Beirat Verwaltungsverfahrensrecht im Bundesministerium des Innern)은 물론 연방과 주의 행정절차법담당관의 연석회의(Konferenz der Verwaltungsverfahrensrechtsreferenten von Bund und Ländern)에서 논의되었다. 동시에 연방내무부는 절차법(행정절차법, 조세기본법, 사회절차법)의 널리 견지되어 온 유사성이 인식되도록 영향을 미치려 하였다(3 지주이론: "Drei-Säulen-Theorie").[8] 그리하여 제 논의를 담아 세 가지의 절차법의 동조를 확고히 하는 것을 내용으로 하는 「과세절차의 현대화를 위한 법률」이 확정되었는데, (독일 변호사협회의 조세법과 행정법 위원회와 같은) 다른 이해관계자의 견해도 반영했다.

「과세절차현대화법률」의 제20조에 의해 행정행위의 완전자동적 발급 및 데이터호출을 통한 행정행위의 통지에 관한 규율이 다음과 같이 독일 행정절차법에 채용되었다.

제35조의a('행정행위의 완전히 자동화된 발급'): 법규정에 의해 허용되고, 재량이나 판단여지가 존재하지 않는 한, 행정행위는 완전히 자동적 장치에 의해 발해질 수 있다.

제24조(직권조사의 원칙) 제1항 제3문: 행정청이 행정행위를 발하기 위해 자동장치를 도입한 때, 자동절차에서 조사되지 않은, 개별경우를 위하여 중요한, 참여자의 실제적 진술을 행정청은 고려해야 한다.

제41조(행정행위의 통지) 제2항의a: 전자적 행정행위는 참여자의 동의와 함께, 참여자나 그의 수임자에 의해 공공용네트워크를 통해 호출됨으로써 통지된 것으로 될 수 있다. 행정청은 호출이 정당한 사람의 신분확인 이후에만 가능하고 전자적 행정행위는 그것에 의해 저장될 수 있다는 점을 보장하여야 한다. 행정행위는 호출된 날에 통지된 것으로 여겨진다. 행정행위가 준비에 관한 통보를 발송한 이후에 10일 이내에 호출되지 않으면, 그 준비는 종료된다. 이 경우에 통지는 실현되지 않는다; 호출을 위한 새로운 준비나 다른 방식의 통지의 가능성은 이와 무관하게 인정된다.

행정절차의 나머지 축인 독일 조세기본법(AO)[9]과 독일 사회절차법(SGB X)[10] 역시

---

7) BT-Drs. 18/7457.

8) Vgl. Sachs, in: Stelkens/Bonk/Sachs, VwVfG Kommentar, 8. Aufl. 2014, Einl. Rn.50ff.

9) 제155조 제4항: -직무담당자에 의해 개별경우를 처리할 동인이 없는 한- 재무행정청은 조세확정(Steuerfestsetzungen) 및 조세공제액과 사전예납의 산정을, 존재하는 정보와 조세의무자의 신고에 근거하여 전적으로 자동화에 의거하여 행하거나, 수정, 취소, 철회, 폐지나 변경할 수 있다. 이런 것은 다음의 경우에도 통용된다: 1. 조세확정 및 조세공제액과 사전예납의 산정과 결부된 행정행위의 발함, 수정, 취소, 철회, 폐지와 변경, 2. 조세확정 및 조세공제액과 사전예납의 산정에 대해 법 제120조에 따라 부관이 부가된 경우 -이것이 연방재무부나 상급 주 재무행정청의 행정지시에 의해 일반적으로 규정되어 있는 한- 직무담당자에 의해 개별경우를 처리할 동

부분적으로 나름의 다른 점은 있지만, 기본적으로 동일한 입법상황을 형성하고 있다.[11]

Ⅲ. 자동적 행정행위에 관한 일반론

1. 행정자동화의 개념

자동화(Automation)라는 용어는 어원상으로 희랍어의 형용사인 'automatos'에서 유래한 것이다. 인간의 일정한 목적을 달성하기 위하여 인공적인 시스템의 자동성을 이용하는 데 자동화의 근본적인 관심사가 있다. 인간의 일을 기계가 단순히 도와주고 보조해 주는 경우가 아니라, 컴퓨터로 代替하는 경우에 비로소 자동화라 말할 수 있다. 즉, 개개의 업무작업이 기계에 의해서 행해질 뿐만 아니라, 작업과정상의 완결된 순환이 자율조정적・자율통제적으로 기계에게 맡겨져 있을 때, 자동화라 말할 수 있다. 비록 프로그램의 조종을 받긴 하나 활동의 일부단계에서 기계가 어느 정도의 자주성을 가진다는 것(자동성)과 기계에 의해서 만들어진 결과에 대해 사람이 그 단계에서 추후심사를 행할 수 없다는 것이 자동화의 특징이다.[12] 정보통신기술에 바탕을 둔 정보화에 자동화가 배척되지 아니 한다. 자동화는 이런 정보화의 일부이며, 행정자동화와 그로 인한 자동적 행정행위는 행정정보화의 과정에 불과하다. 정보화의 개념에 자동화가 부분 집합으로서 자리 잡으며, 이들의 공통기반이 바로 디지털화이다.[13]

인은, 특히 조세의무자가 이를 위해 규정된 절이나 조세의사표시의 데이터필드에서 법 제150조 제7항상의 신고를 한 경우에 존재한다. 행정행위의 완전히 자동화에 의거한(vollständig automationsgestütztem) 발급의 경우 그 발급과 통지에 관한 의사형성은 기계적 처리의 완료시점에 완료된 것으로 여겨진다.

10) 제31조의a: 직무담당자에 의해 개별경우를 처리할 동인이 없는 한, 행정행위는 자동장치에 의해 완전히 발급될 수 있다. 행정청이 행정행위발급을 위해 자동장치를 도입할 경우, 개별경우를 위해 중요한 하지만 자동절차에서 조사되지 않았을 관계자의 실제적 진술을 고려해야 한다.
제37조(행정행위의 통지) 제2항의a: 전자적 행정행위는 참여자의 동의와 함께, 참여자나 그의 수임자에 의해 공공용네트워크를 통해 호출됨으로써 통지된 것으로 될 수 있다. 행정청은 호출이 정당한 사람의 신분확인 이후에만 가능하고 전자적 행정행위는 그것에 의해 저장될 수 있다는 점을 보장하여야 한다. 행정행위는 호출된 날에 통지된 것으로 여겨진다. 행정행위가 준비에 관한 통보를 발송한 이후에 10일 이내에 호출되지 않으면, 그 준비는 종료된다. 이런 경우에 통지는 실현되지 않는다; 호출을 위한 새로운 준비나 다른 방식의 통지의 가능성은 무관하게 인정된다.

11) 독일 행정절차법과 독일 조세기본법의 비교고찰에 관한 상론은 vgl. Binder, "Vollständig automatisierter Erlass eines Verwaltungsaktes und Bekanntgabe über Behördenportale", DÖV 2016, 891ff.

12) Polomski, Der automatisierte Verwaltungsakt, 1993, S.23f.

13) 여기서 행정의 디지털화가 일상이 되어버린 상황에 비추어, －발급에서 비인간적 요소를 특징으로 하는－ 가상적 행정행위(virtueller Verwaltungsakt)에 관한 관심이 필요하다. Vgl. Siegel, "Der virtuelle Verwaltungsak", VerwArch 105(2014), 241ff.

2. 결정과정자동화의 양태

정보기술로서의 자동화는 인식과정(kognitiver Prozeß)을 대체하는 것이므로, 決定過程自動化는 두 가지 경우로 구분될 수 있다. 하나는, 전체 결정과정의 개개의 단계에서 컴퓨터가 사용되지만, 그것의 산출(Output)만은 명백히 사람에 의해서 행해지는, 즉 最終決定行爲만은 여전히 사람이 행하는 경우이다. 다른 하나는, 최종의 결정단계까지도 포함하여 자동화함으로써, 그 과정을 종결시키는 산출마저도 컴퓨터로부터 직접 도출되는 경우이다. 이 경우 최종의 결정안을 통지하는 데는 사람이 개입할 수 있으되, -가령 포털에서 직접 행정행위를 불러내는 경우처럼- 통지마저 자동화될 수 있다. 전자의 경우를 "행정자동보조절차"로, 후자의 경우를 "행정자동절차"(자동적 행정절차)로 부를 수 있다.

독일 행정절차법은 자동장치(컴퓨터)를 이용하여 발해진 행정행위에 대해 서면형식, 이유제시 및 청문과 관련하여 일종의 절차완화를 규율하고 있는데, 이런 절차완화는 행정자동절차처럼 결정과정의 종결단계마저도 자동화한 경우처럼 고도의 자동화수준에 달한 경우에만 정당화될 수 있다. 원칙과 예외의 체계상 예외에 해당하는 절차완화는 최대한 억제되어야 하기 때문이다. 일련의 결정과정에 인간의 행위가 개재되어 있는 한, 즉, 행정자동보조절차에서는 절차완화가 정당화될 수 없다.

완전자동적 행정행위와 자동장치를 이용하여 발해진 행정행위(der mit Hilfe automatischer Einrichtungen erlassene Verwaltungsakt)의[14] 구분이 문제된다. 독일의 입법례가 시사하듯이, 자동장치를 이용하여 발해진 행정행위에 완전자동적 행정행위가 그대로 포섭되지 않는다. 행정자동절차를 완전행정자동절차와 부분적 행정자동절차로 나누어 완전자동적 행정행위는 완전행정자동절차에서, 자동장치를 이용하여 발해진 행정행위는 부분자동적 행정행위로서 부분적 행정자동절차에서 접근하는 것이 바람직하다.[15] 자동적으로 발급된 행정행위에서 누가 그 결정을 발하고 누가 그에 따른 책임을 지는가의 물음이 문제된다.

3. 자동적 행정행위와 電子的 行政行爲와의 구별

전자정부시대를 열기 위하여 2007. 1. 3. '전자정부법'을 제정하였고, 행정절차법 역

14) 자동장치를 이용하여 발해진 행정행위와 같은 부분자동적으로 발급된 행정행위는 이미 많은 분야에서(가령 조세결정) 존재한다.

15) Binder, DÖV 2016, 891(895). 그러나 이런 접근에 대해 모호하다는 비판이 제기된다. Bull, "Der vollständig automatisiert erlassene Verwaltungsakt", DVBl 2017, 409(410f.).

시 2002. 12. 30.자 개정을 통해 전자방식의 송달이나 처분방식을 규정함으로써(제14조, 제24조), 電子的 行政節次가 구축되었고, 電子的 行政行爲가 존재하게 되었다.[16] 독일 역시 2003. 2. 1.부터 발효된 제3차 행정절차법 개정을 통해 행정과 시민간의 전자적 커뮤니케이션의 요건과 보장에 관한 특별한 규율을 도입하였고(제3조의a 등), 그들의 조세기본법과 사회절차법도 이를 따랐다. 그들 행정의 전 영역에서 E-절차에 관한 일치된 규율이 성립하였다.

電子的 行政節次(ektronisches Verwaltungsverfahren)란, 전자적 방식으로 진행되는 행정절차이다. 행정과 시민과의 커뮤니케이션이 전자적 방식으로 행해지더라도, 그것의 법효과와 결과에서 종래의 문서 등의 방식에 의한 경우와 하등 다를 바 없다는 것이 출발점이다. 전자서명을 중핵으로 하는 전자적 행정절차에 의해서 발해지는 행정행위가 電子的 行政行爲이다. 電子的 行政行爲와 自動的 行政行爲와는 -규율상의 다른 점과 실질적 이유에서- 엄연히 구분된다. 전자적 행정절차는 전자식 전달방식에 착안을 두고서 설정된 것이다. 따라서 전자적 행정행위 역시 전달(송부)의 방식에 초점을 맞춘 고찰의 소산이다. 즉, 종전의 문서나, 구술에 의한 방식이 아니라, 이메일이나 첨부파일 등과 같은 정보통신기술에 따른 전자적 방법이 동원된다. 전자적 행정행위의 본질은 바로 종이란 미디어의 포기이다. 따라서 결정의 내용이 컴퓨터에 의해 확정되지 않고, 행정청에 의한 전통적인 방법에 의해 확정된다 하더라도, 전자적 행정행위가 성립하는 데는 아무런 문제가 없다. 이 점에서 결정의 전달방식이 아닌 -컴퓨터에 의한-결정의 확정방식 그 자체에 착안점을 둔 자동적 행정행위와는 당연히 거리가 있다.[17] 그러나 양자의 본질적 차이점에도 불구하고, 가령 자동적 행정행위가 전자식으로 전달되는 경우처럼, 실제론 양자는 항상 서로 교차한다. 다시 말해, 전자적 행정행위와 자동적 행정행위의 交集合이 존재한다.[18]

4. 완전행정자동절차의 장점과 위험

행정을 위한 완전행정자동절차의 장점은 특히 자원절약, 절차신속화에 있다. 절차신속화는 시민과 경제계를 위해서도 최대의 직접적인 장점이다. 그리고 완전자동절차는 절차형성에 있어서 간단성, 합목적성, 용이성의 원칙을 더 잘 준수하는 데 이바지할 수 있다. 완전자동절차에서 인적 처리가 포기되는 데 따른 장점으로 개별경우에서의 중립성, 객관성을 들 수 있다. 아울러 수범자가 종종 행정결정의 과정에 자신에게 불

16) 유럽 역시 유럽연합을 가장 경쟁력이 있고 역동적인 지식기반 사회로 만들기 위하여, 전자정부가 "e-유럽 2005 행동계획(Action Plan)-모두를 위한 정보사회"의 주된 목표점임을 강조하였다.

17) U. Stelkens, in: Stelkens/Bonk/Sachs, §37 Rn.66, §41 Rn.111ff.

18) 김중권, 「행정법」, 법문사(2016), 219면.

리한 선입관의 개재가능성을 염려하는데, 완전행정자동절차에서처럼 인적 처리과정이 없다면 이런 선입관의 문제(독일 행정절차법 제20조, 제21조) 역시 존재할 수 없다.

완전행정자동절차에 따른 여러 가지 위험도 배제할 수 없다. 관련인을 보호하는 절차권이 제한될 위험과 수범자에 대해 도식화의 부정적 결과가 발생할 위험 이외에, 행정과 입법자에 대해서도 리스크가 생겨난다. 특히 복잡한 시스템의 조종비용이다. 법 개정, 판례나 감독지시에 대응작용이 시간적으로 극히 지체되어 행해질 수 있다. 극단적인 경우 관련 행정이 때때로 행위무능력의 상황에 처할 수 있다. 과실로 위법한 결과가 산출되었다고 할 경우에는 전통적인 절차에서는 종종 신속한 전환이 지시에 의해 가능하지만, 자동절차에서는 사정상 시간이 소요되는 프로그램전환과 이어진 시험진행이 필요하기 때문이다.

Ⅳ. 완전자동적 행정행위의 의의

1. 독립된 규율의 필요성

행정행위의 완전자동적 발급을 행정절차법의 차원에서 독립되게 규율할 필요가 있는지 검토되어야 한다. 그것이 일반행정절차법을 위해서 중요한지 여부의 물음이나 특수성으로 인해 조세절차를 위해서만 그것이 중요할 것인지 여부의 물음은 이미 답이 내려져 있다.

독일 행정절차법은 작용형식의 정원제를 인정하지 않고, 행정절차는 원칙적으로 특정형식에 구속되지 않는다(제10조 제1문).[19] 비록 명문의 규율이 없음에도 불구하고 완전자동장치의 도입은 여태 배제되지 않는다. 여기서 기왕의 행정행위 개념정의에 그것이 포함되는지 여부가 문제된다. 독일 행정절차법 제35조의 행정행위의 개념정의는 행정행위의 완전자동적 발급을 포섭할 수 없다. 처분, 결정이나 고권적 조치는 행정청이 행하는 것을 전제로 하기에 개념상으로 항상 담당자의 의사활동을 전제로 한다. 자동장치는 그 자체 의사능력이 결여되기에, 그런 장치 스스로 행정행위를 발할 수 있는지 여부는 의문스러울 수 있다. 따라서 완전자동적으로 발급된 행정행위의 경우 자동장치를 이용하여 발해진 행정행위와는 달리, 독일 행정절차법 제35조의 행정행위의 개념적 징표에 포섭되기 어렵다.[20] 이런 사정은 우리의 입법상황에서도 마찬가지이다.

또한 독일 행정절차법은 '자동장치'를 이용한 행정행위의 발급을 전제로 청문 등에

19) Schmitz, in: Stelkens/Bonk/Sachs, §10 Rn.1ff.

20) Prell, in: Bader/Ronellenfitsch, BeckOK VwVfG, 2017, §35a Rn.2.; Binder, "Vollautomatisierte Verwaltungsverfahren im allgemeinen Verwaltungsverfahrensrecht?", NVwZ 2016, 960(963f.).

서 특별히 규율하였는데, 행정행위의 완전자동적 발급은 이들 규정에 의해 포섭되지 않는다. 자동장치가 보조수단으로 도입되는 것은 허용되고, 행정행위를 스스로 발급하는 것은 허용되지 않았다.[21] 사실 컴퓨터의 도입초기에는 컴퓨터를 이용해서는 행정절차를 완전히 자동화하는 것은 불가능하였지만, 가용시스템이 더욱더 용량이 확대됨에 따라 행정행위의 완전자동적 발급이 복잡한 절차에서도 기술적으로 가능하게 되었다.

결론적으로 행정행위의 완전자동적 발급을 위한 입법적 해결책이 필요하고, 그 소산이 독일 행정절차법 제35조의a이다.[22] 마찬가지로 인터넷플랫폼을 활용하는 방법으로 행정행위를 통지하는 것을 위해서도 마찬가지이다.[23]

2. 독일 행정절차법 제35조의a의 주요 내용

가. 주요 내용

독일 입법자는 완전자동적 행정행위를 위하여 행정절차법 제35조의 행정행위의 개념규정 자체를 개정하기보다는 명료성과 법적 안정성을 배려하여 적극적으로 그에 관한 명문 규정을 두었다.[24] 즉, 독일 행정절차법 제35조의a는 동법 제35조상의 행정행위가 완전히 사람의 관여 없이 개별경우에 오로지 기계장치에 의해 발해질 수 있다는 것을 분명히 하였다.[25] 한편 결정으로서의 행정행위가 전자식으로 서면형식으로 다른 방법으로(법 제37조 제2항) 발해지는 여부는[26] 중요하지 않다. 따라서 완전자동적으로 발급되어 성립한 행정행위가 인쇄되어 우편으로 송부될 수 있다.

새 규정은 기왕에 이미 확립된 개념인 '자동장치'(automatische Einrichtungen)를 채용하였다.[27] 사전에 확정된 매개변수에 따라 자동적으로(autonom) 즉, 다른 인간적 영향미침 없이 기능하는 기계장치를 사용하는 것을 의미한다. 컴퓨터를 의미한다. 동 규정상의 자동장치 규정은 기술개방적이고 그런 자동장치의 확대와 작동방법과 관련해서 다른 규준이나 제한을 포함하지 않는다. 행정직원에 의해 규정에 맞는 운전을 위해 필요한 조치(설치, 통제 그리고 하자수정을 위한)가 수행되더라도, 동 규정상의 자동장치

---

21) U. Stelkens, in: Stelkens/Bonk/Sachs, §37 Rn.71.

22) Binder, DÖV 2016, 891(893); Schmitz/Prell, "Neues zum E-Government". NVwZ 2016, 1273(1275).

23) 전개에서 주의해야 할 점은. 절차법에 관한 기술의 명령이 일어나지 않게 하여야 한다. Schmitz/Prell, a.a.O., 1273(1273).

24) 원래 조세기본법 역시 자문단 안에는 행정절차법에서처럼 독립된 명문규정을 두었지만(동안 제118조의a), 정부안과 입법과정에서 삭제하였다. 정부는 차이점을 두었다: 행정절차법에서는 행정행위의 발급에만 초점을 두었지만, 조세기본법의 경우 발급이외에 일정한 행정행위의 자동화된 고지, 폐지와 변경을 규정하였다(동법 제155조 제4항 제1문, 제2문 제1호).

25) 동일한 의미로 조세기본법에서는 '전적으로 자동화에 의거한'이 사용된다(제155조 제4항 제1문).

26) U. Stelkens in Stelkens/Bonk/Sachs, §37 Rn.47ff.

27) 조세기본법의 유사규정(제155조 제4항)은 '자동화에 의거한' 조세확정을 언급한다.

의 성질에는 변함이 없다. 자동적 발급은 모든 결정에 중요한 데이터가 행정에 존재하는 것을 요건으로 하지 않는다. －가령 신청절차에서 신청자에 의해－ 이것이 외부로부터 절차에 입력되더라도 완전자동적 처리가 가능하다. 행정안에서의 모든 절차단계에서 인적 처리의 결여가 결정적이다.[28)]

어의에 의하면 독일 행정절차법 제35조의a는 행정행위의 완전자동적 발급을 규율함으로써 그것의 통지를 포함한다. 반면 규정의 의미와 목적에 따라 통지는 자동적이지 않지만, 나머지는 완전자동적으로 발급된 행정행위는 동법 제35조의a의 대상에서 배제되지는 않는다. 그래서 완전자동적 발급된 행정행위가 가령 使者를 통해 통지되더라도 동일하다.

나. 행정행위의 완전자동화된 발급의 허용요건(한계)

개별경우에 인간의 의사표시를 바탕으로 하지 않는 결정에 대해 행정행위적 성질을 인정하는 것과 관련해서, 허가의제의 경우가 시사하듯이,[29)] 원칙적인 장애는 존재하지 않는다. 다만 법치국가적 절차의 보장의 관점하에서, 오로지 행정부에 의한 알고리즘의 확정은 권력분립의 관점에서 문제가 없지 않다. 그리하여 완전자동적 진행에서도 법치국가원리적 절차를 보장하기 위하여, 독일 행정절차법 제35조의a는 완전자동적 발급을 위한 두 가지 한계를 규정한다.

먼저 법규정이 허용하는 경우에만 행정행위가 완전자동절차로 발해질 수 있다. 따라서 법률이나 법규명령에 의한 수권이 필요하다.[30)] 법령유보에 의해 확고해지는 점은, 행정절차에서의 인적 처리를 완전히 배제하기 위해 참여자의 절차권과 관련한 중요한 결정은 입법자와 명령제정자가 스스로 내려야 하고 행정청이 내릴 수는 없다. 만약 필요한 법적 수권이 없음에도 불구하고, 행정행위가 완전자동적으로 발급된 경우, 그 행정행위는 무효인지 단순위법인지 여부가 문제된다. 행정행위의 무효기준으로 중대명백성기준을 설정한 독일 행정절차법 제44조 제1항에 따라 무효가 판단되어야 한다. 행정행위가 법률유보의 요청을 무시하여 명백히 부적합한 행정절차에서 완전자동적으로 발급되는 경우에는, 중대한 하자가 존재하는 것으로 볼 수 있다.[31)]

두 번째로 행정행위의 완전자동적 발급은 재량과 판단여지가 부인되는 전적으로 기속적 결정의 경우에만 가능하다. 이런 경우에만 인적처리의 완전한 포기가 타당할 수

---

28) Prell, in: Bader/Ronellenfitsch, BeckOK VwVfG, §35a Rn.6.

29) 기왕의 독일 행정절차법 제42조의a가 허가의제를 인정하고 있는 것이 그 예이다.

30) 하지만 조세기본법과 사회절차법은 완전자동적 발급의 허용에 유리하도록 법률유보가 포기되었다. Bull은, 이미 이들 영역에서는 임무의 자동화가 널리 전개되었기에, 입법자로선 사후에 모든 이런 절차를 법률상으로 허용한다는 것이 불가능하다고 여겨서 그렇다고 진단한다(a.a.O., 409(411f.)).

31) Schmitz/Prell은 하자의 중대성은 인정하되, 단순위법으로 본다(a.a.O., 1273(1276)).

있다. 그것은 확정된 사안에 대한 법효과의 분명한 귀속이 가능하기 때문이다. 재량여지와 판단여지는 개별적 정의(Einzelfallgerechtigkeit)를 실현하기 위해 주어진다.[32] 행정청은 개별경우의 구체적 상황을 고려에 포함시켜야 하고, 법률상의 목표를 감안하여 그 개별경우에 알맞고 적합한 해결책을 발견하여야 한다. 그리하여 재량행사는 물론, 불확정법개념의 포섭(판단여지의 메움)에는 직무담당자에 의한 개인적인 형량과 의사활동이 요구된다. 이 작업은 인간의 직접적인 결정상의 협력을 필요로 한다.[33] 즉, –적어도 현재까지는 심지어 후술할 전문가시스템에 의거하더라도– 컴퓨터 스스로 완벽하게 수행할 수는 없다. 자동화의 이런 한계는 그에 관한 명문의 규정이 없더라도 법치국가원리의 차원에서도 도출할 수 있다. 왜냐하면 법치국가란 법과 합리성을 통해서, 자신의 활동을 사전엔 예상가능하게, 사후엔 통제가능하게 만들어야 하기 때문이다.[34] 이런 배제는 명문으로 재량결정과 판단여지가 존재하는 절차는 물론, 제한적 사법심사가 가능한 절차의 경우에도 통용된다. 하지만 이 규준은 열려져 있다. 법률상으로 부여된 재량여지와 판단여지가 완전자동화를 선험적으로(a priori) 배제하는 것은 아니므로, 재량여지와 판단여지가 존재하지 않는 경우에는 독일 행정절차법 제35조의a에 의해 완전자동화가 가능하다. 그리하여 재량여지와 판단여지의 영으로 축소가 추체험가능한 행정규칙에서 비롯되고, 개별사건에서 특별한 사정을 고려하는 것이 개별적 조정의 수단을 통해 보장되어 있는 한, 자동화 자체가 문제되지 않는다.[35]

재량여지나 판단여지를 지닌 행정절차에서 완전자동화의 도입이 금지되는 것은 특히 경고기능을 갖는다. 개별법입법자가 행정절차법의 보충성으로 인해 이런 금지를 무력화할 수 있지만, 법치국가적 상태에 관한 특별한 요청을 항상 인식하여야 한다. 법률상으로 자동화를 기속적 결정에 대해 한정하는 것을 행정 역시 유의하여야 한다. 비록 독일 행정절차법 제35조의a가 독일 조세기본법 제155조 제4항처럼 취소와 철회를 명시적으로 언급하지 않더라도 취소와 철회의 완전자동화 역시 허용된다. 왜냐하면 독일 행정절차법 제35조의a는 원칙적으로 모든 행정행위에 적용되어야 하기 때문이다.[36] 하지만 조세처분의 경우와는 달리 일반 행정행위에서는 취소와 철회가 원칙적으로 재량이어서 완전자동화는 금지된다. 다만 취소와 철회 의무가 적용 개별법 그 자

32) 김중권, 앞의 책, 93면 이하.

33) Eifert, Electronic Government, 2006, S.127; Briz, “Elektronische Verwaltung”, in: Hoffmann–Riem/Schmidt–Aßmann/Voßkuhle(Hrsg.), Grundlagen des Verwaltungsrechts, Bd.Ⅱ, 2.Aufl.. 2012, §26 Rn.59.

34) 이 문제는 후술할 인공지능시스템(법학적 전문가시스템)에 의한 행정행위의 문제이기도 하다.

35) Binder, DÖV 2016, 891(894). 상론은 김중권, “행정자동기계결정의 법적 성질 및 그의 능부”, 공법연구(제22집 제3호), 한국공법학회(1994.6.), 381면 이하.

36) 이 점에서 독일 행정절차법과 독일 조세기본법사이에 차이는 없다. 한편 조세행정행위의 경우 원칙적으로 기속행위에 해당하지만 행정절차법의 적용대상인 일반 행정행위의 경우 원칙적으로 재량행위에 해당한다. 이 점에서 우리 문헌상의 재량행위와 기속행위의 구별기준과 관련한 논의에서 재량행위의 원칙화를 지향할 필요가 있다. 김중권, 앞의 책, 97면 이하.

체는 물론, 가령 행정의 자기구속에 의한 재량 영으로의 축소로부터도 생겨날 수 있다.

다. 전자적 행정절차의 진행

통상 신청에 따른 전자적 행정절차는 다음과 같은 단계로 진행된다: 인터넷포털에 접속, 구하는 행정행위를 위한 절차의 선택(소관 행정청의 선택을 포함함), 본인확인, 행정절차를 위해 필요한 진술의 서식에 맞춰진 탐문, －경우에 따라선－ 결여되거나 납득하지 못하는 입력에 따른 feedback(되먹임통지), －경우에 따라선－ 수수료산정 및 수수료알림, 구속적인 신청("확인"), －경우에 따라선－ 수수료요구, 행정행위의 발급.

그런데 법 제35조의a상의 행정행위의 발급절차는 전통적인 행정행위의 신청절차와는 다음의 점에서 구분된다. 즉, 사안심사의 요소와 사전준비활동이 신청이전에 자동화되어 있으며, 그것이 행정절차의 개시이전에 행해진다는 것이다.

3. 인공지능시스템, 특히 법학적 전문가시스템에 의한 행정행위의 허용성 문제[37)]

가. 법학적 전문가시스템의 특징

알고리즘의 발전의 급속한 진전과 증대된 합리화압력에 즈음하여, 인공지능시대가 운위될 정도로 전자정보기술은 가일층 진보하고 있다. 인공지능기술로부터 생성된 전문가시스템이란 「전문가들이 가지고 있는 전문지식을 지식베이스에 저장하여 관련 분야에서 전문가뿐만 아니라 비전문가도 그 지식을 이용할 수 있게 하는 시스템」이다. 컴퓨터응용프로그램으로서의 전문가시스템이 전통적인 컴퓨터시스템과 비교하여 가장 중요한 차이점은, 후자가 자료의 단순정리를 위해 알고리즘을 사용하는 데 대해서 전자는 알고리즘을 배제하고 상대적으로 목표상태에 가까이 가는 과정인 휴리스틱(heuristic: 발견적 교수법)을 사용한다는 점이다. 전문가시스템은 현존상태(Ist－Zustand)의 정식화라는 한정된 효용을 넘어서 질적 문제처리(추론)까지 가능케 함으로써, 전문적 지식과 경험이 요구되는 비정형적·비구조적인 문제를 해결하는 데 도움을 준다. 법학에서의 논증구조가 기본적으로 추론에 기반한다는 점에서 전문가시스템은 법학에서 일찍부터 관심대상이 되었다.[38)]

기왕의 알고리즘의 질적 진보에 해당하는 인공지능시스템으로서의 전문가시스템은 자동화의 극상의 단계이다. 명문의 규정의 존재와 관계없이 재량여지와 판단여지가 인

37) 상세는 김중권, "인공지능시스템에 의한 행정행위의 허용성에 관한 小考", 법제(제673호), 법제처(2016. 9. 15.), 5면 이하; 김중권, "자동적 행정행위(컴퓨터 행정행위)에 관한 소고", 공법연구(제28집 제4호), 한국공법학회(2000.6.), 225면 이하.

38) 상론은 김중권, 「행정자동절차에 관한 법적 고찰」, 고려대학교 대학원(1993). 115면 이하.

정되는 행정행위의 경우 완전자동화가 금지되는데, 개별경우에 이런 재량여지와 판단여지가 영으로 축소되는 메커니즘을 완전자동적으로 시행할 수 있는지 여부 나아가 법학적 전문가시스템 스스로 재량여지와 판단여지가 인정되는 상황에서 최적의 해결책을 만들어낼 수 있는지 여부가 문제된다. 이는 인공지능시스템, 특히 법학적 전문가시스템에 기반한 행정행위의 가능성 및 허용성의 문제이기도 하다.

나. 법학적 전문가시스템의 도입의 모습

행정행위를 발함에 있어 법학적 전문가시스템을 도입하는 것과 관련해서 두 가지의 이용양태가 제시될 수 있다. 첫 번째 이용양태로, 그러한 시스템을 －전문가든 일반인이든 관계없이－이용자를 위한 자문시스템으로서 활용할 수 있다. 이 경우 사람은 전문가시스템과의 대화를 통해서 문제해결책을 발전·전개시킨다. 사람이 최종결정을 내린다는 점에서 그러한 시스템은 행정보조절차에 불과하다. 두 번째 이용양태는 행정행위를 사람에 의한 후속적이거나 수반된 통제 없이 발함에 있어서의 결정모듈(결정변환장치)로서 법학적 전문가시스템을 도입한 경우이다. 즉, 법학적 전문가시스템 자체가 행정행위를 직접 발하는 것이다. 이처럼 법학적 전문가시스템의 도입의 양태가 행정청의 결정의 종결로서 모습을 띨 경우에는, 이것이 행정절차법 등의 처분개념정의와 합치할지 여부가 검토되어야 한다.

다. 행정행위의 존재가능성 문제

현행 법질서에서 인공지능시스템(법학적 전문가시스템)에 의한 행정행위가 가능한지 여부의 문제는 행정행위에 관한 개념적 징표에 의해 가늠되어야 한다. 독일의 경우 행정절차법 제28조 제2항 제4호 등의 '자동장치를 이용해서' 발한 행정행위에는 일반적으로 자동장치가 직접 행정행위를 발한 것이 포함되지 않는 것으로 보아서 인공지능시스템(법학적 전문가시스템)에 의한 행정행위의 존재가능성 자체가 문제가 되지 않았지만,[39] 이제 독일 행정절차법 제35조의a로 행정행위의 완전자동화된 발급이 허용되는 이상, 새로운 국면을 맞이한다고 할 수 있다. 한편 Polomoski는 행정자동결정의 처분성을 시인하는 데 있어서 독일 통설과 같은 프로그램조종의 논거는 문제가 있다고 하면서, 행정청에로의 귀속을 위한 행정청의 대외적 의사에 전적으로 좌우되어야 한다고 본다. 그리하여 법학적 전문가시스템에 기한 행정행위 역시 존재할 수 있다고 본다.[40]

우리의 경우 미흡하지만 행정절차법 제23조 제1항 제2호상의 단순·반복적 처분에

39) Lazaratos, Rechtliche Auswirkungen der Verwaltungsautomation auf das Verwaltungsverfahren, 1990, S.448.

40) ders., Der automatisierte Verwaltungsakt, 1993, S.80.

서 자동적 행정행위의 착안점을 찾을 수밖에 없는데, 그것에 인공지능시스템(법학적 전문가시스템)에 의한 행정행위는 포함될 수 없다. 현행법하에서 존재의 가능성이 부정되면 후술할 허용성의 문제는 생기지 않는다. 굳이 존재가능성을 시인하기 위해 Polomoski의 착안점을 빌어서 접근할 것 같으면, '행정청이 행하는 구체적 사실에 관한 법집행으로서의 공권력행사'라는 현행 행정절차법상의 처분개념에 법학적 전문가시스템에 의한 행정행위가 포함될 수 있다.[41]

라. 법치국가원리상의 허용성 문제

이처럼 공히 인공지능시스템(법학적 전문가시스템)에 의한 행정행위의 존재가능성이 시인된다 하더라도 그것의 적법성 문제는 별개이다. 독일의 경우 독일 행정절차법 제35조의a가 완전자동화의 한계를 명시적으로 규정하고 있기에, 재량과 판단여지의 부분에서는 인공지능시스템(법학적 전문가시스템)에 의한 행정행위는 허용되지 않는다. 관련 입법이 없는 우리의 경우, 이 문제를 법치국가원리의 차원에서 살펴보아야 한다. 그리고 이 문제는 나아가 인공지능시스템(법학적 전문가시스템)에 의한 행정행위를 성문화하는 것이 허용되는지 여부의 문제이기도 하다.

법치국가는 법과 합리성을 통해서, 자신의 활동을 사전에는 예상가능하게, 사후에는 통제가능하게 만든다. 행정작용과 관련해서 자동화된 대량결정에서 기술화된 개별사안처리가 가능한 정보화로 이행됨으로써 법치국가원리는 중대한 도전에 직면한다. 법률상의 권한규정과 마찬가지로 행정의 법률(법)에의 구속은, 모든 개개의 행정결정에 대해서 사람이 직접적으로 책임을 질 것을 필요로 한다. 그런데 법치국가에서 책임을 진다는 것은 통제(심사)에 바탕을 둔다. 결정의 성립에 영향을 미친 자만이 그것의 결과에 대해 책임을 져야 한다. 그러나 전문가시스템의 경우에는 이러한 통제가능성이 결여되어 있다. 결정발견의 마지막 국면(단계)에서 업무담당자는 의식적으로 결정을 컴퓨터에 내맡긴다. 이처럼 결정에 관해 종국적으로 책임을 지지 않으려 하는 것 즉, 결정에의 영향가능성을 체계상으로 포기하는 것은, 국민보호를 위해서 법적으로 시인해서는 아니 된다. 사람들을 보호하기 위해서, 행정은 결정발견의 초기수준에서 위법한 결정을 피하기 위한 모든 것을 행할 의무를 진다. 따라서 행정결정을 법학적 전문가시스템을 통해서 컴퓨터에 내맡기는 것은, 비록 그 결정이 우연히 내려지지 않고 법학적 논리의 원칙에 따라 내려졌다 하더라도, 행정의 이런 의무에 부합하지 않는다. 전통적인 법적 결정이란 도그마틱적 옳음과 개별적 정당성(정의)을 연결시키는 데 대해서,

41) 과거 필자가 인공지능시스템(법학적 전문가시스템)에 의한 행정행위의 존재가능성을 그대로 시인하는 입장을 피력했는데, 입장을 약간 수정한다.

전문가시스템의 경우에는 처음 언급한 관점이 우위를 점한다. 이는 결정발견에서 존재하여야 하는 특별한 인간적 요소를 소멸시킨다. 컴퓨터가 내린 결정이 실은 사람에 의해서 사전에 정해져 있다는 점에서, 전문가시스템을 두고서 사람에 대한 컴퓨터의 지배라고는 결코 말할 수는 없다. 그러나 원천적인 결정부분이 전문가시스템에 맡겨지면, 곧바로 인간과 컴퓨터간에 설정된 기존의 위상관계가 위태롭게 될 것이다. 내용을 사전에 알 수 없는, 컴퓨터에 의한 결과까지도 행정에 귀속될 수 있게 하는 것은, 행정의 법률구속에 합치하지 않는다. 따라서 －명문의 허용규정이 없는 한－ 법학적 전문가시스템에 의해 행정행위를 발하는 것은 허용되지 않을뿐더러, 위헌일 것이다.[42]

Ⅴ. 완전자동적 행정행위와 절차권

행정절차에 관한 일반규정은 물론, 행정행위 및 불복고지에 관한 특별규정 역시 원칙적으로 행정행위의 완전자동적 발급을 위해 무제한적으로 통용된다. 완전자동적 발급은 특히 절차경제에 이바지하기 때문에, 관련인의 참여권은 물론, 행정의 사안조사의무, 관련인에 대한 정보제공의무, 행정행위의 이유제시의무가 －행정비용을 줄이기 위해－ 제한될 위험이 있다.[43] 자동화가 책임의 모호화, 관할의 은폐, 책임문제의 복잡화를 초래하는 것은 허용되지 않는다. 요컨대 완전자동적 행정행위에 대해 절차권의 적용은 제한이 없다.[44] 이는 여러 행정청이 행정행위의 발급에서 협력하거나 공동으로 컴퓨터시설을 사용하는 경우에 중요하다. 독일 행정절차법 제29조상의 문서열람권 역시 완전자동적으로 발급된 행정행위에 통용된다. 본연에 맞춰 여기서 실제적인 어려움이 생겨난다. 왜냐하면 컴퓨터시설의 자동진행과정이 가시적이지 않기 때문이다. 기술적 프로토콜을 외부인은 통상 그 자체로 알 수가 없다. 자동장치를 구상하면서 배려해야 할 점은, 발해진 결정을 가져다줄 절차단계를 추체험할 수 있도록 아는 데 필요한 진행이 기록되는 것이다. 적어도 본질적인 진행의 추체험가능성(Nachvollziehbarkeit)은 행정내부는 물론, 사법통제를 위해서도 포기할 수 없다. 정해진 절차진행의 경우 개별적 경우를 위해 그 결정이 성립한 것처럼 추체험하는 것은 복잡한 시스템의 경우에도 가능하다.[45]

---

42) Polomski는 행정행위를 발하기 위해 전문가시스템을 배치하는 것은 현행 행정절차법의 측면에서 허용되지 않을 뿐더러 입법정책적으로도(de lege ferenda) 배제되어야 한다고 강변한다(a.a.O., s.102). 하지만 '인공지능의' 알고리즘의 전개와 합리화압력에서의 급격한 진보에 직면해서 미래에서의 계속적 발전은 배제되지 않는데, 단 그런 발전의 법제도화는 법치국가원리에 관한 이해가 국민적 합의하에 수정된다는 것을 전제로 한다.

43) Beirat VwVfR, NVwZ 2015, 1114.

44) Prell, in: Bader/Ronellenfitsch, BeckOK VwVfG, §35a Rn.8.

45) 행정행위를 발급하기 위한 완전자동절차의 도입과 결부된 이런 문제점과 리스크에 대해 법률유보의 메커니즘으로 대처할 수 있다.

그런데 독일 행정절차법이 자동장치(컴퓨터)를 이용하여 발해진 행정행위에 대해 서면형식의 요청 등과 관련하여 일종의 절차완화를 규율하고 있는 것이[46] 완전자동적 행정행위에 대해서도 통용되는지 여부가 문제된다. 물론해석(argumentum a minore ad maius)의 차원에서 보면 부분자동적 행정행위에 통용되는 것은 완전자동적 행정행위에 그대로 통용될 수 있다. 하지만 이런 절차완화가 60년대와 70년대의 컴퓨터의 한정된 성능에서 비롯된 것인 점에서 물론해석의 차원에서 접근하는 것은 법적, 사실적으로 바람직하지 않다. 절차완화규정은 완전자동적 행정행위에 통용되어서는 아니 된다.[47]

Ⅵ. 완전자동적 행정행위와 직권조사원칙

완전자동적 발급의 권능이 행정청으로 하여금 완전사안조사의무를 면제시키지는 않는다. 자동장치는 절차신속화와 비용절감에 이바지한다. 특히 간단히 구조화된 (소위 부진정한 대량의)절차는 낮은 비용으로써 신속하게 처리될 수 있다. 그런데 자동화는 필연적으로 도식화를 초래한다. 시스템의 설치에서 미리 예상될 수 있는 개별적인 상황만이 도식화된 심사에 의해 고려될 수 있다. 자동화란 심사도식에서 벗어난, 사전에 규정되지 않은 경우, 예정되지 않은 위법한 행정행위가 발해질 위험이 있다.

이런 공백의 상황은 참여자의 실제적 진술에 관한 고려를 내용으로 하는 독일 행정절차법 제24조 제1항 제3문상의 후속 보완에[48] 의해 메워진다. 개별경우를 위해 중요한 관련인의 사실상의 진술(신고)을 완전자동절차에서도 간과해서는 아니 된다는 것이, 동 규정을 통해 분명해진다. 이에 의하면, 개인적인 진술에서 조정과 －절차를 위한 중요성에 따른－ 자동절차 밖에서의 후속 처리가 가능하여야 한다.[49] 다만 자동장치의 도입의 능률성이 저해되지 않도록 진술이 개별경우를 위해 중요한 경우에만 행정청이 인적 후속처리의무를 진다. 즉, 모든 개인적 진술이 조정과 개별심사를 야기하지 않는다. 그런데 이런 중요성심사 역시 자동적으로 행해질 수 있다.[50] 다만 자동적인 절차진행이 고의적으로 방해받는 것은, 자유로운 텍스트 필드(Freitextfelder)에 간단한 표시를 입력함으로써 저지될 수 있다. 이에 의하면 개인적 진술에서 조정과 －절차를

46) §§28(2) Nr.4, 37(5), 39(2) Nr.3 VwVfG.
47) Binder, DÖV 2016, 891(895).
48) 제24조(직권조사의 원칙) 제1항 제3문: 행정청이 행정행위를 발하기 위해 자동장치를 도입한 때, 자동절차에서 조사되지 않은, 개별경우를 위하여 중요한, 참여자의 실제적 진술을 행정청은 고려해야 한다.
49) 한편 개별경우의 심사이후에 행정행위를 발급을 위한 후속적 처리의 자동화가 허용되는데, 이 경우는 법 제35조의a상의 완전자동적 발급된 행정행위에 더 이상 해당하지 않는다.
50) Schmitz/Prell, a.a.O., 1273(1277).

위한 중요성에 따른- 자동절차밖에서의 후속 처리가 행해져야 하거나 이것의 복귀(환원)가 행해질 수 있다.[51]

Ⅶ. 완전자동적 행정행위와 통지

1. 인터넷호출에 의한 통지의제

완전자동적 행정행위의 발급에 관한 새 규율로써, 「과세절차현대화법률」에 의해 전자적 행정행위의 통지를 위한 새로운 절차 역시 도입되었다(독일 행정절차법 제41조 제2항의a). 동규정의 본질적인 새로움은, 전자적 행정행위가 더 이상 e-mail의 방법으로 수범자에 대해 직접적으로 전달될 필요가 없고, 수범자가 그것을 스스로 행정으로부터 호출(Abruf)하는 즉, 불러 오는 데 있다. 가령 행정청은 인터넷플랫폼상으로 행정행위를 준비(제공)할 수 있다. 해서 수범자는 행정행위를 -저녁을 포함해서- 언제든 어디서든 호출할 수 있다. 동 규정은 '공공용 네트워크'를 사용하고 그래서 -가령 모바일이용과 같은- 인터넷 이외의 적용도 열어 놓았다. 독일 행정절차법 제41조 제2항의a 규정과 행정행위의 완전자동적 발급은 필연적 상관관계에 있지 않고, 동 규정은 행정행위의 완전자동화나 부분적 자동화에 무관하게 모든 전자적 행정행위에 적용된다. 따라서 완전자동적 발급된 행정행위 역시 전통적 방식대로 인쇄되어 통지될 수 있을 뿐더러, 전통적으로 발급된 행정행위 역시 인터넷호출을 위한 전자적 결정으로서 제공될 수도 있다.[52] 다만 인터넷호출에 의한 행정행위의 통지는 관련인의 임의성을 바탕으로 하기에,[53] 사전동의의 원칙이 수반된다.

인터넷호출을 통한 자동적 행정행위의 통지의제(Bekanntgabefiktion)를 위해서는 명시적인 규율이 필요하다. 왜냐하면 독일 행정절차법 제41조상의 종전의 규율에 의하면 -공시송달을 제외하고선- 항상 수범자에 대한 전달이 필요하기 때문이다. 전자적 행정행위가 호출을 통해 통지되어야 하는 한, 그것은 개별법상의 특별한 규율을 필

51) 한편 독일 조세기본법은 조세확정의 완전자동화시스템을 도입함에 따라 필시 직권조사원칙으로부터의 선회가 행해졌다. 그리하여 리스크관리시스템 (Risikomanagementsysteme)의 도입에 의해 보완되어, 개별경우의 심사를 자동화에 의거한 리스크판단이 대신한다(동법 제88조 제5항). 그리고 독일 행정절차법 제24조 제1항 제3문의 규정은 관련인진술의 조사의 완전성을 목표로 하는 점에 문제가 있다. 반면 독일 조세기본법의 경우 행정절차법에서보다 법상황을 더 자세히 규정하였다. 즉, 조세의무자에 의한 진술이 인정된 자유로운 텍스트 필드상으로 행해질 수 있다는 것이 조세기본법 제150조 제7항에 규정되어 있으며, 아울러 동법 제155조 제4항 제3문은 이런 자유로운 텍스트 필드상의 기입이 직무담당자에 의한 처리동인으로 여겨져야 한다는 점을 확고히 하였다.

52) 유의할 점은 독일 행정절차법과 사회절차법은 '공공용 네트워크'상의 호출 즉, 인터넷호출을 규율하고 조세기본법은 비슷한 것을 데이터호출로 규율하고 있다

53) Binder, DÖV 2016, 891(896). 전자적 소통에서의 임의성의 원칙(Freiwilligkeitsprinzip)에 관해서는 vgl. Müller, in: Bader/Ronellenfitsch, BeckOK VwVfG, §3a Rn.6.

요로 한다. 행정절차법상의 보완으로써, 이런 추가적인 가능성은 법률의 적용분야를 위해 일반적으로 열려져 있다.

인터넷호출에 의한 통지에서 특히 통지시점에 관해서는 반드시 법률상으로 규정되어야 한다. 그런데 이 통지시점과 관련해서 독일 행정절차법 제41조 제2항 제2문의[54] 의제규율은 통용되지 않는다. 왜냐하면 인터넷호출에서의 전자적 행정행위의 경우, e-mail에 의한 전통적인 송부처럼 수범자에 대해 전달되는 것은 아니기 때문이다. 그런데 인터넷호출에 의한 통지의 경우 호출의 개념상으로 수범자의 협력을 요건으로 한다.[55] 이런 사정이 통지시점을 정하는 데 있어서 간과되어서는 아니 되기에, 변형적 통지(Bekanntgabevariante)를 참여자에게 강요하는 것 역시 금지한다. 그래서 요건으로서 수범자의 사전 동의의 필요성이 명시적으로 규율되어 있다. 사전동의는 모든 개개의 절차를 위하여 만족할 만하게 (새로이) 구해져야 할 것이다. 일괄적 동의는 미래의 절차를 위해서도 명시적인 언급이 없는 한, 용인될 수 없다. 사전동의의 필요성과 관련해서 인터넷호출에 의한 통지는 특히 신청절차나 표시의무가 존재하는 절차에서 의미있게 도입될 수 있을 것이다. 하지만 직권개시절차에서도 그 도입의 가능성이 배제되지 않는다. 여하튼 행정청은 적합한 본인확인의 수단을 통해 정당한 권리가 있는 자만이 행정행위의 준비에 접속할 수 있도록 확고히 해야 한다. 기술발전에 대해 항상 탄력적인 스탠스를 취할 수 있도록, 특정한 본인확인의 수단은 주어지지 않는다.[56]

호출을 위해 준비된 전자적 행정행위는 포털에 의해서도 다운로드 받을 수 있다. 이로써 수범자는 대상이 되는 행정행위를 자신의 검퓨터에 저장할 수도 있다. 자기 컴퓨터에서의 저장은 포기할 수 없다. 왜냐하면 그렇지 않으면 전자적 행정행위가 수령자에 의해 법률행위에서 독립되게 활용될 수 없을 것이기 때문이다. 그래서 단순한 읽기기능만을 지닌 포털의 경우에는 효과적인 통지를 위해 충분하지 않는다.[57]

인터넷호출을 통한 통지의 경우 호출권한이 있는 자가 그 자신이 어디서 어떻게 준비된 행정행위를 호출할 수 있는지를 아는 것을 요건으로 한다. 그로서는 사전 준비된 상태에 관한 통보(Benachrichtigung)를 받아야 한다. 이런 자명한 상태를 새 규정은 명

---

54) 독일 행정절차법 제41조 제2항 제2문: 국내나 외국에서 전자적으로 전달된 행정행위는 송부한 후 3일에 통지된 것으로 여겨진다.

55) 그러나 독일 조세기본법의 경우 준비통보의 송부이후에 3일 째 통지의제를 규정함으로써(제122조의a 제4항 제1문), 조세의무자의 협력을 전제로 하지 않는다. 한편 전통적인 우편에 의한 통지의 경우에도 수취와 같은 협력행위가 동반되는데, 하지만 그 상황은 인터넷호출에 의한 통지의 상황과도 비견할 수 있다. 수신자의 지배하에 있는 우편함과는 대조적으로 행정의 인터넷포털은 전자적 행정행위의 수범자의 지배영역에 속하지 않는다. 나아가 행정청의 포털을 일정 간격을 두고서 호출하고 도달의 차원에서 심사할 책무(Obliegenheit)가 관습법적으로도 인정되지 않는다.

56) 적합한 절차의 선택을 위한 좋은 착안점을 IT-계획위원회(IT-Planungsrat)의 조력이 제공한다.

57) 그런 포털은 기껏해야 이미 다른 곳에서 통지된 (전자적이나 문서의) 행정행위와 관련해서 추가적 서비스로서 동원될 수 있을 것이다.

시적으로 규율하지 않고, 그것을 조건(요건, 전제)으로 한다. 이런 통보는 e-mail에 의해 전자적으로 행해지는데, 물론 필연적으로 행해질 필요는 없다. 조세기본법의 규정과는[58] 대조적으로 효과적인 통지는 전자적 행정행위의 실제적 호출에 의해서 비로소 성립하게 된다. 사용된 시스템은 -통보에 관한 행정 측의 증명을 보장하기 위해 - 준비된 행정행위에 대한 접속을 기록하여야 한다. 실제적 호출이 행해진 날을 위한 도달의제(Zugangsfiktion)가 규정되어 있다. 이 점은 동의를 구하는 경우는 물론, 준비(제공)통보를 하는 경우에도 지적되어야 한다.

2. 변형적 호출

e-mail에 의한 소통은 신속하고 비용절감적이며, 특히 탄력적이다. 왜냐하면 장소와 시간에 구속되지 않게 기능하기 때문이다. 하지만 이런 큰 장점에 반해 결정적인 불이익이 있다. 전통적인 e-mail 의사소통에 대해 신뢰성이 그다지 높지 않다. e-mail은 보낸 자와 받는 자 사이에서 소멸될 수 있으며, 일련의 가능한 기술적 하자로 인해 송부와 수령이 방해를 받거나 실패할 수 있다. 기술적 하자가 존재하는지 여부 및 어떤 국면에서 그것이 존재하는지는 항상 명료하지 않다. 또한 성공적으로 송부된 e-mail이 -사정에 따라선 수령자 스스로가 아니라 e-mail공급자가 설정한- 스팸필터에 의해서도 제거될 수 있다. 이런 다양한 하자원인을 고려한 즉, 간단한 e-mail로써 그 통보가 수범자에게 확실하게 도착하여 수범자가 그것을 인식할 것으로 행정이 기대하는 것은 현실에 부합하지 않는다. 인터넷호출을 통한 통지를 입법적으로 규율하는 데 있어서, 호출을 의식적으로 하지 않은 경우만이 아니라, 통보가 궁극적으로 유효하게 되지 않은 경우를 위한 예방조치가 필요하다. 그래서 독일 입법자는 변형적 호출(Abrufvariante)을 내용으로 한, 단계적 대처를 독일 행정절차법 제41조 제2항의a에 다음과 같이 규정하고 있다: "행정행위가 준비에 관한 통보를 발송한 이후에 10일 이내에 호출되지 않으면 그 준비는 종료된다. 이 경우 통지는 실현되지 않는다; 호출을 위한 새로운 준비나 다른 방식의 통지의 가능성은 이와 무관하다." 이를 통해 한편으론 수령자가 호출의 부작위를 통해 통지의 실패를 강구하는 것이 저지된다.[59] 다른 한편으론 효과적인 통지의 시점을 둘러싼 분쟁도 미연에 저지된다. 다른 방식의 통지가 준비되고 실행에 옮겨지고, 10일 경과후에 (다시) 준비된 행정행위가 호출되는 경우에는, 효과적인 통지가 성립할 수 있을 것이다.

58) 그런데 독일 조세기본법 제122조의a 제4항은 조세절차를 위한 전자적 통보(Benachrichtigung)를 규정하고 있다.
59) Binder, DÖV 2016, 891(896).

이상의 변형적 호출과 같은 해결책은 증대된 이용자친근성에 의해 수긍될 수 있는데, 아울러 임의성에 바탕을 둔 절차에 대해 기대되는 더 높은 수용 역시 긍정적으로 작용한다.[60] 일각에서는 독일 행정절차법과 사회절차법의 '변형적 호출'에 대해서는, 행정절차가 호출의 의식적인 부작위나 지연에 의해 훼방될 수 있다는 이의(異議)가 제기될 수 있지만, 이런 이의제기는 설득력이 없다. 성실한 이용자는 스스로 선택된 절차에 의해 이득을 얻기 위해서 통보의 수령이후에 호출을 시행할 것이기 때문이다. 이에 반해 통보가 이용자에게 도달되지 않은 경우에, 이용자는 달갑지 않은 결과를 고려할 필요가 없다. 그럼에도 불구하고 행정청은 행정행위를 (경우에 따라서는 송달에 의해) 효과적으로 통지할 수 있고, 성공적인 통지에 관한 확신을 가진다. 성실하지 않은 이용자가 통지를 지연시킬 수는 있지만, 그것을 실패로 만들 수는 없다. 절차의 장애 역시 '변형적 의제'(Fiktionsvariante)를 저지할 수 없다. 왜냐하면 통보의 도달을 다투는 것이 그 통지를 실패로 만드는 데 충분하기 때문이다. 실제적 호출이 유효한 통지를 위한 요건이기 때문에, 포털상의 기술적 하자가 호출을 지연하거나 저지하는 경우를 어떻게 다루어야 하는지가 문제되지만, 그 물음에 대한 보완적 규율은 역시 불필요하다. 왜냐하면 기본적으로 실제적 호출의 시점을 목표로 할 수밖에 없기 때문이다.

3. 독일 조세기본법상의 변형적 의제와의 비교

과세절차를 위해 독일 조세기본법에 규정된 해결책은 통지시점을 정하기 위하여 e－mail에 의한 준비통보(Bereitstellungsbenachrichtigung)에 연계된다. 조세결정을 위한 이런 e－mail 통보의 도달이 심사가능하지 않기 때문에, 통보의 송부의 일자가 규준적인 것으로 여겨진다. 독일 조세기본법 제122조의a 제4항 제1문에 의하면, 행정행위는 －통보가 그 날에 도달하였는지 여부 및 언제 도달하였는지에 상관 없이－ 통보의 송부 이후 3일째 날에 통지된 것으로 여겨진다. 그렇지만 통보의 도달이 다투어질 경우 그 통보는 실패한 셈이다.[61] 데이터호출에 의한 통지에서의 이런 '변형적 의제'(Fiktionsvariante)는 다음과 같은 과세절차의 특수성에서 기인한다.[62] 즉, 과세절차는 표시의무에 바탕을 두고, 오래 전부터 확립된 전자절차(ELSTER)가 존재한다. 그리고 가령 발급시에 가산금을 확정할 수 있도록, 결정을 발함에 있어서 통지 및 효력발생의 시점을 정할 수 있는, 조세행정의 특별한 이익 역시 존재한다. 새로운 과세절차는 과세절차에서 조세자문업의 직원 즉, －마찰 없는 전자적 절차전개에 대해 고도의

60) 그래서 이런 변형적 호출은 독일 사회절차법상의 유사규정에서도 규정되어 있다(제37조 제2항의a).
61) 행정청이 통보의 도달을 증명하지 못하면, 통지시점은 실제적 데이터호출을 목표한다(조세기본법 제122조의a 제4항 제2문, 제3문).
62) Schmitz/Prell, a.a.O., 1273(1279); Binder, DÖV 2016, 891(896).

나름의 이익을 갖는- 직업적 이용자를 향한 것이다. 이들은 조직화된 사무실에서 진행할 수 있으며, 그에게 맡겨진 업무를 처리하는 데 있어서 특별한 주의를 기울일 의무를 진다. 반면 일반적 행정절차의 대량에 대해서는 과세절차의 이런 특수성이 통용되지 않는다. 따라서 행정법을 위한 일반규율로서 '변형적 의제'는 적합하지 않다.[63]

데이터호출에 의한 새로운 변형적 통지가 일반 행정절차에서 어느 범위에서 실제적으로 관련이 있는지는 아직 예상할 수 없다. 왜냐하면 통상 그곳에서는 전자적 결정은 간단한 e-mail로써 전달될 수 있다; 그것은 송부 이후에 셋째 날에 통지된 것으로 여겨진다(독일 행정절차법 제41조 제2항의a). 그곳에서 새로운 통지형식은 추가적인 수단으로 여겨진다. 반면 조세절차에서는 조세비밀(독일 조세기본법 제30조)은 간단한 e-mail로써 전자결정을 전달하는 것을 금지한다. 조세비밀을 견지하기 위하여, e-mail은 성가시게 봉인되거나, de-mail에[64] 의해 송부될 수밖에 없을 것이다. 이런 방식은 ELSTER-절차의 확대를 목표로 한 조세행정을 위해서는 그다지 매력적이지 못하다. 이것이 독일 조세기본법에 데이터호출에 의한 통지가 도입된 중요한 이유이다.[65]

Ⅷ. 맺으면서 - 자동적 행정행위의 법제화를 위한 전제로서의 행정기본법의 제정

연일 인공지능도입에 따른 변화상에 대한 기사가 지면을 메우곤 하였는데, 지금은 가히 제4차 산업혁명 시대이다(?). 제4차 산업혁명을 운운하기에 앞서 이전 시대에 마련되었어야 할 법제도적 기반이 제대로 구비되었는지 여부를 살펴보아야 한다. 우리보다 앞서 가는 국가들이 이미 갖춘 법적 기반을 우리의 상황에 견줘 성찰하는 것이 필요하다. 역사는 축척의 과정인데, 기본이 충실하지 않은 채 획기적인 도약만을 강구하는 것은 당연히 실패한다. 행정행위를 비롯한 행정작용의 시스템을 디지털화하는 것은 기왕의 행정작용법에 대한 패러다임의 교체이자 개혁이다.

비단 4차 산업혁명이나 인공지능을 내세우지 않더라도 현행의 공공법제는 물론, 행정법일반이론 역시 시대적 요청을 전혀 수용하지 못하고 있다. 독일의 공공법제가 부단히 시대적 요청에 부응하는 배경에는 그들이 일찍이 행정절차법을 통해 행정작용

---

63) 그러나 그것은 개별법에서 -필요하고 적합하는 한- 명해질 수 있다.

64) 이것은 시민, 행정청, 기업간의 인터넷을 통한 법적 전자문서의 교환을 가능하게 하는 독일 전자정부의 커뮤니케이션서비스이다. 시민포털이라 이름을 붙인 프로젝트는 행정과 기업의 커뮤니케이션비용을 절감하기 위해 독일정부가 민간기업체와 협력하여 실현하였다.

65) 한편 바이에른 주는 이미 「과세절차현대화법률」의 가결이전에 자신의 행정절차법이 아니라 전자정부법(Bayerisches E-Government-Gesetz) 제6조 제4항을 통해 데이터호출에 의한 통지를 위한 규율을 도입하였는데, 이는 조세기본법상으로만 도입된 규율(변형적 의제)과 일치한다.

전반의 기본틀을 확고히 한 데 있다. 이런 토대를 바탕으로 이미 오래 전에 컴퓨터를 이용한 행정행위의 발급을 법제화하였고, 최근 여기서 다룬 행정행위의 완전자동적 발급까지 법제화하였다. 우리의 경우 전자정부를 그렇게 내세웠지만, 행정작용의 특히 행정행위의 자동화에 관해서는 그동안 논의가 없었기에, 독일의 입법례를 참조하여 자동적 행정행위를 법제화한다는 것은 극히 쉽지 않다. 아무리 좋은 법제도라 하더라도 존재의 지평이 다른 이상, 그것을 우리의 학문적, 법제도적 자산으로 만들기는 어렵기 때문이다. 제4차 산업혁명 시대의 단초를 제공한 독일에서 행정행위의 완전자동적 발급이 제도화된 것은 많은 것을 시사한다. 이전 시대에 마련되었어야 할 법제도적 기반의 결여는 완전히 바뀐 행정환경에서 우리의 발전을 가로막는 결정적인 장애물이다. 법제도의 발전은 결코 불균형적으로 행해질 수 없다. 인공지능의 시대와 제4차 산업혁명 시대에 부응하기 위해서는 행정절차를 넘어 행정작용의 메커니즘을 체계화하는 행정기본법의 제정이 시급하다.

* 법조 제723호, 2017.6.28., 146면－182면 所收.

* **추론**: 행정기본법이 제정되어(2021.3.23.), 완전자동행정행위의 근거규정이 마련되었다. 제20조(자동적 처분): 행정청은 법률로 정하는 바에 따라 완전히 자동화된 시스템(인공지능기술을 적용한 시스템을 포함한다)으로 처분을 할 수 있다. 다만, 처분에 재량이 있는 경우는 그러하지 아니하다.

제 7 장

인공지능(지능형)시스템의 도입을 위한 법적 규율의 문제

Ⅰ. 처음에 – 법을 위한 도전으로서의 인공지능

지난 2020.12.에 세상에 첫선을 보인 인공지능(AI) 챗봇 '이루다'가 성희롱, 소수자 차별·혐오, 개인정보의 유출 등 논란에 휩싸이며 결국 서비스가 2021.1.11.에 중단되었고 개인정보의 유출과 관련한 소송문제가 후속적으로 제기되고 있다. 지난 2016년에도 마이크로 소프트의 트위터 봇인 'Tay'로 인해 이번 사태와 비슷한 문제가 발생하였다.[1)] 새삼 인공지능의 윤리가 사회문제로 전면에 등장하였는데, 하지만 이번 사태를 그저 윤리적 차원에서 볼 수는 없다. 이루다와 Tay의 실패는 과학기술의 강점과 약점을 선명하게 나타낸다. 그렇지만 이런 대실패와 무관하게 하루가 멀다 않게 기업은 물론 국가는 고권적 목적을 위하여 인공지능시스템을 적극적으로 도입하고 있다.[2)]

1) 마이크로 소프트가 의사소통능력의 차원에서 인공지능의 발전수준을 설명하기 위하여 2016년에 트위터 봇인 'Tay'를 출시하였다. 실제로 Tay는 인간 이용자와 –사전에 정해 놓지 않은– 다양한 대화를 수행할 수 있었다. Tay는 엄청난 대화의 제안에 대해 편견 없는 관찰자가 인간적인 것으로 평가한 대답으로써 대응한다. 더해서 그것은 그의 대화능력을 확대시키고, 대화상대방으로부터 배우기도 한다. 그러나 그것의 학습능력, 언어이해의 기초(토대)가 예상하지 못한 결과를 낳았다. 대화상대방인 사람이 배우려는 봇을 조작할 수 있었고, 짧은 시간에 Tay로 하여금 인종차별적 주장을 표명하게 하거나 홀로코스트를 부인하게 하였다. 결국 그 프로젝트는 2016.3. 대실패(Fiasko)로 끝났다. Boyle, Microsoft's chatbot gone bad, Tay, makes MIT's annual list of biggest technology fails, https://www.geekwire.com/2016/microsoft–chatbot–tay–mit–technology–fails(마지막 검색일자 2020.2.11.).

2) 최근 한국은행 '산업용 로봇 보급이 고용에 미치는 영향' 보고서에 의하면, 산업용 로봇의 종사자 대비 규모를 보여주는 로봇밀집도를 시산한 결과, 주요국에 비해 우리나라의 로봇 확산이 빠른 것으로 나타났다. 우리나라의 로봇밀집도는 특히 금융위기 이후 빠르게 확대되는 모습을 보였다. 우리나라 로봇밀집도의 증가 규모는

일찍이 사이버네틱스(cybernetics: 인공두뇌학(人工頭腦學))의 창설자인 N. Wiener는 기계가 학습을 하면서 그들 프로그램을 방해하는 속도로 예상하지 않은 전략을 그 기계들이 개발할지 모른다고 설파하였다.[3] 행정활동의 자동화는 오랜동안 사람의 보조활동을 기계로 대체하는 것에 국한되었고,[4] 그때에는 자동화기술을 행정에 마찰 없이 도입하기 위하여 실체법적, 절차법적 요청을 전면적으로나 부분적으로 면제하는 것이 관건이었다.[5] 하지만 N. Wiener의 예언대로, 최근에는 학습능력이 있는 컴퓨터, 거대한 데이터양과 향상된 알고리즘에 의거하여 '스마트' 정부와 행정을 위한 완전히 새로운 가능성이 생겨난다. 인공지능시스템에 의하여 뒷받침을 받는 司法(리걸 테크)과[6] 로봇에 의한 규율이[7] 해당하는데, 정보통신기술의 현재의 개발수준과 앞으로의 가능성에 연계하여 자동화에 관한 법학적 논의의 매개변수가 바뀌었다. 시스템이 자율적으로 되면 될수록, 그것은 사람에 의한 통제를 더욱더 면하게 되고, 보조수단에서 규범적으로 중요한 행위주체(행위자)로 바뀐다.[8] 시스템과 그것의 바탕인 알고리즘이 잠재적으로 잣대를 정하는 셈이 된다. 디지털화의 진전은 궁극적으로 자유와 규제 사이의 긴장을 새롭고 아직 알려지지 않은 콘텐츠로 채울 법적, 윤리적 질문을 제기할 것이다.[9] 오로지 국가적 규제의 대상에 그치는 유전공학이나 생명공학과 같은 다른 복잡한 과학기술과는 구별되게, 인공지능시스템은 국가적 규제의 대상일 뿐만 아니라 스스

2000~2007년중 연평균 1.26대였으나 2010~18년중에는 연평균 5.28대로 확대됐다. 같은 기간 동안의 일본(0.07 → 0.12), 미국(0.9 → 0.93), 독일(1.09 → 0.89), 대만(0.68 → 1.5) 등 주요국의 증가 규모에 비해 큰 것으로 나타났다(뉴시스 2021－1－27).

3) N. Wiener, Some Moral and Technical Consequences of Automation, Science, New Series, Vol.131, No.3410(May 6, 1960), pp.1355－1358.

4) 조세행정과 사회보장행정과 같은 분야에서 컴퓨터 없이는 국가는 아무 것도 할 수 없을 지경이다. 그러나 (인공)지능형시스템이 출현하기 전에 컴퓨터기술과 정보통신기술에서 자동화에 도입된 기술은 초창기 수준이었다. 그리하여 그것은 행정정책적 관점에서 급격한 새로운 발전을 의미하지 않고, 또한 종래의 행정법의 원칙을 새삼스럽게 성찰을 위한 필요도 없었다.

5) 대표적으로 독일의 경우 행정절차법 제정 당시(1976년)에 '자동장치를 이용하여 발해지는 문서적 행정행위' 즉, 컴퓨터행정행위를 중심으로 서면형식, 청문, 이유제시 등과 관련하여 특별규율을 담았다. §§28(2) Nr.4, 37(5), 39(2) Nr.3 VwVfG. 일종의 절차요청을 완화시킨 이들 규정이 과연 정보통신기술에 비추어 합당한지 여부가 논란이 되는데, 전체적으로 제정 이후에 진행된 기술의 발전을 충분히 감안하지 않았다. 상론 김중권, 행정자동절차에 관한 법적 고찰, 1993.8. 물론 지금의 이런 판단에도 불구하고, 독일에서 행정절차법 제정 당시의 논의의 혁신성의 의의는 여전하다. 그런데 독일에서는 이미 60년대에 자동화와 관련 논의가 활발히 전개되었고, 지금의 논의는 그에 이어져 있다. Zeidler, Über die Technisierung der Verwaltung, 1959; Bull, Verwaltung durch Maschinen. Rechtsprobleme der Technisierung der Verwaltung, 2. Aufl., 1964.; Luhmann, Recht und Automation in der öffentlichen Verwaltung, 1966.

6) Buchholz, Legal Tech: Chancen und Risiken der digitalen Rechtsanwendung, JuS 2017, 955ff.

7) Borges: Rechtliche Rahmenbedingungen für autonome Systeme, NJW 2018, 977ff.

8) 體化된 지능형 시스템을 종종 '자율적 시스템'(autonomen Systemen)이라 부르는데, 이는 생활세계에서 종종 직접 사람과 상호작용을 한다. 그래서 이들의 결정의 책임성과 귀속가능성의 물음이 특히 두드러진다. 기술적 측면에서 '자율'(Autonomie)의 의미가 인간인 프로그래머로부터의 부분적인 독립성(비의존성)과 동일하게 여겨지고, 그리하여 이런 독립성이 시스템의 학습능력과 동일하게 여겨지기도 한다. 자율개념을 둘러싼 기술적 차원과 철학적 차원에서의 차이점이 무시되고 법에 들어오면 당연히 귀속물음을 다루는 데 영향을 받을 수 있다. 이 점에서 중립적인 의미인 지능형 시스템 개념이 자율적 시스템 개념보다는 더 낫다.

9) Schwintowski, Wird Recht durch Robotik und künstliche Intelligenz überflüssig?, NJOZ 2018, 1601.

로 규제적 결정과정에 편입되기도 하며, 그리하여 고권적 행위조종의 모드가 된다.[10]

일찍이 독일 연방헌법재판소는 "사람을 국가내에서 객체(대상)을 만드는 것은 인간의 존엄성에 반한다"고 하여, "사람은 대상(객체)이 되어서는 아니 된다."는 입장을 견지한다.[11] 이런 입장을 따르면, 순전히 기술적으로 생성된 행정결정이 사람에 대해 곧바로 적합한 것은 아니라는 점을 시사한다. 여기서 상반된 방향이 있을 수 있다. 디지털 세계를 기왕의 아날로그 법질서에 맞춰야 하는지, 아날로그 법질서가 디지털 세계에 맞춰야 하는지 여부이다. 양자를 택일적으로 접근하는 것은 바람직하지 않고, 어디에 기본 스탠스를 두느냐가 관건이다. 시장에 부합하는 민주주의가 아니라 민주주의에 부합하는 시장경제를 원하듯이, 디지털화에 합치하는 민주주의(digitalisierungskonforme Demokratie)가 아닌 민주주의와 기본권에 합치하는 디지털화(demokratie- und grundrechtskonforme Digitalisierung)가 필요하다.[12] 물론 기왕의 법질서 자체가 부단히 혁신되는 것을 전제로 한다. 법발전을 관철하며, 그 상관관계를 분석하고, 입법·행정·사법에서의 법실무에 대해 가능한 발전관점을 지적하는 것이 법학의 핵심임무이다.[13] 인공지능은 법과 제도에 대한 심각한 도전인데,[14] 지난 2월말에 국회를 통과한 행정기본법안이 명시적으로 인공지능에 의한 행정행위의 발급을 제시하였다.[15] 이 글에서는 이런 차원에서 인공지능(지능형)시스템의 도입을 위한 법적 규율의 문제를 검토하고자 한다.[16]

---

10) 상론은 김중권, 인공지능시대에 알고리즘에 의한 행위조종과 가상적 행정행위에 관한 소고, 공법연구 제48집 제3호, 2020.2.28., 287면 이하.

11) BVerfGE 27, 1(6). 그리고 BVerfGE 9, 89는 독일 기본법 제103조 제1항의 법적 심문(진술)권과 관련해서, 개인이 단지 판결의 객체가 되어서는 아니 되고, 소송절차와 그 결론에 영향을 미칠 수 있도록 진술할 기회를 가져야 한다고 판시하였다.

12) Vgl. Bull, "digitale Staat" und seine rechtliche Ordnung, ZRP 2015, S.98(100f.).

13) Schmidt-Aßmann, Ansätze zur Internationalisierung des verwaltungsgerichtlichen Rechtsschutzes, in: Liber Amicorum R. Wolfrum, Bd.2, 2012, S.2119.

14) Vgl. Hoffmann-Riem, Artificial Intelligence as a Challenge for Law and Regulation, in: Wischmeyer/Rademacher(eds.), Regulating Artificial Intelligence, 2019, 1ff.

15) 第20조: 행정청은 법률로 정하는 바에 따라 완전히 자동화된 시스템(인공지능 기술을 적용한 시스템을 포함한다)으로 처분을 할 수 있다. 다만, 처분에 재량이 있는 경우는 그러하지 아니하다. * **추론**: 행정기본법이 드디어 제정되었다(2021.3.23.). 행정기본법 시즌2에 시급히 나서야 한다.

16) Schliesky 교수는 디지털세계를 위한 법적 토대가 결여되어 사회의 발전과 경제적 투자가 지장을 받는다고 강하게 지적하였지만(ders., Eine Verfassung für den digitalen Staat?, ZRP 2015, S.56(58)), Bull 교수는 이미 법제도화가 진행중임을 들어 異議를 제기한다(ders., a.a.O., 98). 그에 의하면, 좁은 의미의 법정책학은 현행법의 불충분함과 모순을 다루고, (불확정규정의 명료화에, 불충분하게 여겨지는 원칙을 위한 수정에, 흠결의 메움에 이바지하는) 새로운 법규범을 제안하는 것이다. 그는 새롭거나 새로이 인식된 문제를 새로운 법률로써 대처하려는 광범한 경향으로 인해 현행법이 충분한 답을 담고 있는지 여부가 충분히 강조되지 않을 수 있음을 지적한다.

Ⅱ. 인공지능에 관한 기술적 발전상 및 그 양상

사람의 지능과 같은 역할을 하는 과학기술은 일찍이 1940년대에 발전되기 시작하였는데, 이정표가 된 연구가 일반적으로 1950년의 '컴퓨팅하는 기계와 지능'에 관한 A. Turing의 보고서이다. 제2차 세계대전에서 독일군의 암호기계인 에니그마(Enigma)를 해독하여 연합국의 승리에 이바지한 것으로 유명한 A. Turing이 처음으로 과거의 사건으로부터 미래를 위하여 학습할 수 있는 기계를 위한 실행가능한 구상을 제시하였다.[17] 1950년대와 1960년대의 자동화연구의 열풍에 기하여, H. Simon은 1965년에 기계가 20년내에 사람이 할 수 있는 어떤 일도 할 수 있을 것이라고 예측하였다.[18] 2010년부터 연구가 매우 촉진되었다. 가령 그림인식과 언어인식에서 로봇기술에서의 진전이 일반대중에 효과적이었고, 다른 분야에서도 인공지능이 사람보다 더 나은 학습능력을 지닌다는 사실이 확인되었다. 지능형 과학기술에 대한 민간과 공공의 투자가 막대하게 증대되어 지금의 붐이 생겨났다.

인공지능학(KI－Wissenschaft)에서 소위 강한 인공지능(starke KI, strong AI, general AI)과 약한 인공지능(schwache KI, weak AI, narrow AI)을 구분하여 논의가 전개된다. 강한 인공지능을 주장하는 자는, 인간의 전체 사고작업이 인공지능으로써 매핑(寫像) 될 수 있어서, 일반적인 문제해결능력과 궁극적으로 어쩌면 인간의 지능수준을 능가하는 인공지능이 만들어질 수 있다는 점을 출발점으로 삼는다. 이에 반해 약한 인공지능을 주장하는 자는 개별적인 구체적인 문제를 인간지성(지력)의 특정 요소를 재현하면서 인공지능의 자기최적화를 기반으로 해결하는 것만이 가능하다고 본다. 컴퓨터시스템이 그 스스로 문제를 제기하고 해결하고 그럼으로써 사람과 완전히 무관하게 운용되는 경우에 그것은 초지능적이다(Superintelligent). 그리고 모든 면에서 인간능력을 훨씬 뛰어 넘는 초인공지능(Super AI)은 강한 인공지능의 진화된 형태이다.[19]

Ⅲ. 인공지능시스템의 세 가지 요소[20]

학습능력이 있는 모든 지능형 시스템의 핵심요소가 빅데이터, 학습능력이 있는 알고리즘, 인간의 주도(주재)이다. 이들 요소의 협력작용은 －비록 대실패로 (잠정적으로)

17) Turing, Computing Machinery and Intelligence, Mind49, 1950, 433ff.
18) Simon, The shape of automation for men and management, 1965, S.96.
19) Frese, Recht im zweiten Maschinenzeitalter, NJW 2015, S.2090(2092).
20) Wischmeyer, Regulierung intelligenter Systeme, AöR 143(2018), S.1(10ff).

끝났지만 - 이상에서 본 채봇 '이루다'나 트위터 봇인 'Tay'의 예가 잘 보여주는데, 이들 세 요소는 규제적 관점에서는 과학기술의 발전을 조종하는 착안점이기도 하다.

1. 빅데이터

Tay의 언어능력을 위한 처음의 조건이 인간적 의사소통의 데이터를 매우 잘 관리하여 수집하는 것이었다. 인공지능시스템의 최근의 진보는 결정적으로 빅 데이터의 시대에 더욱더 고품질의 데이터뭉치(Korpora, corpus)를[21] 사용할 수 있다는 점에 기인한다.[22] 과학론(인식론)의 관점에서 보면, 거대한 양의 - 특수한 - 데이터가 섬세하게 분배된 작은 표본을 가능하게 하는데, 이 표본(Muster)이 재차 정교한 예측을 하게 한다.[23] 즉, 센서가 많으면 많을수록 더 많은 데이터가 만들어진다. 여기서 사물인터넷 시스템은 빅 데이터의 활용을 극대화시켜 인공지능시스템의 개발을 엄청나게 촉진시킬 것이다.[24] 오늘날 사회적 미디어는 데이터수집을 위한 풍부한 원천이다. 가령 Tay와 같은 언어봇의 경우를 보면, 그것에 사용된 데이터뱅크(data bank)는[25] 통상 수백만의 오리지널 의사소통문구, 공용데이터뱅크에서 저장된 지식현황, 봇투입분야를 위하여 특수하게 만들어진 표본대화를 담고 있었고, '이루다' 역시 카카오톡 대화 데이터를 바탕으로 학습프로그램을 만들었다.

2. 학습알고리즘

기계학습(Maschine Learning) 자체는 기술과 알고리즘의 묶음(세트)을 나타낸다. 이것은 귀납의 방법으로 정보로부터 데이터를 추출하고 분류한다.[26] 통상 기계적 학습능

---

21) 이는 말뭉치로 옮겨진다. '연구를 위한 자료나 정보의 모음'인데, 언어학에서는 '한 언어를 대표하는 것으로 생각되는 원문, 발화 또는 기타 표본들의 뭉치로 대개 전자 자료의 틀로 저장되어 있는 것'을 'corpus'라고 풀이하고 있다. 다시 말해 '연구 대상 분야의 언어 현실을 총체적으로 보여 주는 자료의 집합'이라 할 수 있다. 말뭉치는 컴퓨터가 언어 자료 처리를 할 수 있도록 기본적으로 마련해 놓아야 하는 자료이다: https://www.korean.go.kr/nkview/nknews/199908/13_6.htm(마지막 검색일자 2020.2.16.).

22) Paal/Hennemann, Big Data im Recht, NJW 2017, 1697ff.

23) 빅 데이터와 데이터품질의 관계에 관해서는 vgl. Hoeren, Thesen zum Verhältnis von Big Data und Datenqualität, MMR 2016, 8ff.

24) 행정에서의 사물인터넷에 관해서는 vgl. Djeffal, Das Internet der Dinge und die offentliche Verwaltung - Auf dem Weg zum automatisierten Smart Government?, DVBl;. 2017, 808ff.

25) 데이터 뱅크란 한마디로 말하면 조직된 집적 데이터이다. 그 데이터의 사용목적에 적합한 수단으로 조직화한다. 지식이 증대하면 데이터도 늘고 사용목적도 그것을 사용하는 기술의 변화와 함께 변동하여 간다. 따라서 데이터 뱅크는 유동적인 것이어야 하며 그 의미에서는 정보처리라고 일반적으로 부른다. 그러므로 ① 정보의 수집, ② 정보의 가공, ③ 정보의 검색을 고려한 축적, ④ 정보의 검색, ⑤ 발생한 정보의 이용과 같은 내용을 갖는다(다음 컴퓨터 정보용어대사전).

26) 핵심에서 개연성과 추론에 바탕을 둔, 즉, 현존한 데이터로부터 중요한 결정규칙을 도출하는 오늘날의 지배적 착안점이 지능형 시스템을 구성하기 위한 유일한 착안점이 되지는 않는다. 그것은 과거의 인공지능연구에서 주효하였던 '상징적' 착안점과의 관계에서 구조적인 불이익을 가지는 데도 불구하고, 오늘날 여전히 광범하게 실행되고 있다. 현재의 알고리즘의 프로토콜의 양상과 관련해서 순차적 명령어(sequential instruction)가 대량적

력은 (응용된) 인공지능과 동일시된다. Herschel의 고전적 정의에 따르면, 전통적인 알고리즘(algorithmen)이란 「당초의 데이터에 적용하여서 유한한 많은 단계를 거친 연후에 해결책에 도달하게 되는 確定的이고 一般的인 과정」을 의미한다.27) 알고리즘이란 어떤 문제를 해결하기 위한 절차(과정)를 명확히 기술해 놓은 것이다. 알고리즘이 추상적인 데 대하여, 알고리즘을 컴퓨터가 이해할 수 있도록 구체적 형태로 표현한 것이 프로그램이다. 전통적인 기계결정시스템의 특징은, 인풋을 아웃풋으로 변환시키는 규칙(법칙) 내지 알고리즘이 완전히 사전에 기계에 의하여 프로그래밍되어 있다는 점이다. 이런 (사전)결정된 착안점과 구별되게 인공지능시스템은 주어진 대량의 데이터로부터 널리 자율적으로 스스로 －데이터의 결과분배를 구조화할 수 있으며 그래서 미래에도 새로운 인풋에 의한 수정된 정렬을 가능하게 할 개연성을 지닌－ 규칙(법칙, Regeln)을 찾는다. 인공지능시스템은 주어진 데이터 포인트간의28) 상관관계를 찾고, 어떤 규칙이 존재하는 표본형성을 가장 납득가능하게 설명하는지에 관한 가정을 개발한다.29) 가령 Tay의 경우를 보면, 텍스트뭉치의 제조자가 텍스트뭉치의 생성시에 주의하였던 어휘적, 통사론적, 의미론적 규칙을 재구성하기 위하여, 프로그램은 －트레이닝목적으로 형성되고 소위 자연언어 프로세싱에 의해 해독된－ 텍스트뭉치에서 데이터의 개개의 특성간의 통계적 연관관계(소위 특징(Feature))를30) 찾는다.31) 미지의 데이터에 알고리즘이 적용될 경우 새로운 인풋은 시스템에 의해 재구성된 규칙(Regeln)에 따라 범주화되고, 아웃풋(예측, 언어, 움직임 등)으로 변화된다. 규칙이 시스템에 확고히 프로그래밍되어 있지 않기 때문에, 구체적인 범주화를 인간관찰자는 종종 예상할 수 없다. 사전결정한 것의 부재가 인공지능시스템의 창발적 진화(창발성(Emergenz))를32) 가능케 한다. 그런데 지능적인 해답은 인공지능시스템에서도 상징적 연상이나 특별한 창의적인 섬광에 의해 만들어지지 않는다. 사실 지능은 엉뚱한 공식에서 비롯되는 것이 아니라, 간단하고 복잡하지 않은 알고리즘을 꾸준히 거의 무차별적으로 사

인 병렬(parallelism)로, top－down 통제가 bottom－up 프로세싱으로, 논리가 개연성으로 대체된다고 지적된다(Boden, AI, 2016, 79).

27) Herschel, Einführung in die Theorie der Automaten, Sprachen und Algorithmen, 1974, S. 158.

28) 데이터 포인트란 도표에서 그래프가 지나가는 각 점, 또는 측정값의 쌍을 의미한다.

29) 당연히 실체영역안에서 사실상의 상응한 규칙과 질서표본이 존재하는 것이 그 조건이다.

30) ‘Feature’(특징)은 패턴 전체가 지니고 있는 성질을 보다 간단하게 표시한 것. 특히, 특징 공간에서는 그 좌표계를 정하는 것을 말한다. 패턴의 집합이 여러 집단으로 이루어져 있을 때, 하나의 집단을 다른 집단과 구분하는 데 필요한 특징을 판별적 특징이라고도 한다(다음 컴퓨터 정보용어대사전).

31) 가령 예측치안(Predictive Policing) 시스템은 주변지역의 사회경제적 상황에 관한 데이터에 맞춰 형사통계적 인식(지식)과 상관관계가 있고, 이로부터 범죄행위의 전개에 대해 사회경제적 상황의 변화가 미치는 영향을 예측하는 것을 가능하게 하는 모델을 개발한다.

32) 남들이 모르거나 하지 아니한 것을 처음으로 또는 새롭게 밝혀내거나 이루어 내는 것을 의미하는데, 창발적 진화는 진화는 각 단계마다 그 전 단계를 기초로 하여 이루어지면서도, 그 전 단계에 있었던 요인들의 단순한 총합이 아니라 이것과는 질적으로 다른 새로운 성질이 나타나며 발전한다는 것이다(표준국어대사전).

용하는 데서 비롯된다. 인공지능시스템은 데이터로 기록된 시스템이 작동(기능)하는 것을 나타내고, 미래에서의 작동방식을 재현한다. 그러나 초지능적(Superintelligent)이지[33] 않는 한, 현재의 인공지능은 사물영역을 구조화하는 법률을 능가하는 이론을 결코 전개하지는 못한다.[34] 즉, 그것은 상호(상관)관계를 발견하는 것이지, 결코 인과관계나 기타의 상징적인 법률을 발견하는 것은 아니다.[35] 요컨대 인공지능시스템 스스로 즉, 법률적 규준과 무관하게, 어떤 결론이 바람직하지 않고 새로운 프로그래밍에 의해 수정되어야 하는지를 정의하는 것은 민주적 정당성과 법치국가원리의 관점에서 배제된다.[36]

3. 인간에 의한 주도

인공지능시스템의 개발과 도입에서 핵심적 역할은 항상 인간이 한다. 시스템에 따라 인간에 의한 주도(주재, 감독: Supervison)는 상이한 단계에서 상이한 강도로 행해진다. 인간은 데이터의 해독(선별)과 사용프로그램·모델·알고리즘의 선택과 형성에 참여한다. 특히 사용프로그램 등의 선택과 형성은 전문지식을 조건으로 하고 자동화하기 어려운 노동집약적인 활동이다. 시스템운용을 위한 –사람과 기계간의 통제상관관계를 성립시키는– 외부적 매개변수가 프로그램의 형성을 통해 확정된다. 시스템의 초기의 학습과 트레이닝(훈련) 프로세스 역시 대부분 시스템에 의해 완전히 자율적으로 행해지지 않고, 인간의 규준에 의하여 다양하게 개시되고 감시된다. 이런 스펙트럼의 축은 인간에 의해 주도된 학습과 주도되지 않은 학습의 개념으로 표현된다. 학습능력이 있는 컴퓨터를 매개로 하여, 학습능력이 있는 알고리즘이 현존한 데이터의 일부–트레이닝(훈련) 세트–에 대해 적용된다. 여기서 시스템은 개개의 데이터 포인트상호간의 상관관계에 관해 최초의 통계적 가설을 형성한다. 그렇게 구성된 시스템은 테스트(평가) 데이터 세트와 대비되는데,[37] 테스트 데이터 세트에는 인간에 의한 사전분류에 기하여 올바른 아웃풋이 들어가 있다. 이런 방법으로 시스템은 트레이닝(훈련)의 국면에서 형성된 가설주장을 심사할 수 있으며, 경우에 따라서는 재조정할 수 있다. 자연상

33) 컴퓨터시스템이 그 스스로 문제를 제기하고 해결하고 그럼으로써 사람과 완전히 무관하게 운용되는 경우에 그것은 초지능적이다(Superintelligent). 모든 면에서 인간능력을 훨씬 뛰어 넘는 초인공지능(Super AI)은 강한 인공지능(starke KI)의 진화형태이다. Frese, Recht im zweiten Maschinenzeitalter, NJW 2015, 2090(2092).

34) Wischmeyer, a.a.O., S.1(13).

35) 여기서 독일 행정절차법 제35조의a가 재량과 판단여지가 인정되는 경우에는 완전자동화를 배제한 것이 나름 정당화될 수 있다.

36) Stelkens/Bonk/Sachs, Verwaltungsverfahrensgesetz, 9. Auflage 2018, §35a Rn.47. 상론은 김중권, 인공지능 시대 알고크라시(Algocracy)에서의 민주적 정당화의 문제, 법조 제743호, 2020.10.28. 181–207; Viktoria Herold (Autor), Demokratische Legitimation automatisiert erlassener Verwaltungsakte. 2020

37) 중간에 검증 데이터 세트(validation set)가 있어서 트레이닝(훈련) 세트를 측정하고 튜닝(조율)하는데, 이는 테스트(평가) 데이터 세트에 포함되기도 한다.

태에서의 시스템의 학습을 바른 상태에서 조종하고 남용을 피하기 위하여, 많은 경우에 인간은 테스트 국면 이후에 시스템의 실행에도 역시 동반한다. 인공지능 자체가 사람에 의한 것이어서 기본적으로 인간의 주도로부터 벗어나지 않는다.

Ⅳ. 인공지능시스템의 도입을 위한 규율지침[38)]

1. 디지털윤리의 법제도화의 문제

과거 오바마 행정부는 디지털화에 대응하여 '인공지능의 미래를 위한 준비'라는 제목으로 인공지능에 의한 정치적, 사회적 영향과 가능한 규제적 대답을 분석하는 절차를 개시하였고,[39)] 유럽에서는 '인공지능의 윤리'(Ethics of Artificial Intelligence)의 이름으로 －자율적 컴퓨터시스템의 개발과 도입을 위한 지침으로써－ 일련의 윤리적 제 요청이 마련되었다. 유럽의 차원에서 유럽집행이사회가 임명한 전문가집단(High－Level Expert Group on Artificial Intelligence (AI HLEG))이 '신뢰할 수 있는 인공지능 윤리가이드라인'(The Ethics Guidelines for Trustworthy AI)을 마련하였다. 이 '신뢰할 수 있는 인공지능 윤리가이드라인'은 유럽기본권과 일반적인 윤리 원칙으로부터[40)] 인공지능에 관한 상대적으로 구체적인 7가지의 중요한 요청을 집약하였다: ⅰ) 인간의 주체성과 감독(Human agency and oversight), ⅱ) 기술적 견고함과 안전성(Technical robustness and safety), ⅲ) 프라이버시와 데이터 거버넌스(Privacy and data governance), ⅳ) 투명성(Transparency), ⅴ) 다양성, 무차별, 공평(Diversity, non－ discrimination and fairness), ⅵ) 사회적, 환경적 월빙(Societal and environmental wellbeing), ⅶ) 책임성(Accountability).[41)]

디지털 윤리(digitale Ethik)에 대한 논의는 과거 대부분 모호하고 법적 논의에 비효율적이었지만 점차 가시화되고 구체적인 영향을 미치고 있다. 사실 프라이버시의 보호나 투명성의 요청 등과 같이 현재나 장차 허용・금지될 사항과 관련한 내용은 현재의 법상황과 일반적 법원칙에서 파생된 것이다. 그런데 윤리적 요청은 제 각기 독립되어

---

38) 이하는 기본적으로 Wischmeyer의 글을 바탕으로 하면서 다른 문헌의 논의를 더해서 전개한다, Ders., a.a.O., 1ff.

39) PREPARING FOR THE FUTURE OF ARTIFICIAL INTELLIGENCE, https://obamawhitehouse.archives.gov/sites/default/files/whitehouse_files/microsites/ostp/NSTC/preparing_for_the_future_of_ai.pdf(마지막 검색일자 2021.2.1.)

40) 유럽기본권으로 인간 존엄성의 존중, 개인의 자유, 민주주의・사법권・법의 지배의 존중, 평등, 차별 없음, 연대, 시민의 권리를 들고, 일반적인 윤리원칙으로 인간 자율의 존중 원칙, 피해방지의 원칙, 공평의 원칙, 설명가능의 원칙을 든다. The Ethics Guidelines for Trustworthy AI, S.10ff.

41) High－Level Expert Group on Artificial Intelligence (AI HLEG), The Ethics Guidelines for Trustworthy AI, 2019, 14ff.

존재한다. 처음부터 실제적 조화를 전제로 하지 않으면서 당위의 명제로 존재한다. 디지털 윤리와 법원칙은 이 점에서 차이가 있다. 가령 디지털 윤리의 차원에서는 기업이 잠재 고객을 식별하고 처리할 수 있도록 데이터를 수집하는 것을 오로지 권리남용이자 개인정보의 침해로 볼 수 있지만, 그런 접근은 완전히 상업화된 세상과는 어울리지 않는다. 개인정보의 불가침을 내세워 광고 가능성을 심각하게 제한하는 것은 시장경제시스템의 논리에도 위배된다. 원래 개인과 관련된 정보가 광고 및 마케팅 목적으로 수집이 되어 다른 용도로 전용되지 않고, 목적한 용도로 활용되면, 이미 해당 개인은 개별 콘텐츠와 관련해서 연계성을 잃는다.[42] 디지털 윤리를 무차별적으로 적용하는 것은 지양되어야 한다. 논의되는 디지털 윤리를 법제도화하는 것이 법학의 과제이다.

2. 규율지침의 필요성

인공지능시스템의 도입을 위한 규율지침(regulatorische Leitlinien)을 마련할 필요가 있다. 지능형시스템을 다룰 경우 규제적 시각에서 무엇을 준수하여야 하는가: 어떠한 법적 규준이 존재하는가? 이들 법적 규준은 경우에 따라선 현실화를 필요로 하는가? 아니면 새로운 기술은 기성에 확립된 규제적 수단으로써는 더 이상 곧바로 처리할 수 없는 상황을 낳는가? 지능형시스템을 규율하기 위한 기왕의 논의는 개관하기 힘들다.[43] 이하 서술은 특정한 적용을 중점에 두지 않으며, 방어권의 관점에서 규제를 직접 논의하지 않는다. 오히려 지능형시스템의 규제를 위하여 일반적인 조건이 되는 지침을 도출한다. 이 지침은 동시에 지능형시스템의 기술적 형성과 그 도입의 사회적 맥락에서의 특별한 조건과 밀접히 관련이 있다. 지침은 ―지능형시스템의 형성과 도입을 안내하는― 광범한 규범으로부터 합성된 것이다. 연결된 정보통신기술적 시스템으로서 지능형시스템은 ―데이터보호에서 통신법, 경쟁법, 제품안전법에 이르기까지의― 광범한 범주의 법칙(규칙)의 지배를 받기 때문이다. 비학습적 자동결정을 위해서도 이미 특별규율이 있는데, 이는 지능형시스템에 대해서도 통용되어야 하고, 아울러 이들을 위하여 진보되어야 한다. 더해서 지능형시스템의 도입은 헌법과 국제법의 규준의 지배를 받는다. 구체적인 적용을 위하여 어떤 규칙(법칙)이 통용되는지는 개별적 경우에만 답해질 수 있다. 여기서 개별규범은 포괄적인 규준의 개발과 전개를 위한 원천

---

42) Bull, a.a.O., S.98(100).

43) 대부분의 문헌은 개별 기술시스템에 초점을 맞추고, 국가는 어떤 조건하에서 기술을 도입할 수 있거나 사인에 의한 도입을 제한하여야 하는지의 물음을 제기한다. ―자율주행차의 경우처럼― 최근에야 비로소 지능형 기술이 사람보다 유능한 경우에 입법자는 국가의 보장책임의 이유에서 지능형 기술을 허용하거나 도입하여야 한다고 생각한다. 하지만 보호와 보장의 차원에 속하는 물음―지능형시스템이 사회의 복리를 위하여 개발되고 도입되도록 국가는 무엇을 이바지할 수 있는지의 물음―은 그다지 많이 논의되지 아니 하였다. Vgl. Wischmeyer, a.a.O., S.1(18).

(Steinbruch)으로 기능한다.

이 지침의 규범적 위상과 관련해서 중요한 것은, 그것이 관련자(데이터주체)의 기본권의 보호에 귀결될 수 있다는 것이다. 관련자(데이터주체)는 기본권보호의 이유에서 차별, 하자있거나 놀라운 결정, 데이터의 유출로부터 보호를 받아야 하고, 그와 관련하여 부족한 상황에서는 청구권이 인정된다. 행정기관에 의한 지능형시스템의 도입에서는 추가적으로 −법치국가원리, 민주주의원리와 같은− 헌법적 가치로부터, 아울러 국가활동의 경제성와 효과성으로부터의 요청이 생겨난다. 지침이 헌법적으로 도출되는 한, 공권력의 주체는 그 스스로 지능형시스템을 도입하는 경우에는 지침을 준수하여야 한다; 그밖에는 공권력 주체는 기본권적 보호의무의 차원에서 사인간에도 상응한 평가가 내려지도록 배려해야 한다. 이때 개입의 가능성은 개별경우에 시스템도입의 금지까지도 포함한다.[44]

지침 및 그 뒤에 있는 헌법적 원칙을 전환하고 구체화하는 경우에 필경 입법자에게 형성의 여지가 인정된다. 구체적인 형성에서 공권력의 주체와 사인을 위한 의무프로그램은 각기 구별된다. 더해서 표준(규범)프로그램은 지능형시스템의 도입분야에 맞춰 맥락의존적으로 형성될 수밖에 없다. 지능형시스템을 개발하고 이용하는 자 또한 규제적인 국가개입에 대해 그 자신을 위하여 가령 영업비밀과 관련해서 기본권적 보호를 요구할 수 있다. 고권주체나 사인에 대해서 상이한 사물영역을 넘어서 통용되는 포괄적인 규준이 매우 중요하다. 전체적으로 지능형 시스템에 대해 인간의 존엄성을 유지하는 것과 지능형 시스템을 파괴적인 인간의 개입으로부터 안전하게 유지하는 것과 같은 두 가지의 기본원리를[45] 여하히 지침에 담을 것인지가 관건이다.

3. 규율지침의 법적 의의

이 규율지침(가이드라인)은 국가로 하여금 인공지능시스템의 도입의 부정적인 후과(後果, Folgen)를 저지하거나 수정하게 한다. 이런 목적을 위하여 입법자와 행정은 품질(정성적)기준(quality standard)을 확립해야 하고, 차별화에 대한 예방조치를 발해야 하고, 데이터보호와 정보보안(Informationssicherheit)을 위한 규준을 만들어야 한다.[46] 여기서 다룬 지침을 사물영역에 특수한 규율프로그램으로 전환하는 경우에 고려해야

44) 리스크가 있는(risikant) 기술을 규율하는 데는 상이한 이익을 형량하여야 한다. 자율주행차에서의 논의가 잘 모여주듯이, 지능형시스템의 도입에서도 고전적인 딜레마의 상황을 포함하여 복잡한 형량의 상황이 존재한다는 점을 유의해야 한다.

45) Schwintowski, a.a.O., S.1601(1606).

46) 그런데 현실에서 국가가 이런 조치를 취하기란 쉽지 않다. 연구개발을 효과적으로 조종하고 경우에 따라서는 보장책임의 범주에서 개입할 수 있기 위해서, 국가는 특히 필요한 규제지식을 획득하기 위한 노력을 경주하여야 한다.

할 점은, 인공지능시스템이 사람의 결정프로그램을 대체하면 결정을 내리는 상황과 조건 역시 바뀐다는 것이다. 사람의 결정과 기계의 결정은 신속성, 일관성, 명확성, 탄력성과 같은 관점하에서 차이가 있다.[47] 이런 차이점이 원하는 후속효과와 원하지 않은 후속효과를 낳을 수 있다. 시민들이 일반적인 규범준수의사가 없어서 결국 마침내(à la longue) 법적 규준이 심각하게 침식되면, 지능형 시스템에 의한 집행은 당초의 예상과는 정반대로 높은 후속비용을 낳을 수 있다. 상황이 이렇다면, 입법자는 기본정책의 방향을 전환하거나, －사람을 단순 객체화시키는－ 자동화된(기계적인) 법집행의 관철을 예방하거나, 실체적 규범프로그램을 바꾸거나 유용한 불법성(brauchbare Illegalität)을[48] 위한 새로운 공간을 조성하여야 한다.[49]

4. 규율지침의 주요 내용

(1) 규제적 영향의 가시화

모든 과학기술에는 구성과정으로부터의 가치결정이 반영되어 있다. 그것은 추후의 사용가능성을 제한하고, 미래 개발을 위한 경로의존성을 성립시킨다. 사이버공간을 규율하는 소프트웨어와 하드웨어와 같은 코드(Code)가 기왕의 법을 넘어서 또 다른 법이 되었다.[50] 하드웨어와 소프트웨어의 표준과 시스템아키텍처에 관한 최초 결정이 일종의 '닻내림효과(정박효과: Ankereffekt, anchoring effect)'마냥 압인력(Prägekraft 형성력)을 발생시킨다.[51] 알고리즘과 인공지능시스템 역시 기술적 인공물로서 사회적 세계와 중립적으로 대비되는 것이 아니라, 우연성과 맥락의존성에서 엮어져 있다.[52] 특히 시스템디자인의 국면에서 추후의 일련의 결정이 설계된다. 인공지능시스템에서 기술의 규제적 영향과 힘을 분명히 하는 것이 규제적 기술형성의 가장 중요한 목표인데, 그

47) 법규범과 알고리즘에 의한 조종의 차이점에 관해서는 김중권, 인공지능시대에 알고리즘에 의한 행위조종과 가상적 행정행위에 관한 소고, 공법연구 제48집 제3호, 2020.2.28., 295면 이하.

48) 이것은 Niklas Luhmannn이 창안한 개념으로 조직원이 의식적으로 규칙(기대)에 어긋난 행동을 했지만 그로 인해 조직 자체는 이익을 보는 상황이 조성되는 경우를 나타낸다((Luhmann, Funktionen und Folgen formaler Organisationen: mit einem Epilog, 1995, 304ff.). 이것은 회사나 행정과 같은 조직원의 비행의 문제인데, 여기서 법적인 위법성은 상대적으로 덜 중요하다.

49) Wischmeyer, a.a.O., S.1(42).

50) L. Lessig 교수는 코드가 또 다른 법으로서 자유주의에 대한 최대의 약속이자 최대의 위협이라고 지적하면서 근본가치를 보호하기 위하여 또는 그것이 사라지도록 사이버공간을 구축하고, 구조화하며, 코드화할 수 있다고 주장하였다(Code Version 2.0, 2006, p.6). L. Lessig 교수의 이 책은 1999년의 「Code: And Other Laws of Cyberspace」의 제2판이다. 이에 관한 번역본으로 김정오 옮김, 코드, 2001; 코드 2.0, 2009.

51) J.R. Reidenberg, Lex Informatica: The Formulation of Information Policy Rules Through Technology, Texas Law Review Volume 76, 1998, 533ff.

52) 확대일로에 있는 알고리즘의 중요성과 영향과 그에 대한 비판적 인식은 반비례하는 것같다. 이런 불균형은 자칫 인간과 그것의 관계를 역전시킬 우려가 있다. 여기서 알고리즘에 대한 비판적 접근은 시급하다. 상론: R. Kitchin, Thinking critically about and researching algorithms, INFORMATION, COMMUNICATION & SOCIETY, 2017 VOL.20, NO1, 14－29.

이유는 두 가지를 들 수 있다: i) 인공지능시스템은 적용자의 관계에 대해 역동적으로 대응할 수 있어서 사회적 결정과정에 다른 기술보다 더 깊게 연계될 수 있다. ii) 인공지능시스템의 결정의 성능이 비판을 누그러뜨린다. —기왕의 선호도에 기반하여 예상 희망 화면을 보여주는 것처럼— 포털과 네트워크는 이용자의 잠재적 관심사를 예견하여 나름의 규준적인 결론을 나타내기 때문에, 이용자는 그 인프라에 무비판적으로 접속하게 된다.[53)]

(2) 상당한 품질수준의 확보

인공지능시스템의 개발에서의 진보는, —결코 쉽게 통달할 수 없는— 복잡한 수학과 기술에 바탕을 둔다. —Tay의 예가 보여주듯이— 학습시스템의 형성에서의 떠들썩한 효과와 그에 따른 역효과가 양립한다. 하지만 오늘날 인공지능이라 이름 붙인 많은 적용의 예가 기술적인 최소한 요청을 소홀히 하곤 하는데, 특히 종종 정성적으로 높은 가치가 있는 데이터가 결여되어 있다.[54)] 그러나 GIGO(garbage in, garbage out)가[55)] 통용된다. 규칙(법칙)에 맞는 질서표준이 존재하지 않는 곳에선 인공지능은 결코 신뢰할 만한 상관관계를 발견하지 못한다.

상응한 하자는 명백히 인공지능시스템의 품질을 훼손하는데, 인공지능시스템은 결코 완벽한 기계가 아니다. 전망의 정확성은 사용된 예측모델과 시스템구축에 소요된 경비에 따라 바뀐다. 기계학습으로 트레이닝된 모델은 항상 통계적 절차에 해당하기 때문에, 거짓(틀린) 긍정(거짓 양성, 긍정오류, 위양성: falsch—positive, false positive)과[56)] 거짓(틀린) 부정(거짓 음성, 부정오류, 위음성: falsch—negative, false nagative)의[57)] 확실한 비율이[58)] 고려되어야 한다. 법적으로 중요한 결정을 위한 통계적 언명이 법적인 근거에서 충분하지 않은 곳에서는, 단지 상호관계만을 발견할 수 있는 시스템의 도입은 이미 원칙적인 이유에서 금지된다.[59)]

입법자는 지능형 시스템의 도입이 가능한 영역에서 기술수준을 상향하고자 하는 경

53) M. Hildebrandt는 이와 결부된 자세를 '디지털의 무의식'의 환상으로 기술한다. M. Hildebrandt, Smart technologies and the end(s) of law :novel entanglements of law and technology, 2015. 261.

54) 이번 '이루다' 사태와 관련해서 이광석 교수는 학습하기 이미 이전에 100억 개 데이터가 굉장히 오염된 데이터를 바탕으로 하고 있는 점이 문제인데, 1차 편향성에 대한 컨트롤을 개발자가 못했기 때문에 벌어진 양상어라고 지적한다(노컷뉴스 2021—01—16).

55) 쓸데없는 것이 입력되면, 출력되는 것도 쓸데없는 것뿐'이라는 뜻으로, 컴퓨터에 불완전한 데이터를 입력시키면 불완전한 답이 나올 수밖에 없다는 것을 일컫는다(TTA정보통신용어사전).

56) 이는 '아니오'라고 할 것을 잘못해서 '예'로 답을 한 경우를 말한다. 즉, 잘못 추론하여 긍정으로 오판한 것이다.

57) 이는 '예'라고 할 것을 잘못해서 '아니오'로 답을 한 경우를 말한다. 즉, 잘못 추론하여 부정으로 오판한 것이다.

58) 거짓 긍정과 거짓 부정을 합한 것이 오차율(error rate)이고, 양자 서로 교환관계(Trade off)에 있어 어느 한쪽을 낮추고자 하면 다른 한쪽은 올라가는 관계가 된다. 인공지능 알고리즘을 만들 때 상대적으로 문제가 더 심각한 거짓 부정을 축소시키는 것이 관건이다.

59) Wischmeyer, a.a.O., S.1(24).

우, 다양한 전략을 행사할 수 있는데, 다만 일정한 (기본권)민감영역에서는 보장책임(Gewährleistungsverantwortung)에 맞춰서 기술수준을 반드시 상향하여야 하고, (기본권)민감영역이 아닌 영역에서도 민주주의보호, 법치국가적 상태나[60] 다른 헌법가치의 이유에서 기술수준의 제고는 꼭 필요할 것이다. 규제적 관점에서 어떤 경우에도 맥락에 따라 필요한 품질수준을 정확하게 정의하고 －보장되어야 할 기술을 만들어내는－ 과정을 정립하는 것이 본질적이다.[61] 일부에서는 가령 독일 조세기본법 제88조 제2항 제3문의 리스크관리시스템처럼[62] 개별법이 기술적 최소요청을 규정한다. 그러나 압도적으로 언제 기계결정이 하자가 있으며, 어느 경우에 과실의 한계를 넘었는지를 가늠하기 위한 기준이 없다. 따라서 상응한 결함・손해를 평가하는 것이 사람의 활동의 경우보다 분명히 더 어렵다. 이를 위한 가능한 첫걸음이, 일정한 민감한 도입영역을 확인하고,[63] 품질기준에 관해서 의견의 일치를 보는 것이다. 이를 넘어서 입법자는 법적인 주의기준을 분명히 하거나 －보험제도를 통해－ 책임리스크를 새롭게 분배하는 것을 통하여 고부가 기술에 대한 투자의 동인을 제공할 수 있고, 동시에 과도한 요청으로 유용한 혁신을 저지하는 것을 피할 수 있다. 고도로 분업적으로 조직화된 소프트웨어개발의 과정을 고려할 때, 리스크 배분에 관한 결정은 불가피하다.

(3) 차별금지의 확보

인공지능시스템의 도입확대가 차별적 효과를 발생시키고, 사회의 구조적 변위를 초래할 수 있다는 점이 우려된다. 연구자와 제조자는 모든 인간적 활동에 내재하는 자의적 요인이 인공지능시스템으로 차단된다는 것으로 광고한다. 기계적 결정은 주관적 선호로부터 벗어나 오로지 객관적 기준을 바탕으로 한다는 것이다. 하지만 현실에 도입된 다수의 인공지능시스템은 차별적 효과를 낳는데,[64] 이번 '이루다' 사태에서도 예외가 아니었다.

---

60) 국가 자체가 지능형 시스템을 도입하는 경우에 자명하게 요구되는 것은, 실체법의 내용적으로 타당하고 차별없는 적용이 보장되어야 한다. 행정에 인공지능시스템 도입을 위한 법적 조건에 관해서는 김중권, 행정에 인공지능시스템 도입의 공법적 문제점, 법조 제740호, 2020.4.28. 53면 이하.

61) 여기서는 법적 견지에서 기술의 수준이 문제된다. 기술, 법 그리고 권력간의 상관관계에 관해서는 vgl. Roßnagel, Technik, Recht und Macht, MMR 2020, 222ff.

62) 1. 직무담당자에 의한 광범한 심사를 위하여 충분한 사례수가 부작위추출(Zufallsauswahl)에 의해 선택되는 것을 보장하는 것, 2. 심사가 필요한 것으로 조정된 사안을 직무담당자가 심사하는 것, 3. 직무담당자가 광범한 심사를 위한 사례를 선택할 수 있다는 것을 보장하는 것, 4. 리스크관리시스템을 목표이행의 차원에서 규칙적으로 심사하는 것.

63) Wischmeyer, Informationssicherheitsrecht, DV 2017, S.155(163f.).

64) 알고리즘 편향은 기존의 편향(pre－existing Bias), 기술적 편향(technical Bias), 후발적 편향(emergent Bias)으로 나뉜다. 후발적 편향은 기술개발이 진전됨에 따른 새로운 편향의 개발이나 편향에 관한 새로운 이해를 말한다. Vgl. B. Friedman/H. Nissenbaum, Bias in computer systems, ACM Transactions on Information Systems, Vol.14, No.3, 1996, pp.330－347.

인공지능시스템은 대개 대량적 사건을 처리하기 위해 도입되기에, 차별적 결과가 문제된다. '기술의' 결정이 매우 중립적인 양 여겨지고, 아무런 성찰 없이 받아들여지면, 기왕의 선입견이 사회적 사실로 공고화되고 3자적 파악을 왜곡시킬 위험이 존재한다. 인공지능시스템 및 알고리즘의 편견을 유발한 원인은 다양하다. 대표성 없는 입력데이터의 선택, 시스템의 형성에 비성찰적 선입견의 介在, －성과 인종과 같은－ 사실적으로 先在하는 상호관계의 반영일 수 있다. 사용가능한 초기(입력)데이터가 성기면 성길수록, 그것이 민감한 범주와 더 긴밀하게 겹치면 겹칠수록, 인공지능시스템은 자기실현적 예언(self－fulfilling prophercy)으로[65] 현존한 차별적 상황을 공고화하는데, 그리고 상처 입기 쉬운 집단에 낙인을 찍는 데 더욱더 이바지할 수 있다.[66]

헌법상으로 차별금지(Nichtdiskriminierung)가 헌법 제11조에[67] 규정되어 있는데, 차별금지의 도그마틱은 새로운 과학기술적 위험상황을 고려하여 엄격하게 될 수밖에 없다.[68] 따라서 비록 개별법상으로 완전자동화된 결정절차에 대한 방어권을 규정하고 있는 EU 데이터보호기본명령(DSGVO)[69] 제22조 제1항과[70] 같은 규정이 없더라도, 성별 등과 같은 민감한 징표에 연계시키는 것은 당연히 허용되지 않는다.[71] 유럽의 경우 데이터보호기본명령(DSGVO) 제9조 제1항과 결합하여 제22조 제4항에[72] 따라, 아무런 차별이 없다는 것이 확고하지 않은 경우에는 자동결정의 도입은 금지된다.

진전된 인공지능시스템은 인간에 의한 인풋에 강하게 좌우된다. 이 인풋은 데이터의 선정, 알고리즘의 형성, －구별된 강도에서－ 트레이닝과 시스템 활동의 주도(주재: Supervision)를 포함한다. 이 모든 점에서 주관적인 인간적 평가가 시스템의 아키텍처에 입력될 수 있다. 그러나 경우에 따라서는 차별적 결과를 상응한 민감한 조절조치와

---

65) 로젠탈 효과나 피그말리온 효과라 하는데, 선입견이 유발하는 효과라 할 수 있다. 부정적인 효과를 주는 경우를 특히 스티그마 효과라 이름을 붙인다.

66) Vgl. Steege: Algorithmenbasierte Diskriminierung durch Einsatz von Künstlicher Intelligenz, MMR 2019, 715ff.

67) 유럽기본권헌장(GRCh) 제21조 역시 차별금지를 표방한다. ① 특히 성별, 인종, 피부색, 민족 또는 사회적 출신, 유전적 특성, 언어, 종교 또는 세계관, 정치적 또는 기타 신념, 소수 민족, 재산, 출생, 장애, 연령 또는 성적 취향에 따른 차별은 금지된다. ② 본 조약의 특별규정에 관계 없이 동 규정의 적용범위에서 국적을 이유로 한 차별은 금지된다.

68) 인종별 프로파일링의 위헌성 문제에 관해서는 vgl. Tischbirek/Wihl, Verfassungswidrigkeit des "Racial Profiling", JZ 2013, S.219－224.

69) 문헌상으로 EU 개인정보보호법이라 불리기도 하는데, 앞에서 본 대로 데이터와 정보가 다르다는 점에서, 'DSGVO'(Datenschutz－Grundverordnung)이나 'GDPR'(General Data Protection Regulation)을 개인정보보호법으로 옮기는 것은 엄밀성에서 문제가 있다.

70) 관련인(데이터주체)은 그에게 법적 영향을 미치거나 유사한 방식으로 그를 현저하게 제한하는, －프로파일링을 포함한－ 전적으로 자동화된 처리에 기반한 결정에 대해서는 따르지 않을 권리를 가진다.

71) Wischmeyer, Regulierung intelligenter Systeme, S.1(27).

72) 제9조 제2항 a호나 g호가 통용되지 않고, 관련인(데이터주체)의 권리와 자유 및 정당한 이익의 보호를 위한 상당한 조치가 발해지지 않는 한, 제2항에 따른 결정은 제9항 제1항에 따른 개인관련 데이터의 특별한 범주에 기반해서는 아니된다.

대응조치에 의해 통제하는 것이 시도될 수 있다. 해서 프로그래머가 시스템에 대해 성별과 인종의 징표를 연계시키는 것을 거절할 수 있으며, 일정한 데이터종류(가령 피부색에 관한)가 수집되지 않게 하는 센서를 프로그래밍할 수 있다. 그렇지만 시스템의 종류에 따라 간접적인 차별의 경우를 그런 기술적 예방조치를 통해 파악하기란 매우 어렵다.[73] 가령 예측치안시스템이 파악한 주체의 종교를 무시하고, 가용 데이터에 바탕을 두고서 범죄행위를 범할 개연성과 일정한 거주구역에서의 주거간의 상호관계를 계산할 경우, 잠재적인 차별적 왜곡을 진단하기란 어렵고 수정하기는 더 어렵다. 그 이유는 이런 경우에 법적 관점에서 어디서 간접적인 차별이 시작되는지가 종종 불분명하기 때문이다. 차별의 효과를 축소하기 위하여, 시스템의 아키텍처의 모든 차원에서 출발하여야 한다. 트레이닝 데이터(표준자료, Training Data)의 선택, 분류기준의 형성, 분류모델의 심사, 자동적 예보의 사후수정의 가능성에 주목을 할 수밖에 없다.[74] 기술의 현재 상황에 비추어 구조적 이유에서 개별화 정보가 존재하지 않아서 시스템이 개별화된 예측을 위하여 남용되리라 예상되는 상황에서는 인공지능시스템을 도입하는 것은 지양할 필요가 있다. 그럼에도 불구하고 만약 도입하려면 －가령 시스템차원에서 주기적으로 차별여부를 점검하는 것과 같은－ 관련인(데이터주체)의 권리와 이익을 보호하기 위한 추가적인 보안수단을 규정하여야 한다.[75]

(4) 데이터보호와 정보보안의 확보

인공지능시스템의 효과는 대체적으로 광범한 데이터양을 극단적으로 효과적으로 처리하는 것을 바탕으로 한다. 이런 데이터가 사람과 관련이 있는 한, 수집과 처리에서 정보의 자기결정권의 차원에서 데이터보호와 정보보안(Informationssicherheit)에 관한 주지의 법칙은 준수되어야 한다.[76] 여기서 법적 규준은 널리 확립되었고, 최근 EU 데

---

73) 외관상 중립적인 징표가 종종 민감한 집단과 겹치기 때문이다.

74) Vgl. Romei/Ruggieri, A multidisciplinary survey on discrimination analysis, The Knowledge Engineering Review, Vol.29 Issue 5, 2014, pp.582－638.

75) 그러나 차별적 영향이 대응조치에 의해 보완되면, 프로파일링 조치에 관한 범주적 제한이 지나친 것이 아닌가? 디자인에 의한 반차별의 의미에서의 기술적 해결책을 목표로 하기 전 또는 역으로 인공지능시스템을 내재적 차별경향으로 일반적 의심에 두기 전에, 인공지능시스템의 데이터베이스가 얼마나 구별되게 구조화되어 있을 수 있는지를 명확하게 그려내는 것이 도움이 된다. 부분적으로 가령 의료용 인공지능시스템의 분야에서는 예측시스템이 고도로 개인화되어 있다. 여기서는 차별법적 관점에서 아무런 문제가 없다. 개인적 데이터에 기하여 개인을 오로지 집단의 일원으로만 취급할 수 있는 시스템이 문제이다. 위험성립의 이전단계에서 효과적인 자원을 배분하기 위하여 국가기관이 인공지능시스템의 예측능력을 새로이 활용하고자 하는 경우에, 예측을 위한 데이터상황이 빈약하다는 점이 드러난다. 개별화된 정보 수집은 통상 행해지지 않고 있거나 법적으로 아직 불가능하다.

76) 예측치안은 일정한 행위의 저지가 가능하게 그것을 예보하는 것인데, 사실 그것은 경찰의 일상적 일이다. 행위를 예보하고 적정한 평가를 할 수 있는 국가적 관심사이어서, 예측치안 자체를 정보자기결정의 패러다임에 대한 위반으로 볼 수는 없다. Vgl. Rademacher, Predictive Policing im deutschen Polizeirecht, AöR 2017, S.367(369).

이터보호기본명령에 의해서 전 유럽차원에서 확고히 되었다. 데이터보호의 측면을 고려한 즉, 인공지능시스템의 규율은 이미 진전되었다. 그렇지만 새로운 기술은 데이터보호의 실무를 새로운 요청(도전)에 놓이게 한다. 장차 데이터보호법과 차별금지법의 관계는 도그마틱상으로 심화된 재조정을 필요로 한다. 데이터보호의 관점에서 보면, 시장성이 있는 인공지능시스템은 우선 관련인(데이터주체)의 일치성(동일)에 흥미를 가지지 않아 데이터보호친화적 자세를 위해서는 미확정적이다.[77] 차별적 관점에서 보면, 일정한 데이터수집의 포기도 이득일 것이다. 그러나 특별한 데이터의 결합에 대한 반응의 차원에서 시스템이 집단소속에 기반하여 결정을 발하기 시작하면, 이것은 차별금지란 독립된 문제를 낳는다. 최악의 경우 데이터에 의한 인풋지향적 제한이 심각하게 왜곡된 결론을 초래할 수 있으며, 그리하여 우선적으로 피해야 할 데이터의 훼손이 유발될 수 있다. 그런 상황에서 고정된 틀에 따른 해결방안은 삼가하는 것이 바람직하다. 오히려 결정에 의해 성립한 관련인(데이터주체)의 권리와 규범적 맥락을 고려하면서 균형을 찾아야 한다. 입법자가 데이터보호친화적 조치에서 고려해야 할 점은, 모든 사람의 사생활의 보호가 위험에 처한 소수자의 부담으로 되지는 않는다는 것이다. 지능형 시스템이 개인주체에 대한 충분한 거리두기를 통해 법적 통제로부터 완전히 면해질 수 있지만, EU의 경우 EU법상의 개인과 관련한 데이터 개념이 매우 넓기 때문에, 그것은 저지된다. 데이터보호법 자체가 갈등해소의 지점은 아니더라도 법적 정당화가 요구되기에, 나름 의미가 있다. 데이터보호법이 경계를 넘는 데이터수집에 대해 한계를 설정하는 한, 그것은 차별금지법적 효과와 관련이 있을 뿐만 아니라, 지능형시스템의 도입의 상황을 제한하기도 할 것이다.

(5) 상황에 합당한 인공지능시스템의 사용

아무리 지능형 시스템이라 하더라도 시장성을 무시할 수는 없다. 따라서 그 프로그램은 당연히 개인의 모든 사정을 상정하여 결정을 내리게 되어 있지 않다. 사람의 결정의 경우와 대비되는 시간과 비용의 장점을 현실화하기 위하여, 그 프로그램은 표준화된 데이터 세트만이 처리될 수 있도록 구성되어 있다. 여기서 기본권보호를 근거로 삼아 상황에 합당한 사용의 원칙(das Gebot der situationsadäquaten Verwendung)을 정립할 수 있는데, 이를 통해 일정한 상황에는 법적 차원에서 인공지능시스템의 도입에 한계가 설정된다.[78] 가령 지능형 시스템에 의해 사무가 처리되는데, 처리가능한 데이터와 사물적 결정근거의 밀도에 관한 법적 요청 사이의 불균형이 존재하는 경우에 이

---

77) Broemel/Trute, Alles nur Datenschutz?, Berliner Debatte 4, 2016, S.50(52).
78) Wischmeyer, Regulierung intelligenter Systeme, S.1(33).

원칙은 중요한 의미를 갖는다. 이런 불균형은 사실적, 법적 근거에 바탕을 두는데, 아무리 빅데이터에 기반한다 하더라도 모든 상황이 센서에 의해 파악되지는 않는다. 더해서 법, 특히 데이터보호법이 사인과 국가를 위한 데이터수집의 가능성을 제도적으로 제한하고 있다. 그리하여 인공지능시스템의 성능이 의도된 도입목적에 합당하지 않는 결과가 종종 빚어질 수 있다. 물론 경우에 따라서는 상황에 합당한 사용의 원칙은 지능형 시스템의 도입의 법적 의무(Rechtspflicht)로 응축될 수 있으며,[79] 그 도입이 개인의 법적 의무의 관철에 효과적인 경우에는 법치국가원리적 관점에서 긴요할 수 있으며, 나아가 성능에서 인간에 필적하면서도 경비는 적게 소요되는 지능형 시스템의 도입이 효율성과 경제성의 원칙에[80] 의거하여 꼭 필요할 수도 있다.[81]

사인이 이상의 불균형에도 불구하고 지능형시스템을 도입하는 경우에는 사정에 따라서는 −상당한 품질수준이 확보되지 않아− 책임의 문제가 생길 수 있다. 국가에 대해서는 더한 요청이 생긴다. 법치국가에서도 모든 결정의 광범한 개별화에 관한 일반적 청구권은 존재하지 않는다.[82] 오히려 행정결정이 도식적으로 행해지면, 심지어 "도식화가 프로그램이라는 명제"가[83] 부분적으로 통용된다. 도식화가 허용되는 곳에서 인공지능시스템의 도입을 위한 여지가 존재한다. 이에 반해 다른 상황에서는 특히 고권적 조치가 자유에 대한 개입(침해)으로 여겨지는 때에는 성긴 데이터와 일반적인 상황의 양상이 충분하지 않다. 이 점은 인공지능시스템의 구성에서도 고려해야 한다. 결정근거의 충분한 개별화에 관한 그런 청구권(일종의 이유제시청구권)은[84] 인공지능시스템의 도입분야를 간접적으로 제한할 수 있는데, 이런 청구권은 EU 데이터보호기본명령 제22조의 자동결정절차 규정에 의해 EU법적으로는 뒤에 놓인다. 특히 EU 데이터보호기본명령 제22조 제3항은 중요한 의미를 지는데,[85] 이에 의하면 데이터주체는 정보처리자(책임자)에 대한 개입을 실현할 수 있으며, 자신의 입장을 표명하고, 쟁송을

79) 가령 자율주행차가 사람이 운전하는 경우보다 사고를 덜 발생시킨다고 하면, 기본권적 보호의무에 바탕을 두고서 지능형 시스템의 도입이 강제될 수 있다. 물론 이것은 현재의 기술수준에서는 가정적인 논의에 그치지만, 장차 그렇게 되리라 예상할 수 있다.

80) 국가활동의 효율성의 원칙은 새롭게 헌법원칙이자 행정법의 일반원칙으로 부각된다. 헌법은 공임무를 효과적으로 수행하는 유능한 국가를 전제로 한다. 이 점은 행정주체는 물론 입법과 사법에도 마찬가지로 통용된다. 특히 국민을 상대로 한 행정활동은 임무의 효과적인 이행이 요구됨으로써 정당화된다(김중권, 앞의 책, 75면). 참고문헌: 조태제, 행정법상의 효율성원칙, 공법학연구 제5권 제1호(2004.2).

81) 여기서 당연히 도입에 따라 지출한 비용 역시 포함시켜야 한다.

82) 마치 재량행사가 개별적 재량행사가 원칙이지만, 재량준칙에 의해 광범하게 제한을 받는 것과 비슷하다. 김중권, 앞의 책, 103면 이하.

83) Bull, Der vollständig automatisiert erlassene Verwaltungsakt, DVBl 2017, S.409(412).

84) 자동행정행위에 대한 이유제시의 요청에 관한 상론은 vgl. David Roth−Isigkeit, Die Begründung des vollständig automatisierten Verwaltungsakts, DÖV 2020, 1018ff.

85) 제2항의a호 및 c호의 경우에 해당하면, 정보처리자(책임자, 데이터 컨트롤러)는 데이터 주체의 권리, 자유 및 정당한 이익−이에는 최소한 정보처리자에 대한 개입권, 자신의 입장에 관한 표명권과 결정에 대한 쟁송제기권이 포함된다−을 보호하기 위한 적절한 조치를 취해야 한다.

제기할 수 있다. 이와 비슷한 의의를 지닌 것이 독일 행정절차법 제24조 제1항 제3문과[86] 사회절차법 제31조의a와[87] 같은 직권조사원칙(Untersuchungsgrundsatz)에 대한 개정규정이다. 유사하게 독일 조세기본법 제155조 제4항 제3문[88] 역시 원칙적으로 완전자동화된 절차맥락에서 관련인(데이터주체)에 대해 주도적으로 사안을 손수 처리할 가능성을 부여한다. 사실 이상의 독일 행정절차법 제24조 제1항 제3문 등의 규정은, 한편으로는 경제성과 효과성과, 다른 한편으로는 자아개발에 관한 개인적 청구권과 개별적 경우를 고려하게 하는 규범의 대립된 이익의 조절이 어떻게 가능한지를 잘 보여주는 예이다.[89]

미래를 위하여 숙고해야 할 점은, 인공지능시스템이 결정을 필연적으로 개인의 머리를 넘어서 발해야 할 필요는 없다는 사실이다. 현재의 지능형 시스템이 성긴 낟알로 된 데이터를 베이스로 작동하는 경우, 당연히 시스템디자이너의 결정이나 기술의 전체 잠재성이 반영되지는 않는다. 데이터보호법이 구조화된 정확한 데이터수집에 대해 한계를 정할 필요가 있다. 그래서 정보의 자기결정에 개입하는 조치는 부적합하다고 평가되어야 하고, 동시에 많은 데이터수집 역시 개입의 상당성의 관점에서 금지된다.[90] 인공지능시스템의 도입에서 법적 가능성과 규범적 요청－법치국가원리적 관심사(이익)와 기본권적 중요사항－을 조정할 필요가 있는데, 이것은 인공지능시스템의 도입과 관련한 절차적, 실체적 규준에서 이루어진다. 가령 독일 조세기본법 제88조 제5항에 의하면 재무성은 조세의 확정을 위한 조사와 심사의 필요성을 판단하기 위해 자동적 시스템(리스크관리시스템)을 도입할 수 있는데, 여기서 경제성의 원칙도 고려해야 하긴 하나, 동항 제3문에 의하여 리스크관리시스템은 적어도 일정한 요청을[91] 충족하여야 한다. 이런 입법상황은 개별법에서 행정을 위해 지능형 시스템을 도입할 때 참고할 필

86) ① 행정청은 직권으로 사안(사실관계)을 조사한다. 행정청은 조사의 방법 및 범위를 정한다; 행정청은 참여자의 제시와 증거신청에 구속되지 아니한다. 행정청이 행정행위를 발급하기 위하여 자동장치(automatische Einrichtungen)를 설치한 경우, 행정청은 개별경우를 위하여 중요하지만 자동절차에서는 조사되지 않을 수 있는 참여자의 사실적 정보(사항)를 고려하여야 한다.

87) 직무담당자가 개별사건을 처리할 이유가 없는 한, 행정행위는 완전히 자동장치에 의해 발해질 수 있다. 행정청이 행정행위의 발급을 위하여 자동장치를 도입할 경우, 행정청은 개별사건을 위하여 중요하나 자동절차에서 조사되지 않은, 관계자의 사실적 정보(사항)를 고려해야 한다.

88) 조세의무자가 조세의사표시의 쪽지부분이나 데이터 필드에 제150조 제7의 의미의 표기를 한 경우에는 직무담당자에 의한 사건처리의 이유가 존재한다.

89) Wischmeyer는 재량여지와 판단여지가 공히 인정되지 않는 경우에 국한하여 완전자동화를 허용하는 그들 행정절차법 제35조의a 규정 역시 이런 조절의 양상이라고 판단한다. Ders., Regulierung intelligenter Systeme, S.1(35) Fn.134. 이 점에서 행정기본법(제20조:)이 완전자동행정행위의 허용성만을 규정한 것은 절반의 성공이라 할 수 있다.

90) Wischmeyer, Regulierung intelligenter Systeme, S.1(35).

91) 1. 직무담당자에 의한 광범한 심사를 위하여 충분한 사례수가 부작위추출(Zufallsauswahl)에 의해 선택되는 것을 보장하는 것, 2. 심사가 필요한 것으로 조정된 사안을 직무담당자가 심사하는 것, 3. 직무담당자가 광범한 심사를 위한 사례를 선택할 수 있다는 것을 보장하는 것, 4. 리스크관리시스템을 목표이행의 차원에서 규칙적으로 심사하는 것.

요가 있다.

(6) 책임의 명료성의 확보

입법자가 충분한 법적 규준을 만들었다 하더라도, 인공지능시스템은 항상 하자 없이 운용되지는 않는다. 오히려 처음부터 하자가 있는 시스템형성에 의해, 부적절한(용도에 맞지 않는) 도입에 의해, 또는 통계적 시스템에서 불가피한 거짓의 긍정적 결정 및 거짓의 부정적 결정에 의해 손해가 발생한다. 사람과 마찬가지로 기계 역시 이용자를 비롯한 제3자에 대해 손해발생을 낳는 딜레마의 상황에 직면한다. 이런 경우에 당연히 책임의 물음이 제기되는데, 과실책임주의를 바탕으로 한 현재의 책임도그마틱은 심각한 도전에 처한다. 처음부터 결정패턴이 정해진 전통적인 자동화시스템과 구별되게, 학습능력 있는 지능형 시스템은 프로그램에 의해 결론이 완전히 정해져 있지 않기 때문이다. 비학습의 전통적인 시스템의 결정은 원칙적으로 －그것을 형성하고, 도입하거나 자신과의 관계를 전개하였던－ 권리주체에 귀속되는 데 아무런 문제가 없다.[92] 반면, 인공지능시스템의 경우 그 귀속관계가 덜 분명하고 간접적이다. 책임사슬의 절단이 존재하기 때문이다.

이런 배경에서 私法에서는 현재의 책임귀속체제가 근본적인 수정보완을 필요로 하는지 여부가 논의된다. 특히 인공지능시스템에 대해 －시스템을 권리와 의무의 독립된 주체로 만드는－ '디지털 인격성'(digitale Persönlichkeit)을 인정하는 것이 가능하거나 의미있는지 여부가 고려된다.[93] 대안적으로 대리인(Vertreter)이나 이행보조인으로 분류하는 것에 관해 숙고된다.[94] 이런 숙고는 책임과 같은 범주가 기계에 대해 확대되는지 여부의 물음이나 인공지능시스템은 인격권이나 법적 인격성의 인정이 필요한지 여부의 물음에 연결된다. 최종적으로 어느 누구도 책임을 지지 않는 책임공백의 상황을 저지하기 위하여, 입법자는 한편으로는 분명한 책임원칙을 만들어야 하고, 다른 한편 궁극적인 배상청구권도 관철될 수 있다는 것을 보장하여야 한다. 과실책임주의를 바탕으로 하는 기왕의 책임법이 이미 전통적인 소프트웨어를 다루는 데 한계에 봉착

---

92) 여기서 알고리즘을 법(권리)주체가 사용되는 한, 그에 따른 결정은 당연히 법(권리)주체에 귀속될 수 있다. Ch. Ernst, Die Gefährdung der individuellen Selbstentfaltung durch den privaten Einsatz von Algorithmen, in: Klafki/Würkert/Winter, Digitalisierung und Recht, 2016, S.63(65).

93) 특히 변용완/장재옥, 인공지능 (Artificial Intelligence) 환경에서 책임분배를 위한 민사책임 관리, 스포츠와 법 제23권 제3호, 2021, 133－157; 이충훈, 인공지능(Artificial Intelligence)을 이용한 의사표시의 주체, 법학연구 제30권 1호, 2020, 285－317; 고세일, 책임주체로서 지능형 인공지능 로봇에 대한 고찰, 재산법연구 제37권 제2호, 2019, 1－23.

94) 여기서 독일 민사법에서는 제조자의 책임으로 접근하는 입장(Wagner, AcP 217(2017), 707)과 사용자의 책임으로 접근하는 입장(Hacker, RW 2018, 243(248ff.)이 나뉘는데, Schaub는 입법정책적으로 제조자의 제조물책임 이외에 사용자의 위험책임을 찬동한다(ders., Interaktion von Mensch und Maschine, JZ 2017, 342(348)).

한다는 것을 고려하면, 지능형 시스템의 경우에도 더욱더 강고한 노력을 경주해야 할 것이다.

법적－규제적 시각에서 다음의 세 가지 점이 고려되어야 한다: 첫째로 현재의 시장성이 있는 시스템이 항상 다수의 인간의 행위부분에 의해서 함께 형성된다는 것이다. 구성자, 사용자, 기타 참여한 제3자가 귀속주체로 고려된다. 인공지능시스템의 책임에 관한 논쟁은 이런 인간의 책임몫(기여)을 도외시하면 아니 된다. 두 번째로 법적인 사람개념의 특별한 성질이 고려되어야 한다. 귀속구성이 간단해지고 책임물음이 쉽게 해소되면, 자유롭게 인공지능시스템을 새로운 법적 사람으로 인정할 수 있으며, 그리하여 새로운 법적 주체를 만들 수 있다. 세 번째로 '디지털 법적 사람(Rechtsperson)'에 관한 토의는 법적 책임의 귀속과 분배에서 현저한 불확실성이 존재한다는 것을 보여준다. 이때 피해자의 시각에서 책임몫의 정확한 분배는 2차적이고, 보충적인 과제이다.[95]

(7) 투명성의 확보

인간이 작동방식을 알 수 없는 지능형 시스템에 결정에 맡길 수 있는가?[96] 인공지능시스템의 '블랙박스'를 들여다보는 것은 사실상 불가능하다. 시스템이 학습능력이 있게 되면 될수록, 인공지능시스템의 결정은 추체험하기란 사실상 더욱더 어려워진다. 인공지능시스템 자체가 불투명체(opaque)이다. 투명성(Transparenz) 문제는 과학기술 그 자체와는 관련이 적다. 인공지능시스템에서 운용논리와 기술은 진보하였지만, 원자공학이나 나노기술보다 더 까다롭지는 않다. 오히려 인공지능시스템의 구체적 결정과정이 불투명하다는 것이 문제의 핵심이다. 일정한 데이터 인풋이 어떻게 그리고 어떤 근거로 분류되는지 그리고 어떤 일정한 아웃풋을 산출하는지를 거의 추체험할 수 없다. 관련인(데이터주체)이나 사용자가 지능형 시스템이 어떤 이유에서 그렇게 결정을 내리거나 내리지 않은 것을 알지 못하는 이상, 심사기관 역시 결정에서 법적 규준이 준수되었는지 여부를 거의 심사할 수가 없다. 투명성의 결여가 효과적인 규제를 위한 장애가 되는 셈이다. '블랙박스'의 차원에서 제기되는 비판에 대항하여 투명성의 준칙이 요구된다. 이를 통해 관련인(데이터주체)이 시스템을 들여다보고 그 결정과정을 받

95) 하지만 私法영역에서 책임귀속에 초점을 맞춘 해결방안은 컴퓨터시스템의 아웃풋의 민주적 정당성의 물음을 직접 해소하지는 못한다. 국가권력 및 국가활동은 민주적 정당성을 바탕으로 한다. 민주적 정당성은 귀속에 관한 까다로운 구상을 바탕으로 인정된다. 사법에서의 책임귀속자의 인정에서처럼 그 행위의 책임자가 밝혀질 수 있거나 법률상으로 규정되어 있다는 점으로는 지능형 시스템에 의거한 결정의 민주적 정당성의 문제를 해결하는 데 충분하지 않다. Unger, Demoktratische Herrrschaft und künstliche Intelligenz, in: Unger/Unger－Stenberg(Hrsg.), Demoktratie und künstliche Intelligenz, 2019, S.113(119).

96) 이 물음은 디지털신뢰의 문제에 연계된다. Vgl. A. Berger, Digitales Vertrauen. Eine verfassungs－ und verwaltungsrechtliche Perspektive, DVBl. 2017, 804ff.

아들일 것인데, 이것이 보장될 수 없다면, 지능형 시스템의 도입은 배제되어야 한다. 이런 요구는 특히 민주적 투명성의 원리(Transparenzprinzip)와 법치국가원리적 합리성의 원칙(Rationalitätsprinzip)에 의거한다.

그런데 투명성 문제와 관련하여 유의할 점이 있는데, 기술공학의 논쟁에서의 투명성의 기대는 어느 정도 일반적인데, 인공지능시스템 그 자체가 －국가와 법이 사용하는－ 행위조종의 일체의 대상이나 유형보다 더 불투명한지 여부도 의심스럽다. －시스템이론의 언어로 말하면－ 심리적, 사회적 시스템은 그 자체로 불투명하다. 행위가 사람에 의해 조종되거나, 거버넌스 모드(위계질서, 시장, 협상, 네트워크)를 이용하여 조종되는 경우에,[97] 결정발견의 구체적인 과정이 조종주체는 물론, 관련인(데이터주체)에 대해서도 분명히 예측될 수 없다.[98] 자명하게도 법학에서도 조종은 기계적으로 행해지지 않고, 복잡하고 불투명한 과정으로 보아야 한다. 사정이 이렇기에, 인공지능시스템이라 하여 유별나게 더 높은 투명성을 요구하는 것은 조화되지 않는다.

법질서는 전통적으로 법치국가원리적, 민주주의적 요청을 국가와 사회에서의 '불투명성의 심포니'와 일치시키는 데 원칙적으로 어렵지 않다. 특히 인공지능시스템의 고유한 특징인 유연성(Plastizität, plasticity)으로 낙관을 하게 한다. 인공지능시스템의 우선적 특징은 더 높은 정도의 불투명성이 아니라, 행위조종의 전통적 모드보다 더 쉽게 더 자세하게 프로그램될 수 있다는 점이다. 따라서 이런 배경에서 투명성의 논의를 새로운 추진력과 역동성의 차원에서 전개할 수 있는데, 지능형 시스템을 사회적, 법적 상관관계에 편입시키는 데 있어서 기술의 부족을 진작시켜야 하고, 아울러 그 시스템을 투명성의 관점하에서 최적화할 필요가 있다. 이로써 기계결정에 대해 존재하는 불쾌감이 해소될 뿐만 아니라, 전반적으로 더 높은 투명성의 수준이 강구된다.[99] 그런데 IT분야에서의 점증하는 분업적 조직체로 인하여 교육받은 전문가조차도 오늘날의 프로그램을 세세히 이해하기란 어렵다. 빅 데이터를 기반으로 결정을 발하는 프로그램은 그 복잡성이 증가하여, －자유의지를 부인하는 셈인－ 결정론적 결정시스템은 원칙적으로 무한정한 데이터양을 평가한다는 점을 감안해야 한다.[100]

---

97) 상론은 김중권, 인공지능시대에 알고리즘에 의한 행위조종과 가상적 행정행위에 관한 소고, 공법연구 제48집 제3호, 2020.2.28., 287－312.

98) N. Luhmann은 시스템의 모델을 만든 자도 예측할 수 없는 방향으로 시스템이 행해지는 점을 들면서, 시스템 진행의 불가측성(Unprognostizierbarkeit)을 감안할 때, '불투명성의 심포니(Symphonie der Intransparenz)'가 20세 후반에 만연한 분위기에 딱 들어맞는다고 할 수 있다는 지적을 하였다. Ders., Die Kontrolle von Intransparenz, 2017, S.96.

99) 여하튼 이것은 장기간의 프로젝트이다. 투명성의 문제를 이런 식으로 해결하기 위한 조건이 현재에는 기술적 측면에서는 물론 법적 측면에서도 존재하지 않는다. 현재 가능하고 필요한 것은, 투명성의 문제를 법적 관점에서 바른 궤도에 올리는 것이다. 이를 위해 맨 먼저 밝혀야 할 점은, 인공지능시스템의 투명성을 언급할 때 그것이 본질적으로 무엇을 의미하는지 이다. 이어서 투명성 프로젝트의 법적 테두리가 이미 존재하였는지 여부가 물음이 제기된다. Wischmeyer, Regulierung intelligenter Systeme, S.1(46).

Ⅴ. 맺으면서 – 민주주의와 기본권에 합치하는 디지털화의 필요

이미 인공지능형 시스템은 일상화되었다. 우리는 현재의 세상과는 완전히 다른 세상이 만들어지는 초엽에 있다. 인공지능의 개발 및 디지털화는 기왕의 법질서 앞에서 멈추지 않는다. 인공지능기반의 새로운 세계를 위한 법질서가 필요하다. 엄밀히 말해, 인공지능형 시스템은 우리의 바램을 눈으로 읽어 판독할 뿐이고, 생각하지는 않는 지적 도우미(intelligenter Helfer)이다. 그 이상의 의미를 부여하는 것은 곤란하다. 어떤 경우에도 인간의 주체성의 인정과 같은 근대의 징표가 간과되어서는 아니 된다. 독일에서의 관련 논의가 기왕의 60년대에 행해진 논의의 연장인 점은 많은 것을 생각하게 한다. 결코 한번에 여러 계단을 뛰어 올라갈 수는 없다. 새로운 법질서의 형성을 위한 노력은 민주주의와 기본권에 합치하는 디지털화(demokratie– und grundrechtskonforme Digitalisierung)에 초점을 맞추어야 한다. N. Wiener가 지적한 대로,[101] 완전한 복종과 완전한 지성은 함께 갈 수 없어서, 고대 로마에서 유능한 철학자인 노예가 무능한 그 소유자를 사실상 지배한 상황은 많은 점을 시사한다. 기계가 점점 더 효율적이게 되고 더 높은 지식의 수준에서 작동한다면, 기계의 지배력에 대한 재앙은 점점 더 가까워진다. 따라서 시민과 행정당국간의 직접적인 개인적, 즉 비기술적 의사소통을 개선하고 증대하는 것이 더욱더 중요하다. 즉, 비대면의 국면이 증가하면 증가할수록, 오프 라인에서의 인간의 상호작용과 소통의 효과를 극대화시켜 나가야 한다.

* 공법학연구 제22권 제1호, 2021.2.28., 263면–292면 所收.

---

100) Vgl. Wischmeyer Artificial Intelligence and Transparency, in: Wischmeyer/Rademacher(eds.), Regulating Artificial Intelligence, 2019, 75ff.

101) N. Wiener, o.p.cit, p.1357.

제 8 장

이른바 처분적 행정입법의 문제점에 관한 소고

Ⅰ. 처음에 – 행정판례의 소산인 조치적(이른바 처분적) 행정입법

행정의 작용형식은 행정법의 목적적 창조물이다. 따라서 행정의 새로운 목적이나 그것의 강조와 더불어 새로운 작용형식의 필요가 필연적이진 않지만 종종 제기된다. 행정법도그마틱은 일반적인 합의에 바탕을 둔 사상적 일체(통일체) 즉, 법원칙과 법제도를 연관시키는 이음쇄(Gefüge)이다. 그래서 행정법도그마틱은 전통에 얽매이고, 현행법에 의존하며, 현행법에 이바지하긴 하나, 이와 아울러 미래개방적일 뿐만 아니라, 법 그 자체처럼 전적으로 발전적으로 변화할 가능성 역시 지니고 있다. 따라서 전통적인 작용형식이 전반적으로 현행법에 부적당하거나 행정목적달성에 부적합하다는 사실이 입증되지 않을 경우에는, 현존한 작용형식의 변경과 수정이 필요하다고 제안되거나 새로운 작용형식이 부분적으로 논의에 부쳐질 수 있다. 이러한 변화와 형성의 방도는 종종 이론으로부터 실무에게로 진행되지 않고 정반대의 방향으로 진행된다. 즉, 새로운 작용형식을 추구하고 새로운 구성을 염두에 둔 실무로부터 문제의 動因이 연유한다. 대표적인 것이 이른바 처분적(조치적) 행정입법의 문제이다.[1)]

1) 그런데 '처분적' 행정입법, 처분적 명령 · 조례의 용어사용에 대해 아무런 의문이 제기되지 않고 있다. 그 이유는 일찍부터 공법문헌상으로 'Maßnahmegesetz'이 '처분적 법률'로 표현된 데서 기인한다. 곧바로 처분성이 인정되는 양 오해를 낳는 '처분적' 행정입법이란 용어는 하루바삐 시정되어야 한다. 이하에서는 '처분적' 표현 대신에 '조치적' 표현을 사용한다. 日人學者(山田 晟)의 "ドイツ法律用語辭典"(1984)에서는 'Maßnahmegesetz'

'두밀분교통폐합조례사건'에 관한 대법원 1996.9.20. 선고 95누7994 · 95누8003 판결은 이제까지 의례적 논의에 머물렀던 조치적(이른바 '처분적') 명령(조례)의 존재를 처음으로 시인하였다. 이런 조치적 행정입법의 존재는 행정법문헌상으로 처분성확대의 기치하에 전폭적으로 환영을 받고 있다. 행정법문헌상으로 이에 대한 일말의 의문제기조차 발견하기 어려울 정도이다. 조치적(이른바 처분적) 행정입법은 어느 듯 행정작용법상으로 마치 제5의 행정작용인 양 여겨지고 있다.[2] 그러나 처분성확대의 순기능적 결과를 넘어, 행정의 작용형식의 체계 전반이 顚倒될 수 있는 중대한 법문제가 내재하고 있음에도 불구하고, 그것에 관해 행정작용법의 차원에서 본격적인 논의가 진행되지 않고 있다.

필자는 일찍부터 일관되게 이른바 처분적 행정입법에 대해 비판적 입장을 견지하였는데,[3] 이 문제를 공론화하기 위해 기왕의 논의를 바탕으로 그것의 문제점을 전반적으로 검토하고자 한다.

Ⅱ. 조치적(이른바 처분적) 행정입법의 행정작용법상의 위상

1. 제5의 행정작용(?)으로서의 위상

일찍이 대법원은 대법원 1954.8.19. 선고 4286행상37(53누37) 판결에서 「… 원래 대통령령은 법령의 효력을 가진 것으로서 행정소송법상 행정처분이라 볼 수 없다고 해석함이 타당할 것임으로 그 내용의 적법여부를 논할 것 없이 행정소송의 목적물이 될 수 없을 것이다. 물론 법령의 효력을 가진 명령이라도 그 효력이 다른 행정행위를 기다릴 것 없이 직접적으로 또 현실이 그 자체로서 국민의 권리훼손 기타 이익침해의 효과를 발생케 하는 성질의 것이라면 행정소송법상 처분이라 보아야 할 것이오. 따라서 그에 관한 이해관계자는 그 구체적 관계사실과 이유를 주장하여 그 명령의 취소를 법원에 구할 수 있을 것이나 …」라고 판시함으로써, 법률하위적 규범이 예외적으로 행정처분으로서 취소소송의 대상이 될 수 있는 가능성을 열어 두었다.

'법규명령형식의 행정규칙'에 관한 논의가 보여주듯이, 판례는 기본적으로 실질에

을 조치법으로 바르게 옮겨 놓고 있다(p.251).

2) 행정법상의 형식 · 수단의 혼합이란 통상 다수의 상이한 종류의 법적 행위 내지 사실행위의 결합으로 성립하는데, 이른바 처분적 행정입법과 같은 하나의 법적 행위의 이중적 기능 내지 이중적 성질의 현상은 비전형적인 혼합이라 할 수 있다. 행정법상의 형식 · 수단의 혼합에 관해서는 졸고, 행정법연구 제35호, 2013.4.30. 29면 이하(행정법기본연구Ⅳ(2013), 126면 이하) 참조.

3) 졸고, 조치적 명령 내지 개별사건규율적 명령에 대한 권리보호에 관한 소고, 법조 제554호, 2002.11., 90면 이하(행정법기본연구Ⅰ(2008), 434면 이하). 김남진 선생님 역시 법규명령이나 조례가 '처분'의 성질을 갖는다 하더라도, '규범통제'라는 正道를 통해 문제를 해결해야 함을 역설한다. 동인, 행정상 확인소송의 가능성과 활용범위, 고시연구, 2005.5, 22면 주15)

절대적 비중을 둔다. 이런 실질적 접근의 기조에서 대법원은 '두밀분교통폐합조례사건'에서 이른바 '처분적' 명령(조례)의 존재를 처음으로 시인하였다.[4] 종래 광범하게 행하여졌던 법규헌법소원심판이 적어도 조례의 경우에는 보충성의 원칙으로 인해 더 이상 허용되지 않게 되었다. 법원으로선 법규헌법소원심판에 대해서 처분성확대를 통해 크로스카운터 펀치를 날린 셈이었다. 그 후 서울행정법원 2005.9.1. 선고 2004구합5911 판결은, '관세법 제51조의 규정에 의한 인도네시아·중국산 정보용지 및 백상지에 대한 덤핑방지관세부과에 관한 규칙'의 일부 내용에 대해서 처분성을 인정하였다. 그리하여 이제는 법규명령의 전형인 부령까지도 처분성의 인정가능성이 열리게 되었다.[5] 또한 서울고등법원 2010.3.30. 선고 2009누22852 판결은 '서울특별시립학교 설치 조례 일부개정조례' 중 신설 갑 중학교 교명 부분의 무효확인을 구한 사안에서, 위 조례 중 갑 중학교의 교명에 관한 부분이 항고소송의 대상이 되는 행정처분에 해당한다고 판시하였다.[6]

종래 논의상황은 명령(조례)형식의 개별사건적 규율을 조치적(이른바 처분적) 행정입법이란 개념을 통해 기존의 대표적 작용형식인 행정처분의 범주에 귀속시켰을 뿐, 그것을 기존의 작용형식과 구별되는 독립된 작용형식의 하나로 자리매김하지는 않았는데, '두밀분교통폐합조례사건' 이래로 근 10년 만에 이른바 처분적 행정입법은 행정작용형식의 하나(법규범형식의 행정처분)로 자리를 잡은 셈이라 하겠다.[7] 하지만 그로 인해, 후술하듯이 행정작용법론 전체가 요령부득의 상황에 처하게 되었다.

2. 접근방식의 파급효과

대법원 2006.9.22. 선고 2005두2506 판결은 물론, 대법원 2003.10.9.자 2003무23 결정과 대법원 2004.5.12.자 2003무41 결정은「어떠한 고시가 일반적·추상적 성격을 가질 때에는 법규명령 또는 행정규칙에 해당할 것이지만, 다른 집행행위의 매개 없이 그 자체로서 직접 국민의 구체적인 권리의무나 법률관계를 규율하는 성격을 가질 때에는 행정처분에 해당한다」고 판시하였다. 유사조문형식의 고시의 처분성을 인정한 리딩판결인 대법원 2003. 10. 9.자 2003무23 결정에서 비롯된 이들 판례에 대해, '두밀

4) 한편 도지사가 마권세의 징수교부금을 지급하는 경우 그 지급기준을 정한 경기도 도세 조례 규정을 삭제한 것은 행정소송의 대상이 되지 않는다고 본다(수원지방법원 1999.6.3. 선고 98구3853 판결).

5) 동지: 권순일, 재정경제부령에 의한 덤핑방지관세부과조치의 처분성 재론: 기능적 관점에서, 행정판례연구 제12집(2007.6.), 191면 이하. 반면 비판으론 졸고, 이른바 처분적 시행규칙의 문제점에 관한 소고, 법률신문 3478호, 2006.7.27.

6) 반면 기존의 청운동 동사무소와 효자동 동사무소를 통합하여 청운효자동 동사무소를 신설하는 것을 내용으로 하는 조례는 처분성이 부인되었다(서울행정법원 2009.3.19. 선고 2008구합41328 판결).

7) 김중권, 행정법, 2013, 162면.

분교통폐합조례사건'에서의 판시와 외양상 흡사하기에, −판례가 명백히 전제하고 있지 않음에도 불구하고− 행정입법적 고시가 인정된 것인 양 오해를 빚을 수 있다.[8)]

대법원 2005두2506 판결에선, "보건복지부장관이 제1항의 규정에 의한 요양급여대상을 급여목록표로 정하여 고시한 것"(약제급여 · 비급여목록및급여상한금액표)의 법적 성질이 문제된다. 그것의 별표 1.에서 보듯이, 코드, 품명, 업소명, 규격 단위, 상환금액 등이 구체적으로 적시되어 있다. 따라서 그것을 전형적인 개별구체적인 규율로서의 행정처분으로 보는 데, 하등의 문제가 없다. 여러 처분을 합쳐서 일종의 엑셀파일로 공지한 것이다. (대법원 2003무23 결정에서의) '항정신병 치료제의 요양급여 인정기준에 관한 보건복지부 고시(보건복지부 고시 제2002−57호)' 역시 마찬가지이다. 이들 사안에서 이른바 처분적 명령에서의 논증방식을 동원하는 것은, 불필요하거니와 도리어 왜곡을 가져다 줄 수 있다.[9)] 고시의 법적 성질을 내용에 의거하여 가늠하지 않고, 이를 행정입법 특히 행정규칙으로 전제 설정하는 입장도 있기에, 특히 그러하다.

Ⅲ. 행정의 작용형식의 체계 및 가늠잣대에 관한 논의[10)]

1. 행정의 작용형식의 의의 및 임무

행정법은 전통적으로 국가활동의 유효성을 희생함이 없이 자신의 법치국가적 · 권리보호적 요구를 관철하고자 노력해 왔다.[11)] 행정의 법적 작용형식은 일종의 여러 門(Tore)이다. 행정상의 다양성으로 인해 개관할 수 없고 無定型한 행정활동은 이 문들을 지나서 법의 질서세계로 들어선다. 법적으로 정연하고 법적 판단을 가능케 하는 행정작용형식을 전개하고 鑄造하는 것은, 법치국가에서 행정법학과 행정실무의 특징이자, 지속적인 임무이다.[12)] 一般行政法의 핵심인 행정의 공법적 작용형식론(Handlungsformenlehre)은 형식화사고(Formungsidee)와 체계사고(Systemidee)를 결합시킨 것인데, 대륙법적 사고

8) 한편 박균성 교수는 당해 고시를 집행적 법규명령으로 보고서 그것의 처분성을 인정한다. 동인 행정법론(상), 2014, 206면.

9) 상세는 졸고, 조문형식을 띤 고시의 처분성 인정에 따른 문제점에 관한 소고, 저스티스 제98호, 2007.6., 272면 이하(행정법기본연구 Ⅲ(2010), 165면 이하) 참조.

10) 상세는 졸고 행정의 작용형식의 체계에 관한 소고, 공법연구 제30집 제4호, 2002.6., 297면 이하(행정법기본연구 I (2008), 187면 이하)를 수정 · 보완한 것이다.

11) E. Schmidt−Aßmann, Der Beitrag der Gerichte zur verwaltungsrechtliche Systembildung, VwBlBW 1988, S.381(383).

12) F. Ossenbühl, Die Handlungsformen der Verwaltung, JuS 1979, S.681. 여기서는 '작용형식'을 법형식의 의미로 사용한다. 그러기에 법형식과 同値시킬 수 없는 행정학적 의미의 행정활동형식과는 구분된다. 물론 후자를 표현상 전자로 바꾸어 사용할 순 있다. 그 점에서 W. Pauly가 작용형식(Handlungsform)과 법형식(Rechtsform)이 구분되어야 한다고 강조하지만, 그는 작용형식을 활동형식의 의미에서 파악하고 있다. Ders., Grundlagen einer Handlungsformenlehre im Verwaltungsrecht, in: Becker−Schwarze/Köck/Kupka/v. Schwanenflügel(Hrsg.), Wandel der Handlungsformen im Öffentlichen Recht, 1991, S.25(31ff.).

의 전형적인 특징을 나타낸다.13)

작용형식(론)의 과제이자 임무는, 행정활동을 합리화하는 것, 법에 알맞은 결정을 장려하는 것, 기본적인 사실·평가의 문제를 신뢰할 수 있는 도그마틱적 구조로 조정하는 것, 행정활동에 관한 법적 통제를 유도하여 개관가능하게 만드는 것이다.14) 따라서 작용형식의 형성은 법적용과 법실현의 과정을 위하여 막대한 "負擔減輕機能"(Entlastungsfunktion)을 발휘한다. 물론 이런 부담감경기능은 작용형식의 분류가 의심스러울 때는 당연히 부인된다. 궁극적으로 작용형식은 법치국가원리의 구현에 기여한다. 그것은 행정으로 하여금 결정의 올바름과 정당성을 위하여 일정한 절차상의 원칙(규정)에 구속되게끔 한다. 즉, 무정형인 행정활동을 "형식으로" 인도함으로써 사전에 권리의 침해를 저지할 뿐만 아니라, 법적 가치의 적극적 실현을 보장하기도 한다.15)

2. 행정의 作用形式과 瑕疵類型體系와의 相關關係

행정작용형식론의 구축·전개란 법의 토대를 구축하여 이를 최적화하기 위함이다. 행정법의 전통적인 작용형식은 실용적으로 지향된 법발전과 법실무의 산물이지 사전에 숙고된 체계의 파생은 아니다. 사실 행정작용형식의 체계는 이론적으로 다양한 착안점에서 전개할 수 있다. 어떠한 기준을 바탕으로 하여 작용형식을 鑄造하느냐에 결정적으로 좌우되는데, 작용형식은 본래 하자유형의 체계에서 비롯되었다.16)

하자효과(Fehlerfolgen)의 개념이란, 절차법이나 실체법에 반하는 국가행위의 법적 운명에 관한 물음 즉, 법하자에 대한 제재수단에 관해서 추상적으로 만들어진 집합명사이다. 이 경우 하자효과란 직접적인 의미에선 하자로부터 자명하게 발생한 법효과(Rechtswirkung) 즉, 자동적으로 성립한 하자결과(Fehlerkonsequenz)하고만 관계가 있다. 하자있는 국가행위는 처음부터 공법의 근본적 주제이자 항시적 주제인데,17) 독일의 경우 지난 세기의 초엽에 금방 차별적 고찰로 끝을 맺었다.

요컨대 하자결과 즉, 하자에 따른 제재의 수단으로서 일단 무효(Nichtigkeit), 消效可能性(폐지가능성, 취소가능성, Vernichtbarkeit, Anfechtbarkeit),18) 대단치 않음(유효,

13) 정준현, 행정작용의 법형식에 관한 연구, 고려대학교박사학위논문, 1990.12, 6면; E. Schmidt-Aßmann, Die Lehre von den Rechtsformen des Verwaltungshandelns, DVBl.1989, s.533.

14) 작용형식론의 일반적 기능에 관해선 vgl. E. Schmidt-Aßmann, a.a.O. S.533f.; F. Ossenbühl, a.a.O., S.681; Hoffmann-Riem, in: Hoffmann-Riem/Schmidt-Aßmann/Voßkuhle, Grundlagen des Verwaltungsrechts, Bd.Ⅱ, 2008, §33 Rn.1ff.

15) Krause, P. Krause, Rechtsformen des Verwaltungshandelns, 1974, S.15f.

16) 작용형식과 하자효과체계와의 상관관계에 관해선 vgl. H. Hill, Das fehlerhafte Verfahren und seine Folgen im Verwaltungsrecht, 1986, S.341. 한편 E. Schmidt-Aßmann은 행정작용형식론의 하자효과중심성을 견지하되, 추가적인 착안점으로 절차사고나 활동의 목적성이 더해질 것을 강조한다. Ders., a.a.O., S.533(537f.).

17) J. Ipsen, Rechtsfolgen der Verfassungswidrigkeit von Norm und Einzelakt, 1980.

18) 여기서의 'Vernichtbarkeit'은 이미 발생한 법효력이 그것을 소멸시키는 행위에 의하여 그 시점부터 소멸됨을

Unbeachtlichkeit, Wirksamkeit), 반대권(Gegenrecht)의 성립이 고려되는데,[19] 여기에 원상회복청구권(부작위청구권도 포함하여)과 (원상회복불가능시엔) 손실보상청구권도 포함된다.[20] 그리하여 하자효과의 관점하에서 행정의 작용형식체계는 행정행위, 법률하위적 규범(명령), 공법계약, 그리고 사실행위의 네 가지 유형으로 완성된다.

3. 독립된 作用形式에로의 格上 問題: 새로운 작용형식의 성립 여부의 가늠자

행정의 작용형식의 네 가지 유형은 비교적 명료하고 개관가능한 점이 장점이다. 그럼에도 불구하고, 앞서 본 행정법개혁차원에서 발흥한 움직임은 기존 작용형식론의 개선을 요구하는 듯한 새로운 착안점을 제시한다. 그러나 그러한 개선시도는 조심스럽게 행해야 한다. 행정이 고려하는 어떤 행정활동의 법효과, 하자효과, 빈번한 하자유형 등이 선명하게 드러나야만, 그것이 새로운 작용형식으로서 행정(작용)법에서 통용되어 받아들여질 수 있다. 즉, 새로운 작용형식을 위한 제안의 논거가, 새로운 하자효과규율(규정)이 실정법적으로 성립하거나 도그마틱적으로 요구된다는 점과, 일정한 活動群을 위한 새로운 적법성요건이 일반화될 수 있다는 점에 의해서 논증적으로 뒷받침되어야 한다.[21] 그런데 특수한 작용형식의 요건과 효과를 확립함에 있어서, 작용형식에 내포된 앞서의 두 가지 규준적인 기능은 상호 무관하지 않고, 交互的이다. 행정법적인 작용형식론과 행정학적인 범주설정을 嚴別하여야 한다. 만약 그렇지 않고 후자의 관점에서 전자를 구축하고자 할 경우에는, 도그마틱의 집적이 행정법의 본질인 점에서 형식을 통한 최소한의 근대화징표마저 소실될 우려가 있다.

4. 行政의 作用形式의 가늠잣대 – 形式인가 實質인가?

(1) 독일에서의 일반적 논의

행정의 작용형식을 가늠하는 것 즉, 행정활동을 작용형식에 귀속시키는 것은 극히 예외적 경우에만 곤란을 겪는다. 실체법이 어떤 결정을 규정하면, 두 가지의 경우를 생각할 수 있다. 실체법이 결정에 대해 행정작용법론의 의미에서 명시적으로 또는 추

분명히 나타내는 것이다. 따라서 이를 처음부터 당연히 효력이 불발생한다는 것을 의미하는 '무효'(Nichtigkeit)와는 구분되어야 한다.

19) Di Fabio, System der Handlungsformen und Fehlerfolgenlehre: Becker－Schwarze/Köck/Kupka/v. Schwanenflügel(Hrsg.), a.a.O., S.45(51).

20) Morlok, Die Folge von Verfahrensfehler am Beispiel von kommunalen Satzungen, 1988. S.140ff. 국가배상청구권은 국가의 모든 공행정작용에 대해서 성립할 수 있기에 작용형식을 가늠하는데 큰 의미가 없다.

21) 여기서 유의해야 할 점은, 행정작용형식론은 주된 작용형식이 지닌 고도의 추상성 수준을 고수하는 것이 아니라, 체계효과에 관한 특유한 분류를 허용하는 하위작용형식과 중간작용형식(독일에서의 일반처분이나 종속적 공법계약 등)을 인정하고 있다는 것이다.

단적으로 성질을 부여할 경우, 입법자에 의한 귀속이 통용된다. 입법자가 일정한 법적 행위를 일정한 형식으로 정의를 내리면, 이것은 그 법적 행위가 일반적 논의에 합치하지 않는다 하더라도 통용된다. 행정실체법이 행정의 작용형식의 성질을 명시적으로 정하지 않은 경우 즉, 실체법이 그 법적 성질을 부여하지 않고 결정을 규정한 경우에는, 결정의 실체적 本旨가 가늠잣대가 된다.[22] 즉, 행정처분의 개념적 징표에 의거하여 가늠된다.

실체법이 어떤 결정을 작용형식의 하나에 들어가도록 규정한 경우에도, 행정은 -법적 비난과는 무관하게 즉, 사후 위법하게 되더라도- 다른 작용형식으로 활동을 자유롭게 할 수 있다. 물론 선택한 작용형식이 실체법의 범주에 속하지 않으면, 행정의 결정은 위법하게 된다. 여기서 행정이 의식적으로 선택한 작용형식이 존재하고, 그가 선택해야 했던 작용형식은 존재하지 않는다. 순전히 형식적인 작용형식을 출발점으로 삼아야 한다.[23] 따라서 어떤 조치가 규범인지 아니면 개별행위인지 여부 혹은 그것이 어떤 작용형식에 해당하는지 여부는 맨 먼저 형식적인 고찰에 의거한다. 즉, 실체법에서 제시되지 않는 한, 발한 행정부처, 밟은 절차, 통지의 종류에 의거한다.[24] 행정청이 행정행위를 발하려고 하였는지 여부는, 행위 그 자체나 사정에 비추어 공권력에 의해 일방적인, 구체적인, 구속적인 규율이 의도되었다고 수범자가 객관적으로 인식할 수 있는지 여부에 좌우된다.[25]

구체적인 행위가 특별한 법규정에 의해 규정된 형식을 충족하지 않더라도 형식적인 고찰이 결정적이다. 이는 행정행위로서의 행위의 성질을 훼손하는 것이 아니라, 경우에 따라서는 행정행위의 위법을, 혹은 사정에 따라선 그것의 무효를 초래한다. 형식적 고찰은 특히 실체법이 하나의 결정을 상이한 작용형식으로 허용하는 경우에 결정적이다. 가령 지방자치단체의 공공시설의 이용명령을 조례의 형식이든 일반처분의 형식이든 무방한 경우에는 형식적인 고찰만이 분명한 성과를 가능하게 한다.

형식적 고찰의 우위는 가장 중요한 법규범에서 통용된다. 법률, 법규명령 또는 조례가 언제 존재하는지 여부는 그것의 형식(성립절차 및 공포의 종류)에 전적으로 좌우된다. 특별한 규범이 존재하고 형식적인 정렬이 어려울 때, 그것의 내용이 추가적 기준으로 동원될 수 있다. 법정립을 위해 결정적인 형식이 준수되고 선택된 경우에는 규범이 존재하지 결코 행정행위가 존재하지는 않는다.[26] 즉, 명령이나 조례의 경우 그것의

22) BVerwGE 70, 77; VGH München NVwZ 1985, 502.
23) Bader/Ronellenfisch, VwVfG, 2010, §35 Rn.17.
24) Kopp/Ramsauer, VwVfG, 10.Aufl. 2008, §35 Rn.16.
25) Kopp/Ramsauer, VwVfG §35 Rn.17; BVerwGE 57, 158, 161.
26) U. Stelkens, in: Stelkens/Bonk/Sachs, VwVfG 8.Aufl. 2014, §35 Rn.18.

규율이 내용적으로 행정처분의 모든 개념적 징표를 충족한다 하더라도, 그것의 규범으로서의 법적 성질을 견지한다. 다시 말해, 형식과 내용이 相違할 경우에 명확한 형식선택이 있다면, 여하튼 그 형식에 연계시켜 법적 성질을 가늠해야 한다.[27] 한편 형식선택의 자유가 있는 경우, 명백히 형식남용이 있다 하더라도 결코 그 법규범(법률, 명령, 조례)은 행정행위로 되지 않고, 기껏해야 무효가 된다.[28]

(2) 추가적 논의: 독일에서의 형식적 행정행위 개념에 관한 논의[29]

독일에서도 우리와 마찬가지로 취소소송(독일 행정법원법 제42조)과 규범심사(통제)(동법 제47조)의 대상적격을 둘러싸고 다투어지고 있다. 기본적으로 전술하듯이 행정작용의 실질보다는 형식에 기하여 법적 성질을 판단하는데, 여기서 행정법원법 제42조 등의 취소소송의 대상으로서의 행정행위를 두고서 －비록 양자가 동일하다고 하더라도－ 행정절차법 제35조상의 행정행위와의 관계에서 어떻게 이해해야 하는지가 논란이 된다. 이것은 소송법상의 행정행위 개념이 형식적 행정행위(der formelle Verwaltungsakt) 개념인지 아니면 실질적 행정행위 개념인지 여부를 둘러싼 논의이다. 다시 말해, 독일에서 형식적 행정행위 개념을 둘러싼 이 논란은, 실질은 행정행위의 개념적 징표를 충족하지 못하였음에도 불구하고 불복고지를 연계시킨다든지 하여 행정행위의 형식으로 발한 경우에, 그것을 행정행위로 설정하여 접근할 것인지 아니면 실질에 기하여 접근할 것인지 여부이다.[30] 독일의 논의가 우리의 처분적 행정입법에서의 논의와는 다소 다른 면이 있지만, 行政의 作用形式의 가늠잣대에서 중요한 시사점을 제시한다. 독일에서의 논의현황을 아래와 같이 범주화하고자 한다.

가) 형식을 규준으로 삼는 입장(통설 및 판례입장): 형식설

먼저 Wolff/Bachof/Stober[31]는 형식적 법률과 실질적 법률, 형식적 법규명령과 실질적 법규명령 그리고 형식적 행정행위와 실질적 행정행위를 구분하여 상술하고 있다. 그리하여 "법해석, 법적용, 제소, 권리구제를 위해선 법적 형식에 좌우되기 때문에, 순전히 형식적인 법률은 규범심사절차에 놓이지 결코 쟁송취소소송에 놓이지 않는다."고 강조하는데, 이런 기조가 그대로 후속 논의에 흐른다. 즉, '법률상으로 요구된 형식만

---

27) Ehlers/Schoch(Hrsg.), Rechtsschutz im öffentlichen Recht, 2009, §22 Rn.6.
28) U. Stelkens, in: Stelkens/Bonk/Sachs, VwVfG, §35 Rn.18; Emmerich－Fritsche, Kritische Thesen zur Legaldefinition des Verwaltungsakts, NVwZ 2006, 762(764).
29) 상세는 김중권, 행정법기본연구 I (2008), 444면 이하 참조.
30) 그런데 이런 독일에서의 형식적 행정행위 개념과 일본에서 유래한 형식적 행정행위론과는 거리가 있음을 유의해야 한다. 후자는 강학상 행정행위에 해당하지 않는 행정활동을 쟁송법상의 행정처분으로 보고자 하는 모색인데, 판례의 처분성확대 경향에 따라 그 입지를 상실한 듯하다.
31) ders., VerwR I, 1994, §24 V, §45 Ⅷ. 4., §46 Ⅷ.

으로는 법규명령이나 내용상으로는 법규명령이 아닌 명령' 즉, '명령에 의해서 하나 또는 다수의 구체적 개별사건이 규율되어야 하는 경우'가 가능하다고 보되, 권리보호를 포함하여 절차법을 위해선 형식이 규준이 되어야 함을 근거로, 그것을 명령으로 다루는데 찬동한다. 그리하여 법률에 따라 법률, 법규명령, 조례의 형식으로 발해져야 하는 개별사건적 규율이 내용적으론 행정행위일 수 있지만, 결코 형식적으로는 행정행위가 아니고, 따라서 행정행위처럼 쟁송취소가 될 수가 없는데, 만약 잘못하여 법규명령 대신에 행정행위가 발하여 졌다면, (위법한 행정행위로서) 그것의 쟁송취소가 허용되고 이유 있다고 강변한다..

Mayer/Kopp[32]은 법규범과 구별되게 행정행위는 개별사건적 규율을 목표로 하여야 하나, -비록 독일 행정절차법 제35조 1문상으로 행정행위의 개념적 징표로 규정되어 있다 하더라도- 개별사건적 규율이 항상 행정행위이어야 한다는 반대추론은 결코 통용되지 않는다고 지적한다. 그리하여 다수의 법률이 개별사건을 위한 규율을 법규명령이나 조례에 의하도록 규정하고 있어서, 외적으로 그런 형식으로 행해지고 공표된 규율은 오늘날 통설에 비추어 그것의 형식에 맞춰서 절차법적 측면과 그것에 대한 권리구제의 측면에서 공히 법규명령으로 다루어야지 행정행위로 다루어선 아니 된다고 강조한다.

요컨대 형식적 행정행위개념에 의하면, 불복고지로 인해 형식에 비추어 수범자로서는 행정행위로 여겨질 수밖에 없고 행정청에 대해서도 귀속가능하되, 행정절차법 제35조의 다른 개념적 징표는 충족하지 않은 조치 역시 소송법상의 행정행위에 해당하는 것으로 본다. 이것이 형식적 행정행위개념이다. 통설[33] 및 판례입장[34]은 그런 조치에 대해 행정청에 귀속가능하게 설정된 법적 외관(Rechtsschein)에 의거하여 그들 행정법원법 제42조 등의 행정행위로 여긴다. 그들 행정법원법 제68조, 제113조상의 위법성은 소가 제기된 행정행위의 내용적 위법성에 국한되지 않고, 오히려 심사는 행정

32) ders., Allg. VerwR, 5.Aufl., 1985, §11 Ⅲ. 2 d) S.182.

33) Ehlers, Verwaltung in Privatrechtsform, 1984, S.436; Holznagel/Schulz, NWVBl 2003, 400(403); Lubbe BayVBl 1995, 99; Maurer, Allg. VerwR, 18.Aufl., 2011, §10 Rn.8; Schwarz, in: Fehling/Kastner, VerwR, 2.Aufl., 2010, §35 Rn.5ff.; U. Stelkens, Verwaltungsprivatrecht, 2005, s.127f. 그밖의 문헌에 관해선 Schenke, Formeller oder materieller Verwaltungsaktsbegriff ?, NVwZ 1990, S.1010 Fn.11) 참조.

34) 법규범을 통해서만 발할 수 있는 규율을 행정행위형식으로 행한 경우로 BVerwGE 18, 1, 4 = NJW 1964, 1151; VGH Mannheim VBlBW 1987, 377, 378; VG München NuR 1991, 491. 상계의사표시를 행정행위의 형식으로 행한 경우로 VGH München BayVBl 1995, 565, 566; BayVBl 1996, 660, 661; NJW 1997, 3391, 3392; BFHE 149, 482 = NVwZ 1987, 1118. 행정행위의 형식으로 공무원에게 지시한 경우로 OVG Koblenz NJW 2003, 3793, 3794; VGH München NVwZ 2000, 222; BayVBl 2003, 212, 213. 행정행위의 형식으로 지적한 경우로 BSGE 81, 239 = NZS 2002, 91, 93; BSGE 91, 68, 69 = NZS 2004, 156, 157; BSGE 97, 63, Rn.18ff, 내부적 동의활동을 행정행위의 형식으로 행한 경우로 BVerwGE 122, 58, 59 = NVwZ-RR 2005, 343; OVG Schleswig NJW 2000, 1059, 1060. 사법적 조치를 행정행위의 형식으로 행한 경우로 OVG Münster NVwZ-RR 2010, 587f. 그런데 판례의 이런 태도는 전래적인 것(SächsOVG 15 (1911), 175, 181)이라고 한다.

청이 자신의 조치를 행정행위의 형식으로 타당하게 표현하였는지 여부까지도 확장된다. 그리하여 행정절차법 제35조의 행정행위의 개념적 요건이 존재하지 않은 경우, 형식적 행정행위는 다른 본안심사 없이 즉, 행정행위로 발해진 그 조치가 내용적으로 위법한지 여부 혹은, 명령이나 사법적 해지의 형식으로 발해질 수 있었는지 여부에 상관없이 법원/재결청에 의해 폐지되어야 한다.[35]

나) 내용(실질)을 규준으로 삼는 입장: 실질설[36]

대표적 주장자인 Schenke 교수의 견해를 중심으로 살펴본다.[37] 그는 행정활동의 형식과 내용상의 불일치가 행정행위와 관련하여 있을 경우에, 형식적 행정행위개념이 통용되는가 아니면 실질적 행정행위개념이 통용되는가의 관점에서 이 문제를 전개한다. 그는 우선 행정행위에 관한 실정법적 정의로부터 유리되어 오로지 법학적 용어사용으로부터 "행정행위란 작용형식은 전적으로 형식적 기준에 좌우된다."고 도출하는 것은 개념법학의 잘못된 도치적 방법론의 전형적인 예라고 지적하면서, 그 형식을 규준으로 삼아 형식적 행정행위개념에 찬동하는 다수 입장을 공박한다. 또한 쟁송법적 측면만을 국한하여 고려한 차원에서 형식요소를 규준으로 삼은 것은, 쟁송법적 행정행위개념과 실체법적 행정행위개념간의 －쟁송법과 실체법의 긴밀한 연계가 충분히 고려하지 않는－ 이원성을 야기한다고 지적하면서, 행정행위의 존부를 내용적 기준에 좌우케 하는 견해가 독일의 법체계에 이음새없이 접합된다고 강조한다.

요컨대 Schenke는 그들 행정절차법 제35조에 따라서 실체법에서든 쟁송법에서든 행정행위의 존부를 위해선 행정조치의 형식이 아니라 그 내용이 규준이 된다는 점과, 따라서 행정행위개념은 실체적으로 파악해야 한다는 점을 주장한다. 다만 행정작용의 형식이 동시에 그 내용에 영향을 미치고 그럼으로써 여기서도 내용상 기준에 연계된 그들 행정절차법 제35조를 바탕으로 행정행위가 존재하는 경우가, 가능한 예외일 뿐이라고 한다. 결국 실체적 행정행위 개념을 취하면, 순전히 형식적인 행정행위는 행정법원법상의 행정행위로 여겨지지 않기에, 그 조치의 비행정행위적 성격을 확인하는 것을 목적으로 한 소송만이 행정소송상으로 허용된다고 본다.

---

35) BVerwG NJW 1990, 2482; 1964, 1151(1152); VGH München BeckRS 2003, 20839; VG Potsdam NVwZ－RR 2000, 279; U. Stelkens, in: Stelkens/Bonk/Sachs, VwVfG, §35 Rn16.

36) 이런 입장의 문헌에 관해선 Schenke, a.a.O., S.1010 Fn.12) 참조. 동지 판례: VGH München Bay. VBl. 1956, 121; 1071, 155; 1972, 359; 1978, 84－입법자가 내용과 무관하게 일정한 형식을 정할 수 있는지 여부와 이런 형식이 권리보호를 위해서도 규준이 되는지 여부가 의문스럽다－; VGH Mannheim NVwZ 1986, 855.

37) ders., NVwZ 1990, 1009ff. 그밖의 동지문헌: Ronellenfitsch, Das besondere Gewaltverhältnis－ein zu früh totgesagtes Rechtsinstitut, DÖV 1981, 933ff.; Erfmeyer, Der nichtmaterrielle Verwaltungsakt－rechtswidrige und überflüssige Fiktion, DÖV 1996, S.629ff.

Ⅳ. 조치적(이른바 처분적) 행정입법의 제 문제점

1. 전체 공법질서의 측면

조치적(이른바 처분적) 행정입법은 입법과 행정처분간의 하이브리드적 존재이자 일종의 회색지대이다. 입법은 일반적·추상적 규율인 반면, 법집행행위는 개별적·구체적 규율이다. 행정입법이 형식적으로는 행정작용이긴 해도 본질은 입법작용이다. 비록 프랑스·영국·미국에서는 대상적격의 단계에서 개별처분과 행정입법이 구별 없이 다루어지지만, 우리의 경우 일찍부터 항고소송과 규범통제소송을 구분하여 왔다. 따라서 이른바 처분적 행정입법의 인정 및 그 확대는 행정입법은 물론 나아가 법률을 포함한 입법 전체와 법집행행위간의 구별을 무색하게 만든다. 우리의 공법질서와 공법제도는 규범과 법집행행위를 구분한 것을 토대로 한다. 판례에 의한 양자간의 구별 해소는 자칫 전체 공법질서와 공법제도를 난맥에 처하게 할 수 있다.

2. 법원론적 측면

여러 법규들은 구분된 특성을 갖는다. 이러한 특성(성립유형, 효력범위, 심사, 법원론체계상의 위계, 위반효과 등)은 다양한 방식으로 나뉘거나 결합되곤 하여, 법적으로 매우 중요한 법규의 구분을 가져다준다. 법원론(法源論)의 임무는 상이한 법규와 법원을 그들의 특성에 따라 기술하며, 설명하고, 체계적 상관관계에 넣는 것이다. 행정법은 다수의 상이한 법규범들로 이루어지기에, 법원론을 통해서 이러한 다양성에 질서가 잡힌다. 행정법이 어디서 왔는지를 답을 해주는 것이 법원론이다. 법원론은 전적으로 법형식에 의거하여 구축된 것인 점에서, 이른바 처분적 행정입법의 인정처럼 법형식이 아니라 -법관의 판단에 전적으로 가늠되는- 실질에 맞춰 접근하는 것은 법원론 자체를 붕괴시킬 수 있다.

3. 행정작용법론적 측면

(1) 입법자의 의사와 관련해서

전술한 것처럼, 행정의 작용형식의 체계는 기본적으로 그것의 하자효과에 바탕을 두고서 구축되었다. 그리하여 입법자는 그가 택한 법형식을 통해서 사법적 권리보호의 방법(재판방식)을 정한 셈이 된다(법형식과 권리구제방도의 연계).[38] 법적용자인 행정과 사법은 입법자의 의사를 따라야 한다. 입법자가 법정의 법규범(법률, 명령, 조례, 규칙)을 선택하였음에도 불구하고, 법관의 판단에 의해 그것의 법적 성질이 다르게 되는 것은 입법자의 의사를 거스르는 것이다. 법령상으로 규정된 법형식이 담을 내용에 相符할지 여부는 해당 법규정의 정당성 나아가 합헌성의 물음이지, 해당 행정활동의 법적 성질에 관한 논의와는 전혀 무관하다. 집행부는 물론 사법부도, 형식남용 등의 이유로 관련 법규범의 합헌성이 다투어지지 않는 한, 입법자가 정한 법형식을 간과해선 아니 된다. 따라서 이른바 처분적 행정입법의 존재는 법형식을 전면 도외시한 것이라는 비판에서 자유로울 수 없다.

(2) 행정의 작용형식의 체계와 관련해서

입법과 행정처분간에 일종의 회색지대에 속하는 일반처분은, 이른바 처분적 행정입법에서의 경우와는 달리 입법자가 일정한 법규범을 정하지 않은 경우이다. 따라서 그것이 행정작용법론에 혼란을 자아내지 않는다. 그러나 이른바 처분적 행정입법은 법령상 조례나 시행령과 같이 특정 법규범이 규정된 경우이어서, 행정입법과 행정처분을 구분한 데 바탕을 둔 행정작용법론을 난맥에 처하게 한다. 행정의 작용형식의 체계가 무색하게 된다. 행정활동을 일정한 법형식에 의하여 유도시키는 행정의 작용형식은, 한편으론 법적으로 규율하는 효과를 발휘하고, 다른 한편으론 행정과제(임무)를 효과적·합목적적이고 적법하게 실행하는데 기여한다. 이른바 처분적 행정입법의 존재는 행정의 작용형식과 관련하여 법적 아노미에 빠지게 할 수 있다.

한편 조치적(이른바 처분적) 명령의 허용성 자체가 문제되는데,[39] 허용되지 않는다고 보면 그런 명령은 그 자체로 위법하게 된다. 이 물음과 관련해서, 독일에서는 그들 현행법의 공법적 작용형식이 완결적 체계를 갖추었다는 이유에서 부정적인 입장[40]도 있지만, 이런 명령을 독립된 작용형식의 하나로 보지 않고, 그것의 법적 성질의 차원에서 처분이든 명령이든 하나로 다루면 되기에, 허용성 자체는 문제가 되지 않는다는 입장이 있다.[41]

(3) 행정의 작용형식의 가늠잣대와 관련해서

'두밀분교폐지조례'처럼 형식과 내용(실질, 실체)이 錯綜될 때 무엇이 가늠자가 되어

---

38) v. Mutius, Rechtsnorm und Verwaltungsakt, in: FS für H.J. Wolff z.75. Geburtstag, 1973, S.181.

39) 이 물음은 구체적 행위를 법규정이 정한 형식과는 다르게 발하여서 형식위반으로 그것이 위법하게 되는 경우와는 다르다.

40) VG München DÖV 1973, 172.

41) Vgl. VGH München Bay. VBl. 1972, 41; DVBl. 1977, 823.

야 하는가? 여기선 명령과 행정행위를 구분지우는 그것들의 개념적 징표가 무엇이며, 그 징표가 작용형식의 설정에서 어떤 의미를 지니는지가 탐구되어야 한다.[42] 당연히 어떤 행정활동을 법적 작용형식으로 가늠할 때 무엇을 잣대로 삼아야 하는지가 논의의 출발점이 되어야 한다.

형식적인 고찰의 결과와 실체적 고찰의 결과가 일치하면, 아무런 문제가 없다. 반면 행정이 실체적으로 선택해서는 아니 될 작용형식을 형식적으로 선택한 경우에도, 형식적인 선택이 우선한다.[43] 법적 성질을 가늠함에 있어서는 당위적 작용형식이 아니라 존재적 작용형식이 출발점이 된다. 그리고 형식상의 실제 작용형식에 대해서는 행정이 실체법이 부여한 작용형식을 선택했다는 추정이 존재한다. 존재형식이 법정의 법규범인 이상, 그것의 문제는 규범의 차원에서 해결하여야 하지 결코 행정처분의 차원에서 강구하여서는 아니 된다. 따라서 법정의 법규범의 형식을 갖는 한, 독립된 작용형식의 하나로 조치적(이른바 처분적) 행정입법을 인정해서는 곤란하다.

(4) 하자효과의 측면

행정행위의 경우 위법하면 원칙적으로 단순 위법에 그치고 그 하자가 중대하고 명백하여야 비로소 무효가 된다. 반면 법규범의 경우 처음부터 무효의 원칙(ipso iure)이 지배한다. 이런 하자효과의 차이는 제소기간, 소송종류 등에 영향을 미친다. 일찍이 김동희 선생님이 대법원 1996.9.20. 선고 95누8003 판결을 논의 재료로 삼아 처분적 행정입법의 하자효과 문제가 앞으로 연구・검토되어야 한다고 지적하면서, 형식의 측면이나 실질적 측면에 의거하느냐에 따른 견해대립의 가능성을 제시하였다.[44] 이러한 의문제기는 조치적(이른바 처분적) 명령을 내용적 규준에 의거하여 행정처분으로 본 데 따른 필연적 결과이다.

하자있는 조치적 행정입법을 통상의 행정행위마냥 일단 단순 위법으로 본다면 제소기간에 따른 불가쟁력의 발생은 불가피하다. 여기서 어떤 경우에 처분적 행정입법이 무효에 해당할 것인지가 논란거리인데, 중대명백성설에 의한 무효기준(하자의 중대성과 명백성)이 어떻게 통용될 수 있는지가 문제된다. 행정행위의 경우 일단 근거법령을 위법판단의 기준으로 삼는다. 반면 처분적 행정입법의 경우 그 자체가 행정입법인 이상 자연스럽게 헌법을 위법판단기준으로 삼아 위헌을 주장할 수 있다. 판례는 행정행위와 관련해서 '법규의 중요부분' 여하에 의거하여 하자의 중대성을 판단하는데,[45] 이런 입

---

42) 참조: 정하중, 법규명령과 행정행위의 한계설정, 저스티스 제30권 제2호(1997.6.), 35면 이하. 여기서 정하중 교수는 형식적인 한계설정보다는 실질적인 한계설정을 주된 기준으로 삼는다.

43) Bader/Ronellenfisch, VwVfG, §35 Rn.21.

44) 동인, 조례(법규명령)의 처분성, 판례월보 제322호(1997.7.), 27면.

장을 처분적 행정입법에 대해 어떻게 관철할 수 있을지가 궁금하다.[46] 물론 하자있는 처분적 행정입법에 대해 무권한무효의 원칙마냥 무효원칙을 통용시킬 수 있긴 하나, 여기서는 자칫 사정판결의 불허용과 같은 무효의 효과는 물론, 후술할 인용판결의 효력의 차원에서 규명해야 할 점이 많다.

요컨대 조치적(이른바 처분적) 행정입법의 경우 그것의 하자와 관련해서 단순 위법인지 무효인지 원칙의 차원에서 통일된 결론이 모아지기 힘들거니와, 단순 위법의 원칙을 취할 때 중대명백성설을 어떻게 관철할 것인지의 물음에서도 필연적으로 소모적 논쟁이 유발될 것이다.

4. 절차법적 요청의 측면

조치적(이른바 처분적) 행정입법이 다투어진 사안에서 원고는 대상 법규범을 부담적 처분으로 간주하고서 소를 제기한다. 여기서 통상 부담적 처분에 대해 요구되는 절차법적 요청(사전통지, 의견청취, 이유제시 등)이 통용되는지 여부가 논란이 된다. 무엇보다도 현행 행정절차법 제3조 제2항 제1호에 따른 적용배제 문제가 심도 있게 논구되어야 하는데, 당연히 행정절차법의 적용범위에서 배제되는 양 별다른 논의가 없다.[47] 그러나 실질을 내세워 법적 성질을 정하면서, 그에 따른 법효과를 결부시킬 때는 앞서의 입장에서 벗어나 형식과 실정법제도에 의거할 경우, 그런 접근은 보기에 따라서는 실용적인 것이라 호평할 수도 있겠지만, 나름의 일관성과 정연성이 핵심가치인 행정법도그마틱의 차원에서 보면 상반된 기조라 하겠다. 즉, 일관성을 지닌 행정법도그마틱은 없고, 임기응변적 접근에 불과하다 하겠다.

5. 행정상 강제집행의 측면

하명처분의 경우 집행력에 기하여 대집행에서 자력집행이 허용된다. 따라서 조치적(이른바 처분적) 행정입법이 하명에 해당하면, 집행행위를 게재시키지 않고 불이행에 대해 곧바로 대집행을 강구할 수 있다. 물론 현행 행정대집행법이 대집행의 대상이 되는 의무가 법령에 의하여 직접 명하여질 수도 있으며, 법령에 의거한 행정행위에 의하여 명해질 수도 있다고 규정하고 있기에 큰 문제가 없다고 할 수 있지만, 전자의 경

45) 판례의 이런 중대성인정공식－법규의 중요한 부분－은 너무나 막연하여 과연 그것이 가늠자가 될 수 있을지 심히 의문스러운데, 또한 종종 그것이 구체적으로 논증되기보다는 위법판단의 序文的 기술에 불과하다. 사실 중대명백성설 자체에 근원적인 문제가 있다. 김중권, 행정법, 257면 이하 참조.

46) 서울고법 2010.3.30. 선고 2009누22852 판결은 하자의 중대성의 판단의 법리가 행정처분에 해당하는 조례의 경우에도 마찬가지로 적용된다고 판시하였다.

47) 한편 독일의 규범통제의 경우(행정법원법 제47조)에도 사소하지 않는 한, 절차하자는 규범을 위법하게 그리하여 무효로 만든다.

우에도 대집행이 가능하다는 것은 법령의 수범자가 원칙적으로 불특정다수인 점에 비추어 자칫 대집행의 남용을 가져다줄 우려가 있으며, 자칫 법규범과 법집행행위간의 구분을 무색하게 만들 위험도 있다. 입법적 개선이 필요하다는 점에서,[48] 자칫 바람직하지 못한 입법상황이 정당화될 우려가 있다.

6. 소송법적 측면

(1) 행정입법에 대한 항고소송의 허용성의 문제

먼저 행정입법에 대한 독립된 소송유형이 도입되지 않은 이상,[49] 행정입법에 대해 항고소송의 차원에서 취소소송과 무효확인소송을 공히 아무런 문제없이 강구할 수 있는지 여부가 다투어진다.[50] 그런데 여기서는 조치적(이른바 처분적) 행정입법에 대한 항고소송의 법적 성격이 과연 규범통제소송인지 아니면 항고소송인지 여부가 논란이 된다. 만약 전자에 해당한다면, 이 물음은 현행 전체 공법질서에서 답이 내려질 수 있다. 그런데 헌법 제107조 제2항을 헌법이 법원에 의한 추상적 규범통제를 허용하지 않는 것으로 보는 헌법문헌에서의 지적이[51] 보여주듯이, 이 문제는 헌법재판소와 대법원의 관할의 문제와 결부되어 공법학계에서 의견통일을 기대하기란 거의 불가능에 가깝다. 그리고 항고소송의 일종으로 접근할 경우에도, 헌법문헌상의 반론으로부터 자유롭지 않을 것이다.[52]

(2) 인용판결의 효력의 문제

행정소송에 대해서도 민사소송과 마찬가지로 불고불리의 원칙이 통용되지만, 이른바 처분적 행정입법에 대한 무효확인소송에서 그 인용판결의 효력이 계쟁 법규범과 상관관계에 있는 다른 법규정에 대해서도 미치는지 여부가 문제될 수 있다. 참고로 독일 행정법원법 제47조의 규범통제의 경우 해당 규정이 무효로 입증되고, 그것이 법규범의 다른 부분과 불가분적 상관관계에 있는 경우에는, 비록 그 다른 부분에 대해선 다

48) 동지: 김남진/김연태, 행정법Ⅰ, 2014, 512면.

49) 법무부 행정소송법개정안은 현재와 마찬가지로 규범통제에 대해서 아무런 언급을 하지 않았지만, 과거 대법원 행정소송법개정의견(2006.9.)은 (행정)처분과 명령을 함께 취소소송의 대상으로 삼고 있으며, 그에 따른 나름의 제도적 장치를 두고 있다. 즉, 대법원 개정의견은 취소소송의 대상인 명령으로 국가기관의 명령·규칙 및 지방자치단체의 조례·규칙을 규정하며(제2조 제1항 제2호). 이 명령 등에 대해선 취소소송·무효등확인소송·의무이행소송·예방적 금지소송에 관한 조항들이 –특례의 적용이 유보된 채– 원칙적으로 그대로 적용된다.

50) 대법원 95누8003 판결에서는 무효확인소송이, 대법원 95누7994 판결에서는 취소소송이 강구되었다.

51) 권영성, 헌법학원론, 2010, 1096면.

52) 상세는 손상식, 처분적 법규범에 대한 통제: 명령·규칙에 대한 본원적 규범통제를 중심으로, 헌법학연구 제19권 제1호(2013.3.), 437면 이하. 여기서 이런 문제상황을 극복하기 위해 처분적 법규명령과 집행적 법규명령의 구분이 동원될 수 있지만, 과연 양자의 구분이 명확히 가늠될 수 있는지 의문이 든다. 양자의 구분에 관해서는 정하중, 집행적 법규명령과 처분적 법규명령의 개념, 법률신문 제3482호(2006.8.14.).

틈이 없었더라도 신청을 넘어서 전체를 심사하여야 하고 그리하여 무효로 판시할 수 있다.[53]

조치적(이른바 처분적) 행정입법에 대한 항고소송이 인정되면, 인용판결이 내려진 경우, 다른 사안에서의 그것의 기왕의 집행행위의 효력이 문제된다. 그것의 집행행위는 -두밀분교폐지판결에서와는 달리- 행정처분 또는 사실행위에 해당할 수 있는데, 집행행위의 법적 성질에 관계없이 인용판결로 인해 처분적 행정입법이 소급적으로 무효(소효)가 된 이상, 기왕의 다른 사안에서의 그 집행행위의 효력이 문제된다. 입법적 장치가 없기에 논란이 유발된다.[54]

(3) 유효확인소송의 가능성의 문제

현행법상의 무효등확인소송의 차원에서 유효확인소송 역시 강구할 수 있는지 여부가 문제된다. 참고로 독일 행정법원법 제47조의 규범통제의 경우 그들 통설에 의하면, 규범의 유효성(통용력)의 확인에 관한 신청은 허용되지 않는다.

(4) 사법심사의 밀도의 문제

행정은 법규명령이나 조례를 정립함에 있어서, 수권의 법률상의 범위, 공포 등의 절차규정, 그리고 헌법상의 규준을 준수하여야 하되, 허용된 범위안에서 나름의 광범한 형성의 자유를 갖는다. 즉, 입법형성의 자유(이른바 입법재량)가 인정된다. 그리하여 사법심사의 밀도와 관련해서 통상 행정처분을 대상으로 할 때는 엄격한 사법심사가 강구되지만, 행정입법의 경우에는 위임법리와 절차에 초점을 맞추는 식으로 완화된 사법심사가 강구된다. 조치적(이른바 처분적) 행정입법에 대한 항고소송에서 사법심사가 어떠해야 할지 논란이 되는데, 입법형성의 자유가 인정되는 이상 자칫 효과적인 사법심사가 주효하지 않을 우려가 있다.

명령권능에 행정재량의 엄격한 심사원칙을 적용하여야 하는지 아니면 입법적 형성자유의 심사에 통용되는 덜 엄격한 규준을 적용하여야 할는지 여부의 물음에 대해서, 확고한 답이 내려지지 않았다. 일찍이 Ossenbühl은 이 물음과 관련해서, 상이한 명령유형과 상이한 명령제정과정(재량여부)을 고려해서 해결책을 찾고자 시도하였다. 그리하여 일반적인 법규명령과, 조치적 명령(Massnahmeverordnungen)과 개별적 명령(Individualverordnungen)을 구분하여, 조치적·개별적 명령에 대해서, 그것이 행정행위

53) Vgl. BVerwG, DVBl 1992, 37.

54) 과거 대법원 행정소송법개정의견에 의하면, (명령의 취소소송에서) 확정판결에 의하여 명령 등이 취소된 때에도 그 명령 등에 근거한 재판 또는 처분이 이미 확정된 경우에는 그 효력에 영향을 미치지 아니한다. 다만 그 재판 또는 처분을 집행할 순 없다(제40조 제1항).

의 기능과 규율내용을 떠맡을 때에는, 당연히 행정행위와 동일한 심사밀도에 처해져야 한다고 주장한다. 아울러 그는 여기서의 명령은 형식상으로만 법제정이지 내용상으론 법적용이라고 강조한다.[55]

V. 이른바 처분적 행정입법을 인정한 판례에 관한 분석

1. 대법원 1996.9.20. 선고 95누7994 · 95누8003 판결의 경우

(1) 판결의 요지

* 대법원 1996.9.20. 선고 95누7994 판결(원심: 서울고법 1995.5.16. 선고 94구11554 판결)

[1] 구 지방자치법(1994. 3. 16. 법률 제4741호로 개정되기 전의 것) 제15조, 제19조, 제35조 제1항 제1호, 제135조 제1항, 제2항, 구 지방교육자치에관한법 률(1995. 7. 26. 법률 제4951호로 개정되기 전의 것)제2조, 제41조, 구 교육법 (1995. 12. 29. 법률 제5069호로 개정되기 전의 것) 제8조 제4항 등의 규정들을 종합하면, 공립초등학교는 공공시설로서 그 설치·폐지에 관하여는 다른 법령에 규정이 없는 경우 지방자치단체인 시·도가 제정하는 조례의 형식으로 정하여야 하고, 그러한 학교의 설치·폐지는 지방의회에 의한 조례의 의결 및 그 공포로써 효력이 발생하여 완결되는 것이며, 구 지방교육자치에관한법률 제27조 제1호, 제5호에서 조례안의 작성 및 학교의 설치·폐지에 관한 사항을 교육감의 관장 사무로 규정하고 있더라도 그 규정을 시·도 교육감이 학교의 설치·폐지에 관한 결정 자체를 할 권한이 있는 것이라고 볼 수 없다.

[2] 공립초등학교 분교의 폐지는 지방의회가 이를 폐지하는 내용의 개정 조례를 의결하고 교육감이 이를 공포하여 그 효력이 발생함으로써 완결되고, 그 조례 공포 후 교육감이 하는 분교장의 폐쇄, 직원에 대한 인사이동 및 급식학교의 변경지정 등 일련의 행위는 분교의 폐지에 따르는 사후적인 사무처리에 불과할 뿐이므로, 이를 독립하여 항고소송의 대상이 되는 행정처분으로서의 폐교처분이라고 할 수 없다.

* 대법원 1996.9.20. 선고 95누8003 판결(원심: 서울고법 1995.5.16. 선고 94구26631 판결)

[1] 조례가 집행행위의 개입 없이도 그 자체로서 직접 국민의 구체적인 권리의무나 법적 이익에 영향을 미치는 등의 법률상 효과를 발생하는 경우 그 조례는 항고소송의

55) 한편 그는 자기가 제기한 심사밀도와 범위(Wieweit)의 문제는 권리보호의 방법 즉, 그러한 법규명령이 어떠한 절차로 사법심사에 도달할 수 있는지와는 무관함을 지적하였다. Ders., Richterliches Prüfungsrecht und Rechtsverordnungen, in: FS für H. Huber, Berlin 1981, S.283ff.

대상이 되는 행정처분에 해당하고, 이러한 조례에 대한 무효확인소송을 제기함에 있어서 행정소송법 제38조 제1항, 제13조에 의하여 피고적격이 있는 처분 등을 행한 행정청은, 행정주체인 지방자치단체 또는 지방자치단체의 내부적 의결기관으로서 지방자치단체의 의사를 외부에 표시한 권한이 없는 지방의회가 아니라, 구 지방자치법(1994. 3. 16. 법률 제4741호로 개정되기 전의 것) 제19조 제2항, 제92조에 의하여 지방자치단체의 집행기관으로서 조례로서의 효력을 발생시키는 공포권이 있는 지방자치단체의 장이다.

(2) 관견

가) 형식의 가늠잣대

법률이 일정한 공인된 법형식을 규정한 경우에는 사정이 다르다. 입법자의 의사를 법적용자인 행정은 따라야 한다. 규정된 법형식이 담을 내용에 相符할는지 여부는 해당 법규정의 정당성 나아가 합헌성의 물음이지, 해당 행정활동의 법적 성질에 관한 논의와는 전혀 무관하다. 존재형식이 조례와 같은 법정의 법규범인 이상, 그것의 문제는 규범의 차원에서 해결하여야 하지 결코 행정처분의 차원에서 강구하여서는 아니 된다. 즉, 당해 조례의 적법성은 취소소송이 아닌 규범심사의 방법에 의하여 검토해야 한다. 반대로 형식상 행정행위로 발해진 규율은, 비록 그것이 내용상으론 일반적 규율에 해당하고 이런 규율은 명령에 의해서만 발해졌어야 할지라도, 규범심사절차가 통용되지 않는다.[56] 법적 성질의 문제와, 그 형식에서 비롯된 법적 작용(형식)의 정당성 및 적법성의 문제는 별개이다.

요컨대 법정의 법규명의 형식을 갖는 한, 이른바 처분적 행정입법은 인정될 수 없다. 입법, 판례, 법학계, 행정실무, 어느 누구도 행정법도그마틱의 造形에 관해서 독점을 누리지 못하고 나름대로 각기 분화되어 무엇이 행정법인지를 공동으로 결정한다.[57] 사실 행정법의 작용형식의 유지, 체계화, 적응화 그리고 창설은 전통적으로 판례와 행정법학이 담당한 소임이나, 이는 입법자가 아무런 언급을 하지 않은 경우에만 자명하게 통용된다.[58]

나) 학교폐쇄조치의 법적 성질

한편 사안에서 學校閉鎖措置의 法的 性質을 규명할 필요가 있는데, '폐쇄'란 어의가 지닌 실력행사적 측면이나 법집행적 측면에서 이를 사실행위로 볼 수도 있으나, 여기서의 폐쇄는 집행기관으로서의 교육감의 지위에서 행하였다는 점을 염두에 둔다면 독

56) BVerwGE 18, 1; 29, 207; DÖV 1974, 426. 의문을 표하는 것으로 VGH München Bay. VBl. 1978, 84.
57) Bachof, VVDStRL 30(1972), S.224f.
58) F. Ossenbühl, Eine Fehlerlehre für untergesetzliche Normen, NJW 1986, S.2805(2806).

립된 의미를 지닌 법적 행위로서의 '폐쇄조치(결정)'로 봄직 하다. 참고로 독일의 경우 학교운영주체(Gemeinde나 Kreis)가 학교의 설치, 변경, 폐지에 관한 결정을 내리는데, 이는 조직권(Organisationsgewalt)에 의거한 일종의 조직조치에 해당한다. 그것은 행하는 형식과 그에 결부된 법효과의 발생에 따라 행정행위, 법률하위적 규범, 또는 -특정 구체적인 행정청의 설치·폐지·이전처럼- 전적으로 행정내부사항일 수 있다.[59] 그리하여 특별한 법규범의 형식이 규정되지 않은 상황에서, 학교의 개설 및 폐쇄에 관한 결정,[60] 도축장의 개설이나 폐쇄결정,[61] 김나지움을 연차적으로 종합학교로 바꾸는 것,[62] 학교에 주5일제 도입,[63] 학군변경[64]이 행정행위에 해당한다. 우리 역시 '두밀분교폐지조례' 그 자체가 아니라, 그것의 집행행위인 '폐쇄조치(결정)'를 대상으로 삼았어야 한다.[65]

다) 침해의 직접성 논증의 문제점

일찍이 대법원 1954.8.19. 선고 4286행상37(53누37) 판결이 처음 제시한 규범의 처분성인정근거는 '두밀분교통폐합조례사건'을 통해 공식화되어(조례는 집행행위의 개입 없이도 그 자체로서 직접 국민의 구체적인 권리의무나 법적 이익에 영향을 미치는 등의 법률상 효과를 발생하는 경우 그 조례는 항고소송의 대상이 되는 행정처분에 해당한다) 후속 판례에서도 그대로 이어지고 있다. 침해의 직접성에 초점을 맞춘 논증 그 자체에 취약점이 내포되어 있다. 직접성 여부에 관한 구체적인 확고한 기준이 제시되고 있지 않다. 처분사유에 불과한 표준공시지가결정이나 개별공시지가결정에 대해 성급하게 부당하게 처분성을 인정한 것이 잘 보여주듯이,[66] 법원으로서는 상황에 맞춰 구체적인 해결책을 도모해야 하기에 결과선취적 경향을 보이는 것은 자연스럽다. 사실 보기에 따라서는 법규범 그 자체에서 그다지 어렵지 않게 직접적인 법효과를 도출할 수 있으며, 그

59) 조직조치의 법적 성질에 관한 일반적 논의로 vgl. Martens NVwZ 1982, S.481ff.

60) BVerwGE 18, 40; OVG Koblenz NVwZ 1986, 1036; OVG Münster DVBl.1989, 1272; OVG Bremen NVwZ1986, 1038.

61) VGH Kassel 19, 17=DÖV 1989, 358. 다른 입장으로 BGH DVBl. 1970, 135-이용에 관한 청구권이 존재하지 않을 경우엔 행정행위가 아닌 것으로-.

62) OVG Hamburg DÖV 1980, 384; NJW 1980, 2146.

63) BVerwGE 47, 210.

64) VGH München Bay.VBl. 1972, 580. 다른 입장으로 VGH Kassel NVwZ 1984, 116; Theuersbacher, Die Entwicklung des Schulrechts von 1984-1987, NVwZ 1988, 888.

65) 하지만 대법원 1996.9.20. 선고 95누7994 판결은 아쉽게도 '두밀분교폐지조례'의 후속집행행위의 법적 의의를 일소시켰다.

66) 그러나 -標準地公示地價決定과 收用裁決간의 하자승계를 인정한- 대법원 2008.8.21. 선고 2007두13845 판결과 -개별공시지가결정과 후행 과세처분간의 하자승계를 인정한- 대법원 1994.1.25. 선고 93누8542 판결로 인해 국민으로선 굳이 표준지공시지가결정이나 개별공시지가결정을 따로 다툴 필요성을 느끼지 않을 것이다. 공시지가결정을 과세처분상의 과세표준결정마냥 처분의 근거로 접근하였다면 그것의 법적 성질을 둘러싼 소모적 논의는 물론 현하의 혼란상황은 애당초 생기지 않았을 것이다. 이에 관한 상세는 졸고, 標準地公示地價決定과 收用裁決간의 瑕疵承繼認定의 意義, 법률신문 제3871호, 2010.9.9. 참조.

에 따라 후속행위의 존재를 손쉽게 무시할 수 있다. 요컨대 판례는 임기응변적 문제해결의 경향에서 벗어날 수 없는데, 여기에 사법적극주의가 가미될 것 같으면 침해의 직접성은 자칫 요식적인 데 불과하여 법규범과 집행행위의 구분 자체가 유명무실해질 수 있다.

2. 서울행정법원 2005.9.1. 선고 2004구합5911 판결의 경우

(1) 판결의 요지

[1] 관세법 제53조, 제54조는 조사대상공급자에게 덤핑방지관세의 부과 절차상 잠정조치의 대상 또는 협상 상대방으로서의 법적 지위를 부여하고 있는 점 및 관세법 제50조 제1항 소정의 관세율표에 의한 기본세율 및 잠정세율과는 달리 덤핑방지관세는 덤핑으로 인하여 국내산업에 실질적인 피해가 있다고 인정되는 경우에 그 물품과 공급자 또는 공급국을 지정하여 당해 물품에 대하여 부과되는 것이기 때문에 그 물품의 우리나라에 대한 수출에 직접적인 영향을 미친다는 점 등을 종합하여 보면, 재정경제부령 제330호 '관세법 제51조의 규정에 의한 인도네시아 · 중국산 정보용지 및 백상지에 대한 덤핑방지관세 부과에 관한 규칙'은 항고소송의 대상이 되는 행정처분에 해당한다.

(2) 관견

재정경제부령 제330호는 인도네시아 · 중국산 정보용지 및 백상지에 대하여 2003. 11. 7.부터 2006. 11. 6.까지 8.22%의 덤핑방지관세율을 부과하는 것 등을 내용으로 한다. 피고측은 이 사건 규칙이 일반적 · 추상적인 법령으로 규칙 시행만으로는 원고들의 구체적인 권리의무에 직접적인 변동을 초래하는 것이 아니므로 행정소송의 대상이 되는 처분으로 볼 수 없다고 주장하였지만, 판례는 조치적(이른바 처분적) 행정입법에서의 처분성인정의 공식에 의거하여 취소소송의 대상적격성을 긍정하였다. 특히 판례는 "원고들로서는 이 사건 규칙에 대하여 항고소송을 제기함으로써 위 규칙이 유효함을 전제로 하여 향후 조사대상물품을 수입하는 수입자들에게 부과될 관세부과처분과 관련된 모든 분쟁을 일거에 해결할 수 있을 것이므로, 이 사건 소는 분쟁해결을 위한 직접적이고 유효 · 적절한 수단이라고 할 것이다."고 판시하였다.

하지만 법효과란 궁극적으로 법규범에서 기인한다는 점에서, 오히려 과거보다 도드라진 법(권리)인식으로 인하여 결과를 선취한 것은 아닌지 저어된다. 그리고 대상규칙이 관세법 제51조에 의한 위임규정인 점에서, 대상판결이 처분성논증에서 제시한 법효과가 과연 동 규칙으로부터 구체적 직접적으로 발생하는지가 의문스럽다. 판시한 대로, 취소소송은 행정처분을 대상으로 한다는 점에서 조기의 권리보호 기능과 분쟁의 일거해결기능을 수행한다. 그러나 취소소송의 이런 기능을 그대로 대입하면, 과도한 처분성인정으로 인해 법집행행위의 존재가 무색하게 되며, 자칫 항고소송이 대체적 규범통제소송으로서의 기능까지도 발휘할 수 있으며, 궁극적으로 행정법도그마틱은 물론, 행정소송법체계에 대해 치명적인 난맥을 가져다줄 수 있다. 관세부과처분을 기다려서 그에 대해 권리보호를 강구하게 하는 것이 정도이다.[67]

3. 서울고등법원 2010.3.30. 선고 2009누22852 판결의 경우

(1) 판결의 요지

[1] 갑 중학교에 재학중인 학생과 학부모 등이 '서울특별시립학교 설치 조례 일부개정조례' 중 갑 중학교 교명 부분의 무효확인을 구한 사안에서, 갑 중학교에 재학중인 학생의 학부모나 앞으로 갑 중학교에 입학예정인 초등학생과 그 부모는 갑 중학교 교명에 대하여 추상적·간접적 권리를 갖는 데 불과하여 위 조례에 의하여 헌법과 법률이 보호하는 개별적·직접적·구체적 이익을 침해당하였다고 볼 수 없으므로 위 무효확인을 구할 법률상 이익이 없으나, 갑 중학교에 재학중인 학생들은 학교의 교육환경을 구성하는 교명에 관하여 교육기본법 제12조에 의하여 보호되는 학습자로서의 권리 내지는 법적 이익을 가진다고 보아야 하고, 다른 구체적 집행행위의 개입 없이도 위 조례에 의하여 공립 중학교가 설립되고 그 교명이 갑 중학교로 정해짐에 따라 갑 중학교에서 재학하면서 교육을 받을 학생들의 위와 같은 권리 내지 법적 이익에 구체적 영향을 미치는 법률상의 효과가 발생하므로, 위 조례 중 갑 중학교의 교명에 관한 부분은 항고소송의 대상이 되는 행정처분에 해당하고 갑 중학교에 재학중인 학생들은 그 부분의 무효확인을 구할 수 있는 이해관계를 가진 자로서 원고 적격이 인정된다고 한 사례.

(2) 관견

학교의 작명과 개명은 일종의 조직조치이다. 원심인 서울행법 2009. 6. 19. 선고 2009구합5350 판결은 "이 사건 조례 중 위 중학교의 교명을 정한 부분은 그 자체만으로 위 중학교에 취학한 학생이나 그 보호자의 구체적인 권리의무나 법적인 이익에 직접적인 변동을 초래하게 하는 것이 아니어서 항고소송의 대상이 되는 행정처분에

---

67) 상세는 졸고, 이른바 처분적 시행규칙의 문제점에 관한 소고, 법률신문 제3478호, 2006.7.27. 참조.

해당한다고 볼 수 없다."고 판시한 반면 대상판결은 적극적으로 처분성을 논증한 다음 본안에서 기각하였다. 한편 독일의 경우 Gemeinde를 위한 作名과 改名과[68] 도로개명은[69] 행정행위에 해당한다. 다만 그것이 법규범의 형식으로 행해지도록 규정되어 있지 않다. 따라서 우리의 교명의 사건에 독일적 인식을 대입할 수는 없다. 그런데 대상사안에서 갑 중학교는 신설학교이다. 원고적격이 인정된 재학생 역시 해당 조례가 공표된 시점(2008.12.31.)에는 아직 학교가 배정되지 않았기에, 갑 중학교와 아무런 관계가 없다.

Ⅵ. 맺으면서 - 자의의 단호한 배격자이자 자유의 쌍둥이자매로서의 형식

이른바 처분적 행정입법은 공식화된 행정수단이 되어버렸다. 보기에 따라서는 그것이 처분성확대의 소산이라 여겨지지만, 행정의 작용형식의 체계의 견지에서 보면 그 정당성에서 전거가 의문스럽다. 사실 법적 논증의 원칙적 접근방식인 형식적 고찰을 하면, 이른바 처분적 행정입법은 독립된 작용형식의 하나로 인정될 수가 없다. 법원의 실질일변도의 태도는 그 자신으로 하여금 現下의 문제에 매달리다 부지불식중에 자기모순에 빠뜨릴 수 있다. 형식은 그것이 행정활동의 수행을 조정하는 경우에만 그 자신의 힘을 발휘할 수 있다. 일찍이 Jhering이 형식을 恣意의 단호한 排擊者이자 자유의 쌍둥이자매로 평하였듯이,[70] 법에서 形式은 公式이자 定式이다.

물론 규범심사가 '추상적'이거니와 자연인 뿐 아니라 공공기관도 제기할 수 있는 독일에 비하면,[71] 우리의 경우 규범심사와 관련해선 결정적인 제도적 不備가 있어서 형식적 기조를 관철하기란 어렵다. 이런 제도상의 미흡을 처분성확대를 통해 항고소송의 방법으로 메우는 것이 고려될 수 있는 하나의 방안이긴 하나, 그런 모색이 지속적으로 또한 정식적으로 강구되면, 행정법, 행정작용형식의 체계, 행정쟁송의 기본체제가 전복될 우려가 있다. 미흡한 제도를 올바르게 개혁하는 데 있어서, 제1차적 주체는 입법자이지, 사법부가 아니다.

일찍이 Schmidt-Aßmann은 법학적 체계사고란 견고한 가치위계에 고정되어 있지 않을 뿐더러 필연적으로 靜的이지도 않다고 강조하면서, 동시에 그런 사고에서의 언명은 오히려 미래의 향상된 인식과 바탕규준의 불변성의 유보하에 있음을 지적하였

68) VGH München DVBl. 1981, 223.

69) OVG Münster NJW 1987, 2695.

70) ders., Geist des römischen Rechts auf den verschiedenen Stufen seiner Entwicklung, 2.T1., 2.Abt.1875, S.471: P. Krause, a.a.O., S.16 Fn.15)에서 재인용.

71) 상세는 졸고, 獨逸의 規範統制制度에 관한 槪觀과 그 示唆點에 관한 小考, 중앙법학 제11권 제1호, 2009.4, 345면 이하(행정법기본연구Ⅱ(2009), 105면 이하) 참조.

다.[72] 법체계의 측면에서 핵심적인 향도적 기능이 작용형식에 부여됨을 간과해선 아니 된다. 행정의 작용형식은 행정법의 목적적 창조물이고, 행정법의 임무란 실제로 일어난 전개양상과 새로운 해석을 작용형식의 영역에서 체계화하는 것이다. 현재의 작용체계가 이른바 처분적 행정입법과 같은 변칙적 상황에서 부여된 제 역할을 전혀 다하지 못한다면, 토마스 쿤이 말하는 일종의 과학혁명의 차원에서 패러다임의 교체를 통해 새로운 작용형식의 체계가 당연히 요구되지만, 우선은 기왕의 패러다임으로 변칙적 상황을 커버하고자 모색하여야 한다. 현하의 변칙적 상황에만 전적으로 몰두하면 자칫 임기응변적 해결만이 강구되어서 종국적으로 행정작용의 전체 체계가 난맥에 처할 우려가 있다. 변칙적 상황을 곧바로 새로운 작용형식의 하나로 설정하기보다는 우선 작용형식의 현존 체계에 가능한 광범하게 照應시켜야 한다.

결론적으로 바탕규준의 불변성은 견지하면서도 향상된 인식에서 보건대, 독립된 작용형식의 하나로 이른바 처분적 행정입법을 인정하여선 아니 되고, 그것에서 후속 집행행위(행정행위이든 사실행위이든)의 존재를 가능한 발견하여 그 집행행위를 대상으로 삼아 규범통제를 강구하는 것이 바람직하다.

* 공법연구 제42집 제4호, 2014.6.30., 285면-311면 所收.

72) Schmidt-Aßmann, Das allgemeine Verwaltungsrecht als Ordnungsidee, 2.Aufl., 2004, S.1.

제 9 장

신고제의 발본적 개혁에 관한 소고

Ⅰ. 처음에 – 신고제에 관한 외과적 수술의 필요

건축법 제14조상의 건축신고를 수리를 요하는 신고로 명시적 판시한 대법원 2011. 1.20. 선고 2010두14954 전원합의체 판결은 신고제논의에서 –개인적으로 매우 비판적이지만– 전기를 가져다주었다. 그런데 심각한 사회적 갈등을 야기한 대형마트 및 준대규모점포의 영업시간 및 영업일 제한에 관련한 대법원 2015.11.19. 선고 2015두295 전원합의체 판결은 그것에 담겨진 격심한 법적 관점(즉, 영업의 자유와 규제)을 지극히 당연한 법리에서 전개하면서도 유통산업발전법상의 대규모점포의 개설 등록을 '수리를 요하는 신고'라고 명시적으로 판시하였다. 결과적으로 대법원 2010두14954 전원합의체 판결의 치명적인 문제점을 도드라지게 하는 대법원 2015두295 전원합의체 판결은 비단 등록제만이 아니라, 신고제에 대해서도 또 다른 심각한 논란이 촉발된다.[1)]

전 세계를 휩쓴 탈규제화, 간소화, 자율화 그리고 사적화(민간화)의 경향에 편승하여 독일의 경우에는 통일이후에 대대적인 건설사업을 신속히 추진하기 위해 주 건축법의

* 이 글은 2016.6.30.에 개최된 한국행정법학회 · 법제처 공동학술대회에서 발표한 것을 수정 보완한 것이다.

1) 이런 지적은 졸고, 2015년도 主要 行政法(行政)判決의 分析과 批判에 관한 小考, 안암법학 제50호, 2015.5.31., 116면 이하.

차원에서 허가절차중심적 법제도가 대대적으로 개혁되었고(후술), 우리 역시 IMF 환란 이후에 허가제에 갈음하여 등록제 및 신고제의 확대도입이 강구되었다. 그런데 신고제에 관한 논의는 가히 백화제방백가쟁명(百花齊放百家爭鳴)의 상황이다.[2] 우리 행정법 및 공법의 수준을 격상시킬 수 있는 주제라면 이런 百花齊放百家爭鳴의 상황은 환영할만하고 바람직하다. 하지만 정반대의 주제라면 이런 상황은 행정법 및 공법제의 발전을 결정적으로 가로막는 치명적인 방해물이 된다. 경향성을 가늠한 수 없는 지금의 百花齊放百家爭鳴의 상황은 行政法上의 申告가 行政法上의 '新苦'임을 여실히 증명한다. 학문적 논의의 사정이 이러하기에, 신고제를 포함한 규제개혁의 실패는 필연적이고, 규제개혁이 늘상 정부의 －실패가 예정된－ 도돌이표 국정과제가 되는 것 역시 자연스럽다.

신고제의 경우 원칙적으로 행정의 심사과정이 존재하지 않는 점이, 허가 등과의 결정적인 차이이고, 일반적으로 그렇게 이해된다. 하지만 행정실무는 신고제를 행정의 심사과정의 필수적 존재를 전제로 실행하고 있어서 행정현장에서 심각한 마찰을 야기되고 있다.[3] 그에 따라 행정판례상으로도 치열한 법적 문제가 되고 있으며, 학문적으

2) 건축신고와 신고일반에 과한 최근 문헌으로 강현호, 行爲開始統制手段으로서의 建築申告에 대한 考察, 행정판례연구 17－2, 2012, 3면 이하; 고규정, 건축신고의 법적 성격 및 그 반려행위가 항고소송의 대상이 되는지 여부: 연구대상판결: 대법원 2010.11.18. 선고 2008두167 전원합의체 판결: 참조판결: 대법원 2011.1.20. 선고 2010두14954 전원합의체 판결, 판례연구 제23집, 2012, 709면 이하; 김남철, 행정법상 신고의 법리: 이론과 판례의 문제점과 개선방향, 경원대학교 법학연구 제3권 제3호, 2010, 113면 이하; 김민섭, 자체완성적 공법행위로서의 신고와 행정요건적 공법행위로서의 신고의 구별, 홍익법학 제16권 제1호, 2015, 679면 이하; 김용섭, 원격평생교육시설 신고 및 그 수리거부, 행정판례연구 17－2, 2012, 51면 이하; 나선경 · 박민, 행정 관련법령상 등록과 신고의 개념적 유형화, 공법연구 제41집 제3호, 2013, 341면 이하; 류광해, 자체완성적 신고와 행정요건적 신고의 구분, 조선대 법학논총 제20집 제1호, 2013, 125면 이하; 류광해, 행정법상 신고의 요건과 심사범위, 법학연구 제16집 제1호, 2013, 23면 이하; 박균성, 納骨堂設置申告 受理拒否의 法的 性質 및 適法性 判斷, 행정판례연구 16－1, 2011, 107면 이하; 박균성, 勞動組合設立申告의 申告要件 및 申告要件의 審査方式: 대상판결: 대법원 2014.4.10. 선고 2011두6998 판결, 행정판례연구 20－1, 2015, 65면 이하; 박균성 · 윤기중, 행정규제완화수단으로서의 신고에 관한 연구, 경희법학 제49권 제1호, 2014, 129면 이하; 박균성 · 윤기중, 수리를 요하는 신고의 구별기준에 관한 연구, 경희법학 제48권 제4호, 2013, 495면 이하; 박금호, 건축법상 건축신고의 문제점과 개선방안: 건축행정 중심으로, 건설법무 연구 제2권 제1호, 2013, 163면 이하; 박해식, 住民登錄 轉入申告 受理 與否에 대한 審査範圍와 對象: 대상판결: 대법원 2009.6.18. 선고 2008두10997 전원합의체 판결, 행정판례연구 15－2, 2010, 227면 이하; 송동수, 행정법상 신고의 유형과 법적 효과, 토지공법연구 제60집, 2013, 285면 이하; 송시강, 행정법상 신고 법리의 재검토: 「전기통신사업법」상 이용약관 신고를 중심으로, 홍익법학 제13권 제4호, 2012, 635면 이하; 윤기중, 수리를 요하는 신고의 독자성, 공법연구 제43집 제4호, 2015, 189면 이하; 윤기중, 행정규제완화수단으로서의 신고에 관한 연구, 경희대학교 박사학위논문, 2015; 이상천, 요건으로서의 신고 · 신청에 따른 효과로서의 수리 · 등록 · 허가의 개념적 구분 재론, 공법학연구 제11권 제3호, 2010, 275면 이하; 이재용, 가칭 전국공무원노동조합의 설립신고 반려를 둘러싼 법적 쟁점, 홍익법학 제15권 제1호, 2014, 891면 이하; 정남철, 건축신고와 인인보호: 독일 건축법제와의 비교법적 고찰을 겸하여, 법조 제59권 제6호, 2010, 250면 이하; 정연부, 신고의 유형과 수리거부의 대상적격: 건축신고에 대한 판례를 바탕으로, 성균관법학 제27권 제4호, 2015, 271면 이하; 정훈, 공법상 신고의 법적 성질과 현실에서의 의미, 동아법학 제58호, 2013, 185면 이하; 조만형, 행정법상 신고의 유형과 해석기준에 관한 소고, 공법연구 제39집 제2호, 2010, 597면 이하; 최계영, 건축신고와 인 · 허가의제, 행정법연구 제25호, 2009, 165면 이하; 최승필, 규제완화에 대한 법적 고찰: 인 · 허가 및 신고, 등록제도와 네거티브 규제를 중심으로, 공법학연구 제12권 제1호, 2011, 317면 이하; 홍정선, 주민등록법상 주민등록신고 등 각종 신고의 성질: 수리를 요하지 않는 신고의 다양한 형태를 파악하기 위한 소고, 지방자치법연구 제10권 제4호, 2010, 227면 이하; 홍준형, 사인의 공법행위로서 신고에 대한 고찰, 공법연구 제40집 제4호, 2012, 333면 이하.

로도 자기완결적 신고와 수리를 요하는 신고의 기본틀에 입각하여 격심한 논란이 전개되고 있다. 그런데 우리의 논의현황과는 매우 대조적으로 일본에서는 신고(屆出)에 대한 학문적 관심이 그다지 높지 않다. 행정법적 논의의 대부분이 일본에서의 그것과 흡사함에도 불구하고 신고제와 관련해서는 韓日간에 현저한 차이가 있다는 것은 매우 생소하면서도 간과할 수 없는 점을 시사한다.

대법원 2010두14954 전원합의체 판결과 대법원 2015두295 전원합의체 판결은 부조화의 극치를 드러냄으로써, 신고제와 관련하여 가히 고르디오스의 매듭과 같은 상황을 외과적 수술을 통해 절단하여 역설적으로 바른 신고제를 정립하는 데 결과적으로 이바지할 것으로 여겨진다. 기왕의 틀에 대해 필자는 2001년도부터 부단히 문제제기를 하여, 기왕의 틀을 버리고 금지해제적 신고와 정보제공적 신고로 나눌 것을 일관되게 제안하였다.[4] 그 일환으로 이 글을 통해 신고제를 둘러싼 제 논의를 일신할 수 있는 계기를 마련하고자 한다. 그런데 필자의 그간의 논의전개에는 치명적인 문제가 있었다. 신고를 탈규제화의 기조에서 허가대체적 제도로 보는 것을 출발점으로 삼았는데, 이는 신고제의 원래의 정체성을 왜곡할 수 있다. 그 본질이 알림으로서의 신고는 정보제공적 신고가 원형이다. 이 글에서는 정보제공적 신고로서의 그것을 출발점으로 삼아 기왕의 필자의 주장을 진전시켜 새롭게 접근하고자 한다.

Ⅱ. 행정법도그마틱의 임무[5]

'행정법의 개혁'은 처음부터 '행정법도그마틱의 개혁'이다. 도그마틱은 '행정(법집행)과 법원(판례)에 의한, 법문과 법적용간의 조작가능한(표준화, 규격화가능한) 층(켜)'이다.[6] 그것은 규범적 제도와 의미상의 상관관계에 의한 집적이다. 그것은 실정법의 바

---

3) 허가제 등과 비교해서 그다지 비중이 덜한 신고제가 우리 학계의 핵심쟁점이 된 결정적인 이유가 바로 신고에서 행정의 심사과정이 존재하는지 여부 및 그 심사의 내용이 어떠한지를 두고서 百花齊放百家爭鳴의 상황이 전개되고 있기 때문이다(후술).

4) 졸고, 建築許可擬制的 建築申告와 一般的인 建築申告의 差異點에 관한 小考, 판례월보 2001년 5월호, 13면 이하; 건축법상의 건축신고의 문제점에 관한 소고, 저스티스 제61호, 2001.6., 150면 이하; 행정법상의 신고의 법도그마적 위상에 관한 소고, 고시연구 2002.2., 26면 이하; 행정법상의 신고와 관련한 판례의 문제점에 관한 소고, 인권과 정의 제307호, 2002.3., 101면 이하; 주민등록전입신고거부의 법적 문제점에 관한 소고, 저스티스 제74호, 2003.8., 269면 이하; 이른바 수리를 요하는 신고의 문제점에 관한 소고, 행정판례연구 제8집, 2003.12, 63면 이하; 건축신고의 허가擬制 효과에 관한 소고, 법률신문 제3837호, 2010.05.03.; 轉入申告에 따른 登錄拒否處分의 問題點에 관한 小考, 법률신문 제3876호, 2010.09.30.; 申告制와 관련한 코페르니쿠스적 轉換에 관한 小考, 법률신문 제3896호, 2010.12.6.; Quo vadis－申告制?, 법률신문 제3916호, 2011.03.07.; 건축법 제14조상의 건축신고가 과연 수리를 요하는 신고인가?, 특별법연구 제9권(이홍훈 대법관 퇴임기념), 2011.5.13., 273면 이하; 이른바 자기완결적 신고가 과연 존재하는가?, 법률신문 제3984호, 2011.11.17.; 情報提供的 申告로서의 集會申告의 公法的 意義에 관한 小考, 안암법학 제43호(2014.1.31.), 77면 이하; 集會申告의 法的 性質에 관한 小考, 법률신문 제4248호(2014.8.21.).

5) 이하는 Scmidt－Assmann, Verwaltungsrechtliche Dogmatik, 2013, S.3－5.을 옮긴 것이다.

탕에서 전개되나, 개별법규의 현재상태에 좌우되지는 않는다.[7] 법치국가에서 도그마틱은 항상 "법부속적"(rechtsakzessorisch)이다.[8] 하지만 도그마틱이 없다면 법치국가는 그것의 가장 중요한 요소인, 법의 개관가능성과 법적용의 합리성을 상실한다.

행정법 도그마틱은 공동의 작업이다－특히 재판과 학문.[9] 양자는 구별된 방법으로 협력한다. 즉, 법원은 구체적인 판결을 통해, 학문(학계)은 체계화하는 정렬에 의해 공동 작업을 한다.[10] 어떤 것이 선행하는지, 어떤 것이 후행하는지의 물음은 사전에 확정되어 있지 않고, 시대와 영역에 따라 변화한다.[11] 재판과 학문 사이의 교차 역시 고려해야 한다.[12] 이런 배경에서 그리고 이런 범주에서, 법학은 발해진 법적 결정(판결)을 묘사하기 위해서는 물론, 독립적으로 기여하는 데서 정당화된다.[13] 이런 점은 －의회에 의해 일회적으로 가결된 법률본문이상인－ 법 자체의 매개로부터 비롯된다. 법규정과 판결은 축적되어야 한다. 뿐만 아니라. 이들은 오히려 질서의 관점에서 종합적으로 관찰되어야 하며, 법제도로 형성되어야 하고, 더 큰 발전계보에 편입되어야 한다.[14] 고유한 규범적 상태의 착안점이 이런 사고상의 조작에서 효과를 발휘한다.[15]

---

6) Eifert, Zum Verhältnis von Dogmatik und pluralisierter Rechtswissenschaft, in: Kirchhof/Magen/Schneider, Was weiß Dogmatik?, 2012, S.79(96). 문헌상의 다른 정의는 Waldhoff, Kritik und Lob der Dogmatik, in: Kirchhof/Magen/Schneider, Dogmatik, S.17(22ff.).

7) Möllers, in: Grundlagen des Verwaltungsrechts Bd. I, 2.Aufl., 2012, §3 Rn.35. 비슷하게 Klement, Verantwortung, 2006, S.34ff.는 다음의 두 가지 종류의 법규를 구분한다: 창설적 법규와 확인적 법규. 도그마틱의 법규는 두 번째 종류의 법규이다: 그것은 첫 번째 그룹의 당위조항으로부터 일반적인 구체화하는 규범적 언명을 형성한다(S.39). 양 그룹의 상호 관계는 "교호적으로 이해되어야" 한다(S.40).

8) Waldhoff, in: Kirchhof/Magen/Schneider, Dogmatik, S.17(27).

9) 그러나 행정과 입법의 기여 역시 간과해서는 아니 된다. 타당하게 Eifert, Das Verwaltungsrecht zwischen klassischem dogmatischen Verständnis und steuerungswissenschaftlichem Anspruch, VVDStRL Bd.67 (2008), S.286ff.: "법시스템에서 모든 기능과 행위자의 연계크기로서의 도그마틱"; 비슷하게 Voßkuhle, Was leistet Rechtsdogmatik?, in: Kirchhof/Magen/Schneider, Dogmatik, S.111(112); Jestaedt, Die deutsche Staatsrechtslehre im europäisierten Rechtswissenschaftsdiskurs, JZ 2012, S.1ff. 민사법적 시각으로부터는 Höpfner, Auslegung, S.109(129f.).

10) Schmidt－Aßmann, Das allgemeine Verwaltungsrecht als Ordnungsidee, 2.Aufl., 2004, 1. Kap. Tz.1ff. 민사법을 위해서는 Ernst, Gelehrtes Recht－Die Jurisprudenz aus der Sicht des Zivilrechtlers, in: Engel/Schön, Das Proprium der Rechtswissenschaft, 2007, S.3(28ff.).

11) 하지만 Schulze－Fielitz, Das Bundesverwaltungsgericht als Impulsgeber für die Fachliteratur, in: FG 50 Jahre Bundesverwaltungsgericht, S.1061(S.1071)는 판례의 기여를 너무 강하게 강조한다.

12) 법관에 의한 공시적 기여 역시 학계에 속하고, 교수가 법관으로서 헌법재판이나 그밖의 사법기관에서 행하는 모든 것 역시 사법부에 속한다. －프랑스 행정법발전에서 관찰될 수 있는 것과 같은(vgl. Jouanjan, in: v. Bogdandy/Cassese/Huber, Ius Publicum Europaeum Bd.Ⅳ, 2011, §69 Rn.70)－ 교수의 도그마틱과 법관의 도그마틱의 병존은 독일에서는 판명될 수 없다. 법관에 의한 판례의 학문적 자가동반의 특별한 문제점을 Schulze－Fielitz, a.a.O., S.1061(1083f.)이 지적한다.

13) 거기에는 Lepsius, Kritik der Dogmatik, in: Kirchhof/Magen/Schneider, Dogmatik, S.39(43f.)의 견해에 반해 학문의 "자기수권(Selbstermächtigung)" 역시 결코 존재하지 않는다.

14) Präzise Darstellung dieses "modus operandi" in drei Stufen bei Jestaedt, JZ 2012, S.1(3)는 이런 작업방식을 세가지 단계로 정확하게 표현한다: 탈맥락화, 견고화, (재)구체화.

15) 이에 관해선 Scherzberg, Das Allgemeine Verwaltungsrecht zwischen Praxis und Reflexion －Theoretische Grundlagen der Verwaltungsrechtswissenschaft, in: Trute/Groß/Röhl/Möllers, Allgemeines Verwaltungsrecht, 2008, S.837(855ff.).

법도그마틱은 그 언명을 포괄적인 시스템으로 필연적으로 짜맞출 필요는 없다. 그러나 적어도 착안점에서 체계화하는 작업이 법도그마틱의 특성이다. 결코 완전히 밀폐처리된 시스템개념을 기반으로 하지는 않는다. 오히려 법학적 도그마틱의 시스템이념은, "정의의 일반화경향"의 사고와[16] 그 효력을 확고히 하려는 법의 노력으로부터 도출된다. *法源*을 위계화하는 것과 "법적 모순이 없음"을 요구하는 것이, 그것에 도달하기 위한 가장 특징적인 수단이다.[17] 하지만 법학적 시스템형성은 이런 요청에 고정되어 있지는 않다. 여러 다른 규범제정자가 활동하며, 여러 다른 법정립과정에서 생겨난 법질서가 확고한 위계규칙이 없이 서로 충돌하는 곳에서도 체계화작업은 문제되고 있다.[18] 다극적 법질서에서도, 제 규정은 그것에 있는 이익상황에서 분석되고 비교되어야 하며, 충돌은 최소화되어야 하고, 중심을 조정하고 상호간에 정렬하기 위한 규칙이 개발되어야 한다. 이런 것을 "구조유사적 논증"의 강조라고 표현하든, "위계적 학문양식"으로서의 체계개념에 대비시키든,[19] 혹은 넓은 체계개념에 편입시키든, 그것은 나에게는 이차적으로 여겨진다. 중요한 것은, 두 가지의 사고상의 조작이 도그마형성을 위해 활용된다는 점이다.[20]

법도그마틱은 "법학의 핵심"이라 일컫는다. 그것을 "실제적인 법적용과 법학의 교집합(Schnittmenge)"으로 표현하는 것이 더 정확할 수 있을 것이다.[21] 법도그마틱의 가장 중요한 기능이 안정화, 부담경감 그리고 계도이다.[22] 그리하여 법도그마틱은 발해진 판결의 의미를 해명하고, 추후의 사건의 판결을 위해 소용되게 함으로써, 우선적으로는 법적용을 향한다. 그러나 법도그마틱은 (입법적)법형성, 법비판 그리고 (사법적)법형성을 위해서도 중요하다. 왜냐하면 그것은 규율모델의 비교를 가능하게 하며, 아울러 이런 방법으로 미래 발전을 위한 선택을 제시하기 때문이다. 그래서 법도그마틱은 체계이용이자 체계형성이기도 하다. 그것은 교환프로세스로, 즉 "법학과 법실무의 공동적인 소통포맷(Kommunikationsformat)"으로 이해될 수 있다.[23] 그리고 그것은 "결코

16) Canaris, Systemdenken und Systembegriff, 2.Aufl., 1983, S.12ff.

17) 모순없음에 관한 상론은 Höpfner, Die systemkonforme Auslegung, 2008, S.12ff.

18) 이에 관해서는 Verwaltungsrechtliche Dogmatik 2장 A편과 C편을 보라. Vgl. Höpfner, Auslegung, S.54ff. 특히 유럽행정법의 시스템적 구조에 관해서는 Danwitz, Europäisches Verwaltungsrecht, 2008, S.8f.; ders., Verwaltungsrechtliches System und Europäische Intergration, 1996,, S.161ff.

19) Möllers, in: GVwR Bd. I, §3 Rn.37. 구별된 시스템개념에 관해서는 Bumke, Relative Rechtswidrigkeit, 2004, S.23ff.

20) Voßkuhle, in: GVwR Bd. I, §1 Rn.46.는 "확대된 시스템적 관점"이라고 타당하게 언급한다.

21) Möllers, in: GVwR Bd. I, §3 Rn.35: (그로 인해) 양자는 도그마틱에 국한될 수밖에 없을 것이라는 점이 없음에도 양측면이 논의에서 상호 존재한다. 도그마틱을 넘은 영역과 임무가 학문과 실무를 억압하지 않기 위해서 유보가 중요하다.

22) Voßkuhle, Was leistet Rechtsdogmatik? Zusammenführung und Ausblick in 12 Thesen, in: Kirchhof/Magen/Schneider, Dogmatik, S.111 These 3.

23) Jestaedt, Wissenschaftliches Recht – Rechtsdogmatik als gemeinsames Kommunikationsformat von Rechtswissenschaft und Rechtspraxis, in: Kirchhof/Magen/Schneider, Dogmatik, S.117ff.

단지 추체험적인 데 그치지 않고, 때때로 고도로 창의적이다."[24] 이런 인식은 도그마틱을 불변의 아성으로 오해하는 것으로부터 고수되어야 한다. 법의 임무가 대저 관계를 안정화시키는 것인 한, 법도그마틱은 견지된다. 그러나 그것은 새로운 요청에 대응하여야 하고, 아울러 새로운 사고를 하게 하는 자극을 수용하여야 한다.

Ⅲ. 논의의 전제로 사적 영역에 대한 국가개입에 관한 개괄적 논의

신고제의 문제는 다름 아닌 등록제의 문제이자,[25] 허가제의 문제이다. 신고제를 전체 행정법제에서 바르게 정립하기 위해서는 그것이 허가 등과 같은 사적 영역에 대한 국가개입의 전체 시스템에서 어디에 위치하는지가 먼저 규명되어야 한다. 즉, 행정법상의 금지유형 및 그것의 해제유형에 관한 논의가 선행되어야 하는데, 여기서는 이에 관해 개괄적 논의를 전개한다.[26]

(1) 양대축: 금지유보부 허용과 허용유보부 금지

한계가 없는 자유란 있을 수 없고, 모든 행위는 일정한 요건에서 금지되거나 허용된다.[27] 금지 · 허용과 관련해선 법기술상 크게 두 가지 방안이 존재한다: 행위를 일반적으로 허용하면서 개개사건을 위해 금지하는 것(금지유보부 허용)과 일반적으로 금지하면서 개개사건에서 허용하는 것(허용유보부 금지). 더해서 허용(해제)유보부 금지를 일원적으로 보느냐 아니면 이원적으로 보느냐에 있다. 독일의 전통적인 다수 견해는 금지의 유형을 허가유보부 예방적(예방적)[28] 금지와 면제유보부 억제적 금지로 나누고 있듯이, 우리의 행정법문헌 역시 대부분 후자를 언급하고 있다. 즉, 억제적 금지의 해제로서의 예외적 승인(또는 예외적 허가)을 인정하고 있다.[29]

금지유보부 허용의 경우 일체의 통제절차로부터 자유로운 상황인데, 신고의무조차 인정되지 않는 경우이다. 당연히 허가제가 전제하는 예방적 금지가 처음부터 통용되지

---

24) v. Bogdandy, in: IPE Bd.Ⅳ, §57 Rn.58. Klement, Verantwortung, S.39ff. 역시 도그마틱에서의 창의성의 중요성을 위한 타당한 언명을 한다.

25) 행정법상의 등록제 전반을 일본의 논의를 참고로 새롭게 구축하기 위한 시도로 최우용, 행정법상 '등록'의 법적 성격에 관한 고찰, 동아법학 제64호(2014.8.), 115면 이하 참조.

26) 김중권, 행정법, 2016, 220면 이하; 졸고, 행정법상의 금지와 그것의 해제에 관한 소고, 헌법규범과 헌법현실(권영성교수 정년기념논문집), 1999, 547면 이하 참조.

27) 금지의 합헌성여부에 관한 논의는 김중권, 행정법기본연구Ⅰ, 2008, 264면 이하.

28) '예방적'이란 표현은 '사전대비(사전배려)'(Vorsorge)와 구별을 곤란하게 만든다. '예방적'이란 표현보다는 (사전)'방지적'이란 표현이 더 낫다.

29) 하지만 예외적 승인의 인정근거 및 그것과 일반적인(통상의) 허가와의 차이점은 그다지 부각되지 않고 있다. 그것의 인정은 본질적으로 개개사건의 특별성에 관한 고려의 소산이다. 그리고 통상의 통제허가와의 차이점은 전자가 자연적 자유의 회복이라면 그것은 기본권차원에서 허용되지 않는 자유를 이례적으로 확대한 것이다. 상론은 김중권, 행정법, 232면 이하 참조.

않는다. 다만 구체적·개별적인 사후적인 조치가 내려질 수 있다는 점에서 금지유보적이다. 금지유보부 허용(해제)의 예로 집시법상의 옥내집회와 건축법 제11조상의 건축허가대상에서 제외되는 건축행위(대수선 포함)가 이에 해당할 것이다(반대해석). 옥내집회와 이상의 건축행위는 아무런 신고 없이도 행할 수 있으되, 절대적인 집회의 자유 및 건축의 자유를 누리진 않는다. 즉, 옥내집회라 하더라도 그 집회의 성격이 집시법 제5조의 금지사항에 해당하면 동법 제20조에 의해서 해산명령을 받아서 금지될 수 있으며, 이상의 건축행위 역시 실체적 건축법규정에 반하면 정청은 건축중지처분이나 철거명령을 통해서 위법한 건축에 대해 개입할 수 있다.

(2) 신고제의 위치

신고의무를 내용으로 하는 신고제는 금지유보부 허용과 허용유보부 금지 사이에 위치한다.[30] 여기서 허가제를 대체한 금지해제적 신고의 경우 그 신고의무는 법기술적으로 신고유보부 (예방적) 금지로 파악해야 하고, 이 경우 절차의무이행에 따른 허용은 금지유보부 허용에서처럼 개별·구체적 금지의 유보하에 있다.[31] 반면 정보제공적 신고의 경우 아무런 금지를 예정하지 않고 그 자체가 자유롭게 허용되기에, 그것은 신고유보부 허용으로서 금지유보부 허용보다는 개입강도가 약한 형태이다. 뒤에서 볼 신고와 관련한 여러 법문제(예: 행정청의 심사·수리 등)를 검토하는데, 신고절차의 이러한 위상을 반드시 고려해야 한다.

(3) 국가의 개입강도에 따른 세분

사적 영역에 대한 국가개입을 시간적 차원에서 접근하면 대상행위의 착수이전단계에서의 개입(감시), 대상행위의 행사단계에서의 개입, 대상행위의 종료단계에서의 개입으로 나눌 수 있다.[32] 대상행위의 행사단계에서의 개입을 그 강도에 비추어 세분하면, 먼저 신고로부터 자유로운 경우(신고의무면제), 정보제공적 신고, 금지해제적 신고, 허용유보부 (예방적) 금지에서의 −특허를 포함한− 허가, 면제유보부 (억제적) 금지에서의 예외적 승인, 절대적 금지로 나눌 수 있다.

---

30) Schwabe, Das Verbot mit Erlaubnisvorbehalt, JuS 1973, S.113; Maurer, Allg. VerwR, 18.Aufl., 2011, §9 Rn.54; Fluck, Anzeige statt Genehmigung, in; Rückzug des Ordnungsrechtes im Umweltschutz, UTR Bd.48, 1999, S.165(170).

31) Vgl. Sach 역시 신고절차를 금지유보란 측면에서 법기술상으로 개입수권부 신고의무로 파악한다. Ders., Genehmigung als Schutzschild; die Rechtsstellung des Inhabers einer immissionsschutzrechtlichen Genehmigung, 1994, S.34.

32) Vgl. Stober, Wirtschaftsverwaltungsrecht, 2.Aufl., 2011, S.152ff.

(4) 등록제에 관한 논의

유통산업발전법상의 대규모점포의 개설 등록을 '수리를 요하는 신고'라고 명시적으로 판시한 대법원 2015두295 전원합의체 판결은, 건축법 제14조상의 건축신고를 수리를 요하는 신고로 명시적 판시한 대법원 2010두14954 전원합의체 판결과 −어떤 이유로도 수긍될 수 없으며 받아들여질 수 없는− 심각한 괴리양상을 보여준다.[33]

등록제를 수리를 요하는 신고로 등치시키는 입장은 대법원 2015두295 전원합의체 판결에 의해 확실한 판례상의 근거를 갖게 되었다. 그런데 대법원 2010두14954 전원합의체 판결에 의하면 신고수리에서 형식적 심사는 물론 실질적 심사까지 의무로 요구된다. 그런데 등록제 = '수리를 요하는 신고제'라면 등록제 역시 형식적 심사는 물론 실질적 심사까지 의무로 요구된다. 그런데 이런 논증은 구 '정기간행물의 등록 등에 관한 법률' 제7조 1항)의 등록제를 규정한 입법취지가 정기간행물의 발행요건에 관하여 실질적 심사가 아니라 단지 형식적 심사에 그치도록 하고 있다고 본 헌법재판소 결정에[34] 저촉된다. 허가제의 경우 당연히 형식적 심사는 물론 실질적 심사까지 의무로 요구된다는 점에서, 대법원 2015두295 전원합의체 판결에 의해 결국 등록제 = '수리를 요하는 신고제' = 허가제의 등식이 성립한다. 법제상 아무리 차별적으로 등록제, (수리를 요하는) 신고제, 허가제를 규정한들 판례상의 접근은 동일하게 되는 이상한 결과가 빚어진다(입법의 무의미성). (수리를 요하는) 신고제와 허가제에서 판례가 법정외 거부사유를 인정하는 데 매우 관대한다는 점에서 이들 법제도를 둘러싼 기속행위, 재량행위의 논의가 유명무실해진다.

국가의 적극적인 허용행위를 의미하는 등록제는 심지어 확인적 행정행위에 해당하는 등록과 불필요한 오해를 낳기도 한다.[35] 연혁적으로 보면 규제완화의 요구로 석유사업법 등에서 종전에 허가로 규정한 것을 '등록'이란 용어로 대체하였으나, 규제완화의 핵심사항인 허용요건의 완화는 그다지 이루어지지 않았다. 허가제를 행정규제의 대표로 인식한 여론의 추이에 쫓아서 단지 용어만을 변경하는데 지나지 않음을 여실히 보여준다.

요컨대 '등록제'란 본질적으로 '허가제'와 다르지 않다. 다시 말해 그것은 "변형적 허가제"일 뿐이다. '체육시설의 설치·이용에 관한 법률'이 등록체육시설업과 신고체육시

33) 그런데 실정법상으로도 혼란스러운 법상황이 존재한다.

34) 헌법재판소 1997.8.21. 93헌바51.

35) 사실 신고의 경우 어떤 식으로든 국가의 확인절차가 등록(등재)의 형식으로 종결되기에 신고에 등록이 자연스럽게 연관될 수 있다. 즉, 등록제가 신고제와 결부되는 양상은 다음의 두 가지 이유에서 연유한다: i) 기실 등록이란 적극적으로 허용하는 형성의 모습이 아니라 일정한 법적 상황의 확인을 의미한다. ii) 신고는 신고필증의 교부 및 그에 따른 공부상의 기재(등록)의 과정으로 진행된다.

설업(동법 제10조 제1항)을, 석유사업법이 등록대상 석유판매업과 신고대상석유판매업을 (동법 제9조) 대비시켜 놓은 점이 이러한 사실을 웅변한다 하겠다. 시민으로 하여금 마치 기속행위인양 오해를 하게 한다는 점에서, 확인적 행정행위에 해당하는 경우는 등록이란 명칭을 그대로 온존시키되, 일정한 행위에 관한 사전허용의 의미에 해당하는 등록제는 허가제나 (금지해제적 성격을 지닌) 신고제로 개명하는 것이 입법정책상으로 바람직하다.[36]

Ⅳ. 신고제와 관련한 독일과 일본에서의 논의

1. 독일에서의 논의

(1) 문헌상의 논의

이미 Walter Schick가 1967년에 발표한 소고에서, 독일연방헌법재판소가 1966년에 1934년의 집회법(Sammmlungsgesetz)에 대해서 내린 결정[37]을 바탕으로 하여, 신고유보부 금지의 기본구조 및 다른 제도(허용유보부금지와 단순한 신고의무)와의 차이점을 강조하였다.[38] 신고유보부 금지를 통해서, 입법자는 일정한 활동의 실행을 그 활동이 사전이나 동시에 신고되는 것에 좌우되게끔 만들었다고 지적하였다.[39] 이것의 전형적인 예가 항상 거론되는 신집회법(VersG) 제14조 1항인데, 사실 이것은 과거 구집회법의 예외적 승인유보부 진압적 금지를 대체시킨 것이다. 그리고 Schick는, 일정한 활동의 개시와 상관관계는 있지만 신고할 때까지 그 활동을 형식적으로 금지하는 것과는 무관한 신고의무를, 앞서의 신고유보부금지와 구분하였다. 가장 비근한 예가 독일 영업법 제14조이다(후술). 여기서 신고는 영업의 개시와 동시에 행해져야 한다. 동일한 예로 그들 주민신고법 제1조의 전·출입신고를 든다. 여기서 신고의무의 불이행에 따른 제재의 대상은 불신고 자체이지, 사전적·동시적 신고없이 소정의 활동을 했다는 점은 아니다. 따라서 단순한 불신고만으로 소정의 활동을 금지하는 것은 비례원칙에 저촉될 수 있다고 지적하였다.[40] 세 번째 유형으로 Schick는, 활동 그 자체와는 관련이 없고, 활동과 관련해서 발생한 사실을 통지하는데 기여하는 신고를 들고 있다. '원전사고명령'(Störfall V)에 따른 원전사고를 신고할 의무나 전염병법 제5조에 따른 발병의

36) 동지: 최우용, 앞의 글, 135면 이하.
37) BVerfGE 20, S.150ff.
38) Ders., Das Verbot mit Anzeigevorbehalt, BayVBl. 1967, S.341ff.
39) Schick, a.a.O., S.341.
40) 이 점이 정보제공적 신고의 특징이다.

신고의무가 이에 속한다고 한다. 통상 여기에서는 신고해태에 대해서 처벌규정을 두고 있는데, 그것의 정당성 근거는 안전법적 고려에서 연유한다고 한다.[41] 여기서 첫 번째 유형은 (예방적)금지해제적 신고의무인 반면에,[42] 뒤 두 유형은 정보제공적 신고의무에 해당한다.

한편 Breuer 교수는 신고유보부 진정한 금지를 원칙적인 개시통제의 범주에, 행위수반적 신고의무를 준수통제의 범주에 집어넣었다.[43] 그리고 Kloepfer 교수는 (환경법에서) 직접적으로 영향을 미치는 행위통제수단 가운데 가장 완화된 수단이 신고의무임을 지적한 다음, 그것이 환경법을 정보법으로서 확인하게 한다고 주장한다.[44] 궁극적인 개입을 위해 소용될 정보의 바탕이 신고를 통해 행정에 대해 전달되는 셈이라고 하면서, 앞서의 Breuer 교수의 개시통제와 준수통제를 연결시켜서, "허가대체적 신고"와 "허가보충적 신고"로 나누었다. 개시통제의 수단으로의 "허가대체적 신고"는 환경에 대한 행위의 영향이 허가유보가 요구될 정도로 크지 않을 경우에 과해질 수 있는 반면, "허가보충적 신고"는 허가보유자가 허가결정에서 부여된 범위안에서 행위를 하였지 여부를 감시하는 데 이바지한다고 지적하면서, 그것의 위반은 통상 질서위반범에 해당한다고 지적한다.

(2) 독일 법제상의 신고제

1) 건축법상의 논의

탈규제화, 탈관료주의화 그리고 절차간소화의 목표를 갖고서 독일 각 주는 그들 주 건축법을 개혁하였는데, 여기서 고전적인 건축허가절차를 (절차로부터) 완전히 자유로운 경우, 허가면제절차(신고절차) 그리고 간소화된 허가절차의 세 가지 유형으로 대체하였다.[45] 즉, "건축허가로부터의 결별"(Abschied von der Baugenehmigung)이 전면적으로 강구되었다. 건축법상의 이런 변화는 공임무의 절차적 私的化(私事化, 民間化, 市場化)와 결부하여 특히 1990년대 중반부터 독일 공법학의 대표적인 유행테마이었다.[46]

41) 이에 비견되는 우리의 법제도가 국가보안법 제10조의 불고지죄라 하겠다.

42) 그런데 집회신고를 금지해제적 신고로 접근하는 Schick의 견해는 우리의 경우 재고될 필요가 있다. 금지해제적 신고는 허가대체적 제도이다. 만약 허가제가 허용되지 않는다면 금지해제적 신고 역시 허용될 수 없다. 한편 대법원 2012.4.19. 선고 2010도6388 전원합의체 판결(전교조시국선언사건)은 집회신고의 법적 성질을 정당하게 정보제공적 신고로 보았고, 대법원 2013.3.28. 선고 2011도2393 판결 역시 재차 이를 확인하였다. 이들 판례는 -일종의 나비효과마냥- 집시법의 차원은 물론, 행정법상의 신고제 전반에도 지각변동을 가져올 수 있다.

43) ders., in: Schmidt-Aßmann(Hrsg.), Besonderes Verwaltungsrecht, 11.Aufl. 1999, 5. Abschn. Rn.71.

44) ders., Umweltschutz, 2.Aufl. 2011, §4 Rn.39.

45) 1990년의 Baden-Würtemberg주의 '許可免除令'을 시발로, 모든 주의 건축법에서 허가절차중심적 법제도에서 벗어나 신고절차 등이 대폭적으로 수용되었다. 개개의 주건축법의 변화에 관한 대강의 분석은 일찍이 Ortloff가 Abschied von der Baugenehmigung-Beginn beschleunigten Bauens?, NVwZ 1995, S.112ff.에서 행한 바 있다.

46) 필자는 이런 경향을 "건축법상의 건축신고의 문제점에 관한 소고", 저스티스 제61호, 2001.6., 150면 이하에서

i) (절차로부터) 완전히 자유로운 경우

건축법상의 중요성이 극히 미미한 건축계획(가령 바이에른 주의 경우 순 입방미터 75까지의 건축물)에 대해서는 신고절차는 물론 간소화된 허가절차가 포기된다.[47] 하지만 이런 절차로부터 자유로운 건축계획 역시 일정한 경우에는 −자연보호법이나 수법상의 − 다른 허가를 필요로 하고, 건축주 역시 건설계획법, 건축법 등을 유의해야 한다. 즉, 법적 통제로부터 완전히 자유로운 것은 아니다. 따라서 준수해야 할 이들 해당 규정을 알고 준수하는 것이 전적으로 건축주의 리스크영역에 속한다.[48] 그럼에도 불구하고 건축주가 즉시 건축행위를 시작할 수 있는 점에서 동 제도는 탈관료화의 측면에서 건축주에게 유리한 제도이다. 하지만 건축주가 허가를 통해 자신의 건축계획의 적법성에 관한 확인을 얻지 못했기에 결코 건축계획의 안정성을 가질 수 없다. 나아가 제3자가 제기하는 민사소송에서 건축주는 허가의 존속력에 의거하여 자신의 보호를 강구할 수 없다. 그리고 당연히 국가배상청구를 도모할 수 없다.

ii) 허가면제절차: 신고절차[49]

절차로부터 완전히 자유로운 건축계획과는 대비해서 좀더 거대한 건축계획 역시 허가가 면제되는데, 대개 신고의무를 규정한다. 여기서 대기기간제(바이에른 주는 1개월: Art.58 Abs.3 BayBauO)를 도입하여 −특별한 금지하명이 없는 한− 그 기간경과와 동시에 건축을 할 수 있다. 여기서 기간경과 이전에 행정청이 문서로 허가절차가 진행될 것이 요구되지 않는다고 통지하면 바로 건축을 개시할 수 있다. 물론 공사개시는 통상 적어도 일주일 전에 행정청에 고지(신고)해야 한다(§67 Abs.5 NWBauO).

그런데 이런 신고절차(허가면제절차)에서 특징적인 점은 신고나 필요한 문건을 제출한 이후 건축주, 관할 행정청, 이들 양자가 허가절차의 시행을 명백히 요구할 수 있는데, 행정청의 경우 허가면제의 요건이 충족되지 않거나 건축계획이 건축법에 위배되기 때문에 그러하다. 이런 허가절차의 요구는 법률상의 기간의 지배를 받기에, 이 기간에 허가절차나 기간구속적인 공사금지처분이 요구되지 않으면, 건축주는 건축을 개시할 수 있다. 사실 대기기간을 제도화함으로써, 독일에서 건축신고절차상으로 예방적 금지를 해제하는 연결점은 건축신고 그 자체가 아니라, 공사금지처분의 부작위와 (혹은) 대

소개하였다. 관련문헌: 정남철, 건축신고와 인인보호: 독일 건축법제와의 비교법적 고찰을 겸하여, 법조 제59권 제6호, 2010, 255면 이하.

47) Art. 64 BayBauO; §61 SächsBauO,

48) OVG Bautzen, Beschl. v.30.1.2006−1 B17/05; Erbguth/Wagner, Gründzüge des öffentlichens Baurechts, 2005, S.320

49) 이는 독일 각주 건축법에서 용어가 다양하다: Genehmigungsfreistellung(Art.58 BayBauO; §62 SächsBauO), Kenntnisgabeverfahren(§51 LBO BW), Bauanzeigeverfahren(§58 BbgBauO), Genehmigungsfreie Vorhaben (§65 NWBauO)

기기간의 경과이다.[50] 그런데 신고절차(허가면제절차)를 통해 건축이 자유롭게 되더라도, 건축계획이 공법적 규정에 일치하다는 것이 확인된 것은 아니다. 즉, 허가를 면제시키는 것이 건축의 적법성에 관한 확인을 담고 있지 않다.[51]

iii) 간소화된 허가절차

간소화된 허가절차(Vereinfachtes Baugenehmigungsverfahren)의 경우 허가절차를 전제로 하면서 전형적인 건축허가절차와는 대조적으로 심사범위를 건설계획과 기타 공법의 건축규정에 국한하는데 오로지 몇몇 주만이 이 밖에 건축법의 개개의 핵심부분의 심사를 규정하고 있다.[52] 결과적으로 건축허가가 경우에 따라서는 건축법(Bauordnung)상의 규정에 위배됨에도 불구하고 발해지며, 간소화된 건축허가에 대해서는 심사범위에 국한된 확인효과가 인정된다. 심사되지 않은 규정과 관련해서는 건축허가의 존속보호가 결여되기에 그와 관련해서는 건축주를 위한 법적 안정성이 인정되지 않아서 심사되지 않는 건축법규준과 관련해서 사후적 하명과 금지처분이 발해질 수 있다.

다수의 주 건축법에서는 간소화된 허가절차에서 신청이후에 일정 결정기간이 경과하면 건축허가가 발급된 것으로 간주되게 하였다. 즉 허가효과가 의제되도록 하였다.[53] 이런 의제적 건축허가는 허가면제절차 및 신고절차에서의 기간의 경과에서와는 달리 행정행위에 해당한다. 유의할 점은 이런 의제적 건축허가는 간소화된 절차의 심사규정과 관련하여 건축계획의 형식적 적법성만을 낳지 건축계획의 실체적 적법성을 결코 낳지는 않는다. 이는 간소화된 허가절차에서 건축주가 허가면제절차에서보다 강력하게 보호되긴 하나 제한적임을 의미한다. 그리하여 의제에도 불구하고 건축이 실체적으로 위법하게 되어 경우에 따라서는 그 건축허가의 취소가 고려된다. 즉 의제적 건축허가는 실제로 발해진 건축허가에 비해 약한 존속보호를 누린다.[54] 한편 독일의 경우엔 의제적 건축허가가 간소화된 허가절차에서 성립한다는 점에서 우리 건축법 제14조의 건축허가의제적 신고제는 결과적으로 독일에서의 신고절차와 간소화된 법제기조가 융합(?)된 것을 볼 수 있다.

---

50) 한편 니더작센 주의 경우 주택건설의 경우 게마인데가 허가면제의 요건이 충족되는지를 확인하면 즉시 시작할 수 있다고 규정하고 있다(§69a Abs.5 NBauO).

51) Ekardt/Beckmann/Schenderlein, Abschied von der Baugenehmigung – Selbstregulierung versus modernes Ordnungsrecht, NJ 2007, 481(484).

52) Vgl. §75a Abs.2 NBauO.

53) Vgl. §69 Abs.3 SächsBauO.

54) 의제적 행정행위에 관한 상론은 김중권, 행정법기본연구 I, 340면 이하 참조.

2) 영업법상의 신고

영업법(GewO)에 의하면 이동영업과는 달리 고정(정주)영업의 경우 원칙적으로 허용으로부터 자유롭다. 즉, 허가가 요구되지 않는다. 그럼에도 불구하고 영업자는 영업개시, 지점개설 및 영업이전, 영업변동 그리고 폐업을 하는 것과 동시에 행정청에 대해 그것을 신고하여야 한다(동법 제14조 제1항).[55] 조치들은 감시와 통계적 목적에 이바지한다(제5항 제1문). 행정청은 그때그때의 법률상의 요건이 충족하였는지 여부와 항상 필요한 진실성(신뢰성)이 존재하는지 여부를 유의하여야 한다. 그리하여 신고 이후에 행정청은 영업주 등의 진실성의 결여를 이유로 공익보호를 위해서 영업을 중단시킬 수 있으며(제35조),[56] 특별히 감시가 필요한 영업이 존재하면, 지체없는 심사의무가 존재한다(제38조). 신고의무는 행정청이 언급한 영업활동을 알고 있더라도 소멸하지 않는다. 신고는 영업의 실제적 행사와 동일하지 않기에, 영업중단조치를 발하기 위해서는 신고만으로 충분하지 않고 실제적인 영업행위가 있어야 한다.[57] 일반적으로 영업신고에서의 신고를 의사표시로 보지만,[58] 일부 견해는 의사표시가 아니라, 법률행위와 비슷한 (절차)행위로 본다.[59] 신고의무의 위반이 영업중단을 정당화하지는 않고(제15조 제2항의 반대해석), 질서위반에 해당한다(동법 제146조 제2항 제2호).

행정청은 동조 제1항에 따른 신고의 수령을 3일 내에 확인하여야 한다(영업감찰증 Gewerbeschein: 제15조 제1항). −주법에 따라 수수료가 동반되는− 확인은 적법성을 위해 견해를 표명한 것이 아니어서 규율의 결여로 행정행위로 여겨질 수는 없다. 확인(증명)의 거부에 대해서도 동일해야 한다.[60] 그래서 영업감찰증의 불발급에 대한 권리보호는 일반이행소송으로써 추구되어야 한다. 다른 신고의무가 특별규정으로 생겨날 수 있다(숙박업법 제4조 제2항).[61]

---

55) 이동영업의 경우에도 허가(이동영업카드)가 필요하지 않는 경우에는 영업개시를 신고하여야 한다(제 55조 c).

56) 이 점에서 여기서의 신고는 영업주의 진실성을 심사하기 위한 계기를 제공할 수 있다(BVerwG Urt. v.17.1.1972, GewA 1972, 189).

57) BverwG NVwZ 2004, S.103.

58) Vgl. Ennuschat, in: Tettinger/Wank/Ennuschat, Gewerbeordnung, 2011, §14 Rn.86; Frotscher/Krammer, Wirtshaftsverfassungs− und Wirtschaftsverwaltungsrecht, 2008, §11 Rn.267 m.Fn.60.

59) Ehlers, in: Ehlers/Fehling/Pünder(Hrsg.), Besonderes Verwaltungsrecht. Bd. 1, 3.Aufl., 2012, §18 Rn.51.

60) Ehlers, in: Ehlers/Fehling/Pünder(Hrsg.), Besonderes Verwaltungsrecht. Bd. 1, §18 Rn.51. 반대로 행정행위로 보기도 한다(Marcks, in: Landmann/Rohmer, Gewerbeordnung, 71. EL Januar 2016, §15 Rn.7).

61) 숙박업허가의 발급이후에 법인이나 권리능력이 없는 사단에 다른 사람이 법률, 조례, 정관에 의해 대표자로 위촉되면 이것이 허가청에 지체없이 고지되어야 한다. (2) Wird bei juristischen Personen oder nichtrechtsfähigen Vereinen nach Erteilung der Erlaubnis eine andere Person zur Vertretung nach Gesetz, Satzung oder Gesellschaftsvertrag berufen, so ist dies unverzüglich der Erlaubnisbehörde anzuzeigen.

3) 자원순환관리법상의 신고

자원순환관리법(KrWG) 제18조 제1항에 의하면 일정한 공익적인 수집과 일정한 영업적 수집 등에 대해 그 활동에 착수하기 3개월전에 신고하도록 규정하고 있다. 이는 3개월의 대기기간이 지나면 영업적 수집이 -관할청이 명시적으로 중단이나 제한하지 않는 한- 허용된다는 것을 의미한다. 그리고 행정청은 신고된 행위(수집)에 대해 부관에 의존하게 할 수 있다. 즉, 수리와 별도로 부관을 부가할 수 있다(제5항). 다만 이런 부관부가는 본체인 행정행위가 존재하지 않기에 부관으로 볼 수는 없고, 그 자체 독립된 행정행위로 보아야 한다.[62] 나아가 행정청은 신고자의 진실성이 의문스러운 사실이 존재하면 신고수집행위를 중단시킬 수 있다(제5항 제2문).

자원순환관리법(KrWG) 제53조에 의하면 (위험하지 않은) 폐기물의 수집자, 운반자 등은 -허가대상이 아닌 한, 그 활동개시 3개월 전에 관할 행정청에 대해 운영활동을 신고하여야 하고, 관할 행정청은 지체없이 그 신고의 도달을 문서나 전자적 형식으로 확인해야 한다(제1항). 동신고절차는 행정청이 정보를 획득하고 그 존재를 인식하는데 이바지함과 아울러 허가대체적 기능을 갖는다. 왜냐하면 그것은 동조 제3항에 의하여[63] 허가의무의 결여에도 불구하고 그 이전에 -사전심사를 통해서- 행정청에 의한 하명처분을 가능하게 하기 때문이다.[64]

2. 일본에서의 논의

자기완결적 신고와 수리를 요하는 신고를 둘러싼 지금의 논의현황이 시사하는, 우리의 판례와 문헌에서의 논의현황과는 매우 대조적으로 신고(届出)에 대한 학문적 관심은 그다지 높지 않다. 大橋洋一 교수는 행정의 심사과정이 존재하지 않음에도 불구하고 신고(届出)이 허가 등과 마찬가지의 기능을 해온 데는 다음의 2개의 이유 때문이라고 한다. 하나는 일본의 전통적인 행정 스타일로, 신고를 함에 있어서 행정지도가 널리 행해진다는 점이다. 즉, 행정은 신고를 바로 받지 않고, 허가 등과 마찬가지의 심사과정을 -행정수속법상으로 부정되는- 행정지도의 방식으로 실행하여 왔다고 지적한다. 그리고 다른 하나는 신고 후에 행정관여를 예정한 법제도가 존재한다는 점을 지적한다. 가령, 대기오염방지법에서는 매연발생시설의 설치는, 지사에 대한 신고로

---

62) VGH Baden-Württemberg Beschluss 9.9.2013, 10 S 1116/13.

63) 3Sie hat die angezeigte Tätigkeit zu untersagen, wenn Tatsachen bekannt sind, aus denen sich Bedenken gegen die Zuverlässigkeit des Inhabers oder der für die Leitung und Beaufsichtigung des Betriebes verantwortlichen Personen ergeben, oder wenn die erforderliche Fach- oder Sachkunde nach Absatz 2 Satz 2 nicht nachgewiesen wurde.

64) Kropp, in: Giesberts/Reinhardt, BeckOK Umweltrecht, 38.Edition(Stand: 01.01.2016), §53 Rn.1

충분한데(동법 제6조), 지사는 배출기준에 적합하지 않는다고 판단했을 경우에는, 신고 후 60일 이내가 그 설치계획의 폐지 · 변경을 명령할 수 있으며(9조). 명령위반에는 벌칙이 과해질 수 있다(동법 제33조).

요컨대 일본의 경우 행정의 심사과정이 －허가 등과는 달리－ 신고에 대해서는 존재하지 않는다는 신고제의 기본이 확고하여서 학계와 실무에서 異常形態의 신고에 관한 논의가 전개되지 않는다.

Ⅴ. 신고의 의의 및 그 본질

신고(Anzeige, Anmeldung)란, 행정청에 대해서 보통 문서로써 행하는 요식적 · 명시적 통지를 말한다.[65] 신고제는 시민이 활동에 착수하기 전에 행정에 대해 고지(통지)하는 것이다. 이를 통해 행정의 정보수집기능이 강화된다. 그리고 허가 등과 같은 법제도에서와는 달리 행정에 의한 승낙여부의 심사 과정이 존재하지 않고 신고를 하면 시민들은 자유롭게 활동하는 점이 그 특징이자 본질이다.[66] 따라서 정보제공적 신고가 신고의 원형이고, 금지해제적 신고는 변형된 신고라 할 수 있다.

Ⅵ. 기왕의 신고유형에 관한 논의

(1) 논의현황

대부분 문헌들은 기본적으로 신고를 자기완결적(자체완성적) 공법행위로서의 신고(수리를 요하지 않는 신고, 전형적 신고)와 행정요건적 공법행위로서의 신고(수리를 요하는 신고, 변형적 신고)로 나눈다. 판례 역시 그러하다. 이에 의하면 '자기완결적 신고'와 관련해서는, 그것의 수리와 수리거부 모두 법적 구속력을 발휘하지 않아서 행정처분이 될 수 없다고 본다. 왜냐하면 적법한 요건을 갖춘 신고를 한 이상, 수리거부 즉, 반려가 있더라도 그에 구애받지 않고 신고대상행위를 할 수 있어서,[67] 수리 및 수리거부가 아무런 법적 의미를 지니지 않기 때문이다. 유의할 점은 여기서 수리 및 수리거부의 처분성 부정은 취소소송에서의 협의의 소이익의 차원에서 접근한 것이다. 반면 '수리를 요하는 신고'의 경우에는 정반대로 그것의 수리와 수리거부 모두 행정처분이 된다

65) 한편 독일어의 'Anzeige'와 'Anmeldung'의 용례상의 차이와 관련해서, 서정범 교수는 전자는 정형화된 양식이 없이 비교적 자유롭게 내용을 기술하는 형태의 신고(예: 범죄신고)로, 후자는 정형화된 양식에 맞춰 내용을 기재하는 형태의 신고(예: 전입신고)로 접근한다. 동인, 바이에른집회법, 2010, 53면 주) 65.

66) 大橋洋一, 行政法 I, 2009, 313.

67) 대법원 2004.9.3. 선고 2004도3908 판결 등.

고 한다. 그리고 수리가 있어야 비로소 신고의무를 이행한 셈이 된다. 당연히 그것의 폐지에는 수익적 행정행위의 폐지의 요건과 한계가 그대로 통용된다.[68)]

대법원 2000.5.26. 선고 99다37382 판결이 이른바 '수리를 요하는 신고'의 존재를 처음으로 명시적으로 인정하였다. 종전에 판례는 건축법 제14조의 건축신고를 전적으로 자기완결적 신고로 보아왔는데, 대법원 2010두14954 전원합의체 판결은 이를 −건축법 11조 5항에 의해− 인·허가의제 효과를 수반하는 건축신고와 일반적인 건축신고로 나누어 전자가 수리를 요하는 신고에 해당한다고 명시적으로 판시하였다.[69)] 그리고 납골당설치신고 역시 수리를 요하는 신고로 명시하였다.[70)]

(2) 기왕의 신고유형의 구별기준

자기완결적 신고와 수리를 요하는 신고의 구별기준과 관련해서, 대부분의 문헌은 형식적, 실질적 심사여부를 결부시켰다.[71)] 대표적으로 크게 두 가지 접근이 있다. 홍정선 교수는, 실정법(예: 「정기간행물의 등록 등에 관한 법률」 제7조 제1항)의 등록제에 따른 등록신청을 수리를 요하는 신고로 본다. 즉, 등록제가 수리를 요하는 신고제를 의미하는 것으로 본다.[72)] 그리하여 허가제의 경우엔 요건에 관한 형식적 심사뿐만 아니라 실질적 심사까지 행해지는 반면에, 수리를 요하는 신고제인 등록제의 경우엔 형식적 심사에 그친다고 한다.[73)] 반면 박균성 교수는, 일설은 신고요건에 초점을 맞춰, 신고요건이 형식적 요건만인 경우에는 자기완결적 신고로, 형식적 요건과 함께 실질적 요건도 포함하는 경우엔 수리를 요하는 신고로 본다.[74)] 이 주장에 대해선, "실질적 요건을 신고요건의 한 부분으로 한다고 하여도 입법자가 이를 수리를 요하지 않는 신고로 규정할 수도 있는 바, 양자의 구별은 신고요건의 성질이 아니라, 입법자의 객관적

---

68) 용도변경신고수리의 취소: 대법원 2009.5.28. 선고 2007두17427 판결.

69) 대법원 2010두14954 전원합의체 판결의 문제점으로 특히 졸고, 특별법연구 제9권(2011.7.) 273면 이하 참조.

70) 대법원 2011.9.8. 선고 2009두6766 판결. 그런데 대법원 2010.9.9. 선고 2008두22631 판결은 −건축허가나 산림훼손허가마냥− 납골시설의 설치신고에 대해 보건위생상의 위해를 방지하거나 국토의 효율적 이용 및 공공복리의 증진 등 중대한 공익상 필요가 있는 경우에는 그 수리를 거부할 수 있다고 판시하였다.

71) 특히 김학세 변호사는 양자구분의 실익이 독립된 수리개념의 인정과 심사권의 인정범위(형식적 심사권이냐 실질적 심사권)에 있다고 지적하였다. 동인, 행정법상 신고제도, 변호사 제32집(2002), 11면.

72) 이런 접근의 발아는 대법원 1989.12.26. 선고 87누308 전원합의체 판결의 다수의견에 대한 보충의견이다: 「사회단체등록에 관한 법률」에 의한 등록신청의 법적 성질은 사인의 공법행위로서의 신고이고 등록은 당해신고를 수리하는 것을 의미하는 준법률행위적 행정행위라 할 것이니 …. 그런데 구 「사회단체등록에 관한 법률」에 의한 등록신청은 단체를 조직한 다음에 하도록 규정하고 있다. 반대의견: "등록여부는 사회단체를 조직하고 활동을 하는 데에 아무런 영향을 미치지 않는다고 보아야 하며 또 이렇게 봄으로써만 위 법률의 합헌성이 유지될 수 있는 것이고, 따라서 그 등록신청을 수리하거나 거부하는 행정관청의 행위는 국민의 권리의무에 직접 영향을 미치는 처분이라고 볼 수 없으므로 항고소송의 대상이 될 수 있는 행정처분으로서의 처분성을 결여한 것이라고 하지 않을 수 없으며, 국민은 부당한 등록거부처분에 대하여는 언제든지 그 효력을 무시할 수 있고 구태여 항고 소송을 제기하여 다툴 필요가 없는 것이다."이 타당하다.

73) 대표적으로 홍정선, 행정법원론(상), 2015, 210면.

74) 박균성, 행정법론(상), 2015, 114면.

인 의사를 기준으로 판단하여야 한다."고 비판이 가해진다.[75)]

한편 김용섭 교수는 자기완결적 신고를 단순한 통고 내지 통보로, 수리를 요하는 신고를 인허가나 등록의 신청으로 인식하면서, 전자의 경우엔 형식적 심사권이, 후자에 대해선 형식적 심사권뿐만 아니라, 실질적 심사권도 허용된다고 본다.[76)] 그에 의하면, 관계법령에서 명문으로 수리규정을 둔 경우에는 특별한 사정이 없는 한 수리를 요하는 신고에 해당하며, 또한 관계법령에서 행정청의 실체적 심사권이 인정되면 수리를 요하는 신고로, 형식적 심사에 그치면 자기완결적 신고로 보아야 하며, 그리고 신고불이행에 대해서 행정질서벌(과태료)이 아니라, 행정형벌이 가해지거나 행정처분제도가 인정되면 수리를 요하는 신고에 해당할 수 있다고 한다.

종래의 판례는 해당 개별법에 신고 수리를 요하는지 여부에 관한 명문의 규정이 있거나 관련 규정의 해석상 신고에 대한 실질적 심사가 허용되는 경우 등에 한하여 수리를 요하는 신고로 보았다. 동일한 맥락에서 대법원 2010두14954 전원합의체 판결의 다수의견은 물론 그것에 대한 보충의견은[77)] 건축신고에 결부된 의제규정에 착안하여 허가에서와 같이 건축신고의 실체적 요건에 관한 심사(≒실질적 심사)가 요구되기에, 그 신고가 수리를 요하는 신고에 해당한다고 논증하였다.[78)]

요컨대 판례에 의하면, 수리를 요하는 신고의 경우 그것의 실체적 요건에 관한 심사를 받듯이 한 다음에 수리여부를 결정하여야 한다.

(3) 비판

1) 논증상의 문제

문제상황의 정리가 필요하다. 제3자가 문제삼지 않는 한, 쟁점대상은 수리거부(반려)이다. 종래 판례는 적법한 신고를 한 이상, 수리거부를 다툴 필요가 없다고 하였는데, 이런 입장이 수리거부의 처분성을 인정하는 판례가 등장하면서 수정되었다. 종전의 입장은 자기완결적 신고의 형태로, 수정된 입장은 수리를 요하는 신고의 형태로 정

---

75) 홍정선, 앞의 책, 205면.

76) 김용섭, 행정법상 신고와 수리, 판례월보 제352호(2000.1), 41면.

77) 이와 관련해서 다수의견에 대한 보충의견(양승태 대법관, 김지형 대법관)은 "법령에서 신고와 관련하여 일정한 실체적(인적·물적) 요건을 정하거나 행정청의 실질적인 심사를 허용하고 있다고 볼 만한 규정을 두고 있는 경우, 그 신고사항이 사회질서나 공공복리에 미치는 영향이 크거나 직접적으로 행정목적을 침해하는 행위인 경우 등에는 그 실체적 요건에 관한 행정청의 심사를 예정하고 있다고 볼 수밖에 없어 이는 수리를 요하는 신고로 보아야 한다."고 지적하였다. 허가제를 대체한 것이 금지해제적 신고제인데, 이 경우 대개 실체적 요건을 담고 있다는 점에서 허가제가 사실상 또 다른 허가제인 수리를 요하는 신고로 轉化되는 결과가 되어 버린다.

78) 이에 대해 반대의견은, 건축신고에 관한 건축법 제14조 제2항은 동법 제11조 제4항을 준용하고 있지 않으며, 또한 구 건축법 시행규칙(2011.1.6. 국토해양부령 제321호로 개정되기 전의 것) 제12조 제2항에 의하면 행정청에게 실체적 요건에 관한 심사권한을 부여하고 있지 않은 점을 들어, 건축법령이 건축신고가 실체적 요건에 관한 심사와 무관한 것임을 전제로 하고 있다는 반론을 제기하였다.

리되었다. 즉, 수리거부의 처분성인정에 따라 수리 자체 역시 처분성이 인정되었다. 이런 식의 논증은 현행법상의 처분개념정의에[79] 따른 것인데 도치적 접근으로서 치명적인 문제점이 있다.[80] 수리거부의 본질이 행정처분의 거부가 아니라면 수리행위가 처분이 되지 않는다. 엄밀히 보아 금지해제적 신고에서의 수리거부는 금지하명에 해당한다. 이처럼 신고수리거부처분이 처분의 거부처분이 아니라면, 신고수리 역시 필연적으로 처분으로 볼 여지가 없어진다.

기실 기왕의 자기완결적 신고와 수리를 요하는 신고의 틀은 정보제공적 신고가 신고제의 원형이며, 금지해제적 신고는 허가제의 대체제도인 점을 전혀 인식하지 못한 채, 사인의 공법행위에 관한 논의와 전거(典據)가 의심스런 −이른바 준법률행위적 행정행위로서의− 수리에 관한 논의를 단순 결합시킨 결과물이다.

2) 착안점으로서의 수리의 문제

행정법의 대부분의 문헌에 의하면, 일반적으로 "수리"란 타인의 행정청에 대한 행위를 유효한 행위로 받아들이는 즉, 수령하는 행위를 말하고, 그 예로 혼인신고의 수리, 행정심판청구의 수리, 수리를 요하는 신고에서의 수리를 든다. 그런데 이들 수리는 그것에 대한 심사, 심리 및 재결로 나아가는, 즉, 처리과정의 일환에 해당하여, 독립된 의미를 갖지 않는다. 이처럼 수리에 대해 독립된 행정행위성을 인정하기 위한 요건의 측면에서 문헌에서 적시된 법효과의 존재에 수긍하기 어렵다.[81] 전혀 행정행위로 볼 수 없는 수리가 실무에서도 오래 전부터 수리처분이라고 언급되면서[82] 수리처분 및 수리거부처분의 존제가 시인되었고 그런 逆進化의 결과물이 문제의 "수리를 요하는 신고제"이고, 현재의 신고유형이다. 사실 수리에 대해선 일본에선 대표적 행정법학자인 鹽野 宏 교수조차 그것의 독립적 행정행위성에 의문을 표하였다.[83] 수리의 정체성 물음에 대한 고민이 필요하다.[84]

3) 수리를 요하는 신고 자체의 문제점

수리를 요하는 신고에 대해 문헌에서 여러 접근이 행해지고 있다.[85] 허가제에 대비

---

79) 현행 행정소송법 제2조 제1호(행정심판법 제2조 제1항 제1호, 행정절차법 제2조 제2호): 「'처분 등'이라 함은 행정청이 행하는 구체적 사실에 관한 법집행으로서의 공권력의 행사 또는 그 거부와 그 밖에 이에 준하는 행정작용(이하 '처분'이라 한다)

80) 동지: 정훈, 공법상 신고의 법적 성질과 현실에서의 의미, 동아법학 제58호, 2013, 206면.

81) 동지: 김세규, 동아법학 제33호(2003.12.), 53면 이하 참조.

82) 가령 표제를 '광업권설정등록거부처분취소'로 붙여야 할 것을 '광업권설정등록불수리처분취소'로 붙인 대법원 1969.11.25. 선고 69누129 판결이 이를 웅변한다.

83) 行政法 I, 2009, 118−128頁.

84) 김중권, 행정법, 213면.

85) 등록제적 접근의 입장(대표적으로 홍정선), 허가제적 접근의 입장(대표적으로 김남진, 김철용, 류지태/박종수), (허가제와 등록제와 구별되는) 고유한 신고유형적 접근의 입장(대표적으로 박균성).

된 ―절차적 민간화에 해당하는― 신고제의 본질은, 행정법관계의 형성에서 행정은 일단 뒤로 빠지고 私人에게 먼저 이니셔티브를 인정한 것(私人主導)이다. 수리 그 자체가 관련 법관계의 형성을 좌우한다면, 그것은 본연의 신고제가 아니라, 변형된 허가제이다. 수리에 비중을 두는 한, 결코 그것은 신고제가 될 수 없다. 대법원 2010두14954 전원합의체 판결의 반대의견이 지적하듯이, 수리를 요하는 신고의 정체는 다름 아닌 허가라 하겠다. 역설적으로 수리취소나 수리거부에서의 일련의 판례를[86] 통해 수리를 요하는 신고제가 과연 허가제와 어떤 차이가 있는지 더욱 혼란스럽게 되었다.[87]

수리를 요하는 신고를 통해 수리처분을 인정한 것의 부당한 결과는, 대법원 2008두22631 판결이 ―건축허가나 산림훼손허가마냥― 납골시설의 설치신고에 대해 보건위생상의 위해를 방지하거나 국토의 효율적 이용 및 공공복리의 증진 등 중대한 공익상 필요가 있는 경우에는 그 수리를 거부할 수 있다고 판시한 데서 극명하게 표출된다.[88] 즉, 법정외 거부사유를 인정한다는 것은 수리를 요하는 신고 자체가 더 이상 신고제 특유의 제도가 아님을 여실히 증명한다.

4) 수리를 요하는 신고에서의 실질적 심사의무의 문제

대법원 2011.7.28. 선고 2005두11784 판결은 처음부터 형식적 심사만이 허용된다는 전제에서, 실질적 심사의 가능성 자체를 배제하였으며, 이에 그것을 신고수리거부의 위법성에 연결시켰다. 나아가 수리거부의 처분사유에 대해서도 원심과 다른 입장을 취하였다. 반면 대법원 2010두14954 전원합의체 판결의 다수의견은 건축신고에 결부된 의제규정에 착안하여 허가에서와 같이 건축신고의 실체적 요건에 관한 심사가 요구된다고 판시하였다. 즉, 행정청의 실질적 심사를 의무로 요구하였다.[89]

신고제에서의 행정청의 심사와 관련해서, 종래의 논의에선 신고제에서 행정청의 심사를 원천배제한 것이 문제라면, 대법원 2010두14954 전원합의체 판결의 경우 이른바 수리를 요하는 신고에서 허가제와의 구별되지 않게 실질적 심사의무를 요구한 것이 문제이다. 대법원 2010두14954 전원합의체 판결의 다수의견처럼 행정청의 실질적 심사가 의무로 요구된다면 허가와 수리를 요하는 신고는 어떻게 구별된다는 것인가?

---

86) 대법원 2009.5.28. 선고 2007두17427 판결; 2010.9.9. 선고 2008두22631 판결 등.

87) 한편 김남철 교수는 대법원 2010두14954 전원합의체 판결의 다수의견의 논증이 실은 허가와 수리를 요하는 신고가 근본적으로 같은 성질을 가짐을 인정한 것으로 평가한다. 동인, 행정법, 2014, 110면.

88) 그런데 대법원 1999.4.27. 선고 97누6780 판결에서, 대법원은 적법한 요건을 갖춘 신고라면 수리해야 하고, 근거법규정에 정하지 않은 사유로 신고수리를 거부할 수 없다고 적시하였다.

89) 엄밀히 말해 신고의 형식적, 실체적 요건의 심사와 요건에 관한 형식적, 실질적 심사는 분명히 다르다. 일반적으로 양자를 동일하게 보기에 이하에서도 일단 일반론에 따라 논의를 전개한다. 이런 지적은 김중권, 행정법기본연구 I, 142면.

허가제의 경우 그것의 합법화효과로 인해 행정청의 실질적 심사의무가 필요할 뿐만 아니라 요구되지만, 그렇지 않는 신고제에 대해서 그것을 요구하여 의무화하는 것은 제도의 본질에도 맞지 않는다. 구체적으로 허가제와 대비시켜 신고제에서의 행정청의 심사를 보자면, 신고의 형식적 요건과 관련해선, 행정청의 심사의무가 성립하나, －의제대상규정을 포함한－ 그 밖의 공법규정과의 위배에 대해선 허가제처럼 심사의무는 성립하지 않되, 심사가능성이 전혀 배제되진 않는다(이른바 심사선택, Prüfoption).[90] 다시 말해, 신고제에서의 심사는 －형식적 요건에 해당하지 않는 경우－ 행정청의 재량에 그친다.[91]

한편 건축법 제14조의 건축신고규정이 보여주듯이, 법효과의 의제는 행정청의 행위(신고수리)가 아닌 법률규정에 의해 비로소 성립한다. 그런데 대법원 2010두14954 전원합의체 판결의 다수의견처럼 이 신고를 실질적 심사가 전제된 수리를 요하는 신고로 접근할 것 같으면, 수리행위의 법적 의의는 물론 의제제도에 대해 어떤 결과를 가져다줄지 숙고가 필요하다.[92] 먼저 수리를 요하는 신고의 경우 신고수리 자체가 행정처분으로서 법효과를 발생시킨다는 점에서 이것은 擬制法制와 모순을 낳는다. 나아가 수리를 요하는 신고에서 요구되는 실질적 심사의 존재는 의제효과의 측면에서도 치명적인 문제점을 낳는다. 법치국가적 원리에서, 본래 의제규정의 효력은 허가발급의 절차를 대체시키는 데 있다. 이러한 절차법적 기능을 넘어서는 의미－특히, 허가의 내용이나 실체적 위법의 부재에 관한 언명과 같이－는 부여되지 않는다.[93] 즉, 의제적 행정행위의 경우 보통의 그것에 비하면, 실질적 심사가 부재하였다는 점에서 수범자로선 강한 존속보호를 누릴 수 없으며 아울러 행정으로선 취소철회에서 제한을 강하게 받

---

90) Vgl. Brohm, Öffentliches Baurecht, 2002, §4 Rn.14; Erbguth, Öffentliches Baurecht, 2009, §13 Rn.11.

91) 대법원 2009.6.11. 선고 2008두18021 판결은 시장·군수 또는 구청장이 골재선별·세척 또는 파쇄 신고에 대하여 실질적인 요건을 심사하여 신고를 수리하거나 거부할 수 있으되, 이때 다른 법령에서 정한 사유도 심사의 대상으로 삼을 수 있다고 판시하였다. 신고제에서의 심사 문제에 대한 필자의 견해가 아니고선, 판례의 이런 태도를 수긍하기란 매우 어렵다. 이 점에서 대법원 2005두11784 판결이 실질적 심사의 허용성을 부정하는 전제는 타당하지 않다.

92) 일찍이 서울행법 2009.4.9. 선고 2009구합1693 판결은 일반적인 건축법상의 건축신고는 자기완결적 신고로 보되, 건축법 제14조상의 건축신고를 수리를 요하는 신고로 보았다. 즉, "건축신고시 건축법 제14조 제1항, 제11조 제5항에 따라 이른바 건축법상의 집중효(?)가 발생하는 경우에는 그 건축신고는 행정청의 수리를 요하는 신고이어서 그 신고거부행위는 항고소송의 대상이 되는 처분이 된다."고 판시하였다. 비록 대법원 2010두14954 전원합의체 판결의 다수의견이 2009구합1693 판결과는 다르게 단순히 의제규정의 존재만을 논거로 제시하진 않았지만, －다수의견의 보충의견에서 드러나듯이－ 의제규정의 존재는 의제관련규정상의 요건에 대한 심사를 예정한다는 점에서 또한 다수의견이 의제효과가 연계된 건축허가와 단순한 건축허가를 구분한다는 점에서, 2009구합1693 판결이 대법원 2010두14954 전원합의체 판결의 다수의견의 遠因이라 하겠다. 이 판결에 대해, 필자는 건축신고에 관한 기왕의 판례는 물론 문헌상의 일반적 이해와도 심각하게 충돌할 뿐더러, 논증을 위해 동원된 집중효적 논거가 법효과의제의 의미를 완전히 몰이해한 점을 강하게 비판하였다. 김중권, 建築申告의 許可擬制效果에 관한 小考, 법률신문 제3837호, 2010.5.3. 상론은 김중권, 건축허가의제적 건축신고와 일반적인 건축신고의 차이점에 관한 소고, 판례월보 2001.5., 13면 이하.

93) Vgl. Ortloff, a.a.O., NVwZ 1995, S.112(113); Knoke, Rechtsfragen der Rücknahme von Verwaltungsakten, 1989, S.48. 나아가 의제적 행정행위에 대해선 김중권, 행정법기본연구 I, 340면.

지 않는다. 따라서 실질적 심사의무를 전제로 그것이 강구되었다면, 이는 입법자가 설정한 의제효과와는 부합하지 않는다.

5) 자기완결적 신고의 정체성 문제

이른바 자기완결적 신고와 관련해서, 판례의 대응은 통일적이지 않다. 일부는 수리 및 수리거부의 무의미성을 견지한다. 즉, 적법한 요건을 갖춘 신고의 경우에는 행정청의 수리처분 등 별단의 조처를 기다릴 필요 없이 그 접수시에 신고로서의 효력이 발생하는 것이므로 그 수리가 거부되었다고 하여 무신고 영업이 되는 것은 아니다(대법원 98다57419 판결; 97도3121 판결 등). 반면 일부는 수리거부의 위법성을 추가하여 적극적으로 논증하거나(대법원 97누6780 판결), 수리거부의 위법성만을 적극적으로 논증하기도 한다(대법원 96누6646 판결 등).

특히 최근 평생교육시설설치신고의 반려 건에서, 이른바 자기완결적 신고에서 수리 및 수리거부의 무의미성을 견지하기 위해선, 법원으로선 애써 수리거부의 처분성을 부인하고, 신고 그 자체로서 대상평생교육의 적법한 실시라는 형성적 효과가 발생한다고 판시했어야 하며, 또한 대상적격의 부인에 따라 각하했어야 했는데, 대법원 2011.7.28. 선고 2005두11784 판결은 마치 그것이 이른바 수리를 요하는 신고인양 수리거부의 처분성을 전제로 그것의 위법성을 적극적으로 논증하였다.[94] 결과적으로 최근 판례는 신고의 성격을 전제하지 않고 수리거부의 처분성을 적극적으로 인정하는 경향이어서 기왕의 구분이 의아스럽게 되어버렸다.

6) 소결

수리를 요하는 신고와 같은 명실불부(名實不副)한 법제도는, 일반인은 물론 전문가조차도 그것의 존재를 쉽게 이해할 수 없다. 그런데 판례는 이른바 자기완결적 신고의 경우 허위 신고가 위계에 의한 공무집행방해죄를 구성한다고 볼 수 없다고 보는데,[95] 신고의 성격이 가벌성을 좌우한다는 것은 죄형법정주의에 반한다. 어떤 신고가 수리를 요하는 신고에 해당하는지 여부가 전적으로 판례에 맡겨져 있다는 것은 다른 차원의 규제장벽인 동시에 법치국가원리적 문제이다. 대법원 2010두14954 전원합의체 판결의 다수의견은 건축신고의 인·허가의제효과와 결부시켜 그것을 수리를 요하는 신고로 접근하였는데, 이런 접근은 입법자가 인·허가의제효과를 통해 의제적 행정행위를 규정한 입법취지를 무시한 것이다. 요컨대 이런 접근은 증폭의제와 중복의제와 같은 법치국가원리적 문제점과는 별도로 법관의 법형성기능을 넘어선 것이고 법관의 법(률)구

94) 비판으로 졸고, 법률신문 제3984호(2011.11.17.).
95) 대법원 2016.1.28. 선고 2015도17297 판결.

속의 원칙에 반할 수 있다.

-건축신고가 초래하는- 증폭의제로 인한 법적 문제점에 대응하기 위해 신고에서 행정청의 실질적 심사가 필요하다 하더라도, 그것을 바로 행정청의 심사의무로 설정하여선 아니 된다(법제도의 필요성≠법제도의 허용성). 만약 행정청의 실질적 심사가 필요하다고 하면, 입법적으로 그에 맞는 제도 즉, 허가제로 전환을 하여야 한다(名實相符). 즉, 입법차원에서도 수리를 요하는 신고를 신고제가 아닌 허가제로 다시 디자인하거나[96] 문제의 의제규정을 대폭 정비하는 것만이 正道이다.

Ⅶ. 새로운 유형: 정보제공적 신고와 금지해제적 신고

이상에서 보았듯이, 기왕의 신고유형의 구별기준은 혼란스럽다. 나아가 수리거부의 처분성을 별다른 구애를 받지 않고 전면적으로 인정하는 최근의 판례 경향에서 자기완결적 신고가 급속히 소멸되는 양상을 보이기에, 기왕의 신고유형은 이제는 현실적으로 의미가 없게 되었다. 이 점은 자기완결적 신고의 예로 드는 판례의 현황을 보면 잘 알 수 있다.

기왕의 신고유형을 대체하는 유형으로 신고유보부 금지를 상정하여 허가제(및 특허제, 예외적 승인제)에 견줄 수 있는지 여부에 의거하여 정보제공적 신고와 금지해제적 신고로 나누고자 한다. 유의할 점은 이런 새로운 유형은 기왕의 유형과는 병존할 수 없다. 왜냐하면 전혀 다른 기조에서 접근하기 때문이다. 따라서 양자를 병렬적으로 기술하는 것은 신고제를 더욱 혼란스럽게 만든다.

1. 정보제공적 신고

정보제공적 신고는 행정청이 지속적인 감시를 원활히 할 수 있도록 일정한 사실을 알리는 것이다. 건축법 제21조의 착공신고,[97] 집시법상의 집회신고, 구 「사회단체신고에 관한 법률」[98] 제3조의 신고, 공중위생관리법 제3조 제2항의 공중위생영업의 폐업신고, 세법상의 대부분의 신고 등은 그 예이다. 독일 대표적 예가 독일 영업법 제14조

96) 예로 외국환거래법 제18조(자본거래의 신고 등), 산지관리법 제15조(산지전용신고)와 같이 신고수리결정을 별도로 명문화한 경우를 들 수 있는데, 양자 공히 실질적 심사의무를 전제로 한다는 점에서 名實相符하지 하루바삐 그 본질에 맞춰 許可制로 改名되어야 한다.

97) 이 착수신고를 위험방지의 차원에서 금지해제적 신고로 볼 수도 있지만, 건축이 허용된 것을 전제로 진행된다는 점에서 정보제공적 신고로 보는 것이 바람직하다. 한편 대법원 2011.6.10. 선고 2010두7321 판결은 착공신고를 마치 수리를 요하는 신고인양 그 반려에 대해 후술할 하급심(서울고등법원 2010.3.18. 선고 2009누16819 판결)과는 달리 처분성을 인정하였다.

98) 무신고의 사회단체활동에 대해 동법은 과태료부과(제8조 제1항)만을 규정할 뿐이다. 동법은 구 「사회단체등록에 관한 법률」을 대체한 것인데, 현재 「비영리민간단체지원법」이 그 기능을 수행한다.

에 따른 신고의무이다. 동조에 의하면, 영업개시와 동시에 해당 행정청에게 신고를 해야 한다. 이런 신고는 행정의 효과적인 감시통제활동에 이바지한다. 가령 영업신고의 목적은, 소관 행정청에게 언제든지 자신구역내의 영업의 수와 종류에 관한 효과적인 감시를 수행하기 위함이다.[99] 그것은 가능한 예방적 금지의 동인·근거가 아니라, 영업개시 이후에 지속적인 감시를 확고히 하기 위하여 영업수행을 행정청에게 단지 알리는데 기여한다.[100] 단순한 정보제공적 기능을 지니기에, 동조상의 신고의무는 예방적·형식적 금지와는 결합되어 있지 않다. 아울러 독일 주건축법상의 신고절차와는 달리 대기기간과도 결합되어 있지 않다. 동조의 신고에 대해서는 합법화효과가 주어지지 않는다.[101] 따라서 Schick도 지적하였듯이, 이들 신고의무의 위반만으로 관련 행위의 금지를 정당화시키진 못한다. 정보제공적 신고는, 금지해제적 신고와는 달리 직접적인 법적 효과를 당연히 발생시키지 않는다.[102] 요컨대 정보제공적 신고는 기본적으로 대상행위의 절차적 자유로움을 전제로 즉, 그것에 대한 사전적 통제가 없음을 전제로 시민의 협력의무에 바탕을 둔 것이다. 한편 정보제공적 신고는 대상행위의 신고시점을 두고서 동시적·사후적 정보제공적 신고제(일종의 통고제)와 사전적 정보제공적 신고제로 나눌 수 있다(후술).

2. 금지해제적 신고

금지해제적 신고는 전제되는 예방적 금지를 ―마치 허가가 내려진 것마냥― 신고를 통해 해제시키고 소정의 행위를 적법하게 행할 수 있게 한다. 행정법제에서 허가대상과 대비되게 규정한 신고가 이에 해당한다. 행정법상의 대표적 신고인 건축신고를 보자면, 이를 행하고 나서 비로소 소정의 건축행위를 할 수 있다. 이런 신고절차에서도 허가절차와 마찬가지로 행정당국의 사전통제를 가능케 하기 위해서, 건축행위가 예방적으로 금지되어 있다. 따라서 절차유보에 반해서 즉, 신고없이 착공하면 위법하게 되어 일단 원칙적으로 공사중지명령이 내려질 수 있다(건축법 제79조 제1항). 허가절차와는 대조적으로 허가의무란 형식적 울타리가 없다. 형식적인 건축금지의 울타리를 신고를 통해서 국민이 스스로 열어버린 셈이다.[103] 신고절차에선 건축행위에 관한 예방적

99) Marchs, in: Landmann/Rohmer, Gewerbeordnung－Kommentar, §14 Rn.7.

100) 따라서 영업신고는 영업허가가 내려져 있다 하더라도 필요하다. Vgl. Marchs, in: Landmann/Rohmer, Gewerbeordnung－Kommentar, §14, Rn.9; Michel/Kienzle, Das Gaststättengesetz, 12.Aufl. 1995, §4 Rn.96.

101) Marchs, in: Landmann/Rohmer, Gewerbeordnung－Kommentar, §14 Rn.9.

102) Fritz, Art. Anzeigepflicht in: Kimminich/v. Kersner/Storm, Handwörterbuch des Umweltrechts, 2.Aufl. 1994, S.138f.

103) Schick, a.a.O., S.341(341).

금지가, 우리의 경우엔 대기기간제도가 없기에 수리거부가 되지 않는 한, 신고와 동시에 해제되어 버린다. 그러나 독일의 경우엔 예방적 금지의 해제가 법률상의 일정한 대기기간의 경과의 유보하에 있다 하겠다. 따라서 대기기간의 경과와 동시에 건축주는 형식적으로 적법하게 착공할 수 있게 된다.[104)]

3. 특히 금지해제적 신고에서 신고절차의 이행의 의의

정보제공적 신고는 협력의무의 일환이고, 금지해제적 신고와는 달리 직접적인 법적 효과를 당연히 발생시키지 않는다. 그러나 금지해제적 신고는 허가대체적 절차이어서 그 신고절차의 이행의 의의를 검토할 필요가 있다. 일단 허가절차의 이행의 의의를 통해서 접근할 수 있다.

(1) 논의의 전제: 허가절차의 이행의 의의

허가를 비롯한 일체의 사전적 개입모델은 기본적으로 확인적 효과와 형성적 효과의 측면을 갖는다. 가령 건축허가를 보면, 이를 통해 건축안이 실정법과 일치함이 확인되며(건축허가의 확인적 부분), 아울러 건축안에 따른 공사집행이 허락되고 지장을 받지 않는다(건축허가의 형성적 부분: 실체적 합법화효과, 금지해제). 이처럼 허가는 그것이 승낙한 모든 것을 적법하게 하는 절차적・형식적인 요건이다.[105)] 따라서 사전개시통제로서의 허가제는 우선 절차유보로서의 의의를 갖는다.

허가를 신청하여 허가를 받은 경우, 그 허가대상행위와 관련해서 보면, 일단 허가절차를 밟은 이상 형식적(절차적) 적법성은 충족하고, 그리고 허가를 통해 허가대상행위의 허용성에 관한 판단을 받은 셈이 되어 실체적 적법성(합법화)도 충족한다. 국민이 허가를 받아야 할 사항(건축)을 허가없이 시행한 경우, 형식적인 위법성과 실체적인 위법성은 구분되어야 한다. 전술한 대로 허가절차는 합법화효과를 위한 절차적, 형식적인 요건이다. 따라서 그 무허가건축행위는 허가가 없다는 점에서 형식적으로 위법하며, 아울러 허가거부를 정당화시키는 규정에 반해야 다시 말해, 허가거부사유에 해당하여야 비로소 실체적으로도 위법하다(형식적인 위법성≠실체적인 위법성).

허가의 합법화효과가 다름 아닌 자연적 자유의 회복이기에, 허가를 받지 않았다는 점만으로 자유행사를 원천적으로 배격하는 것은 자연적 자유의 회복으로서의 허가제와는 부합하지 않는다. 따라서 허가를 받아야 할 건축행위를 필요한 허가 없이 행하

104) VGH Mannheim, VBlBW 1997, 141(141).

105) 하지만 허가의 존재만으로 기왕의 허가요건사실이 정당화되지는 않는다. 즉, 건축물에 대하여 사용검사처분이 내려졌다는 사정만으로는 건축물에 있는 하자나 건축법 등 관계 법령에 위반되는 사실이 정당화되지는 않는다(대법원 2014.7.24. 선고 2011두30465 판결).

면, 행정청은 형식적인 위법성의 차원에서 허가발급시까지 공사의 중지를 요구할 수 있으되, 이미 조성된 것의 철거까지 요구하기 위해서는 그 건축행위가 실체법적으로도 위법해야 한다. 즉, 실체적인 위법성(허가부적격성)까지 요구된다. 허가의 전제로 자연적 자유를 인정하는 이상, -독일의 판례와 문헌상의 일반적인 태도인- 위법의 이런 구별은 당연하다. 아쉽게도 우리의 경우 아직 전혀 논해지지 않고 있다.[106] 하지만 신고의무를 위반한 영업을 보상대상에서 제외되는 위법한 영업으로 보지 않은 대법원 2012.12.13. 선고 2010두12842 판결이 관련 논의의 단초가 되길 기대한다.

(2) 금지해제적 신고에서 신고절차의 이행의 의의

신고의무이행후의 형식적 합법성(Legalität)의 인정은 자세히 규명할 필요가 있다. 신고절차에서 형식적 합법성을 출발점으로 삼을 수 있는 한, 이러한 합법성은 절차법적 측면에서만 관련이 있다. 신고절차에 있어서 형식적 합법성이란, 신고절차상 요구되는 절차행위를 이행함으로써, 그 점에서는 절차가 적법하게 집행되었다는 것만을 의미한다. 반려되지 않고서 신고절차를 이행했다 하더라도, 그것이 건축행위가 실체적 건축법과 일치하다는 것을 나타낸 것은 아니다.

통상 (독일에선) 건축허가에 대해선 합법화효과가 인정되는 것[107]과는 달리, 신고절차의 이행 그 자체로서 금지(행정청의 철거명령 등)가 저지되지는 않는다. 따라서 신고의무이행에 따른 허용은, 금지유보부 허용의 경우처럼 개별경우에 금지가 유보되어 있다. 즉, 신고자는 허가와 달리 존속보호를 누리지 못하고 행정청의 사후조치(가령 철거명령)의 가능성에 그대로 노출된다. 비록 우리 건축법이 독일의 대부분의 주 건축법처럼 명시적으로 공법규정의 준수의무를 지적하고 있진 않지만, 동법 제79조가 동법 등을 위반한 경우에 있어서, 행정개입의 수권을 제공한다.[108]

4. 양 신고의 차이점

먼저 의무위반의 효과에서 찾을 수 있다. 금지해제적 신고를 불이행하면 가령 건축

106) 예외적으로 김종보, 건설법의 이해, 박영사, 2008, 165면 이하; Lindner, JuS 2014, 118ff.

107) 건축허가로 인하여 건축주가 누리는 존속보호는 건축허가의 합법화효과에서 기인한다. 따라서 철거와 사용금지를 목표로 하는 행정처분의 적법성은 건축허가의 폐지의 유보하에 있다는 독일에서의 일반적 논의가 우리의 경우에도 당연히 통용되어야 한다.

108) 하지만 일종의 절차유보로서의 의미와 절차적(형식적) 합법성 장치로서의 의미를 갖는 신고제와 관련해서 신고대상행위의 허용성에 관한 고려를 전혀 하지 않은 채 신고불이행만으로 제재조치를 취할 수 있게 하는 건축법 제79조 제1항은 재고될 필요가 있다. 대법원 2010두12842 판결은 이런 시각에서 음미할 필요가 있다: 체육시설업의 영업주체가 영업시설의 양도나 임대 등에 의하여 변경되었음에도 그에 관한 신고를 하지 않은 채 영업을 하던 중에 공익사업으로 영업을 폐지 또는 휴업하게 된 경우라 하더라도, 그 임차인 등의 영업을 보상대상에서 제외되는 위법한 영업이라고 할 것은 아니다. 따라서 그로 인한 영업손실에 대해서는 법령에 따른 정당한 보상이 이루어져야 마땅하다.

신고 없이 건축을 착공하면 공사중지명령은 물론, 궁극적으로 철거명령까지 내려질 수 있다. 반면 협력의무적인 정보제공적 신고의무는 예방적·형식적 금지와는 결합되어 있지 않기에, －영업신고의 경우－ 이들 신고의무의 위반만으로 추가적인 다른 사항이 없는 한 관련 영업행위 등을 금지시킬 수는 없다.[109] 왜냐하면 영업의 자유가 기본권 차원에서 인정되기 때문이다. 물론 의무위반에 대해 행정벌이 과해지는 것은 무방하다.

양자의 차이점은 신고의 종국적 반려(수리거부)에서도 인정할 수 있다. 금지해제적 신고의 경우 예방적 금지가 전제되어 있기에 그것의 반려(이른바 수리거부)는 대상행위를 허용하지 않는다는 의미에서 이론상 금지하명에 해당한다.[110] 반면 정보제공적 신고는 단순히 알리는 것에 지나지 않고, －그것을 이른바 수리를 요하는 신고로 보지 않는 한－ 신고의 수리 자체가 행정행위가 아니기에 그 반려 역시 원칙적으로 사실행위에 지나지 않는다. 다만 사전적 정보제공적 신고의 경우에는 금지해제적 신고마냥 대상행위에 대한 금지하명으로 접근할 수 있다.[111] 따라서 후자의 경우 대상행위를 금지하기 위해서는 이상에서 본 독일의 입법례(자원순환관리법(KrWG) 제18조 제5항 제2문)처럼 하명처분을 위한 독립된 규정이 요구된다.

5. 양 신고의 구별기준

(예방적) 금지해제적 신고의무와 정보제공적 신고의무를 구별함에 있어선, 이른바 규제완화로 종래의 허가를 신고로 바꾼 것인지, 법문상으로 입법연혁상으로 대상행위의 금지가 전제되면서 사전통제(심사)가 예정되어 있는지, －가령 의료법처럼 의원개설은 신고, 병원개설은 허가로 규정하듯이－ 개시통제의 수단으로 허가와 병렬적으로 규정되어 있는지,[112] －건축법 제14조의 제1항의 건축신고처럼－[113] 허가대상에 대한 완화된 수단으로 신고를 규정하고 있는지, 신고의무불이행의 제재에 대상행위 자체(즉, 금지)에 대한 것까지 담고 있는지 등을 고려해야 한다. 따라서 공중위생관리법 제3조 제2항의 폐업신고 등은 순전히 정보제공적 의미만을 지닌다. 그리고 법제도가 허가대체적 신고를 허용하지 않는 경우(예: 집회신고)에는 그것은 정보제공적 신고이다.[114]

---

109) 구 「사회단체신고에 관한법률」상으로 미신고 사회단체에 대해서는 과태료에 처해졌다(제8조 제1항).

110) 유의할 점은 여기서의 반려는 비록 수리거부라 일컫더라도 통상의 거부처분에 해당하지는 않는다.

111) 과거 필자는 건축법상의 착공신고의 반려에 대해서 －서울고등법원 2010.3.18. 선고 2009누16819 판결처럼 처분성을 부인하는 것이 타당하다고 보았는데, 이 글을 통해 입장을 바꾸고자 한다.

112) 여기서 건축법 제19조 제3항상의 건축물대장상의 용도기재변경신청제의 법적 성질이 문제되는데, 대법원 2010두8072 판결 등은 그것을 마치 수리를 요하는 신고인양 접근하는데, 용도변경신고제와 대비시켜 보자면 약한 용도변경신고제로서의 그것의 성질에 비추어 정보제공적 신고로 봄직하다(김중권/이은희, 부동산법제, 2011, 201면).

113) 제14조(건축신고) ① 제11조에 해당하는 허가 대상 건축물이라 하더라도 …

114) 대법원 2010도6388 전원합의체 판결은 집회신고가 허가대체적 즉, 금지해제적 신고로 변질되어서는 아니 되고, 그것이 정보제공의 의미를 가짐을 강조한다.

Ⅷ. 규제개혁을 위한 법제상의 신고제 정비방안 모색

1. 전제적 논의

이상의 논의를 정리하면, 신고제에서 수리는 그 자체 법적 의미를 두어서는 아니 되고 신고에 무게중심이 주어져야 한다. 하지만 수리거부(반려)는 금지해제적(허가대체적) 신고의 경우에는 금지하명으로서 행정행위에 해당하며, 정보제공적 신고의 경우에는 사실행위에 해당한다. 신고요건의 심사와 관련해서는 형식적 심사는 필수적으로(의무적) 행해져야 하지만, 실질적 심사는 재량적으로 행사될 수 있다.

대상행위의 행사단계에서의 개입은 강도의 측면에서, 가장 약한 단계인 일체의 (신고, 허가)절차로부터 자유로운 경우(신고의무면제)부터, 정보제공적 신고, 금지해제적 신고, 허용유보부 (예방적) 금지에서의 －특허를 포함한－ 허가, 면제유보부 (억제적) 금지에서의 예외적 승인, 그리고 가장 강한 단계인 절대적 금지로 나눌 수 있다. 여기서 신고제가 통용될 수 있는 영역은 신고로부터 자유로운 경우(신고의무면제)로부터 허용유보부 (예방적) 금지에서의 －특허를 포함한－ 허가사이에 위치한다.

2. 개입강도에 따른 신고제의 분류

행위 자체로 인한 공공의 안녕질서에 대한 위험유발가능성 및 기본권행사의 자유에 비추어 사후적 통제라면 너무 늦어서 효과가 없을 뿐만 아니라 공익에 의해 정당화되는 경우에 한해서 허가와 같은 사전통제가 필요하며, 정당화될 수 있다.[115] 따라서 신고제는 공공의 안녕질서에 대한 위험유발가능성이 낮아서 사후적 통제로도 충분한 경우에 비로소 강구될 수 있다. 신고는 기본적으로 자유행사와 필수적 상관관계에 있기에, 신고제의 도입에서도 자유행사와 관련지어 세부적 차별과 단계적 접근이 필요하다. 즉, 일체의 (신고, 허가)절차로부터 자유로운 경우(절차면제)에 비견할 수 있는 수준의 가장 약한 단계(신고제A)와 가장 강한 단계로서 허가에 비견할 수 있는 단계(신고제C)를 설정한 다음, 가운데 수준의 단계(신고제B)를 설정한다.

---

115) Art.9 (1) Richtlinie 2006/123/EG über Dienstleistungen im Binnenmarkt: (1) Die Mitgliedstaaten dürfen die Aufnahme und die Ausübung einer Dienstleistungstätigkeit nur dann Genehmigungsregelungen unterwerfen, wenn folgende Voraussetzungen erfüllt sind: a) die Genehmigungsregelungen sind für den betreffenden Dienstleistungserbringer nicht diskriminierend; b) die Genehmigungsregelungen sind durch zwingende Gründe des Allgemeininteresses gerechtfertigt; c) das angestrebte Ziel kann nicht durch ein milderes Mittel erreicht werden, insbesondere weil eine nachträgliche Kontrolle zu spät erfolgen würde, um wirksam zu sein.

그리하여 신고제A는 동시적・사후적 정보제공적 신고제(일종의 통고제)로, 신고제B는 사전적 정보제공적 신고제, 신고제C)로, 가장 강한 수준인 신고제C인 금지해제적(사전적 허가대체적) 신고로 구분하여 설정한다. 가령 공중위생관리법 제3조 제1항의 공중위생영업의 신고, 건축법 제21조의 착공신고, 집시법상의 집회신고는 사전적 정보제공적 신고이고, 공중위생관리법 제3조 제2항의 공중위생영업의 폐업신고와 구 「사회단체신고에 관한 법률」 제3조의 신고는 사후적 정보제공적 신고에 해당할 수 있다.[116] 이상의 기조에서 현행 법제상의 개입모델 전반을 새롭게 정비할 필요가 있다.

3. 개개의 신고유형에 따른 입법적 정비방안

(1) 정보제공적 신고의 경우

처음부터 사전검토의 가능성을 배제한 동시적・사후적 정보제공적 신고제(일종의 통고제)의 경우와는 달리, 사전적 정보제공적 신고의 경우는 사전적인 특성에 부합하는 제도적 장치가 필요하다. 비록 행정절차법이 신고절차를 규정하지만, 그것은 형식적 요건심사차원의 언급이다. 독일과 같은 대기기간이 설정되어 있지 않기에, 신고자는 의례 신고한 사실만으로 충분하다도 여긴다. 여기서 신고자를 배려하는 조치가 필요하다. 아울러 행정의 차원에서도 법적으로 문제가 있는 신고에 효과적으로 대응할 수 있는 제도적 장치가 필요하다.

우선 동시적・사후적이든 사전적이든 정보제공적 신고의 경우에 공히 신고의 수령을 신속하게 확인하는 제도적 절차가 필요하다. 참고로 독일 영업법은 고정(정주)영업신고에서 행정청이 신고수령을 3일 내에 확인하도록 규정하고 있다(제15조 제1항). 그리고 신고자가 신고대상이 아님에도 불구하고 즉, 활동하기 위해서는 본법은 물론 다른 법률에 의해 허가 등과 같은 허용행위를 필요로 함에도 불구하고 신고한 경우에 대응한 특별한 입법적 조치가 필요하다. 통상 법률에서 위법상태에 대한 중지명령이나 시정명령 등과 같은 규율장치를 두고 있어서 큰 문제가 되지는 않지만, 주의를 환기하기 위해 신고의 차원에서 해당 무허가행위의 계속을 저지할 수 있는 근거규정이 마련될 필요가 있다.[117]

사전적 정보제공적 신고의 경우 대기기간을 설정하여야 한다. 즉, 반려되지 않는

---

116) 제3조(공중위생영업의 신고 및 폐업신고) ① 공중위생영업을 하고자 하는 자는 공중위생영업의 종류별로 보건복지부령이 정하는 시설 및 설비를 갖추고 시장・군수・구청장(자치구의 구청장에 한한다. 이하 같다)에게 신고하여야 한다. 보건복지부령이 정하는 중요사항을 변경하고자 하는 때에도 또한 같다. <개정 2008.2.29., 2010.1.18.> ②제1항의 규정에 의하여 공중위생영업의 신고를 한 자(이하 "공중위생영업자"라 한다)는 공중위생영업을 폐업한 날부터 20일 이내에 시장・군수・구청장에게 신고하여야 한다.

117) 참고: 독일 영업법 제15조 제2항.

한, 대기기간의 경과로 대상행위를 할 수 있게 규정한다. 대기기간의 설정방식은 두 가지로 나눌 수 있다. 하나는 −(짧게는 2주, 길게는 한달을 규정한) 독일의 많은 주건축법처럼− 신고이후에 일정기간을 경과한 이후로 규정하는 방식이고, 다른 하나는 −독일 자원순환관리법(KrWG) 제53조처럼− 대상행위에 착수하기에 앞서 일정 기간을 설정하는 방식이다. 아울러 정보제공적 신고에서의 반려는 이론상 행정행위가 될 수 없기에, 사전적 정보제공적 신고의 경우 사전적 통제로서의 의의를 유지하기 위해서 금지하명을 위한 독립된 규정을 두는 것이 바람직하다.

(2) 금지해제적(사전적 허가대체적) 신고

금지해제적 신고의 경우에도 일체의 신고제처럼 이상과 같이 신고수령의 확인절차를 두어야 하며, 사전적 신고제로서 앞서의 사전적 정보제공적 신고와 마찬가지로 대기기간의 설정이 필요하다. 그리고 신고대상행위(예: 건축행위)에 대한 금지처분의 가능성[118]은 물론 관련 법령준수여부의 심사가능성을 명문으로 규정하는 것이 바람직하다. 또한 독일 행정절차법 제42조의a 제2항처럼 대기기간의 연장가능성을 명문화할 필요가 있다. 아울러 비록 금지해제적 신고의 반려는 정보제공적 신고에서의 반려와는 달리 이론상 금지하명에 해당할 수 있지만, 신고제에 대한 상식적 이해를 감안할 때, 금지하명을 위한 독립된 규정을 두는 것이 바람직하다.

금지해제적 신고는 탈규제를 위해 허가대체적으로 도입된 것이어서 허가제와의 연계시켜 접근하되, 전형적인 허가제와 구별되는 착안점을 강구할 필요가 있다. 반려되지 않는 한, 허가의제의 방식으로 규율할 필요가 있다. 지금의 건축법 제14조의 허가의제적 신고가 좋은 선례이다. 독일 행정절차법 제42조의a의 '허가의제'규정도[119] 참고할 필요가 있다.[120] 금지해제적 신고를 허가의제적 신고로 규정하는 것은 신고자는 물론 제3자의 권리보호에 이바지한다. 신고자의 경우 비록 허가의제가 절차적 의미를

118) 우리의 경우엔 '집회 및 시위에 관한 법률'(동법 제8조)을 제외하고선 신고유보부 예방적 금지에 대하여 금지처분을 규정한 예를 찾기가 어렵다. 하지만 우리 건축법에는 위반건축물 등에 대해서 허가·승인을 취소하거나, 그 공사의 중지를 명하거나, 상당한 기간을 정하여 그 건축물의 철거 등의 기타 처분을 명할 수 있게끔 규정되어 있는데(동법 제69조 제1항), 여기서의 기타 처분에 공사금지처분이 포함될 수 있을 것이다.

119) 제42조의a (1) 신청된 허가는, 허가의제가 법규정에 의해 규정되어 있고, 신청에서 충분하게 정해져 있는 경우에는 확정된 결정기한이 경과하면 발급된 것으로 간주된다(허가의제). 행정행위의 존속력 및 권리구제절차에 관한 규정은 그에 맞춰 통용된다. (2) 제1항 제1문의 기한은 법규정에서 달리 정해져 있지 않는 한, 3개월이다. 그 기한은 완전한 문건의 도달과 함께 시작한다. 그 기한은 업무의 곤란함으로 인해 연장이 정당화되는 경우에는 일회 알맞게 연장될 수 있다. 기한연장은 이유제시가 있어야 하고 적시에 통보되어야 한다. (3) 제41조 제1항에 의해 행정행위가 통지되어야 할 자에 대해 요청이 있으면 허가의제의 발생이 서면으로 확인(증명)되어야 한다.

120) 동규정은 제4차 행정절차법개정에 의해 도입된 허가의제요건의 일반적 규율이다. 그 계기는 EU 서비스지침의 제13조 제4항의 전환의무였다. 적용영역은 동지침의 적용영역에 국한하지 않는다. 동조는 허가절차를 위한 일반적 규정에 해당한다.

지녀 통상의 행정행위에 비하면 미약하긴 해도 존속보호나 신뢰보호를 주장할 근거가 존재한다는 점이 이점이다. 제3자의 경우 허가의제가 동반되지 않을 경우 위법상태를 행정청의 개입의 방식으로 제거할 수 있는데, 대법원 1999.12.7. 선고 97누17568 판결로 인해 행정법문헌의 경향과는 배치되게 행정개입청구권의 실현은 애초에 기대할 수 없는 상황이다.[121] 여기서 허가의제의 효과 즉, 의제된 허가의 존재는 소송대상의 확정에서의 애로를 해소시킬 수 있다.

한편 비록 EU 서비스지침의 제13조 제4항의 전환의무에 의해 의제적 허가제가 강구된다 하더라도, 독일에서는 허가의제에 대한 비판이 다극적 법관계와 복잡한 행정절차에서 전개된다.[122] 환경과 －가령 의약품승인(허용)에서처럼－ 공중 및 건축허가절차에 대한 막대한 영향을 갖는 그런 결정에서는 행정행위의 의제가 승인(허용)신속화의 유용하지 않은 수단으로 여겨진다. 허가의제의 경우에 행정절차가 누락되거나 무방하게 되기 때문에, 제3자와 공중은 물론 투자자를 위한 행정절차의 특수한 수행－가령 위험분석과 제3자와의 이익조절과 같은－이 누락된다.[123] 그래서 허가의제의 도입이 유럽법적으로도 배제될 수 있다.[124] 그리하여 허가의제는 2극적 법관계에서 사물적으로 법적으로 간단한 경우에만 도입되어야 한다고 지적된다.[125] 이 점에서 우리 건축법 제14조상의 건축신고와 관련하여 규정되어 있는 증폭의제(법 제11조 제5항)의 법치국가원리적 문제점을 고민할 필요가 있다.[126]

Ⅸ. 맺으면서 – 고르디오스 매듭의 절단: 기왕의 신고유형 버리기

법치국가는 법과 합리성을 통해서, 자신의 활동을 사전에는 예상가능하게, 사후에는 통제가능하게 만든다.[127] 여기서 법도그마틱은 법치국가의 가장 중요한 요소인, 법의

121) 참고로 독일의 경우 신고제와 관련해서 판례와 다수 문헌은 제3자에 대한 행정개입청구권의 인정에 매우 관대한 태도를 보인다. 보통 행정개입청구권이 문제될 때 재량축소의 상황을 예외적으로 보는 데 대해서 신고제의 경우에는 원칙적으로 재량축소를 인정하는 것을 출발점으로 삼는다. 인인권의 침해의 경우가 Münster 고등행정법원은 연방행정법원과는 달리 통상 결정재량의 축소가 초래된다고 보았는데, 이런 접근이 신고제의 경우에는 원칙으로 받아들여졌다.

122) Stelkens, in: Stelkens/Bonk/Sachs, Verwaltungsverfahrensgesetz, 8.Aufl. 2014, §42a Rn12.

123) 이런 비판은 원래 독일에서 신속화논쟁에서의 비판이었는데, 그런 비판이 오늘날의 허가의제에 이행하였다. Biermann NordÖR 2009, 377, 384; Fehling in Fehling/Grewlich(Hrsg.), Struktur und Wandel des Verwaltungsrechts, 2011, S.43, 51ff.

124) EU 서비스지침의 제13조 제4항 역시 제3자의 정당한 이익을 포함하여 공익에 의해 정당화될 수 있는 경우에는 그에 따르지 않고 달리 규율할 수 있다고 한다.

125) Biermann NordÖR 2009, 377, 384; Fehling in Fehling/Grewlich (Hrsg.), Struktur und Wandel des Verwaltungsrechts, S.43, 51ff.

126) 이런 문제점에 관해선 졸저, 행정법기본연구Ⅰ, 340면 이하; 건축신고의 허가의제효과에 관한 소고, 법률신문 제3837호(2010.5.3.).

127) Breuer, Konkretisierungen des Rechtsstaats– und Demokratigebotes, in: Festgabe 50 BVerwG, 2003,

개관가능성과 법적용의 합리성을 확보하게 한다. 법도그마틱은 결코 불변의 墨守的 틀이 아니다. 법적 안정성을 기하는 한, 법도그마틱은 견지되어야 하나, 그것은 늘 새로운 요청에 개방적이어야 하고, 변화를 적극적으로 수용하여야 한다. 실현되고 있는 법의 妥當根據는 과거에 있는 것이 아니라, 현재에 있다.[128] 앞에서 본 대표적 충돌상황이 보여주듯이, 신고제에 관한 행정법도그마틱은 법도그마틱의 가장 중요한 기능인 안정화, 부담경감 그리고 계도의 차원에서 도그마틱으로서의 기능부전을 넘어 법발전을 가로막는 장애물이 되었다. 근본적인 修理가 요하는 상황이다. 修理의 방법은 의외로 매우 간단하다. 지금의 혼란상황의 초기조건이자, 이미 그 본래의 틀은 사라진, 기왕의 신고유형을 버리는 것이다. "어려움은 새로운 아이디어에 있지 않고, 옛 아이디어로부터 벗어나는 데 있다."[129]

* 행정법학 제11호, 2016.9.30., 25면-67면 所收.

* **추론**: 2021.3.23.에 제정된 행정기본법은 기왕의 신고유형을 전제로 법령등으로 정하는 바에 따라 행정청에 일정한 사항을 통지하여야 하는 신고로서 법률에 신고의 수리가 필요하다고 명시되어 있는 경우(행정기관의 내부 업무 처리 절차로서 수리를 규정한 경우는 제외한다)에는 행정청이 수리하여야 효력이 발생한다고 규정한다(제34조). 잘못 설정한 신고유형이 빚은 바람직하지 않은 결과이다.

S.223(228).

128) 김형배, 법학방법론, 1981, 41면.

129) 존 메이나드 케인스, "고용 · 이자 및 화폐의 일반이론"(1936) 서문.

제 3 편 행정구제법의 차원에서의 행정법의 현대화와 개혁

제 1 장

공법재판에서 잠정적 권리구제시스템의 개혁에 관한 소고

Ⅰ. 처음에 – 공법재판에서의 잠정적 권리보호는 더 이상 입법자의 선물이 아니다.

현직 대통령에 대해 헌정사적으로 처음으로 국회의 탄핵의결(2016.12.9.)을 거쳐 헌법재판소에 의해 탄핵결정을 내려졌고(2017.3.10.), 제19대 대통령선거(2017.5.9.)에 따라 문재인 정부가 출범하였다. 이런 국가적 대전환을 둘러싸고 정치적, 사회적 논의는 여전히 분분하다. 분명한 점은 촛불집회의 지속과 확대가 결정적인 원인이 되었다. 특히 '집회 및 행진 금지통고 처분'에 대해 집행정지를 인용한 서울행정법원의 일련의 결정이[1] 헌정질서를 새롭게 바꾼 거대한 역사적 물길을 결정적으로 조성하였다. 그런데 행정법원의 일련의 집행정지인용결정은 물론, 집회시위의 자유와 관련해서, 특히 집행정지제도의 차원에서 곱씹어 볼 내용이 많음에도 불구하고 심도 있는 공법적 논의가 아쉽게도 매우 빈약하다.[2]

일찍이 Finkelnburg은 "행정법원에 의한 잠정적 권리보호는 입법자가 임의로 부여하거나 제한하거나 빼앗을 수 있는 선물이 아니라, 헌법상의 명령(Verfassungsgebot)이

1) 특히 서울행정법원 2016.11.4.자 2016아12248 결정과 서울행정법원 2016.11.12.자 2016아12308 결정.
2) 이들 집행정지결정에 관한 행정법 분석은 김중권, "집회금지처분에 대한 잠정적 권리구제에 관한 소고", 법조 제725호, 2017.10.28., 541면 이하.

다. 즉, 그것은 기본법 제19조 제4항 제1문에 포함된 효과적인 권리보호부여의 기본권적 명령(원칙)을 나타낸 것이다."고[3] 기술하였다. 그러나 우리의 경우 공법재판에서의 잠정적 권리보호 자체가 본격적으로 논의되기보다는 민사상의 그것의 파생물로 여겨질 정도이다. 필자는 이미 공법재판의 잠정적 권리구제시스템의 문제점과 개선방향을 주제로 글을 발표하였는데,[4] 여기서는 공법재판 전반의 차원에서 관련 논의가 폭발적으로 전개되길 바라는 마음에 기왕에 피력한 내용을 종합하여 정리하고자 한다.

Ⅱ. 잠정적 권리보호제도의 헌법상의 요청 및 기능

1. 소송법과 법치국가원리

소송법은 그때그때 추구하는 소송목적인 주관적 권리보호, 객관적 법질서의 보전, 확정력있는 재판에 의한 법적 평화의 회복, 개별사건에서 법에 관한 구속적 확인에 의한 법적 안정성의 보장, 법적 통일성의 확보, 최고법원에 의한 법의 지속적 형성 등에 의하여 그 특징이 지워진다. 소송법의 모습과 형태를 가다듬는 데 있어선, 어떤 소송목적이 토대가 될지 그리고 어떤 소송목적에 따라 소송법의 골간을 정할지의 물음에 대한 답은 바로 법치국가원리(法治國家原理)이다. 다시 말해, 소송법이 자신의 기능에 적합하려면 법치국가원리적 요청을 충족하여야 한다. 법치국가에서 자력구제가 배제되어야 할 이유는, 원고가 국가의 처분에 맡겨진 방법으로 자기가 원하는 동일한 결과를 얻을 수 있다는 점이 사법메커니즘을 통해 사전에 배려되었다는 데 있다.[5] 그리하여 법치국가에서 국가는 私人의 自力執行의 부인에 대한 보전수단으로써, 효과적인 권리보호체계를 마련하고 적합한 결정을 위한 합절차적 요건을 만들어야 한다. 즉, 재판청구권은 법적 분쟁의 해결을 가능하게 하는 적어도 한 번의 권리구제절차가 개설될 것을 요청할 뿐 아니라 그를 넘어서 소송절차의 형성에 있어서 실효성 있는 권리보호를 제공하기 위하여 그에 필요한 절차적 요건을 갖출 것을 요청한다.[6] 이 점을 입법자는 물론, 법관 역시 소송법 규정을 해석·적용함에 있어 인식하여야 한다.

---

3) Finkelnburg/Dombert/Külpmann, Vorläufiger Rechtsschutz im Verwaltungsstreitverfahren, Rn.1.
4) 김중권, "헌법재판에서의 가처분제도에 대한 고찰", 2016년 헌법재판소 조사연구보고서.
5) Grunsky, Die Veräußerung der streitbefangenen Sache, 1968, S.226.
6) 헌재 2006.2.23. 2005헌가7, 2005헌마1163(병합) 전원재판부: 재판절차가 국민에게 개설되어 있다 하더라도 절차적 규정들에 의하여 법원에의 접근이 합리적인 이유로 정당화될 수 없는 방법으로 어렵게 된다면 재판청구권은 사실상 형해화될 수 있으므로 바로 여기에 입법형성권의 한계가 있다.

2. 잠정적 권리보호제도의 헌법상의 요청 및 기능

법치국가원리에서 완전히 유효한 권리보호의 보장이 도출될 수 있다.[7] 헌법 제27조의 재판청구권은 법치국가원리에 입각한 사법구제를 위한 출발점이다. 재판청구권의 기능은 포괄적인 사법적 권리보호의 보장에 있은 즉, 그것을 통해 효과적인 권리보호의 보장이 강구되어야 한다. 사법통제가 지닌, 사후적, 진압적 권리구제로 인해, 권리보호의 실효성은 결과적으로 의문시될 수 있다. 왜냐하면 법원의 적법성심사 전에 행정청이 돌이킬 수 없는 조치를 집행했다고 하면, 소의 이익이 없다는 이유로 각하될 수밖에 없으며, 이런 상황에서 재판청구권의 실현을 통한 "포괄적이고 효과적인 권리보호"는 口頭禪일 수밖에 없기 때문이다. 따라서 잠정적 권리보호(Vorläufiger Rechtsschutz)는 효과적인 권리보호를 위한 기본요소이다.[8] 그것은 항상 오랜 시간이 소용되는 법적 분쟁에서 종국적인 판결을 내리기 전까지 중간해결책을 발견할 수 있게 한다. 즉, 잠정적 권리보호는 소송계속중에 결정의 집행이나 그 후속결과에 대해 보호를 가져다주거나 일정한 권리나 사실적 상태를 소송의 종결까지 보전하는 데 이바지한다. －독일 기본법 제19조 제4항에 비견될 수 있는－ 헌법상으로 기본권차원에서 인정되는 국민의 재판청구권은 공권력의 조치에 대한 포괄적이고 효과적인 권리보호를 보장한다. 따라서 잠정적 권리보호제도가 개별소송법에 규정되어 있을 것이 요구된다.[9] 결국 이상의 보전기능(Sicherungsfunktion)은 헌법적으로 자리매김이 되어 있는 셈이다.[10] 잠정적 권리보호는 이밖에도 전체적으로 행정의 법구속이란 통제의 객관적 기능을 지닌다. 즉, 행정소송이 종료되기 전에 불법이 집행되지 않도록, 행정의 법구속의 통제는 독립된 법관에 의한 효과적인 외부통제를 필요로 한다.

---

7) Vgl. BVerfGE 54, 277 (291); 80, 103 (107); 85, 337 (345); 97, 169 (185).

8) 한편 일부 문헌은 가구제(가권리보호: Der einstweilige Rechtsschutz)와 －집행정지를 내용으로 하는－ 잠정적 구제(잠정적 권리보호: Der vorläufige Rechtsschutz)는 개념과 내용적으로 구분되어야 한다고 강조한다(Drescher, in: Münchener Kommentar zur ZPO, 4.Auflage 2012, Rn6.). 이에 의하면, 가처분의 절차목적은 정식소송에서의 판결에 의한 권리실현을 의문스럽게 할 수 있는 변화로부터 상태를 보전하는 데 있다. 여기서는 본안에서의 실체적 권리에 관한 확인과 검증이 행해지지 않았기에, 가구제절차에서는 실체적 권리의 실현의 선취가 허용되지 않는다. 반면 잠정적 권리구제는 변경가능하나 그 자체로는 즉, 내용적으로 완전한－제한없이 관철할 수 있는－ 권리구제이다. 요컨대 가구제는 본안절차에서 재판을 할 수 있는 적합한 상태(재판적상)을 보류시키는 것이 반면, 잠정적 권리구제는 소송적으로 실체법적으로 그 자체로는 종국적인 완전히 유효한 재판이되, 다만 특별한 규율에 의해 전적으로 폐지가능성이 인정된다. 그러나 반면 Schoch와 Finkelnburg는 잠정적 권리보호를 집행정지와 가명령(가처분)을 포괄하는 상위개념으로 본다(Schoch, Vorläufiger Rechtsschutz und Risikoverteilung im Verwaltungsrecht, 1988, S.157f.; Finkelnburg/Dombert/Külpmann, Vorläufiger Rechtsschutz im Verwaltungsstreitverfahren, 6. Auflage 2011, Rn.1.

9) Ehlers/Schoch, Rechtsschutz im öffentlichen Recht, 2009, §29 Rn.5.

10) 그런데 헌법재판소법에서 명문으로 규정하지 않은 헌법소원심판의 경우에 가처분을 확대 적용하는 데 있어서, 헌법재판소는 아쉽게도 그것의 보전기능에 착안하여 적극적으로 헌법적 근거를 모색하지 않고, 금지할 이유가 발견되지 않는다는 점을 인정근거로 내세웠다(헌재 2000.12.8. 2000헌사471 전원재판부 등).

그런데 법치국가원리에 의거한 이상의 두 가지 기능(보전기능과 행정통제기능)은[11] 결코 상반되지 않고, 오히려 상호 보완하며 사법적 권리보호의 효과성을 요구한다. 여기서 효과성은 적시성이다. 사법적 권리보호가 너무 늦으면, 재판청구권은 공허해진다. 아울러 행정의 법률적합성의 원칙에 대한 －수정할 수 없는－ 위반도 생겨난다. 즉, 잠정적 권리보호는 회복할 수 없는 추후 결정을 저지하기 위함이다. 재판종료까지 장기간이 소요되는 데 따른 원고의 법적 지위가 위태롭게 되는 것을 저지하는 것이다. 이를 통해 원고는 시간의 경과에 따른 불이익이나 소송계속중에 피고측이 분쟁을 무산시킬 상황으로부터 보호를 받을 수 있다. 여기서 강조할 점은, 시민에게 과해지는 부담이 중대하면 중대할 수록, 결과제거가 어려우면 어려울수록, 잠정적 권리보호는 더욱더 강하게 된다.[12] 잠정적 권리보호가 부인되면, 그것은 헌법상의 재판청구권에 반할 뿐만 아니라, 관련 기본권에 대한 개입이기도 하다.[13] 따라서 잠정적 권리보호는 원칙적으로 헌법상의 위상을 갖는다.[14] 한편 독일 연방헌법재판소는 집행정지의 원칙을 규정한 그들 행정법원법 제80조 제1항을 효과적인 권리보호의 기본법적 보장의 개별법적 표현으로, 또한 정지효의 원칙이 공법쟁송의 근본원칙이라고 판시하였다.[15]

3. 잠정적 권리구제의 공법상 낮은 위상

잠정적 권리구제는 공법소송상으로 낮은 위상을 차지하고 있다. 가령 －물론 재판헌법소원이 인정되기에 그러한 면도 있지만－ 독일의 경우 개별법(행정법원법 등)에서 다양한 잠정적 구제장치를 두고 있음에도 불구하고, 모든 헌법재판의 대상에서 일상사인 양 연방헌법재판소법 제32조의 가명령 제도가 매우 활발히 기능하고 있는 반면, 우리의 경우 30년에 가까운 헌법재판의 역사에서 이제껏 가처분 인용 건수가 5건에

---

11) 이는 Hufen 교수의 교과서에 따른 것이다(ders., Verwaltungsprozessrecht, 8.Aufl., 2011, S.458.). 한편 일반적으로 민사집행법상의 가처분제도에 착안하여 잠정적 권리보호는 본안에서의 권리보호와 구별되는 특별한 두 가지 기능, 즉 보전기능과 중간만족의 기능을 갖는다고 본다. 중간만족의 기능은 멈추지 않고 진행하는 시간에서 비롯된다. 영원히 불가역적인 시간의 흐름은 필연적으로 일정한 시점에 대한 완결적 중간규율을 낳기 때문에, 본안에서의 종국판결까지의 시간적 간격을 중간규율로 메우는 것이 잠정적 권리보호의 임무이기도 하다. 이런 보전기능과 중감만족의 기능을 결합시키면, 잠정적 결정이 미결의 본안절차에서 내려지는 셈이 되며, 동시에 그것은 중간시점에 종국적 결정이 되어버린다. 왜냐하면 불가역적인 시간의 흐름으로 잠정적인 상황이 필연적으로 완결적으로 규율되어 버리기 때문이다. 잠정적 권리보호의 이런 이중적 기능으로 인해 상당한 리스크배분의 근본문제가 생겨나는데, 결국 잠정적 권리보호의 목표는 오판의 리스크를 최소화하고 가능한 방지하는 것이다. Ehlers/Schoch, Rechtsschutz im öffentlichen Recht, §29 Rn.15f.

12) Vgl. BVerfGE 35, 382(402).

13) Vgl. BVerfGE 69, 74.

14) 이런 맥락에서 독일의 경우 1953년부터 행정법원법을 성안하면서 1957년의 정부입법안에서 법치국가적 원칙에서 집행정지원칙 및 －가처분에 해당하는－ 가명령제도를 채택하였다. 독일의 사회법원법 역시 마찬가지이다. 반면 재정법원법은 행정법원법과는 달리 집행부정지를 원칙으로 하면서 가(임시)명령제도를 채택하고 있다.

15) 하지만 정지효부인의 예외는 허용되어 집행정지와 집행부정지가 원칙과 예외의 관계에 있으되, 만약 이런 관계를 역전시키는 행정실무는 위헌이라고 판시하였다(BVerfGE 35, 382(402)). 일본에서도 일부 헌법학자들이 그들 집행부정지원칙의 위헌성을 주장한다. 松井茂記, 『裁判を受ける権利』(日本評論社, 1993), 186頁以下.

불과하다.16) 그리고 행정소송에서 가처분(가명령)은 대부분의 문헌상의 주장과는 반대로 판례상으로는 여전히 부인되고 있다.17) 이것은 헌법재판소법상으로 명문으로 규정하지 않은 헌법소원심판의 경우에도 의욕적으로 가처분을 허용한 것과18) 극단적으로 대비된다. 사실 더 큰 문제는 행정소송의 실무에서 잠정적 권리보호의 본래의 취지와는 달리 집행정지결정이 대개 1심에서 본안판단에서의 인용판결과 동시에 내려지는 등 소극적으로 운용되고 있다.

공법소송의 메커니즘은 법치국가원리의 차원에서 국가와 국민(시민)을 권리주체의 차원에서 －비록 국가활동의 공익지향성에서 국가의 상대적 우위가 전제되긴 해도－ 대등하게 권리주장을 할 수 있게 한 것이다. 그럼에도 불구하고 국민은 여전히 국가를 상대로 국가활동의 객체적 지위에 머물곤 한다. 과거 臣民을 대상으로 그의 복종을 전제로 한 관헌(관치)국가의 틀이 완전히 가시지 않고 있다. 특히 행정소송에서 집행부정지 원칙의 채택은 이 점을 극면하게 드러낸다. 행정소송에서 집행정지 원칙의 채택 여부를 입법정책적 물음으로 치부할 수 없다.19) 행정행위의 집행으로 인해 발생할 우려가 있는 회복불능의 결과는 가능한 배제되어야 한다. 이런 맥락에서 독일의 경우 1953년부터 행정법원법을 성안하면서 1957년의 정부입법안에서 법치국가적 원칙에서 집행정지원칙20) 및 －가처분에 해당하는－ 가명령제도를21) 채택하였다.22)

16) 헌재 1999.3.25. 98헌사98 전원재판부: 인용 권한쟁의심판; 헌재 2000.12.8. 2000헌사471 전원재판부: 대통령령 효력 정지; 헌재 2002.4.25. 2002헌사129 전원재판부: 대통령령 효력정지, 반대의견 3인 재판관; 헌재 2006.2.23. 2005헌사754 전원재판부: 법률 효력 정지; 헌재 2014.6.5. 2014헌사592 전원재판부: 효력정지가처분인용.

17) 가처분제도는 비단 민사집행법의 전유물은 아니고, 소송법 전반에 통용될 수 있는 공통의 법제도이다. 비록 모든 법제도가 민사법에서 비롯되긴 해도 공법쟁송은 공법 나름의 인식과 관점이 요구된다. 그런데 행정재판은 물론, 헌법재판에서도 민사소송법 및 민사집행법상의 가처분규정이 준용되기에 민사가처분적 관점이 압도적으로 지배한다. 그런데 가처분이란 용어의 사용이 사고의 출발을 민사가처분에서 하게 한다. 공법소송에 기왕의 대심구조 및 민법상의 법률관계에 바탕을 둔 민사가처분의 기조가 그대로 투영되는 것은 사물의 본성에 반한다. 사실 독일에서도 행정법원법상의 가명령 제도를 정립함에 있어서 그들 민사소송법상의 가처분조항(제935조, 제940조)을 본떠서 규정한 것이 문제되어, 일찍이 비판이 제기되었다(Quaritsch, VerwArch 51(1960), 210(215, 230, 231); Obermayer, GS Peters, S.875(879, 882); Redeker, ZRP 1983, 149(150); Jakobs, VBlBW 1984, 129 (133).). 그리하여 독일의 경우 이런 의문을 불식하기 위해 민사상의 가처분("einstweilige Verfügung")이란 용어 대신 가명령("einstweilige Anordnung")이 공법용어로서 더 낫다고 하여 행정법원법과 연방헌법재판소법에 채택되었다. 이런 사정은 그들 비송사건처리법이 가처분에 갈음하여 가명령제도를 규정하고 있는 데서도 분명히 확인할 수 있다.

18) 헌재 2000.12.8. 2000헌사471. 여기서 헌법재판소는 명문으로 규정되지 않더라도 헌법소원심판절차에서도 가처분의 필요성이 있음을 전제로 가처분의 확대허용을 금지할 상당한 이유가 발견되지 않는다는 점을 인정근거로 내세웠다. 그런데 법적 필요성과 법적 정당성의 문제는 별개이다. 법적 허용성의 물음이기도 한 후자는 법치국가원리에 따른 근거의 문제이다. 기실 법학이란 법적 필요성을 여하히 법치국가원리의 차원에서 구현할지를 모색했어야 한다. 가처분의 확대허용의 필요성은 가처분처분제도가 지닌 기능에 의거해서 수긍될 수 있지만, 그것이 정당성의 물음을 해소시킬 수는 없다.

19) 하지만 우리 대부분 문헌은 과거 일본에서 연유한 이 주장을 바람직하지 않게도 그대로 수긍하고 있다. 이에 관한 유일한 반론으로 김중권, 행정법, 2016, 689면.

20) Vgl. die Begründung zu §81, BT－Drs. I/4278 S.42.

21) Vgl. die Begründung zu §122 bzw. §164, BT－Drs. I/4278 s.46 f. bzw. S.50.

22) 독일의 사회법원법 역시 마찬가지이다. 반면 재정법원법은 행정법원법과는 달리 집행부정지를 원칙으로 하면서

독일의 경우 이처럼 전문법원에서 공고한 잠정적 권리구제시스템이 운용됨에도 불구하고 그것이 커버하지 못하는 상황에 즈음하여 헌법재판에서 보충적으로 가명령제도가 매우 활성화되고 있는 현실을 주목하여야 한다. 우리의 경우 예외적으로 집행정지결정이 내려져 1심 인용판결시에 집행정지결정이 동반된다고 하지만, 행정사건에서 1심의 처리기간(사건접수일로부터 종국일까지)이 거의 240일에 육박한다는 점에서 과연 예외적이나마 집행정지제도가 실효성이 있는지 매우 의문스럽다.[23] 우리의 경우 보충적 사법제도로서의 헌법재판에서 가처분제도가 적극적으로 활성화되어야 할 필연적 이유를 재판청구권의 실현에서 현행 행정소송에서 잠정적 권리구제시스템이 크게 역할하지 못하고 있다는 점에도 둘 수 있다. 현행 공법구제의 원천적인 문제점에 대한 깊은 성찰이 필요하고, 그에 따라 실정법의 미비점을 과감하게 메우려는 법관의 법발견 및 법형성의 기능을 최대한 발휘하기 위한 고민이 요구된다.

Ⅲ. 헌법재판에서의 가처분제도의 개혁방안

1. 현행 가처분제도의 문제점

(1) 명문의 근거규정의 불충분성

헌법재판소법은 정당해산심판(제57조)과 권한쟁의심판(제65조)의 경우만이 가처분에 관한 명문의 근거규정을 두고 있다. 그런데 여기서도 가처분의 가능성만을 언급하고 그것의 요건 등에 관해 직접 규율하지 않은 채 민사집행법 및 행정소송법의 준용을 통한 전개가능성을 둘 뿐 이다. 비록 판례를 통해 가처분허용성이 헌법소원심판에도 확대되긴 하였지만, 명문의 근거규정의 부재 및 불충분한 법상황은 기본적으로 가처분제도에 관한 소극적 인식을 갖게 한다. 하지만 역으로 이런 불충분한 법상황은 헌법재판소가 판례에 의한 법형성에 대해 적극적인 입장을 견지해야 한다는 정당한 요구가 제기된다.

(2) 행정소송법 및 민사집행법에의 준용의 문제점

현행 헌법재판소법은 가처분제도가 허용된다는 것만을 규율할 뿐, 그것의 내용 심

가(임시)명령제도를 채택하고 있다.

23) 사정이 이러해서 필자는 법무부 행정소송법개정위원회에서 독일처럼 집행정지의 원칙을 과감하게 채용하자고 주장했지만, 아쉽게도 여의치 않았다. 한편 대만의 경우 개정행정소송법이 여전히 집행부정지원칙(제116조 제1항)을 채택하면서도 행정소송제기 전에도 집행정지를 신청할 수 있도록 하고 있다(제116조 제3항, 행정심판법 제93조 제3항). 마치 헌법재판에서 고립적(독립적) 가처분신청을 연상시키는 이런 제도는 집행부정지의 원칙이 견지되는 데 따른 나름의 보완적 시도라 할 수 있다.

지어 성립요건(가처분사유)에 관해 전혀 언급하지 않고 있다. 부득불 기왕의 행정소송법의 집행정지 규정 및 민사집행법상의 가처분규정을 준용하여 가처분사유를 정립하였다.

헌법재판소법 제40조에 의해 민사집행법 및 행정소송법의 준용이 허용되는데. 준용 그 자체에 따른 문제가 소소하지 않다. 동일하거나 다른 법률상의 (다른) 규정을 적용·준용시킨다 함('Verweisung')은, 적용·준용(지시)의 대상규범이 적용·준용(지시)의 근거규범의 요소가 되게끔 만드는 것을 의미한다.[24] 여기서의 적용·준용(지시)은 다른 규범의 내용(즉, 요건과 법효과)을 적용·준용(지시)시키는 규범(적용·준용의 근거규범)에 편입시키는 것을 의미한다. 다시 말해, 적용·준용의 대상규범(적용·준용의 객체, Verweisungsobjekt)상의 요소(요건과 법효과)를 마치 흡사 사진을 찍어서 적용·준용의 주체(Verweisungsubjekt), 즉 적용·준용의 근거규범(Verweisungsnorm)에 편입시키는 셈이다.[25] 적용·준용(지시)은, 그것을 통하여 근거규범이 대상규범을 반복적으로 담는 것을 피하여 관보가 두꺼워지는 것을 저지할 수 있다는 점에서, 법률경제적 목적에 이바지한다. 부담경감과 같은 적용·준용(지시)의 이점에 반해서, 단점은 바로 법적용자는 물론 국민이 자신의 권리를 한 곳이 아닌 여러 곳에서 찾아야 한다는 사실이다. 나아가 여러 규정을 함께 보아야 하기에, 하나의 결집된 규정을 검토할 때보다 더 많은 법학지식이 요구된다.[26]

비록 법률경제적 측면을 무색하게 할 정도로 적용상의 어려움과 불명확함이 있긴 하나, 준용의 본질이 유추인 점에서 준용의 사안은 판례에 의한 법형성이 구현될 수 있는 영역이다. 헌법재판의 경험이 전무한 상태에서 만들어진 현재의 입법상황을 고려할 때 헌법재판소로서는 당연히 적극적인 법형성에 나서야 한다.[27]

(3) 현행 판례에 의해 정립된 가처분사유의 문제점

헌법재판소는 행정소송법상의 집행정지의 적극적, 소극적 요건을 차용하여 가처분요건을 정립하였다. 즉, 가처분이 인정되기 위해서는, '공권력 행사 또는 불행사'의 현상을 그대로 유지시킴으로 인하여 생길 회복하기 어려운 손해를 예방할 필요가 있어야 하고, 그 효력을 정지시켜야 할 긴급한 필요가 있어야 한다. 그리고 공공복리에 중대

---

24) Creifelds, Rechtswörterbuch, 8.Aufl. 1986, S.1273. 다만 유의할 점은 쟁송법에서의 'Verweisung'은 "移送"에 해당한다.

25) 이러한 용어는 일찍이 Ossenbühl이 사용하였다. Ders., Die verfassungsrechtliche Zulässigkeit der Verweisung als Mittel der Gesetzgebungstechnik, DVBl. 1967, S.401ff.

26) 한마디로 적용·준용(지시)의 장·단점을 말하자면 입법자에게는 간단함을, 국민에게는 어려움을, 법학자에게는 흥미로움을 준다. 상론은 졸고, 다른 법규범의 적용 준용(지시)의 공법적 문제점에 관한 소고, 법제연구 제20호, 2001.6. 137면 이하; 행정법기본연구 I (2008), 157면 이하.

27) 동지: 정태호, 주석 헌법재판소법, 2015, 244－245면; 김하열, 헌법소송법, 2106, 164－165면.

한 영향을 미칠 우려가 없어야 한다.

비록 명문의 가처분요건이 없고 행정소송법과 민사집행법을 준용하게 되어 있어서 비롯된 부득이한 결과물이긴 하나 비판적 고민이 필요하다. 먼저 행정소송법상의 집행정지는 가처분과는 거리가 있다. 집행정지는 잠정적 권리구제의 일환이기는 하나 기본적으로 상태를 임시적 규율하는 가처분과는 목표점이 다르다. 요컨대 가구제는 본안절차에서 재판을 할 수 있는 적합한 상태(재판적상)을 보류시키는 것이 반면, 잠정적 권리구제는 소송적으로 실체법적으로 그 자체로는 종국적인 완전히 유효한 재판이되, 다만 특별한 규율에 의해 전적으로 폐지가능성이 인정된다.

(4) 헌법재판 나아가 공법재판의 차원에서 가처분제도에 관한 낮은 관심

민사가처분제도에서 방어적인 수단인 민사집행법 제300조 제1항의 계쟁물 가처분에 비하면, 동조 제2항의 임시지위 가처분은 적극적이고 공격적인 수단이다. 독일 행정법원법 제123조 제1항이 제1문을 통해 －계쟁물가처분에 해당하는－ 그들 민사소송법의 제935조와 제2문을 통해－임시지위가처분에 해당하는－ 제940조를 함께 아울러서 규정하고 있는데, －계쟁물가처분에 해당하는－ 보전명령(Sicherungsanordnung)은 현재 지위의 잠정적인 보전(Sicherung des status quo)에 이바지하고, －임시지위가처분에 해당하는－ 규율명령(Regelungsanordnung)은 현재지위의 임시적(가) 변화를 목표로 한다. 따라서 전자에서는 어떠한 법적 지위의 유지와 같은 상황(상태)보전적 조치가 행해지고, 후자에서는 어떠한 법적 지위의 부여나 확대와 같은 상황(상태)변경적 조치가 행해진다.[28] 독일 헌법재판소의 가명령제도가 활발히 행해지는 것은 그것의 입법적 기초가 그들 민사소송법 제940조에 기반을 두었기 때문이라 여겨지는데,[29] 우리는 정반대의 상황이다. 적극적인 변경조치를 가능하게 하는 임시지위가처분규정(민사집행법 제300조 제2항)을 참고하여서 가처분사유를 정립하였지만, 재판현실은 전혀 그렇지 못하다.

그런데 가처분의 낮은 인용의 원인을 전적으로 헌법재판소의 소극적 태도에서 찾는 것은 바람직하지 않다. 기본적으로 공법소송에서 가처분제도 자체가 매우 낯설게 여겨지고 있다. 행정소송에서 민사집행법상의 가처분의 준용여부를 둘러싼 다툼에서 소극설은 다음의 논거를 제시한다: 법원이 행정처분의 적법 여부를 판단하기 전에 행정처분에 대해 가처분을 하는 것은 사법권의 범위를 벗어나는 것이고, 집행정지제도(23조 제2항)가 민사집행법상의 가처분에 대한 특별규정이기 때문에 민사집행법상의 규정은

28) Schoch, in: Schoch/Schneider/Bier, Verwaltungsgerichtsordnung, 30. EL Februar 2016 Rn.50.
29) 연방헌법재판소법 제32조 제1항의 가명령은 그들 행정법원법 제123조 제1항 1문의 규율명령을 지향하는데, 동항 제2문의 보전명령 역시 배제하지 않는다.

준용될 수 없다. 구 행정소송법하에서 법원은 부정적으로 판단을 내렸는데,[30] 현행법하에서도 이런 기조는 변함없이 견지되고 있거니와,[31] 최근에도 거듭 확인되곤 한다.[32] 특히 우리의 경우 집행부정지를 원칙으로 하면서 예외적으로 집행정지를 허용하는 메커니즘이다. 기본적으로 우리 공공법제가 집행정지에서 소극적 자세를 견지하게 되어 있다는 점에서[33] 헌법재판에서 가처분제도의 적극적 활용을 기대하기란 어렵다. 특히 "공공복리에 중대한 영향을 미칠 우려가 없어야 한다."는 소극적 요건의 존재는 공익요청에 의거한 가처분의 가능성에 관한 논의를 무색하게 만든다.[34] 이처럼 기본적으로 가처분제도가 공법쟁송에 친하지 않는 것으로 여겨지기에, 헌법재판에서의 미미한 현황 역시 자연스럽다. 만약 행정재판에서 가처분제도가 원천적으로 불허되지 않고 비록 이례적 상황에서 엄격한 요건하이긴 해도 일말의 가능성이 인정되었다면, 선행학습효과의 차원에서 헌법재판에 대해서도 매우 긍정적인 영향을 미쳤을 것이다.

(5) 민사가처분적 관점의 지배

가처분제도는 비단 민사집행법의 전유물은 아니고, 소송법 전반에 통용될 수 있는 공통의 법제도이다. 비록 모든 법제도가 민사법에서 비롯되긴 해도 공법쟁송은 공법나름의 인식과 관점이 요구된다. 그런데 헌법재판소법 제40조 제1항에 의해 민사집행법상의 가처분규정이 준용되기에 헌법재판에서도 민사가처분적 관점이 압도적으로 지배한다. 그런데 가처분이란 용어의 사용이 사고의 출발을 민사 가처분에서 하게 한다. 헌법재판은 공법소송에서 비록 주관소송의 원칙은 견지되지만 상대적으로 객관소송의 성격도 강하게 지니기에, 기왕의 대심구조 및 민법상의 법률관계에 바탕을 둔 민사 가처분의 기조가 그대로 투영되는 것은 사물의 본성에 반한다. 사실 독일에서도 행정법원법상의 가명령 제도를 정립함에 있어서 그들 민사소송법상의 가처분조항(제935조, 제940조)을 본떠서 규정한 것이 문제되어, 일찍이 비판이 제기되었다.[35] 그리하여 독일의 경우 이런 의문을 불식하기 위해 민사상의 가처분("einstweilige Verfügung")이란 용어 대신 가명령("einstweilige Anordnung")이 공법용어로서 더 낫다고 하여 채택되었

30) 대법원 1980.12.22.자 80두5 결정.

31) 대법원 1992.7.6.자 92마54 결정.

32) 대법원 2011.4.18.자 2010마1576 결정. 한편 여기서의 소송은 예방적 금지소송이기도 한다.

33) 가령 우리의 경우 대집행이 하명처분의 불가쟁력의 발생여부와 무관하게 가능하지만, 독일의 경우 하명처분의 불가쟁력의 발생이 강제집행의 요건에 해당한다. 취소쟁송의 집행정지효를 원칙으로 하는 메커니즘이어서 이런 구성은 당연하지만 기성사실의 발생이 미연에 차단되는 점에서 사법적 권리보호의 실효성을 더욱 확고하게 한다. 비록 집행정지효가 원칙으로 채택되지 않고 있지만, 법적 안정성을 위해 그리고 집행정지의 가능성을 높이기 위해 독일의 논의를 적극적으로 반영할 필요가 있다. 김중권, 행정법, 543면 참조.

34) 동지: 김하열, 헌법소송법, 175면.

35) VGH BW NJW 1996, 538; Quaritsch, VerwArch 51(1960), 210(215, 230, 231); Obermayer, GS Peters, s.875(879, 882); Redeker, ZRP 1983, 149(150); Jakobs, VBlBW 1984, 129 (133).

다.[36]

2. 구체적인 개혁방안

(1) 가처분에 관한 헌법적 근거의 정립

부수적 절차로서의 가처분제도는 본안에서의 헌법재판의 유효성과 관철가능성을 보전하는 것을 목적으로 한다.[37] 즉, 우선 (객관적) 보전기능을 수행한다. 이런 보전기능은 가처분규정의 적용에서 지향점을 제시하는 동시에 그것의 한계도 설정한다. 법치국가원리에서 완전히 유효한 권리보호의 보장이 도출될 수 있는데,[38] 헌법 제27조의 재판청구권은 법치국가원리에 입각한 사법구제를 위한 출발점이다. 따라서 가구제절차의 헌법적 근거로서 사법보장청구권(Justizgewährungsanspruch)을 들 수 있다.[39] 헌법적 법치국가적 소송법적 규정에서 성립한 사법보장청구권은[40] 사법고권의 주체로서의 국가에 대해 포괄적인 권리보호의 보장을, 즉, 재판은 거부되지 않을 것, 지체되지 않을 것, 집행이 실현되는 것을 그 목표로 지향한다. 국가는 소송절차의 시간적 차원이 소송 중이거나 소송 후에 (권리관철을 포함한) 권리실현을 위태롭게 하거나 수포로 돌아가게 하는 원인이 되지 않도록 하여야 한다. 따라서 사법보장청구권은 권리를 구하는 것이 －오로지 재판절차의 시간적 차원으로 권리실현을 수포로 만들거나 곤란하게 만드는 것으로부터－ 보전되는 것도 요구한다. 사법보장청구권에서 비롯된 가구제의 부여는 완전한 권리보호에 관한 청구권의 필수적 부분이다.[41]

가구제절차에서 관건은 실체법적 청구권의 보전이 아니라, 현재나 장래의 본안과 관련한 소송상의 지위의 보전이다. 당연히 소송을 통한 권리실현의 가능성만이 직접적으로 중요하고, 실체법적 상황의 보전이나 그것의 확인까지는 중요하지 않다. 다만 가구제절차를 독립되게 인정한다고 하여 그것을 내용적으로 본안의 소송관계와 무관하게 설정하여서는 아니 된다.

요컨대 가처분이나 가명령과 같이 보전기능을 발휘하는 법제도는 완전히 유효한 권리보호(권리구제)의 보장의 측면에서 당연하다.[42] 헌법재판절차에서도 효과적인 권리보호를 보장해야 할 법치국가적 명령 및 사법보장청구권은 당연히 통용된다.[43] 이 점에

36) BT－Drs. III/55 s.44. 이런 사정은 그들 비송사건처리법이 가처분에 갈음하여 가명령제도를 규정하고 있는 데서 분명히 확인할 수 있다.
37) Vgl. BVerfGE 91, 70 (76f.); 105, 235 (238);
38) Vgl. BVerfGE 54, 277 (291); 80, 103 (107); 85, 337 (345); 97, 169 (185).
39) Vgl. BVerfGE 43, 99 = NJW 1995, 3173.
40) BVerfGE 54, 277; BVerfG NJW 1988, 3141
41) Drescher, in: Münchener Kommentar zur ZPO, Rn4.
42) 이는 사법상의 분쟁에도 당연하고 민사집행법상의 가처분의 근거이기도 하다.

서 헌법재판에서 가명령제도의 채용은 당연하고, 제도의 운영 역시 이런 관점에서 전개되어야 한다. 그런데 헌법재판소법에서 명문으로 규정하지 않은 헌법소원심판의 경우에 가처분을 확대 적용하는 데 있어서, 헌법재판소는 아쉽게도 그것의 보전기능에 착안하여 적극적으로 헌법적 근거를 모색하지 않고, 전술한 대로 금지할 이유가 발견되지 않는다는 점을 인정근거로 내세웠다(헌재 2000.12.8. 2000헌사471 전원재판부 등). 향후 가명령제도의 활성화를 위해서는 차후에 동종사건에서 그 필요성을 헌법적 근거에 기하여 적극적으로 판시하는 것이 바람직하다.

(2) 가처분의 성립요건의 새로운 정립

헌법재판소는 행정소송법상의 집행정지의 적극적, 소극적 요건을 차용하여 가처분요건을 정립하였다. 즉, 가처분이 인정되기 위해서는, '공권력 행사 또는 불행사'의 현상을 그대로 유지시킴으로 인하여 생길 회복하기 어려운 손해를 예방할 필요가 있어야 하고, 그 효력을 정지시켜야 할 긴급한 필요가 있어야 한다. 그리고 공공복리에 중대한 영향을 미칠 우려가 없어야 한다.[44] 헌법재판에서의 가처분제도의 활성화를 기하기 위해서는 이상의 성립요건에 대한 분석과 비판이 필요하다. 이하에서는 －물론 재판헌법소원이 인정되기에 그러한 면도 있지만－ 매우 활발히 기능하는 독일 헌법재판소법 제32조의 가명령 제도에 견주어 검토한다.

1) 회복하기 어려운 손해 문제

우리의 '회복하기 어려운 손해의 예방 필요성'과 관련해서는 우선 '손해'가 문제된다. 먼저 여기서의 손해가 통상 법에서 말하는 개인적 법인에 대한 침해만을 의미하는지 공익에 대한 침해까지도 포함하는지 여부가 문제되는데, 대부분 문헌이 공익에 대한 것도 포함한다. 그런데 과연 '손해'라는 개념에 공익에 대한 침해의 상황을 포함시킬 수 있는지 의문스럽다. 손해(Schaden)란 본래 불법행위책임에서 손해는 재산적 손해를 일컫는다. 그리고 국가배상책임에서의 손해는 법익침해 즉, 주관적 권리의 침해로 인한 불이익을 의미한다. 단순한 반사적 이익이나 공공일반의 이익이 제한되는 상황은 법익침해에 해당하지 않아서 국가배상책임을 성립시키는 손해가 되지 않는다.[45] 따라서 '손해' 개념으로는 공익 내지 공공복리를 위한 가처분(가명령)의 발동을 정당화시킬

43) 독일의 경우 다수 문헌이 헌법재판소 제32조의 가명령제도가 그들 기본법 제19조 제4항의 효과적인 권리보호의 보장에서 도출된다고 보지만, 헌법재판소는 반대의 입장을 취한다(BVerfGE 94, 166 (212f.): 동지: Graßhof, in: Maunz/Schmidt－Bleibtreu/Klein/Bethge, Bundesverfassungsgerichtsgesetz 48. EL Februar 2016 §32 Rn.2.

44) 헌재 2002.4.25. 2002헌사129 전원재판부.

45) 대법원 2001.10.23. 선고 99다36280 판결; 2015.5.28. 선고 2013다41431 판결.

수 없다. 참고로 독일 연방헌법재판소법 제32조는 우리의 '손해'에 해당하는 개념으로 '불이익'(Nachteile)을 사용하며, 우리 민사집행법 제300조 제2항이 벤치마킹한 그들 민사소송법 제940조 역시 '손해'가 아니라 '중대한 불이익 방지'(Abwendung wesentlicher Nachteile)를 가처분사유로 규정하고 있다. 사실 가처분사유에서 '손해'개념의 사용의 문제점은 근원적으로 민사집행법에 있다고 하겠다. 다행히 가처분제도와 동일한 의의를 지닌 행정심판법상의 임시처분제도에서는 '중대한 불이익' 개념을 사용하고 있다(제31조 제1항).

두 번째로 '회복하기 어려운' 손해 문제이다. 이것은 행정소송법에서 비롯된 것이다. 그런데 행정판례는 그것을 특별한 사정이 없는 한 금전으로 보상할 수 없는 손해로 보되, 이는 금전보상이 불능인 경우 내지는 금전보상으로는 사회관념상 행정처분을 받은 당사자가 참고 견딜 수 없거나 또는 참고 견디기가 현저히 곤란한 경우의 유형, 무형의 손해를 일컫는다고 본다.[46] 비록 예외적이나마 집행정지결정이 크게 어렵지 않게 내려지는 데 있어서 '회복하기 어려운 손해' 부분은 장애가 될 뿐 더러 소극적 요건사항과의 구별을 모호하게 만든다. 이것의 문제점은 판례에서도 종종 확인할 수 있다.[47] 그런데 그것의 초점을 금전보상이 불능인 경우에 기본적으로 맞추는 이상, 이런 가치보장적 관점은 잠정적 권리구제의 기능을 무색하게 하여 집행정지제도의 본질에 어긋날 뿐만 아니라. 제1차적 권리보호수단으로서 존속보호를 지향하는 행정소송의 본질과도 치명적으로 배치된다. 이런 차원에서 행정소송개정안은 '회복하기 어려운 손해'를 '중대한 손해'로 정당하게 바꾸었다.[48] 그리고 행정심판법 역시 2010.1.25. 전부개정을 통해 종래의 '회복하기 어려운'을 '중대한'으로 바꾸었다(제30조 제2항). 비록 아직 행정소송법의 개정은 실현되지 않았지만, 헌법재판에서도 이런 변화를 수용하여 '회복하기 어려운'을 '중대한'으로 바꿀 필요가 있다. 기실 독일처럼 '손해'를 '법적 불이익'으로 바꿀 것 같으면 '회복하기 어려운'이란 표현을 '중대한'으로 바꾸지 않더라도 소기의 목적을 달성할 수 있다.

46) 대법원 2010.5.14.자 2010무48 결정 등.

47) 대법원 2004.5.17.자 2004무6 결정: …이 사건 처분의 집행으로 인한 운행이 장기화됨에 따라 신청인은 상당한 경제적 손실을 입어 여객자동차운송사업 자체에 중대한 영향을 받거나 심각한 경영상의 위기를 맞을 우려가 있고, 이와 같은 손해는 신청인에게 참고 견디기가 현저히 곤란한 유형·무형의 손해로서 ….

48) 일본 역시 마찬가지로 바꾸었다(개정 행정사건소송법 제25조 제2항). 한편 일본의 경우 여기서의 중대한 손해 여부의 판단과 관련해서 명시적인 규정을 두었다. 제25조 제3항: 재판소는 전항의 규정에 의해 중대한 손해를 발생시키는지 여부를 판단함에 있어, 손해의 회복의 곤란을 고려하고, 손해의 성질 및 정도, 처분의 내용 및 성질을 감안한다.

2) 소극적 요건의 문제

가) 논의현황

헌법재판소 판례는 공공복리에 중대한 영향을 미칠 우려가 없어야 한다는 소극적 요건을 정립하였다(헌재 2002.4.25. 2002헌사129). 이는 행정소송법 제23조 제3항을 준용한 것이다. 소극적 요건의 존재에 대해 일부 문헌은 가처분의 적극적 요소인 '현저한 손해'에 이미 공익적 측면이 고려될 수 있다는 점을 들어 매우 비판적이다.[49] 관점을 달리 하여 일부 문헌은 공익을 가처분을 위한 요건으로 적극적으로 설정할 것을 주장한다.[50] 한편 헌재 2006.2.23. 2005헌사754은 공공복리에 중대한 영향을 미칠 우려가 없어야 한다는 것을 소극적으로 요건으로 직접 들지는 않았지만, 이중가설이론에 따른 불이익의 형량과정에 그것을 대입하였다.

나) 가처분(가명령)을 위한 공익요청의 도입 문제

독일 법제의 경우 가명령 및 가처분과 관련해서 우리와는 달리 소극적 요건이 규정되어 있지 않다. 특이한 점은 독일 연방헌법재판소법 제32조의 가명령 규정은 다른 법률상의 가처분 및 가명령 규정(민사소송법의 제935조, 제940조; 행정법원법 제47조 제6항, 제123조 제1항)과는 달리 '공공복리의 요구'를 요건(사유)으로 인정하고 있다. 즉, －우리 민사집행법 제300조 제2항에 비견한－ 독일 민사소송법 제740조를 벤치마킹하되, 공공복리를 강조하면서 가명령의 사유를 특별히 만들었는데, 이 점이 그 가명령 사유의 비중을 조정한다.[51] 다시 말해, 공공복리(공익)요청은 다른 중요한 이유의 가명령 사유에 국한하지 않고, 전체 가명령의 사유의 성립을 위해서 별도로 덧붙여진다.[52] 이는 헌법재판에도 통용되는 효과성의 원칙의 요구이기도 하다. 즉, 효과성의 원칙의 차원에서 본안재판의 보류를 꼭 필요하게 만들 상황에서 가명령이 발해져야 한다.[53] 그리하여 개인적 권리보호가 강구되는 경우에도 가명령을 위해 공공복리의 사유 역시 다투어져야만 비로소 그 가명령이 행해질 수 있다.[54]

공익요청을 인정할 때 그것을 소극적 요건의 차원에서 접근하는 현행 입법 및 판례의 태도는 재고될 필요가 있다. 우선 헌법재판에서 가처분의 적극적 요건의 성립 즉, 중대한 불이익(손해)의 인정여부는 물론, 소극적 요건의 성립 여부에서도 공익적 측면

49) 대표적으로 김하열, 175면.
50) 정태호, 주석 헌법재판소법, 261면.
51) Berkemann, in: Umbach/Clemens/Dollinger(Hrsg.), Bundesverfassungsgerichtsgesetz, 2.,Aufl., 2005, §32 Rn.152.
52) Berkemann, in: Umbach /Clemens/Dollinger(Hrsg.), Bundesverfassungsgerichtsgesetz, §32 Rn.288.
53) Graßhof, in: Maunz/Schmidt－Bleibtreu/Klein/Bethge, Bundesverfassungsgerichtsgesetz Rn.82.
54) Berkemann, in: Umbach/Clemens/Dollinger(Hrsg.), Bundesverfassungsgerichtsgesetz, §32 Rn.155.

을 고려할 수 있다는 것은 논증에서 혼란을 가져다준다. 기본적으로 재판은 주관소송의 원칙을 바탕으로 한다. 비록 헌법재판에는 권한쟁의심판이나 정당해산과 같이 전적으로 주관적 소송의 차원에서 접근할 수 없는 것도 있으며, 헌법재판이 헌법의 보장과 같은 객관적 기능을 수행한다 하더라도, 사법의 속성에서 그 기조는 주관적 소송의 원칙이다. 따라서 공공복리적 측면을 소극적 요건의 차원에서 접근하면 당연히 공익과 사익의 대립된 이익형량의 구조가 형성되어 가처분인정여부의 판단은 자연스럽게 공익에 대해 유리하게 즉, 가처분에 대해 지극히 소극적으로 진행될 수밖에 없다.[55]

한편 공익요청은 결코 내용적으로 개인적 권리보호와 상반되지 않는다.[56] 심지어 공공복리는 개인적 관련성을 드러내기 때문에, 그것은 헌법재판에 의한 개인적 기본권의 보호에 의해서 구체화될 수 있다.[57] 그리고 공공복리(공익)의 중요성은 가명령 신청자의 사적, 공적 주안점을 형량하여 극복하는 데 적합하다.[58] 결국 공공복리조항은 모든 관련 이익을 고려에 넣어 결정을 내려야 한다는 데 의미가 있다.[59] 비록 가구제가 부수적 권리구제수단이지만, 헌법보장의 기능이 강조되는 헌법재판에서 그것을 효과적인 제도로 만들기 위해서는 공익요청을 더 이상 소극적 요건의 차원에서 강구하는 것은 바람직하지 않다. 관행적으로 입법에서 공익요청을 소극적 요건으로 설정하고 있는 데서 벗어날 필요가 있다.[60] 그리하여 비록 가명령의 필요성 여부의 판단에서 이중가설의 이론을 채용하더라도 형량요소로서 적극적 요건의 차원에서 공익요청을 별도로 확인할 필요가 있다.[61]

다) 긴급성 문제

현행 행정소송법상의 집행정지요건 및 민사집행법상의 가처분의 긴급한 필요의 요청이 그대로 헌법재판에도 이어지고 있다. 독일 연방헌법재판소법 역시 긴급성(Dringlichkeit)을 명문으로 규정하고 있다. 여기에서 '긴급한 필요'는 회복하기 어려운 손해의 발생이 절박하여 본안판결을 기다릴 여유가 없다는 즉, 가처분발급의 필요성이 절박하

55) 유의할 점은 독일 헌법재판소의 형량모델에 대해 비판적인 Schoch 교수는 행정소송에서의 가명령제도에서 헌법재판에서의 형량모델을 대입하는 것(통설)은 행정법원법 제123조에 정면으로 반한다고 주장한다. Schoch, in: Schoch/Schneider/Bier, Verwaltungsgerichtsordnung, Rn.64aff.

56) 독일 헌법재판소법 제32조의 '공공복리'의 적용지시가 결코 개인적 중요사항을 고려하지 않는 것을 의미할 수는 없다. 그래서 동 규정은 가명령의 발급을 개인적 이익을 능가한 공익에 의거하게 하는 기능을 갖지는 않는다. Benda/Klein, Verfassungsprozessrecht, 3.Aufl., 2012, Rn.1338.

57) Schoch, Einstweilige Anordnung, in: Badura/Dreier(Hrsg.), Festschrift 50 Jahre BVerfG, 2001, Bd.1 S.715.

58) Vgl. BVerfGE 44, 246(249); 86, 15(27).,

59) Benda/Klein, Verfassungsprozessrecht, Rn.1338.

60) 참고로 독일의 경우 행정법원법 제80조 제2항 제4호에 의하면, 집행정지의 원칙의 견지에서 공익상 또는 당사자의 우월한 이익상 처분청 또는 재결청이 특히 즉시집행을 명령한 경우에는 정지효가 발생하지 않는다.

61) Berkemann, in: Umbach/Clemens/Dollinger(Hrsg.), Bundesverfassungsgerichtsgesetz, §32 Rn.294.

다는 것을 의미한다. 긴급성은 본안에서 침해된 것으로 다투어지는 권리와 관련하여 －본안에서의 인용을 통해 저지될 수 없거나 돌이킬 수 없는－ 중대한 불이익이 급박할 경우에 비로소 시인된다.[62]

가명령제도는 신청자의 연기이익을 위하여 집행상의 이익을 완전히 또는 시간적으로 폐지하는 것이다. 긴급성의 요청과 관련해서 그 자체를 부인할 수 없다. 그 존재가 자칫 가처분의 활성화를 저해할 수 있다는 점을 유의해야 한다. 긴급성의 요청은 잠정적 규율을 시간적으로 연기할 수 없다는 것을 의미하기도 한다. 독일의 경우 즉시의 가명령이 없다면 본안재판의 유효성이 실현될 수 없을 경우, 기본적으로 보호되는 정신적인 개인적 이익이 가명령이 없다면 회복불가능하게 무시될 경우에 긴급성이 시인되는 반면, 신청목표가 기대가능한 방법으로 달리 실현될 수 있거나 －가령 관련자들의 중지협정을[63] 통해－ 그 사이 이미 실현되는 경우에는 그것이 부인된다.

한편 긴급성의 요청은 기능상으로 권리보호의 필요성에 근사하며,[64] 그리하여 독일의 경우 이전에는 그것이 분리되어 심사되었지만, 오늘날에는 권리보호의 필요성의 관점에서 또는 요건심사에서 종합적으로 고려된다.[65] 그리하여 공공복리에 대한 중대한 불이익은 통상 가명령의 긴급성을 나타낸다고 한다.[66] 우리의 경우 가처분제도를 활성화하기 위해서는 독일의 판례처럼 실용적 접근을 모색할 필요가 있다.

(3) 가처분의 보충성 문제

독일의 경우 헌법재판의 보충성이 가명령에도 그대로 통용된다.[67] 가명령의 보충성 문제는 권리보호의 필요의 차원에서 다루어진다.[68] 그리하여 상당한 잠정적 권리보호가 전문법원에서 실현될 수 있다고 여겨지는 경우에는 가명령에 대한 권리보호의 필요성이 부인된다.[69] 가처분(가명령)의 신청자는 헌법재판소에 대한 제소에 앞서 원칙적으로 일반적인 법원이 자신의 일을 다루게 하여야 한다. 이런 메커니즘은 여러 모로 헌법재판소의 부담경감을 가져다준다. 전문법원에 의한 사전심사를 바탕으로 사실관계가 이미 자세히 심사되었으며, 실체에 근접한 전문법원의 법적 견해가 제시되었기에

---

62) BVerfGE 118, 111(123).
63) Vgl. BVerfGE 12, 36(43); 89, 155(164f.); 89, 344(346).
64) 김하열, 앞의 책, 175면; Berkemann, in: Umbach/Clemens/Dollinger(Hrsg.), Bundesverfassungsgerichtsgesetz, §32 Rn.310.
65) Vgl. BVerfGE 96, 223(230).
66) Hillgruber/Goos, Verfassungsprozessrecht, 3.Aufl., 2010, §11 Rn.889; BVerfGE 36, 137(138); 64, 67(69); 71, 350(351); 82, 54(58).
67) 독일 행정법원법 제123조의 가(일시)명령은 집행정지의 경우에는 통용되지 않아서(제5항) 보충성의 원칙이 견지된다.
68) Berkemann, in: Umbach/Clemens/Dollinger(Hrsg.), Bundesverfassungsgerichtsgesetz, §32 Rn.132.
69) vgl. BVerfGE 17, 120(122); 35, 379(380); 37, 150(151).

헌법재판소는 한층 심층적인 논증을 어렵지 않게 할 수 있다. 다만 강구된 조치나 규율이 신청자로 하여금 추후에 수정될 수 없는 처분을 내리도록 강제하는 경우나 일반법원에 대한 제소가 기대가능성이 없을 경우에는 보충성의 원칙은 통용되지 않는다. 그리고 보충성의 원칙을 통해 추구하는 목적인, 헌법적으로 관련이 있는 사실상황과 법상황에 관해서 전문법원으로 하여금 해명하게 하는 것이 실현될 수 없는 경우에는 전문법원에 대한 사전제소란 없어도 무방하다.[70] 하지만 우리의 경우 집행부정지의 원칙이 견지되는 한, 가처분의 보충성 문제에서 독일식의 접근을 강구하는 것은 곤란하다.[71]

(4) 효력정지에 맞춰진 가처분결정의 내용 문제

헌법재판소 판례는 가처분을 헌법재판의 대상에 대한 정지에 초점을 맞추어 전개한다. 비록 헌법재판소법 제65조가 효력정지가처분을 명시적으로 규정하고 있으며, 효력의 정지신청 건이 현실적으로 가장 많아서 그러할 수 있지만 이런 접근은 자칫 논증의 왜곡을 자아낼 수 있다.[72] 가령 헌재 2016.4.28. 2015헌사1134의 경우 사안은 효력유지가처분신청이고, 헌재 2016.4.28. 2016헌사32의 경우 사안은 국회의원 총선거 연기 가처분신청이다. 따라서 효력정지만을 내세우는 것은 바람직하지 않다.

독일 연방헌법재판소는 가명령신청을 인용할 때, "상태(상황)를 잠정적으로 규율하여야 한다."(법 제32조 제1항). 법 제32조 제1항은 법관의 형성권능에 관한 소송법적 수권에 해당한다. 가명령결정의 내용이 동규정에 의한 규준에 의해 매우 미약하게 정해져 있다고 지적할 수 있지만,[73] 오히려 그로 인해 판례의 적극적인 법형성기능이 발휘된다.[74] 향후 우리 역시 이런 개방적 수권규정을 마련해서 적극적인 가처분(가명령)의 형성을 도모할 필요가 있다. 규정이 마련되기 전이라고 판례의 법형성기능을 통해 가처분결정의 내용을 적극적으로 형성할 필요가 있다. 임시지위 설정과 같은 적극적 차원의 가처분의 가능성을 제시한 헌재 2014.6.5. 2014헌사592의 경우가 향후 발전의 기폭제가 되어야 한다.

---

70) BVerfGE 79, 1(20).

71) 동지: 정태호, 주석 헌법재판소법, 255면.

72) 비슷한 문제점 지적으로 김하열, 183면.

73) Ehlers/Schoch, Rechtsschutz im öffentlichen Recht, §19 Rn.55.

74) 독일 판례상 가명령의 내용에 관한 사례: 압수된 전자데이터처리시설의 반환(BVerfG-K 104, 42(44).), 조사행정청에 의한 일정한 대상의 공탁과 데이터저장매체의 봉인(BVerfG-K, NJW 2003, 3761), 일정한 승진대상자리에 보임하지 말 것(BVerfG-K, NVwZ 2002, 1367), 변호사공증인자리에 보임하지 말 것(BVerfG-K, NJW 2003, 3043), 송환절차에서 독일 국적자를 제3국에 인도하는 것의 중지(BVerfGE 112, 90), 아버지와 혼인외자간에 일정한 면접교섭규율을 명하는 것(BVerfG-K, NJW 2005, 1105), 법정에서 슬라이드제작을 허용하는 것(BVerfG-K, DVBl 2007, 496), 주정부가 일정한 행위를 주의회에 대해 제출할 의무가 있음(BVerfGE 106, 51(52)).

비록 민사소송에서는 본안청구권을 넘어서는 것이 허용되지 않지만,[75] 헌법재판에서 가처분이 보전기능을 다하기 위해서는 가처분(가명령)결정은 신청자의 신청의 내용에 구속되지 않고 신청의 목표에 구속된다.[76] 신청서상의 표현된 조치를 그대로 취할 의무는 없다. 따라서 초과(überschießende) 가처분 역시 경우에 따라서는 허용될 수 있다.[77] 요컨대 요건이 충족되면 가처분결정이 내려져야 하되(결정재량의 부인), 어떤 내용인지는 선택의 여지가 남아 있다. 즉, 신청목표가 중지된 본안재판의 효과성을 보전하면서 가처분의 신청목표가 어떻게 최선으로 실현되어야 할지에 재량이 행사되어야 한다.[78] 가명령신청의 대상, 보전목적 · 규율목적 그리고 개별경우의 상황이 가명령결정의 내용을 정한다. 그리하여 가처분의 내용은 형량의 결론에 맞춰져야 하되, 가처분의 잠정성 및 가처분의 효력이 고려되어야 한다. 물론 어떤 경우에도 최소개입(Interventionsminimum)의 원칙은 견지되어야 한다. 즉, 기성사실의 저지에 불가피한 최소한 개입이 강구되어야 한다.[79]

(5) 가처분결정의 이유제시 문제

가처분에서 통상 각하결정이든 기각결정이든 그 이유가 제시되지 않는다. 구체적으로 보면, 전원재판부에서 가처분결정에 대해 전원 일치로 기각결정을 내릴 때 항상 "관여 재판관 전원의 일치된 의견으로 주문과 같이 결정한다."고 판시한다. 반면 지정재판부에서 각하결정의 경우 대개 "관여 재판관 전원의 일치된 의견으로"란 표현을 사용하지만, 기각결정의 경우에는 별다른 언급 없이 "이 사건 가처분신청은 이유 없으므로 주문과 같이 결정한다."고 판시한다.[80]

그런데 각하결정이든 기각결정이든 그 이유가 제시되지 않는 점은 문제이다. 그런데 우리의 경우 일반 민사가처분의 경우에도 사정은 동일하다. 이유제시의 요청이 본래 사법절차의 핵심요소로 출발하여 행정행위의 차원까지 확대된 점에서 가처분에서의 이유제시의 결여는 비단 헌법소송의 차원에서가 아니라 심각한 문제점이 제기된다. 사실 가처분의 이유제시는 특히 다른 내용의 인용처분의 경우 가처분의 집행을 위해 해석의 도움을 제공하는 면이 있다.[81] 한편 종국결정에서 이유제시를 요구하는 현행 헌법재판소법 제36조 제2항 제4호에 의해 가처분결정의 경우에도 이유제시가 요구되

75) 이시윤, 신민사집행법, 614면.
76) Vgl. BVerfGE 86, 46(49); 104, 23(37).
77) Schlaich/Korioth, Das Bundesverfassungsgericht, 10.Aufl., 2015 Rn.469.
78) Berkemann, in: Umbach/Clemens/Dollinger(Hrsg.), Bundesverfassungsgerichtsgesetz, §32 Rn.322.
79) Hillgruber/Goos, Verfassungsprozessrecht, §11 Rn.892.
80) 이는 지정재판부의 경우 전원일치에 의한 결정메커니즘을 취한 데 따른 것이다.
81) Berkemann, in: Umbach/Clemens/Dollinger(Hrsg.), Bundesverfassungsgerichtsgesetz, §32 Rn.355.

는지 논란이 된다. 그런데 주석 헌법재판소법상으로 상반된 입장이 기술되어 있다. 차이는 헌법재판소법 제36조상의 종국결정에 가처분결정이 들어가는지 여부이다. 가처분결정 역시 가처분사유의 존부에 관한 최종적으로 판단한다는 점에서 종국재판의 일종으로 보고서 일부에서는 긍정하지만,[82] 다른 일부는 가처분신청에 대한 결정은 종국결정에 포함되지 않는다고 본다.[83]

참고로 독일 헌법재판소법은 이유제시를 생략할 수 있으되 재판이후에 관계자에게 별도로 이유제시를 하여야 한다(제32조 제5항). 한편 독일의 경우 즉시 이유제시를 하여야 한다는 데 대해 예외를 인정하지 않다가 시간적 압박을 감안하여 1993년에 종래의 엄격한 이유제시의무(동법 제30조 제1항 제2문)을 현실에 맞춰 지금과 같이 개정하였다. 독일의 경우 비록 사후일망정 이유제시의 요청이 견지된다는 점에서 우리 역시 긍정적으로 바라볼 필요가 있다.

(6) 가처분결정의 집행

헌재 2014.6.5. 2014헌사592에서 헌법재판소는 피신청인으로 하여금 변호인접견을 허가하도록 임시의 지위를 정하기 위한 가처분을 인용하였다. 이처럼 가처분(가명령)의 내용이 법형성적인 경우에는 그 가처분(가명령) 자체가 집행을 명한 셈이어서 별도의 집행명령은 필요하지 않다. 하지만 가처분의 사안이 전적으로 효력의 정지와 같은 소극적 차원에서 전개된 경우에는 행정청이 가처분의 실현을 위해 행위에 나서야 할 경우가 있을 수 있는데, 이 경우 추가적인 집행명령이 필요할 수 있다. 독일의 경우 헌법재판소결정의 집행에 관한 일반규정(연방헌법재판소법 제35조)에 의거해서 집행명령이 발해지는데, 이런 집행명령(Vollzugsanordnung)은 가처분(가명령)과 결합하는 것이 합목적적이고, 종종 구별되지 않는다.[84] 여기서 집행명령이 행정청에 대해 발해진 경우, 그 행정청은 연방헌법재판소의 시행기관이 되어버린다.[85]

현행 헌법재판소법은 정당해산결정의 집행만을 규정할(제60조) 뿐 결정의 집행에 관한 일반규정이 없다. 독일 헌법재판소법 제35조와 같은 별도의 집행명령의 근거를 두고 있지 않은 이상, 헌법재판소법 제40조 및 민사집행법 제301조에 의거하여 민사집행법상의 가압류집행규정을 준용하여 해결할 수밖에 없는데, 기본적으로 가압류메커니즘이 헌법재판과는 전혀 어울리지 않기에 사실상 입법공백이라 하겠다. 현행법해석의

---

82) 정태호, 주석 헌법재판소법, 270면.
83) 김하열, 주석 헌법재판소법, 395면.
84) Berkemann, in: Umbach/Clemens/Dollinger(Hrsg.), Bundesverfassungsgerichtsgesetz, §32 Rn.371. Vgl. BVerfGE 46, 337; 74, 7.
85) BVerfGE 2, 139(143); 74, 7(8); 104, 42(44); 105, 365.

차원에서 해결책은 사실상 난망인 이상, 입법정책적 개선책을 마련해야 한다. 독일에서 헌법재판소법 제35조의 의의와 관련해서 연방헌법재판소가 헌법의 수호자로서의 자신의 역할에 비추어 동조를 해석하고 그리하여 동조가 헌법재판소로 하여금 헌법재판에서 집행의 주체가 되게 하였다.[86] 비단 가처분의 집행의 차원을 넘어서 헌법재판 전반에서 집행에 관한 일반규정을 마련할 필요가 있다.[87]

(7) 가처분재판에 대한 이의

단일심급인 헌법재판소의 재판에 대해서 원천적으로 즉시항고는 불가능하고 이의신청이나 재심은 그 자체로 허용될 수 있다. 우리의 경우 독일 헌법재판소법과는 달리 이의신청에 관한 명문의 근거가 없기에, 헌법재판소법 제40조 및 민사집행법 제301조, 제283조 제1항, 제2항, 제286조 제1항, 제4항 등에 의해 준용의 방식으로 이의신청제도는 인정될 수 있다. 그런데 실무상으로 이의신청이 인용된 건이 없기에, 가처분재판에 대한 이의신청은 문헌상의 논의에 머문다. 참고로 독일 연방헌법재판소법은 구술심리 없이 행한 결정에 대해서만 이의신청을 허용하기에(제32조 제3항 제1문), 구술심리에 기하여 가명령이 발해진 경우, 구술심리에 기하여 가명령의 발함이 거부된 경우에는 처음부터 이의제기는 허용되지 않는다. 또한 헌법소원심판의 청구인의 경우에도 이의제기가 불허된다(동항 제2문). 다만 헌법소원심판에서 가명령이 발해진 경우에 그 신청상대방은 당연히 이의제기권이 배제되지 않는다. 일부 문헌은 동법 제24조에 의해 가명령신청을 각하하면, 이의제기 역시 배제하여야 할 것으로 주장되나,[88] 동법 제32조 제3항 제1문이 거부된 결정에 대해서도 이의제기의 가능성을 열어 준 점을 들어 반론이 제기된다.[89]

(8) 이중가설적 접근방식의 수정

가처분재판에서 독일 연방헌법재판소는 이른바 이익형량에 기한 이중가설적 접근을 하는데, 헌법재판소 역시 헌재 1999.3.25. 98헌사98이래로 독일 연방헌법재판소가 취하는 이중가설에 바탕을 둔 결과형량적 접근을 한다. 그런데 전문법원에 의한 잠정적 구제가 제 기능을 발휘하지 못하는 우리 네 사정을 고려하여 성찰적으로 반영할 필요가 있다. 여기서 대표적인 반대론자인 Schoch 교수가 “형량에서 우열을 가릴 수 없는 상태에서는 -규준적인 실체법이 제외됨으로 인해- 법관의 결정론적 결정(Dezision)

86) Benda/Klein, Verfassungsprozessrecht, 3.Aufl., 2012, Rn.1478.

87) 동지: 정태호, 주석 헌법재판소법, 270면.

88) Graßhof, in: Maunz/Schmidt-Bleibtreu/Klein/Bethge, Bundesverfassungsgerichtsgesetz §32 Rn.197, 236.

89) Berkemann, in: Umbach/Clemens/Dollinger(Hrsg.), Bundesverfassungsgerichtsgesetz, §32 Rn.373 Fn.130.

만이 남아 있다."는 지적은[90] 매우 시사적이다. 이 점에서 본안에서의 인용가능성은 높지 않지만 가처분신청은 인용될 필요성이 있을 경우에 국한하여 이중가설의 명제를 적용하는 것도 생각해볼 만하다. 한편 독일의 경우 기구제의 심사에서 단계적 심사모델이 정립되어 있다. 즉, 1차 심사물음에서 헌법재판절차가 본안에서 허용되는지 혹은 －본안이 계속적이라면－ 허용될 수 있는지 여부를 심사한 다음, 2차 심사물음에서 본안절차가 명백히 이유가 없는지 또는 －본안이 계속중이라면－ 명백히 이유가 없을 것인지 여부를 심사하고, 그 다음에 3차 심사의 차원에서 본안의 선취여부를 심사한다. 우리의 경우에 분명한 단계적 심사프로그램은 가동되지는 않지만 전체적으로 비슷하게 논증을 하고 있는데, 이제 단계적인 심사모델을 정립할 필요가 있다.[91]

Ⅳ. 행정소송상의 집행정지제도의 개혁방안

1. 개혁의 출발점으로 현행 집행부정지원칙의 타파

자신의 권리와 관련된 자는 본안판결의 확정력이 발생하기 전에는 집행조치로부터 손해를 입어서는 아니 된다. 본안판결 이전에 기성사실이 발생하는 것이 저지되어야 한다. 시간의 경과로 회복할 수 없는 사정이 초래될 수 있기에, 장차 내릴 중요한 본안판결이 불가역적인 요소로 인해 공허해 지는 것을 사전에 저지할 필요가 있다. 잠정적 권리보호의 근거를 재판청구권에서 구하면 당연히 집행정지 제도 역시 재판청구권에서 요구될 수 있다. 즉, 집행정지제도의 구체적인 내용과 관련해서는 입법형성의 여지가 있겠지만, 그것의 도입여부가 입법자의 임의적 판단과 결정에 좌우될 성격은 아니다. 집행정지제도의 헌법적 기능에서 개별법상으로 집행정지를 불허하는 입법은 금지된다.[92] 그런데 통상 행정소송법상 임시구제제도에서 집행정지를 원칙으로 할 것인지 아니면 집행부정지를 원칙으로 할 것인지 여부의 물음에 대해서는 입법정책의 문제로 보는 것이 일반적이다. 대부분 문헌은 과거 일본에서 연유한 이 주장을 바람직하지 않게도 그대로 수긍하고 있다. 집행정지제도를 헌법상의 재판청구권에 의거하여 인정할 것같으면, 집행정지의 원칙을 채택할 것인지 아니면 집행부정지의 원칙을 채택할 것인지의 물음을 순전히 입법정책의 것으로 보는 것은 바람직하지 않다. 헌법상의 재

---

90) Ehlers/Schoch, Rechtsschutz im öffentlichen Recht, §19 Rn.48.

91) 이런 단계적 논증방식은 행정소송상의 집행정지결정에서도 그대로 통용될 수 있다.

92) 한편 독일 망명절차법(AsylVfG) 제34조의a 제2항은 망명신청자에 대한 소위 안전한 제3국가에로의 추방명령의 경우 행정법원법 제80조에 따라 중지될 수 없음을 규정하고 있는데, 위헌이라는 주장에도 불구하고, 독일 연방헌법재판소는 의미에 맞게 제한적 해석을 하면 동규정은 기본법 제16조의a 제2항 제3문과 일치한다고 판시하였다(BVerfGE 94, 49 (113) = NVwZ 1996, 700 (708)).

판청구권이 실현되기 위해서는 집행정지의 원칙을 출발점으로 삼아 잠정적 권리보호 시스템을 구축해야 한다.[93]

2. 본안의 승소전망(승소가능성)의 문제

취소소송이 제기된 경우에 처분 등이나 그 집행 또는 절차의 속행으로 인하여 생길 회복하기 어려운 손해를 예방하기 위하여 긴급한 필요가 있다고 인정할 때 법원은 당사자의 신청이나 직권에 의하여 집행정지결정을 할 수 있으되, 공공복리에 중대한 영향을 미칠 우려가 있는 경우에는 허용되지 않는다(법 제23조 제2항, 3항). 여기서 핵심적인 요건은 보전필요성에 해당하는, '회복하기 어려운 손해를[94] 예방하기 위하여 긴급한 필요'가 있어야 하고, '공공복리에 중대한 영향을 미칠 우려'가 없어야 한다. 전자는 일종의 적극적 요건으로 신청자의 연기이익(Aussetzungsinteresse)을 나타내고,[95] 후자는 일종의 소극적 요건으로 (즉시)집행의 공익(öffentliches Interesse an der sofortigen Vollziehung, Vollziehungsinteresse)을 나타낸다. 그런데 판례는 명문으로 규정되어 있지 않음에도 불구하고, 추가적으로 본안의 승소전망(승소가능성)과 관련하여 요건을 설정한다. 즉, 신청인의 본안청구가 이유 없음이 명백하지 않아야 집행정지가 허용된다. 이는 판례가 요구하는 소극적 요건이다. 종종 그것의 타당성이 문제되나, 판례는 본안소송에서 처분의 취소가능성이 없음에도 처분의 효력이나 집행의 정지를 인정한다는 것은 제도의 취지에 반한다는 점을 들어 시종 그것을 고수한다.[96] 그럼에도 종종 처

93) 김중권, 행정법, 689면.

94) 여기서 '손해'개념과 관련한 숙고가 필요하다. 독일의 경우 행정법원법은 물론 연방헌법재판소에서는 우리의 '손해'에 해당하는 개념으로 '불이익'(Nachteile)을 사용하며, 우리 민사집행법 제300조 제2항이 벤치마킹한 그들 민사소송법 제940조 역시 '손해'가 아니라 '중대한 불이익 방지'(Abwendung wesentlicher Nachteile)를 가처분사유로 규정하고 있다. 사실 가처분사유에서 '손해'개념의 사용의 문제점은 근원적으로 민사집행법에 있다고 하겠다. 다행히 가처분제도와 동일한 의의를 지닌 행정심판법상의 임시처분제도에서는 '중대한 불이익' 개념을 사용하고 있다(제31조 제1항).

95) 우리 행정소송법에서 규정된 '긴급한 필요'와 관련해서 검토할 점이 있다. 판례에 의하면, '긴급한 필요성'은 처분의 성질과 태양 및 내용, 처분상대방이 입는 손해의 성질·내용 및 정도, 원상회복·금전배상의 방법 및 난이 등은 물론 본안청구의 승소가능성 정도 등을 종합적으로 고려하여 구체적·개별적으로 판단해야 한다(대법원 2014.1.23.자 2011무178 결정 등). 현행 행정소송법상의 집행정지요건 및 민사집행법상의 가처분의 긴급한 필요의 요청이 그대로 헌법재판에도 이어지고 있다. 독일 연방헌법재판소법 역시 긴급성(Dringlichkeit)을 명문으로 규정하고 있다. 그런데 가처분의 경우 '긴급한 필요성'의 요청은 당연하지만, 집행정지제도에서는 다른 이해가 가능하다. 기성사실이 불가역적으로 조성됨에 따라 원고인용판결의 효과가 사실상 무의미하게 되는 것처럼, 법치국가원리상 본안소송의 결과가 무의미하게 될 가능성이 높은 상황에서 집행정지는 당연히 요구된다. 따라서 '긴급한 필요성'의 요청이 집행정지가능성을 저해할 수 있다는 점을 유의하여야 한다. 법원실무제요 행정(2016, 298면)에서 "대체로 신청인의 권익을 직접 침해하는 형성적 효과가 있는 처분 등의 경우에는 긴급성이 있다고 볼 것이다."고 기술한 것은 이 점에서 매우 바람직하다.

96) 대법원 2008.5.6.자 2007무147 결정 등. 독일의 경우에도 과거에는 판례가 대개 실체와 독립된 이익형량에 의거하여 계쟁처분의 적법성에 관한 약식심사가 행해지지 않았다. 그러나 오늘날에는 －정지이익과 집행이익간의－ 이익형량이 실체에 부수한 착안점의 범주에서 본안의 승소가능성이 심사에 들어가는 식으로 행해지고 있다. 대부분의 문헌의 호응을 받고 있는 이런 접근방식을 일찍이 Martens가 "명백성통제부 이익형량"(Interessenabwägung mit Evidenzkontrolle이라 표현하였다. Martens, Tendenzen der Rechtsprechung zum

분 자체의 적법여부에 관해 판단하지 않은 채 행정소송법 제23조 제2항의 적극적 요건만을 가지고 판단한 것이 허용되어[97] 논란이 되곤 한다.

잠정적 권리보호의 절차에서 결정발견을 위해서는 법질서상으로 두 가지 기본모델이 알려져 있다. 하나는 소위 약식절차에서 본안재판의 성공전망에 관한 심사를 하는 것이고, 다른 하나는 미확정의 약식결정을 추구하여 순수한 이익형량을 통해 결정발견을 강구하는 것이다. 전자의 경우 실체적 법상황이 포함되고, 결정발견은 핵심적으로 실체부수적 심사에 바탕을 두는 반면, 후자의 경우 결정발견은 당연히 실체와 부수하여 행해지지 않으며, 형량과정에 소위 이중가설(Doppelhypothese)이 통용된다.[98] 결국 우리의 현행 제도는 이상의 두 가지 모델을 합친 것인 셈이다.[99] 여기서 유의할 점은 가해지는 부담이 중하면 중할수록, 행정조치가 불가변성을 많이 야기하면 야기할수록, 적법성의 심사는 더욱더 강하게 행해져야 한다.[100] 따라서 집회자유의 의의에 비추어, 그리고 집회금지가 지닌 심각하고 불가역적인 결과를 감안할 때 설령 긴급절차라 하더라도 법원은 사안과 계쟁처분의 적법성을 특히 깊이 있게 심사하여야 한다.

3. 논증구조의 문제

행정소송법 제23조 제2항에 의해 집행정지결정은 법원의 재량결정이다. 따라서 형식적 요건의 충족을 전제로 궁극적으로 보전의 필요성은, 궁극적으로 중지이익과 즉시집행이익간의 형량의 문제이다.[101] 그런데 집행정지신청의 성공전망(승소가능성)은 다음의 두 가지 요소에 연계가 된다. 하나는 본안의 승소전망과 관련한 계쟁처분의 위법성에 관한 약식심사이고, 다른 하나는 연기이익과 즉시집행이익간의 이익형량이다. 여기서 본안의 승소전망과 관련한 계쟁처분의 위법성에 관한 약식심사와 이익형량간의 관계가 불분명하다.[102] 비록 법원실무제요에서 본안의 승소가능성을 보전의 필요성보

Sofortvollzug der Zulassung von großtechnischen Anlagen, DVBl. 1985, 541.

97) 대법원 2008.8.26.자 2008무51 결정.

98) 한편 독일 헌법재판소의 형량모델에 대해 비판적인 Schoch 교수는 행정소송에서의 가명령제도에서 헌법재판에서의 형량모델을 대입하는 것(통설)은 행정법원법 제123조에 정면으로 반한다고 주장한다. Schoch, in: Schoch/Schneider/Bier, Verwaltungsgerichtsordnung, VwGO(2016) §80 Rn.64aff.

99) 금번 법무부 행정소송법개정안은 종전의 개정작업과 마찬가지로 이를 성문화하였다. 개정안: 제24조(집행정지) ③ 집행정지는 공공복리에 중대한 영향을 미칠 우려가 있거나 신청인의 본안 청구가 이유 없음이 명백한 경우에는 허용되지 아니한다.

100) Dietel/Gintzel/Kniesel, VersammlG, 16. Auflage 2011, §1, Rn.260; BVerfG DVBl. 2013, 367; BVerfGE 110, 77, 87ff.

101) 독일의 경우에도 행정법원법 제80조 제5항의 집행정지절차에서 압도적 판결이 이익형량의 방법으로 결정발견을 구하면서, 아울러 본안에서의 성공전망 역시 −그것이 명백하는 한− 중요하게 함께 고려하는데, 이런 모델을 법원의 재량결정 규정이 확고히 하였다. 문헌 역시 압도적으로 동일한 입장이다.

102) 한편 독일 망명절차법(AsylVfG) 제36조 제4항은 추방명령의 적법성에 심각한 의문(ernstliche Zweifel)이 있는 경우에만 집행정지가 허용됨을 규정한다.

다 앞서 기술하고 있긴 하나[103] 분명하다고 할 수 없다. 독일에서 일부 판례상으로 약식심사를 이익형량에 포함시켜 즉, 하나의 단계에서 약식심사와 이익형량을 함께 행해지기도 하였지만, 통설은 단계시스템의 구상에서 이단계적 시스템(das zweigliedrige Stufensystem)을 취한다. 이에 의하면 먼저 계쟁처분의 명백한 적법성이나 위법성을 심사하여 하고, 심사한 즉, 불확실한 결과예측 즉, －바로 확인될 수준에 의거해서 판단을 내리는－ 명백성통제(Evidenzkontrolle)가 주효하지 않은 경우에만 이익형량을 행해야 한다. 독일 연방헌법재판소 역시 이런 이단계적 시스템이 합헌적이라고 확인하였다.[104] 일부 문헌은 결정규준을 더 좋게 구성하기 위해 세단계적 시스템을 전개하였다.[105]

계정처분의 위법성이나 적법성에 관한 판단이 포괄적인 이익형량에 반영되면 자칫 계정처분의 명백한 위법성과 본안에서의 승소전망에도 불구하고 집행정지신청이 거부될 수 있다. 즉, 즉시집행의 이익과 같은 반대의 이익이 계정처분의 위법성을 압도할 우려가 있다. 따라서 논증에서 독일에서처럼 단계적 시스템의 구조를 취하는 것이 바람직하다.[106]

4. 구체적인 논증태도

명백히 위법한 행정행위의 경우 즉시집행에 대한 우월적 공익은 존재하지 않는다.[107] 원고의 청구가 명백한 이유가 있거나 계쟁처분의 적법성에 심각한 의문이 있을 때는 행정행위의 집행이익은 존재하지 않고, 집행정지가 내려져야 한다. 다만 계쟁처분의 적법성이 불확실성만으로 즉시집행의 이익을 근거지울 수는 없다.[108] 따라서 본안에서의 이유없음이 명백하지 않은 경우나 이유있음이 명백하지 않은 경우에 비로소 즉시집행이익과 연기이익간의 형량결정이 내려질 수 있다. 한편 본안의 성공전망이 높으면 높을수록, 연기이익에 대한 요청은 더욱더 낮아지고, 반대로 본안의 성공전망

---

103) 법원실무제요 행정, 2016, 295면.

104) BVerfG－K NVwZ 2007, 1176 (1177); NVwZ－RR 2008, 657 (658).

105) 이에 의하면 1차 단계에서는 명백성심사를 하여 계쟁처분의 명백한 적법성·위법성, 본안의 명백한 승소·패소의 전망을 조사하고, 승소나 패소와 관련해서 명백성이 확인될 수 없을 때 2단계로 －기성사실이 임박하지 않는 한－ 본안에서의 (개관할 수 있는) 성공전망을 포함하여 이익형량의 방법으로 약식결정이 내려질 수 있으며, 본안재판의 성공전망이 불확실한 경우에 비로소 3단계로 순수한 이익형량이 행해져야 한다. 여기서 일반적인 규준은 금지되고, 충돌하는 제 이익을 평가는 것이 결정을 짓는다. Schoch, in: Schoch/Schneider/Bier, VwGO(2016) §80 Rn.373.

106) 여기서 앞에서 본 개정 행정소송법개정안 제24조 제3항 규정은 자칫 이익형량에 명백성통제가 함께 어울려져 자칫 집행정지제도의 활성화를 저해할 우려가 있다.

107) 하지만 행정행위가 명백히 적법하다고 하여 그 자체가 즉시집행의 이익을 성립시킨다고 결론을 내려서는 아니된다.

108) BVerfG, NJW 2003, 3619; 2010, 2269.

이 낮으면 낮아질수록 집행정지를 정당화시키는 신청자의 연기이익을 더 높게 사정해야 한다.[109)]

연기이익과 즉시집행이익간의 이익형량에서는 법률의 목적 역시 고려해야 하며, 법원은 원칙적으로 신청자와 처분청의 이익만이 아니라, 본안과 관련한 모든 공익과 사익을 고려해야 한다.[110)] 유의할 점은 추상적으로 공익의 우위와 사익의 후퇴를 판단의 출발점으로 삼아서는 아니 된다.[111)] 관련인의 기본권적 중요사항이 형량에 포괄적으로 반영되어야 한다.[112)] 약식심사에도 불구하고 가능한 중요한 기본권침해가 고려되어야 한다.[113)] 여기서 이중가설의 공식(Doppelhypothese)의 방법으로 다음의 물음을 제기하여야 한다. 즉, 행정처분이 즉시 집행되었는데 만약 나중에 그 소송이 종내 인용될 경우에 일어날 상황은 어떠하며, 행정처분의 집행이 정지되었는데 만약 그 소송이 궁극적으로 이유가 없다고 판명될 경우에 일어날 상황은 어떠한지에 관한 물음이다. 그런데 본안성공의 전망이 불확실하고, 연기이익과 즉시집행이익이 동등한 경우 비록 현행 행정소송법이 집행부정지의 원칙을 취하지만 그럼에도 불구하고 집행정지에 유리하게 결정을 내리는 것이 바람직하다.[114)] 한편 연기이익이 즉시집행이익보다 우위에 있다고 할 때 집행정지결정의 재량적 성격이 문제되는데, 이익형량에서 그렇게 결론에 달하면, 법원은 효과적인 사법적 권리보호를 지향하는 헌법상의 재판청구권에서 집행정지결정 여부와 관련해서는 재량을 행사할 수 없고, 단지 방법에서 가령 기한설정 등에서 일정한 재량을 행사할 수 있다.[115)]

V. 맺으면서 – 민사가처분적 인식과의 시급한 결별

1984년 행정소송법의 정비에 따른 역사가 30년이 지났고, 헌법재판의 역사 역시 머지않아 30년을 맞이한다. 가처분제도와 관련해서 우리 헌법재판의 본보기인 독일의 법상황과 논의상황은 중요한 시사점을 제공하여 그것의 소개 역시 매우 활발히 전개되었음에도 불구하고, 이제껏 가처분의 인용사례가 5건에 불과하다는 것은 그것이 과

109) 본안에서의 성공전망은 일종의 동적 시스템이다. Vgl. Kopp/Schenke, VwGO(2016), §80 Rn.158.
110) Vgl. Kopp/Schenke, VwGO(2016), §80 Rn.153.
111) Vgl. BVerwG, NVwZ-RR 1991, 365.
112) Vgl. BVerfG, Kammer, NVwZ 2005, 927.
113) Vgl. BVerfG, Kammer, NVwZ-RR 2005, 442.
114) 독일의 경우 집행정지의 원칙상 이런 결론은 자연스러운(OVG Hamburg, DVBl. 2010, 1122; VGH München, BayVBl. 2015, 174) 반면 우리는 정반대의 상황이라 약간 논란이 될 수 있는데, 잠정적 권리보호의 헌법적 근거에서 그리고 현재의 입법상황이 재판청구권의 차원에서 문제가 있다는 점에서 '집행이익과 연기이익이 비등하면 집행정지에 유리하게' 접근하는 것이 바람직하다.
115) Vgl. Kopp/Schenke, VwGO(2016), §80 Rn.165.

연 헌법재판에서 의미있는 제도로 기능하고 있는지 정당한 반문을 던지게 한다. 여기서 기왕의 논의에서 근본적인 물음 즉, 헌법재판을 포함한 공법재판의 존재이유에 관한 고민이 필요하다. 공법재판에서의 잠정적 권리구제를 헌법상의 재판청구권의 차원에서 새롭게 접근할 필요가 있다. 종래의 민사가처분적 인식과의 결별이 시급하다. 법원은 과거사를 다루지만 과거분석과 과거평가로부터 현재는 물론, 미래를 결정하는 권력이다.[116] 공법재판에서의 잠정적 권리구제와 관련하여 현행법의 상황은 법치국가원리의 차원에서 심각하게 문제될 수 있다. 이런 상황을 타개하고 민주적 법치국가원리에 부합한 잠정적 권리구제시스템을 구축하기 위해 이제 법원과 헌법재판소는 기왕의 관성적 태도에서 벗어나 적극적으로 법형성에 나서야 한다. 공법학 역시 공법발전을 결정적으로 방해하는 현재의 법상황에 대한 자기반성적 자각을 통해 가히 백지상태에서 공법재판의 현대화를 도도하여야 한다. 공법재판에서의 잠정적 권리보호는 더 이상 입법자의 선물이 아니다.

* 국가와 헌법 I (성낙인 총장퇴임기념논문집), 2018.6.20., 1519－1541면 所收.

116) Paul Kirchhof, Der Auftrag des Bundesverwaltungsgerichts zur kontinuierlichen Erneuerung des Rechts, in: Festgabe 50 BVerwG, 2003, S.255(257ff.).

제 2 장

개헌논의에 따른 국가배상시스템의 발본적 개혁에 관한 소고

Ⅰ. 처음에 – 개혁의 필요성

헌법개정의 필요성에 관한 진지한 논의를 뒤로 한 채 헌법개정은 이제 현실이 되고 있다. 87년 호헌철폐를 시발로 민주화의 한 장을 열었던 현행 헌법은 출발부터 시대적, 상황적 한계를 내포하고 있었다. 법률은 제정과 동시에 개정의 운명을 맞닥친다. 비록 개별 법률과 다른 위상을 지니지만 헌법 역시 부단히 시대와 호흡해야 할 책무를 진다. 박근혜 정부의 국정문란이 촛불집회를 통해 국민적 저항을 촉발하여 급기야 국회와 헌법재판소에 의한 탄핵결정과정을 통해 합헌적으로 축출되고 2017년 5월 9일에 제19대 대통령선거가 있고 문재인 정부가 출범하였다. 그동안 현행 87년 헌법을 두고서 지속적으로 헌법개정논의가 진행되어 왔는데, 그 누구도 예상할 수 없게 변화한 국가적 대전환에서 특히 국민의 민주주의에 대한 새로운 자각과 강한 움직임으로 개헌논의 역시 새로운 국면을 맞은 것이다.

기왕의 개헌논의에 결정적인 변화는 없지만, 종래 상대적으로 뒤로 물려진 국민의 존재가 전면에 부각됨으로써, 개헌논의에 새로운 단초가 형성된 것은 분명하다. 기왕의 개헌논의가 권력구조의 개편에 비중을 두었다면, 금번 개정논의는 그것만이 아니라, 기본권의 발전적인 확충, 정치권력의 분산, 지방자치의 실효성 제고, 사법체제의 재편 등의 주제가 고루 국민적 관심사로 논의되었다. 특히 국가배상청구와 관련한 헌법 제29조의 경우 늘 거론된 제2항의 삭제에 대해서는 넓은 공감대가 형성되었다.

기본적으로 국가배상책임제도는 독일의 국가배상제도와 비슷하다.[1] 1948.7.17.에 시행된 －지금의 제29조와 기본적으로 동일한－ 제헌헌법 제27조가 마련된 다음, 국가배상법이 1951.9.8. 제정 · 시행되어, 지금까지 9차례의 법개정이 있었지만, 그 기조에 별반 결정적인 변화는 없었다. 독일 역시 국가의 자기책임을 기조로 한 1981년의 국가책임법이[2] 연방헌법재판소에 의해 입법권한의 결여를 이유로 위헌으로 판시된 이래로[3] 종전의 기조가 그대로 유지되고 있다. 국가배상책임제도에 관한 기왕의 논의에 대해 공론화를 촉구하기 위한 차원에서 그동안 여러 차례 비판적 접근을 하였지만,[4] 별반 변화가 일어나지 않았다. 지난 시절 근대사의 굴곡진 근대사의 이면을 드러낸 헌법 제29조 제2항의 삭제를 계기로 기왕에 발표한 문헌을 바탕으로 국가책임법의 전반의 개혁을 촉구하고자 한다.[5]

Ⅱ. 국가배상책임제도의 위상－제2차적 권리보호의 수단으로서의 위상

전체 권리보호체계에서의 국가배상책임제도의 위상이 문제된다. 위법한 국가활동에 대한 권리보호의 형식은 제1차적인 것(Primärrechtsschutz)과 제2차적인 것(Sekundärrechtsschutz)으로 나뉜다. 전자가 공권력의 위법한 행위의 적법성을 심사하고 그에 따라 그 위법한 국가행위의 폐지와 제거를 목표로 하는 적법성통제의 메카니즘을 나타내는 반면, 후자는 국가활동으로 인해 빚어진(손실을 포함한 넓은 의미로) 손해에 대한 보상과 배상을 목표로 한다. 즉, 존속보호 및 적법성회복을 목표로 하는 전자와는 구별되게, 후자는 －비록 국가활동의 적법성통제와 적법성의 관철에 이바지하긴 하지만－ 위법한 국가적 조치의 파기(Kassation)가 아닌 재정적 補塡(배상 · 보상)을 그 목적으로 한다.[6]

---

1) 유지태, 한국과 독일의 행정상 손해배상제도, 고시계 제37권 제4호(1992.3), 47면－64면.

2) 동법의 주요내용에 관해선 특히 김남진, 행정법기본문제, 1994, 411면 이하 참조.

3) BVerfGE 61, 149.

4) 김중권, 國家賠償法上의 過失責任主義의 理解轉換을 위한 小考, 법조 제635호, 2009.8.1.,45－90면; 國家賠償法改革을 통한 法治國家原理의 具體化, 행정법학 제2호, 2012.3.31. 69－114면; 국가배상책임상의 주관적 책임요소와 법치국가원리적 문제점, 법률신문 2015.10.12.

5) 공론화를 도모하기 위해 이 글의 주요 내용을 축약하여 동일한 제명으로 법률신문 2018.2.8.에 게재하였다.

6) 독일의 경우에 취소소송이나 부작위소송 이외에, 원래상태의 복구를 지향하는 결과제거청구소송, 상태조성을 위한 사회법적 형성청구소송과 적법상태형성을 지향하는 부당이득반환청구권의 주장, 조절(보전)의무부 내용결

위법한 행위로부터 비롯된 손해는, 행정소송(특히 취소소송)을 통해선 전혀 메워질 수 없거나 단지 －결과제거의무의 방식처럼－ 국소적으로만 메워질 수 있다. 이런 법체계상의 흠결을 헌법 제29조의 국가배상책임제도가 메운다. 다시 말해, 제2차적 권리보호로서의 국가배상책임제도는 제1차적 권리보호를 필수적으로 보충한다.[7] EU법상의 EU의 손해배상책임 역시 제2차적 권리보호수단으로 규범적 불법에 대한 무효화(취소)소송에서 곧잘 제기되는 제소권의 결여 문제를 메우는 기능을 한다.[8] 권리보호시스템에서 제1차적인 것과 제2차적인 것의 구분은 법치국가원리의 구현이라는 점에서 매우 중요함에도 불구하고 대부분의 행정법문헌이 기왕의 틀에 사로잡혀 손해보전을 행정소송보다 선행하여 기술하고 있다. 요컨대 국가배상책임의 개혁의 착안점은 먼저 그것의 제2차적 권리보호수단으로서의 위상에서 찾아야 한다.[9]

Ⅲ. 헌법 제29조의 정비 문제

1. 현행 국가배상법제의 출발점으로서의 의의

국가배상법에 대한 헌법 제29조 제1항의 의의를 새롭게 인식할 필요가 있다. 청구권적 기본권으로서의 그 기조가 국가배상법의 해석 · 적용에 투영되어야 한다. 헌법 제29조 제1항 제1문상의 국가배상청구제도는 우선적으로 피해자를 상대로 법치국가적 보호 －기본권훼손의 경우엔 기본권적 보호－ 를 이행하며, 그와 함께 2차적으로 가해 공무원의 직접적 면책을 통해서 업무담당자를 활력 상실의 리스크로부터 보호한다. 특히 후자는 직업공무원제와 연관하여 생각해야 한다.[10] 헌법에서 규율한 법제도를 개별법차원에서 더 상세히 형성하는 것이 입법자의 소임이며, 국가배상법제는 그런 구체화 · 형성화기능을 수행한다. 하지만 입법자가 자신의 형성임무를 충실히 이행하지 않은 경우엔, 즉, 현행법제가 법치국가원리를 구현하는 데 불충분하다면, 판례가 국가배상법을 헌법적 규준을 고려하면서 헌법합치적으로 계속 발전시켜 나가야 한다.

정(ausgleichspflichtige Inhaltsbestimmung)으로부터의 청구권에 관한 소송이 제1차적 권리보호에 들어간다. 반면 제2차적 권리보호에는 국가배상청구, 공용개입(공용침해, 공용수용)상의 보상청구, 공용개입유사적(수용유사적) · 공용개입적(수용적) 개입상의 보상청구, 희생보상청구가 들어간다. 행정법적 채권관계상의 손해배상청구권의 사법적 추구 역시 제2차적 권리보호에 포함된다.

7) 한수웅, 헌법학, 2017, 943면.

8) Haratsch/Koenig/Pechstein, Europarecht, 10.Aufl., 2016, Rn.523.

9) 행정구제의 위상과 체계에 관한 상론은 김중권, 행정법, 2016, 577면 이하 참조.

10) 우리와는 달리 처음부터 민법상의 공무원개인책임(민법 제839조)에서 출발한 독일의 경우에도 우리 헌법 제29조 제1항에 상응한 그들 기본법 제34조는 책임이전규범으로서의 역사적 측면과 기능을 넘어 독립된 헌법적 책임규범을 의미한다. 따라서 헌법적 측면에서 그것은 민법 제839조의 부속물에 불과한 것이 아니라, 반대로 민법규정을 지배하는 규정으로 기능하고 있다. Maurer/Waldhoff, Allgemeines Verwaltungsrecht, 19.Aufl., 2017, Allg. VerwR, §25 Rn.7.

2. 현행 헌법조항의 정비

헌법 제29조 제1항은 "공무원의 직무상 불법행위로 손해를 받은 국민은 법률이 정하는 바에 의하여 국가 또는 공공단체에 정당한 배상을 청구할 수 있다. 이 경우 공무원 자신의 책임은 면제되지 아니한다."고 규정하고 있다. 일본의 헌법(1947.5.3. 시행) 제17조와 동일하다. 이처럼 청구권적 기본권으로 접근하게 한 구조를 세밀히 검토할 필요가 있다. 비록 기본권 자체의 구체적 형성은 개별법에 맡겨져 있긴 해도, 청구권적 기본권의 경우 주된 형성이 입법자에게 광범한 여지가 인정될 수 있다. 국가의 책임을 직접적으로 표방한 것과 국민이 법률이 정하는 바에 따라 배상책임을 청구할 수 있다고 규정한 것은 차이가 크다. 전자는 당연히 후자를 포함할 뿐만 아니라, 개별법의 미비점을 적극적으로 모색할 수 있다. 하지만 후자는 전자를 전제로 하긴 하나 개별법에 관한 문제인식을 극대화시키는 데 한계가 있다. 왜냐하면 '법률이 정하는 바에 따라'와 같은 한계가 설정되어 있기 때문이다. 여기서의 법률유보를 형성적 법률유보로 본다 하더라도 그 사정은 동일하다. 독일,[11] 스위스[12] 비롯한 EU법[13] 역시 법규정의 구조가 국가책임을 전면에 표방하는 것과 비교하면 우리의 법상황은 이례적이라 하겠다. 일본의 경우 明治憲法에서는 공권력행사와 관련한 손해에 대해 국가무책임론에 입각하여 헌법상 국가책임규정은 물론 독립된 국가배상법을 두고 있지 않다가[14] 패망이후 비로소 그에 관한 헌법규정을 두고 그에 맞춰 국가배상법을 제정한 것을 생각하면, 그들의 경우 국가의 직접적 책임을 명문화하는 것이 매우 낯선 것임에 분명하다.[15]

법치국가원리의 구체화의 차원에서 국가의 자기책임을 제고하기 위해서 다음과 같

11) 기본법 제34조(직무위반에서의 책임): 어떤 이가 그에게 맡겨진 공무를 수행함에 있어서 제3자를 상대로 하여 그에게 과해진 직무의무를 위반하면, 책임은 그가 근무한 국가나 공공단체가 원칙적으로 진다. 고의나 중과실의 경우에는 구상이 유보된다. 손해배상과 구상에 관한 청구권을 위해선 보통의 재판방도가 배제되어선 아니 된다.

12) 연방헌법 제146조(국가책임): 연방은 그 기관이 직무활동의 수행함에 있어서 위법하게 유발한 손해에 대해 책임을 진다.

13) EU운영조약(AEUV) 제340조(구 공동체조약 제288조)[연합의 직무배상책임]
② 조약외적 책임의 범주에서 EU은 자신의 기관이나 직원이 직무행사에서 발생시킨 손해를 회원국의 법질서에 대해 공통된 일반적 법원칙에 따라 배상한다. ③ 제2항에서 벗어나서 유럽중앙은행은 자신 또는 자신의 직원이 직무행사에서 발생시킨 손해를 회원국의 법질서에 대해 공통된 일반적 법원칙에 따라 배상한다.

14) 일본의 明治憲法하에서 행정재판권이 행정에 속하였는데 당시 행정재판법 제16조는 손해요상의 소송을 행정재판소에서 수리한다고 규정하여 국가배상청구소송의 문을 닫아 버렸다. 당시 사법재판소는 국가배상청구소송의 관할을 직접적으로 부정하지 않아 민법적용에 의한 국가배상책임을 긍정할 수 있는 이론적 여지가 있었지만 당시 일본 大審院은 권력적 활동에 민법의 적용을 부정하는 입장을 일관되게 견지하였다. 여기서 官吏의 배상책임이 문제되는데 일부 문헌에서 민법에 의한 官吏의 배상책임의 인정에 적극적이었지만, 당시 일본 大審院은 과실이 있더라도 불법행위책임을 지지 않고 단지 예외적으로 직권남용에 해당할 때만 그의 개인책임을 인정하였다. 상론은 宇賀克也, 國家補償法, 1997, 7頁 이하.

15) 여기서 우리 법의 원형인 일본 헌법에서 독일식을 따르지 않은 이유가 어디에 있는지 탐문이 필요한데, 이 문제는 후일에 따로 논하기로 한다.

이 현행 규정을 정비할 필요가 있다. 먼저 지금과 같은 청구권적 기본권으로 규정한 방식을 국가가 책임을 지는 식으로 구조를 바꿔야 한다. 그리고 입법자의 광범한 형성을 가능케 하는 '법률이 정하는 바에 따라'를 삭제하여야 한다. 그리고 공무원 개인적 책임을 암묵적으로 전제로 하는 '공무원'을 삭제하고, 가해 공무원에 대한 선택적 청구권의 행사를 도출하는 데 원인을 제공한 제2문(이 경우 공무원 자신의 책임은 면제되지 아니한다)은 국가자기책임의 본질을 훼손하기에 삭제하여야 한다.

결론적으로 국가책임의 발전의 단계에서 독일보다는 스위스의 법상황이 좋은 방향을 제시한다. 이에 맞춰 현행법을 "국가 또는 공공단체는 그 기관이 직무활동의 수행함에 있어서 국민에게 위법하게 발생시킨 손해에 대해 책임을 진다."고 바꿀 필요가 있다.

Ⅳ. 국가자기책임에 따른 국가배상법 제2조상의 고의·과실의 삭제

1. 국가배상책임의 본질에 관한 논의

국가배상책임의 성질 여하에 따라, 가해 공무원의 고의와 과실과 같은 주관적 책임요소의 평가가 갈린다. 국가배상책임이 대위책임적 성질이라면 그 주관적 책임요소는 국가의 책임인수를 위한 출발점이 되지만, 자기책임적 성질이라면 구태여 그것이 요구되지 않거니와 규정할 필요도 없으며, 혹시 명시적으로 규정되어 있다 하더라도 그 의미는 －일종의 무과실책임을 성립시킬 정도로－ 축소되어야 한다.

(1) 현행 국가배상법상의 배상책임의 성질

국가배상책임의 성질에 관해 문헌의 대세가 종전과는 달리 자기책임설인 것으로 지적되곤 하는데,[16] 이처럼 국가의 자기책임으로 본다면, －또한 절충설에 의해 자기책임을 성립시키는 공무원의 경과실이 인정될 경우에도－ 주관적 요소와 관련한 전개상황은 완전히 다르다. 그러나 현행 국가배상법이 명문으로 공무원의 고의와 과실을 규정하고 있는 점에서, 본래 공무원 개인의 주관적 요소를 전제로 하지 않는 자기책임설로선 매우 취약한 근거를 갖는다. 우리의 실정법(헌법 제29조 제1항과 국가배상법 제2조)은 명시적으로("공무원에 대신하여") 대위책임을 천명한 것을 바탕으로 한 독일의 법상황과는 분명히 다르다. 비록 이 점이 대위책임설에 대한 비판논거로 작동함과 동시에 자기책임설이나 중간설(및 절충설)의 착안점이 되긴 하나, 그럼에도 불구하고 국가배상

16) 김철용, 행정법, 2017, 605면. 자기책임으로 입장을 바꾼 대표적 문헌으로 홍정선, 행정법원론(상), 2017, 797면.

법의 명문규정에 터 잡은 反對論據(공무원의 고의·과실을 국가배상책임의 성립요건으로 명시적으로 규정한 점)를 제압하기란 어렵다. 책임인수를 본질로 하는 대위책임적 구조가 아니라면, 구태여 공무원의 주관적 책임요소를 배상책임의 성립요건으로 설정할 필요가 없다. 만약 자기책임설에 선다면, 공무원의 주관적 책임요소에 관한 나름의 논의가 절대적으로 요구된다. 그럼에도 불구하고, 자기책임설을 표방한 문헌들이 대위책임적 구조에서의 핵심 구동축인 주관적 책임요소를 −비록 과실의 객관화 차원에서 극복하려고 여러 가지를 모색하긴 해도− 인정하고, 그것을 전제로 하여 논의를 전개한 것은 문제이다. 자기책임설에 철저하지 못한 점은 공무원 개인의 배상책임 문제에서도 그대로 표출되었다. 요컨대 현행 국가배상법상의 배상책임시스템은 분명 대위책임적 구조이다.

(2) 현행 헌법상의 배상책임의 성질

그런데 헌법학의 문헌에선 헌법상의 국가배상책임시스템이 자기책임이라는 입장이 多數이다.[17] 국가배상에서 헌법이 자기책임적 기조를 지향할 경우, 하위법인 국가배상법의 대위책임적 구조는 조화되지 않는다. 이런 괴리는 자칫 국가배상법에 대해 위헌시비를 야기할 수 있다. 여기서 헌법상의 배상책임시스템이 국가배상법상의 그것과 동일한지 검토가 필요하다. 우선 헌법과 국가배상법은 서술에서 중요한 차이점을 보인다. 헌법은 국민이 공무원의 직무상 불법행위로 손해를 받은 국민이 국가 또는 지방자치단체에 배상을 청구할 수 있다고 규정한 반면, 국가배상법은 공무원이 직무집행에서 고의 또는 과실로 법령에 위반하여 타인에게 손해를 가한 때에는 국가 또는 지방자치단체가 손해를 배상하여야 한다고 규정한다. 헌법이 무책적(無責的) 국가배상책임을 분명히 표방하기에, 국가배상법 제2조에 의거하여 가해 공무원의 개인적 책임을 전제로 하여 국가책임의 성립을 부정한다든지, 국가가 아닌 공무원 개인에게 책임을 묻는다든지 하는 것은 그 자체로 위헌을 면치 못한다.

(3) 판례의 태도 및 그 비판

종전의 입장(대법원 1994.4.12. 선고 93다11807 판결)을 바꿔, 판례는 공무원의 비난가

17) 권영성, 헌법학원론, 2010, 624면; 허영, 한국헌법론, 2017, 635면 이하; 성낙인, 헌법학, 2017, 1505면; 한수웅, 앞의 책, 945면; 전광석, 한국헌법론, 2017, 533면; 이준일, 헌법학강의, 2015, 727면 이하. 다만 김철수 교수님은 현행법상 대위책임으로 보아야 하되, 입법정책적으로는 자기책임으로 나아가야 한다고 지적한다. 동인, 헌법학신론, 2013, 1148면. 한편 가해공무원에 대한 선택적 청구권의 인정여부와 관련해서, 자기책임설의 입장에선 당연히 부인하는 입장을 취하는데, 대위책임설을 취하는 김철수 교수님은 국민권리구제의 효율성을 위한 정책적 문제로 보아 긍정한다. 동인, 앞의 책, 1149면. 한편 장영수 교수는 사용자책임으로서의 국가의 자기책임성을 인정하면서, 선택적 청구를 원칙적으로 인정한다. 동인, 헌법학, 2017, 901면.

능성의 정도(고의, 중과실, 경과실)에 따라 상이한 법효과를 전개하였다.[18] 즉, 고의와 중과실의 경우엔 전적으로 가해 공무원 개인 자신이 책임을 져야 하되, 외관주의에 따라 국민을 두텁게 보호하기 위하여 국가가 중첩적으로 책임을 지는 것으로 하는 반면, 경과실의 경우엔 직무수행상의 통상적으로 예기할 수 있는 흠이기에 국가 자신이 전적으로 책임을 진다는 것이다. 보통 절충설(또는 신자기책임설)이라 불리는 입장에서[19] 주장하였던 것을 판례가 취한 셈이다.

국가배상제도와 결부된 법치국가원리의 의의에 비추어, 국가가 고권적 불법에 대한 책임전체를 원칙적으로 부인하는 것 또는 그것을 공무원의 개인적, 민사적 책임의 경우에만 맡기는 것은 저지된다. 왜냐하면 공무집행상 공무원의 위법한 활동은 기관 자체의 직접적 활동이며, 책임상으로도 국가 자신의 잘못된 행위로서 국가에게 귀속되어야 하기 때문이다. 이런 점에서 국가는 배상책임주체일 뿐만 아니라, 직접적인 귀속주체이기도 하다. 배상책임의 성질은 구상(求償)에 관한 입법상황에 좌우될 수 없는 본질의 문제이다.[20] 대법원 1996.2.15. 선고 95다38677 전원합의체 판결의 다수견해는 국가배상법제를 이전 시대로, 과장하면 위임이론이 주효하였던 국가무책임의 시대로 되돌렸다.

(4) 비교법적 검토

1) 일본의 경우

일본의 헌법(1947.5.3. 시행) 제17조와 국가배상법(1947.10.27. 시행) 제1조는, −국가배상법이 배상책임자를 국가와 지방자치단체가 아닌 국가와 공공단체로 한 것을 제외하고선− 우리와 동일하다. 즉, 헌법차원에선 고의와 과실을 언급하지 않고 불법행위만을 들고, 국가배상법차원에선 고의와 과실을 명시적으로 든다. 일본의 경우 동법 제정이전엔 王政에 터 잡은 國家無責任의 기조에서 공무원 개인에게 민사적으로 책임을 추궁할 수 있었다. 우리의 현행 법제는 일본의 것을 그대로 차용한 것이다. 우리 법제

18) 대법원 1996.2.15. 선고 95다38677 전원합의체 판결; 2011.9.8. 선고 2011다34521 판결. 대법원 2011다34521 판결의 문제점에 관해선 김중권, 公務員의 個人的 賠償責任認定의 問題點에 관한 小考, 법률신문 제4002호 (2012.1.26.).

19) 김동희, 행정법 Ⅰ, 2017, 584면 이하; 박균성, 행정법론(상), 2017, 765면 이하. 그런데 기관행위적 관점에서 접근한 절충설의 입장은 종래의 중간설(대표적으로 이상규, 신행정법론(상), 1997, 612−613면)과는 다른 구석이 있다. 전자가 −경과실의 경우의− 국가자기책임과 −중과실, 고의의 경우의− 공무원개인책임을 원칙으로 하되, 국가자기책임에 의한 대체가능성을 결합시킨 반면, 후자는 −경과실의 경우의− 국가자기책임과 −중과실, 고의의 경우의− 국가대위책임을 결합시킨다. 양자의 기본적 차이는 가해공무원에 대한 선택적 청구권의 인정여부에 있다. 후자에선 이것이 전면 부정되는 반면, 전자에선 중과실, 고의의 경우엔 당연히 인정된다. 한편 유지태/박종수 교수는 국가의 자기책임설을 취하면서도, 공무원개인에 대한 선택적 청구권이 경과실의 경우에도 인정되어야 한다고 주장한다. 동인, 행정법신론, 2016, 535면 이하.

20) 동지: 김남진/김연태, 행정법Ⅰ, 2017. 625면.

에 직접적인 영향을 끼친 즉, 동일하게 규정하고 있는 일본의 경우에도 자기책임적 접근을 강구하는 견해가 있지만,[21] 통설과 판례는 국가배상법에 의거하여 대위책임적 기조에서 접근한다.[22] 塩野 宏 교수 역시 입법제안에서부터 독일식 모델인 대위책임형을 채용하였음이 분명하며, 또한 비록 '공무원을 대신하여'란 문헌은 없지만 공무원의 개인적 주관적 요소가 청구권성립의 요건인 점을 자기책임설로선 설명하기 어렵다고 지적한다.[23]

천황제가 존치하는 일본의 경우 국가배상책임에 관한 논의는 태생적 한계를 전제하고서 진행되었으며, 그 전개양상 역시 근본을 애써 비껴가는 매우 기교적인 모습을 띄곤 한다. 가령 자기책임설의 입장을 취하면서도 공무원개인책임을 일반적으로 긍정하는 것이 좋은 예이다.[24] 따라서 현행 국가배상법에 관한 논의에서 그들의 논의를 수용할 때 세심한 주의를 하지 않으면 자칫 논의자체를 난맥에 처하게 만들 수 있다.

2) 독일의 경우[25]

독일 현행법은 고권적 영역을 위해선 대위책임(직무책임)을, 사법적 영역을 위해선 중첩적 책임을 규정하고 있는데,[26] 전자는 연혁적으로만 설명될 수 있다. 19세기에 공무원의 위법 유책한 행위를 위한 국가의 책임은 일치되지 않고 미완성으로 규율되었다. 이른바 특별권력관계로서 공무원관계 자체의 법적 성질이 문제되었기 때문이었다. 그래서 당시 판례와 문헌은 대립되었는데, 압도적 견해가 소위 위임이론에 의거해서 공무원의 일신적(개인적) 책임을 인정하였다. 이런 태도는 당시 입법에 반영되었다.[27] 특히 1900년에 시행된 독일 민법(BGB)은 이런 견해에 찬동하여 '직무의무위반에서의 책임'의 표제로 한 특별규정으로 (민법 제823조이하의) "불법행위"편에 편재시켰다.[28] 그러나 민법 제839조 규정은 임시방편에 불과하였다.[29] 이미 그 당시 공무원의 비행에 대한 −피해자를 상대로 한− 국가책임의 요구가 광범하게 인정되었다. 그렇지만 제국의회의 입법자(Reichsgesetzgeber)로선 포괄적인 주행정의 영역을 포함한 국

---

21) 今村成和, 國家補償法, 1957, 94頁.
22) 이 점은 자기책임설이 압도하는 우리의 헌법문헌과 결정적으로 대비된다. 참고: 吉田善明, 日本國憲法論, 2003, 467頁 이하.
23) 塩野 宏, 行政法 Ⅱ, 2005, 270頁.
24) 일본의 논의상황은 芝池義一, 行政救濟法講義, 2006, 228頁 이하 참조.
25) 상론: 이일세, 행정법논단, 2007, 123면 이하 참조.
26) 왜냐하면 민법 제839조는 법형식에 대해 중립적이어서 사법적 활동에 대해서도 적용된다.
27) 참조: §§89−91 Ⅱ10 Preuß. ALR.
28) 동법 제839조 제1항: 「공무원이 자기에게 과해진 제3자에 대한 (자기의) 직무의무를 고의나 과실로 위반할 경우, 그는(공무원 스스로) 제3자에게 그로 인한 손해를 배상하여야 한다. 공무원에게 과실만이 있는 경우에는 피해자가 다른 방법으로 배상을 받을 수 없는 때에 한하여 공무원에 대하여 배상을 청구할 수 있다.」 동조는 공법적 활동과 사법적 활동의 구별 없이 공무원의 개인적 책임을 규정한다.
29) 그럼에도 불구하고 1900년 이래로 거의 변함이 없이 유지되고 있다.

가책임과 관련한 권한을 갖지 못하였다. 그래서 민법도입을 위한 법률 제77조가 주입법자로 하여금 참조를 지시하고, 이에 따라 대부분의 주들이 알맞은 규정－가령 남독일에선 민법도입법률을, 프로이센에선 1900년의 州책임법을,[30] 나아가 帝國은 그의 공무원을 위하여 (부분적으로 오늘날 연방공무원에도 통용되는) 제국공무원법(RBHG)을 통해서－을 발하였다. 그 결과 민법 제839조의 요건이 존재하면 공무원 개인의 책임이 국가에게 이전되도록 규율되었다.[31] 이렇게 대위책임의 구상이 관철된 다음, 바이마르 헌법 제131조가 전국의 모든 공무원을 위한 책임인수를 구속적으로 확정하였다. 현행 기본법 제34조의 경우, 비록 "대신하여"란 문언은 없지만 공무원개인책임을 수정하는 취지에서 국가와 공공단체가 원칙적으로 배상책임자가 됨을 적시함으로써, 바이마르 헌법 제131조를 그대로 전승하였다.[32]

한편 민법 제839조와 헌법 제34조가 완전히 합치하진 않지만 상호 관련성을 갖는데,[33] 이론적으론 양자의 관계가 문제될 수 있다. 法史的으로 논증을 하면, 민법 제839조는 손해배상청구권을 성립시키는 규범이고, 헌법 제34조는 동 청구권을 이전시키는 규범으로 접근한다.[34] 반면 법도그마틱적으로 논증을 하면, 후자는 고유한 청구권규범을 나타내며, 단지 전자를 통해서 필요한 구체화를 얻는 셈이 된다.[35] 비록 독일의 통설이 기본법 제34조를 민법 제839조에 연계시켜 바라보지만, 기본법 제34조의 현재의 법상황이 국가의 직접책임(자기책임)의 도입을 배척하진 않는다.[36] 즉, 동조 제1문은 －"원칙적"이란 語義에서 도출되듯이－ 간접적 국가책임(대위책임)을 흠결없는 원칙으로 공고화하기보다는 －공법적 책임인수의 요건과 범위를 수정하는－ 개별법상의 규율을 위한 여지를 두었다.[37] 다시 말해, 동조 제1문이 유책성요청을 담고 있지 않은 것의 의미가 "원칙적으로" 중립적이어서, 개별법의 (주)입법자로선 (가해공무원의)

30) 제1조 제1항: 공무원이 자기에게 위임된 공권력의 행사에 있어서 고의 또는 과실로 제3자에 대하여 지는 직무의무를 위반한 때에는 민법 제839조에 규정된 공무원책임을 국가가 대위한다.

31) 민법과 개별주법의 차원에서 접근한 이런 방식은 지금까지도 이어져, 국가자기책임설을 성문화한 1981년 국가책임법(StHG)이 연방헌법재판소에 의해 연방입법권의 결여를 이유로 위헌으로 판시되었다(BVerfGE 61, 149ff.).

32) 제34조(직무위반에서의 책임): 어떤 이가 그에게 맡겨진 공무를 수행함에 있어서 제3자를 상대로 하여 그에게 과해진 직무의무를 위반하면, 책임은 그가 근무한 국가나 공공단체가 원칙적으로 진다. 고의나 중과실의 경우에는 구상이 유보된다. 손해배상과 구상에 관한 청구권을 위해선 보통의 재판방도가 배제되어선 아니 된다.

33) 민법 제839조는 행정활동의 고권적 영역은 물론 사법적 영역에도 통용되나, 사법적 영역에선 좁은 의미의 즉, 공무원법상의 의미의 공무원에 국한된다. 반면 기본법 제34조는 고권적 영역에서만 통용되지만, 모든 직무담당자를 대상으로 한다. 요컨대 기본법 제34조 제1항은 민법 제839조와 중첩되지, 그것을 단절시키지 않는다. 그리하여 민법 제839조가 실효되기보다는 그것의 성립요건해석이 헌법합치적으로 확대된다.

34) 이는 독일의 통설적 이해이다: BVerfGE 61, 149(198); Papier, in: Maunz/Dürig, GG Kommentar, 2005, §34 Rn.11.

35) Jarass/Pieroth, GG Kommentar, 8.Aufl.,2006, §34 Rn.1.

36) BVerfGE 61, 149(198ff.); Bonk, in: Sachs, GG Kommentar, §34 Rn.3. 그런데 독일 연방헌법재판소는 다른 판례에선 "기본법 제34조가 의무위반시 인적, 유책성의존적, 간접적 국가책임의 현존만을 보장한다."고 판시하였다(BVerfG(K) NVwZ 1998, 271).

37) 다만 고권적 불법을 위한 국가의 원칙적인 우선의무만은 문제되지 않아야 한다.

無責的 국가책임제를 그대로 또는 일정한 요건하에 규율하는 데 아무런 지장을 받지 않는다.[38)]

3) EU의 손해배상책임

개별적, 특별한 조약(EU운영조약 제340조 제1항과 유럽원자력공동체창설조약(EAGV) 제188조 제1항)을[39)] 넘어서, EU운영조약(AEUV) 제340조 제2항에 의하면,[40)] EU는 자신의 기관이나 직원의 직무활동의 행사에서 유발된 손해를 －회원국의 법질서에 공통된－ 일반적 법원칙에 따라 배상해야 한다. 이에 더해 EU의 손해배상책임은 EU기본권헌장(GrCh) 제41조 제3항에[41)] 의해 EU기본권적으로 보장되고 있다.

EU의 배상책임과 독일의 국가배상책임을 비교하면, 독일의 경우 기본적으로 대위책임적 구조을 바탕으로 하면서 국가배상책임이 다른 배상가능성의 결여를 전제로 보충적 성격을 지니며, 과실책임주의를 기조로 한 데 대해서, EU의 배상책임은 자기책임적 구조이고, 제1차적 책임이고, 탈과실책임주의가 그 특징이다.[42)] EU의 책임차원에서의 이런 유책성의 불필요는, －회원국 국내법에 대한 EU법의 우위의 원칙 및 'EU법의 완전한 유효성의 원칙'(Grundsatz der vollen Wirksamkeit des Unionsrechts)에 따라－ 시민이 EU법위반을 이유로 회원국에 대해 국가배상청구권을 행사하는 경우에도 그대로 통용된다.[43)]

2. 관 견

비록 국가배상법이 대위책임적 구조이긴 해도 헌법상의 국가자기책임의 기조를 견지하여 그 기조를 대입하면 크게 문제되지 않는다. 그러나 대법원 1996.2.15. 선고 95다38677 전원합의체 판결로 인한 엄청난 불협화음이 보여주듯이 입법적 해결책이 강

---

38) Papier, in: Maunz/Dürig, GG Kommentar, §34 Rn.194, 196. 그리하여 유책적 국가책임법제의 도입이 헌법상으로 의문스럽지 않다는 점 또는 헌법상의 국가배상책임의 보장이 개별법상의 유책적 징표의 도입을 배제하는 것은 아니라는 점을 강조한다. 아울러 국가책임의 직접성과 무책성간의 필연적인 연계나 대위책임과 유책성간의 필연적인 연계가 법정책적 관점에서 존재하지 않는다고 한다.

39) EU운영조약 제273조 (구 공동체조약 제239조) [중재조약에 의거한 관할] EU최고재판소는 －중재조약에 의거하여 동 재판소에 계류하는 한－ 회원국들 간에 조약의 대상과 상관관계가 있는 모든 분쟁에 대해 관할권이 있다.

40) EU운영조약(AEUV) 제340조(구 공동체조약 제288조)[연합의 직무배상책임]
② 조약외적 책임의 범주에서 EU은 자신의 기관이나 직원이 직무행사에서 발생시킨 손해를 회원국의 법질서에 대해 공통된 일반적 법원칙에 따라 배상한다. ③ 제2항에서 벗어나서 유럽중앙은행은 자신 또는 자신의 직원이 직무행사에서 발생시킨 손해를 회원국의 법질서에 대해 공통된 일반적 법원칙에 따라 배상한다. ④ EU에 대한 직원의 개인적 책임은 직원의 지위나 직원에 통용되는 직무조건의 규정에 따라 정해진다.

41) EU기본권헌장 ③ 모든 사람은 EU이 그 조직과 직원이 직무활동을 하면서 야기한 손해를 －회원국의 법질서에 공통되는－ 일반적 법원칙에 따라 배상하는 데 대해 청구권을 갖는다.

42) Grzeszick, Staatshaftungsrecht, in: Ehlers/Pünder(Hrsg.), Allgemeines Verwaltungsrecht, 15.Aufl., 2015, §47 Rn.6; Maurer/Waldhoff, Allg. VerwR, §31 Rn.1ff.

43) 이에 대한 상론은 김중권, EU행정법연구, 2018. 참조.

구될 필요가 있다. 헌법상의 자기책임을 관철하는 데 결정적인 장애물이 국가배상법 제2조 제1항상의 명시적인 주관적 책임요소의 존재이다. 국가배상법상의 주관적 책임요소의 존재는 행정소송상의 위법성판단과 국가배상법상의 (직무행위의) 위법성판단이 다르게 만들거니와,[44] 가해공무원의 고의나 과실의 존부가 국가책임인정의 궁극적인 기준이 되게 한다. 주관적 책임요소가 건재한 이상, 과실의 객관화 등과 같은 합헌적 법률해석은 모색의 일환에 그칠 우려가 있다.

구 동독의 국가책임법 제1조 제1항은 "국가나 지방자치단체의 기관의 직원이나 수임자가 국가활동의 수행에서 재산과 권리와 관련해서 자연인과 법인에 대해 위법하게 가한 손해에 대해서, 국가나 지방자치단체의 기관이 책임을 진다."고 규정하고 있다. 여기서 결정적으로 중요한 것은 위법한 손해의 발생이지 활동의 위법성이 아니다. 스위스 국가배상법 제3조 제1항 역시 "공무원이 직무활동에서 제3자에게 위법하게 가한 손해에 대해 연방은 공무원의 유책성을 고려함이 없이 책임을 진다."고 규정하고 있다.

요컨대 금번 헌법개정을 계기로 국가배상법 제2조의 주관적 책임요소를 과감하게 삭제할 필요가 있다. 이런 주관적 책임요소의 배제는 입법상의 불법과 관련해서도 배상책임인정의 가능성을 여는 계기가 될 수 있다.

V. 재판상 불법에 대한 특별규정의 마련

법관의 재판활동 역시 주체 등에서 일반 행정작용과 다르지 않기에 별다른 점이 없다고 할 수 있지만, 재판 및 불복제도의 본질에서 논의할 점이 있다. 판결이 기판력을 가지며, 불복절차가 제도화되어 있다는 점에서 재판작용을 일반 행정작용과 동일한 궤에 놓고 접근하는 것은 자칫 법적 안정성과 법적 평화를 저해할 수 있다. 다른 법적 취급은 정당화될 수 있지만, 독일과 같은 특별규정이[45] 없는 이상 순전히 도그마틱적으로 해결방안을 모색할 수밖에 없다. 판례는 배상책임요건인 위법성과 유책성의 정도를 일반적인 경우보다 상향시켜 설정하고 또한 재판에 대하여 따로 불복절차 또는 시정절차가 마련되어 있는 경우에는 그 같은 구제절차가 국가배상의 구제에 대해 원칙적으로 우선함을 판시하였다.[46]

44) 국가배상책임을 낳는 직무행위의 위법성과 관련하여 문헌에서 전개되는 논의현황은 나름 논리적 연결을 바탕으로 하나, 매우 복잡하다. 즉, 국가배상법상의 위법개념의 문제와 관련해선 결과불법설, 행위위법설, 상대적위법성설이 운위되고, 취소소송의 위법성과 국가배상책임성립요건상의 위법성이 동일한지의 물음과 관련해선 동일위법성설과 상대적 위법성설이 운위되며, 이것의 연장에서 취소소송의 취소판결의 기판력이 후소(後訴)인 국가배상청구소송에 미치는지의 물음과 관련해선 기판력부정설, 일부기판력긍정설, 전부기판력긍정설이 운위된다. 과연 이런 난마와 같은 논의현황을 자아낸 주된 원인이 바로 고의·과실과 같은 주관적 책임요소이다.

45) 판결을 행함에 있어서의 공무원의 직무위반은 당해 직무위반이 형법상의 죄를 구성하는 경우에 한하여 배상책임을 진다(민법 제839조 제2항).

그런데 재판에 대해 불복절차가 제도화되어 있는 이상, 판례의 이런 태도는 사실상 재판상의 불법에 대한 배상책임적 제재를 부인한 것과 다를 바 없고, 자칫 법관의 특권으로 전락할 수 있다. 독일처럼 형법상의 범죄를 구성하는 경우를 대상으로 하여 재판상 불법을 국가배상책임의 범주로 끌어들일 필요가 있다.

Ⅵ. 가해 공무원에 대한 손해배상청구권의 부정

판례의 입장에 의하면 가해 공무원에게 고의나 중과실이 있다고 인정될 경우 피해자는 그 공무원에게 직접적으로 민사불법행위책임을 물을 수 있다. 이 경우 국가와 가해 공무원은 공동불법행위의 책임 즉, 부진정연대채무자로서 각자 전부 책임을 지는 셈이 된다. 한편 공무원이 피해자에게 직접 손해를 배상한 경우에 경과실에 해당하면 그는 국가에 대해 변제금액에 관하여 구상을 구할 수 있다.[47] 이 물음은 궁극적으로 배상책임의 본질에 관한 것이다. 헌법상의 국가자기책임적 구조는 물론, 국가배상법상의 대위책임적 구조에 의하더라도 가해 공무원에 대한 직접적 책임을 허용하는 것은 바람직하지 않다.[48] 참고로 구 동독의 국가책임법은 공무원에 대한 직접적인 손해배상청구권을 명시적으로 배제하였고(제1조 제2항), 스위스 역시 1958.3.14.의 그들 국가책임법(연방 등의 책임에 관한 연방법)에서 이를 명문화하였다(제3조 제3항).

가해 공무원에 대한 손해배상청구권의 인정 그 자체는 국가배상책임의 본질 및 역사에 반한다. 국가배상법 제2조상의 주관적 책임요소를 삭제하면 이론적으로 가해 공무원에 대한 손해배상청구권의 인정은 어울리지 않는다. 더 이상의 소모적인 논란을 없애기 위해 스위스의 예처럼 명문으로 부정하는 규정을 두는 것이 바람직하다. 물론 이렇게 규정한다고 하여 가해 공무원의 국가에 대한 구상의 가능성을 배제하는 것은 아니다.[49]

---

46) 대법원 2003.7.11. 선고 99다24218 판결: 재판에 대하여 따로 불복절차 또는 시정절차가 마련되어 있는 경우에는 재판의 결과로 불이익 내지 손해를 입었다고 여기는 사람은 그 절차에 따라 자신의 권리 내지 이익을 회복하도록 함이 법이 예정하는 바이므로, 불복에 의한 시정을 구할 수 없었던 것 자체가 법관이나 다른 공무원의 귀책사유로 인한 것이라거나 그와 같은 시정을 구할 수 없었던 부득이한 사정이 있었다는 등의 특별한 사정이 없는 한, 스스로 그와 같은 시정을 구하지 아니한 결과 권리 내지 이익을 회복하지 못한 사람은 원칙적으로 국가배상에 의한 권리구제를 받을 수 없다고 봄이 상당하다고 하겠으나, 재판에 대하여 불복절차 내지 시정절차 자체가 없는 경우에는 부당한 재판으로 인하여 불이익 내지 손해를 입은 사람은 국가배상 이외의 방법으로는 자신의 권리 내지 이익을 회복할 방법이 없으므로, 이와 같은 경우에는 배상책임의 요건이 충족되는 한 국가배상책임을 인정하지 않을 수 없다.

47) 대법원 2014.8.20. 선고 2012다54478 판결.

48) 최근 소방공무원의 직무수행상의 손해발생과 관련하여 국회에서 면책규정을 소방기본법에 마련하려는 시도가 있는데, 고의와 중과실의 경우에 면책이 배제되는 이상, 그런 개정안은 현행 법질서와 판례를 확인한 데 불과하고 새삼스러운 것은 결코 아니다.

49) 한편 박현정 교수가 국가자기책임을 주장하면서도 선택적 청구권의 인정여부의 논란을 불식하기 위해 헌법에

Ⅶ. 국가배상법 제5조의 삭제 문제

1. 현재의 논의상황

일본의 국가배상법 제2조를 거의 그대로 옮겨 국가배상법 제5조 '영조물의 설치·관리의 책임'을 독립되게 규정하고 있다.[50] 이는 공작물 등의 점유의 배상책임에 관한 민법 제758조과 다소간 차이점은 있지만,[51] 기본적으로 그에 상응한 것이다. 독일의 경우 이 같은 규정을 두고 있지 않고, 영조물의 설치·관리의 책임 역시 행위책임을 기조로 하는 민법 제839조에 의거하여 전개한다. 국가배상법 제5조의 배상책임의 성립요건과 관련해서 문헌상으로 극심한 다툼대상이 바로 '설치·관리의 하자'이다. 이것의 의미를 두고서 주관설, 객관설, 절충설, 관리의무위반설, 위법·무과실책임설 등이 분분하다. 가히 정연하게 설명하기 힘들 정도이다.

일찍이 판례는 동법 제5조가 무과실책임에 입각하고 있음을 분명히 함과 아울러, 필요한 주의의 해태에 대해서도 전적으로 배제하는 태도를 보였다.[52] 하지만 판례는 대법원 1992.9.14. 선고 92다3243 판결이래로, "영조물이 완전무결한 상태에 있지 아니하고 그 기능상 어떠한 결함이 있다는 것만으로 영조물의 설치 또는 관리에 하자가 있다고 할 수 없는 것이고, 위와 같은 안전성의 구비 여부를 판단함에 있어서는 당해 영조물의 용도, 그 설치 장소의 현황 및 이용 상황 등 제반 사정을 종합적으로 고려하여 설치 관리자가 그 영조물의 위험성에 비례하여 사회통념상 일반적으로 요구되는 정도의 방호조치의무를 다하였는지 여부를 그 기준으로 삼아야 할 것이며, 객관적으로 보아 시간적·장소적으로 영조물의 기능상 결함으로 인한 손해발생의 예견가능성과 회피가능성이 없는 경우 즉 그 영조물의 결함이 영조물의 설치관리자의 관리행위가 미칠 수 없는 상황 아래에 있는 경우에는 영조물의 설치관리상의 하자를 인정할 수 없다고 할 것이다"고 판시하였다.[53] 판례의 이런 설시는 자신이 행위책임적 기조에서

규정할 것을 제안하는데(동인, 헌법개정과 국가배상책임의 재구성－과실책임제도에 대한 비판적 검토를 중심으로－, 사법, 제42호(2017.12.15.), 175면), 가해 공무원에 대한 배상청구권의 행사를 허용하는 자체가 국가의 자기책임과는 어울리지 않는다.

50) 「① 도로·하천 기타 공공의 영조물의 설치 또는 관리에 하자가 있기 때문에 타인에게 손해를 발생하게 하였을 때에는 국가 또는 지방자치단체는 그 손해를 배상하여야 한다. 이 경우에는 제2조 1항 단서, 제3조 및 제3조의 2의 규정을 준용한다. ② 제1항의 경우에 손해의 원인에 대하여 책임을 질 자가 따로 있을 때에는 국가 또는 지방자치단체는 그 자에 대하여 구상할 수 있다」

51) 점유자의 면책조항의 적용이 없다는 점, 그 대상이 민법상의 공작물보다 넓은 개념이라는 점 등.

52) 대법원 1994.11.22. 선고 93다32924 판결.

53) 대법원 1994.10.28. 선고 94다16328 판결; 1997.5.16. 선고 96다54102 판결; 2000.2.25. 선고 99다54004 판결 등.

일종의 의무위반설에 의거하고 있음을 분명히 보여주는데, 판례의 이런 양상에 대해 문헌상의 평가는 분분하다. 이런 상황에서 민사불법행위에서 비롯된 수인(참을)한도의 유월여부가 매향리사격장의 소음피해사건에 관한 대법원 2004.3.12. 선고 2002다14242 판결을 계기로 국가배상법 제5조의 하자논의에 유입됨으로 말미암아 동조의 하자의 의미를 둘러싼 혼란은 더욱더 심화되었다.

2. 관 견

먼저 여기서의 '설치·관리의 하자'를 순전히 '통상 갖추어야 할 안전성의 결여'로 본 것에 대해 이의를 제기하고 싶다. 민법 제758조의 工作物責任에서의 공작물의 설치 또는 보존의 '하자' 역시 그렇게 해석하고 있으며, 일본의 판례 역시 그러하다. '하자'에 관한 기왕의 이해가 보여주는 일종의 결과책임적이고 상태책임적 인식은 —주관적 요소가 가미됨으로써— 판례상으로 관철되지 못하고 그에 따라 논란이 초래된다. 궁극적으로 주관적 요소가 가늠추가 됨으로써, 더욱이 동조의 하자가 영조물의 하자가 아니라 '설치·관리의 하자'이어서 그 책임이 물적 책임이 아니라 행위책임인지라, 논의의 기조가 실상 주관설에 근접하게 된다. 나아가 관리행위의 주효여부가 책임인정의 관건이 된다는 점에서 무과실책임적 성격 역시 굳건하지 않다. 사정이 이렇다면, 통상 행정법에서 하자란 '위법'을 의미하는 점에 착안하여, 법 제5조상의 책임을 완전한 행위책임으로 나아가기 위해 여기서의 '하자'를 '위법'으로 접근함으로써 논란의 여지를 줄일 수 있다.

영조물로부터의 오염과 관련하여 수인한도기준의 가미에 대해선, 사안을 불법행위에 터잡은 손해배상의 차원에서 접근한 것에 대해 이의를 제기하고 싶다. 관련 사안에서 문제가 된 것은 공공시설(비행장, 사격장 등)로부터 비롯된 공해로 인해 재산권 등의 권리에 대해 수인할 수 없는 피해 즉, 특별희생이 발생한 것이다. 즉, 사회적 구속을 넘어 재산권의 사적 효용성을 저해함으로써 보상부특별희생의 존부가 문제되는 상황이다. 따라서 본질은 손실보상의 문제이지 손해배상의 문제가 아니다.[54]

결론적으로 동조의 '하자'의 성격을 둘러싼 논의현황은 가히 카오스적이다. 과연 이런 논의상황이 제도적으로나 이론적으로나 생산적인 의미를 갖는지 성찰이 필요하다. 나아가 국가배상법 제5조가 국가배상책임의 체계에서 과연 필요한지 곱씹어 볼 필요가 있다. 제2조에 의해서도 충분히 커버될 수 있다는 점에서 동조항을 삭제하는 것이

54) 독일의 경우 유사사안을 공용개입적 수용(수용적 침해; 수용적 개입; 결과적 개입)의 차원에서 접근한다. 이에 관해선 졸저, 행정법기본연구Ⅱ, 177면 이하 참조. 이런 문제인식을 이미 필자는 피력하였다(2010년도 주요 행정법(행정)판결의 분석과 비판에 관한 소고, 안암법학 제35호, 103면).

바람직하다.

Ⅷ. 소멸시효 규정의 정비

1. 판례의 상이한 접근태도

국가배상청구권은 피해자나 그 법정대리인이 손해 및 가해자를 안 날로부터 3년간, 불법행위가 있은 날로부터 5년간 이를 행사하지 아니하면 시효로 인하여 소멸한다(국가배상법 제8조, 민법 제766조, 국가재정법 제96조). 국가배상청구권의 소멸시효에서 중요한 것은 손해 및 가해자를 안 날이 언제인지이다. 우리 현대사의 시대적 아픔(이른바 반국가사범과 민간인학살 건 등)은 물론, 군의문사사건에서 소멸시효의 완성이 다투어졌다. 판례는 기산점의 설정에서 나름 탄력성을 기하거나 피고의 소멸시효 완성의 항변을 권리남용이나 신의측의 차원에서 배격하는 식으로 대처하곤 한다. 이른바 '거창사건'으로 인한 희생자와 그 유족들이 국가를 상대로 제기한 손해배상청구소송에서는, 국가가 소멸시효 완성의 항변을 하는 것이 신의칙에 반하지 않는다고 보았지만,[55] 군인이 복무 중에 군 내부의 불법행위로 인하여 사망한 사건에서는, 국가의 소멸시효 완성 항변은 신의성실의 원칙에 반하는 권리남용으로서 허용될 수 없다고 판시하였다.[56] 과거사정리위원회가 진실규명신청에 따라 또는 직권조사를 개시하여 대상자를 희생자로 확인 또는 추정하는 진실규명결정을 하고 피해자 등이 그 결정에 기초하여 상당한 기간 내에 권리행사를 한 경우, 국가가 소멸시효 완성을 주장하는 것은 신의성실 원칙에 반하는 권리남용에 해당하여 허용될 수 없다.[57] 마찬가지로 대법원 2017. 2.15. 선고 2014다230535 판결은 한센인들에게 시행한 정관절제수술과 임신중절수술과 관련한 사건에서 국가 측의 소멸시효 완성 주장을 배격하였다.

2. 관 견

그런데 국가배상사건에서 소멸시효기간을 민사상의 손해배상사건과 동일하게(3년) 그리고 그보다 더 짧게(5년) 두는 것이 바람직한지 재고되어야 한다. 비록 지난 시절 국가적 불행에서 국가의 소멸시효 완성 항변을 신의성실의 원칙에 반하는 권리남용으로 배척할 수밖에 없는 법원 나름의 고민은 이해되지만, 언제까지 국민적 여론을 내심의 잣대로 삼아 케이스바이케이스로 대처할 것인지 문제이다. 헌법재판소가 민법상의

55) 대법원 2008.5.29. 선고 2004다33469 판결.
56) 대법원 2011.10.13. 선고 2011다36091 판결.
57) 대법원 2013.7.25. 선고 2013다16602 판결.

소멸시효제도의 존재이유가 그대로 국가배상책임에도 적용되는 것으로 보아 합헌논증을 하였다.[58] 하지만 비록 국가배상책임이 불법행위의 책임이긴 해도 민사상의 불법행위책임을 그대로 투영시키는 것은 문제가 있다. 명백한 국가적 잘못에 대해 소멸시효를 내세워 면책한다는 것은 국가에 대한 신뢰의 차원에서도 문제가 있다. 국가배상제도가 위법한 국가작용을 질책하는 것인 점에서 소멸시효제도 전반이 헌법적 차원에서 검토할 필요가 있다.[59] 차제에 국가재정법과 민법을 준용하여 접근할 것이 아니라, 국가배상법에서 독립된 소멸시효규정을 두되, 특별한 사정이 고려될 수 있는 여지를 두는 것이 바람직하다.

Ⅸ. 행정의 사법적 작용과 관련한 국가배상법의 적용 문제

1. 문제의 소재

국가배상법의 공법적 성격에 비추어 국가배상책임으로 커버하는 활동은 공무원의 고권적·공법적 활동이다. 행정의 사법작용(사경제활동)에서 공무원이 위법한 행위를 한 경우 어떤 구제방식을 취해야 하고, 국가책임은 어떻게 되는가? 일단 전적으로 민법의 책임규정이 적용된다. 따라서 공무원은 사법적(私法的) 위법행위에 대해 민법 제750조 등에 의해 스스로 책임을 질 수 있으며(공무원의 고유책임), 국가 역시 공무원과 병립하여 민법 제756조에 의하여 책임을 질 수 있으되, 제1항 제2문의 면책가능성이 동반된다. 이들 공무원과 국가의 책임은 민법의 부진정연대채무에 해당한다. 그런데 이처럼 민법규정을 단순히 대입하면 치명적인 불합리한 점이 생겨난다. 민법 제756조 제1항 제2문상의 면책주장이 주효하면, 궁극적으로 가해공무원이 책임을 지는 결과가 된다. 공무원으로서는 자신의 행위의 공법적 영역이나 사법적 영역에 귀속하는지가 결코 중요하지 않음에도 불구하고, 전혀 다른 법상황에 놓이는 셈이다.

2. 관 견

손해배상을 한 국가는 위법한 행위를 한 공무원에게 구상할 수 있다. 그런데 민법상의 구상규정(제756조 제3항)을 그대로 적용할 때 문제가 있다. 국가배상법과는 달리

---

58) 헌재 2011.9.29. 2010헌바116; 1997.2.20. 96헌바24 결정: 「…… 이 사건 법률조항은 헌법 제29조 제1항이 규정하는 국가배상청구권을 일부 제한하고 있다 하더라도 일정한 요건하에 그 행사를 제한하고 있는 점에서 그 본질적인 내용에 대한 침해라고는 볼 수 없을뿐더러, 그 제한의 목적과 수단 및 방법에 있어서 정당하고 상당한 것이며 그로 인하여 침해되는 법익과의 사이에 입법자의 자의라고 볼 정도의 불균형이 있다고 볼 수도 없어서 기본권제한의 한계를 규정한 헌법 제37조 제2항에 위반된다고 볼 수도 없다.」

59) 이 문제를 본격적으로 다룬 문헌으로 김진곤, 헌법학연구 제18권 제1호(2012.3.), 115면 이하 참조.

경과실의 경우에도 구상이 가능하여서 현행의 구상유보체계에 저촉될 수 있기 때문이다. 그런데 독일의 경우 그들 민법 제839조 제1항 제2문과 연방공무원법 제78조 제1항에 의해 경과실이 있는 경우에는 공무원은 처음부터 책임을 지지 않으며, 구상 역시 허용되지 않는다. 행정의 사경제활동에 대해 전적으로 민법이 통용된다고 보는 일반적 태도를 취한다면, 우리의 경우 민법상의 구상과 다르게 취급하는 것은 애초에 허용되지 않는다. 입법정책적으로 스위스 국가책임법 제11조처럼[60] 국가가 민사법주체로서 활동할 경우에는 배상책임자 및 구상과 관련하여 민법규정의 적용을 배제하고 국가배상법 규정의 적용을 명문화하는 것이 바람직하다.

X. 맺으면서 - 헌법 제29조를 국가배상법을 지배하는 규정으로

우리와는 달리 처음부터 민법상의 공무원개인책임(민법 제839조)에서 출발한 독일의 경우 우리의 국가배상법제에 해당하는 독일 민법 제839조가 1900년에 시행된 이래 그 기조에 변함이 없다.[61] 국가책임에 관한 연방의 통일적 규율이 필요하다는 공감대는 여전하나, 아직 구체적 실천에 옮겨지진 않았다.[62] 그러나 판례를 통해서 가령 주관적 책임요소의 비중을 저하시키는 등 부단히 국가배상법제상의 진화가 강구되고 있다.

국가배상책임이 헌법상으로 제도화된 이상, 헌법적 의의를 개별법인 국가배상법에서 자세히 구현하는 것이 입법자의 소임이다. 우리의 경우 그 출발점이 헌법이었다는 점에서 독일과는 역사적 전통이 다르기에, 논의의 진행방향은 당연히 정반대이어서 기왕의 틀과 어렵지 않게 결별할 수 있다. 헌법 제29조를 국가배상법을 지배하는 규정으로 기능하는 것으로 접근하여야 한다. 기왕의 민사불법행위에 터잡은 국가배상 시스템의 구조를 발본적으로 개혁할 필요가 있다.

60) 제11조: 연방이 민사법의 주체로 활동하는 한, 연방은 동법 규정에 따라 책임을 진다. 이 경우에도 잘못한 공무원에 대해 청구권이 피해자에게 인정되지 않는다. 연방의 구상은 본법 제7조와 제9조에 의한다.

61) 독일의 경우 전통적인 국가책임법제(국가배상과 손실보상의 제도)가 기본권의 포괄적인 개입방어효 및 개입행위에 대한 포괄적인 권리보호와 마찰을 빚고 있다. 그리하여 국가책임법상으로 현격한 변화가 초래되었으며, 그 결과 독일 국가책임법이 독일 공법의 가장 복잡한 영역이 되어 버렸다고 한다. Grzeszick, Staatshaftungsrecht, in: Ehlers/Pünder(Hrsg.), Allg. VerwR, §43 Rn.3.

62) 특히 통독이후엔 그 필요성이 더욱 강조된다. 왜냐하면 구 동독지역에선 직접적 국가책임을 규정한 구 동독 국가책임법이 부분적으로 수정된 州法으로 계속 통용되었기 때문이다. 즉, 統獨 후에 사회주의적 색채를 제거하는 개정을 거친 다음, 동법은 일부 주에선 적용이 배제되기도 하였지만, 일부 주에선 약간의 수정을 가하거나 그대로 적용되고 있다. 대표적으로 Thüringen 주가 구 동독의 국가책임법에 의거하고 있다. 이런 책임구조에 관한 주법상의 차이와 국가책임의 시대낙후적, 비통일적, 부조화적 규율로 인해, 독일은 1994.10.27. 개헌을 통해 연방참의원의 동의하여 국가책임에 관한 연방법적 규율을 가능케 하는 기본법 제74조 제1항, 제2항을 마련하였다. 이에 1982년에 문제가 된 권한법적 다툼은 일단락되었고, 입법자의 선택만이 남아 있다. 특히 현 우파 연립정부는 출범당시에 제17기 연립정부협정(Koalitionsvertrag, 2009)에서 국가책임법을 성문화하고 적합하게 만들겠다고 명시적으로 선언하였다(동협정 112면).

* 현대행정법의 이해(유지태 교수 10주기 추도논문집), 2018.3.23. 267면－284면 所收.
* **추론**: 김중권, 유럽국가의 국가배상책임법제에 관한 개관, 「법학연구」(충남대 법학연구소) 제30권 제1호(2019.2.28), 14면 이하(본서 457면 이하).

제 3 장

재판지연에 대한 국가책임에 관한 소고

대상판결: 대법원 2017.3.15. 선고 2014두41190 판결

Ⅰ. 처음에 – 언제까지 "지체된 정의는 정의가 아니다"라는 법언에 머물 것인지?

시간은 금이다. 재판지연으로 인한 손해에 대해 누가 책임을 지는가? 자력구제금지와 평화의무를 위해 국가는 그 자신을 위한 권력독점을 요구한다. 그렇다면 자력구제금지와 평화의무를 정당화하기 위해서는 재판지연에 대한 책임 역시 국가가 져야 한다. 그럼에도 불구하고 이제까지 재판지연에 따른 국가배상책임을 인정한 판례는 존재하지 않는다. 모든 법원에서 재판지연은 존재한다.[1)] 언제까지 "지체된 정의는 정의가 아니다(Justice delayed is justice denied)." 라는 법언에[2)] 머물 수는 없다. 유럽과 독일

1) 독일의 2011년 통계에 의하면, 1심 행정소송절차가 독일 연방 전체 평균 10.8개월인데(최단 5.1개월에서 최장 24.5개월까지), 6.8%가 2년보다 장기이고, 3.6%가 3년보다 장기이다. 고등행정법원에서는 독일 전체 평균은 15.8개월이다(최단 5.9개월에서 최장 45개월까지). 반면 노동법원은 평균 4.7개월로(3.9개월에서 5.8개월 사이), 일반법원은 평균 8.2개월로(6.4개월에서 11개월 사이) 상대적으로 짧은 편이다. Vgl. Troidl, Verwaltungsprozess 2030 – Verfahren jetzt gestalten, NVwZ 2014, S.1052(1052). 한편 우리의 경우 행정소송사건 평균처리기간을 보면 제1심은 평균 270.1일이고, 항소심은 224.0일, 상고심은 161.6일이다(사법연감 2017, 596면). 여기서 유의할 점은 우리와는 달리 독일에서는 집행정지의 원칙하에 광범한 잠정적 권리보호가 인정되기에, 그들과 우리의 통계를 평면적으로 비교해서는 곤란하다.

2) 이 법언은 일찍이 19세기 영국의 명재상 윌리엄 글래드스톤이 처음 했다고 하는데, 마틴 루터 킹 목사가 "버밍

의 경우에는 이하에서 보듯이 우리와는 사정이 전혀 다르다. 특히 공법소송의 경우 실정법상 법치국가원리에 배치되게 집행부정지의 원칙이 채택되어 있어서 소송에서 시간의 문제는 더욱 도드라진다. 무한경쟁의 시대에 시간과 효율은 남다른 의미를 갖는다. 절차의 신속화를 통해 국가경쟁력을 제고시켜 경쟁력을 유지하는 독일의 경우를 견주어 볼 때, 절차와 시간에 대한 종합적 안목이 절실하다.[3] 이제 헌법 제27조 제3항의 신속한 재판을 받을 권리를 구체화하기 위해 외국의 입법례를 참고하여 우리의 현실에 맞춰 재판지연에 대한 국가책임에 관해 적극적인 입법적 해결방안을 모색하여야 한다.

Ⅱ. 재판지연에 대한 권리보호의 공백상황

헌법 제27조의 재판청구권의 기능이란 포괄적인 사법적 권리보호의 보장에 있은즉, 그것을 통해 효과적인 권리보호의 보장이 강구되어야 한다. 그런데 사법통제가 지닌, 사후적, 진압적 권리구제로 인해, 권리보호의 실효성은 결과적으로 의문시될 수 있다. 너무 늦게 강구된 권리보호는 그 중간에 행정이 기성사실을 조성하거나 원고가 사망하여 사실상 효과가 없게 되거나 그 의미가 반감될 수 있다. 권리보호의 효과성은 시간의 요소에 좌우되기에, 헌법 제27조 제3항에서 신속한 재판을 받을 권리를 보장하는 것이다.[4] 지연된 재판과 관련해서 강구할 수 있는 구제수단은 두 가지이다. 하나는 국가배상법상의 공무원의 부작위에 대한 국가배상책임의 차원에서, 다른 하나는 헌법소원심판청구의 차원에서 강구할 수 있다. 그러나 독일과 같은 특별규정(민법 제839조 제2항 제2문)이 없는 이상, 일반적인 국가배상책임의 법리에서 접근해야 하는데, 재판상의 불법에 따른 국가배상책임의 성립가능성이 현실적으로 없는 점에 비추어, 국가배상책임의 인정은 이론상의 가능성에 머물 뿐 기대할 수 없다. 헌법소원심판의 경우에도 "헌법 제27조 제3항 제1문에 의거한 신속한 재판을 받을 권리의 실현을 위해서는 구체적인 입법형성이 필요하고, 신속한 재판을 위한 어떤 직접적이고 구체적인

햄 감옥에서의 편지"에서 언급하면서 대중화되었다.

3) 이 점에서 절차하자를 둘러싼 논의는 너무나 정체되어 있다. 하자치유의 가능성을 축소시키고 절차하자를 이른바 적법절차의 차원에서 극대화시키는 것은 너무나 단선적이다. 이에 관한 상론은 김중권, 행정법, 2016, 531면 이하 참조.

4) 우리와는 달리 독일은 신속한 재판을 받을 권리를 일부 주 헌법(작센 주 헌법 제78조 제3항 제1문, 브란덴부르크 주 헌법 제52조 제4항 제1문)에서는 명문화하였지만 기본법은 담고 있지 않다. 그럼에도 불구하고 상당한 시간내의 권리보호에 관한 청구권이 헌법적 효력을 갖는 점에 아무런 다툼이 없다. 이런 맥락에서 독일 연방헌법재판소는 효과적인 권리보호는 동시에 상당한 기간내의 권리보호도 의미한다고 판시하였다(BVerfGE 55, 349(369)). 아울러 독일 연방헌법재판소는 형사사건의 본안에서의 신속화명령(원칙)을 헌법적으로 기본법 제2조 제2항 제2문의 자유의 불가침에서 도출하였다(BVerfGK 17, 517(523)).

청구권이 이 헌법규정으로부터 직접 발생하지 아니 한다."고 판시한 헌법재판소 1999. 9.16. 98헌마75에서 볼 수 있듯이, 인용가능성이 전혀 없다고 할 수 있다.

Ⅲ. EU법에서의 상황

EU국가의 법질서의 유럽화는 이 시대의 법발전의 특징적인 징표이다. 유럽인권협약(EMRK) 제6조는 '공평한 절차에 관한 권리'의 표제하에 "모든 사람이 자신의 민사법적 청구권과 의무와 관련한 분쟁이나 자신에 대한 형사소추에 관해서 독립적이고 공정하며 법률에 의해 성립한 법원에 의해 공평한 절차에서 공개적으로 상당한 기간내에 심리를 받을 권리를 가진다."고(제1항) 규정하고 있다. 유럽기본권헌장(GRCh) 역시 제41조[좋은 행정에 관한 권리] 제1항이, "모든 사람은 자신의 용무가 연합의 기관, 기구, 그리고 기타 부처에 의해 공평하고, 적합하게 그리고 상당한 기간 내에 처리되는 데 대한 권리를 갖는다."고 규정하며(제1항), 제47조[효과적인 권리구제와 불편부당한 법원에 대한 권리]는 "모든 사람은, 자신의 사건이 독립적이고 불편부당하며, 법률에 의해 사전에 설립된 법원에 의해 공평한 절차에서 공개적으로 그리고 상당한 기간 안에서 심리되는 데 대해 권리를 가진다."고 규정한다(제2문). 유럽인권재판소가 상당한 절차기간을 판단하는 것과 관련해서 Panchenko/Russland 사건에서 처음으로 매 심급 1년의 원칙(ein Jahr je Instanz)을 일종의 어림법칙으로 방론으로 제시하였는데,[5] 매 심급 1년의 원칙은 통용되지 않은 경우가 많다.[6]

유럽최고재판소(EuGH)는 상당한 절차진행의 원칙(Grundsatz einer angemessenen Verfahrensdauer)을 EU법의 일반적 법원칙(allgemeiner Rechtsgrundsatz)으로 이미 오래전부터 인정하여, 비단 행정절차만이[7] 아니라, 재판절차에서도[8] 인정하였다. 그리고 유럽인권재판소가 상당한 절차기간과 관련해서 정립한 요청에 의거하여 재판지연의 과도함을 판단한다. 여기서 과도하거나 지연된 절차진행은 특히 관련인을 위하여 절차에서 중요한 이익, 사건의 복잡성, 참가자의 행태에 의거하여 판단된다. 이들 기준은 완결적이지 않고, 절차의 진행이 이들 기준에 의거하여 정당화되는 것으로 여겨질 정도면 충분하다. 사건의 복잡성만으로도 일견 장기간의 진행이 정당화될 수 있는데, 반면 참가행정청의 행태만으로 과도한 절차진행이 성립할 수 있다.[9] Groupe Gascogne

---

5) EGMR 8.2.2005－45100/98, Rn.117－Panchenko/Russland.
6) 유럽인권재판소가 상당한 재판진행 여부를 판단한 현황은 vgl. Meyer－Ladewig/Nettesheim/von Raumer, Europäische Menschenrechtskonvention, 4. Aufl., 2017, Artikel 6 Rn.207f.
7) EuGH, Slg. 1997, I－1503.
8) EuGH, Slg. 1998, I－8417.
9) EuGH, Slg. 2002, I－8375.

사건의 판결[10] 이후에 행정절차 및 유럽1심법원에서의 과도한 절차진행은 해당 결정이나 판결이 폐지되는 결과를 낳았다. 이것은 과도한 진행이 절차의 결론에 영향을 미친 것을, 특히 관련인의 방어권을 축소한 것을 조건으로 한다. 만약 이런 요건이 존재하지 않으면, EU법상의 손해배상청구권으로 나아간다.[11]

Ⅳ. 독일법에서의 상황

1. 변화의 動因

EU행정법은 각국의 행정법의 전개에서 전범으로서 일종의 행정법의 글로벌 스탠다드에 해당한다. 그 결과 유럽화로 인해 독일을 비롯한 유럽의 공법학은 새로운 도전과 요청에 처해 있다. 회원국 행정법의 개개의 규율이나 규율범위만이 아니라, 기본구조와 원칙과 관련해서도 EU법은 직접적으로 영향을 미치고 있다. 그로 인해 회원국법이 EU법으로 대체되는 식으로 회원국의 규범적 상태가 바뀔 뿐만 아니라, 회원국 행정법에 새로운 법적 사고와 원칙이 차츰차츰 자리를 잡고 있다.

유럽인권재판소(EGMR)는 상당한 기간내에 판결을 받을 권리가 침해될 때에는 유럽인권협약 제13조에[12] 의한 효과적인 권리구제(소원)가 회원국 국내법에 존재하여야 한다고 판시하였다.[13] 유럽인권협약 제6조 1항의 위배를 이유로 독일 연방정부를 상대로 유럽인권재판소에 제기된 인권심판청구 재판의[14] 정점이 2006.6.8. 유럽인권재판소의 Sürmeli－판결이다. 여기서 유럽인권재판소는 그 당시에 재판지연에 대해 유럽인권협약 제13조상의 유효한 권리구제가 독일법상으로는 의무에 반하게도 존재하지 않는다고 확인하였다.[15] 나아가 2010.9.2.의 Rumpf－사건에서[16] 유럽인권재판소는 독일에서의 지연된 절차진행은 구조적인 문제에 해당한다고 확인하면서, 독일 연방정부에 대해 동 판결의 확정력이 발생한 후 늦어도 1년 내에 재판지연에 대한 권리구제제도를 도입할 것을 과하였다. 동 판결은 일종의 선도판결(Piloturteil)로서 특별한 의의를 갖는다.[17]

---

10) BeckRS 2013, 81119.

11) EU법상의 손해배상책임에 관해서는 김중권, EU행정법, 2018, 192면 이하.

12) 제13조[효과적인 소원에 관한 권리] 이 조약에서 인정된 권리나 자유를 침해받은 모든 사람은, 그 침해가 직무적 속성에서 활동을 하였던 사람에서 비롯되었다 하더라도, 국가내의 주무관청에 효과적인 소원을 제기할 권리를 가진다.

13) EGMR, NJW 2001, 2694 Rn.146 ff.

14) 가령 2012.3.6.까지의 사건 가운데 17년 11개월 소요된 행정법원의 소송과 관련해서 12,600유로의 손실보상을 확정하기도 하였다. 이들 사례현황은 vgl. Troidl, a.a.O., S.1052(1053).

15) NJW 2006, 2389.

16) NJW 2010, 3355.

2. 재판지연보상법의 제정 및 동법의 성격

유럽인권재판소의 일련의 압박에 의한 입법산물이, '지연된 재판절차와 형사수사절차에서의 권리보호에 관한 법률'(Gesetz über den Rechtsschutz bei überlangen Gerichtsverfahren und strafrechtlichen Ermittlungsverfahren: ÜGRG)이다. 2011.11.24.에 의결된 재판지연보상법은, 2011.12.3.부터 독일 법원에 관한 일반법인 법원기본법(GVG) 제17절에[18] 편입되고, 그 내용이 연방헌법재판소법(제97조의a 이하)과[19] 행정법원법(제173조) 등에 편입되어 효력을 발생한다.[20] 재판지연보상법에 의해서 독자적인 국가책임법적 손실보상청구권이 도입된 셈인데, 법적으로 동법은 사법보장청구권(Justizgewährungsanspruch)의 범주에서의 효과적인 권리보호에 관한 청구권을 구체화한 것이다. 국가배상책임의 구조를 본보기로 삼아 만들어졌지만, 기본적으로 국가배상책임에 대한 특별제도이어서, 일반법원이 담당하는 국가배상책임과는 양립한다. 재판지연보상법은 양면적 성격을 지닌다. 한편으로는 재판절차의 지연에 대한 질책의 가능성이 제공되고, 다른 한편으로는 손실보상으로 그 지연을 제재한다. 즉, 재판지연보상법의 기본구상은

---

17) 그런데 이미 1978년에 유럽인권재판소는 의원영업취소와 의사면허철회에 대한 소송절차진행이 문제된 König-사건에서 상당한 소송진행에 관한 권리의 침해를 이유로 독일 정부에 대해 처음으로 보상지급을 명하였다. EGMR, Urt. v. 28.6.1978-Nr.6232/73.

18) 동법 제198조(손실보상, 지연책문) (1) 재판절차(Gerichtsverfahren)의 상당하지 않은(unangemessen) 진행으로 인해 소송참가자로서 불이익(Nachteil)을 입은 자에게는 상당하게(angemessen) 손실보상이 주어진다. 소송진행의 상당성은 개별경우의 사정에 따라, 특히 소송절차의 어려움과 의의, 그리고 소송참가자의 용태에 의해 가늠된다. (2) 비재산적 불이익은 재판절차가 상당하지 않게 오래 진행된 경우에 추정된다. 이 경우 손실보상은 개별경우의 사정에 비추어 제4항에 의해 다른 방법에 의한 복구가 불충분한 경우에만 구할 수 있다. 제2문의 손실보상금액은 지연된 1년 당 1200유로에 이른다. 제3문의 금액이 개별경우의 사정에 비추어 부당하면, 법원은 증액이나 감액할 수 있다. (3) 소송참가자는 수소법원에 소송절차의 진행을 추궁한(지연책문: Verzögerungsrüge) 경우에만 손실보상을 받는다. 지연책문은 소송절차가 상당한 기간에 종료되지 않았다는 염려(Besorgnis)의 동인이 있을 때 비로소 행할 수 있다: 예외적으로 조기에 필요한 경우가 아니라면, 지연책문의 반복은 빨라도 6개월이 지나야 가능하다. 소송절차의 촉진을 위해서는 소송절차에서 제시되지 않은 사정이 중요하면, 책문은 이 점을 지적하여야 한다. 그렇지 않다면, 이런 사정을 손실보상을 판결해야 하는 법원은 상당한 소송진행을 확정하는 데 있어서 고려하지 아니한다. 다른 법원에서 소송절차가 지연한 경우, 새로운 지연책문을 필요로 한다. (4) 다른 방법에 의한 복구는 특히 소송절차진행이 상당하지 않다고 손실보상의 수소법원이 확인함으로써 가능하다. 확인은 신청을 요건으로 하지 않는다. 확인은 중대한 경우에는 손실보상 이외에 선언될 수 있다; 제3항의 하나 또는 여러 요건이 충족되지 않은 경우에도 마찬가지로 확인이 선언될 수 있다. (5) 제1항의 청구권을 실현하기 위한 소송은 빨라도 지연책문을 한 후 6개월이 되어야 제기될 수 있다. 소송은 늦어도 종국판결의 확정력(기판력)의 발생이나 소송의 종료 이후에 6개월 내에 제기되어야 한다. 소송에 관한 판결의 확정력이 발생하기 전까지 청구권은 이전될 수 없다. (6) 제1호: 동 조항상의 재판절차(Gerichtsverfahren)는 개시부터 확정력이 발생한 종료까지의 일체의 절차가 해당한다. 잠정적 권리보호의 부여절차 및 소송비용부조의 승인절차를 포함한다. 그러나 개시된 이후의 파산절차는 제외하는데, 개시된 파산절차에서는 판결을 가져다주는 것은 재판절차로 여겨진다. 제2호: 동 조항상의 소송절차참가자는 재판절차의 당사자와 모든 참가자가 해당한다. 다만 헌법기관, 공행정의 주체, 기타 공공부처는 이들이 자치권의 행사에서 소송절차에 참가하지 않는 한, 제외한다.

19) 상론은 박진완, 독일에서의 헌법재판의 신속한 실현에 대한 법적 통제 기준, 법학논고 제50집, 2015, 1면 이하 참조.

20) 새로운 법률이 가능한 많은 사례에 적용될 수 있도록, 입법자는 재판기본법 제198조 이하에 대해 광범한 적용영역을 부여하였다. 그리하여 후술하듯이, 재판기본법이 발효하는 시점에 소송계속중인 사건 뿐 만아니라, 심지어 이전 종료한 사건까지도 강구되기도 한다.

-사전 책문을 전제로 하는- 예방적 조치와 -불이익을 보전하는- 제재적 조치의 결합이다.[21)]

3. 재판지연보상법 제정의 의의

재판지연보상법은 입법사적으로 확실한 정곡에 해당한다. 독일의 경우에 비록 민법 제839조[22)] 제2문에서 재판지연에 따른 국가배상책임의 가능성을 분명히 규정하고 있음에도 불구하고, 실제로 호응은 그다지 높지 않은 것이 현실이다. 특히 재판부구성의 인적 부족함에 따른 소송지연의 경우 사실상 국가배상책임의 공백이 빚어지며, 재판지연보상법은 이런 흠결을 메운다.[23)] 유럽인권재판소의 이상의 판결은 이런 사정을 감안한 것이라 여겨진다. 그리고 동 법률의 제정을 계기로 종전과는 달리 유럽인권재판소는 동 법률을 유럽인권협약 제13조상의 '효과적인 권리구제(소원)'으로 수긍하여 소송지연을 이유로 한 개인의 소원을 더 이상 허용되지 않는 것으로 각하하였다.[24)]

독일의 재판지연보상법은 효과적인 권리보호의 요청과 법관의 독립성의 요청간의 충돌에서 나름의 조화로운 해결책의 산물이다. 연방의회에서 동법률이 가결될 때 결정한 것처럼, 동법은 시행 2년 뒤에 평가하도록 되어 있었다. 완전히 새로운 법적 대상의 전환과 모든 사법기관을 다룸에 있어서 전형적인 곤란함을 고려하면,[25)] 제기되는 우려는 당연하다. 하지만 중간평가보고서에서 보면, 소송의 홍수는 일어나지 않았으며, 실제 손실보상소송의 건수가 통계상의 지연불평의 조사치보다 훨씬 적었다고 하면서, 이것을 예방적인 권리구제가 사실상으로 소기의 신속화를 가져다주었다고 평가하기도 한다.[26)]

4. 특별한 국가책임법적 청구권으로서의 재판지연손실보상청구권의 의의

재판지연손실보상청구권은 특별한 국가책임법적 청구권이다. 우선 그것은 위법한 조

---

21) Schoch/Schneider/Bier, Verwaltungsgerichtsordnung, 2018, §173, Rn.325.
22) 독일 민법 839조 제2항: 공무원이 소송사건에서의 판결에서 그의 직무의무를 위반한 경우, 공무원은 해당 직무위반이 형법상의 죄를 구성하는 경우에 한하여 그로부터 비롯된 손해에 대해서 책임을 진다. 직무행사를 의무에 반하게 거부하거나 지연한 경우에는 이 조항은 적용되지 않는다.
23) Schenke, Rechtsschutz bei überlanger Dauer verwaltungsgerichtlicher Verfahren, NVwZ 2012, S.257(263).
24) EGMR, NJW 2014, 3083 Rn.54.
25) 두드러진 구조적인 결함은 언제 소송지연이 존재하는지, 통상의 손실보상을 넘어 상당한 보상이 무엇을 의미하는지 분명하지 않다는 점이다. 아울러 개개의 재판권을 전제로 그에 속한 상급법원이 담당하여 자칫 봐주기 식의 진행이 될 우려도 있다. Hinne, Neuregelungen zur Entschädigung bei überlanger Verfahrensdauer, ZRP 2015, S.201(201).
26) Reiter, Die Rechtsnatur des Entschädigungsanspruchs wegen unangemessener Verfahrensdauer, NJW 2015, 2554f.

치에서 과실에 관계없는 국가책임에 해당한다.27) 소송지연이라는 것은 일종의 축약적 표현인데, 기본법상으로 보장된 권리보호를 궁극적으로 거부한 셈이다. 다시 말해 국가적 불법의 문제이고, 이에 대한 기조는 손해배상책임이어서 완전배상이 아닌 '타당한 보전'에 그친다고 접근하는 것은 곤란하다. 문헌에서 동 청구권은 (독일의) 희생보상사고의 특징을 갖는 것으로 지적되곤 한다. 희생보상사고는 공공복리와 개인적 권리간의 충돌의 해결의 사고를 토대로 한다. 비슷하게 Schenke 교수는 재판지연손실보상청구권이 희생보상청구권과 매우 유사한 것으로 지적하였다,28) 다만 희생보상청구권에 대한 재판지연손실보상청구권의 특별성은 재판기본법 제198조가 사법부의 위법한 행위와 관련이 있으며, 비재산적 손해의 복구를 규정하고 있는 점이다.

그러나 재판지연손실보상청구권은 전통적인 국가배상청구권과는 결정적으로 다르다. 국가배상청구권은 위법한 행위에 기인하며, 공무원의 고의나 과실과 같은 주관적 책임요소를 바탕으로 하지만, 재판지연손실보상청구권은 재판절차의 상당하지 않은 진행만이 성립요건이다. 그리고 (독일의) 국가배상책임에서는 재판지연손실보상청구에서와는 달리 비재산적 손해가 배상되지 않는다. 나아가 특별희생에 바탕을 둔 통상의 손실보상청구권과도 구별된다. 통상의 손실보상청구권은 공공복리를 위한 공권적 개입을 요건으로 하지만, 재판지연손실보상청구권의 경우 재판지연으로 인한 불이익의 보전이 공공복리와는 관계가 없다. 당연히 준공용개입이나 결과적 공용개입에서의 손실보상청구권과도 거리가 있다.

기본법이 상당한 기간내의 사법적 권리보호를 보장하지만, 독일에서 소송지연에 대한 효과적인 권리보호가능성이 유럽인권협약 제6조 제1항과 제13조의 요청에 부합하지 않은 데서 비롯된 권리보호상의 흠결을 재판지연손실보상청구권으로써 메운다는 것이 입법자의 의도이자, 재판지연보상법의 목적이다. 따라서 재판지연손실보상청구권은 소송법에 바탕을 둔 리스크책임(Risikohaftung)에서 바라볼 것이 지적된다. 동 청구권은 고유한 근거와 정당화를 소송법에 둔다. 실체법에 근거를 둔 다른 손실보상청구권과 비교해서 재판지연손실보상청구권의 특별성은 소송법의 제도에 해당한다는 점이다. 따라서 이 점에서 국가책임법의 전통적인 제도와 거리를 두고서 보아야 한다.29)

27) Ossenbühl/Cornils, Staatshaftung, 6.Aufl. 2013, 460ff.
28) Schenke, a.a.O., S.257(260f.).
29) Reiter, a,.a.O., S.2554(2557).

5. 국가배상책임과의 관계[30)]

－독일 민법 제839조 제2항에서 성립한－ 국가배상청구와 재판지연손실보상청구는 이상에서 본대로 유책성의 요건은 물론, 배상책임주체에서도 서로 다르기에 경합적으로 성립한다. 하나의 성립이 다른 것의 실효를 동시에 초래하지 않는다. 그렇지만 이런 것은 양자가 겹친 경우에만 통용된다. 국가배상청구권이 재판지연손실보상청구권과는 다르게 독일 민법 제249조 이하 규정상의 완전한 원상회복을 규정하고 있는 반면, 재판지연손실보상청구권은 상당한 손실보상만을 부여한다. 독일 법원은 민법 제253조 제1항과 관련해서 피해자에 대해 비재산적 손해를 위한 배상을 부여하지 않았다. 독일에서는 민법 제253조의 좁은 한계를 넘어서도 －일반적인 인격권의 심대한 침해가 존재하는 경우에－ 위자료를 선고할 가능성이 존재하긴 하나, 실은 여태 소송절차에서 인격권침해의 그런 고양된 형식은 결코 인정되지 않았다. 게다가 지나치게 긴 소송절차진행으로 인한 민법 제839조상의 국가책임법적 청구권이 이제까지 판례에서 결코 호응을 얻지 못하였다. 법치국가에 반하게 소송절차를 지연시킨 것이 법관의 소홀한 용태에 기인하면, 법관은 그럼으로써 민법 제839조 제2항 제2문에서 언급된, 제3자와 관련한 직무의무를 위반한 것이다. 민법 제839조 제2항 제1문의 재판관의 특권(Spruchrichterprivileg)은 법문에 의하면 소송지연에 대해서는 적용되지 않는다. 그러나 일반 대법원(BGH)은 재판관의 특권의 적용범위를 넓게 잡아서 그것을 본안재판을 위한 근거를 획득하는 데 이바지하는 소송개시적 조치에 대해서도 확대시켰다. 다른 한편 민법 제839조 제2항 제1문 이외에서도 법관의 독립성의 원칙(Grundsatz der richterlichen Unabhängigkeit)은 법관의 용태의 타당성의 심사만을 허용한다는 점이 강조되었다.[31)] 그런데 개개의 법관은 종종 지연에 대해 필경 아무런 책임부분을 갖지 않는다. 그 원인은 객관적인 부담과중이다. 통상 국가의 책임은 피해자에 대해 충분히 개별화되어 제3자지향적인 직무의무를 위반하지 않았다는 이유로 부인되었다.

---

30) 이런 다양한 소송절차법적인 상황으로 인해 실무상으로 현저한 곤란함이 지적된다. Althammer/Schäuble, Effektiver Rechtsschutz bei überlanger Verfahrensdauer－Das neue Gesetz aus zivilrechtlicher Perspektive, NJW 2012, S.1(5f.).

31) BGHZ 187, 287 = NJW 2011, 1072(1073 f.).

V. 독일 재판지연보상법에 의한 손실보상소송의 주요 내용

1. 기왕의 소송절차의 문제

2011.12.3.에 이미 종료된 소송절차를 위해서는 재판지연보상법 제23조(경과규정) 제1문은 다음의 추가적인 요청을 담고 있다: 절차진행이 그날 벌써 유럽인권재판소에 계류하는 심판청구의 대상이 되어야 하거나 그런 인권심판청구가 아직 제기될 수 있을 것이다. 재판기본법 제198조 이하의 적용영역에 들어가는 옛날 소송절차의 범주를 이들 조항으로 제한할 수 있도록, 옛날 소송절차를 허용되는 심판청구에 국한할 필요가 있다. 적어도 유럽인권협약 제35조 제1항으로부터의 6개월의 항소기간은 결코 경과해서는 아니 된다.[32] 이는 2011.6.3.부터 종료한 모든 당초 소송절차에 대해 적용된다. 그래서 옛날 소송절차를 위한 두 번째 허용요건이 재판지연보상법 제23조 제6문의 제소기간의 준수이다. 이를 위해 2012.6.3.까지 손실보상소송이 제기되어 있어야 한다. 이런 대략적 규율은 관련 당초 소송절차를 위하여 이례적으로 장기간의 고려기간을 초래하였다. 경과사건(재판지연보상법 제23조 제1문)과 －재판기본법 제198조 이하가 곧바로 적용될 수 있는－ 새로운 소송절차에 대해서는 －허용성과 손실보상소송(Entschädigungsklage)을 위하여 중요한－ 몇몇 특별한 규율이 존재한다.

2. 관할 법원

손실보상청구는 일반법원에서 관할하는 기존의 시스템과는 달리, 최대한 근접성의 이유에서 해당 법원의 상급법원(Obergericht)이 자신의 재판권내에서 소송절차지연을 판단해야 한다.[33] 당초의 민형사 소송절차로 인해 제기된 손실보상소송에 관해서는 주 상급법원(Oberlandesgerichte)이 판결을 내리고,[34] 사회재판(권)상의 당초 소송절차로부터의 손실보상소송에 관해서는 주 사회법원(Landessozialgerichte)이,[35] 행정재판(권)상의 당초 소송절차로부터의 손실보상소송에 관해서는 고등행정법원(Oberverwaltungsgerichte)이,[36] 노동재판(권)상의 당초 소송절차로부터의 손실보상소송에 관해서는 주 노동법원(Landesarbeitsgerichte)이[37] 판결을 내린다. 2심제인 재정(조세)재판(권)에서만 연방재정

32) Vgl. BGH, NJW 2014, 218.
33) 이런 다양한 소송절차법적인 상황으로 인해 실무상으로 현저한 곤란함이 지적된다. Althammer/Schäuble, a.a.O., S.1(6).
34) 법원기본법 제201조 제1항 제1문.
35) 법원기본법 제202조 제2문.
36) 행정법원법 제173조 제2문. 연방차원의 소송절차지연을 이유로 한 손실보상소송은 연방행정법원이 관할한다.

법원이 제1심과 최종심을 관할한다.[38] 연방법원에서의 장기간의 소송절차진행으로 인한 손실보상의 지급을 내용으로 연방을 제소한 경우에만, 기타 모든 재판(권)에서는 최상위 연방법원의 존속적인 관할이 존재한다.

3. 대기기간제

당초 소송절차에 대해서만 통용되는 재판지연보상법 제23조 제6문을 제외하고서, 전형적인 제소기간의 준수는 재판지연보상법에 따른 손실보상소송의 허용요건에 속하지 않는 반면, 법원기본법 제198조 제5항 제1문은 제소전 대기기간의 －비교적 이례적인－ 준수를 요구한다. 제소는 빨라도 당초 소송절차에서 지연책문(Verzögerungsrüge)을 한 다음 6개월 지나 행해질 수 있다. 앞에서 본 대로 지연책문이 행해질 필요가 없는 옛날 사건과 경과사건에 대해서는 대기기간제가 통용되지 않는다. 대기기간제는 소송절차를 촉진하는 식으로 당초의 수소법원으로 하여금 지연책문에 대해 상당하게 대응할 기회를 제공할 것이다. 이것은 입법자가 재판지연보상법으로 우선적으로 강구한 목표 즉, 예방적 권리구제를 통한 소송절차의 신속화에 일치한다. 이런 규범목적을 고려한 즉, 당초의 소송절차가 6개월의 기간내에 종료하는 경우에는 대기기간제의 예외가 인정된다(법원기본법 제198조 제5항 제1문의 목적론적 축소).

4. 제소기간

소송지연에 따른 손실보상권(Entschädigungsrecht)은 법원기본법 제198조 제5항 제2문의 제소기간의 제한을 받는다.[39] 손실보상소송은 늦어도 종국판결의 확정력(기판력)의 발생이나 소송의 종료 이후에 6개월 내에 제기되어야 한다. 이는 실체법적 배척기간 즉, 불변기간에 해당한다.[40] 전 단계에서의 재설정은 불가능하다. 이것은 손실보상소송의 제기 전에 소송비용의 부조를 신청해야 할 경우에 중요하다.

5. 대상인 재판절차

법원기본법 제198조 제1항 제1문의 재판절차에는 일체의 소송절차가 해당되는데, 잠정적 권리보호의 절차만이 아니라, 소송비용부조의 승인절차까지도 포함하는데, 이는 예시적이어서 다른 부수적 소송절차라도 손실보상청구권의 적용영역에서 배제되지

37) 노동법원법 제9조 제2항.
38) 재정법원법 제155조 제2문.
39) 이런 제소기간의 적용은 옛날 소송에는 적용되지 않는다.
40) Gesetzesbegründung, BT－Drs. 17/3802, 22.

는 않는다. 따라서 민사소송법 제485조 제2항에 의한 독립된 증거절차,[41] 민사소송법 제578조, 제579조상의 무효소송,[42] 비용확정절차와 독촉절차도[43] 잠재적으로 손실보상의무를 낳는 재판절차에 속한다. 형사부조의 영역에서도 손실보상권은 광범하게 적용되는데, 검사의 수사절차와 법원의 본안절차만이 아니라, 형집행법(StVollzG) 제109조 이하에 의한 개별조치에 관한 재판에 관한 신청에 따른 결정절차까지도[44] 포함한다. 그러나 행정심판절차는 재판절차에 속하지 않는다.

6. 소송의 당사자

손실보상소송의 원고는 원래 소송의 소송절차상의 참가자이다. 법원기본법 제198조 제6항 제2호에 의하여, 소송절차참가자는 재판절차의 당사자와 모든 참가자가 해당한다. 원고나 피고가 아닌 소외인인 참가자 역시 손실보상청구권자로 고려된다. 다만 헌법기관, 공행정의 주체, 기타 공공부처는 이들이 자치권의 행사에서 소송절차에 참가하지 않는 한, 제외한다. 형사절차와 공법소송에서는 원칙적으로 한 일방만이 손실보상을 요구할 수 있는 반면, 민사소송에서는 양 당사자에게 손실보상청구권이 성립할 수 있다.

주 법원에서의 소송절차지연에 대해서는 주가 책임을 져야 하고, 연방법원에서의 소송절차지연에 대해서는 연방이 책임을 져야 한다. 해당 주나 연방을 피고로 삼아야 한다. 바른 피고 역시 청구권의 바른 상대방에 좌우되고, 관할 법원은 바른 피고에 의해 좌우된다. 관련 당초 소송절차가 항소심에서 비로소 종료되고, 원고가 모든 심급에서 지나치게 지연되었다고 여긴 경우, 손실보상요구는 나뉘어야 한다. 그러면 사실심에서의 소송절차지연으로 인한 청구권은 주를 상대로 행사되어야 하며, 항소심의 지연에 대해서는 연방에 병행적으로 요구될 수 있다.[45]

7. 손실보상소송의 방도

손실보상청구권은 일반 이행소송으로써 주장되어야 하고, 상당하지 않은 소송절차진행의 확인은 가령 행정법원법 제43조 제1항에 따른 확인소송으로써 주장되어야 한다.[46] 원고가 확인을 구하지 않고 단지 손실보상만을 구하였다 하더라도 재판부는 재

41) BGHZ 199, 190 = NJW 2014, 789.
42) BSG, SozR 4－1710 Art. 23 Nr.1 = NJW 2014, 253.
43) BSG, SozR 4－1720 §198 Nr.2 = BeckRS 2014, 73674.
44) BGH, NJW 2014, 1183.
45) Benjamin Schmidt, Die Entschädigungsklage wegen unangemessener Verfahrensdauer, NVwZ 2015, S.1710(1712).

판기본법 제198조 제4항 제2문에 의해 소송절차진행의 비상당성을 확인할 수 있다. 왜냐하면 이행을 구하는 데는 확인을 구하는 것이 포함되어 있기 때문이다. 여기서 과거 재판지연보상법의 제정이전에 '재판해태의 소원'(Untätigkeitsbeschwerde)의 도입이 강구되었기에, 재판지연보상법상의 손실보상소송이 아닌 '재판해태의 소원'이 가능한지 여부가 문제되는데, 재판지연보상법이 손실보상소송을 상세히 규정하고 있는 이상, '재판해태의 소원'이 법관법적으로 전개될 여지는 매우 좁다. 그래서 OVG Greifswald는 '재판해태의 소원'이 부적격하여 허용되지 않는 것으로 판시하였다.[47]

8. 소송절차진행의 비상당성(과도함)

손실보상청구권의 실체법적 심사의 핵심물음이, 관련 당초 소송절차가 실제로 지나치게 오래 진행되었는지 여부의 확인이다. 법원기본법 제198조 제1항 제2문에 의하면, 상당한 소송절차진행은 개별경우의 사정에 따라, 특히 소송절차의 어려움과 의의, 그리고 소송참가자 및 제3자의 용태에 의해 가늠된다. 이런 것은 예시적 기준이다. 손실보상소송의 수소법원은 기본적으로 이전의 소송진행의 관점에서 소송지연이 존재하는지 여부를 판단해야 한다.[48] 다시 말해 당초 법원에 의한 절차형성을 고려에 넣을 수 있다. 이전 소송의 절차진행을 평가함에 있어서, 유럽인권협약 제6조 1항에 관한 유럽인권재판소의 판례에 연계될 수 있다.

결국 개별경우의 사정이 항상 결정적 규준이어야 한다. 그에 맞춰 연방대법원(BGH)과 연방행정법원은 상당성을 위한 도식적인 시간상의 규준은 존재할 수 없다는 점을 강조하였다. 평균적인 소송진행을 목표로 하는 잣대를 결코 도출할 수는 없다. 반면 연방재정법원과 연방사회법원에서는 일반적인 고찰방법이 발견된다. 이것은 -매 심급당 1년의 소송진행을 근거점으로 삼은(성긴 어림 법칙)- 유럽인권재판소의 판례의 전통에[49] 있다.

먼저 당초 소송절차의 전체 진행이 정해져야 한다. 손실보상의무를 낳는 지연은 최적의 소송절차진행과는 다르다는 사실만으로는 인정되지 않는다. 소송절차참가자는 최대한 신속한 권리보호에 관한 청구권을 갖지 못한다.[50] 관련인에게 유리한 정반대의 법적 이익(가령 국고적 이익)을 고려하더라도,[51] 본질적으로 더 이상 정당하거나 비례

46) Steinbeiß-Winkelmann/Ott, Rechtsschutz bei überlangen Gerichtsverfahren: Kommentar zu dem Gesetz über den Rechtsschutz bei überlangen Gerichtsverfahren und strafrechtlichen Ermittlungsverfahren, 2013, §173 VwGO Rn.22.

47) OVG Greifswald, Beschluss vom 23.1.2012 -1O4/12(BeckRS 2012, 47691).

48) Lorenz, Die Dogmatik des Entschädigungsanspruches aus §198 GVG, 2018, S.158.

49) Vgl. EGMR, Urt. v.16.1.2003-50034/99 Rn.35.

50) BVerfG, Beschl. v.14.12.2010-1 BvR 404/10, BeckRS 2011, 48160.

적이지 않은 것으로 여겨지는 절차진행만이 상당하지 않은 것이 된다. 이를 넘어서 당초 법원의 재량여지의 인정에 관해서 합의가 존재한다. 개개의 계쟁물의 범위와 곤란함을 균형 있게 고려에 넣을 수 있기 위하여, 그리고 어떤 소송절차가 어떤 비용으로 언제 의미롭게 촉진되어야 할지 그리고 어떠한 소송행위가 필요한지를 결정할 수 있기 위하여, 당초의 법원에 대해 형성가능성이 인정된다.[52] －소송절차의 정지나 무형의 불진입처럼－ 소송절차진행의 연장을 초래하였던 당초 법원의 그런 소송개시적 결정은 손실보상소송의 수소법원에 의해 타당성의 차원에서만 탐문된다.[53]

개별경우에서의 당초 소송절차의 진행이 이런 형성여지를 고려할 때 본질적으로 언제 더 이상 정당화될 수 없는지는 결코 통일적으로 답이 내려지지 않는다. 당초의 법원에 다툼이 없이 승인되는 준비시간과 처리시간의 범위에 대해서도 마찬가지로 그러하다.[54]

9. 불이익의 발생

상당하지 않은 소송절차진행에도 불구하고 당연히 절차참가자에게 불이익이 발생한 경우에만 손실보상청구권이 고려된다(재판기본법 제198조 제1항 제1문). 법률은 물질적, 정신적 불이익을 구분하고, 그리하여 두 가지 종류가 규범의 적용영역에 포함된다는 점을 시사한다. 원고가 재산적 불이익의 보전을 구하면, 원고는 그것의 발생을 자세히 진술하고 증명해야 한다. 반면 재판기본법 제198조 제2항 제1문에 의하면, 지나치게 긴 재판절차의 참가자는 정신적 불이익을 입은 것으로 추정된다. 이것은 일괄적인 손실보상금액과 결합하여 관련인에게 손실보상청구권의 주장을 용이하게 할 것이다. 원고가 법인에 해당한다는 단순한 사정은 비재산적 불이익을 추정을 번복하는 데 부적합하다.[55] 가령 회사 역시 명성의 손상을 겪을 수 있거나, 또는 지나치게 장기간의 당초 소송절차과 결부된 불확실성으로 인해 자신의 업무활동에서 제한을 받을 수 있다.

10. 장기간의 소송절차진행과 불이익간의 인과관계

재판기본법 제198조 제1항 제1문은 인과관계의 심사를 요구한다. 재산적, 비재산적 종류의 불이익만이 당초 소송절차의 비상당한(과도한) 진행을 원인으로 하는 손실보상

51) BSG, SozR 4－1720 §198 Nr.3 = BeckRS 2014, 72946 Rn.44.
52) BVerfG, NJW 2005, 3488; BVerfG, NVwZ 2013, 789.
53) BGHZ 199, 190 = NJW 2014, 789(792); BVerfG, NVwZ 2013, 789; BVerwGE 147, 146 = NJW 2014, 96; BSGE 113, 75 = NJW 2014, 248.
54) 각 법원에서의 상당성 판단의 경향에 관해서는 Benjamin Schmidt, a.a.O., S.1710(1713).
55) BSG, SozR 4－1720 §198 Nr.7.

을 낳기 때문이다. 이전 소송의 지연의 시간만이 연결점이다. 이에 따라 당초 소송절차로부터의 불이익(가령 소송비용) 또는 당초 소송절차의 결과로부터의 불이익은 제외된다. 따라서 당초 법원에 의한 하자있는 소송집행은 그것이 진행시간에 영향을 미치지 않는 한, 여기서의 손실보상청구를 위해서는 중요하지 않고, 기껏해야 국가배상청구에서 고려될 수 있다. 더해서 사건의 연표에 좌우된다. 소송절차지연의 개시 전에 성립한 불이익은 지연에 기인할 수 없다.[56] 비재산적 불이익이 추정되는 한, 원인시인의 어려움은 없다. 법률상의 추정은 당초 소송절차의 지나친 장기간에 연결되기 때문에, 그것은 인과관계의 인정에도 이어질 수 있다. 그러나 재산적 불이익의 발생에서는 원인의 상관관계를 자세히 구별하는 것이 중요하다. 원고가 전체적인 이전 소송 중에 소송물인 지급요청에 대해 사전 금융지원을 할 수 있기 위하여, 대부를 사용해야 하는 경우에는, 그에 따른 채무이자는 지연기간중에 과해진 것에 한하여 원인이 되는 재산적 불이익으로 고려될 수 있다. 인과관계의 심사를 위하여 이전 소송의 결과에도 의거할 수 있다. 관련 법적 지위가 원고에게 어떤 시점에도 인정되지 않을 때는, 주장된 청구권의 지연된 관철이 당초의 소송절차 중에 효용의 결여로 인한 불이익이 될 수 없기 때문이다.[57]

11. 당초 법원에서의 지연책문(Verzögerungsrüge)의 제기

2011.12.3.에 아직 계류 중이지 않거나 지연되지 않은 모든 소송절차에서 법원기본법 제198조 제3항은, 손실보상을 위해서 본안법원에서 소송절차의 진행이 책문(責問)되어야 하는 것을 조건으로 한다. 이런 점에서, 책문은 책임을 성립시키는 책무(Obliegenheit)에 해당한다.[58] 지연책문은 두 가지 기능을 갖는다.[59] 먼저 당초의 법원에 제기함으로써 당초의 법원에 대해 경고를 발하는 셈이 되어 당초의 법원으로 하여금 절차를 신속화하여 소송지연을 미연에 방지하는 효과를 발휘한다(예방적 기능). “수인(受忍)하라 그리고 청산(보상)을 청구하라”(dulde und liquidiere)는 명제가 국가책임법에서는 허용되지 않는데, 이를 제도화한 것이 지연책문이다. 왜냐하면 국가의 잘못된 행위는 그에 대해 1차적으로 방어적 대응을 한 다음에만 비로소 손실보상을 구할 수 있기 때문이다(보상적 기능).

지연책문은 소송절차가 상당한 기간에 종료되지 않았다는 염려의 동인이 있을 때 비로소 허용된다. 법적 분쟁의 지연이 상황에 따라 생길 수밖에 없다는 예측에 관한

56) BGH, NJW 2015, 1312(1315).
57) BSG, Urt. v.5.5.2015–B10 ÜG 5/14 R, BeckRS 2015, 71611 Rn.24ff.
58) BGH, NJW 2014, 2588 Rn.14.
59) Gesetzesbegründung, BT–Drs. 17/3802, 20f.

것이다. 다른 한편으로는 법률상에 규정된 기대가 정당화시킬 수 있는 사실상의 연결점을 요구할 수밖에 없을 것이다. 세세한 사항이 최고 재판소 판례에서 아직 완결적으로 밝혀지지 않았다. 지연책문이 성급하게 행해진 경우에는, 그것은 효력이 발생하지 않고, 그리하여 ―적어도 손실보상지급과 관련하여― 그 목적을 달성할 수 없다. 절차지연이 이미 발생하더라도, 지연책문이 나중에 유효하게 되지는 않는다. 왜냐하면 모든 재판절차의 시작에 지연책문의 제기를 위한 동인이 제공될 것이기 때문이다.

법원의 소극적 상황이 소송지연의 염려를 정당화시킬 정도로 언제 충분히 중대하게 될 지는 궁극적으로 상당하지 않은 소송절차진행에 의거한다. 연방재정법원의 유예기간(Karenzzeit)을 진지하게 받아들이면, 2년을 계류하지 않은 재정법원에서의 절차에서는 모든 것이 "계획대로" 진행된다. 재정(조세)법원이 소송절차의 종료에 신속하게 영향을 미지치 않은 경우에 비로소 염려의 동인이 성립한다.[60] 반면 사회재판(권)에서는 지연책문은 12개월의 준비기간과 숙고기간을 완전히 사용하기 전에도 가능할 수 있을지 모른다, 왜냐하면 원칙적으로 구술심리에 바탕을 둔 결정과의 시간적 상관관계에서도 몇 개월이 법원의 활동이 없어도 생기기 때문이다. 다른 모든 재판(권)에서는 개별경우의 사정에 좌우된다. 해서 소송절차가 상당하지 않은 기간에 종료할 수 없다는 염려(Besorgnis)는 여기서 구체적인 증빙에서 확인될 수 있어야 한다. 법원기본법 제198조 제3항 제2문에 규정된, 지연책문의 반복가능성은 원칙적으로 손실보상소송을 위해 중요하지 않고, 단지 당초 소송절차의 신속화에 이바지할 뿐이다. 법원기본법 제198조 제3항 제3문에 의한 1차 지연책문으로 ―아직 소송절차에서 제시되지 않았거나 그래서 법원기본법 제198조 제3항 제4문에 따라 지연책문을 배제시킬 우려가 있는― 판결에 중요한 사정을 지적하는 것이 지체된 경우에는 그렇지 않다.[61] 여기서 두 번째 지연책문은 지연된 협력행위를 추완할 가능성을 제공한다. 마지막으로 법원기본법 제198조 제3항 제5문은, 직근 심급에서 경우에 따라서는 새로운 지연책문이 필요하다는 점을 분명히 한다.

12. 손실보상의 내용

재산적 불이익을 보면, 원고가 소송지연으로 인해 재산상 불이익을 입었다는 것이 증명되면, 원고는 독일 민법 제249조 이하의 손해배상법적 원칙에 따라 보전을 받지 못한다. 오히려 법원기본법 제198조 제1항 제1문은 법효과로서 상당한 손실보상을 규

60) Vgl. BFH, BFH/NV 2015, 33 = BeckRS 2014, 96231 Rn.53.
61) BFH, BFH/NV 2015, 33 = BeckRS 2014, 96231 Rn.39; BSG, SozR 4-1720 §198 Nr.5 = BeckRS 2015, 65047 Rn.43.

정하고 있다. 이것은 일반적인 국가책임법의 판례를 목표로 하는 것을 허용한다. 손실이 더욱더 구체적으로 추정될 수 있으면 있을수록, 판례는 더욱더 재산상 불이익을 완전하게 보전하는 경향을 보였다.[62] 전체적으로 법실무상으로 신뢰할 수 있는 규준은 존재하지 않는데, 다만 일실한 이득은 보상을 요구할 수 없다.

법원기본법 제198조 제2항상의 비재산적 불이익은 이상의 재산적 불이익과 비교하면 금액이 일괄적으로 정액으로 정해져 있기에, 상당성의 심사가 불필요하다. 그렇지만 비재산적 불이익에 관한 청구권은 개별경우의 사정에 의하면 다른 방법에 의한 복구가 불충분한 경우에만 성립한다. 즉, 수소법원이 소송절차의 진행이 상당하지 않다고 판시함으로써. 성립한다. 법원기본법 제198조 제2항의 목적과 의미는 비재산적 불이익으로 인한 지급청구권의 관철가능성을 완화시키고자 한다. 그것이 연간 1200 유로의 정액지급의 원칙이다. 다만 이례적인 사정이 존재하는 경우에는 1200 유로보다 상회, 하회할 수 있다.[63] 기간이 1년보다 짧은 기간이라면 법률적으로 확정된 금액을 월 단위로 안분한다. 법원기본법 제198조에서 중요한 가장 짧은 기간은 1개월이다. 이 점은 상당한 소송절차진행의 판단만이 아니라, 손실보상의무부 지연의 확인에 대해서도 통용된다. 이에 매 개월마다 100유로 지급청구권이 원칙적으로 성립한다.[64] 한편 정액 1200유로보다 상회하거나 하회하는 것은 개별경우의 사정에 따라 정액이 부당하게 여겨지는 경우에만 예외적으로 허용되는데, 이것은 중요한 모든 기준을 면밀히 형량하는 것을 요구하는 높은 장애가 된다. 특히 정액보다 상회하는 것은 원고가 심대하게 중대한 손실을 증명한 경우에 고려된다.[65] 피고가 비재산적 불이익의 추정을 번복할 수는 없지만 소송절차진행의 지연의 영향이 미미하다는 점을 진술할 수 있는 경우에는 정반대로 정액보다 하회할 수 있다. 그런데 연방재정법원은 동 규정이 손실보상액을 당초 소송절차의 소송물가액의 수준에서 일반적으로 삭감하는 것을 허용하지는 않는다고 판시하였다.[66]

Ⅵ. 독일 재판지연보상법에 따른 관련 판례의 현황

1. 연방헌법재판소의 경우

재판지연보상법은 약간의 수정을 가해 연방헌법재판소법 제97조의a이하를[67] 통해

62) BVerwG, NVwZ 2014, 1523.
63) BFHE 240, 516 = NJW 2014, 256 Ls.
64) BFH, BFH/NV 2015, 33 = BeckRS 2014, 96231 Rn.5.
65) Vgl. BGH, NJW 2014, 1816 Rn.51.
66) BSG, Urt. v.12.2.2015－B10 ÜG 11/13 R, BeckRS 2015, 68276 Rn.37ff.

반영되었다. 즉, 지연손실보상소송에 해당하는 동법 제97조의b상의 지연소원심판청구(Verzögerungsbeschwerde)에 대해 심판재판부(동법 제97조의c)가 판결을 내린다.

독일 연방헌법재판소는 노동법원의 판결을 대상으로 재판헌법소원 건과 관련해서 처음으로 헌법소원심판절차의 과도한 진행을 이유로 심판청구인에게 연방 헌법재판소법 제97조의a에 의거하여 손실보상을 하였다.[68] 즉, 유족연금지급거부에 대한 헌법소원절차가 —2006년 1월에 제기하여 2011년 6월에 종결되어— 이례적으로 5년 6개월이나 오래 진행되긴 했지만, 헌법재판소의 임무와 지위에서 그 기간 자체가 바로 과도한 지연이라 여겨지지는 않지만, 각 원의 소관의 문제가 불분명하고 사건배당도 되지 않아 소요된 약 30개월의 재판지연은 상당하지 않은 것으로 판단하였다. 여기서 연방헌법재판소는 연방헌법재판소와 유럽인권재판소가 전개한 사법절차진행의 규준은 헌법소송절차를 평가하는 경우에도 연결점이라는 점과 조직상의, 소송절차상의 특수성에서 비롯된 연방 헌법재판소의 특별한 임무와 위상을 고려해야 한다는 점을 강조하였다. 그리하여 일반적으로 통용되는 시간적 규준은 존재하지 않고, 모든 개별경우의 사정에 의거하여 구별되게 판단내리는 것만이 존재할 뿐이라고 강조하였다. 나아가 구속적인 헌법해석의 임무에서 특별히 심화되고 형량하는 심사가 요청된다는 점을 강조하였다.

2. —2014년 초엽까지의— 전문법원의 경우[69]

일반(민사, 형사)재판의 경우에, 13건의 알려진 민사사건의 주고등법원 판결(OLG-Urteile)에 의하면, 8건의 소송은 적어도 일부에서 인용되었지만, 5건은 장기간소요(Überlänge)의 결여나 법원기본법 제198조 제3항에 의해 필요한 지연책문의 결여를 이유로 기각되었다. 비재산적 불이익을 위한 손실보상액은 주로 매년 일괄기준인 1200 유로를 따랐는데, 일괄액을 넘는 보상액은 단 한번 친자관계소송에서의 지연에서 인정되었다. 이유로 이런 지연은 소송참가자에 대해 특히 부담을 끼친다는 점을 들었다.[70] 2건은 금전손실보상 없이 재판진행의 비상당성을 확인하였다. 장기간의 형사

67) 헌법재판소법 제97조의a (1) 연방헌법재판소의 소송절차의 상당하지 않은(unangemessen) 진행으로 인해 소송참가자로서 혹은 연방헌법재판소판결을 위해 정지된 소송절차에서의 참가자로서 불이익(Nachteil)을 입은 자에게는 상당하게(angemessen) 손실보상이 주어진다. 소송진행의 상당성은 연방헌법재판소의 임무와 지위를 고려하면서 개별경우의 사정에 따라 가늠된다. (2) 비재산적 불이익은 연방헌법재판소에서의 소송절차가 상당하지 않게 오래 진행된 경우에 추정된다. 이 경우 손실보상은 개별경우의 사정에 비추어 다른 방법에 의한 특히 소송절차진행의 비상당성의 확인에 의해서는 복구가 불충분한 경우에만 구할 수 있다. 제2문의 손실보상금액은 지연된 1년 당 1200유로에 이른다. 제3문의 금액이 개별경우의 사정에 비추어 부당하면, 연방헌법재판소가 증액이나 감액할 수 있다.

68) BVerfG Beschl. NJW 2015, 3361, 3362.

69) 이하는 vgl. Steinbeiß-Winkelmann/Sporrer, Rechtsschutz bei überlangen Gerichtsverfahren, NJW 2014, S.177(179ff.). 그 당시까지 노동법원의 경우 사건이 없었다고 한다.

절차에 따른 손실보상은 법원기본법 제199조 제3항에 의해 절차지연의 형사소송상의 보전이 형사집행(소위 형사집행모델)에서 참작하거나 수사절차의 중지로써 강구될 수 없는 경우에만 주어진다. 이제까지 제기된 6건의 본안판결 사건에서 5건은 기각되고, 단지 한 건만이 일부 인용되었다. 2년 6개월의 지연으로 인하 비재산적 불이익을 3000유로로 인정하였다.[71] 그런데 이 인용판결은 피고인 주의 상고로 연방대법원(BGH)에 의해 파기되었다.[72]

행정재판의 경우, 연방행정법원은 2013년 7월에 처음 두 건의 상고심판결을 내렸다. 법적, 사실적으로 간단한 데도 불구하고, 파출소배속과 관련한 확약의 이행으로 2년 6개월이나 소송절차가 Halle행정법원에서 소요된 건에 대해 Sachsen－Anhalt고등행정법원이 손실보상을 일부 인용하였고, 연방행정법원 역시 이를 확인하였다.[73] 두 번째로는 Berlin－Brandenburg고등행정법원의 판결을 파기하였다.[74] Berlin－Brandenburg고등행정법원은 약 7년간 진행된 －장학금반환요구를 위한－ 당초의 소송절차에 대해 4000 유로의 손실보상을 판시하였는데, 약 3년 4개월이 상당하지 않다고 판단하였지만, 2년의 기간을 판결성숙에 따른 일률적인 시간적 여유로 부당하게 산정하였다. 이 밖에 Berlin－Brandenburg고등행정법원은 비록 대학생으로서의 원고가 1년동안 고액의 반환의 위험에 매우 심려하긴 했지만, 소송절차의 특별한 의의를 간과하였다. 한편 사회재판의 경우, 연방사회법원은 연방법원으로서는 최초로 2013.2.에 재판지연보상법의 내용적 물음에 대해 자세히 언급하였다. 2건의 병합판결에서 불허소송절차의 상당하지 않은 진행을 이유로 각각 700 유로를 부과하였다.[75]

Ⅶ. 맺으면서－지연된 정의실현에 대한 국가책임은 더 이상 미룰 수 없다.

소송의 지연은 결과적으로 권리구제의 정지이다. 소송지연이 문제될 때마다, “지체된 정의는 정의가 아니다.” 라는 법언이 운위되는 데 그치고, 그것을 여하히 법제도로 만들 것인지에 관해서는 전혀 고민하지 않았다. 소송의 지연은 사법에 대한 불만 및 불신을 자아낸다.[76] 우리의 경우 독일의 경우와는 달리 신속한 재판에 관한 권리를

70) OLG Braunschweig, NJOZ 2013(1386). 전체 3년 3개월 반의 기간 가운데, 8개월 장기간을 인정하였다.
71) OLG Celle, Urt. v.24.10.2012, BeckRS 2012, 22632.
72) BGH, NJW 2014, 220.
73) BVerwG, Urt. v.11.7.2013 －5C2712D, BeckRS 2013, 56027.
74) BVerwG, NJW 2014, 96.
75) BSG, Urt. v.21.2.2013－B10ÜG112KL BeckRS 2013, 69771; B10ÜG 2/12 KL, BeckRS 2013, 69268.
76) 독일의 자료에 의하면 바이에른 주 차원이긴 해도 2012년에 응답자의 44.3 %가 재판진행에 불만을 가지며, 기업의 경우에는 62%에 달한다고 한다. Vgl. Lorenz, a.a.O., S.1.

명문으로 규정한 법상황임에도 불구하고, 그동안 “헌법 제27조 제3항 제1문에 의거한 신속한 재판을 받을 권리의 실현을 위해서는 구체적인 입법형성이 필요하다.”는 헌재 1999.9.16. 98헌마75의 지적을 단순한 지적에 머물게 한 것은 문제이다. 국가작용에 대한 권리보호(권리구제)에서 위법한 상태의 제거를 목표로 하는 1차적 권리보호가 제 기능을 발휘할 수 없는 경우에는 위법한 국가작용으로 인한 손해보전을 목표로 하는 2차적 권리보호가 마련되어야 한다.[77] 국민의 재판청구권을 중대하게 침해하는 셈인 심각한 소송지연에 대해 소송지연의 결과가 문제되는 사안의 성격상 1차적 권리보호를 강구하는 것이 의미가 없는 이상,[78] 새롭게 독립된 2차적 권리보호의 장치를 마련하는 것은 법치국가원리 및 국민의 재판청구권의 차원에서 당연하고 바람직하다.

신속한 재판을 받을 권리가 입법적으로 구현되지 않아 그 권리가 사실상 口頭禪인 상황은 재판청구권의 차원에서도 심각한 상황이다. 지연된 정의실현에 대한 국가책임은 더 이상 미룰 수 없다. 이상의 본 독일과 EU의 법제를 참고하여 정의실현의 지체를 예방할 수 있는 재판지연보상법을 제정할 필요가 있다. 아울러 비단 재판절차만이 아니라, 행정절차에서도 과도한 시간의 소요에 대해 진지한 고민도 필요하다.[79] 나아가 정의의 지체가 문제되지 않을 사전의 방책 역시 요구된다. 하루바삐 행정소송에서 집행정지의 원칙이 채택되어, “지체된 정의는 정의가 아니다.”는 명제가 행정소송에서도 운위되지 않길 기대한다.

* 공법연구 제47집 제2호, 2018.12.31., 199면－220면 所收.

---

77) 행정구제의 체계에 관해서는 김중권, 행정법, 2016, 577면 이하 참조.

78) 특이하게도 오스트리아의 경우 법원의 소송지연에 대해 당사자는 상급법원에 대해 소송행위의 상당한 기간설정을 목표로 한 기간설정신청을 할 수 있다(오스트리아 법원조직법(GOG) 제91조).

79) 여기서 주의할 점은 절차의 신속화는 내용적 정비, 가령 독일 행정절차법에 비견하는 행정기본법과 같은 행정작용의 기본메뉴얼의 마련이 그 전제이다. 김중권/김영수, 21세기 국가모델을 위한 가칭 행정기본법의 제정을 통한 행정법과 행정법제의 개혁, 공법연구 제41집 제3호 2013.2.29., 29면 이하 참조. * **추론**: 행정기본법이 드디어 제정되었다(2021.3.23.). 행정기본법 시즌2에 시급히 나서야 한다.

제 4 편 행정법의 현대화와 개혁을 위한 비교법적 시사점

제 1 장

독일 행정절차법상의 허가의제제도와 그 시사점

Ⅰ. 처음에 – 인허가의 의제에 관한 시급한 체계적 정립

일찍이 벤자민 프랭클린이 '시간이 돈이다'(time is money)라고 말하였다. 신속을 통한 효율성 극대화는 행정법제에서 강구되는데, 그 수단으로써 의제의 방식이 활용된다. 의제는 절차의 생략을 통한 시간의 절약을 목표로 하기에, 탈규제화 및 행정의 간소화의 일환으로 행정법제상으로 적극적으로 확대가 강구되고 있다. 이런 사정은 독일법과 유럽법 역시 마찬가지이다. 독일의 경우 허가의제(Genehmigungsfiktion) 제도가 먼저 특별행정법의 개개 영역, 특히 건축법에서 도입되었는데, 유럽서비스지침(RL 2006/123/EG)을 계기로 동지침의 전환과정에서 2008.11.12.의 제4차 행정절차법개정을[1] 통해 그들 일반행정법상의 일반적 법제도로 격상되었다. 우리의 법제가 복수의제나 –건축신고가 초래하는– 증폭의제를 많이 규정하고 있으며, 일각에선 간소화차원에서 의제 자체를 확대하고자 한다. 의제규정의 확대는 법률집행을 전적으로 행정의

1) 제42조의a ① 신청된 허가는, 허가의제가 법규정에 의해 규정되어 있고, 신청에서 충분하게 정해져 있는 경우에는 확정된 결정기한이 경과하면 발급된 것으로 간주된다(허가의제). 행정행위의 존속력 및 권리구제절차에 관한 규정이 그에 맞춰 통용된다. ② 제1항 제1문의 기한은 법규정에서 달리 정해져 있지 않는 한, 3개월이다. 그 기한은 완전한 문건의 도달과 함께 시작한다. 그 기한은 업무의 곤란함으로 인해 연장이 정당화되는 경우에는 일회 알맞게 연장될 수 있다. 기한연장은 이유제시가 있어야 하고 적시에 통보되어야 한다. ③ 제41조 제1항에 의해 행정행위가 통지되어야 할 자에 대해 요청이 있으면 허가의제의 발생이 서면으로 확인(증명)되어야 한다.

임의에 맡겨버리는 것이다. 의제규정의 계속적인 확대는, 실제로 법률구속 및 행정청에 대한 통제를 극도로 완화시켜 자칫 권력분립주의와 법치국가원리를 심각하게 훼손할 수 있다.[2] 그리고 의제가 단지 외관적 신속화만 초래하고 실은 신청자에 대해 현저한 폐지의 리스크를 과한다는 이유에서 법정책적 차원에서 비판적으로 평해지기도 하였다. 인허가의 의제를 둘러싼 논의에서 여전히 의견이 모아지지 않는 점에서 그것의 체계적 정립은 시급하다. 특히 독일의 경우 일종의 기간경과적 의제효과의 방식만이 존재하는 데 대해서 우리의 경우 그것에 더해 일종의 동반적・집중효적 의제효과의 방식이 존재함에 따라 의제제도에 대해 정연한 접근이 어렵다.

이하에서는 의제제도에 관한 정연한 체계를 수립하기 위한 노력의 일환으로 독일 행정절차법상의 허가의제 제도를 통해 인허가의제와 관련한 법적 문제점을 살펴보고자 한다.[3]

Ⅱ. 법에서의 의제에 관한 개괄적 논의

1. 의제의 의의

법학에서 의제(Fiktion)라 함은 실제로 존재하지 않는 사안을 인정하도록 법률상으로 확정되어 있는 것을 의미한다.[4] 법은 규범적 질서로서 정신세계의 일부이다. 그래서 물리적 존재의 의미에서 실재적이지는(real) 않다. 그러나 법은 허구는 아니다. 왜냐하면 −사회적인 행위하명 및 행위금지 역시 속할 수 있는− 정신세계는 인간존재의 포기불가능한 구성요소이기 때문이다. 법이 형성수단으로서 의제(Fiktion)를 취할 경우, 의제는 규범적 질서안에서 정신적 형성의 특수한 형식에 해당한다. 의제를 위해 결정적인 점은 로마법시대 이래로,[5] 법효과가 발생하기 위한 −일반적 규율에 따라 필요한− 요건이 존재하지 않음에도 불구하고, 법규정에 의거하여(qua legem) 법효과가 발

2) 결정기간의 경과후에 허가효과의 의제를 입법자가 규정하는 것 자체가 법치국가원리 및 민주적 정당성의 관점에서 가능하다고 지적한다. Stelkens, in: Stelkens/Bonk/Sachs, VwVfG Kommentar, 9.Aufl., 2018, §42a Rn.5a.

3) 허가의제의 상황을 상징적으로 표현한 것이 의제적 행정행위이다. 필자는 오래 전에 "擬制的 行政行爲에 관한 小考"(「법제」 제520호(2001.4.), 55쪽 이하)를 통해 독일 행정절차법개정 이전의 논의상황을 중심으로 전개하였다. 이 글은 독일의 제4차 행정절차법개정에 터 잡아 논의를 전개하고자 한다. 인허가의제에 관한 최근문헌: 고은설, "건축물의 건축에 관한 개발행위허가가 의제되는 건축허가의 법적성질: 대법원 2016.8.24. 선고 2016두35762 판결", 「법과 정의 그리고 사람」: 박병대 대법관 재임기념 문집, 2017, 692쪽 이하: 박균성/김재광, "인・허가의제제도의 재검토", 「토지공법연구」 제81집, 2018, 85쪽 이하; 박수연, "인・허가의제 입법개선연구", 「법제」 제666호, 2014, 194쪽 이하; 이광제, "인・허가의제 제도의 입법적 대안 연구", 「법제」 제671호, 2017, 99쪽 이하; 정태용, "인・허가의제의 효력범위에 관한 고찰", 「법제」 제679호, 2017, 217쪽 이하.

4) 상론은 오세혁, "법에 있어서의 의제", 「중앙법학」 제17집 제1호, 2014, 337쪽 이하; 박종준, 행정법상 법률의제에 관한 연구, 2014.

5) Honsel, Römisches Recht, 7.Aufl., 2010, S.13, 72, 96f.

생한다거나 법적 지위가 성립한다는 것이다. 그럼으로써 –일정한 법효과를 규정하고 이를 일정한 구성요건적 요건에 결부시키는– 통상세계로 의제가 법적으로 편입된다. 따라서 의제는 규범적 통상의 맥락 없이는 즉, 법효과의 발생을 매개하는 근거법규정이 없다면 생각할 수 없다.[6] 일찍이 의제적 행정행위에 관해 효시적 논문을 쓴 Müller는 명문의 규정에 의해서 인용·부인 결정이 내려진 것으로 여겨질 때 의제적 행정행위가 존재한다고 보았다.[7]

의제는 추정과는 구별된다. 추정의 경우, 입법자는 사안조사에서의 석명의 리스크가 어느 한 편에 부여되는 식으로 그것에서의 (객관적인) 불명료성과 (주관적인) 불확실성을 다루는 것을 용이하게 하고자 한다. 추정 역시 주어지지 않은 실제상황을 출발점으로 삼을 수 있지만, 그것은 번복가능하고 그리하여 단지 인식과정을 조종한다.[8] 반면 의제는 규범상의 실제상황을 제공하는 것이며, 허가의제의 반대가 거부의제이다. 이것은, 사전에 인용결정이 행해져서 통지되지 않을 경우, 일정한 기한이 경과하면 신청허가는 거부된 것으로 간주되는 것을 규정한다. 불완전하거나 중요한 결함이 있는 건축신청을 제출하여서 행정청이 상당한 기간내에 그것을 보정하도록 요구하였음에도 불구하고 그것을 이행하지 않을 때 그 신청이 취소된 것으로 의제되는 취소의제 역시 비견가능한 효과를 지닌다.[9]

2. 의제의 목적 및 헌법적 규준

행정행위의 의제의 목적은 다양하다. 보통 자주 보듯이 경과규율의 구성요소에 해당하거나, 잠정적 상태의 보전이나 법상황의 명확화에 이바지하며, 경우에 따라선 엄격한 요식요청의 필수적 준수를 완화시키는 식으로 오로지 행정의 간소화에 이바지할 수도 있다.[10] 독일 행정절차법 제42조의a상의 허가의제는 승인(허용)신속화(Zulassungsbeschleunigung)가 그 입법동기이다. 하지만 이런 절차신속화의 목적을 달성하기 위해 과연 허가의제가 적합한지는 다툼이 있다. 일각에서는 처리기간의 압박이 도리어 신청거부의 신속화를 초래하여 강구한 신속화대신에 분쟁을 통한 지체가 발생하였다는 경험이 지적되기도 한다. 의제적 행정행위가 내용적으로 위법한 경우에 그것의 존속에 관한 투자자의 신뢰가 어느 정도로 보호할 가치가 있는지가 문제된다. 사실

---

6) 이 점에서 의제는 적용준용의 지시(Verweisung) 내지 연계시키는 것에 의존한다. 적용준용의 지시에 관한 상론은 김중권, 다른 법규범의 적용 준용(지시)의 공법적 문제점에 관한 소고, 법제연구 제20호, 2001.6. 137쪽 이하.

7) ders., “Über den fiktiven Verwaltungakt”, DÖV 1966, S.704.

8) 추정의 번복상의 요청에 관해서는 Jachmann, Die Fiktion im öffentlichen Recht, 1998, S.143f.

9) 예: §68 Absatz I 3 SachsAnh BauO.

10) Jachmann, a.a.O., S.259 ff.

의제적 허가는 그것과 아울러 실체적 적법성의 의제(Rechtmäßigkeitsfiktion)도 연계될 때만 실체적 법적 안정성을 제공할 수 있는데, 의제적 허가에 대해 실제 발급된 허가보다 더 상향된 존속보호를 부여한다는 것은 평등의 원칙에서 허용되지 않는다.

허가의제에 대한 비판은 특히 다극적 법관계와 복잡한 행정절차에서 전개되는데, 환경과 －신약허가처럼－ 일반공중에 막대한 영향을 미치는 결정의 경우에는 행정행위의 의제는 유용하지 않은 승인신속화 수단에 해당한다. 허가의제의 경우 행정절차가 통용되지 않기에, 제3자, 一般公衆 및 심지어 투자자 자신을 위한 행정절차의 특유한 존재근거가 실현되지 못하는 결과를 빚는다. 따라서 법정책적으로 보아 허가의제는 2극적 법관계에서 사물적으로 법적으로 단순한 경우에만 도입될 필요가 있다.[11]

그러나 허가의제에 대한 헌법적 의문은 존재하지 않는다. 행정행위의 의제의 경우 입법자가 행정을 대신해서 활동하였다는 이유로 권력분립원리의 위반으로 보려는 입장도 있지만,[12] 그것은 사리에 벗어난 것이다. 입법자가 허가의제를 통해 행정의 법률구속을 완화시킨 것이 아니다. 왜냐하면 행정청은 언제나 허가신청을 법률적 규준에 의거하여 결정을 내려야 하며, 또한 위법한 허가를 가능하도록 처리기간을 의식적으로 경과하도록 해서는 아니 되기 때문이다. 허가의제가 신속화만이 아니리 헌법적 원칙에 해당하는 효과적인 행정집행에도 이바지하기 때문이다.[13] 하지만 기간경과이후에 행정행위의 존재만이 아니라 그것의 적법성마저도 의제시키는 것은 헌법적으로 허용되지 않을 것이다. 적법성의 의제(Rechtmäßigkeitsfiktion)는 행정의 법률구속의 원칙에 반한다.[14] 나아가 신청에 대해 적시에 결정이 내려진 자와 의제의 방식으로 유리한 효과를 얻은 자를 정당화될 수 없게 차별 취급하는 셈이 되어 평등의 원칙에 반한다.[15]

Ⅲ. 현행 우리 행정법제상의 의제의 방식

현행 행정법제가 취하는 의제의 방식은 크게 두 가지이다. 하나는 허가, 신고 등과 같은 선행행위의 존재를 바탕으로 의제효과를 연결시킨다(일종의 동반적·집중효적 의제효과의 방식). 가령 건축법 제11조 제1항에 따라 건축허가를 받으면, 「국토의 계획 및

11) Jäde, “Die verwaltungsverfahrensrechtliche Genehmigungsfiktion”, UPR 2009, 169(172f.). 물론 이 경우에도 허가요청을 포기할 수 없는지의 물음은 역시 제기된다.

12) Vg. Bullinger, Beschleunigte Genehmigungsverfahren, 1991, S.71; Biermann, “Verfahrens－ und Entscheidungsfristen”, NordÖR 2009, 377, 383.

13) Kopp/Ramsauer, VwVfG Kommentar, 17.Aufl., 2016, §42a Rn.5.

14) Stelkens, in: Stelkens/Bonk/Sachs, VwVfG, §42a Rn.14.

15) Caspar “Der fiktive Verwaltungsakt－Zur Systematisierung eines aktuellen verwaltungsrechtlichen Instituts”, AöR 125(2000), S.131(137); Jachmann, a.a.O., S.8.

이용에 관한 법률」제86조 제5항에 따른 시행자의 지정과 같은 법 제88조제2항에 따른 실시계획의 인가를 포함하여 총 21개의 다른 법률상의 허가 등을 받거나 신고를 한 것으로 본다(동조 제5항). 그리고 허가권자는 의제되는 사항이 다른 행정기관의 권한에 속하면 그 행정기관의 장과 미리 협의하여야 한다(동조 제6항). 다른 하나는 소정의 처리기간의 경과에 의제효과를 연결시킨다(일종의 기간경과적 의제효과의 방식). 가령 「부동산거래신고 등에 관한 법률」 제11조 제5항에 의하면, 토지거래계약허가에 대해 행정청이 소정의 처리기간이 지나도록 인용여부에 관해 아무런 조치가 없을 때는 그 처리기간이 끝난 날의 다음날에 토지거래계약허가가 있는 것으로 보며, 이 경우 시장·군수 또는 구청장은 지체 없이 신청인에게 허가증을 발급하여야 한다.

이상의 의제방식 가운데 後者가 진정한 의제방식에 해당하고, 前者는 부진정한 의제방식에 해당한다. 독일의 경우 후자의 방식만이 존재하는 데 대해서 우리의 경우 양자의 방식이 존재함에 따라 정연한 접근이 어렵다. 양자의 기본구조상의 차이점에서 후자의 경우 행정청이 의제되는 사항과 관련해서 나름의 심사를 할 수 있다고 보아야 한다. 건축법 제11조 제6항이 건축허가권자로 하여금 의제대상인 허가나 신고가 다른 행정기관의 권한에 속하면 그 행정기관의 장과 미리 협의하여야 하도록 규정하고 있는 것은 자연스럽다. 그리고 판례가 건축허가권자는 비단 건축법상의 허가요건만이 아니라 자기소관의 다른 법률상의 허가요건도 충족하는 경우에 한하여 허가를 발해야 한다고 본 것[16] 역시 자연스럽다.[17]

Ⅳ. EU서비스지침(Dienstleistungsrichtlinie)상의 허가의제

EU서비스지침(RL 2006/123/EG)은[18] 중소기업의 절차경과에 관한 특별한 이익을 고려하여 역내시장과 서비스의 월경적 제공을 향상하는 것을 목적으로 한다. 전체적으로 시장접근을 최대한 용이하게 하고, 허가요건을 가능한 배제하는 것을 목표로 하는 지침으로 인해 회원국 상호간의 행정협력의 새 장이 펼쳐졌다. 유럽공동체의 종전의 절차규정과는 대조적으로 지침의 규준은 −상품과 자본의 거래는 제외한− 일체의 영리적 활동을 망라한 전체 서비스분야에 통용된다. 유럽연합법이 회원국의 절차법에 대해 이제까지 인정되지 않은 정도에서 개입을 하였다. 동지침상의 서비스분야에서의 소위 허가규율을 위한 구체적인 절차법적 규준을 담고 있다. 가령 동 지침 제9조 제1항은

16) 대법원 2015.7.9. 선고 2015두39590 판결.
17) 그런데 이런 심사의무를 판례를 통해 설정하는 것은 문제가 있다. 입법적 근거를 마련하는 것이 바람직하다.
18) ABLEU Nr. L 376/36.

회원국으로 하여금 서비스활동의 행사와 관련하여 매우 엄격한 요건에서만 허가제를 채용할 수 있다고 규정하고 있다. 즉, 허가규율이 관련 서비스제공자에 대해 차별적이지 않으며, 허가규율이 공공복리의 확고한 이유에서 정당하고, -특히 사후적 통제가 너무 늦게 행해질 것이어서 유효할 수 없기에- (허가규율의) 강구하는 목표가 완화된 수단으로 달성될 수 없는 경우에만 허가제를 도입할 수 있다. 허가제의 허용기준을 설정한 셈이다.

동 지침 제13조 제3항에 의하면, 신청은 지체없이 그리고 여하튼 사전에 확정되고 주지의 상당한 기간내에 처리되어야 한다. 동조 제4항에 의하면, 허가신청에 대해 사전에 정해진 또는 연장된 기간에 답이 내려지지 않으면, 허가가 발급된 것으로 본다(so gilt die Genehmigung als erteilt). 즉. 허가발급이 간주된다. 아울러 동항은 제3자의 정당한 이익을 포함하여 공공복리의 확고한 이유에 의해서 정당한 경우에는 다른 규율을 규정할 수 있다고 규정하고 있다. 여기서 기간만료를 위해 결정적인 것은 행정청의 결정시점이 아니라, 행정청결정의 통지의 시점이다. 처리기간은 일정한 요건하에 한 번의 기간연장이 가능하다.

동지침은 전체적으로 시장친화적, 경쟁촉진적 조종의 착안점을 추구한다. 즉. 시장접근을 최대한 쉽게 하는 것과 허가요청을 가능한 널리 배제하는 것, 허가절차를 신속화하는 것을 목표로 한다. 사실 이것들이 허가의제의 부분목표이기도 하다. 결론적으로 EU입법자의 관점에서 허가의제제도를 통해 궁극적으로 얻고자 하는 것은, 회원국의 행정소송법에 대해 제한을 가하지 않으면서도 허가청구권의 효과적인 관철을 통일적으로 확고히 하려는 데 있다.[19]

V. 독일 특별행정법상의 허가의제의 전개상황

독일의 경우 건축법이 의제규율 및 절차신속화의 비견가능한 수단을 위한 중요한 寶庫이다.[20] 통일 이후 사회 인프라 및 산업시설과 관련한 다수의 허가절차에서, 연방입법자는 소위 탈규제 논쟁의 전체구조에서, 계획절차와 허가절차의 신속화를 주도하였다. 이런 탈규제의 내용으로 건축법에서의 허가면제(Genehmigungsfreistellung)와 같은 허가절차의 완전한 포기(신고제),[21] 절차시행을 위한 구체적인 시한의 설정,[22] 실

19) Stelkens, in: Stelkens/Bonk/Sachs, VwVfG, §42a Rn.14 b.
20) Vgl. Saurer, "Die Fiktionstatbestände im vereinfachten Baugenehmigungsverfahren", DVBl 2006, 605ff.
21) 여기서 대기기간제(바이에른 주는 1개월: Art.58 Abs.3 BayBauO를 도입하여 -특별한 금지하명이 없는 한- 그 기간경과와 동시에 건축을 할 수 있다.
22) 예: §68 Absatz III SachsAnh BauO에 의한 3개월.

체적 심사프로그램의 축소에 따른 간소화된 허가절차,[23] 허가절차의 신고의무로의 전환이 강구되었는데, 아울러 입법자는 건축법에서 신속화효과를 유발하기 위해 허가의제의 도그마틱적 형상을 적극적으로 활용하였다.[24] 영업법은 서비스지침의 주된 적용분야에 속한다. 그리하여 영업자유에 바탕을 두고서, (예방적) 허가의무의 형태의 개시통제를 전면적으로 포기한 것이 그 특징이다. 그리하여 질서법적 임무가 오히려 영업법 제14조에 따른 일반적 신고의무에 의해 수행된다.[25] 이에 더해 영업법은 EU서비스지침(Dienstleistungsrichtlinie)의 주된 적용분야이어서 동법 제6조의a에 허가의제에 관한 일반규정을 두었다.[26][27] 영업허가의 의제규정과 마찬가지로, 숙박업법(GastG) 제34조(경과규정), 폭발물법(SprengG) 제46조(기허가의 계속효), 47조(경과규정), 유전자공학법 제41조(경과규정), 에너지관리법 제23조의a 제4항 제2문이[28] 의제규정을 두하고 있다.

Ⅵ. 독일 행정절차법 제42조의a의 주요내용

1. 독일 행정절차법 제42조의a의 성격 및 적용영역

회원국에 대해 직접적으로 통용되는 유럽법상의 명령(Verordnung)과는 달리 지침(Richtlinie)의 경우 회원국의 국내법상으로 적극적인 수용절차, 전환절차가 강구되고, 따라서 회원국 국내의 입법행위가 요구된다. 독일의 경우 제4차 행정절차법개정을 통해 중요한 규준을 전환하였는데,[29] 독일 행정절차법 제42조의a 규정은 EU서비스지침

23) 이것은 허가절차를 전제로 하면서 전형적인 건축허가절차와는 대조적으로 심사범위를 건설계획과 기타 공법의 건축규정에 국한하는데 오로지 몇몇 주 만이 이밖에 건축법의 개개의 핵심부분의 심사를 규정하고 있다. 예: §67 SachsAnh BauO에 의한 간소화된 건축허가절차.

24) 가령 Hessen주 건축법 제57조 제2항에 의하면 건축신청이 소정의 기간내에 결정이 내려지지 않으면 건축허가가 발해진 것으로 본다.

25) 여기서의 신고의 성격이 문제된다. 신고의무의 위반이 영업중단을 정당화하지 않고(영업법 제15조 제2항의 반대해석), 과태료의 대상이 되는 질서위반행위에 해당한다(동법 제146조 제2항 제2호)는 점에서 동법상의 신고는 그 자체 정보제공적 신고에 해당하고, 금지해제적 신고는 될 수는 없다. 독일법상의 신고제에 관한 현황은 김중권, 申告制의 拔本的 改革에 관한 小考, 「행정법학」 제11호, 2016.9.30., 25쪽 이하.

26) 제6조의a ① 행정청이 법 제34조 b 제1항, 제3항, 제4항, 제34조 c 제1항 제1문 제1호, 제3호 또는 제55조 제2항에 의한 영업행사허가의 신청에 대해 3개월 기간 내에 결정을 내리지 않으면, 허가는 발급된 것으로 본다.

27) 동 규정은 한편으로는 영업법상의 허가의무에, 다른 한편으로는 행정절차법 제42조의a의 적용가능성에 연계되는 매개적 규율에 해당한다.

28) 제23조의a ④ 망요금의 허가는 기한이 설정되어야 하고, 철회유보부로 부여되어야 한다; 그것은 조건부로 그리고 부담부로 행해질 수 있다. 규제청이 제3항에 의한 완전한 문건이 존재한 다음에 6개월내에 아무런 결정을 내리지 않으면, 신청요금은 철회유보하에 1년 간 허가받은 것으로 본다. 그러나 다음의 경우에는 그러하지 아니 한다.

29) 하지만 독일 행정절차법 제42조의a는 동 지침의 규준을 극히 부분적으로 이행하였는데(Kluth, “Die Genehmigungsfiktion des §42a VwVfG – Verfahrensrechtliche und prozessuale Probleme”, JuS 2011, 1078(1079)), 의제제도가 지닌 법치국가원리적 취약점을 나름 반영한 것으로 봄 직하다.

(RL 2006/123/EG)의 전환(Umsetzung)이다. 그리하여 동 규정은 동 지침상의 서비스분야에서의 허가규율을 위한 구체적인 절차법적 규준을 담고 있다.

독일 행정절차법 제42조의a 규정은 독일 행정절차법 제1조와 제2조에 규정된 동법의 적용분야 안에서 적용된다. 그런데 이런 행정절차법의 개정은 서비스지침의 적용영역에 국한되지 않고, 전체 행정활동에서 강구되었다. 따라서 동 규정의 효과 메커니즘은 그래서 지침에 적용분야에 들어가지 않는 허가절차를 위해서도 활용될 수 있다. 즉, 행정절차법 제42조의a가 허가의제에 관한 일반규정이다.[30] 그리고 동 규정의 추가 이전에 규정된 허가의제의 경우에도 달리 규정하지 않는 한, 동 규정이 적용될 수 있다. 그런데 독일 행정절차법 제42조의a가 모든 행정행위의 의제에 적용되는 것은 아니고, 허가의제에 대해서만 적용된다. 다른 행정행위의 의제의 경우에 －일반규정으로서의－ 독일 행정절차법 제42조의a의 개개의 규정이 유추적용될 수 있는데,[31] 다만 면밀한 심사를 필요로 하며, 특히 의제의 다양한 목적을 고려에 넣어야 한다.

의제적 허가 역시 허가인 이상, 행정행위에 통용되는 모든 규정이 원칙적으로 적용된다. 하지만 그것에는 의제제도의 본질에 비추어 행정행위의 절차법적 기능이 인정될 수 없다.[32] 허가의제의 본질은 행정행위의 발급과 통지와 관련한 절차를 생략시킨 것이다. 따라서 행정행위의 법효과에 연계된 규정만이 적용된다. “행정행위의 존속력 및 권리구제절차에 관한 규정은 그에 맞춰 통용된다.”는 독일 행정절차법 제42조의a 제1항 제2문은 허가의제에서 이런 점을 분명히 한 것이다.[33]

2. 허가의제의 요건

독일 행정절차법 제42조의a 제1항에 의해, 허가의제가 개별법에서 규정된 경우 충분히 신청된 허가가 결정기간이 경과한 후에는 발급된 것으로 여겨질(als erteilt gilt)

---

30) Stelkens, in: Stelkens/Bonk/Sachs, VwVfG, §42a Rn.1. 수공업질서법(HwO) 제10조 제2항 제4문이 수공제품 등록의제를 명시적으로 규정하면서 독일 행정절차법 제42조의a의 준용을 지시한 것은 보기에 따라서는 불필요할 수 있다.

31) 독일 행정절차법 제42조의a가 의제에 관한 일반규정의 성격을 지니기에 독일에서는 그것의 유추를 둘러싸고 논의가 활발하다. 가령 의제가 오로지 행정간소화를 이바지하는 경우, 특히 의제가 허가면제의 기능을 이행하는 경우에는 독일 행정절차법 제42조의a 제3항의 유추 적용은 배제된다. 하지만 관련자에 대해 특별한 법적 지위의 증명을 매개하려는 의제의 경우에는 다를 수 있다. Stelkens, in: Stelkens/Bonk/Sachs, VwVfG, §42a Rn.23. 그리고 그 이전의 의제규정과 관련해서도 법적용상의 문제가 중요하다.

32) 행정행위가 지닌 절차법적, 실체법적, 집행법적, 쟁송법적 기능에 관해서는 김중권, 행정법, 2016, 183쪽 이하 참조.

33) Stelkens, in: Stelkens/Bonk/Sachs, VwVfG, §42a Rn.4. 한편 Stelkens는 의제적 행정행위와 완전자동적 행정행위와의 공통점이 있음을 들어 후자를 전자의 대안적 제도로 지적한다(Stelkens/Bonk/Sachs, VwVfG, §42a Rn.5a). 완전자동적 행정행위에 관해서는 김중권, “인공지능시대에 완전자동적 행정행위에 관한 소고”, 「법조」 제723호, 2017.6.28., 146쪽 이하; 이재훈, “전자동화 행정행위에 관한 연구: －독일 연방행정절차법 제35조의a를 중심으로－”, 「성균관법학」 제29권 제3호, 2017, 143쪽 이하 참조.

때 허가의제가 존재한다. 따라서 허가의제의 요건은 다음과 같다.

i) 허가의제가 개별법에서 규정되어 있어야 한다: 연방법률나 주법률은 물론 EU법까지 의제의 근거법이 될 수 있지만, EU서비스지침 제13조 제4항은 직접 적용가능한 규정에 해당하지 않는다. 그리고 법규정이 처리기간만을 설정하는 것만으로는 충분하지 않고 의제 자체를 언급해야 한다. 다만 완전허가에 대해 의제가능성을 규정하면 별도의 법규정이 없더라도 사전결정과 부분허가의 경에도 의제가 통용된다.

ii) 허가에 대한 충분히 명확한 신청이 존재하여야 한다: 여기서 허가의제의 대상이 되는 허가에 대해 법률이 달리 개념정의하고 있지 않지만, 넓게 이해해야 한다. 그리하여 일정한 행위를 할 수 있도록 획득해야 하는 일체의 허용(Gestattung)이 이에 해당한다. Stelkens는 이를 넘어서 보충행위이자 완성행위에 해당하는 인가까지 포함시킨다.[34] 그러나 금전이나 재화의 급부 행정행위나 의제적 확인적 행정행위는 포함되지 않는다. 그리고 침익적 행정행위의 의제의 경우에도 독일 행정절차법 제42조의a는 유추 적용되지 않는다. 충분히 명확한 신청이 있어야만 허가의제가 있을 수 있는 것은 기왕의 입장을[35] 다시금 확인한 것이다. 행정행위에 대해서는 명확성의 요청이 통용되는데(독일 행정절차법 제37조 제1항), 허가의제의 경우에도 이 요청이 통용되기 위해서는 신청 자체가 충분히 명확하여야 한다. 즉, 신청이 의제적격성을 지니기 위해서는 충분히 명확하여야 한다. 하지만 완전한 신청문건의 존재가 의제요건은 아니다. 의제를 낳는 신청의 형식요청과 관련해서 개별법이 규준이 되는데, 구술에 의한 신청도 가능하다.[36] 신청의 변경은 종전신청의 사실상의 취소이기에 기간경과를 중단시킬 수 있다.[37]

iii) 소정의 결정기간을 아무런 결정이 내려지지 않은 채 경과하여야 한다: 비록 명시되지는 않았지만 기간경과 이전에 인용이든 거부이든 결정이 내려지면 그리하여 수범자에게 그것이 통지되면, 의제는 생기지 않는다. 그 행정행위가 반드시 적법할 것은 요구되지 않아서 무효인 행정행위에 의해서도 의제발생은 저지된다. 그리고 행정행위가 소급적으로 폐지되더라도 의제효과가 소급적으로 발생하지는 않는다. 행정청이 통지를 하지 않은 상태에서 의제효과발생의 리스크는 행정청이 부담한다. 즉, 통지가 정당화될 수 없는 이유로 실패로 돌아간 경우에는 의제효과의 발생은 저지되지 않는다.

---

34) Stelkens, in: Stelkens/Bonk/Sachs, VwVfG, §42a Rn.16. 그리하여 연방건설법전 제6조 제4항 제4문과 제10조 제2항 제2문에 의한 의제 역시 독일 행정절차법 제42조의a의 허가의제에 해당한다고 본다.

35) BVerwGE 35, 187, 190; BVerwG NJW 1984, 2481; NJW 1985, 1792; VGH Mannheim NVwZ－RR 1997, 157, 158.

36) Schemmer, in Bader/Ronellenfitsch, VwVfG Kommentar, 2010, §42a Rn.5; 반론: Guckelberger, “Die Rechtsfigur der Genehmigungsfiktion”, DÖV 2010, 109(114); Jäde, a.a.O., 169(170).

37) BVerwG NJW 1985, 1792, 1793.

어떤 일이 결정기간의 개시를 발생시키는지는 중요하지 않다. 다만 동조 제2항 제2문에 의해 결정기간은 완전한 문건이 도달할 때 개시하는데, 이는 개별법상으로 배척될 수 있다. 동조상의 허가의제는 신청을 전제로 하는 점에서 신청과 무관하게 발급된 것으로 여겨질(als erteilt gilt) 경우나 허가면제의 경우에는 동조상의 허가의제가 존재하지 않는다고 하겠다. 유의할 점은 결정기간 이후에 행정청이 인용결정이나 거부결정을 내려 수범자가 알게 된 경우에 그 결정 자체가 의제적 허가의 추정적 (부분)폐지가 되지는 않는다(후술).

ⅳ) 의제를 배제하는 사유가 존재하지 않아야 한다: 허가발급에 대신하여 공법계약의 체결에 관한 구속적인 제안이 도달하면 의제배제의 근거가 될 수 있다.[38] 다만 이 경우 그 제안에 대한 응답이 기간경과 이후에 행해지더라도 의제배제에는 변함이 없다. 마찬가지로 계약제안이 유효한 계약을 체결하는 데 적합한지 여부는 중요하지 않다. 한편 수범자가 자신에게 유리한 의제효과를 포기하면 의제효과가 배제되는지 여부가 다투어진다.[39] 물론 개별법에서 행정청이 법정 결정기간내에 결정을 내릴 수 없는 이유를 근거있게 제시하면 의제가 발생하지 않도록 규정하고 있다면, 의제가 배제될 수 있다. 하지만 다단계적 행정행위에서 다른 행정청이 개별법에서 요구되는 동의를 적시에 거부하였더라도 그와 무관하게 의제효과는 발생한다. 즉, 협력행위의 거부는 일반적인 의제배제사유가 될 수 없다.

3. 의제적 허가(fingierte Genehmigung)의 법적 성질

여기서 의제적 행정행위(fingierte Genehmigung)가 성립하는지 여부가 물음이 중요하다. 일찍이 Caspar는 의제요건으로 기간경과를 강조하여, 의제적 행정행위란 일정한 행위를 통상 수익적으로 허용하는 결정인데, 이는 행정청 스스로가 발하는 것이 아니라, 법상의 기간이 경과한 후에 법규범에 의해서 간주되어지는 것이라 정의 내렸다.[40] 독일 행정절차법 제42조의a 규정의 본문은 의제적 행정행위에 관해 전혀 언급하지 않고, 허가의제(Genehmigungsfiktionen)에 관해서만 언급한다. 허가의제의 상황을 상징적으로 표현한 것이 의제적 행정행위이다.[41]

---

38) Stelkens, in: Stelkens/Bonk/Sachs, VwVfG, §42a Rn.46.

39) Stelkens, in: Stelkens/Bonk/Sachs, VwVfG, §42a Rn.48. 한편 Kopp/Ramsauer는 사전에 의제효과를 포기하는 것은 허용되지 않는다고 강조한다. 이유로 신속화목표를 제지할 것이라는 점을 든다(VwVfG, §42a Rn.9).

40) Ders., a.a.O., S.131(131). 독일 문헌상 우리의 의제적이란 의미로 'fiktiv'와 'fingiert'가 다 같이 사용되는데, 다만 Ortloff는 어감상 전자가 더 낫다고 한다. Vgl. Ortloff, "Die fiktive Baugenehmigung", in: FS für K. Gelzer, 1991, S.223(223).

41) 허가의제를 의제적 행정행위와 동의어로 보거나(Caspar) 의제적 행정행위의 하위의 경우로 보는(Stelkens) 데 대해서, Kluth는 다른 것으로 접근한다(a.a.O., 1078(1080)).

의제적 행정행위는 '조치'가 부재하기에,[42] 행정절차법 제35조의 개념적 징표를 충족하지 않는다. 그 결과 －독일 행정절차법 제42조의a 제1항 제2문이 행정행위의 존속력에 관한 규정(제43조부터 53조까지)의 준용을 규정하기에 그러하기도 하지만－ 행정행위에 통용되는 성립에 관한 절차법의 규율은 의제적 행정행위에 대해서는 통용되지 않는다.[43] 의제허가의 경우 허가의 법효과는 기간경과로써 법률로부터(ex lege) 당연히 생겨난다.[44] 직접적인 외부효를 지닌 규율을 발생시키는, 개별사건과 관련한 조치가 존재할 필요가 없다. 행정행위에서 요구되는 행정청의 조치가 존재하는지를 살펴볼 필요가 없으며, 행정청이 자신의 행위의 의제효력을 인식하였는지 여부에 상관없이 의제효과가 발생한다. 여기서 허가의제는 법형식이 될 수는 없다.[45]

독일 행정절차법 제42조의a 제1항 제2문이 행정행위의 존속력에 관한 규정(제43조부터 53조까지)의 준용을 규정하고 있어서,[46] －모든 행정행위의 의제처럼－ 허가의제의 경우에도 허가의 존재만이 아니라, 절차법규정에 맞게 성립하고 수범자와 관련자에게 통지된 허가의 존재까지도 의제된다. 의제는 허가요건의 존재를 포함하지 않기에, 의제적 허가의 효력은 객관적 법과의 일치성에 관계없이 발생하기에, 설령 행정청의 허가가 위법하게 될 경우라 하더라도, 의제의 효과가 발생한다.[47]

허가의제를 규정한 EU서비스지침 제13조 제4항이 실체적 적법성의 의제를 요구하지 않으며, 독일 행정절차법 제42조의a 역시 실체법상황의 수정을 목표로 하지 않는 점에는 의견이 일치한다. 그리하여 허가의제는 의제의 효과가 발생한다고 하여 그 자체가 자동적으로 적법하게 되는 것은 아니다. 일반적인 행정행위처럼 동일한 실체법적 심사프로그램의 지배를 받는다. 즉, 후술하듯이, 보통의 행정행위마냥 폐지의 가능성이 인정된다. 하지만 의제적 허가의 규율내용이 실제의 허가의 경우보다 더 나아가지는 않는다. 실제의 허가에 집중효가 인정되지 않거나, 법률상 기한부이거나, 법률상 철회권유보가 부가되면, 이런 점은 의제적 허가에도 통용된다.

42) Maurer/Waldhoff, Allg. VerwR, 19.Aufl., 2017, §9 Rn.11.

43) Stelkens, in: Stelkens/Bonk/Sachs, VwVfG, §42a Rn.66. 그런데 부관부 행정행위를 신청한 경우에는 기간경과로 부관부 허가가 의제되는데, 이런 의제적 부관에 대해서는 독일 행정절차법 제36조의 부관규정 역시 적용될 수 있다. 그리고 관련 제3자와 관련해서 독일 행정절차법 제41조의 통지규정이 적용될 수 있다. 마지막으로 오류에 관한 독일 행정절차법 제42조 역시 적용될 수 있다.

44) 여기서 유의할 점은 이유제시나 불복고지는 행정행위의 구성요소가 아니기에 의제되지 아니한다.

45) Wolff/Bachof/Stober/Kluth, VerwR I, 13.Aufl., 2017, §44 Rn.23.

46) 그런데 독일 행정절차법 제45조(하자의 치유)와 제46조(절차 및 형식상의 하자의 효과)의 적용지시는 강제적인 절차규정과 관련해서 의미가 없다. 왜냐하면 의제는 절차에 합치하게 성립한 허가를 의제시키기 때문이다. 하지만 의제적 허가의 전환은 생각할 수 있긴 하나 그 요건이 거의 존재하지 않을 것이다.

47) 이 점을 독일 행정절차법 제42조의a 입법이유서 역시 명시적으로 지적하였다. BT－Drs. 16/10493, S.16.

4. 신청에 대한 요청

독일 행정절차법 제42조의a 제1항은 신청이 충분히 특정되어 있는 것을 요구한다. 충분히 명확한 신청을 요구한 동 규정에는, ―실체심사가 사실상 배제된 셈인― 의제적 규율의 경우에도 준수되어야 할 법치국가원리적 최소한의 요청이 반영되어 있다. 의제적 규율은 보통의 해석의 방법으로 수범자와 제3자를 위해 확정할 수 있는 내용을 보유하여야 한다. 더해서 다수의 절차종류에서 많은 문건이 제출되어야 한다. 이 경우 법치국가원리적 최소한의 요청을 바르게 이해하는 것이 신청자에게 항상 쉬운 것은 아니다. 그래서 가령 Sachsen-Anhalt 주 건축법 제68조 제4항은, 신청서가 완전한지 여부 또는 오류가 있어서 수정하여야 한다는 것을 행정청이 신청자에게 요구할 수 있도록 규정하고 있다. 아무튼 독일 행정절차법 제42조의a에 의해 포착된 경우는 결정과 관련해서 본질적으로 행정청에 의한 의사표시가 없기에, 규율의 내용은 신청의 규준에 의거해서만 정해질 수 있다. 명료성과 명확성의 견지에서 분야에 특유한 최소한 요청이 신청규정에 설정되어야 한다.[48]

5. 원칙적 처리기간, 그 개시 및 연장

(1) 처리기간

신청에 대한 행정청의 처리기간은 특별법상으로 다른 기간이 규정되어 있지 않는 한, 원칙적으로 3개월이다.[49] 이 3개월은 일종의 가이드라인에 해당할 수 있는데, 개별법상의 기간의 長短은 통상적으로 관련 결정의 자료를 조사하고 원칙적인 심사하는데 소요될 수 있는 것에 의해 가늠되어야 한다.[50] 다른 행정청의 협력행위를 필요로 하는 다단계적 행정행위의 경우 법률상의 기간설정에서 그런 사정이 반영되어야 한다.

독일 행정절차법 제42조의a 제2항 제2문에 의해 처리기간은 관련 문건이 완전하게 소관 행정청에 도달하자 말자 곧바로 진행한다.[51] 3개월의 처리기간의 개시시점이 문제이다. 왜냐하면 문건이 완전하게 도달할 경우에 비로소 그 처리기간이 진행되기 시작하는데, 이것이 현실에서는 장기간의 절차진행에 대해 가장 중요한 원인에 해당하기 때문이다. 더해서 행정청은 종종 본안심사에 들어간 이후에 문건이 완비되었는지 여부

---

48) Schliesky, in: Knack/Henneke, VwVfG, 9.Aufl., 2010, §42a Rn.4.

49) 최대한 기간에 대해 EU서비스지침 제13조 제3항은 아무런 규준을 담고 있지 않다. 그 이유는 허가절차의 상이한 종류에 따라 상이한 기간이 통용되기에 그러하다.

50) Guckelberger, a.a.O., 109(110).

51) 관할 행정청이 아닌 행정청에 신청하여 도달한 경우는 여기서의 도달에 해당하지 않는다.

를 판단할 수 있다. 문건이 어떤 요건하에서 완전한지가 다툼이 있다. 행정청의 평가나 수범자의 수령자지평이 아니라, 객관적인 법상황이 오로지 규준이 된다. 가령 행정청이 신청문건의 완전성을 입증하거나 몇 가지 문건만을 사후요청을 한다 하더라도, 문건이 객관적으로 완전하지 않으면, 의제기간의 개시가 일어나지 않는다. 따라서 전적으로 규준이 되는 것은 신청에 관한 법률상의 규준이다. 그리하여 －행정규칙은 제외하고서－ 법규정에 의해 문건의 종류, 형식, 내용 그리고 개수가 완결적으로 규정되어 있으면, 이들이 완전성을 위한 규준이 된다.[52] 따라서 문건의 완전성을 위하여 규준이 되는 것이, 수범자의 문건으로부터 허가요건의 존재가 설득력 있게 드러난 점이다.[53] 따라서 신청은 결정을 내릴 수 있을 정도까지는 갈 필요는 없고, 첨부된 문건이 청구권요건의 심사를 위하여 유용한 근거만은 되어야 한다.[54] 한편 EU서비스지침 제13조 제6항은 이런 문제상황에 즈음하여 다음과 같이 보완 규정을 마련하였다: 행정청은 신청자에게 가능한 신속히 문건의 불완전성을 알리고, 그에게 이것이 기간에 어떤 영향을 미칠지를 통지할 의무를 진다.[55] 독일에서는 비슷한 규율이 특히 Berlin 주 건축법과 같은[56] 몇몇 개별법률적 규율에서 존재한다. 해서 독일 행정절차법 제25조 2항에서의 일반적 규율이 지침합치적으로(richtlinienkonform) 해석될 수 있고 해석되어야 한다.

(2) 처리기간의 연장

독일 행정절차법 제42조의a 제2항 제3문에 의해, 3개월의 처리기간은 －업무의 곤란함으로 인해 연장이 정당화되는 경우에－ 한 차례 적당하게 연장될 수 있다.[57] 기간연장 규정은 －약간 다르게 규정되어 있는－ EU서비스지침 제13조 제3항의 전환에 이바지한다.[58] 처리기간연장의 실체적 요건이 업무의 곤란함인데, 행정청의 업무과중으로 정당화될 수 없고, 또한 법률사의 결정기간이 평균적인 절차를 규정대로 집행하는 데 너무 짧다는 것으로 정당화될 수 없다. 업무의 곤란함의 요청은 기간개시요청인

---

52) 그런 규율이 없을 때는 행정절차법 제26조 제2항에 의한 협력부담과 결합해서 전개된 평가에 연계시킬 수 있다.

53) Stelkens, in: Stelkens/Bonk/Sachs, VwVfG, §42a Rn.76. 그러나 허가거부의 이유가 없다는 것은 증명할 필요가 없다. 협력 행정청의 모든 필요적 협력행위가 이미 도달할 것까지 필요하지 않다.

54) Jäde, a.a.O., 169(171); Odenthal, "Rechtsproblme der Genehmigungsfiktion nach §6a GewO", GewArch 2016, 401(402 f.); Uechtritz, "Die allgemeine verwaltungsverfahrensrechtliche Genehmigungsfiktion des §42a VwVfG", DVBl 2010, 684(690).

55) Cornils, in: Schlachter/Ohler, Europäische Dienstleistungsrichtlinie, 2008, Art.13 Rn.9.

56) §69 IV S.2 BauO Bln.

57) 기간연장 규정은 허가의제규정이 도입되기 전에 규정된, 기왕의 의제규정에도 통용된다. 다른 입장으로 Lenders, Aktuelles zum Verwaltungsverfahrensrecht, NWVBl 2009, 457(459).

58) EU서비스지침의 경우 사건의 복잡성으로 인해 정당화되는 경우에 일회적 기간연장이 가능하다. Cornils, in: Schlachter/Ohler, Europäische Dienstleistungsrichtlinie, Art.13 Rn.17.

신청문건의 완전성과 결합해서 보아야 한다. 그리고 기간연장의 상당함은 연장이 업무의 곤람함과 상당한 관계에 있을 때 인정될 수 있다. 동항 제4문에 의해, 그런 기간연장은 이유제시가 있어야 하고, 신청자에게 정규기간이 경과하기 전에 적시에 통지되어야 한다. 기간연장결정은 절차행위로서 그 자체 행정행위가 아니다. 연장통지는 구술로도 가능하다. 기간연장의 이유제시에 대해서는 독일 행정절차법 제39조의 이유제시 규정이 통용되지 않는다. 이유제시는 업무의 특별한 곤란함과 관련이 있어야 하고, 기간연장의 상당성과는 관련이 없다. 기간연장은 의제메커니즘을 완전히 중단시킬 수는 없고, 단지 의제효과의 발생을 뒤로 물릴 뿐이다. 기간연장이 독일 행정절차법 제42조의a 제2항 제3문의 실체적 요청에 부합하지 않더라도 의제효과의 발생은 뒤로 물려진다.[59] 하지만 동항 제3문의 절차적 요청에 부합하지 않는 기간연장은 공허하다. 즉, 의제효과의 발생의 후퇴가 생겨나지 않는다.[60]

6. 의제증명(Fiktionsbescheinigung)

독일 행정절차법 제42조의a 제3항에 의하면, 동법 제41조 제1항에 의해 행정행위가 통지되어야 하는 자, 즉, 신청자나 관련 제3자에 대해 그의 요청이 있으면 허가의제의 발생이 문서상으로 증명되어야 한다.[61] 독일 행정절차법 제37조 제2항에 의하면, 구술에 의한 행정행위에 대해 서면으로 확인이 가능한데, 의제증명 역시 비견가능한 기능을 지닌다. 어떤 허가가 어떤 내용으로 어떤 시점에 의제되었는지가 증명으로부터 드러나야 한다. 이 점에서 독일 행정절차법 제37조 제1항에 의한 허가의 명확성을 위해 통용되는 기준이 의제증명에 준용될 수 있어야 할 것이다.[62] 의제증명이 허가의제의 효력발생요건이 아니다.

독일 행정절차법 제37조 제2항상의 서면증명 그 자체는 행정행위에 해당하지 않는데,[63] 여기서의 의제증명의 법적 성질을 두고서 다툼이 있다. 일부 문헌과 판례는 행정행위로 보지 않는다.[64] 이유로 그것은 다른 규율을 담고 있지 않고, 단지 증명력이 있게 규율이 이미 발생하였다는 것을 적시하였을 뿐이기 때문이라고 한다. 의제증명의

---

59) Guckelberger, a.a.O., 109(116).

60) 그런데 기간연장의 이유제시와 관련하여 그것이 완전히 없거나 처리기간 이후에 도달하면, 기간연장은 중요하지 않다. 그러나 이유제시가 내용적으로 불충분하거나 공허한 형식으로 행해지면, 다르다. 법적 안정성의 이유에서도 이 경우에는 기간연장은 유효하다고 한다. Stelkens, in: Stelkens/Bonk/Sachs, VwVfG, §42a Rn.90.

61) 의제증명 규정은 허가의제규정이 도입되기 전에 규정된, 기왕의 의제규정에도 통용된다.

62) Uechtritz, a.a.O., 684(692).

63) Stelkens, in: Stelkens/Bonk/Sachs, VwVfG, §37 Rn.80ff.

64) Stelkens, in: Stelkens/Bonk/Sachs, VwVfG, §42a Rn.97; Kopp/Ramsauer, VwVfG, §42a Rn.30; Schliesky, in: Knack/Henneke, VwVfG, §42a Rn.14; Uechtritz, a.a.O., 684(692); BVerwG, NVwZ－RR 2010, 330(331).

발급의 거부 역시 행정행위가 아니다. 그러나 일부 문헌은 허가의제의 발생과 시점에 관한 의문을 궁극적으로 해소하는 확인적 행정행위로 본다.65)

의제증명청구권은 의제적 허가가 적법한지 여부에 상관없이 성립한다. 의제적 허가가 예외적으로 무효라 하더라도 원칙적으로 증명청구권은 성립한다. 따라서 행정청은 의제적 허가의 가능한 실체적 위법성을 지적하면서 의제증명서의 발급을 거부해서는 아니 된다. 하지만 행정청이 기간진행의 개시에 관해 분분하여서 처리기간이 아직 경과하지 않았다는 견해를 갖는 경우에는 다르게 진행된다. 신청자를 위해 이 경우 기대되는 법적 안정성이 결여된다. 그 결과, 의제제도가 의도한 절차신속의 효과가 일어나지 않는다. 왜냐하면 司法的 해명은 통상 몇 개월이나 진행되기 때문이다. 이런 상황에서 결정의 시간에 근접한 발급에 대해 영향을 미치는 것이 더 중요하다.

증명형식과 관련해서 서면형식이 규정되어 있는데, 독일 행정절차법 제3조의a 제2항에 의하면 전자적 통지로 대체할 수 있으며, 본질상 독일 행정절차법 제37조 제3항의 형식요청이 통용될 수 있을 것이다. 그리하여 증명이 불복고지의 첨부를 위한 매체로서 의제적 허가에 이바지할 수 있다. 그리하여 그것은 의제적 허가를 상대로 관련자의 불복제기기간의 경과를 위하여 중요할 수 있다.66)

Ⅶ. 허가의제 규정의 절차법적 개개 물음

1. 의제효과를 회피하기 위한 결정통지상의 요청

법률상 규정된 기간 안에서 결정을 내리고자 하는 행정청의 관점에서는, 결정이 3개월 기간이나 다른 통용되는 기간의 경과 전에 신청자에 대해 법적으로 유효하게 통지되도록 진행경과를 계획하는 것이 중요하다. 행정송달법(Verwaltungszustellungsgesetzen)에서 규율된 여러 상이한 상황을 고려하여야 한다. 법적으로 실제적으로 생각가능한 최종의 통지기간을 목표로 하여야 한다. 그것이 달성되지 않으면, －전술한 요건이 존재하는 한－ 법률에 의해 의제효과(Fiktionswirkung)가 발생한다. 의제효과가 발생한 이후에 도착한 (사후)결정은 아무런 법적 효력을 발생시키지 않으며, 나아가 그것이 (의제된 허가의) 취소결정으로 전환될 수가 없다. 그럼에도 불구하고, 이런 사후결정에 대해 다른 비행위(Nicht－Akte)와67) 마찬가지로 법적 안정성의 이유에서 무효확인소송

65) Pünder, in: Ehlers/Pünder(Hrsg.), Allg. VerwR, 15.Aufl., 2015, §14 Rn.61; Guckelberger, a.a.O., 109(117); Schmitz/Prell, "Verfahren über eine einheitliche Stelle－Das Vierte Gesetz zur Änderung verwaltungsverfahrensrechtlicher Vorschriften", NVwZ 2009, 1(8); Hufen/Siegel, Fehler im Verwaltungsverfahren, 2018, Rn.539.

66) Stelkens, in: Stelkens/Bonk/Sachs, VwVfG, §42a Rn.94.

은 물론, 최소소송의 제기가 가능하다.

2. 의제적 허가의 폐지(취소와 철회)

허가의제를 통해 실체적 적법성은[68] 의제되지 않으며, 특히 독일 행정절차법 제42조의a 제1항 제2문이 '행정행위의 존속력'을 규율하고 있는 제43조 이하를 명문으로 관련시키기에, 독일 행정절차법 제48조와 제49조에 따른 취소와 철회는 허가의제의 경우에도 고려된다.[69][70] 의제시점에서의 실체적 법적 하자에 대한 대응은 법적, 실제적으로 중요하다. 한편 동법 제44조에 따른 무효사유 역시 의제의 경우에도 고려되지만,[71] 통상의 행정행위의 경우처럼 매우 드물지만, "중대한 하자"가 있는 신청의 경우에는 의제적 행정행위가 애초에 무효가 된다.[72] Stelkens는 무효사유 가운데 독일 행정절차법 제44조 제1항(일반원칙－중대명백성기준)와 제2항 제4호(사실상의 불능행위)와 제6호(공서양속위반행위)만이 의제적 허가에 맞다고 지적하였다.[73]

실체적 적법성 요청과 관련해서 '진정한' 실제 행정행위인 경우에 요구되는 것이, 독일 행정절차법 제48조에 따라 의제적 행정행위를 직권취소를 할 경우에도 동일하게 통용된다.[74] 다만 실제 허가보다 의제적 허가의 위법성리스크가 크기에 통상의 허가취소에서 통용되는 재량구속은 통용되지 않는다. 수범자의 이익상황은 허가의제여부에 상관없다. 따라서 의제적 허가 역시 독일 행정절차법 제48조 제1항 제2문의[75] 한계

67) 행정행위적 성격이 결여되어 외관상으로 처음부터 어떤 관점에서도 고권주체에게 그 책임을 귀속시킬 수 없는 경우가 비행정행위에 해당한다. 이는 무효인 행정행위와 엄연히 구분된다. 대부분의 국내문헌은 －독일의 대부분의 문헌이 취하는－ 비행정행위란 개념보다는 '행정행위의 부존재' 개념을 사용하고 있다. 독일 문헌에 의하면, i) 의욕자(행정청)의 진정성의 결여, 공권력과의 관련성의 결여 또는 행정청에로의 귀속가능성의 결여로 일체의 공법적 성질이 없는 경우나 ii) 수범자(내지 관련자)에 대한 유효한 통지가 결여되어 행정행위가 존재하기 위한 본질적 요건이 없는 경우에 비행정행위가 인정된다. Kopp/Ramsauer, VwVfG, §43 Rn.49.

68) 허가를 신청하여 허가를 받은 경우, 그 허가대상행위와 관련해서 보면, 일단 허가절차를 밟은 이상, 형식적 적법성은 충족하고, 그리고 허가를 통해 허가대상행위의 허용성에 관한 판단을 받은 셈이 되어 실체적 적법성도 충족한다. 허가절차는 합법화효과를 위한 절차적, 형식적인 요건이다. 허가의제의 경우 허가절차를 이행한 셈이 되기에 형식적 위법성의 의제는 어차피 배제된다. 허가제도에서의 형식적 위법성과 실체적 위법성의 구분에 관해서는 김중권, 229쪽 이하 참조.

69) 그런데 여기서 유의할 점은 독일 행정절차법 제43조에 의한 통지 규율은 적용될 수 없다. 의제제도의 본질상 그것이 필요하지 않기 때문이다. 동법 제45조, 제46조에 의한 형식상, 절차상의 하자 및 치유에 대해서도 마찬가지이다. Schliesky, in: Knack/Henneke, VwVfG, §42a Rn.6.

70) 의제적 허가의 위법성은 그것이 의제되어 즉, 행정청이 실제로 발하지 않았다는 데서 비롯된 것은 아니라는 점은 자명하다.

71) 일찍이 Caspar 교수는 행정행위의 무효규정(독일 행정절차법 제44조)의 유추적용이 본질에 비추어 절대적으로 필요하다고 지적하였다. 그는 만약 무효규정의 적용을 배제하면 명백히 허가요건을 결한 경우에 내려진 행정청의 결정은 무효가 되는 데 반해서, 전적으로 부작위로 인해 생긴 권리외관은 무효와 무관하게 되어 존속력이 부여될 수 있다는 터무니없는 결과가 초래될 수 있다는 점을 지적하였다(ders., a.a.O., S.131(142)).

72) Schliesky, in: Knack/Henneke, VwVfG, §42a Rn.6

73) Stelkens, in: Stelkens/Bonk/Sachs, VwVfG, §42a Rn.58.

74) 가령 부관의 사후부가, 허가범위의 기타의 수정도 행해질 수 있다.

75) 권리 또는 중요한 법률상의 이익을 성립시키거나 확인한 행정행위는 제2항부터 제4항의 제한에서만 취소될 수

역시 준수해야 한다.[76] 그리고 동조 제4항에[77] 의한 취소기간은[78] 물론, 동조 제3항의[79] 신회보호규율[80] 역시 준수해야 한다. 그런데 절차적 적법성 요청과 관련해서는 법상황이 덜 분명하다. 소정의 기간 내에 결정의 통지가 행해지지 않은 것의 원인이 다른 행정청의 협력행위가 아직 행해지지 않은 데 있을 수도 있기 때문에, 이를 이유로 행정행위를 직권취소하는 것을 허용한다는 것은 모순일 수 있다. 왜냐하면 의제제도가 목적으로 하는 신속화효과가 이런 종류의 직권취소의 방법으로 무력화될 것이기 때문이다.[81]

상반되게 다투어지는 물음이, 나중에 도착한 사후결정이 필경 독일 행정절차법 제48조에 따른 추정적 폐지로 전환될 수 있는지 여부이다. 행정행위의 명시적인 폐지가 원칙적으로 반드시 필요한 것은 아니다. 행정행위는 동일한 규율대상에 대해 배치된 결정이 내려지는 식으로 추정적으로도 폐지될 수 있다. 하지만 이런 논리가 허가의제에도 그대로 통용될 수 있는지가 논란이 있다. Stelkens는 추정적 폐지가 가능하다고 여기면서, 그 요건으로 행정청이 허가의제를 분명히 알고서 그로 인해 성립한 법상태를 변경하고자 하여야 한다.[82] 하지만 판례는 소극적이다. OVG Münster는, 법효과를 폐지하려는 행정청의 의사가 결정으로부터 충분히 분명하게 알 수 있어야 한다는 것을 요구한다.[83] 즉, 행정청이 의제효과의 발생을 상정하지 않은 경우에는 취소결정에로의 전환이 부인된다. OVG Saarlouis에 의하면, 처분청이 전혀 허가의제가 존재하지 않으며, 그래서 자신의 관점에서 폐지를 위한 구성요건상의 연결점이 결코 존재하지 않는 데 착안점을 두는 경우에만 추정적 취소로의 전환이 긍정된다고 하였다.[84] Kluth는, −취소를 위하여 재량이 행사되어야 한다는 점은 제외하고는− 행정행위의 발급을 목표로 한 행정절차가 의제의 방식을 통해 형식적으로 완료되었다는 것이 그런 전환과는 배치된다고 지적하였다. 그에 의하면 이런 전환절차에 의해서 다른 결정

있다.

76) 물론 이런 한계는 사권형성적 허가의제의 경우에는 통용되지 않는다(BVerwGE 48, 87, 92)

77) ④ 행정청이 위법한 행정행위의 취소를 정당화하는 사실을 알게 된 경우, 그 취소는 알게 된 때로부터 1년 이내에만 허용된다. 제2항 제3문 제1호에 해당하는 경우에는 그러하지 아니한다.

78) 여기서 행정청이 의제적 허가의 위법성을 언제 알았는지가 관건인데, 의제효과의 발생에 관한 행정청의 법적 착오는 고려되지 않는다(OVG Schleswig NordÖR 2005, 65 f.; BauR 2009, 969 f.).

79) ③ 제2항에 해당하지 않는 위법한 행정행위가 취소될 경우, 당사자가 행정행위의 존속을 신뢰하였고, 그 신뢰가 공익과 비교할 때 보호가치가 있으면, 당해 행정청은 신청에 따라 그 재산상의 불이익을 보전하여야 한다. (이 경우) 제2항 제3문은 적용되어야 한다. 재산상의 불이익은 당사자가 행정행위의 존속으로 받게 되는 이익에 상당하는 금액을 초과하여 지급될 수 없다. 보전되어야 할 재산의 불이익은 행정청에 의하여 확정된다. 청구권은 1년내에만 주장할 수 있다; 기간은 당해 행정청이 당사자에게 이에 관하여 통지한 때로부터 진행된다.

80) 행정청이 신속히 의제효과의 발생에 대체하면 관련인은 자신의 신뢰를 주장하기 어려운 특별함이 있다.

81) Kluth, a.a.O., 1078(1081).

82) Stelkens, in: Stelkens/Bonk/Sachs, VwVfG, §42a Rn.60.

83) OVG Münster, NVwZ 1993, 76.

84) OVG Saarlouis, NVwZ−RR 2006, 678(680).

을 발급한다는 것은 불가능하게 된다.[85] 후자의 입장에 의하면 전환이 인정되지 않는 이상, 의제적 허가의 폐지를 위해서는 오히려 －경우에 따라서는 허가의제의 보유자의 청문을 요구하는－ 별도의 절차를 필요로 한다.

3. 수범자 및 관련 제3자에 대한 효력

의제적 허가가 위법인 경우에도 유효하게 된다는 즉, 공정력을 갖는다는 점은, 준용되는 독일 행정절차법 제43조로부터 도출된다. 수범자는 의제발생과 함께 허가를 주장할 수 있으며, 그 허가의 존재는 효력이 소멸하기 전까지 행정청에 의해 준수된다. 즉, 구성요건적 효력을 발생시킨다. 따라서 행정청은 자신이 의제적 허가를 취소할 수 있다거나 수범자가 기망행위를 했다는 이유로 의제적 허가의 구속력을 면할 수는 없다.

그러나 의제적 허가가 관련 제3자에 대해서도 의제효과를 발생시키는지 여부 및 어느 정도로 발생시키는지는 불명확하다. 행정행위는 －독일 행정절차법 제13조 제2항에 의해 절차에 참여한－ 관련 제3자에 대해서 통지와 함께 유효하게 된다. 독일 행정절차법 제42조의a 제1항 제2문에서의 준용지시에 의해 허가의제의 경우에도 행정행위의 통지에 관한 독일 행정절차법 제43조 제1항이[86] 통용되기에, 허가의제 역시 관련 제3자에 대해서 통지되어야 그에게 유효하게 된다. 그래서 의제의 수범자로서는, 행정청으로 하여금 (있을 수 있는) 의제와 관련한 제3자가 의제의 효과를 알도록 그리고 이런 종류와 방법으로 제소기간이 작동되도록 영향을 미치는 것이 유용하다. 그렇지만 이것은 구체적인 불복고지(Rechtsbehelfsbelehrung)가 부기될 경우에만 가능하다. 만약 행정행위의 통지가 없으면, －제3자효 행정행위처럼－ 허가의제는 관련 제3자에 대해 －존재하긴 해도－ 아무런 효력을 발휘하지 않는다. 그러나 가령 시행활동의 결과로 허가의제의 존재를 사실상 인식할 경우에는 실효(Verwirkung)의 법리가 적용될 수 있다.[87]

4. 불복고지를 동반한 통지에 관한 청구권

행정심판제기기간이 행정행위의 통지와 함께 진행되고, 기간연장이 구체적인 불복고지의 존재 여부에 좌우되는 경우, 법적 안정성의 관점에서 최고로 중요한 물음인, 수익자가 행정청에 대해 제3자에 대해 불복고지를 통지할 것에 관한 청구권을 갖는지

85) Kluth, a.a.O., 1078(1081).

86) ① 행정행위는 그것의 수범자(상대방) 또는 그것과 관련한 자에게 통지된 때부터 이들에 대해 효력이 발생한다. 행정행위는 통지된 내용대로 효력을 발한다.

87) Kluth, in: Wolff/Bachof/Stober/Kluth, VerwR I, 12.Aufl. (2007), §63 Rn.13ff.

여부, 그리고 이 청구권을 -상황에 따라서는 국가책임법적 결과를 갖고서도- 주관적 권리로 주장할 수 있는지 여부가 수범자의 관점에서 제기된다. 절차신속화의 입법자의 의도를 진정으로 받아들이고 동시에 이것이 궁극적으로 신청자의 이익을 위해 행해진다는 데 출발점을 두면, 그런 청구권을 시인하는 것이 일관된 결과라 할 수 있다. 이런 상황을 명시적으로 규율하는 것이 입법자의 고유 임무일 것이다. 그러나 이런 명문의 규율이 없더라도, 해석의 방법으로 그런 청구권은 정연하게 근거지울 수 있다.[88]

Ⅷ. 허가의제와 관련한 소송상의 물음

독일 행정절차법 제42조의a 제1항 제2문은 '권리구제절차' 규정의 준용을 명시하고 있다. 따라서 행정행위에 연관된 독일 행정법원법의 규정이 의제적 허가에 대해서도 통용된다. 이는 종래의 판례의 입장이기도 하다.[89] 따라서 그 자체가 행정심판이나 취소소송을 통해 다툴 수 있으며,[90] 당연히 잠정적 권리보호에 관한 동법 제80조와 제80조의a 역시 어려움 없이 통용된다. 원고적격의 물음과 관련해서 제3자를 포함해서 나름의 권리침해를 전제로 인정되며, 피고는 발해진 것으로 여겨지는 행정행위상의 처분청이 된다. 의제적 허가가 쟁송취소되면, 의제기간이 새로이 진행되지는 않는다. 한편 허가의제의 경우 불복고지가 동반되지 않기에, 의제적 허가에 대한 권리구제는 원칙적으로 행정법원법 제58조 제2항의[91] 불고지기간이 통용되며, 그것 역시 의제적 행정행위를 알게 된 것으로 여겨지는 자에 대해서만 그러하다. 즉, 제3자에 대해서는 원칙적으로 불고지 규정이 통용되지 않고, 일반적인 실효의 법리가 통용된다. 그런데 Stelkens는 행정청이 의제적 허가를 관련 제3자에게 불복고지를 부가하여 통지할 것 또는 관련 제3자에게 직권으로 불복고지가 부가된 의제확인을 송부할 것을 요구하는 청구권이 수범자에게 인정된다고 주장한다.[92]

---

88) Kopp/Ramsauer, VwVfG, §42a Rn.22; Schliesky, in: Knack/Henneke, VwVfG, §42a Rn.14; Schmitz/Prell, a.a.O., 1(8); Ziekow, "Die Umsetzung der Dienstleistungsrichtlinie im Verwaltungsverfahrensrecht", WiVerw, 2008, 176(190); Stelkens, in: Stelkens/Bonk/Sachs, VwVfG, §42a Rn.94.

89) BVerwGE 91, 7, 9; OVG Magdeburg 7.4.1998, A 1/4 S 221/97 Rn.53 f.)

90) 다툼의 여지 없이 성립한 허가의제가 어떤 내용을 지니는지를 둘러싸고 행정청과 신청자간에 다툼의 여지가 있다면, 독일 행정법원법 제43조의 일반적 확인소송이 적격의 소송종류이다.

91) 불고지나 오고지가 있으면, 송달, 개봉 또는 고지 이후 1년 이내에만 권리구제를 제기할 수 있다; 불가항력으로 인하여 1년 기간의 경과 전에 권리구제를 제기할 수 없었거나 또는 권리구제가 주어지지 않는 식으로 서면적 고지나 전자적 고지가 행해진 경우에는 그러하지 아니하다. 불가항력의 경우에는 제60조 제2항이 준용된다.

92) Stelkens, in: Stelkens/Bonk/Sachs, VwVfG, §42a Rn.71.

Ⅸ. 맺으면서 – 우리 법제에 대한 시사점

독일의 경우 의제로 문제되는 경우는 일반적으로 기간경과적 의제효과의 방식인데, 우리는 인허가의제적 건축신고의 경우처럼 동반적·집중효적 의제효과의 방식이 문제된다. 그런데 건축법상의 착공신고의 경우 건축신고의 경우와는 달리 허가권자가 정한 기간 내에 신고수리 여부 또는 민원 처리 관련 법령에 따른 처리기간의 연장 여부를 신고인에게 통지하지 아니하면 그 기간이 끝난 날의 다음 날에 신고를 수리한 것으로 본다(건축법 제21조 제4항). 건축신고에서와는 달리 수리의제를 규정하고 있다. 그런데 수리여부의 통지제를 도입한다고 하여 이른바 '수리를 요하는 신고'의 근원적인 문제점이 해소되지는 않는다. 자칫 수리여부의 통지제의 존부로 '수리를 요하는 신고'로 여겨지는 식으로 본말이 전도된다. 착공신고를 수리를 요하는 신고로 보는 것은 이미 허가를 받거나 신고를 한 사안임에도 불구하고 다시 사전 확인을 받도록 하는 점에서 불필요한 중복 규제이다. 수리여부의 통지제는 신고제의 혼란을 해소할 해결책이 되기보다는 일회용 앰플주사마냥 순간대응수단에 불과하다.

의제규정이 날로 늘어감에 따라 일반규정을 통해 관련 법제도를 체계적으로 정비할 필요가 있다. 우리의 동반적·집중효적 의제효과의 방식은 법치국가원리의 차원에서 법률유보의 원칙 및 개별수권의 원칙과 충돌한다. 의제제도를 둘러싼 이상의 논의를 숙고하여 하루바삐 독일 행정절차법에 해당하는 행정기본법을 통해 의제에 관한 일반규정을 마련하여야 한다.

* 법제연구 제54호, 2018.6.30., 39면–69면 所收.

* **추론**: 김중권, 의제된 인·허가의 취소와 관련한 문제점, 법조 제731호, 2018.10.28., 509면 이하. 2012.3.23에 제정된 행정기본법은 인·허가의제와 관련해서 직접적으로 규정하고 있다(제24조부터 제26조).

제 2 장

독일 행정절차법상의 행정행위의 무효의 체계에 관한 소고

Ⅰ. 처음에

행정행위의 적법, 위법을 판명하는 것이 행정법 및 행정법도그마틱의 소임의 하나이다. 행정행위의 위법은 민사법에서와 달리 그 자체로 무효(불통용력)를 초래하지 않는다. 이것은 이른바 공정력의 이름으로 받아들여지고 있는 행정법의 핵심적 도그마틱이며,[1] 이로써 행정법 및 행정행위는 민사법 및 법률행위와 결정적으로 구분되어 진다. 이런 공정력이 부인되는 경우가 행정행위의 무효이다. 독일 행정절차법은 제44조에서 일반원칙으로서의 중대명백성의 원칙(명백설)[2]을 기점으로 삼아 행정행위의 무효론에 관해 나름의 체계를 설정하였다. 하지만 행정행위의 하자론의 핵심이자 그 출발점인 독일 행정절차법 제44조과 같은 성문의 가이드라인이 없이 전적으로 판례와 문

1) 한편 우리의 경우 독일 행정절차법 제43조 제2항과 같은 명문의 규정이 없는 관계로, 공정력의 이해를 둘러싸고 논란이 발생한다. 공정력을 법적 안정성의 원칙에서 자리매김하는 이상, 명문규정의 존부 여하에 관계없이 그것을 이른바 실체적 의미로 바라보아야 한다. 독일과는 달리 최소판결의 소급효를 예외 없이 적용시킨 결과가, 바로 공정력의 유명무실은 물론 그것에 관한 혼란이다. 이에 관한 상세는 졸저, 행정법기본연구Ⅰ, 199면 이하; 졸고, 행정행위의 공정력과 취소판결의 소급효간 충돌에 관한 소고, 법률신문 제3634호(2008.3. 17.) 참조.

2) 독일의 '명백설(Evidenztheorie)'은 그 명칭에도 불구하고 하자의 중대성과 명백성, 양자를 고려에 넣는다. 이 점에서 맹백성의 징표가 너무 불확정적이라고 비판을 받는다. Wolff/Bachof/Stober, VerwR II, 2000, 6.Aufl. §49 Rn.12; Forsthoff, Lehrbuch des Verwatungsrecht, Bd. I, 1973, S.226. 이하에선 오해를 피하기 위해 '중대명백성설'로 명명한다.

헌에 논의가 맡겨진 우리의 경우, 과연 행정법 및 행정법도그마틱이 나름의 소임을 제대로 수행할 수 있을지 강한 의구심을 씻을 수가 없다. 대부분의 행정법문헌에서 행정행위의 위법사유(무효원인 및 취소원인)가 상대적으로 소홀히 다루어지고 있는 것이 그 증좌이다. 자칫 기왕의 논의가 스테레오타입적 차원에서 맴돌면서, 행정법관계의 안정과 행정능률을 도외시한 채 권리구제만을 전적으로 앞세운 나머지, 무효사유의 과도한 확대가 강구된다면(후술 참조), 이는 행정법도그마틱의 핵심인 공정력의 해체를 초래할지도 모른다. 판례와 문헌이 행정절차 및 그것의 하자에 대해서 과도한 의미를 부여하는 경향에 비추어, 이런 우려가 전혀 근거가 없는 것은 아니다. 따라서 여기선 행정행위의 하자론을 새롭게 정립하기 위한 모색의 일환으로, 독일 행정절차법 제44조를 중심으로 한 독일에서의 행정행위의 무효논의를 살피고자 한다.[3)]

"○○를" 배우는 자세를 넘어서, "○○에서" 배우는 자세가 요구된다. 외국 법제에 관한 연구가 단순 소개차원을 넘어 그 의미를 갖기 위해선, 그것을 우리 법제에 견줘 전개하여야 한다. 지면관계상 여기선 부분적으로 우리 네 것에 견주기도 하겠지만, 우선 독일의 현황을 최대한 풍부하게 소개하는 데 중점을 둔다, 차후 다른 지면에서 여기서의 논의를 반영하여 우리 행정행위하자론 전반을 살펴볼 것이다. 다만 "○○에서" 배우기 위해선, 먼저 "○○를" 배우기가 충분히 이루어지지 않으면 아니 된다.

Ⅱ. 독일행정절차법 제44조에 관한 기초적 이해

1. 독일행정절차법 제44조의 위상과 기본구조

* 제44조(행정행위의 무효 Nichtigkeit des Verwaltungsaktes)

① 행정행위에 특별히 중대한 하자가 있고, 또한 제반 고려상황을 이해가능하게 판단하여 그 하자가 명백한 경우에는 그 행정행위는 무효이다.

② 다음 각 호의 1에 해당하는 행정행위는 제1항의 조건의 존재여부를 불문하고 무효로 한다.

1. 문서로 한 처분으로서 처분청을 알 수 없을 때, 2. 법규상 일정한 증서의 교부(수여)를 통하여만 발하여질 수 있는 행위인데, 그 형식이 충족되지 못한 때, 3. 행정청이 제3조제1항 제1호의 규정에 의한 관할범위 밖에서 아무런 수권을 받지 아니하고 행한 행정행위, 4. 사실상의 이유로 누구라도 행할 수 없는 행정행위, 5. 형벌 또는 과태료의 구성요건을 실현하는 것을 요구하는 행정행위, 6. 미풍양속에 어긋나는 행정행위

3) 이하의 내용은 특히 Kopp/Ramsauer, Verwaltungsverfahrensgesetz Kommentar, 8.Aufl., 2003; Stelkens/Bonk/Sachs, Verwaltungsverfahrensgesetz Kommentar, 7.Aufl., 2008 을 참고하였음을 밝혀둔다. 그리고 이하의 법규정은 특별한 지적이 없는 한, 독일 행정절차법을 견준 것이기에, 이를 '법'이라고 약칭하여 기술한다.

③ 행정행위는 다음 각 호만의 이유로는 무효로 되지 아니한다.
1. 토지관할권에 관한 규정을 준수하지 아니한 경우, 단 제2항 제3호의 경우를 제외한다. 2. 제20조 제1항 제1문 제2호 내지 제6호에 의하여 제척되는 자를 참여시킨 경우. 3. 법규에 의하여 협력이 요구되는 위원회가 행정행위의 발동을 위하여 규정된 의결을 하지 아니하였거나 의결능력을 가지지 못한 경우. 4. 법규에 의하여 요구되는 다른 행정청의 협력이 이루어지지 아니한 경우
④ 행정행위의 일부만이 무효인 경우, 무효인 부분이 없었던들 행정청이 그 행정행위를 하지 아니하였을 만큼 무효인 부분이 본질적인 때에는, 행정행위의 전부가 무효이다.
⑤ 행정청은 언제든지 직권으로 무효를 선언할 수 있다. 신청인이 이에 관하여 정당한 이익을 가지는 경우에 신청이 있으면 그 무효를 선언하여야 한다.

동 규정은 행정절차법에 관한 부가대상으로서, 행정행위의 무효(인 상태)를 규율한 즉, 이는 어떤 경우에 형식적 또는 실체적 위법이 무효를, 그리하여 독일행정절차법(이하 '법'이라 함) 제43조 제3항에 의해 관련 행정행위의 효력불발생도 야기하는지에 관한 물음이다. 그리하여 동 규율은 법 제43조와 체계적 상관관계에 있다.[4] 이에 의하면 행정행위의 단순한 하자(Fehler) 또는 위법은 그것의 효력발생(유효성)과는 무관하다. 법 제44조에 따라 무효를 초래하는 하자만이 법 제43조 제3항에 따라 행정행위의 효력을 소멸시킨다. 나아가 독일행정절차법이 절차의 독립된 가치보다는 봉사적 기능에 더 큰 비중을 둔다는 점을 확고히 증명하는 법 제45조(하자의 치유)[5]와 법 제46조(절차 및 형식상의 하자의 효과)[6] 역시 하자론 전체의 핵심내용이다. 따라서 법 제44조는 당연히 이들 규정과도 체계적 상관관계에 있다.

---

4) 제43조(행정행위의 효력 Wirksamkeit des Verwaltungsaktes): ① 행정행위는 행정행위의 상대방 또는 행정행위로 인하여 영향을 받을 자에게 고지된 때부터 효력이 발생한다. 행정행위는 고지된 내용에 따라 효력을 발한다.
② 행정행위는 취소되거나, 철회되거나, 다른 방법으로 폐지되거나 또는 기간만료나 기타 방법으로 실효되지 아니하는 한, 효력을 지속한다.
③ 무효의 행정행위는 효력을 발하지 아니한다.

5) 제45조(절차형식하자의 치유: Heilung von Verfahrens– und Formfehlern): ① 절차규정이나 형식규정의 위반은, 그 위반사항이 제44조의 규정에 따라 행정행위를 무효로 만드는 경우를 제외하고는 다음 각 호의 경우에 고려되지 아니 한다(논외로 한다)
1. 행정행위의 발동에 필요한 신청을 사후에 제출한 경우. 2. 필요한 이유제시가 사후에 이루어진 경우. 3. 필요한 참가인의 청문이 사후에 추완된 경우. 4. 행정행위의 발동을 위하여 참여하여야 할 위원회의 의결을 사후에 행한 경우. 5. 다른 행정청의 필요한 협력이 사후에 추완된 경우.
② 제1항에 따른 행위는 행정소송절차의 종결시점까지 추후에 추완될 수 있다.
③ 행정행위에 필요한 이유제시가 결여되어 있거나 참가인의 필요한 청문이 행정행위의 발령 전에 행해지지 아니하였고, 이로 인해 적시에 행정행위의 취소소송을 제기할 수 없었던 경우에는 제소기간의 지연에 따른 책임을 지지 않는다. 제32조 제2항에 따른 절차의 재개기간을 위하여 규준이 되는 사항은 부작위의 대상인 절차행위가 추완된 시점에 발생한다.

6) 제46조(절차・형식하자의 효과: Folgen von Verfahrens– und Formfehlern): 제44조의 규정에 의하여 무효로 되지 아니하는 행정행위의 경우, (절차규정 등의)위반이 결정에 대해 실체적으로 아무런 영향을 미치지 아니하였다는 점이 명백한 때에는, 절차나 형식 또는 토지관할에 관한 규정을 위반하여 성립되었다는 이유만으로 그것의 폐지를 요구할 수 없다.

행정행위의 무효사유의 완결적 규율이 아닌 동 조항은, 먼저 제1항에서 일반적 원칙을 설정한다. 그리고 이 일반적 원칙이 제2항에선 중요한 경우군에 관한 결정에 의해 보충되고, 제3항에선 제한된다. 제2항은 아무튼 무효(무효인 상태)가 존재하는 중요한 경우를 열거하고, 제3항은 마찬가지로 무효가 그 자체로선 존재하지 않는 중요한 경우를 든다. 즉, 동조 제1항상의 일반원칙으로서의 중대명백성의 원칙은 (절대적 무효사유로 포지티브목록인) 제2항과 (그 자체로선 절대적 비무효사유로 네가티브목록인) 제3항과의 상관관계로부터 생겨나며, 아울러 전적으로 보충적(subsidiär) 성격을 갖는다, 즉, 하자의 명백성을 고려함이 없이 이미 행정행위가 제2항에 의해 무효로 여겨져야 하는 경우 또는 반대로 제3항에 의해 무효가 아닌 것으로 여겨져야 하는 경우가 아니어야만, 비로소 동 원칙이 적용될 수 있다.7)

그리하여 제1항에 의한 무효성의 물음은, 제2항 내지 제3항에 따른 심사이후에나 비로소 답해져야 한다. 다만 의문스러울 땐, 제2항과 제3항의 특별규율 역시 제1항상의 일반원칙의 관점에서 해석되어야 한다. 동시에 여기서 적시된 사유들은, 직접적으로 규율된 그 자체를 넘어서, 어떤 행정행위가 제2항이나 제3항상의 행정행위와의 비견가능성으로 말미암아 무효로 또는 단순 위법으로 여겨져야 하는지를 판단하기 위한 예로서 기능한다. 즉, 이들 규정상의 목록은 대부분 실무상으로 사례를 포착하고 있기에, 일종의 해석보조수단으로서 제1항상의 일반원칙을 위한 한계를 그을 수도 있다.8)

2. 규율의 목적

동 조항의 목적은 특히 행정의 적법성과 관련인의 권리보호의 보장이다. 규정의 내용은 대체적으로 행정절차법시행이전의 통설을 따른다. 행정행위의 무효에 관한 법 제44조의 규율은 독일내국의 헌법의 원칙에 부합한다. 즉, 중대한 하자가 존재할 땐, －효력과 존속력의 인정을 통한－ 법적 안정성의 관점을, 실체법이 통용되어야 한다는 요청의 뒤로 후퇴시켜야 한다. 동 조항은 유럽공동체법의 타자집행(indirekter Vollzug)의 영역에서도 적용가능하다.9) 사실 단순한 하자(위법성)와 －조치의 무효를 초래하는－ 고양된 하자를 구분하는 것은, 유럽공동체법상으로도 이미 오래전에 받아들여졌다.10)

---

7) BGHZ 21, 294; Wolff/Bachof/Stober, Verwaltungsrecht II.

8) Stelkens/Bonk/Sachs, Verwaltungsverfahrensgesetz Kommentar, 7.Aufl., 2008, Zweiter Teil, §44 Rn.107; Knack/Busch/Clausen/Henneke/Klappstein/Möllgaard, Verwaltungsverfahrensgesetz Kommentar, 7.Aufl., 2002, §44 Rn.9.

9) 이를 포함한 독일 행정절차법의 유럽화의 작동방식에 관해선 졸고, 독일 행정절차법의 유럽화에 관한 소고, 법조 제626호, 2008.11., 165면 이하 참조.

10) EuGHE Slg 1957, 83, 126. 여기서 유럽최고법원(EuGH)은 －유럽공동체조약 제174조 제1항에 따라 확인되어야 할 "무효"와 구분된 의미에서－ "절대적 무효"(absolute Nichtigkeit)란 표현을 사용하였다. 보통은 가중적 하자가 있는 행정행위가 "존재하지 않는다"(inexistent)고 표현한다. EuGHE Ⅰ 1994, 2555, 2629.

그리하여 중대하고 명백한 하자를 지닌 조치의 경우, –독일의 법제도가 준용되어서– 효력을 발생할 수 없다는 점이 유럽공동체법에 대해서도 인정되었다.[11] 다만 유의할 것은, 공동체법의 적용우위에도 불구하고, 공동체법에 대한 모든 위반이 무효를 초래하진 않는다.[12] 한편 유럽법적 구속으로 인해, 다른 회원국의 행정행위는 국내에서 인정될 수 있어야 한다. 그런 소위 월국적(초국적) 행정행위(transnationale VAe)가 인정되어야 하는 한, 그것이 원산국의 규준에 따라 적법하면 다른 회원국에서도 구속력 있게 받아들여져야 한다.[13]

3. 무효(Nichtigkeit)의 의의

여기서의 무효는, 하자(위법성)로 말미암아 이미 발해진 행정행위가 처음부터(ex tunc) 효력이 발생하지 않는다는 것(Unwirksamkeit)을 의미한다.[14] 따라서 그것의 유효성(효력발생)에 관한 선의의 믿음조차 보호받지 못한다.[15] 행정행위의 무효는 항상 행정행위가 존재한다는 점을 전제로 한다. 소위 비행정행위(Nicht–VAe)나 위장행정행위(ScheinVAe)는 고유한 행정행위적 성격이 결여되어서, 처음부터 어떤 관점에서도 외관상으로 책임을 지는 고권주체에게 귀속시킬 수 없는 경우이다.[16] 이는 행정행위의 무효의 경우와는 구분되어야 한다. 대상이 없거나 기능이 없는 행정행위 역시 무효인 행정행위와는 구분되어야 한다. 이들의 경우 그 효력은 외적 사건에 의거해서 상실하고, 행정행위의 하자(위법성)와는 무관하다. 하지만 의제적 행정행위(Fingierte VAe)의 경우에도 법 제44조가 적용되어야 한다. 의제적 행정행위와 동일한 내용의, 실제로 발해진 행정행위가 무효에 해당할 것 같으면, 그 의제적 행정행위 역시 무효가 될 것이다.[17]

---

11) EuGH NJW 1987, 3074; EuZW 1994, 436.

12) BVerwG NVwZ 2000, 1039.

13) Stelkens/Bonk/Sachs, VwVfG Komm., §44 Rn.11.

14) BVerwG DVBl. 1990, 702. 요컨대 우리 언어생활에서 '무효'란 처음부터 효력이 발생치 않은 것(당연 무효)뿐만 아니라, 일정 행위(취소나 폐지)이후부터 효력이 소멸하는 것(消效)도 나타내기에 용어사용에 세심함이 요구된다. '무효'에서 중요한 것은 효력이 발생하지 않는다는 점보다는 하자가 존재한다는 점이다. 하자가 전제되지 않은 경우를 무효라 표현함으로써 종종 난맥과 혼란이 빚어지곤 한다. 대표적인 예가 인가에서의 '유동적 무효'인데, '유동적 효력불발생'이 바른 용어라 하겠다. 이런 사정은 졸저, 행정법기본연구 I, 300면 주)25 참조.

15) Wolff/Bachof/Stober, VerwR II, §49 Rn.43.

16) 비행정행위의 경우 설령 행정행위의 외관을 갖는다 하더라도 실체법적, 절차법적 효과를 전혀 발생시키지 않지만, 단지 가끔 법질서에 의해 포착되고 있다. 가령 법적 안정성의 이유에서 독일 법질서는 무자격자의 행위에 대해서 통용력을 부여하곤 한다(독일 연방공무원법(BBG) 제14조 참조).

17) 졸저, 행정법기본연구, 347면 이하; Caspar, Der fiktive Verwaltungsakt–Zur Systematisierung eines aktuellen verwaltungsrechtlichen Instituts, AöR 125(2000), S.131(142).

Ⅲ. 절대적 무효사유인 포지티브목록: 독일행정절차법 제44조 제2항

1. 법적 성격

제2항상의 무효근거(사유)는 완결적 열거이자,[18] 절대적 무효원인에 해당한다. 개개의 원인에 해당하면, 하자의 중대성이나 명백성을 별도로 심사할 필요가 없다. 따라서 특히 하자의 명백성이 결여된 경우에도,[19] 제2항상의 무효사유에 해당하면, 무효가 항상 인정된다. 이들 사유는 법치국가적 관점에서 이른바 공정력(하자무관한 행정행위의 효력)을 받아들일 수 있는 최소한의 요건이 결여된 셈이다. 입법자로선 이런 몇몇 하자의 경우를 제2항을 통해서 적시한 셈이다. 이 같은 규율의 목적은, 제1항에 따른 집행상의 곤란함을 줄이고 구분상의 곤란함을 피하기 위함이다.

2. 발급청의 불분명함(제1호)

일반문서나 전자문서에 의한 행정행위에서 그것을 발한 행정청이 분명해야 한다는 요청은, 동법 제37조 제3항[20]에 따라 행정행위의 최소한의 형식요청에 속한다.[21] 처분청이 알려지지 않으면, －설령 불가능하진 않더라도－ 행정행위에 대한 권리구제가 곤란하다는 점이 제1호에서 고려되었다. 또한 제1호의 입법취지에서 고려된 것은, 행정청이 행위를 하였는지 여부, 행정행위가 존재하는지 여부 및 절대적 무권한의 행정청이 행정행위를 발하진 않았는지 여부를 결코 확실하게 확인할 수 없다는 점이다. 따라서 처분청이 서류의 두서에 언급하는 것이 반드시 요구되진 않으며, 그런 사항이 결정에서 대체로 언급되면 족하다.[22]

동 규정의 일반적인 파악과 －모든 본질적인 요소가 해당 서면 자체로부터 명백해야 한다는－ 행정행위의 서면성의 의미(본지)에도 불구하고, 어떤 행정청이 활동을 하였는지를 관계자(관련인)가 결정으로부터 전체적으로 도출할 수 있다면, 제2항 제1호에 따른 무효가 존재하지 않는다. 이밖에 행정행위의 본문에서, 경우에 따라선 해석의 방법으로, 혹은 겉봉, 자가소인에서의 우편소인, 송달서류 등으로부터 처분청이 별의문

18) Vgl. Stelkens/Bonk/Sachs, VwVfG Komm., §44 Rn.129.
19) BVerwG NVwZ 1990, 668.
20) 법 제37조(행정행위의 명확성 및 형식 Bestimmtheit und Form des Verwaltungsaktes): ③문서에 의한 행정행위는 이를 발한 행정청을 식별할 수 있어야 하고, 또한 행정청의 책임자, 대리인 또는 수임자의 서명이 있거나 성명이 표기되어야 한다.
21) Vgl. Wolff/Bachof/Stober, VerwR II, §48 Rn.25; §49 Rn.24.
22) OVG Weimar NVwZ－RR 1995, 253.

없이 확인되면, 제2항의 적용을 배제하는 데 충분하다.[23] 한편 행정청이 표시되긴 했지만, 상황에 비추어 분명히 그 행정청이 교부(발부)하는 행정청일 수가 없는 경우, 혹은 존재하지 않는 행정청이 표시된 경우에는, 불분명함이 동일하게 인정된다. 하나의 행정행위에 다수의 상이한 여러 행정청이 교부자로서 고려되는 경우에도 동일하다. 대저 행정청이 활동을 하였는지 여부가 불분명하면, 이미 행정행위로서의 성격이 존재하지 않는다.

3. 증서교부요청에 대한 위반(제2호)

제2호는 (규준이 되는 법규정에 비추어) 증서교부(Urkundenaushändigung)가 행정행위 발급의 창설적, 불가결한 부분 그 자체에 해당하는, 드문 경우를 규정한 것이다. 이는 독일의 종전의 통설[24]과 일치하는 입법태도이다. 독일에서 이런 증서교부요청은 특히 국적법(StAG) 제16조[25]에 따른 귀화허가에 통용된다.[26] 즉, 결정의 중요성을 고려하고, 법적 안정성을 위하여 그것이 꼭 필요하게 규정되어 있다. 또한 공무원법상의 임명의 효력발생과 관련해서도, 임명이 임명증서의 교부와 함께 행해지도록 규정하고 있다(독일연방공무원법(BBG) 제6조 제2항 제2문). 여기선 임명증서의 교부가 없는 공무원임명이 공무원법의 해당 규율상의 무효에 불과한지 아니면 불임명(비행정행위)이 존재하는지 여부가 다투어진다.[27]

그런데 증서의 교부가 정당성/입증목적에만 이바지할 때에는(가령 행상감찰증(허가증) 운전면허증, 음식점허가필증 등), 그런 행정행위의 경우는 제2호가 적용될 수 없다.[28] 그리고 법규정상 증서교부의 성격이 의심스러우면, 이런 종류의 교부형식을 의미하는 것으로 받아들여야 한다.[29]

4. 법 제3조 제1항 제1호에 따른 지역적 무권한(제3호)

제3호는 행정절차법 제3조 제1항 제1호상[30]으로 언급된, 행정행위의 특별한 장소구

23) VGH Mannheim VBlBW 1988, 439; Knack, VwVfG Komm., §44 Rn.33.
24) Vgl Forsthoff, a.a.O., S.239; Obermayer, Grundzüge des Verwatungsrechts und des Verwatungs-prozessrechts, 3.Aufl., 1988, S.117, 120.
25) 제16조 제1항: "귀화허가(Einbürgerung)은 행정청이 작성한 증서의 교부와 함께 효력을 발생한다. …"
26) OVG Münster NVwZ 1986, 936.
27) 후자의 입장으로: Stelkens/Bonk/Sachs, VwVfG Komm., §44 Rn.134, ; Wabner, DÖV 1988, 283. 전자의 입장으로 Knack, VwVfG Komm., §44 Rn.35.
28) Vgl. Obermayer, Kommentar zum Verwaltungsverfahrensgesetz, 3.Aufl., 1999, §44 Rn.51; Ehlers, DÖV, 1991, 480.
29) Kopp/Ramsauer, Verwaltungsverfahrensgesetz Kommentar, 8.Aufl., 2003, §44 Rn.37.
30) 법 제3조(토지관할 örtliche Zuständigkeit): ① 토지관할권은 다음 각호에 정하는 바에 의한다.

속성의 경우를 위한 지역적 권한(토지관할)의 특별한 의의를 고려한 것이다. 이 또한 절차법시행이전의 독일의 통설[31]과 일치한다. 반면 사물관할의 위반은 물론, "증명된 실체"의 관점에서 근거가 없는 토지(지역)관할의 위반에 대해선, 이 제3호가 적용되지 않는다. 유추로도 적용될 수 없다. 이 경우엔 중대명백설에 따른 일반원칙(제1항)이 통용된다. 관할규정의 두드러진 위반에서의 무효에 관해선 후술한다. 단 위반사실이 의심스러울 땐, 특히 명백성이 결여될 경우엔, 무효가 아니라, 단순 위법이다(경우에 따라선 사소한 것으로 받아들여져야 한다).[32] 여기서의 무효는 -제3조 제1항 제1호에 따라 무권한(무관할)의 행정청이 그 활동을 수권 받지 않았다는 의미에서- 수권의 결여를 요건으로 한다. 다만 긴급피난적 관할의 경우[33]에는 활동의 수권이 고려될 수 있다. 즉, 그에 따른 행정행위는 여기서의 제3호에 들어가지 않는다.[34] 한편 권한의 위임(Mandat)은 원칙적으로 유효(효력발생)하여야 하되, 그것의 적법성에 좌우되진 않는다.[35]

5. 사실상의 객관적 불능(제4호)

1) 객관적 불능과 시행의 개념

제4호는 누구도 객관적으로 불가능한 급부를 할 의무를 지지 않거나 질 수 없다는 일반법원칙에 합치한다.[36] 본문에 따르면, 동 규정은, 현재의 과학, 기술 등의 수준에 비추어 누구도 행정행위를 시행할 수 없는 상황, 즉 객관적인 사실적 불능에 대해서만 통용된다. 나아가 급부가 기술적으로 가능하긴 하지만, -누구라도 합리적 방법으론 고려하지 않을 정도로- 높은 비용이나 커다란 어려움이 결부될 경우엔, 적어도 동 규정이 유추 적용될 수 있다.[37] 여기선 불능의 명백성에 좌우되지 않기 때문에, 불능의 상태가 시행이나 집행의 과정에서 추후에도 비로소 생겨날 수 있다.[38] 그렇지만 단순한 기대가능성의 없음(Unzumutbarkeit)은 원칙적으로 행정행위의 위법성(하자)만

1. 부동산이나 장소에 관련된 사항에 있어서는 당해 재산이나 장소의 소재지를 관할하는 행정청
31) Vgl. VGH München Bay VBl. 1976, 726; Bay VerfGH 4, 9f.; Erichsen/Ehlers, §15 Rn.26.
32) Kopp/Ramsauer, VwVfG Komm., §44 Rn.38.
33) 가령 법 제3조 제4항: ④미룰 수 없는 조치에 대한 지체의 위험이 있는 경우에는 행정작용의 동기가 발생된 구역을 관할하는 행정청이 관할한다. 이 경우에는 제1항 제1호 내지 제3호에 따라 토지관할권을 가지는 관청에 즉시 통보하여야 한다.
34) Stelkens/Bonk/Sachs, VwVfG Komm., §44 Rn.142; Knack, VwVfG Komm., §44 Rn.37.
35) Stelkens/Bonk/Sachs, VwVfG Komm., §44 Rn.141; 나아가 OVG Münster NVwZ 1993, 75.
36) KreisG Dresden NVwZ 1993, 601.
37) Kopp/Ramsauer, VwVfG Komm., §44 Rn.39. 동지: Knack, VwVfG Komm., §44 Rn.38. 다른 견해로 Stelkens/Bonk/Sachs, VwVfG Komm., §44 Rn.145: 제4호의 경우가 존재하지 않는다고 한다.
38) Stelkens/Bonk/Sachs, VwVfG Komm., §44 Rn.145.

을 초래하지, 무효를 초래하진 않는다. 요구된 급부가 그 자체로선 가능하지만, 행정행위가 관계자에게 그것을 위한 가능성을 결코 부여하지 않을 경우엔, 이 역시 객관적 불능에 해당한다.[39] 행정행위나 (행정행위에 의해서 명해진) 활동이 행정행위로써 추구하는 목적을 달성하는 데 적합하지 않다는 점은, 여기서의 불능의 개념에 들어가지 아니 한다.[40]

제4호상의 시행(집행, Ausführung)의 개념은 가장 넓게 이해되어야 한다. 객관적으로 불능인 것을 지향하는 모든 행정행위가 관련이 있다. －일신전속적 행정행위나 완전히 특정 대상만을 위해 의도한 규율에 해당할 때－ 존재하지 않는 사람과 관련하거나,[41] 존재하지 않는 대상과 관련한 행정행위는 무효이다. 가령 망자의 운전면허의 취소, 존재하지 않은 기념물에 대한 보호설정,[42] 이미 제거된 건축물의 철거명령, 실제 지형과 주요한 점에서 일치하지 않는 계획에 관한 계획확정이[43] 그에 해당한다.

2) 법적 불능과 주관적 불능의 문제

법적인 불능은 원칙적으로 충분치 않다.[44] －제2항 제5호의 경우가 존재하지 않는 한에 있어서－ 행정행위가 법적 이유에서 집행되어선 아니 될 하명을 발하였다고 하여, 무효로 귀결되진 않는다. 가령 철거명령이 다수 공동소유권자 가운데 한 사람에게 향한 경우에, 무효가 아니다. 법적 불능이 범주적으로 사실적 불능과 동일하게 영향을 미칠 때, 제2항 제4호에 따른 무효가 성립하는지 여부가 다투어진다.[45] 이 점에서 필경 결정적인 기준이 되는 것은 집행가능성의 물음이 아니라, 의무자가 어떤 상황하에서도 결코 급부를 가져다 줄 수 없는지 여부이다. 이에 해당하는 예로, 독일국적을 이미 보유한 사람에 대한 귀화허가,[46] 공무원 아닌 자에 대한 공무원법상의 조치[47]가 해당한다.

제4호는 주관적 불능에 적용될 수 없다. 행정행위의 수범자나 기타 관계자로선, 경제적, 재정적 사유 또는 자신의 사람에게 존재한 기타 사유로 (행정행위로 인해 그에게 과해진) 급부 등을 제공할 순 없지만, 그 급부가 객관적으론 가능하고 제3자에 의해

39) Vgl. VGH Kassel NVwZ 1982, 514: 기한설정이 없는 강제수단의 계고는 무효이다. 왜냐하면 그것은 관계자로 하여금 －강제집행이 개시하기 전에－ 그것을 따를 가능성을 부여하지 않았기 때문이다.
40) 그러나 그것은 제1항에 따른 중대하고 명백한 하자가 있을 시엔 마찬가지로 행정행위의 무효를 초래할 수 있다.
41) 여기선 이미 유효한 통지가 없는 셈이다, vgl. Stelkens/Bonk/Sachs, VwVfG Komm., §44 Rn.143.
42) OVG Münster NWVBl. 1990, 199.
43) Vgl. ProOVG 28, 381; Forsthoff, a.a.O., S.242; 다른 견해로 BVerwG NVwZ 1992, 554＝DVBl. 1992, 568.
44) Stelkens/Bonk/Sachs, VwVfG Komm., §44 Rn.146.
45) Vgl. Kreisgericht Dresden NVwZ 1993, 601: 동독마르크화를 목표로 한 납부결정은 무효이다. 이유는 유일한 지불수단으로서 마르크화가 도입됨에 따라 지속적인 법적 장애가 급부와 대립되고 있기 때문이다.
46) VGH München VerwRspr 1961 Nr. 83.
47) Stelkens/Bonk/Sachs, VwVfG Komm., §44 Rn.146.

제공될 수 있을 때, 주관적 불능이 존재한다. 이런 경우 무효의 물음은 전적으로 중대명백설에 따른 일반원칙(제1항)에 의해 판단되어야 한다.[48] 의무자가 권능의 결여로 이행할 수 없는 하명처분의 경우 무효에 해당하지 않는다. 이유인 즉, 그런 경우 필요한 권능이 사후에 가령 수인처분의 발함 등을 통해서 부여될 수 있기 때문이다.[49]

6. 가벌적(strafbar) 내지 질서위반적 활동의 요구(제5호)

제5호는 법질서의 통일성의 필연적 결과이며, 동시에 관계자에게 (형법과 질서위반법과 관련해서 행정행위를 따르는 데서 빚어질 수 있는) 충돌을 감소시킨다. 동 규정 역시 독일의 종전의 통설에 일치한다.[50] 동 규정을 통해 분명해진 점은, 여기선 문제되는 활동의 객관적인 구성요건해당성과 위법성이 관건이지, 주관적인 요소 특히 유책성은 결코 관건이 아니다.[51] 개별사건에서 정당화사유가 주어지는 한에 있어서, 행정행위는, 가령 초실정법상의 긴급피난의 원칙에 따라 정당화된 활동을 요구하는 행정행위 역시 유효하다.[52] 요구된 활동이 행정행위에 의해 정당화되는 경우엔 무효원인은 주어지지 않는다(합법화효과). 그렇지만 행정행위가 언제 그런 효과를 발생시킬 수 있는지가 다투어진다.[53]

제5호는 본문에 의하면 (범죄나 질서위반을 저지른) 행정행위에 대해서만 통용된다. 그러나 행정행위가 (범죄나 질서위반에) 상응한 행위를 범함을 요구하거나 허용하더라도, －후자의 경우엔 적어도 허용의 위법성이 명백한 경우에－ 동일하여야 한다.[54] 위법한 활동의 다른 경우에는 제5호가 적용될 수 없으며, 유추적으로도 그러하다. 특히 관계자가 법적 원인(근거)에서 명령, 금지 등을 따를 수 없을 뿐 더러, 허가를 이용할 수도 없는, 소위 법적 불능의 경우에도, 역시 그러하다.[55] 마찬가지로 특히 행정행위가 법률상의 금지에 위반할 경우엔,[56] 이밖에 가령 행정행위에 의해 명해진 행위가

---

48) Knack, VwVfG Komm., §44 Rn.39.

49) OVG Lüneburg NJW 1994, 3309; VGH Mannheim VBlBW 1994, 310

50) Vgl. Wolff/Bachof/Stober, VerwR II, §49 Rn.27; Forsthoff, a.a.O., S.247; Obermayer VerwR, S.121; Erichsen/Ehlers, §15 r.26; OLG Celle NJW 1969, 2250.

51) 동지: Stelkens/Bonk/Sachs, VwVfG Komm., §44 Rn.150; Knack, VwVfG Komm., §44 Rn.40.

52) 동지: Knack, VwVfG Komm., §44 Rn.40.

53) 상세 Stelkens/Bonk/Sachs, VwVfG Komm., §43 Rn.72.

54) 이제까지의 법에 관해선 OLG Celle NJW 1969, 2250(가벌적 도박을 위한 허용에 관한 것으로); Erichsen/Ehlers, §15 Rn.26.

55) BVerwGE 8, 332; Bay ObLGZ 1970, 192.

56) VGH Mannheim UPR 1990, 355; Wolff/Bachof/Stober, VerwR II, §49 Rn.33; Knack, VwVfG Komm., §44 Rn.27. 행정절차법이 시행되기 전 독일 연방행정법원은 확약(Zusicherung)을 위하여 동일한 입장을 취하였다: BVerwGE 48, 166; 49, 359. 한편 법률상의 금지에 반하는 확약이 무효라고 주장되기도 하는데(Knack, VwVfG Komm., §44 Rn.27), 이에 반해 Kopp/Ramsauer는 이런 견해가 행정절차법 제38조에 따라 더 이상 유지될 수 없으며, 그런 확약은 위법한 행정행위라고 본다(VwVfG Komm., §44 Rn.56).

법률상의 금지를 위반하거나 금지된 자력에 의해서만 가능할 것 같은 경우엔,[57] 오로지 중대명백설에 따른 일반원칙(제1항)에 의해서, 하자의 중대성과 명백성 여부가 판단되어야 한다.

7. 양속위반(제6호)

양속위반(Verstoß gegen die guten Sitten)의 법적 행위는 아무런 법효과를 갖지 못한다는, 민법 제138조에 표현된 일반원칙은 공법에도 통용된다. 제6호가 이에 부합한다.[58] 이전의 통설과 일치하게, 내용과 목적 그 자체에 비추어 양속을 위반한 행정행위만이 아니라, 시민에게 양속위반의 행위를 명하거나 허용하는 행정행위[59] 또는 양속위반의 방법으로 초래된, 특히 사취된 행정행위[60]도 무효로 여겨져야 한다고 주장된다.

1) 양속위반의 개념

여기서 양속위반이라 함은, 행정행위가 모든 공평하고 정당한 사고자(思考者) 예의심을 위반한 것을 의미한다.[61] 이때 양속에 합치한 행위에 관한 사회지배적인 입장만이 아니라, 특히 기본법의 가치시스템도 목표로 삼아야 한다.[62] 도덕이나 윤리의 중요한 공지의 원칙에 대한 위반이 필수적이진 않다. 또는 심지어 행정청이 행정행위의 발함으로써 도덕감, 윤리감의 토대에서 벗어난다는 점 역시 그렇다. 무엇을 양속으로 여겨야 할지는, (법공동체에서 결정적인 질서조건으로 인정되는) 사회윤리적 가치관에서 도출되어야 한다.[63] 양속위반을 인정하는 데 있어선, −독일 민법 제138조, 제242조에서 전개된 것처럼− 분별이 있고, 성실한 행위란 최소한의 요청과의 불일치가, 특히 기본법의 바탕이 되는 평가규준과의 불일치가[64] 있으면 충분하다. 그리하여 혼인체결·을 위한, 특정종파의 채용을 위한 협박,[65] 인종차별적 조치, (문제가 되는 손실보상

57) Vgl Lüneburg DÖV 1968, 699; Forsthoff, a.a.O., S.248.
58) 동지: VGH München Bay VBl 1976, 237; OLG Köln NJW 1986, 1352; VG Düsseldorf NVwZ 1983, 176; Erichsen/Ehlers, §15 Rn.24 Fn.83.
59) BVerwGE 84, 314=NVwZ 1990, 668(소위 영업법 제35조의a 제1항에 따른 핍쇼우(peep−show)의 허가); OVG Hamburg NVwZ−RR 1993, 793; Obermayer, VwVfG Komm., §44 Rn.64; Stelkens/Bonk/Sachs, VwVfG Komm., §44 Rn.155. 그러나 Knack, VwVfG Komm., §44 Rn.44, 는 양속에 맞는 행위에 관해서 지속적으로 바뀌는 견해로 말미암아 대단한 법적 불안정성을 초래할 것이라고 반대견해를 주장한다.
60) Vgl. BGH NJW−RR 1987, 831.
61) BGH NJW 1990, 1356; VGH München Bay VBl 1976, 227; VG Berlin NVwZ 1988, 757; Stelkens/Bonk/Sachs, VwVfG Komm., §44 Rn.154.
62) Obermayer VwVfG Komm., §44 Rn.63; Sack NJW 1985, 761; Knack, VwVfG Komm., §44 Rn.42.
63) BVerwGE 64, 276, 282; 71, 30; 71, 36; 84, 317.
64) VGH München Bay VBl 1976, 237.
65) Vgl. Forsthoff, a.a.O., S.247.

에 의존한) 시민의 곤경을 이용하는 것,[66] 인간존엄성과 일치하지 않는 설비의 운영이[67] 예로 운위된다.

2) 양속위반의 규준

양속위반의 존부에 관한 판단에선, 평균적 규준이 적용되어야 한다.[68] 지배적인 법/사회적 모랄과의 상위가 현저하고, 행위자가 자신의 행위의 양속위반을 알았거나 알았어야 할 때에만, 양속위반이 인정되어야 한다. 동기의 단순한 양속위반성은 원칙적으로 행정행위를 무효로 만들지 않는다.[69] 행정행위가 양속위반의 수단(가령 사기, 강박)으로써 얻어진 상황 역시 행정행위를 곧바로 무효로 만들지 않는다.[70] 하지만 이 경우엔 일반원칙(제1항)에 따른 무효가 인정될 수 있는데, 특히 지탄의 대상이 된 상황을 참가자가 알았거나 그 자체로서 명백한 경우에 그러하다. 순전히 자의(Willkür)에 의거한 행정행위, 특히 (아무런 가능한 사실적 근거가 없거나 법치국가적 절차의 기본적 원칙을 심각하게 등한시하면서 발해진) 행정행위 역시 제6조에 따른 무효에 해당한다. 부당결부금지(Kopplungsverbot)에 대한 중대한 위반을 띈 행정행위도[71] 동일하다. 이유로, 반대급부가 양속에 위반한다거나 그릇된 목적을 위한 것이라는 점 또는 행정청이 반대급부의 요구로써 관계자의 딜레마를 이용한다는 점을 든다.

Ⅳ. (그 자체로선) 절대적 비무효사유인 네가티브목록: 독일행정절차법 제44조 제3항

1. 법적 성격

제3항은 －설령 그 하자가 제1항상의 중대하고 명백한 것으로 평가될 수 있을지라도－ 행정행위의 하자성이 그것의 무효를 초래하지 않는 중요한 경우의 비완결적 목록을 담고 있다. 규정된 각호의 경우는 오히려 비슷한 경우를 판단하기 위한 예로 여겨진다. 그렇지만 무효는 제3항의 규정된 경우에서도 제1항이나 제2항에 따른 그 의

66) Degenhart, NVwZ 1982, 74.
67) BVerwGE 64, 274＝NJW 1982, 614; 64, 280; 84, 314＝NVwZ 1990, 668; VGH Mannheim NVwZ 1988, 640; BVerfG NJW 1987, 3246; VGH München NVwZ 1992, 78.
68) VGH München Bay VBl. 1976, 238.
69) 계약에서의 비슷한 상황에 관해선 vgl. BVerwGE 42, 342f.; BGH NJW 1958, 1772.
70) VGH Mannheim DVBl. 1990, 1098; Montag, JuS 1992, 645; Knack, VwVfG Komm., §44 Rn.44. Obermayer, VerwR, S.122, 는 직무담당자에 대한 사기나 강박을 통해서 초래된 행정행위를 무효로 본다.
71) VGH München Bay VBl. 1976, 237(그렇지만 중대한 위반이 명백하지 않기에 본질적으로 지나치게 확장된 면이 있다고 한다); BGH VRspr 24, 715.

상황의 추가발생을 통해서 생겨날 수 있다. 즉, 동 규정은 제2항과 대비해서 해당 원인(근거) 그 자체론 무효가 되지 않음을 분명히 함과 동시에, 무효로 진행될 가능성을 담고 있다.

2. 지역적(토지) 권한(관할)의 위반(제1호)

제1호는 지역적 관할(토지관할)에 관한 규정의 위배가, 제2항 제3호의 경우를 제외하고선, 무효를 초래하지 않는다는 점을 분명히 한다. 이는 절차법시행이전에 다투어졌던 단체관할의 위배에 대해서도 마찬가지로 통용된다.[72] 동 규정 역시 종전 독일의 통설에 합치한다.[73] 한편 절대적 무권한의 경우엔 행정행위의 무효성은 제1항으로부터 생겨날 수 있다. 그런데 법 제46조에 의하면, 지역적 관할에 관한 규정의 위반은 대체적으로 아무런 법효과(Rechtsfolgen)가 발생하지 않은 채 그대로 온존한다.

3. 제척된 사람의 참여(제2호)

제2호는 법 제20조 제1항 제1문 제2호－제6호에[74] 따라 제척된 사람이 위법하게 참여한 것(Mitwirkung)의 결과를 규율한다. 이 규율은 다른 규정에 따른 상당한 제척사유에도 통용되어야 한다. 법 제21조[75] 등에 의거하거나 비견가능한 규정에 의거한 제척의 경우에도 마찬가지이다.[76] 동 규정은 행정절차법 제20조 제1항 제1문 제2호－제6호상의 언급된 특별한 관계 및 제21조상의 편견이 행정행위에 대해 명백히 본질적으로 영향을 미치지 않는 경우만을 포착한다.[77] 따라서 결정의 명백한 편파성의 경우엔 원칙적으로 제1항에 따른 무효가 인정되어야 한다. 법 제20조 제1항 제1문 제1호나 상응한 규정에 따른 고유의 실체상의 활동의 경우에 제2호를 유추 적용하는 것은

---

72) Oldiges, DÖV 1989, 873, 882)

73) Bay VerfGH 4, 9; VGH München Bay VBl 1976, 726; BGHZ 4, 11; Wolff/Bachof/Stober, VerwR II, §49 Rn.30.

74) 법 제20조(제척 되는 자 Ausgeschlossene Personen): ①다음 각호의 1에 해당하는 자는 행정절차에서 행정청을 위하여 활동할 수 없다. 1. 자신이 참가인이 된 자. 2. 참가인이 친족인 자. 3. 법률이나 대리권에 의하여 일반적으로 또는 행정절차에서 참가인을 대리하는 자. 4. 해당 절차에서 참가인을 대리하는 자의 친족인 자. 5. 보수를 받고 참가인에게 고용되어 있거나 이사회 감사역 또는 이에 준하는 기관의 구성원으로서 활동하고 있는 자. 이 경우 참가인이 임용단체에 소속되어 있는 경우에는 그러하지 아니하다. 6. 직무상의 자격을 떠나서 당해 업무상의 감정을 하였거나 기타의 활동을 하였던 자.

75) 법 제21조(연루의 우려 Besorgnis der Befangenheit): ①공정한 직무수행에 대한 의혹이 있을 것으로 인정할 만한 상당한 이유가 있거나 참가인이 이러한 이유의 존재를 주장할 때에는 행정절차에서 당해 행정청을 위하여 활동할 자는 그 행정청의 책임자 또는 수임자에게 이를 보고하여야 하고 그 지시에 따라 활동을 중지하여야 한다. 행정청의 책임자에게 불공정의 우려가 있는 경우는 스스로 활동을 중지하지 아니하는 한 그 감독행정청이 이에 대한 지시를 한다. ②위원회(제88조)의 구성원에 대하여는 제20조제4항의 규정을 준용한다.

76) Vgl. BSG SGb 1994, 232: 편파성(편견)의 염려로 참여자에 의해 거부될 수 있는 공무원의 협력이란 －공무원의 행위가 절차의 출발에 영향을 미쳤다는 점이 배제될 수 없을지라도－ 결코 무효사유가 아니다.

77) Stelkens/Bonk/Sachs, VwVfG Komm., §44 Rn.101.

불가능하다. 그것은 제1항의 규율에 머문다.[78]

4. 법규정상 협력할 위원회의 결여된, 하자있는 의결(제3호)

위원회의 결여된, 하자있는 의결과 같은 흠결은 원칙적으로 관계자에게 알려지지 않는다. 이런 경우 행정행위의 무효를 인정하면, 법적 안정성의 요청은 물론, 경우에 따라선 신뢰보호의 요청과도 일치하지 않을 수 있다. 제3호는 이런 상황을 고려하여 논의의 불확실성을 제거하였다. 독일의 종전의 통설 역시 이와 같았다.[79] 한편 여기서의 위원회는 협력적 위원회를 의미하기에, 행정청적 성격을 갖는 위원회에 의한 의결의 흠결은 제3호가 아니라, 제4호에 해당된다.[80] 이익대표기관(Personalrat)도 제3호상의 위원회로 여겨질 수 없지만, 동 규정이 유추 적용되어야 한다.[81]

행정행위가 직접적으로 바탕을 두고서, 그것의 집행이 행정행위에 해당하는 의결은 물론, 행정청에 속한 위원회가 의도된 행정행위에 동의하거나 견해를 표명하는 셈이 되는 다른 의결도 여기서의 의결에 해당한다.[82] 그러나 후자의 의결에 대해선, "발동하기 위해 ... 규정된"이란 본문과 맞지 않는다고 의문이 제기된다.[83] 한편 의결의 무효(Nichtigkeit) 및 행정행위의 발급이전에 행해진 의결의 폐지는, 의결의 결여와 다를 바 없다.

여기서의 협력(작용)의 종류는 한정되지 않는다. 따라서 협력은 －구체적 경우에 적용가능한 규정에 비추어－ 필수적인 동의, 허가(인가), 규정된 단순한 의견청취(청문), 조언 등을 포함한다. 협력이 절차의 어떤 단계와 관련이 있는지, 특히 사안조사와 관련이 있는지, 아니면 결정 그 자체인지 여부는 물론, 그것이 결정내리는 행정청의 절차의 범주에서 규정되어 있는지 아니면 다른 행정청의 절차의 구성요소로서 규정되어 있는지 여부는 중요하지 않다.[84]

특히 중대하고 명백한 하자의 경우에, 가령 필수적인 의결의 회피를 관계자가 알고 있거나 심지어 그에 의해 초래된 경우에, 제3항의 일반적 유보에 의거해서 일반원칙(제1항)에 따른 무효성이 받아들여져야 할지 여부가 다투어진다.[85]

---

78) 동지: Knack, VwVfG Komm., §44 Rn.49.
79) Vgl. BSG 24, 162=MDR 1966, 540; Wolff/Bachof/Stober, VerwR II, §49 Rn.30; Forsthoff, a.a.O., S.227.
80) Stelkens/Bonk/Sachs, VwVfG Komm., §44 Rn.183.
81) BVerwGE 68, 193.
82) Knack, VwVfG Komm., §44 Rn.50.
83) Kopp/Ramsauer, VwVfG Komm., §44 Rn.56.
84) Knack, VwVfG Komm., §44 Rn.50.
85) Kopp/Ramsauer, VwVfG Komm., §44 Rn.57.

5. 타 행정청의 결여된, 하자있는 협력(제4호)

제4호는 소위 다단계적 행정행위에서 他 행정청의 필수적인 협력이 없는 경우를 위한 규율과 관련이 있다. 동 규정은 -다툼의 여지가 있긴 해도- 종전의 독일 다수견해에 합치한다.[86] 제3호에서와 비슷하게 협력의 종류에 좌우되지 않는다. 또한 절차의 단계와 절차의 범위에서의 위치에도 좌우되지 않는다. 동의가 필요한 행정청의 불참 또는 필요한 동의의 거부의 불찰 역시 행정행위를 원칙적으로 무효로 만들지 않고, -법 제45조 제1항 제5호에 따른 치유의 가능성을 지닌 채- 하자있게 즉, 위법하게 만든다. 협력이 행정행위의 발급에 대해서만 사전에 개재되고, 공동적 결정의 형식으로(가령 법 제3조 제2항 제4문 후단) 규정되어 있지 않으면, 설령 그 위반이 명백하다고 하더라도, 중대명백설에 따른 일반원칙(제1항)이 통용되지 않는다. 즉, 동항에 따른 관련 행정행위의 무효는 어떤 경우도 존재하지 않는다. 마찬가지로 행정행위의 발급을 위하여 필수적인, (가령 감독청의) 인가가 결여되면, 이것은 원칙적으로 유동적 효력불발생(schwebende Unwirksamkeit)을 초래한다.[87] 한편 전적으로 내부적 행정훈령(Verwaltungsanordnung)에 의해 규정된 他 행정청의 참여는 제4호에 들어가지 않는다. 그런 훈령의 위반은 행정행위의 적법성과는 결코 아무런 관련이 없다.[88]

V. 일반원칙으로서의 중대명백성의 원칙: 독일행정절차법 제44조 제1항

전술한 바대로, 제1항상의 일반원칙으로서의 중대명백성의 원칙(독일에서의 명백설)은 제2항과 제3항과의 상관관계로부터 생겨나며, 전적으로 보충적(subsidiär) 성격을 갖기에, 그에 의한 무효성의 물음은, 제2항 내지 제3항에 따른 심사이후에나 비로소 답해져야 한다. 일반원칙에서 요구되는 두 가지 징표(하자의 중대성과 명백성) 가운데 후자는 지나치게 불확정적이라는 비판이 가해지고 있다.[89] 이하에선 우선 통설에 의거하여 서술하고자 한다.

86) Vgl. BVerwG DÖV 1972, 174; Wolff/Bachof/Stober, VerwR II, §49 Rn.30; 다른 견해로 Forsthoff, a.a.O., S.236f.

87) 이는 공동적 사권형성적 행정행위에 해당한다. 이에 관한 상세는 졸저, 행정법기본연구 I , 2008, 271면 이하 참조,

88) BVerwG DVBl. 1976, 221.

89) Wolff/Bachof/Stober, VerwR II, §49 Rn.12; Forsthoff, a.a.O., S.226.

1. 특별히 중대한 하자(위법성)

1) 하자의 특별한 중대성

현행 법질서와 그것의 바탕이 되는 공동체적 가치관과의 불일치가 존재하되, 그 모순이 행정행위가 (그것으로써) 의도한 법효과를 가진다고 받아들일 수 없을 정도로 심각할 때, 우선 —그것의 명백성이 충족되는 한— 제1항상의 하자가 인정된다.[90] 즉, 행정행위에 대해서 유효의 외관이나 잠정적인 통용이나마 용인하는 것이 법치행정에 관한 법치국가원리적 질서와 요청과 불일치하다고 여겨질 정도로 하자가 중대하여야 한다.[91] 여기서 판단규준과 관련해선, 일정한 법규정 그 자체와의 위반이 우선되진 않고, 전체적으로나 일정한 측면에서 법질서의 바탕이 되고 이를 지지하는 목적관과 가치관에 대한 위반—특히 중요한 헌법원칙에 대한 위반 역시— 및 이들에 대한 불일치(모순)의 정도가 결정적인 기준이 된다.[92] 즉, 위법에도 불구하고 공정력에 따라 인정되는 행정행위의 유효성을 도저히 받아들일 수 없을 정도로, 법위반이 그 종류와 범위에서 심대하여야 한다. 따라서 위반법규정의 위계에만 좌우되진 않으며, 헌법위반만이 무효를 초래하진 않는다. 유럽연합의 법규범의 위반에 대해서도 마찬가지이다. 여기서도 모든 위반을 필연적으로 무효가 초래될 수밖에 없는 중대한 것인 양 여길 순 없다.[93]

하자의 중대성을 판단함에 있어서, 제2항과 제3항상의 규정된 경우는 물론, 법 제45조 제1항의 규율 역시 근거점을 제공한다. 원칙적으로 하자(위법)의 범위와 심대성에서 제2항상의 하자에 비견될 수 있어야 하며, 다른 한편으론 제3항상의 흠결보다는 중대하여야 한다.[94] 그리고 법 제45조 제1항에서 열거된, 치유가능한 하자는 통상의 경우엔 무효를 야기할 만큼 중대하지 않다고 하겠다.

---

90) BVerwG NVwZ 1984, 578(현행 법질서와의 맹백하고 근본적인 불일치); NJW 1985, 2685(어떤 상황에도 법질서와 일치할 수 없는 법적 하자만이 제1항상의 특별히 중대한 것이다. 왜냐하면 그것은 법질서에 내재한 가치관 또는 중요한 헌법원칙에 부합하지 않기 때문이다); VGH München bayVBl 1994, 53(행정행위가 의도한 법효과를 가질 것이라고 기대할 수 없을 정도로, 법질서에 대한 중대한 위반일 때 무효가 존재한다).

91) Knack, VwVfG Komm., §44 Rn.14.

92) Vgl. BVerwGE 8, 332; BVerwG DVBl. 1985, 624=NJW 1985, 2658; Knack, VwVfG Komm., §44 Rn.14에 의하면, 하자의 중대함은 위반된 가치, (위반된 법규범의) 법에토스적·사회적 의의 그리고 위반의 정도에 의거하여 결정된다.

93) Stelkens/Bonk/Sachs, VwVfG Komm., §44 Rn.109; 미확정인 것으로 BVerwGE 104, 289; BVerwG NVwZ 2000, 1039.

94) BVerwG DVBl 1985, 624.

2) 중대한 하자의 예

(예외 없이 통용되는) 강행법적 금지나 명령, 비견가능한 규율이나 근본적인 법윤리적, 법논리적 원칙에 대한 위반이, ―이들이 법질서를 위하여 근본적인 일정한 목적관과 가치관의 표현인 한에 있어서― 제1항상의 중대한 하자로 여겨진다.[95] 그리하여 가령 맹세·선서의 거부, 연방의회의원의 선출, 장기간의 외국체류에 따른 면직 등을 규정한, 독일 연방공무원법(BBG) 제28조 이하와 불일치한 공무원면직의 경우,[96] 여자에 대한 징병검사통지의 경우, 실체적으로 완전히 무관한 급부의 바탕이 된 긍정적인 심사결정의 경우,[97] 행정청의 극단적인 절대적인 사실적(실체적) 무권한의 경우, 완전한 불확정성이나 불명료성의 경우, 절대적인 법적 불가능의 경우, 명백히 아무런 공권력이 행정청에게 주어지지 않는 영역에서 행정청이 행한 고권적 활동의 경우에, 중대한 하자가 존재한다.

이에 반해 공과금에 관한 허용되지 않는 포기는, 비록 시민이 경우의 특별한 상황을 고려한 즉 허용된다고 여길 수 있다 하더라도, 무효원인이 되지 아니 한다.[98] 명백한 산정상의 하자가 있는 과세표준의 확정[99]은 물론 과세확정소멸이후에 내린 조세결정[100]까지도 무효로 평가되지 않는다. 또한 기망이나 협박에 의거하여 발해진 행정행위[101] 역시 무효사유가 아니다. 또한 유럽공동체법위반만으로 곧바로 무효가 초래되지 않는다.[102] 한편 유럽최고법원은, 이유제기의 결여,[103] 내부 규정의 위반,[104] 공동체와 회원국간의 관할분장의 위반[105] 및 기타의 관할 및 형식의 하자[106]에 대해서 중대한 하자로 보지 않았다.

---

95) 의문을 갖는 것으로 Wolff/Bachof/Stober, VerwR II, §49 Rn.30ff.
96) Forsthoff, a.a.O., S.247f.
97) 학위과정의 경우로 Berlin DVBl 1979, 355; 후보자가 신청하지 않았고 또한 참가하지 않은 시험의 경우로 OVG Koblenz GewArch 1992, 428.
98) BVerwG NJW 1984, 2114.
99) BFH NJW 1990, 2582.
100) FG Hannover NVwZ-RR 1991, 662.
101) BVerwG DVBl 1985, 624; Stelkens/Bonk/Sachs, VwVfG Komm., §44 Rn.117.
102) BVerwG NVwZ 2000, 1039.
103) EuGH, Rs. 8-11/66, EuGHE 1967, 100, 125. 다른 것으로 EuGH, Rs. 1 und 14/57, EuGHE 1957, 213, 232 f.
104) EuGH, Rs. 15/85, EuGHE 1987, 1005 Rn.11 = NJW 1987, 3074, 3075.
105) EuGH, Rs. 226/87, EuGHE 1988, 3611 Rn.15.
106) EuGH, Rs. 310/87, EuGHE 1990, 307 Rn.31; EuGH, Rs. C-137/92 P, EuGHE 1994, I-2555 Rn.52 = EuZW 1994, 436.

2. 명백한 하자－하자의 명백성

하자의 특별한 중대성에 추가하여, 제1항은 법적 안정성을 위하여, (시민의 광범한 자가사법에 대한) 행정의 집행적 이익을 보호하기 위하여, 또한 시민의 신뢰보호를 위하여, 하자가 명백하여야 한다고 요구한다. 여기서 명백성이란, 편견에 사로잡히지 않으며, 제반 고려상황을 잘 아는, 사려깊은 관찰자를 기준으로 삼아, 그 중대한 하자성이 곧바로 분명하다는 것, 즉, 곧바로 떠올라야 한다는 것(sich aufdrängen)을 의미한다.[107] 다시 말해, 행정행위를 보면 위법성(하자성)을 금방 알아 챌 수 있어야 한다(auf die Stirn geschrieben).[108] 편견이 없는 판단능력이 있는 평균적인 관찰자가 보건대, 행정행위가 사정에 따라 적법할 수(도) 있다는 실제적 가능성이 존재하여선 아니된다. 여기서 위반의 대상인 법규정이나 법원칙을 아는 것을 요건으로 하지 않는다.

그렇지만 무효에 관한 공지나, －사정을 잘 알지 못하는－ 제3자를 위한 명료성(Erkennbarkeit)이 필수적이진 않다. 즉, 자세한 사정을 아는 자, 특히 관계자뿐만 아니라 관련자가 속한 인적범주의 다른 구성원(가령 공무원, 토지소유자)이 특별한 하자있음을 곧바로 인식할 수 있으면 충분하다. 명백성은 하자있음과 관련이 있어야 한다. 따라서 행정행위가 그 자체로서 인식될 수 없거나 더 이상 인식될 수 없을 경우는, 제1항의 적용을 위해선 충분하지 않다, 가령 멀리 떨어지거나 －더 이상 인식할 수 없을 정도로－ 풍화된 더러운 눈이 낀 교통표지의 경우엔, 오히려 비행정행위를 출발점으로 삼아야 한다고 한다.[109]

3. 중대하고 명백한 하자의 예

1) 관할(권한)상의 하자

(1) 절대적 무권한

가능한 어떤 관점에서도 행정행위에 관한 권한이 없거나 그것을 발하는 데 권능이 있을 수 없는 행정청, 즉 절대적으로 무권한인 행정청이 행한 행정행위는 무효가 된다.[110] 이에 해당하는 예로, (가령 공권력이 미칠 수 없는 사적 영역에서 그곳을 지배하는 권력의 동의가 없는 채 행한 고권적 활동처럼) 공권력이 명백히 결여된 경우,[111] 행정권한

107) Vgl. OVG Lüneburg DÖV 1986, 382; Martens, NVwZ 1987, 464; 1990, 624.
108) Vgl. BSG 17, 83.
109) Kopp/Ramsauer, VwVfG Komm., §44 Rn.13.
110) BVerwG DVBl 1974, 565; BSG 19, 132; 24, 168; OLG München NVwZ 1982, 150; VG Freiburg NVwZ 1990, 594; Wolff/Bachof/Stober, VerwR II, §49 Rn.30; Forsthoff, a.a.O., S.245; Erichsen/Ehlers, §13 Rn.26.

이 명백히 결여된 경우,[112] 연방헌법재판소가 아닌 행정청에 의한 정당금지의 경우, 행정청이 형사소송법에 따라 형벌에 처하는 경우가[113] 거론된다. －다른 법주체의 행정청이 어떤 가능한 관점에서도 관장할 수 없는 법의 집행에서 결정을 내린 경우처럼－ 단체권한이 명백히 결여된 경우에도 원칙적으로 무효가 받아들여져야 한다.[114] 가령 주법의 집행에서 주행정청을 대신하여 연방행정청이 행한 결정[115]이나 －권한학장의 요건이 명백히 주어지지 않는 한－ 다른 주의 주행정청의 결정도 명백히 무효이다. 반면 연방법의 집행에서 B주의 행정청에 갈음하여 A주의 행정청이 내린 결정[116]이나 게마인데조합이 아닌 그 조합원인 게마인데가 행한 부담금결정은 이에 해당하지 않는다.

(2) 사물적 무권한

행정청의 사물관할의 명백한 위반과 관련해선, 행정행위로써 규율된 업무가 사물적 관점에서 행정청의 임무영역과 아무런 관련성을 갖지 않으며, 또한 이런 점이 명백하면, 원칙적으로 무효가 초래된다.[117] 특히 관할이 명백히 결여된 경우란 가령 완전히 다른 임무를 맡은 행정청이 (본연의 것과) 다른 소관의 결정을 내린 경우를 의미한다. 가령 건축행정청 대신에 재무부가, 재무부 대신에 산림청이 행하는 경우이다.[118] 그런데 전속적인 성격을 지니지 않는 기타의 권한규율의 위반은 무효를 초래하지 않는다. 즉, 행정청이 예외적으로 또는 권리구제절차에서 어떠한 결정을 내릴 수 있을 때, 그 행정청이 통상적 경우에 즈음하여 그 같은 결정을 내린 경우가 그렇다. 이에 따라 심급상의 관할을 위반하여 행해진 행정행위의 하자는 중대·명백하지 않다.[119] 보다 자세히 말하자면, 소관 행정청 대신 그것의 하위 행정청이 활동한 경우에 그렇다.[120] 그리고 건축경찰작용과 관련해서 질서행정청(건축행정청) 대신에 일반 경찰이 건축법상의 활동한 경우도 마찬가지이다.[121] 시장과 게마인데의회간의 법률이나 조례에 의한 관할

---

111) BVerwG VRspr 25, 538; BSG NJW 1973, 1064.

112) VGH kassel NVwZ－RR 1991, 227; Wolff/Bachof/Stober, VerwR II, §49 Rn.34.

113) OLG München NVwZ 1982, 150.

114) BVerwG DÖV 1972, 173; BGHZ 20, 119; VGH kassel NVwZ－RR 1991, 226; Knack, VwVfG Komm., §44 Rn.15.

115) 다른 견해로 BVerwGE 82, 21(연방법에 따른 계획확정의 범주에서의 집행에 관해서, 주법이 단지 고려될 뿐 집행되지는 않는다고 지적하였다).

116) BVerwGE 90, 35; BVerwG NVwZ 1993, 481: 다른 견해로 OVG Münster NJW 1979, 1059.

117) VGH Kassel NVw－RR 1989, 631; VG Freiburg NVwZ 1990, 594; Knack, VwVfG Komm., §44 Rn.16.

118) BVerwGE 49, 371; Forsthoff, a.a.O., S.233. 한편 (해당 교통행정청이 아닌) 산림청에 의한 교통표지판의 설치가 무효로 되어선 아니 될 것이라고 한다. Kopp/Ramsauer, VwVfG Komm., §44 Rn.15.

119) BVerwGE 30, 138; 49, 371; Wolff/Bachof/Stober, VerwR II, §49 Rn.35; 부분적으로 다른 견해로 Obermayer, VwVfG Komm., §44 Rn.36(상급행정청이 아닌 하급행정청의 활동은 무효이다).

120) VGH Mannheim VBlBW 1973, 91; Wolff/Bachof/Stober, VerwR II, §49 Rn.39. 다른 견해로 Forsthoff, a.a.O., S.232.

121) OLG Stuttgart VRS 1980, 464(지연의 위험이 없음에도 불구하고, 경찰에 의한 교통표지판의 설치는 무효가 되지 않는다).

획정을 위반한 경우 무효가 생겨나지 않는다.[122] 위원회 대신 의장이나 위원이 행한 결정 역시 무효가 아니다.

(3) 지역적 무권한(토지관할위반)

−행정절차법 제44조 제2항 제3호에서 비롯되듯이− 지역적 무권한 역시 행정절차법 제3조 제1항 제1호상의 전속적 권한(관할)과 관련이 있는 경우에만 원칙적으로 무효를 초래한다.[123] 경우에 따라선 그것은 법 제46조에 따라 아무런 하자효과를 발생하지 않을 수 있다. 다만 행정규칙에만 의거하고 법률엔 근거를 두지 않은 행정내부적인 임무분장의 위반은 법적으로 중요하지 않다.[124]

2) 중대한 절차하자

중대한 절차하자의 결과로서 무효를 인정하는 데는, 우선 제2항과 제3항의 특별규정이 적용된다. 위반된 절차규정 및 절차원칙이 특별한 기본권관련성을 갖는 경우라 하더라도, 무효는 특별한 경우에 받아들여져야 한다.[125]

(1) 의사형성의 흠결(하자)

가령 명백히 정신질환자인 공무원가 행한 행정행위는 −비행위(Nicht−Akt)가 존재하지 않는 한− 무효가 되어야 한다고 본다.[126] 그리고 직접적인 강박에 의해 초래된 행정행위의 경우,[127] 독일 형법 제52조 제1항상의 협박에서 빚어진 행정행위의 경우에[128] 무효가 인정된다. 이에 반해 단지 −사법적 의사표시에서 민법 제119조이하에 의한 취소권만을 성립시키는− 의사형성의 흠결과 관련이 있는 행정행위(인가)의 경우,[129] 특히 기망이나 증뢰의 경우에,[130] 무효가 아니다. 그리고 예컨대 前科를 의식적으로 黙秘함로 인해 詐取된 귀화허가의 경우도[131] 무효가 아니다. 왜냐하면 비록 관계자가 아무런 문제없이(당장) 간파할 수 있는 경우를 제외하고선, 명백하지 않기

122) Wolff/Bachof/Stober, VerwR II, §49 Rn.40.
123) BVerwGE 90, 35; Knack, VwVfG Komm., §44 Rn.36.
124) Wolff/Bachof/Stober, VerwR II, §49 Rn.40.
125) 절차하자의 종류와 중대성이 명백한 경우엔 부분적으로 다른 견해로 v. Mutius, NJW 1982, 215.
126) Kopp/Ramsauer, VwVfG Komm., §44 Rn.19. 그러나 최소가능성만을 인정하는 입장도 있다(Forsthoff, a.a.O., S.273).
127) Obermayer, VerwR, S.122; 다른 견해로 Forsthoff, a.a.O., S.242.
128) Forsthoff, a.a.O., S.242. 이를 비행위로 보는 다른 견해로 Wolff/Bachof/Stober, VerwR II, §49 Rn.20; Alscher, NJW 1972, 803.
129) Alscher, NJW 1972, 800,
130) BVerwG DVBl 1985, 624. 그러나 경우에 따라선 여기서 법 제44조 제2항 제6호에 따라 혹은 법률상의 금지의 위반을 이유로 무효사유가 생겨난다.
131) Rey, JuS 1993, 263.

때문이다.[132)]

(2) 관련인의 비입회

관련인을 입회시키지 않는 것(Nichthinzuziehung)은 원칙적으로 무효를 초래하지 않는다. 행정소송에서 필수적인 참가가 행해지지 않은 경우에서와는 달리, 필수적인 입회의 경우에도 이 점이 통용된다.[133)]

(3) 결여되거나 하자있는 협력활동

법률이 달리 규정하지 않는 한, 법 제45조 제1항 제1호로부터 도출되어야 하는 것처럼, 관련 시민의 필요한 협력 없이 발해진 행정행위는 원칙적으로 무효가 아니다.[134)] 특히 요신청 행정행위가 아무런 신청이 없었을 때 그러하다[135)]; 마찬가지로 공무원임명이나 귀화허가에서처럼, －신청이 동시에 결정을 위해 본질적이고 불가결한 동의를 함께 포함하는－ 소위 "쌍방적" 행정행위의 경우,[136)] 그리고 법률규정에 의거하여 필수적인 관련인의 동의가 결여된 행정행위의 경우,[137)] 신청이나 기타 문제된 본질적인 협력활동이 서명의 결여로 효력이 발생하지 않았던 경우,[138)] 신청 등이 착오나 기망이나 협박으로 취소되었거나 행위무능력자에 의해 발해진 경우에도 마찬가지이다. 요컨대 신청이 강제적으로 규정되어 있지 않는 한, 신청의 결여는 대체적으로 중요하지 않다. 그리고 신청을 한 자칭 대리인이 대리권을 갖지 않는 경우도 원칙적으로 무효사유가 아니다.[139)] 이런 경우 －이들이 그 신청을 추인하지 않는 한－ 행정행위는 피대리인에 대해선 아무런 효과를 갖지 않는다.

법 제28조, 제68조 제2항, 제73조 제6항이나 다른 규정에 의해 요구되는 관련인의 청문이 행해지지 않았다는 사정은 원칙적으로 무효사유가 아니다.[140)] 법 제67조 제1항이나 상응 규정에 따른 구술심리의 원칙에 대한 위반의 경우에도 마찬가지이다.[141)]

132) 다른 견해로 Montag, JuS 1992, 646.

133) OVG Münster NVwZ 1988, 74. 부분적으로 다른 견해로 Raeschke－Kessler/Eilers, NVwZ 1988, 40.

134) Schmidt－De Caluwe, Jura 1993, 405.

135) VGH Kassel NVwZ 1985, 499; Knack, VwVfG Komm., §44 Rn.15; Wolff/Bachof/Stober, VerwR II, §49 Rn.42; Stelkens/Bonk/Sachs, VwVfG Komm., §44 Rn.107. 무효로 보는 견해로 BSG 12, 268; 52, 245; Ule/Laubinger, Verwaltungsverfahrensrecht, 4.Aufl., 1995, §57 Rn.13. 이와 다르게 유동적 효력불발생으로 보는 견해로 Lorenz, Der Rechtsschutz des Bürgers und die Rechtsweggarantie, 1973, S.281

136) Kopp/Ramsauer, VwVfG Komm., §44 Rn.21. 그러나 독일의 판례와 많은 문헌은 이런 경우 협력이 －행정행위가 어떤 상황에도 법질서와 일치한다고 여겨질 수 없을 정도로－ 중요함을 이유로 무효로 본다: BVerwG DÖV 1972, 174; Stelkens/Bonk/Sachs, VwVfG Komm., §44 Rn.108; Lorenz, a.a.O., S.281.

137) Kopp/Ramsauer, VwVfG Komm., §44 Rn.21; Pappermann/Löhr, JuS 1980, 37; Weides, JuS 1985, 369. 다른 견해로 BVerwGE 30, 169; Ule/Laubinger, VwVfR, §48 Rn.21.

138) BFH NJW 1992, 2175; FG Niedersachsen NVwZ－RR 1993, 222.

139) VGH München Bay VBl 1975, 139.

140) BVerwG DVBl 1974, 565; Forsthoff, a.a.O., S.236.

141) BVerwG NVwZ 1984, 578.

－상이한 법률규정의 유보하에－ 감독청의 요구된 승인(인가)의 결여도 무효사유가 아니다.[142)]

3) 기타의 중대한 형식적, 내용적 흠결

형식적(절차적) 또는 실체적 법의 본질적 원칙을 명백하고 중대하게 위반하면서 발한, 기타의 행정행위 역시 무효이다.[143)] 가령 법규명령 대신에 행정행위에 의한 결정의 경우, 그밖에 중대한 형식남용의 경우, 순전히 자의의 경우,[144)] 행정청이 관계자에게 적시의 권리보호의 가능성을 빼앗고, 기성사실을 만들기 위하여, 의식적으로 규정을 무시한 경우에, 무효가 인정된다.

(1) 서면형식의 요청의 위반

이런 위반은 원칙적으로 무효가 된다. 다만 서면형식의 요청(요식, Schriftformerforderniss)이 예외적으로 단지 정렬(정서)과 증명목적에만 이바지할 때는 그렇지 않다.[145)] 법률이 서면형식을 강제하여 규정한 경우,[146)] 이에 위반하여 가령 구두로 발해진 것이 (무효의) 요건에 해당한다.[147)] 그렇지만 법 제37조 제4항 및 그에 따른 규정이 규정한 書名(Unterschrift)이나 姓名表記(Namenswiedergabe)가 행정행위상으로 없을 땐, 그 행정행위가 해당 직원(담당자)에 의해 실제로 행해져야 한다는 점이 인정되어야만, 그것의 무효가 고려된다.[148)] 규정되거나 기타 필요한 이유제시가 결여되더라도, 이는 무효가 아니라 단순한 위법을 초래한다.[149)]

(2) 불명료성, 불명확성(불확정성)

내용적으로 충분히 명확하지 않는(법 제37조 제1항)[150)] 행정행위의 경우, 현존의 불명확성이 명백하고, 이것이 해석을 통해서도 제거될 수 없을 때, 무효가 된다.[151)] 행

---

142) Vgl. 법 제44조 제3항 4호; 제45조 제1항 제5호; BGH NJW 1984, 2578. 하지만 관계자가 행정행위 자체로 또는 다른 방법으로 인가의 요청을 참고하도록 지적을 받았던 한에 있어서, 행정행위는 인가가 발급되기 전에는 아직 효력이 발생하지 않는다(유동적 효력불발생).

143) Wolff/Bachof/Stober, VerwR II, §49 Rn.32: BVerwGE 8, 649,

144) BVerwGE 35, 343.

145) Vgl. BGHZ 114, 315; Badura, in: Schmitt Glaeser(Hrsg.), Verwaltungsvefahren. FS. z. 50－jährigen bestehen des Richard Boorberg Verlags, 1977, S.216; Knack, VwVfG Komm., §44 Rn.20.

146) Vgl. 외국인법(AuslG) 제38조 제2항, 제69조 제2항 제23조; 연방임미치온방지법 제10조 제7항.

147) VGH München Bay VBl. 1973, 295; Forsthoff, a.a.O., S.237; Wolff/Bachof/Stober, VerwR II, §49 Rn.41.

148) Kopp/Ramsauer, VwVfG Komm., §44 Rn.25. 다른 견해로 BGHZ 90, 328; Badura, in: Boorberg－FS, S.218; Knack, VwVfG Komm., §44 Rn.21(서명이 특별히 가중된 요식요청의 구성요소인 경우에만).

149) Knack, VwVfG Komm., §44 Rn.20.

150) 법 제37조(행정행위의 명확성 및 형식): ①행정행위는 반드시 내용적으로 충분히 명확하여야 한다

151) BFH 112, 452; 114, 156; 120, 217; 154, 439; 155,24; NVwZ 1986, 660; NVwZ－RR 1990, 234; Martens, NVwZ 1990, 625.

정청의 영역을 떠나긴 했지만, 실은 분명한 통지가 결여됨으로 인해 알 수 없는 행정행위[152] 또는 행정행위로부터 누가 의무를 지는지가 불분명한 행정행위가 이에 포함된다. 그리하여 중요한(본질적인) 사항에서 불분명하거나, 모순이거나, 터무니없거나 불가해한 모든 행정행위는 무효가 된다.[153] 가령 조세채무자나 세액이 표시하지 않은 과세결정,[154] 어떤 종파를 위한 세금인지가 밝혀질 수 없는 교회세부과,[155] (과태료부과행정청에 의한) 모순된 행정활동 및 2회 징벌 금지에 위반한 과태료결정이[156] 이에 해당한다. 그러나 상호 모순된 대량적 행정행위는 원칙적으로 무효가 아니다.[157]

(3) 관련주체나 관련객체의 결여

행정행위의 주체나 객체가 애초에 존재하지 않거나 더 이상 존재하지 않거나 소멸된 경우, 그 행정행위 역시 무효이다. 가령 행정행위가 망자에 대해서 일신전속적 급부를 확정하거나 권리승계인에게도 의무부과가 통용되는지 여부가 여전히 불분명한 경우,[158] (신청이후 그사이에) 분쇄된 건축물에 대해 기념물로 지정한 경우가[159] 그렇다. 반면 비소유권자에 대한 개발부담금부과는 무효가 아니라고 한다.[160]

(4) 적합성의 결여

행정행위상의 규율이 소기의 목적달성에 적합하지 않음은, -"바른 방향으로 나가는 것"이 결코 문제가 되지 않는 한- 무효가 아니라, 위법을 초래한다. 그러나 규율이 소기의 목표를 달성하는 데, 명백히 절대적으로 부적합하다면, 달리 통용되어야 한다.[161] 다만 이런 상황은, 규율이 전적으로 부적합하여 목적달성을 위해선 실제로 논외라는 것이 누구에게나 곧바로 분명한 경우에 인정된다고 한다.

(5) 기타의 중대한 위반

-법질서에 대해 전체적으로 또는 개별법률에 대해 바탕이 되는- 포기할 수 없는 목적관 · 가치관에 대한 기타의 중대한 위반의 경우에도 무효가 된다. 반면 (제44조 제

152) VGH München Bay VBl. 1982, 631(행정행위로서 존재하긴 하나 효력은 발생하지 않는다); Wolff/Bachof/Stober, VerwR II, §49 Rn.2; Preißer, NVwZ 1987, 869.

153) BSG 25, 256(서식의 혼동); OVG Koblenz NVwZ 1990, 399; OVG Münster NVwZ 1986, 580; Erichsen/Ehlers §15 Rn.26; Wolff/Bachof/Stober, VerwR II, §49 Rn.25

154) OVG Koblenz NVwZ 1990, 399.

155) BVerwG NVwZ 1986, 792.

156) OLG Oldenburg NVwZ 1992, 607.

157) Vgl. Martens, NVwZ 1989, 628.

158) BFH NVwZ 1994, 98.

159) OVG Münster NVwZ-RR 1990, 341.

160) BVerwG NJW 1985, 2658.

161) Vgl. VGH Kassel NVwZ 1982, 514. 여기서 동 법원은 -법원이 행정행위로 간주하지 않는- 기한확정없는 계고에 관해서, 집행요건으로서 기한경과가 확인될 수 없다는 점을 들어 무효로 판시하였다.

2항상의 명시적 경우를 제외하고선) 강행규정이나 법률상의 금지에 대한 기타의 위반의 경우엔 그렇지 아니하다.[162] 행정행위발동에 관한 법률적 근거의 단순한 부재는 무효를 초래하지 않는다.[163] 행정행위의 발함에 책임지는 직무담당자 그 자신이 행정행위를 발하여서 범죄나 질서위반죄를 저지른 경우에도, 그 행정행위가 무효로 되기 위해서는, 이상의 기본적인 목적관·가치관에 대한 위반이 동시에 존재하여야만 한다. 이에 반해 소관 업무담당자와 위법한 협력으로 법률을 의식적으로 위반하여 발해진 행정행위 즉, 소위 공모로 얻은 행정행위(kollusiv erlangte VAe)는 원칙적으로 무효가 아니라고 한다.[164]

한편 절대적인 법률무시상태(Gesetzlosigkeit)는[165] 무효를 야기한다.[166] 이에 반해 추후에 헌법재판소, (행정법원법 제47조에 의해선) 고등행정법원이나 유럽최고법원(EuGH)에 의해 무효로 판시되었거나 그 무효성이 재판에서 부수적으로 확인되었던 규범에 의거하여 행해진 행정행위는 무효가 아니다.[167] 발하기 위한 본질적인 법률상의 요건이 없는 행정행위의 경우에도 원칙적으로 무효가 아니라, 통상 단순위법으로 취소가능하다. 예컨대 토지세과표결정이 내려지지 않았음에도 불구하고 행해진 토지세부과처분의 경우나,[168] 무효인 법규명령이나 조례의 인가의 경우도[169] 마찬가지이다.

Ⅵ. 맺으면서 – 시사점

우리의 경우 행정행위의 무효(사유)의 구체적인 양상과 그 전개가 하자의 중대성과 명백성의 기준에 의거하여 전적으로 판례와 문헌에 맡겨져 있다. 우리의 경우 행정행위의 하자를 둘러싼 논의에서 대표적으로 두 가지의 경우가 문제가 된다. 먼저 하자있는 규범에 의거한 행정행위의 효력을 대상으로 하여 전통적인 무효기준을 둘러싸고 논의가 활발하였다. 대법원 1995.7.11., 94누4615 판결에서 다수의견은 기왕의 기준을

162) 형벌이나 과태료로써 절박한 행위를 요구하는 행정행위는 예외로 하는데, 이 점에서 제2항 제5호가 적용된다.

163) BVerwGE 19, 287; NVwZ 1982, 193; Wolff/Bachof/Stober, VerwR II, §49 Rn.32; Knack, VwVfG Komm., §44 Rn.26.

164) 부분적으로 다른 견해로 BGHSt 39, 381=NJW 1994, 670.

165) 가령 고권적 활동과는 분명히 전혀 무관한, 법률상으로 결코 정당화될 수 없는 종류의 행위가 문제될 때 그러하다. Vgl. VG Freiburg NVwZ 1990, 594.

166) BVerwGE 35, 343; BGHZ 4, 10; 비슷하게 BFH 134, 223=NVwZ 1982, 216(규정상 행정에 대해 요구된 요청을, 어느 누구도 그 행위를 구속력있게 여기는 것을 기대할 수 없을 정도로 현저한 범위에서 위반할 경우에는 무효이다).

167) BVerwGE 19, 284; 27, 141; Knack, VwVfG Komm., §44 Rn.26; 부분적으로 다른 견해로 Ule/Laubinger, Verwaltungsverfahrensrecht, §57 Rn.15(행정행위의 발함이전에 법원에 의해 무효성이 확인된 규범에 의거하여 내린 행정행위는 무효이다).

168) BVerwG NVwZ 1982, 193.

169) BVerwGE 75, 147.

견지하면서 명백성의 부재를 들어 무효사유로 보지 않는 반면, 반대의견은 중대성을 주된 기준으로 삼고 명백성은 보충요건으로 삼아서 무효사유를 주장하였다.[170] 사안에서 ―다수의견이든 반대의견이든― 조례 제정권의 범위를 벗어나 국가사무를 대상으로 한 무효인 서울특별시행정권한위임조례의 규정에 근거하여 구청장이 건설업영업정지처분을 한 경우, 그 처분은 결과적으로 적법한 위임 없이 권한 없는 자에 의하여 행하여진 것과 마찬가지가 되어 그 하자가 중대하다고 보았다. 그런데 여기서의 하자가 과연 중대하다고 할 수 있는지 세심한 검토가 필요하다. 왜냐하면 우리의 경우 기관위임사무와 위임조례가 상례적인 현실이기 때문이다. 그리고 최근에 판례는 환경영향평가불실시의 하자를 무효사유로 보았다.[171] 환경의 소중함과 환경영향평가의 중요성과는 별도로, 무효사유로 봄으로써 하자의 치유가능성을 원천봉쇄하는 것이 과연 행정의 능률과 소송경제적 관점에서 바람직한지 의문이 제기될 수 있다. 왜냐하면 기본적으로 환경영향평가를 사후에 실시한 다음 동일한 처분을 하더라도 기판력에 저촉되지 않기 때문이다.

최근의 우리 판례와 문헌의 경향은 무효사유에 대해 적극적인 입장을 취하는 경향을 보인다. 그러나 무효인정이 가져다 줄 후속효과가 사소하지 않다는 점에서 세심한 성찰이 요구된다. 계속 지적하듯이, 행정행위의 하자론 전체가 판례를 중심으로 한 도그마틱에 전적으로 맡겨진 상황은 매우 불안정하기 짝이 없다. 자칫 행정법도그마틱의 왜곡을 초래하기도 한다. 분명한 윤곽을 설정하기 위해선 하루바삐 입법적 해결책이

170) 관련문헌: 김남진, '중대·명백설'의 맹종에서 벗어나야, 법률신문 3207호, 2003.10.; 오진환, 조례의 무효와 그 조례에 근거한 행정처분의 당연무효 여부, 특별법연구 제5권, 1997.6.; 김성태, 무효인 조례에 근거한 권한 없는 행정청의 행정행위의 효력, 행정법연구 창간호(1997. 반기), 1997.6. 한편 헌법재판소는 「행정처분의 집행이 이미 종료되었고 그것이 번복될 경우 법적 안정성을 크게 해치게 되는 경우에는 후에 행정처분의 근거가 된 법규가 헌법재판소에서 위헌으로 선고된다고 하더라도 그 행정처분이 당연무효가 되지는 않음이 원칙이라고 할 것이나, 행정처분 자체의 효력이 쟁송기간 경과 후에도 존속 중인 경우, 특히 그 처분이 위헌법률에 근거하여 내려진 것이고 그 행정처분의 목적달성을 위하여서는 후행 행정처분이 필요한데 후행 행정처분은 아직 이루어지지 않은 경우와 같이 그 행정처분을 무효로 하더라도 법적 안정성을 크게 해치지 않는 반면에 그 하자가 중대하여 그 구제가 필요한 경우에 대하여서는 그 예외를 인정하여 이를 당연무효사유로 보아서 쟁송기간 경과 후에라도 무효확인을 구할 수 있는 것이라고 봐야 할 것이다.」고 판시하여 중대명백설의 예외를 인정하였다(헌재 1994.6.30, 92헌바23).

171) 대법원 2006.6.30. 선고 2005두14363 판결: 구 환경영향평가법(1999. 12. 31. 법률 제6095호 환경·교통·재해 등에 관한 영향평가법 부칙 제2조로 폐지) 제1조, 제3조, 제9조, 제16조, 제17조, 제27조 등의 규정 취지는 환경영향평가를 실시하여야 할 사업(이하 '대상사업'이라 한다)이 환경을 해치지 아니하는 방법으로 시행되도록 함으로써 당해 사업과 관련된 환경공익을 보호하려는 데 그치는 것이 아니라, 당해 사업으로 인하여 직접적이고 중대한 환경피해를 입으리라고 예상되는 환경영향평가대상지역 안의 주민들이 전과 비교하여 수인한도를 넘는 환경침해를 받지 아니하고 쾌적한 환경에서 생활할 수 있는 개별적 이익까지도 보호하려는 데에 있는 것이다. 그런데 환경영향평가를 거쳐야 할 대상사업에 대하여 환경영향평가를 거치지 아니하였음에도 불구하고 승인 등 처분이 이루어진다면, 사전에 환경영향평가를 함에 있어 평가대상지역 주민들의 의견을 수렴하고 그 결과를 토대로 하여 환경부장관과의 협의내용을 사업계획에 미리 반영시키는 것 자체가 원천적으로 봉쇄되는바, 이렇게 되면 환경파괴를 미연에 방지하고 쾌적한 환경을 유지·조성하기 위하여 환경영향평가제도를 둔 입법 취지를 달성할 수 없게 되는 결과를 초래할 뿐만 아니라 환경영향평가대상지역 안의 주민들의 직접적이고 개별적인 이익을 근본적으로 침해하게 되므로, 이러한 행정처분의 하자는 법규의 중요한 부분을 위반한 중대한 것이고 객관적으로도 명백한 것이라고 하지 않을 수 없어, 이와 같은 행정처분은 당연무효이다.

강구되어야 하는데, 그 출발점은 기왕의 통설과 판례의 입장을 정립하는 것이다. 독일에서 종래의 통설과 판례의 입장이 소정의 과정을 거쳐 정리된 소산이, 바로 이상에서 살펴 본 독일 행절절차법 제44조를 비롯한 전체 행정절차법이다. 차후 행정법의 도그마틱을 가미하여 행정절차법의 일반법화는 피할 수 없을 것이다. 이를 위한 선결과제가 이상에서 살펴 본 독일의 행정행위의 하자론에 견줘 우리의 상황을 정리하는 것이다.

* 중앙법학 제10집 제4호, 2008.12.31., 137면−172면 所收.

* **추론**: 김중권, 결격자가 참여한 원자력안전위원회 의결의 법적 효력에 관한 소고, 저스티스 제169호, 2018.12.1., 208면 이하.

제 3 장

독일의 징계금(징계부가금)에 관한 소고

Ⅰ. 처음에

우리의 경우 공무원의 신분, 임용, 의무, 책임 및 징계에 관한 사항을 국가공무원법(및 지방공무원법)에서 통일적으로 규율하고 있는 반면, 독일의 경우 이들의 내용이 연방공무원법(Bundesbeamtengesetz: BBG), 공무원신분법(Beamtenstautsgesetz: BeamtStG) 연방공무원징계법(Bundesdisziplinargesetz: BDG)에[1] 산재하여 규율되어 있다. 이하에서는 우리의 징계부가금(국가공무원법 제78조의2)과 흡사하게 여겨지는 징계금(Geldbuße)에 관해 살펴보고자 한다. 그런데 양자에는 근원적인 차이점이 있다. 우리의 징계부가금의 경우 그 명칭이 시사하듯이 다른 징계제재와의 병과를 전제로 한 것인 반면, 독일의 징계금은 독립된 징계제재의 하나에 해당한다.[2]

Ⅱ. 기초적 논의: 직무위반과 징계조치

직무위반이 징계조치의 성립요건이 되는데, 공무원이 자신에게 과해진 의무를 귀책

---

1) 구 징계법(BDO)은 2002.1.1.부터 신 징계법(BDG)에 의해 폐지되었다. 종전에 비정식적인 조사절차와 정식적 조사절차를 나눈 것에 대신하여, 통일적인 조사절차가 도입되었다(징계법 제17조–제31조). 이는 중지처분, 징계처분이나 징계소송에 의해 종료된다. 종전의 입법상황과 비교해서 절차법적으로 다른 변화가 있다. 연방직무감찰관과 연방징계법원과 같은 독립적인 조사집행자가 폐지되었고, 재판관할이 행정법원에 이관되었다.

2) 독일의 'Geldbuße'를 징계부가금으로 바로 옮길 수 있는지 고민이 필요하다. 'Geldbuße'는 'Geldstrafe'(벌금)에 대응한 것으로 過料에 해당한다. 질서위반범에 대해 과하는 과태료를 독일에서는 'Geldbuße'로 규정하고 있다. 'Zwangsgeld'를 '강제금'으로 옮기기에, 이 글에서는 'Geldbuße'을 '징계금'으로 옮기고자 한다. 日人學者(山田 晟)의 "ドイツ法律用語辭典"(1984)에서는 'Geldbuße'을 과료로 옮겨 놓고 있다.

적으로(고의과실로) 위반할 경우에 그 공무원은 직무위반(Dienstvergehen)을 범한 것이 된다(연방공무원법(Bundesbeamtengesetz: BBG) 제77조 제1항).[3)]

1. 공무원의 의무에 관한 개관

여기서의 직무위반 개념은 공무원의 의무에 연계되어 있다. 독일 연방공무원법 등은 기본의무로 전체 국민에 대해 봉사할 것, 공정하고 적합하게 임무를 이행할 것, 직무수행에서 공공복리를 고려할 것, 기본법상의 자유민주적 기본질서를 신봉하고 옹호할 것, 정치활동에서 절제와 자제를 유지할 것을 규율하고 있으며,[4)] 그리고 구체적으로 임무수행에 있어서, 그 직에 전념할 것, 최선의 양심에 의거하여 사심없이 직무를 수행할 것, 직무내외의 행위가 그 직에 요구되는 존경과 신뢰에 적합할 것, 지식과 업무능력의 유지나 발전을 위한 직무상의 교육조치에 참여할 것이 요구된다.[5)] 이밖에 후속의무(Folgepflicht)로 상관에게 조언하고 뒷받침할 것, 상관의 직무하명을 수행하고 그 일반적인 지침을 복종할 것, 조직변경시에 임용권자에 부응할 것이 규정되어 있다.[6)] 또한 직무상의 하명의 적법성에 대한 의문을 상관에게 즉각적으로 항변할 것(Remostrationspflicht),[7)] 직무상의 비밀을 준수할 것,[8)] 직무를 규정에 맞춰 수행하는 것에 지장을 주지 않도록 주거할 것[9)] 등도 규정하고 있다.

2. 징계요건인 직무위반의 성립

공무원이 자신에게 과해진 의무를 귀책적으로(고의과실로) 위반할 경우에 징계요건인 공무원의 직무위반(Dienstvergehen)이 존재한다.

(1) 일반적인 성립요건

ⅰ) 공무원만이 직무위반을 범하는데, 공무원의 지위는 징계처벌의 요건에 불과하고, 성립요건은 아니다. 임용전에 범한 위반은 직무위반이 되지 않는다. 임용전의 위반사실을 임용이후에 임용권자가 알게 된 경우, -그 임용이 무효가 아닌 한(연방공무원법 제13조)- 임용이 취소될 뿐이다. 공무원관계의 종료이후에 위반을 범하였지만

3) 이하의 법률은 특별한 관형어를 부기하지 않는 한 독일의 것에 해당한다.
4) 연방공무원법 제60조; 공무원신분법 제33조.
5) 연방공무원법 제61조; 공무원신분법 제34조.
6) 연방공무원법 제62조; 공무원신분법 제35조.
7) 연방공무원법 제63조 제2항; 공무원신분법 제36조. 제2항.
8) 연방공무원법 제67조; 공무원신분법 제37조..
9) 연방공무원법 제72조. 이것은 공무원신분법에서는 규정되어 있지 않지만, 모든 주법률에는 규정되어 있다.

새로운 공무원관계가 시작하기 전인 경우에는 직무위반은 존재하지 않는다.[10)]

ii) 공무원은 객관적으로 보건대 그에게 과해진 의무를 작위나 부작위로 위반하여야 한다. 이상의 의무를 포함한 일체의 의무가 이에 해당하는데(제2조, 제52조－제76조), 근무적성의 결여, 공무원의 신조는 결코 직무위반에 해당하지 않는다.

iii) 정당방위는 정당화근거로써 의무위반적 상태를 배제한다. 공무원이 형사소송에서 형법 제193조의 정당화근거로 처벌받지 않았다 하더라도 정당한 이익의 대변이 곧바로 의무위반적 상태를 배제하지는 않는다.[11)]

iv) 공무원이 유책적으로(schuldhaft) 직무의무를 위반하여야 한다.[12)] 유책형식은 고의와 과실이다. 공무원이 직무의무위반을 알고서 의욕하여 범하였을 때 그는 고의로 활동한 셈이 된다. 주의의 결여로 인한 의무위반의 경우에는 과실이 존재한다,[13)] 공무원이 그 자신이 직무규정을 위반한다거나 그의 행위가 기타의 의무와 일치하지 않다는 것을 안 경우에는 의무위반적 상태의 의식이 존재한다.[14)] 의무위반의 가능성을 감수하는 경우에도 충분하다.[15)] 공무원신분의 의식은 통설에 의하여 필수적이지 않다.[16)] 공무원이 책임무능력이 없는 경우나 면책근거를 주장할 수 있는 경우에는 유책성은 배제된다. 행위의 의무위반성에 관한 －귀책사유가 없고 과실에 터 잡지 않은－ 착오는 유책성을 배제한다.

(2) 직무외의 행위의 경우

독일 연방공무원법은 직무외의 행위와 관련한 직무위반에 대해서는 종전보다 더 광범하게 제한을 가하였다. 즉, 직무이외에서는 의무위반이 개개의 사정에 비추어 그 직무에 대한 신뢰나 공무원에 대한 신망을 의미심장한 방법으로 훼손하는 데 특별한 정도로 적합한 경우에만 그것이 직무위반을 범한 것이 된다(제77조 제1항 제2문). 현행법은 직무와 직무외의 의무위반간의 필연적인 상관관계를 강조하는데, 동법 제61조 제1항 제3문(직무내외의 행위가 그 직에 요구되는 존경과 신뢰에 적합할 것)처럼 직무수행의 고결에 관한 시민의 신뢰의 유지가 관건이다. 이런 제한적 규정은 독일 기본법의 가치

---

10) 그러나 제77조 제2항의 직무위반으로 여겨질 수 있다.

11) BDH 2, 173; 4, 68.

12) BVerfG, ZBR 2008, 316: 책임원칙과 과잉금지원칙은 징계절차에도 통용된다. 그런데 우리의 경우 징계벌의 성질상 공무원의 고의나 과실을 요하지 않는다는 것이 다수설인데, 마치 특별권력관계의 잔흔이 느껴진다. 질서위반죄의 성립에 －과거의 판례와는 달리－ 주관적 책임요소가 요구되는 점에서 징계벌에서도 그런 방향전환이 필요하다.

13) BDH 1, 190; OVG Münster NJW 1965, 2023.

14) BVerwGE 76, 128/134.

15) OVG Münster ZBR 1961, 248.

16) Clausen/Janzen, BDO, Einl. B 17.

평가와 공무원지위의 바뀐 이해를 고려한 것이며, 이로써 "공무원은 항상 근무하고 있다."는 전시대적 견해는 더 이상 통용되지 않게 되었다.[17]

(3) 직무위반의 단일성

연방공무원법 제77조 제1항 제1문으로부터 직무위반의 단일성이 도출된다.[18] 이것은 다수의 비위로 밝혀진 공무원의 위반행위를 단일하게 평가할 것을 명할 뿐만 아니라, 공무원에게 지울 모든 의무위반을 통일적으로 고찰할 것을 포함한다. 관련된 공무원의 행위와 인격을 단일하게 총체적으로 평가하여야 한다는 실체법적 요청으로부터 절차법적 차원에서 다음의 요청이 도출된다. 즉, 결정을 내리게 하는 모든 의무위반에 대해 동시적으로 즉, 단일한 징계조치에 의해 결정을 내려야 하고, 공무원의 개개의 비위에 맞춰 분리적으로 징계조치를 정하거나 다수의 비위를 여러 절차에서 과해서는 아니 된다. 동 원칙은 연방행정법원에 의해 반복적으로 확인되었다.[19]

3. 징계절차

직무위반의 혐의를 정당화시킬 수 있는 필수적, 사실적 근거점이 존재하는 경우에, 징계절차는 직권으로 개시된다.[20] 공무원을 스스로 면하기 위해 소위 자기반성절차 즉, 스스로에 대한 징계절차도 신청할 수 있다.[21] 정식의 징계절차는 문서상의 개시처분(Einleitungsverfügung)과 함께 시작한다. 이 개시처분으로써 잠정적인 해직과 급여의 일부 보류가 명해질 수 있다(징계법 제38조). 형사절차가 진행되는 한, 징계절차는 원칙적으로 중지된다.[22] 형사절차나 행정소송절차에서 기판력이 발생한 판결의 사실상의 확정(확인)은 징계절차에서 구속력을 갖는다(징계법 제23조 제1항).

---

17) 그러나 우리의 경우 품위유지의무의 경우에만 직무의 내외를 불문하고 요구한다(국가공무원법 제63조).

18) BVerwGE 33, 314.

19) BVerwGE 63, 123; 76, 90; 111, 54.

20) 연방공무원징계법(이하 '징계법') 제17조(직권개시) 제1항 직무위반의 혐의를 정당화시킬 수 있는 충분한 사실적 근거점이 존재하는 경우에, 직무상의 상관은 징계절차를 개시할 직무의무를 갖는다. 더 높은 상관과 최고위 직무행정청은 감독의 범위에서 이런 의무의 이행을 확고히 한다; 이들은 징계절차를 언제든지 끌어들일(주관할) 수 있다. 개시는 서류로 증명할 수 있게 하여야 한다.

21) 징계법 제18조(공무원의 신청에 기한 개시) 제1항 직무위반의 혐의를 면하기 위해 공무원은 상관이나 그 위의 상관에 대해 자신에 대한 징계절차를 개시할 것을 신청할 수 있다.

22) 제22조(징계절차와 형사절차(혹은 다른 절차)의 併發, 중지) 제1항 징계절차의 바탕이 된 사안으로 공무원에 대해 형사소추가 된 경우, 징계절차는 중지된다. 사안에 대해 아무런 근거있는 의심이 결코 존재하지 않는 경우, 공무원의 일신에 존재하는 이유로부터 형사절차상으로 아무런 심리가 될 수 없는 경우에는 중지가 행해지지 않는다.

4. 징계조치에 관한 개관

이상의 직무위반에 대한 책임추궁은 징계법에 의한다(연방공무원법 제3항).[23] 징계법 제5조는 직무위반(Dienstvergehen)에 대한 징계조치로 견책(Verweis)(제6조), 징계금(Geldbuße)(제7조), 감봉(Kürzung der Dienstbezüge)(제8조), 강임(Zurückstufung)(제9조), 파면(Entfernung aus dem Beamtenverhältnis)(제10조)을 규정하고 있다(제5조 제1항). 제2항 연금공무원의 경우 징계조치는 연금의 축소(제11조)와 연금의 취소(제12조)인데(제5조 제2항), 특기할 점은 시보공무원(Beamten auf Probe)과 철회조건부 공무원(Beamten auf Widerruf)의 경우에는 견책과 징계금만이 행해질 수 있다(제5조 제3항).

Ⅲ. 독일 징계금제도에 관한 논의(징계법 제7조)[24]

1. 의 의

징계금은 일정한 금액의 일회적 납부를 명하는 것을 부과하는 징계조치를 말한다. 이는 현직의 공무원에 대해 징계법상으로 고려될 수 있는 징계조치 가운데 견책보다는 무겁지만 두 번째로 輕한 종류의 하명처분이다. 다만 수습공무원과 조건부공무원의 경우 그것은 가장 강력한 징계법상의 제재에 해당한다. 연방징계법상의 징계금은 독일 군인징계법의 징계금(Disziplinarbuße)과 흡사하다. 징계법 제7조는 종전의 구 징계법(BDO) 제7조와 일치한다. 다만 명확화를 기하기 위해 공무원봉급법상의 봉급을 받지 못하는 조건부 공무원과 관련해서 '대기자급여'(Anwärterbezüge)개념을 추가하였다.

2. 내용과 실체적 요건

징계금의 경우 기본적으로 감봉과는 구별되게 봉급의 분수적 축소는 배제된다.[25] 입법상으로 일정한 징계금을 확정하도록 하는 메커니즘을 취한다고 해서 그것이 강제집행의 범주에서 분할지불의 부여와 모순되지는 않는다. 징계금은 연방법상으로는 현

23) 공무원징계법은 －행정에 속한 사람에 의한 행정이익의 장애에 대응함으로써－ 모든 공무원에 대한 예방적 교육목적 및 개개의 공무원에 대한 정화목적을 추구한다. Battis, BBG Kommentar, 4Aufl., 2009, §77 Rn.5.

24) 제7조 징계금(Geldbuße) 징계금은 최대한 공무원의 한달치 봉급(정규공무원이나 수습공무원이 받는 정식봉급(Dienstbezüge) 및 조건부 공무원이 받는 대기자급여(Anwärterbezüge))까지 과해질 수 있다. 공무원이 봉급(정식공무원이나 수습공무원이 받는 봉급 및 조건부 공무원이 받는 수입)을 받지 않을 경우에는, 징계금은 500유로까지 과해질 수 있다.

25) Urban/Wittkowski, BDG Kommentar, 2011, §7 Rn.2. 동지: Claussen/Janzen, Bundesdisziplinarordnung, 8.Aufl., 1995, §7 Rn.1. 반론: Gansen, Disziplinarrecht in Bund und Länder, 2010, §7 Rn.2.

직 공무원에 대해서만 과해질 수 있다. 왜냐하면 징계법 제5조에 의해 연금공무원에 대해서는 그것이 본질적으로 배제되어 있기 때문이다. 비록 징계요건에 해당하는 직무위반이 연금수급의 상태에 들어가기 전에 일어났다고 하더라도, 연금축소 등을 취할 수는 있지 징계금을 과할 수는 없다.[26)]

견책(Verweis)[27)]과의 관계에서 보면, 징계금은 비록 견책보다는 고양된 징계조치이긴 하나 양자 공히 낮은 징계적 의무위반의 범주에서 행해진다. 견책과 마찬가지로 징계금의 경우에도 승진금지가 결합되어 있지 않는다는 점에서 이 점은 분명히 드러난다. 그럼에도 불구하고, 징계금은 하찮다고 할 수 없는 직무위반을 즉, 가령 어느 정도로 중요한 위반과[28)] －미미한 데 그치지 않는－ 신뢰훼손을 요건으로 한다. 따라서 견책에 처해졌던 공무원이 비중이 낮은 의무위반을 새로이 범한 경우[29)]나 징계상 불이익을 받지 않은 공무원이 －낮은 비중의 의무이행에서－ 반복적으로 혹은 중과실로 직무의무를 위반한 경우에,[30)] 징계금은 원칙적으로 전형적인 케이스로 고려된다. 나아가 경제적으로 불이익한 결과를 초래한 위반의 경우(가령 공용물의 손괴), 과음의 경우나 질서위반 및 사소한 비위(Bagatellverfehlungen)의 경우에는 징계금이 효과적인 교화적 수단으로 기능할 수 있다.[31)]

사물적으로 동일한 벌금절차나 －질서위반에 대한－ 과태료절차가 진행되어 처벌이 과해진 경우에, 징계금은 징계법 제14조 제1항 제1호의 이중처벌금지(Doppel-ahndungsverbot) (이중문책금지: Massregelverbot)의 지배를 받는다.[32)] 즉, 이 경우 징계금은 허용되지 않는다. 그리고 징계법 제15조 제2항에[33)] 의해 3년의 기간이 경과하면 징계조치가 허용되지 않는다. 한편 공무원이 직무의무위반으로 유발된 손해로 인해 구상요구를 받더라도(연방공무원법 제75조), 이것이 원칙적으로 징계금의 부과를 저지하지 않는다.[34)] 하지만 구상책임이 특히 징계금의 금액의 양정에서 고려되어야 한다.

한편 다수의 공동의 의무위반이 존재할 경우에도, 이상에서 본 직무위반의 단일성

---

26) BVerwG, NVwZ－RR 2008, 190, 193.

27) 제6조 견책이란 공무원의 일정한 행위를 문서로 힐문하는 것이다. 견책으로 명시적으로 표시되지 않은 비난적 표명(질책, 훈계, 힐책)은 징계조치에 해당하지 않는다.

28) BVerwG, NVwZ－RR 2008, 190, 193

29) 일종의 단계적 상승의 원칙(Grundsatz der stufenweise Steigerung)이 적용된다.

30) BVerwG, NVwZ－RR 2008, 190; 신고의무의 반복적인 위반.

31) Urban/Wittkowski, BDG Kommentar, §7 Rn.3.

32) 여기서의 이중처벌금지의 성격과 관련해서, 징계조치는 형사적 제재가 아니기에 여기서의 이중처벌금지는 기본법 제103조 제3항상의 헌법상의 이중처벌금지를 전환시킨 것이 아니라, 비례원칙의 파생으로 본다(Urban/Wittkowski, BDG Kommentar, §14 Rn.1). 즉, 징계상의 대처의 목적이 형사법적으로나 행정청에 의해 처벌함으로써 실현될 수 있다는 고려를 바탕으로 한다. 징계법상의 이중처벌금지에 관해서는 vgl. BVerfG, NJW 1970, 507, 508; BayVerGH, NVwZ 1990, 357, 358f.

33) 제15조 제2항 직무위반이 완료된 후 3년이 경과하면, 징계금, 감봉, 연금축소가 행해져서는 아니 된다.

34) Vgl. Dau, Wehrdisziplinarordnung, 5.Aufl., 2009, §24 Rn.2.

의 원칙에 따라, 하나의 징계금만이 과해질 수 있다. 한편 독일 군인징계법(Wehrdisziplinarordnung: WDO) 제22조 제2항 제1문 제2호와 같이 명문의 병과규정을 두지 않는 한, 징계금은 견책이나 다른 징계조치와 병과하여 처해질 수는 없다.

3. 징계금의 금액

(1) 일반론

징계법 제7조는 징계금의 크기(정도, 금액)를 위한 아무런 양정규칙을 담고 있지 않고, 단지 상한금액만을 규정하고 있다. 정식의 봉급을 받는 공무원과 그렇지 않은 공무원 간에 구분된다. 이런 상한금액의 준수는 강행적이다. 따라서 그 상한을 초과하면, 징계조치의 위법을 초래할 뿐만 아니라, 징계소송절차에서는 징계법 제71조 제1항 제1호에[35] 따른 재심사유(재개사유: Wiederaufnahmegründe)에 해당하기도 한다. 상한금액의 한도안에서 징계금을 책정함에 있어서 징계법 제13조 제1항의 일반적인 양정규칙을[36] 유의하여야 한다. 이에 의거하여 발할 재량결정의 범주에서 징계금부과권자는 부양(부조)원칙(Alimentationsgrundsatz)에[37] 따라 의무위반의 중대성 이외에 공무원의 일신적 경제적 관계 역시 고려하여야 한다. 한편 징계금의 금액정도와 관련해서 공무원에 대해 교육적 효과를 거두지 못하더라도, 징계금은 극히 미미하거나 단지 상징적인 액수에 그쳐서는 아니 되고 느낄 수 있을 정도의 금전적 부담을 야기해야 한다고 주장된다.[38] 다른 한편 징계금은 공무원 및 부양가족의 금전적 생활토대를 수인할 수 없는 방법으로 훼손해서는 아니 된다. 재산관계의 경우, 서류로 내역을 수 없을 때는 징계법 제20조와 제21조에 의거해서 조사해야 한다. 그런데 걱정스러운 경제관계의 존재는 직무위반에 상응한 징계금을 제쳐두고 다른 징계조치를 과할 면제증이 결코 되지 못한다. 왜냐하면 분할납부의 가능성을 고려에 넣어야 하기 때문이다.

---

35) 징계법 제71조(재심사유: 재개사유) 제1항 기판력이 발생한 판결에 의해 종료된 징계절차의 재개(재심)는 다음의 경우에 허용된다. 1. 판결에서 법률상으로 규정되지 않은 종류나 금액의 징계조치가 판시된 경우.

36) 제13조 징계조치의 양정(Bemessung der Disziplinarmaßnahme) 제1항 징계조치에 관한 결정은 의무에 적합한 재량에 의해 행한다. 징계조치는 직무위반의 중대성에 따라 가늠되어야 한다. 공무원의 일신적 상황이 상당하게 고려되어야 한다. 나아가 공무원이 기관장이나 일반공중의 신뢰를 어느 정도의 범위에서 훼손하였는지를 고려해야 한다.
제2항 중대한 직무위반으로 인해 기관장이나 일반공중의 신뢰가 종국적으로 상실한 공무원은 파면되어야 한다. 연금공무원의 경우 만약 그가 현직 공무원이라면 파면될 수밖에 없을 것이라면 연금이 취소된다.

37) 이것에 의하면 공무원봉급의 수여는 행한 노동의 보수가 아니라. 공무원과 그 가족을 위한 직무에 상응한 부양의 보장이다.

38) Urban/Wittkowski, BDG Kommentar, §7 Rn.5.

(2) 구분

i) 봉급이나 대기자급여를 받는 공무원의 경우(제1문).

징계법 제7조 제1문에 의하면, 징계금은 (정식공무원이나 시보공무원이 받는) 정식봉급(Dienstbezüge) 및 (조건부 공무원이 받는) 대기자급여(Anwärterbezüge)의 한달치를 상한으로 하여 확정될 수 있다. 그 최소한에 관해서는 법률에서 규정하고 있지 않다. 무엇이 정식봉급(Dienstbezüge)에 속하는지는 연방공무원봉급법 제1조 제2항로부터 도출된다.[39] 따라서 특별상여금이나 재산적으로 유효한 급부(연방공무원봉급법 제1조 제3항 제2호) 및 일체의 부수적 활동으로부터의 수입은 제외된다.

철회조건부 공무원(Beamten auf Widerruf)이 준비업무에서 받는 대기자급여(Anwärterbezüge)에는 대기자기본급, 대기자특별수당이 들어가고 (2010.7.1.부터) 외국수당이 추가적으로 들어간다.[40]

겸직에 따라 공무원이 봉급을 두 세 직책으로부터 받을 경우에, 최고 상한금액은 받은 봉급의 총합에 따른다. 이에 반해 시간제 공무원의 경우에는 연방공무원봉급법 제6조 제1항에 따라[41] 비례적으로 축소된 정식봉급이나 대기자급여가 최고 상한금액의 기초가 된다.[42] 봉급을 받지 않고 휴가를 보내는 공무원의 경우에 상한금액을 제1문에 따라 (의제된) 봉급에 의할 것인지 아니면 제2문에 따라 책정할 것인지 여부가 다투어진다.[43]

최고 상한금액을 책정하는 데 있어서 규준이 되는 것은 총봉급액(Bruttobezüge)이다. 따라서 최고 상한금액을 가늠하는 달과 관련해서는, 징계금을 부과하는 즉, 징계처분을 발송하거나 징계징계금을 판시한 판결을 통보하거나 송달한 달(月)을 목표로 삼아야 한다. 봉급의 사후변경과 같은 사정은 더 이상 고려될 수 없다.

---

39) 동법 제1조 제2항 급여(Besoldung)에는 다음의 봉급이 속한다: 1. 기본급(Grundgehalt), 2. 교수 등을 위한 능력급(.Leistungsbezüge für Professoren sowie hauptberufliche Leiter von Hochschulen und Mitglieder von Leitungsgremien an Hochschulen), 3. 가족수당(Familienzuschlag), 4. 수당(Zulagen), 5. 보직수당(Vergütungen), 6. 외국수당(Auslandsbesoldung).

40) 연방공무원봉급법 제59조 제1항 준비업무상의 조건부 공무원(대기자)은 대기자급여(Anwärterbezüge)를 받는다. 제2항 대기자급여(Anwärterbezüge)에는 대기자기본급과 대기자특별수당이 들어간다. 이 밖에 가족수당과 재산적으로 유효한 서비스가 제공된다. 수당과 보직수당은 법률에서 특별히 규정된 경우에만 제공된다. 제3항 외국에 근무지를 둔 대기자는 추가로 외국수당에 맞춰서 급여를 받는다. 임차료보조금을 책정하는 데 있어서 대가자기본급, 제1단계의 가족수당, 대기자특별수당이 바탕이 되어야 한다.

41) 연방공무원봉급법 제6조 제1항 시간제근무(Teilzeitbeschäaftigung)의 경우 정식봉급과 대기자급여는 근무시간에 비례하여 축소된다.

42) Urban/Wittkowski, §7 Rn.6: Claussen/Janzen, §7 Rn.3. 한편 Findeisen은 통상의 완전한 봉급을 최대한으로 하되, 재량의 범주에서 참작할 수 있다고 반론을 편다(ders., Bayerisches Disziplinargesetz, 3.Aufl., 2010, Art.8 Erl.2.1.).

43) 문헌상황은 vgl. Urban/Wittkowski, §7 Rn.6.

ii) 정식봉급이나 대기자급여를 받지 않는 공무원의 경우(제2문)

이들 공무원을 위해 징계금의 최고한도는 500유로로 확정되어 있다. 주법과는 대조적으로 이 규정의 적용영역은 매우 한정적이다. 왜냐하면 이런 공무원에 해당하는 명예직공무원(연방공무원법 제6조 제5항, 제133조)은 매우 드물고, 연방직무상 수수료공무원(Gebührenbeamten)은 더 이상 존재하지 않기 때문이다. 대기자급여를 받는 자로서의 사법시보(Referendare) 역시 명백히 제2문에 포함되지 않는다.[44]

4. 형식과 절차

징계금은 행정청의 징계절차상으로 징계처분(Disziplinarverfügung)에 의해 과해진다(징계법 제33조 제1항).[45] 이 징계처분은 문서로 이유제시되어야 하고, 송부되어야 한다(징계법 제33조 제6항). 징계처분에는 소제기가능성으로 인해 불복고지 및 비용결정이 덧붙여져야 하고, 행정기관의 장이나 그 대리인이 서명하여야 한다. 징계법 제33조 제2항에 의하면 징계금의 부과하는 것은 모든 행정부서의 장의 소관이다. 법원에 의한 징계절차에서는 징계금은 법원의 결정이나 판결에 의해 과해질 수 있다.

5. 집행과 법효과

(1) 집행절차

징계금은 징계처분의 송부나 그에 상응한 판결의 통보나 송부와 함께 납부할 수 있게 된다. 징계금은 그것의 명하는 형식에 관계없이 징계절차를 주관하는 징계권자에게 들어간다. 공무원이 징계금을 납부하라는 요구를 따르지 않은 경우,[46] 복종의무의 위반에 따른 직무위반은 결코 존재하지 않는다. 왜냐하면 납부요구나 독촉(최고)에는 결코 연방공무원법 제62조 제1항 제2문상의 지시(Weisung)가 포함되어 있지 않기 때문이다. 징계금은 처분에 불가쟁력이 발생하거나 법원판결의 기판력이 발생하여야 비로소 강제집행을 할 수 있다.[47] 행정청이 부과한－경우에 따라선 법원이 확인한－ 징계금은 행정집행법(Verwaltungsvollstreckungsgesetz) 제1조 제1항 제1문상의 공법상의 금

44) 반론: Hummel, in: Hummel/Köhler/Mayer, BDG, 4. Aufl., 2009, §7 Rn.8.

45) 징계법 제33조 제1항 견책, 징계금, 감봉이나 연금축소가 제시되면, 그런 조치는 징계처분(Disziplinarverfügung)에 의해 발해진다.

46) 경우에 따라선 징계처분을 내린 그 달(혹은 그 다음 달) 급여에서 공제하는 것을 동의하는 식으로 납부가 가능하다.

47) 독일의 경우 우리와는 달리 하명처분의 불가쟁력의 발생이 강제집행의 요건에 해당한다. 취소쟁송의 집행정지효를 원칙으로 하는 메커니즘이어서 이런 구성은 당연하다. 비록 집행정지효가 원칙으로 채택되지 않고 있지만, 법적 안정성을 위해 독일의 논의를 적극적으로 반영할 필요가 있다.

전급부요구에 해당한다. 징계법에는 특별한 강제집행규정이 없기 때문에, 징계금의 강제집행은 징계행정청에 의해 행정절차법의 일반규정에 의해 행해진다. 징계권자로서는 -행정집행법 제19조에 의해 비용이 드는- 이런 수단을 강구하기 전에, 징계금을 공법상의 상계(öffentlich-rechtliche Aufrechnung)의 방법으로[48] 징계처분을 내린 그 달(혹은 그 다음 달) 급여에서 공제하는 수단을 행사할 것이다. 연방공무원보수법(BBesG) 제11조 제2항,[49] 공무원원호법(BeamtVG) 제51조 제2항에 따른 상계가능성과는 달리, 일반적인 공법적 상계의 경우에는 압류를 면할 한계를 유의할 필요가 없다. 하지만 실은 부양원칙에 의해 공무원의 경제적 관계를 고려해야 한다. 그리하여 경우에 따라서는 강제집행을 유예하여야 하고, 분할의 방법으로 공제하여야 한다. 하지만 징계금의 납부명령의 이행이 행정심판, 소 또는 권리구제방도에 의해 저지되는 한, 즉, 집행정지효가 인정되는 한, 그것과 (급여의) 상계는 행해지지 않는다.[50]

법원이 고유한 징계권한에 의거하여 -징계소송에 의하든, 감봉에 대해 공무원이 제기한 취소소송에 의하든- 스스로 판시한 징계금의 강제집행은, 행정집행법에 의거하여 행해진다.[51] 이에 따라 제1심의 법원장이 강제집행행정청으로 되며,[52] 강제집행의 실행을 위해서 다른 강제집행행정청이나 집행관(Gerichtsvollzieher)을 이용할 수 있다.[53] 이런 범위에서 법원에 강제집행권이 부여되기 때문에, 법원은 종전의 법상황에 배치되더라도 분할납부를 승인할 수 있다.

(2) 법효과

유효하게 부과해진 징계금은 당해 공무원에 대해 -존속력이나 기판력이 발생한 이후로- 3년간 불리한 법효과를 지닐 수 있는데, 특히 차후의 징계조치에서 고려될 수 있다. 이것은 징계법 제16조 제1항, 제2항에 규정되어 준용되는 활용금지(Verwertungsverbot)에서 비롯된다.[54] 활용기간 이내라 해도 징계금의 부과가 승진에 방해되지는 않는다. 현행 연방징계법이 구법률의 상황[55]과는 대조적으로 이점을 명시적으

48) 독일 민법 제387조 이하를 유추한다.
49) 급여에 관한 청구권에 대해 임용권자(Dienstherr)는 상계권이나 유치권(Aufrechnungs- oder Zurückbehaltungsrecht)을 급여의 압류가능한 부분의 금액정도에서만 주장할 수 있다.
50) Vgl. BVerwG, NJW 2009, 1099.
51) 징계법 제3조 및 행정법원법 제167조 제1항, 제168조 제1항 제1호, 제169조 제1항 제1문.
52) 행정법원법 제167조 제1항.
53) 행정법원법 제169조 제1항 제2문.
54) 징계법 제16조 제1항 견책은 2년 이후, 징계금, 감봉, 연금축소는 3년 이후, 강등은 7년 이후에는 다른 징계조치와 기타의 인사조치(Personalmaßnahme)에서 더 이상 고려되어서는 아니 된다(활용금지). 공무원은 활용금지가 발생한 이후에는 징계조치와 무관한 것으로 여겨진다.
제2항 징계조치에 관한 결정이 불가쟁력이 발생한 즉시 활용금지기간이 시작된다. …
55) 2001.12.31.까지 통용된 구 연방징계법(BDO) 제8조 견책과 징계금이 보호관찰에서 승진에 방해되지는 않는다.

로 규정하지 않지만, 감봉과[56] 강임과[57] 같은 징계조치의 경우에는 승진금지를 명문으로 규정한 입법상황에 대한 반대결론으로부터 그것은 어려움 없이 시인될 수 있다. 물론 임용권자가 선발·승진결정에서 3년의 활용기간에서 한 근무평정에서 능력과 인성을 판단함에 있어서 징계금의 기초된 사실을 고려할 수 있다. 징계금이 징계를 위한 위원회 등의 공직자에 대해 부과된 경우, 그는 그 직으로부터 배제되어야 한다.[58] 납부된 징계금은 결코 홍보비가 아니어서 세법상으로 공제될 수 없다.[59]

6. 권리보호

징계금을 부과하는 징계처분에 대해서는 관련 공무원은 행정법원법 제70조의 형식규정과 기간규정을[60] 준수하여 행정심판을 청구할 수 있다. 그런데 행정심판전치주의에 따라 행정소송을 제기하기 위해서는 반드시 행정심판을 청구하여야 한다(징계법 제41조 제1항). 기각재결이나 각하재결이 내려지면, 취소소송의 방법으로 행정소송을 제기할 수 있다. 다만 징계금이 최상급 행정청에 의해 발해졌을 경우에는 소를 위한 전심절차는 필요하지 않고, 곧바로 소를 제기할 수 있다(징계법 제41조 제1항 제2문). 행정심판과 취소소송은 징계법 제3조 및 행정법원법 제80조 제1항 제2문에 의해 집행정지효(aufschiebende Wirkung)를 발생시킨다. 왜냐하면 징계금은 행정법원법 제80조 제2항 제1문 제1호상의 공과금에[61] 속하지 않기 때문이다. 징계법 제3조 및 행정법원법 제80조 제2항 제1문 제4호에 따른 우월한 공익을 위한 행정청의 집행하명의 요건은 극히 드물게 존재한다.

징계법 제59조 제1항 제1문 제1호에[62] 따른 사법결정에 의해 징계금이 부과되는

56) 징계법 제8조 제4항 감봉되는 한, 공무원은 승진될 수 없다. 징계절차의 계속과 관련해서 기간단축이 예고되어 있는 한, 그 기간은 결정에서 단축될 수 있다.

57) 징계법 제9조 제3항 공무원은 결정에 불가쟁력이 발생한 이후 적어도 5년간 승진될 수 없다. 징계절차의 계속과 관련해서 기간단축이 예고되어 있는 한, 그 기간은 결정에서 단축될 수 있다.

58) 징계법 제50조 제1항 제2호, 제51조 제1항.

59) 소득세법 제4조 제5항 제8호, 제9조 제5항 제1문.

60) 제70조 [행정심판청구의 형식·기간] ① 행정심판은 행정행위가 부담을 끼친 자(불복하는 자)에게 통지된 후 1月 이내에 서면으로 또는 서명하여 당해 행정행위를 발한 행정청에 제기하여야 한다. 이 기간은 행정심판에 대한 재결을 해야 하는 행정청에 제기함으로써도 준수된다. ② 제58조 및 제60조 제1항부터 제4항은 준용된다.

61) 행정법원법 제80조 제2항 집행정지효는 다음 각호의 1에 해당하는 경우에만 고려되지 않는다. 1. 공과금과 공적 비용의 요구의 경우 2. 경찰집행관의 유예할 수 없는 하명과 조치의 경우 3. 연방법률에 의해 또는 州법상으로는 州 법률에 의해 규정된, 그 밖의 경우, 특히 투자나 일자리의 제공과 관련한 행정행위에 대한 제3자의 행정심판과 소송의 경우 4. 공익 또는 관계인의 중요한 이익을 위하여 －행정행위를 하였거나 또는 행정심판청구에 대하여 결정해야 하는－ 행정청에 의해 즉시 집행이 특별히 하명된 경우
州가 연방법에 따라 행정집행을 하면서 발한 조치에 대해 정지효(의 인정)가 반하는 경우에는, 州는 법률상의 구제(쟁송제기)가 집행정지효를 발생시키지 않다고도 규정할 수 있다.

62) 징계법 제59조 제1항 징계소송에서 법원은 구술심리의 개시이후에도 관계인의 동의하에 결정을 통해 다음을 판시한다. 1. 견책, 징계금, 감봉, 연금축소가 실효된 경우에만 필요한 징계조치(제5조)를 선고할 수 있다. 2. 징계소송을 기각할 수 있다. …

경우, 공무원은 징계법 제67조 제2항에[63] 따른 제한된 항고(Beschwerde)만을 행사할 수 있다. 법원이 판결을 내린 경우에는 항소제기의 유형이 두 가지이다. 즉, 징계소송절차에서는(제34조, 제52조 제1항) 징계법 제64조 제1항에 따라 사전승인을 받지 않고 항소를 할 수 있으며, (행정법원법 제42조 등에 의한) 취소소송절차에서는 사전승인을 받아 항소를 할 수 있다.[64] 행정심판, 소송 등에 의해 발생하게 된 정지효는 존속력이나 확정력이 발생할 때까지 계속된다. 이에 따라 공무원은 집행행정청에 대해 전적으로 연기나 분할납부를 신청하거나, 행정집행법 제5조에 따른 집행보호(Vollstreckungsschutz)나 징계법 제81조의 사면결정을[65]를 신청할 수 있다. 법률상의 최고금액을 초과하여 부과한 경우, 법원에 의한 징계절차에서는 제71조 제1항 제1호에[66] 따른 재심사유에 해당한다.

Ⅳ. 맺으면서 – 우리 징계부가금제의 문제점

우리 국가공무원법 제78조의2 제1항에 의하면, 제78조에 따라 공무원의 징계 의결을 요구하는 경우, 그 징계 사유가 금품 및 향응 수수, 공금의 횡령 · 유용인 경우에는 해당 징계 외에 금품 및 향응 수수액, 공금의 횡령액 · 유용액의 5배 내의 징계부가금 부과 의결을 징계위원회에 요구하여야 한다. 즉, 우리의 징계부가금은 개념 그대로 부가적 제재이다. 따라서 이 글에서 검토한 독일의 징계금과는 근본적으로 다른 제도이다. 따라서 독일의 법제도를 통해 우리의 법제에 곧바로 유용할 수 있는 직접적인 시사점을 발견하기는 어렵다. 그러나 독일의 것과 비교하면 우리의 징계부가금의 공법적 문제점이 도드라진다. 징계부가금이 형사적 제재가 아니어서 이중처벌금지에 반하지 않는다고 주장할 수도 있지만, 기왕의 징계에 대한 추가적 제재이고, 별도의 형사적 제재의 가능성이 전제되어 있다는 점에서 오히려 이중처벌금지에 반할 소지가 더 크다. 더욱이 그 금액의 상한이 부정대상 금액의 5배라는 것은 비례원칙의 차원에서도

63) 징계법 제67조 제2항 징계법 제59조 제1항에 따라 징계소송에 관하여 결정을 내린 행정법원의 결정의 경우, 그것에 대한 항고는 관계인의 동의가 결여된 경우에만 가능하다.

64) 징계법 제64조 제1항 징계소송에 관한 행정법원의 판결에 대해서 고등행정법원에 대한 항소가 관계인에게 인정된다. 항소는 완전한 판결의 송부 이후 1개월 이내에 행정법원에 대해 문서로 제기하여야 하고 이유를 제시하여야 한다. …
제2항 이밖에는 행정법원의 판결에 대한 항소는 행정법원이나 고등행정법원에 의해 승인된 경우에만 관계인에게 인정된다. 행정법원법 제124조와 제124조의a가 적용되어야 한다.

65) 징계법 제81조 제1항 이 법률에 따른 징계사범상의 사면권이 연방대통령에게 인정된다. 연방대통령은 사면권을 다른 부서에 이전시킬 수 있다. 제2항 파면이나 연금취소가 사면의 방법으로 폐지되면, 연방공무원법 제43조 제2항이 준용된다.

66) 징계법 제71조(재심사유: 재개사유) 제1항 기판력이 발생한 판결에 의해 종료된 징계절차의 재개(재심)는 다음의 경우에 허용된다. 1. 판결에서 법률상으로 규정되지 않은 종류나 금액의 징계조치가 판시된 경우. 2. 중요하고 새로운 사실이나 증거가 제출된 경우. …

문제가 될 수 있다.[67]

오늘날 법에 있어서 내외국의 경계가 급속하게 허물어져 가고 있다. 특히 행정법은 급속도로 동조화되어 나름 글로벌 스탠드가 만들어지고 있다. 우리의 경우 법제의 기반이 일본을 통한 移植의 산물인 점에서 늘 새로운 접근이 강구되어야 하는데, 새로움은 비교에서 나온다. “Comparativa est omnis investigatio”(Nicolaus von Cues): 모든 연구는 비교이다. 요컨대 이상의 독일의 징계금제도를 통해 우리 징계부가금을 법치국가원리에 부합하게 새로이 구축할 착안점을 발견할 수 있다.[68]

* 최신외국법제정보(한국법제연구원) 2014년 제6호, 2014.9.30. 所收.

* **추론**: 국가공무원법 제78조의2 제1항과 동일한 지방공무원법 제69조의2 제1항에 대해 헌법재판소는 합헌이라 판시하였다(헌재 2015.2.26. 2012헌바435).

67) 하지만 문헌상으로 징계부가금제의 문제점이 그다지 부각되지 않았다. 한편 최근 국가공무원법의 개정이 입법예고가 되었는데(2014.7.22.), 징계부가금의 적용요건을 확대하는 것을 내용으로 한다. 즉, 금품 및 향응의 범위에 대통령령으로 정하는 바에 따라 그에 상응하는 재산상 이익을 추가하고, 공금을 공유재산·물품 등으로 확대하기 위해 구체적 범위를 대통령령으로 위임하는 한편, 절취(竊取)·편취(騙取)에 대해서도 징계부가금을 적용하는 것을 그 내용으로 한다(안 제78조의2).

68) 작가 崔仁勳의 「원시인이 되기 위한 문명한 의식」에서의 지적: “외국문화는 어떤 것이든지 받아들여도 좋다. 다만 原物形으로 받아들일 것이 아니라, 그것을 요소로 분해해서 구조식을 알아내고, 다음에는 소재는 국산자재든 수입자재든 간에 완제품을 국내생산을 하여 저렴한 가격으로(즉 정신적 낭비－외국숭배·물신숭배를 줄이고) 지식시장에 내놓는 일이 바른 태도일 것이다”은 우리에게 시사점을 던진다.

제 4 장

유럽행정법의 작용형식에 관한 소고

Ⅰ. 처음에 – 행정의 작용형식에 관한 유럽행정법의 이해

행정의 작용형식론은 우리는 물론, 독일의 일반행정법의 중심이다. 형식화사고(Formungsidee)와 체계사고(Systemidee)를 결합시킨 데 바탕을 두고 있는 행정작용형식론은 대륙법적 사고의 전형적인 특징이다.[1] 유럽연합의 다른 회원국의 행정법질서를 보더라도 현황은 전체적으로 비슷하다. 즉, 세부적인 데서는 당연히 많은 차이점이 있지만, 다른 회원국에서도 행정의 작용형식이 행정법시스템의 중심에 있다.[2]

유럽연합법의 행정적 집행이라는 특별한 요청을 처리하게 하는 작용형식의 형성과 법적 형상은 이론의 여지없이 유럽 행정법학과 행정실무의 가장 중요한 임무에 속한다. 행정활동의 법형식이 이처럼 유럽연합법에서도 규율하고 합리화하는 기능을 받아들이고, 그리하여 시스템형성에서 결정적인 요소로서 기능할 수 있음에도 불구하고,[3] 유럽행정법에서는 작용형식론이 여태 중요한 역할을 하지 않았다. 그리하여 논의전개에서 매우 진보한 독일 행정법질서의 경우와는 달리, 작용형식론은 유럽행정법에서는

1) Schmidt–Aßmann, Die Lehre von den Rechtsformen des Verwaltungshandelns, DVBl.1989, S.533.

2) Sonnenberger/Autexier, Einführung in das französischen Recht, 3.Aufl. 2000, S.83ff.; Junker, Der Verwaltungsakt im Deutschen und Französischen Recht und die Entscheidung im Recht der Europäischen Gemeinschaften, 1990, S.50ff.; Raschauer, Allgemeines Verwaltungsrecht, 1998, s.352ff.; Mincke, Einführung in das niederländische Recht, 2002, Rn.61ff.

3) von Danwitz, Verwaltungsrechtliches System und Europäische Integration, 1996, S.168ff.

완전히 초보단계이다. 유럽행정법에서의 논의수준은 마치 독일에서 과거 행정절차법이 제정되기 전의 상황에 비견될 수 있다고 한다. 이하에서는 이런 차원에서 유럽법상의 작용형식에 관해 개관하고자 한다.[4)]

Ⅱ. 유럽작용형식의 시스템적 기능

행정의 작용형식은 하자효과를 비롯한 행정법도그마틱의 시스템을 형성한다.[5)] Schmidt-Assmann 교수가 선명하게 표현하듯이,[6)] 작용형식의 의의는 우선 작용형식들이 흡사 '저장소'로 기능하는 데 있다. 상대적으로 저평가될 수 있는 감면기능과 합리화기능은 작용형식 그 자체로서 수긍된다. 왜냐하면 어떤 행정활동을 일정한 작용형식에 귀속시킬 수 있으면, 효력방식, 적법성의 요건, 권리보호와 관련해서 그것이 어떤 체제의 지배를 받는지가 확실해지기 때문이다.[7)] 작용형식의 1차적 시스템적 기능은 그래서 표준화된 법효과를 발생시키는 데 있다.[8)] 이것은 다양한 행정법관계를 구조적으로 특징지우고 통일화시킨다. 그래서 작용형식은 흡사 도로방향표시기로서 기능한다. 작용형식론의 핵심적 임무의 하나는 작용기관 및 행정작용의 수범자의 이익을 위해 어떤 작용형식에 어떤 체제가 결부되어 있는지를 가리켜 주는 데 있다.

이를 넘어서 작용형식은 법치국가원리상 중요한 기능을 갖는데. 그것은 행정의 무정형(amorphous)의 활동을 널리 주지하는 형식으로 만든다. 그리하여 행정의 무정형의 활동을 예상가능하게 만들고, 법적 조정 및 사법통제를 가능하게 한다. 즉, 행정상의 다양성으로 인해 개관할 수 없고 무정형(無定型)인 행정활동은 작용형식이란 문을 지나서 법의 질서세계로 들어간다. 행정의 작용형식을 통해 과거의 관헌국가적 행정과는 결별하고 법치국가적 행정이 구현된다. 법적으로 정연하고 법적 판단을 가능케 하는 행정작용형식을 전개하고 주조(鑄造)하는 것이 법치국가에서 행정법학과 행정실무의 지속적인 임무이자 띈 두드러진 특징이다.[9)] 특히 행정행위는 행정적 작용형식으로 일찍이 Otto Mayer에 의해 윤곽이 만들어졌는데,[10)] 비록 비공식적 작용형식의 의의

4) 이 글은 유럽행정법에 관한 연구의 일환으로 마련하였다. 기왕에 수행한 연구로 김중권, 유럽화된 독일행정절차법에 관한 연구, 2008; 독일 행정절차법의 유럽화에 관한 소고, 법조 제626호(2008.11) 참조. 여기서 다룬 내용은 Danwitz, Europäisches Verwaltungsrecht, 2008, S.231ff.을 중심으로 전개하였다.

5) 상세는 김중권, 행정의 작용형식의 체계에 관한 소고, 공법연구 제30집 제4호(2002.6.), 297면 이하 참조.

6) Schmidt-Aßmann, a.a.O., S.534.

7) Di Fabio, System der Handlungsformen und Fehlerfolgenlehre, in: Becker-Schwarze/Köck/Kupka/v. Schwanenflügel(Hrsg.), Wandel der Handlungsformen im Öffentlichen Recht, 1991, S.47ff.

8) von Danwitz, Verwaltungsrechtliches System und europäische Integration, S.67f.

9) Ossenbühl, Die Handlungsformen der Verwaltung, JuS 1979, S.681.

10) Otto Mayer, Deutsches Verwaltungsrecht, Bd. I, 3.Aufl. 1923, S.95ff.; Reimund Schmidt-De Caluwe, Der Verwaltungsakt in der Lehre Otto Mayers, 1999.

가 지속적으로 증대되고 있으며[11] 오늘날까지도 일체의 비판이 있음에도[12] 불구하고, 여전히 행정행위는 마치 생존의 명수처럼 우리는 물론 독일 행정법체제의 출발점이자 연결점에 해당한다.[13]

하지만 작용형식을 통한 합리화는 행정법질서가 그런 종류의 정렬을 허용하고 개개의 작용형식과 그것을 위한 규준적인 법체제간의 정렬관계가 확고하게 형성되어 있을 때에만 실현될 수 있다. 일정한 정도의 확고한 질서가 구축되어 있지 않을 때는, 모든 작용형식은 처음부터 실패라고 판단된다.[14] 이런 이유에서 새로운 작용형식을 발견하고 주장하는 데는 자제심이 요구된다고 지적된다.[15]

Ⅲ. 유럽작용형식론의 기초

유럽행정법의 차원에서 작용형식론이 여태 비교적 낮은 주목을 받아왔다는 점은 의아스러울 수 있다. 왜냐하면 독일 행정법과 마찬가지로 작용법적 구조가 유럽연합법의 토대이기 때문이다.[16] 유럽연합의 구조와 그에 맡겨진 임무의 본질에 비추어 유럽연합법상으로 행정의 작용형식이 처음부터 형성되지 않았음에도 불구하고, 유럽연합의 조약시스템에서 작용형식으로 포착되는(행사되는) 기능이 중요한 시스템적 지향점이 된다는 것이 몇 년 전부터 확인된다.[17] 그 사이에 유럽연합은 추가로 다수의 2차적 법적 행위에 의거하여 중요한 집행권한을 행사할 수 있다.[18] 이를 통해서 1차적으로 전환의무를 진 행정유럽연합이 결코 법정립공동체(Rechtsetzungsgemeinschaft)로부터 벗어나는 것은 아니다. 그러나 유럽연합의 활동에서 집행적 부분이 눈에 띄게 증대하였다. 특히 이것은 －제품승인법과 통신법의 특징인－ 다단계적 행정절차의 광범한 분야에 대해서도 통용된다.[19] 따라서 당연히 유럽행정법의 작용형식에 대해 이전보다 더 관

---

11) Di Fabio, Risikoentscheidungen im Rechtsstaat, 1994, s.395ff.; von Danwitz, Verfassungsfragen staatlicher Produktempfehlungen, 2003.

12) Stelkens/Stelkens, in: Stelkens/Bonk/Sachs (Hrsg.), Verwaltungsverfahrensgesetz, Kommentar, 7. Aufl. 2008, §35 Rn.4ff.; Karl－Heinz Ladeur, Die Zukunft des Verwaltungsakts, VerwArch 86 (1995), s.511.

13) 오히려 행정행위 자체는 잠정적 행정행위, 사전배려적 행정행위, 국제적 행정행위 등을 수용함으로써, 주목할 만한 개혁(에로의)개방성과 탄력성에 의거하여 작용형식 아래에서 진정한 생존의 명수로 발전하였다. Vgl. Schoch, Hoffmann－Riem/Schmidt－Assmann(Hrsg.), Innovation und Flexibilität des Verwaltungshandelens, 1994, S.199(231ff).

14) Schmidt－Aßmann, Das allgemeine Verwaltungsrecht als Ordnungsidee, 2.Aufl., 2004, S.301.

15) 그리하여 Ossenbühl은 작용형식의 새로운 체계를 수립하려는 자는 완전히 그릇된 공명심에 빠지고, 그런 식의 대처는 법의 발전사적 요소를 도외시 할 것이고, 궁극적으로 法外的(rechtsfremd)일 것이라고 주장한다. Ders., a.a.O.(Fn.8), S.682.

16) von Danwitz, Europäisches Verwaltungsrecht, S.232.

17) von Danwitz, Verwaltungsrechtliches System und Europäische Integration, S.170.

18) 이런 행동양태는 카르텔절차와 보조금절차에 더 이상 국한할 것이 아니라, －상표법과 같은－ 다른 실제적 중요한 법영역에도 확장될 수 있다.

심이 모아진다.

유럽업무방식조약(AEUV) 제288조가 입법행위와 비법률적인 법적 행위를 명시적으로 구분하지 않고, 유럽연합의 법적 행위를 단순히 적시할 뿐이다.[20] 그렇지만 –정식의 입법절차, 파생된 법적 행위 및 시행적 법적 행위를 위한 규정을 담고 있는– 동조약 제289조부터 제291조는 법률적 성격의 법적 행위와 그렇지 않은 법적 행위를 구분하는 것을 바탕으로 한다.[21] 요컨대 유럽업무방식조약하에서는 법형식상으로 입법행위와 법집행행위가 분명히 구분되고 있다.[22]

1. 유럽작용형식론의 기본토대상의 차이

행정법의 기초는 경찰법 즉, 위험방지법이다.[23] 그에 맞춰 독일의 행정법질서는 국가행정을 위한 객관적인 질서로서 성립하지 않았다.[24] 오히려 행정법법적 시스템형성은 시종 국가와 시민의 관계에 의거하였다: "행정법이란 관리하는 국가와 그 신민의 관계에 고유한 법이다."[25] 개인보호적 기능을 발휘하고, 엄격한 하자효과론과의 연계성을 나타내는 행정행위 법제도 역시 이런 양극적 관계에 초점을 맞추었다. 실정법상으로 국가와 시민의 2극관계를 전제로 구축된[26] 내국법과는 달리 유럽연합법은 우선 회원국과 유럽연합간의 관계를 대상으로 하면서, 직접적인 효과의 법제도에 의해서 비로소 유럽연합의 시민도 그 적용영역에 포함시킨다. 따라서 작용형식에 연계된 유럽연합시스템의 형성은 유럽연합, 회원국 그리고 연합시민의 3극적 법률관계를 출발점으로 할 수밖에 없다.[27]

기본토대상의 두 번 째 차이는 유럽연합의 구조 및 유럽연합에 이전된 고권적 권능의 본질이다. 유럽연합은 압도적으로 회원국을 상대로 한 명령과 지침의 법정립(입법)의 방법으로 활동한다. 이런 양상을 기능적으로 보면 법정립공동체(Rechtsetzungsgemeinschaft)라 표현할 수 있다.[28] 유럽업무방식조약(AEUV) 제288조(구 유럽공동체조약(EGV) 제249

19) Ladeur/Möllers, Der europäische Regulierungsverbund der Telekommunikation im deutschen Verwaltungsrecht, DVBl 2005, s.525ff.

20) 동조는 열거규정이 아니어서 다른 작용형식이 당연히 존재한다.

21) 유럽업무방식조약 제290조 제1항이 법률적 성질을 갖지 않는 법적 행위를 규정하고 있다.

22) Lenaerts/Desomer, Simplification of the Union's Instruments, in: de Witte (Hrsg.), Ten Reflections on the Constitutional Treaty for Europe, 2003, S.107(109ff.).

23) Schmidt–De Caluwe, Der Verwaltungsakt in der Lehre Otto Mayers, S.47ff.

24) Di Fabio, Risikoentscheidungen im Rechtsstaat, S.11.

25) Otto Mayer, Deutsches Verwaltungsrecht, S.14.

26) 한편 최근 환경법과 안전법에서 진행된 급격한 발전으로 새로운 법형식의 움직임이 있다. 그리고 오늘날 이극(二極)적인 행정법관계이외에 다극적인 규율목표와 법효과를 지닌 행정법관계가 많이 출현하여 제3자효 행정행위는 유별난 존재가 아니고 행정의 통상적 모습이다. 그렇다면 입법정책적 차원에서 특별규정(예: 독일 행정법원법 제80조a(복효적 행정행위에서의 감정적 권리보호))을 두는 것이 바람직하다.

27) 여기서는 오늘까지도 회원국에 대한 연합 및 시민의 관계가 훨씬 중요한 역할을 하고 있다.

조)에 규정된 법적 행위인 결정(Beschluss)은 일응(prima facie) 독일식 행정행위에 비견될 수 있는 작용형식으로 만든다.[29] 그렇지만 이것은 －독일법의 행정행위에 일치하는－ 기업이나 개인을 수범자로 하면서 개별화와 명료화의 특징을 지닌 일체의 결정의 경우에만 전적으로 주효하다.[30] 그리하여 국가를 수범자로 하는 결정 역시 전적으로 준입법적 조치로서의 성질을 갖는다고 할 수 없다.[31]

회원국의 행정법질서가 보여주는 형식상의 다양성과의 비교에서, 확연한 것은 특별한 행정적 작용형식의 규범적 형성에서 유럽연합조약법이 억제하는 모습을 보여준다는 것이다. 이런 억제의 모습은 유럽연합이 행정집행에서 단지 부분적로만 자신의 권능을 행사할 수 있다는 배경에서 비롯될 수 있다. 유럽연합법에서는 고권적 결정을 독자적으로 집행한다는 것은 널리 결여되어 있는데, 전형적인 행정법적 구조가 유럽연합법에서는 결여되어 있기 때문이다. 이것만이 아니라, 오히려 유럽행정법의 법제도를 연합과 유럽연합에 의한 우월적인 규범활동에 의해 각인시키는 것도 그 이유가 된다. 유럽업무방식조약 제278조(구 유럽공동체조약 제242조) 제1문이 유럽연합법원에 대한 소의 정지효를 일반적으로 배제하여 유럽행정소송이 집행부정지를 원칙으로 한 것은, －설령 소송대상이 개별결정이라 하더라도－ 가령 유럽연합법의 규범적 작용지향에 기인할 수 있을 수도 있다.[32] 특히 규범작용에 통용되는 (사법심사의) 규준은 유럽연합법에서 신뢰보호와 비례원칙을 각인시키는 윤곽에도 영향을 미친다.[33] 즉, 유럽연합법상으로 비례원칙의 전개는 국내법상의 그것과는 경향적으로 정반대로 진행되고 있다. 가령 독일에서는 비례원칙의 효력이 먼저 그리고 특히 경찰법에서 발휘되고,[34] 행정활동의 한계를 긋는다. 반면, 유럽법의 차원에서는 그것은 －점차 유럽연합기관의 행정활동을 위한 규준으로서도 동원되긴 하지만－ 우선 입법행위에 관한 사법통제의 심사규준으로서 유럽 최고법원에 대해 도움을 준다.

---

28) von Danwitz, Europäisches Verwaltungsrecht, S.234.

29) Schwarze, Europäisches Verwaltungsrecht, 2. Aufl., 2005, S.927ff.

30) Vogt, Die Entscheidung als Handlungsform des Europäischen Gemeinschaftsrechts, 2005, S.60f.

31) Schroeder, in: Streinz (Hrsg.), EUV/AEUV, 2.Aufl., 2012, Art. 249 EGV Rn.137. 오히려 경쟁법, 보조금감독법, 소위 행정협력법에서 국가지향적 결정이 행정적 작용형식으로 기능할 수 있는 다수의 사례가 존재한다.

32) Fromont, Die Annäherung der Verwaltungsgerichtsbarkeiten in Europa, in: Schmidt－Aßmann/Sellner/Hirsch/Kemper/Lehmann－Grube (Hrsg.), FG 50 Jahre BVerwG, 2003, S.93ff.

33) 연합(공동체)의 1차적 기능으로서의 법정립에 관해서는 von Danwitz, Verwaltungsrechtliches System und Europäische Integration, S.124ff.

34) Ossenbühl, Maßhalten mit dem Übermaßverbot, in: FS Lerche, 1993, S.151(152); Stern, Zur Entstehung und Ableitung des Übermaßverbotes, in: FS Lerche, 1993, S.165ff.

2. 유럽연합 특유한 기능질서에 기인한 작용형식의 다기능성

현행 유럽연합법질서의 특징은 입법작용과 법집행작용(행정작용)의 법형식에 관한 범주적 구분이 분명하지 않다는 점이다. 사실 유럽연합의 제 기능은 그것의 개개 기관에 전속적으로 귀속하지 않는다. 기능교차의 시스템이 유럽연합의 기능질서의 특징이다. 따라서 입법작용과 행정작용의 불분명한 구분은 이런 독특한 기능질서의 표현이자 결과이다.[35] 그에 맞춰 유럽각료회의(Rat, Rat der Europäischen Union: Council of the European Union)와[36] 집행이사회는 ―비록 비중에서 차이가 나지만― 입법적 기능은 물론, 집행적 기능도 수행한다. 반면 유럽의회는 본질적으로 협력기관이자 통제기관으로서의 역할에 그친다.

각 회원국의 헌법적 전통에서 권력분립구조의 결여는 유럽작용형식론에 대해서 특히 다음의 결과를 낳는다. 유럽업무방식조약 제288조에 규정된 법적 행위는 특수한 다기능성이 그 특징이다.[37] 즉, 그것은 입법적 작용으로서는 물론 집행적 작용으로서도 기능할 수 있다. 유럽업무방식조약 제288조상의 결정의 작용형식의 경우 개개의 연합시민이나 기업체를 지향하면 의문 없이 행정적 집행의 수단에 해당하지만, 국가를 수범자로 하는 경우에는 결정이자 규범적 조정의 수단으로서도 즉, 입법작용으로서도 기능할 수 있다. 마치 실질적 입법행위와 형식적 입법행위의 구별마냥, 유럽연합법은 ―입법행위에 해당하는― 입법적인 법정립과 ―형식으로는 행정작용이나 실질은 규범작용인― 집행적인 법정립을 구분한다.[38] 이처럼 형식적 관점과 실질적 관점이 병존하는 한, 법적 행위의 관계나 형식적인 기준에 전적으로 의거해서 어떤 조치를 집행영역이든 입법영역이든 어느 하나에 귀속시키는 것은 곤란하다. 마지막으로 유럽업무방식조약 제288조에 의해 일정한 법적 행위를 하나의 기관에로 배타적으로 귀속시키는 것은 배제된다.[39]

하지만 이상과 같은 특성이 있다 하더라도 현행 유럽연합법이 입법적 법정립과 법집행행위를 구분하지 않는다고 결론을 내려서는 아니 된다. 법정립과 법집행의 범주적

---

35) Lenaerts/Desomer, Simplification of the Union's Instruments, in: de Witte (Hrsg.), Ten Reflections on the Constitutional Treaty for Europe, 2003, S.107(109ff.).

36) 이는 유럽이사회(Europäischer Rat; European Council)와는 구별된다. 유럽이사회는 'EU정상회의'라고도 하는데, 유럽연합의 각 회원국의 정상들의 회의체이다. 입법권을 갖지 않으며, 유럽연합의 입법에도 참여하지 않지만, 입법의 방향 등을 제시하거나 각 회원국간의 타협을 발견한다든지 향후 유럽연합의 발전을 위한 계기를 마련한다든지 하는 상위기관으로서의 나름의 역할을 한다.

37) Bast, in: von Bogdandy/Armin (Hrsg.), Europäisches Verfassungsrecht, 2003, S.479(533f.).

38) 이에 따라 유럽 최고법원은 집행이사회에 대해 명령제정을 거부하려는 시도를 수긍하지 않았다. EuGH, Rs. 41/69, Slg. 1970, 661 (691; Rn.60/62)―ACF Chemiefarma/Kommission.

39) EuGH, Rs. 41/69, Slg. 1970, 661 (691; Rn.60/62)―ACF Chemiefarma/Kommission.

차이점은 오히려 현행법에 이미 형성되어 있고, 특히 유럽업무방식조약 제288조, 제290조 및 제291조에 의해 입법행위와 비입법행위의 구분이 강구되고 있다고 할 수 있다. 해당 행위가 입법영역이나 집행영역에 귀속하는지 여부의 물음과 관련해서, 법적 행위를 바탕이 되는 실정법적 근거가 1차적 착안점을 제공한다.[40] 그 법적 근거가 1차적 법의 규정인 법적 행위는 아무튼 통상 입법영역에 귀속되어야 한다. 즉, 오래 전부터 입법행위로 여겨져 온 유럽각료회의(Rat)의 명령이 그러하다. 이에 반해 2차적 법을 집행하기 위한, 집행이사회의 다수의 명령처럼, 파생된 법의 규정에 바탕을 둔 법적 행위는 통상 집행의 영역에 속하고 그런 점에서 우리의 법규명령과 동일하다. 그러나 이 원칙에는 예외가 있다. 해서 조약규정에 직접적으로 의거하지만 그 규율내용에 의거해서 결코 입법적 성격을 갖지 않는 유럽각료회의(Rat)의 명령도 존재한다. 이를 넘어서 조약 그 자체가 집행이사회에 대해 집행적 조치를 수권한다. 그리고 개별경우와 관련한 결정이 집행이사회에[41] 의해 발해진 경우,[42] 그 결정은 행정적 활동에 속하는 것으로 추정된다. 사인이나 회원국행정청과 유럽연합 사이에 체결한 조약 역시 의문 없이 행정적 작용형식에 속한다. 그 밖의 경우에는 입법부의 영역이나 집행부의 영역에로의 법적 행위의 귀속을 위해서는, 결정적으로 그 내용에 좌우된다. 즉, 이것은 유럽업무방식조약 제288조에서 언급하지 않은 －가령 결의나 통지와 같은－ 법적 행위에 대해 통용된다.

Ⅳ. 유럽 행정의 작용형식의 유형

유럽연합의 활동에 대해 확고한 유곽을 부여하고, －작용형식론의 고전적인 관심사의 의미에서－ 개개의 것에 대해 근거를 부여하고 어떻게 진행되는지를 통해 개개의 활동을 확고히 한 것이 유럽업무방식조약 제288조에 규정된 법적 행위이다. 이하에서는 이를 바탕으로 개개의 작용형식의 유형에 따른 법제도 전반을 살펴본다.

1. 결 정

(1) 의의

유럽연합의 행정활동에 관한 통계상으로 보면, 우리의 행정현실과 마찬가지로 일종

40) Stettner, Verwaltungsvollzug, in: Dauses (Hrsg.), Handbuch des EU－Wirtschaftsrechts, Loseblattsammlung, Stand: Oktober 2007, Bd.1, B. Ⅲ Rn.51ff.

41) 집행이사회는 현존한 입법적 권능을 가짐에도 불구하고, 우선적으로는 유럽연합의 집행기관으로 기능한다.

42) Streinz, Europarecht, 7. Aufl. 2005, §2 Rn.39ff.; Bogdandy/Bast/Arndt, Handlungsformen im Unionsrecht, ZaöRV 62 (2002), S.77(95).

의 행정행위에 해당하는 결정(Beschluss)이 우월한 의의를 갖는다. 유럽연합의 법적 행위의 약 1/3 정도가 결정의 범주에 속하며, 특히 발급기관이 집행이사회이다. 결정의 적용분야는 전체 유럽연합의 고유한(독자, 자체) 행정법까지 확장되고, 나아가 행정협력법의 대상까지도 포함한다.[43] 즉, 경쟁법과 보조금법은 결정에 의해 집행된다.

결정은 우리 현행 행정소송법 제2조 제1호 및 행정절차법 제2조 제2호상의 행정처분과 특히 독일 행정절차법 제35조상의 결정과 같이 본질적인 특성을 공유한다. 특히 그것은 개별경우의 구속적인 규율에 이바지한다. 규율내용의 구속력 및 한정된 수범자의 범주의 관련성이 결정을 유럽연합법의 핵심적 집행수단으로 적합하게 한다. 이런 특성에 의거해서 결정의 작용형식은 고도의 추상적인 확정을 담은 유럽연합법을 개별경우에 적용되게 한다. 그리하여 결정은 소관기관으로 하여금, 개인이나 회원국에 대해서 －전술한 행정행위의 경우와 동일하게－ '마땅히 무엇해야 할지'(was für sie "Rechtens sein soll")를 확정할 수 있게 한다.

종전의 유럽공동체조약(EGV) 제249조상의 결정(Entscheidung)이 결정(Beschluss)으로 수정되었는데, 이런 수정을 통해 분명해진 점은 그런 결정이 종전의 형식에 비추어 규범적 성격의 수범자가 없는 법적 행위로서 행해지거나 또는 구속적 조치의 형식으로 특정한 수범자를 상대로 행해진다. 특정 수범자에 대한 결정(Entscheidung)과는 대조적으로 유럽업무방식조약 제290조 제1항상의 입법행위(Gesetzgebungsakt)는 수범자를 전제로 하지 않으면서 결정(Beschluss)으로 행해질 수 있다.[44] 후자의 경우 입법적 성격을 지니지 않는 법적 행위로서도 가능하다. 요컨대 장차 일정한 수범자를 향한 결정과, 수범자적 특성이 없는 결정은 구분되어야 한다. 나아가 후자의 경우 잠재적이긴 하나 구속력이 있다는 점에서 단순한 결의와, 특정 수범자를 전제로 하지 않은 점에서 지침과, 유럽연합 및 그 기관에 대해서만 직접적 구속효를 전개한다는 점에서 명령과 구분된다.

(2) 행정적 작용형식으로서의 결정의 징표

가) 규율적 성격

행정적 작용형식으로서의 결정은 구속적 규율에 해당한다. 따라서 구속적 규율을 담지 않은 행정적 조치와 구별되어야 한다.[45] 구속적 결정과 비구속적 작용형식(특히

---

43) 결정의 유형에 관해서는 vgl. Vogt, Matthias, Die Entscheidung als Handlungsform des Europäischen Gemeinschaftsrechts, S.45ff.

44) 유럽업무방식조약 제290조는 제1항에서 집행이사회에 대해 －법률적 성격을 가지진 않지만, 관련 입법행위의 일정한 비본질적인 규정의 보완이나 변경을 위한 일반적인 통용을 지닌－ 법적 행위를 발할 권능을 이전하는 것을 가능케 한다(파생된 법적 행위). 그리하여 규율은 집행이사회에 대해 －필요한 입법절차를 진행할 필요 없이－ 일정한 범주내에서 법적 행위를 발할 가능성을 열러준다. 이런 법적 행위는 입법적 성격을 갖지 않는다.

권고와 견해표명)을 구분하기 위해 결정적인 것은, 해당 조치가 직접적인 법효과를 발생시키는지 여부이다.[46] 결정은 '직접적인 법효과'를[47] 발생시키고, 통보된 수범자에 대해 구속적이다. 이처럼 법효과가 발생하기에, 결정에 대해서는 우리나 독일의 행정행위와 동일한 방식으로 개별화기능과 명확화기능이 부여된다. 즉, 행정의 작용형식으로서의 결정은 유럽연합법으로부터 수범자에 대해 그가 처한 구체적인 상황에서 어떤 법효과가 생겨나는지를 확정(인)한다.

직접적인 법효과의 발생 여부는 발급절차의 상황, 외적 형식, 조치의 내용에 따라서 탐문되어야 한다. 결과적으로 유럽연합기관이 법구속적인 표시를 하려고 하였는지가 도출되어야 한다. 그렇지만 이때 주관적인 규율의사가 아니라, 외관에 비추어 구속적 규율이 존재하는지에 전적으로 좌우된다.[48]

이런 규율적 성격의 차원에서, 순전히 사실적인 행정활동과 −구속적 규율을 담고 있지 않은− 준비행위 및 부분행위는 결정과는 구분되어야 한다. 유럽 최고법원은 특히 의도표시행위,[49] 법적 견해표명(교수) 및 유럽연합관할영역이외에서의 견해표명은[50] 규율적 성격이 없는 순전히 사실적 행정활동의 범주에 포함시켰다. 이에 반해 확약(Zusage)은 결정에 해당할 수 있다.[51] −가령 절차의 개시와 같은− 단순한 절차행위나 −종국결정을 준비하는−중간결정 역시 통상 결정에 해당할 수 없다.[52] 하지만 예외가 존재한다. 가령 본안결정과 분리되거나 분리가능한 사안을 완결적으로 규율하는 중간결정의 경우 결정에 해당한다.[53] 본안의 전체결정의 부분을 완결적(종국적)으로 결정을 내린 셈인 조치 역시 마치 부분허가마냥 결정으로 인정될 수 있다. 반면 반복처분은 결정에 해당하지 않는다.[54]

나) 개별규율적 성격

결정의 대상은 법규범일 수 없다. 법적 행위가 일반적이고 추상적으로 정해진 인적

---

45) Nettesheim, in: Grabitz/Hilf (Hrsg.), Das Recht der Europäischen Union, 2007, Art.249 EGV Rn.197f.

46) EuGH, Rs. 133/79, Slg. 1980, s.1299 (1309f.; Rn.15ff.)−Sucrimex; EuGH, Rs. C−147/96, Slg. 2000, I−4723 (4740f.; Rn.25ff.)

47) EuGH, Rs. 9/70, Slg. 1970, 825(830; Rn.5.) −Grad.

48) Nettesheim, in: Grabitz/Hilf (Hrsg.), Das Recht der Europäischen Union, Art. 249 EGV Rn.197f.

49) EuGH, verb. Rs. C−66/91 u. C−66/91 R, Slg. 1991, I−1143 (1151; Rn.28)−Emerald Meats/Kommission.

50) EuGH, Rs. 133/79, Slg. 1980, 1299 (1310; Rn.16ff.)−Sucrimex.

51) Nettesheim, in: Grabitz/Hilf (Hrsg.), Art.249 EGV Rn.200.

52) EuGH, Rs. 53/85, Slg. 1986, 1965 (1990; Rn.19)−AKZO Chemie/Kommission.

53) EuGH, Rs. 53/85, Slg. 1986, 1965 (1990; Rn.20)−AKZO Chemie/Kommission. 이는 우리의 경우 사전결정(예비결정)의 처분성을 인정한 것과 비견할 수 있다.

54) EuGH, Rs. C−180/96, Slg, 1998, I−2265 (2280; Rn.28)−Vereinigtes Königreich/Kommission. 우리 역시 반복처분은 처분성이 부인되는 단순한 반복결정에 지나지 않는다(대법원 2000.2.22. 선고 98두4665 판결 등).

범주에 대해 법효과를 발생시키는 경우에는 그것은 결정으로 여겨질 수 없다.[55] 그래서 결정의 작용형식은 개별적-구체적인 규율을 전제로 한다. 따라서 구속력을 지닌 명령과는 그 수범자의 범주에 의해 구분된다. 명령은 입법적 작용형식으로서 일반적으로 구속력을 발생시키는 반면, 결정은 그것이 나타내는 사람 즉, 특정인에 대해서만 구속력을 지닌다. 마찬가지로 지침에 대해서도 결정은 분명히 구별된다. 지침처럼 결정은 회원국을 상대로 발해지기도 하지만, 지침과는 달리 결정은 달성목표와 관련해서만 구속력을 갖지는 않는다. 결정의 작용형식을 통해 회원국에 대해 규범명령을 실현하기 위한 광범한 수단과 방도를 구속적으로 사전에 규정할 수 있다. 즉, 규범에 비해 확정적이다. 이런 구상적 차이점을 넘어서, 간과해서는 안 되는 것이, 지침은 법실무에서 국가지향적 결정과 지침간의 경계가 분명하지 않은 방식으로 전개되어 왔다는 점이다. 법적 효과의 발생여하에 따라 구체적인 규율이 존재하는지를 확인하는 것은 특별히 어렵지 않지만, 수범자의 범주의 필수적인 개별화와 관련해서는 각별히 어려움이 제기될 수 있다. 그렇지만 특정성이 조치의 객관적인 규율본지에 의거해서 잠재적 수범자의 범주가 다소간 자세히 조사될 수 있다는 것으로부터 비롯되어서는 아니 된다.[56]

다) 외부효의 발생

결정의 수범자로 사인과 기업만이 아니라, 유럽연합의 개개의 회원국이나 전체 회원국이 되는 것은 문제되지 않는다.[57] 실제로 많은 경우에 회원국이 결정의 수범자이다.[58] 회원국에 향해진 결정은 표시된 국가의 모든 기관(법원을 포함한)에 대해 구속적이다.[59] 그런데 유럽최고법원은 집행위원회가 구 공동체조약 제86조 제1항과 제3항(현 유럽업무방식조약 제108조)에 의한 보조금감독기능의 범주에서 회원국에 대해 어떤 결정을 내리는 것을 거부한 것에 대해 결정의 성질을 부인하였다.[60] 한편 유럽연합의 기관과 행정청 역시 결정의 수범자가 될 수 있는지 여부는 불확실하고 다투어진다. 이와 관련해서 일부에서는 결정은 권리형성적 외부효를 가져야 한다는 이유에서 부정하지만,[61] 압도적 문헌은 유럽연합의 기관과 행정청을 결정의 잠재적 수범자의 범주에

---

55) EuGH, Rs. 16/62 u. 17/62, Slg. 1962, 963 (979) – Conféderation nationale des producteurs de fruits et légumes/Rat; EuGH, Rs. 307/81, Slg. 1982, 3463 (3472; Rn.9) – Alusuisse/Rat und Kommission.
56) EuG, Rs. T – 166/99, Slg. 2001, Ⅱ – 1857 (1874; Rn.41) – Andres de Dios u.a./Rat.
57) Nettescheim, in: Grabitz/Hilf, Art. 249 EGV Rn.187; Ruffert, in: Christian Calliess/ders. (Hrsg.), EUV/EGV, 3. Aufl. 2007, Art. 249 EGV Rn.116.
58) von Bogdandy/Bast/Arndt, a.a.O., s.77(94).
59) EuGH, Rs. 249/85, Slg. 1987, 2345 (2360; Rn.17) – Albako/Balm.
60) EuGH Slg. 2005, Ⅰ – 1283 Rn.66 – 74.
61) Oppermann, Europarecht, 3.Aufl., 2005, §6 Rn.97.

정당하게 넣는다.[62] 유럽업무방식조약(AEUV) 제288조 제4항의 본문이 어떤 조치의 외부효를 요구하지 않는 점이 후자의 입장을 뒷받침한다. 그렇지만 유럽연합의 기관을 상대로 한 조치의 경우, 법구속적 규율이 의욕되었는지 여부를 특별히 심사하여야 한다. 가령 유럽 공무원신분 제25조에 의한 '처분'처럼, 유럽직무법의 범주에서의 결정에 대해서도 비슷하게 적용된다.[63]

(3) 결정의 구속력 및 하자있는 결정의 효과

결정이 지닌 특별한 법치국가적 부가가치는 명확화효과 및 개별화효과를 안정화기능과 결합시키는 데 있다. 왜냐하면 결정은 우리의 행정행위처럼 원칙적으로 그것이 폐지되기 전까지 유효하고 구속효를 발생시키는데, 설령 그것이 위법하다고 하더라도 그 사정은 동일하다.[64] 유럽행정법에서도 우리의 행정행위의 공정력에 해당하는 상황이 인정된다. Algera 판결이래로 유럽 최고법원은 지속적인 판례를 통해서 이런 구속력을 인정한다. 즉, Algera 판결에서 유럽 최고법원은 회원국의 학설과 판례를 모범으로 하여 결정(행정행위)의 위법성은 일정한 경우에만 절대적 무효를 낳고, 이밖에는 단지 취소가능에 그친다는 점을 분명히 하였다.[65] 유럽연합법에서도 법적 행위의 취소가능성과 무효가능성이 구분되어야 하고, 우리 국내법과 거의 흡사하게 위법한 결정의 취소가능성과 관련해서도 일종의 불가쟁력에 따른 한계가 존재한다. 이런 한계는 특히 법적 안정성의 원칙으로부터[66] 비롯된다. 결정은 유럽업무방식조약 제263조 제5항(구 유럽공동체조약 제230조 제5항)에 의해 2개월 이내에 취소소송을 제기할 수 있다. 적시에 취소소송이 제기되지 않으면, 결정은 불가쟁력(절차적 존속력)을 지니게 된다.

하자와 무관한 법효과(공정력) 및 존속력(불가쟁력)으로써, 행정의 작용형식으로서의 결정은 국내법의 행정행위와 함께 공유하는 두 가지의 법적 고유한 특성을 지닌다. 행정법일반이론에 의하면 침익적 행정행위는 명의기능을 갖는다.[67] 하명처분과 같은 부담적 행정행위는 그 수범자에 대해서 －법령에 의해 과해질 수 있는－ 법적 의무를 구체화할 뿐만 아니라. 이를 계기로 행정에 대해서는 집행가능한 명의까지도 제공한다. 따라서 행정이 행정행위란 작용형식을 행사할 수 있는 한, 그에 담겨진 규율의 관철과 관련해서 행정은 법원의 도움에 의지하기 않고, 그 규율을 자신의 집행행정청에

62) Nettescheim, in: Grabitz/Hilf, Art. 249 EGV Rn.187, 196; Schroeder, in: Streinz, Art.288 AEUV Rn.138.

63) Kalbe, in: von der Groeben/Schwarze (Hrsg.), EUV/EGV, 6. Aufl. 2003, Art. 283 EG Rn.16ff.

64) Nettescheim, in: Grabitz/Hilf, Art.249 EGV Rn.201.

65) EuGH, Rs. 7/56 u. 3－7/57, Slg. 1957, 82 (126)－Algera.

66) 존속력과 법적 안정성의 원칙의 상관관계를 최고법원은 반복적으로 강조한다. EuGH, Rs. C－453/00, Slg. 2004, I－837 (868; Rn.24)－Kühne & Heitz; EuGH, Rs. C－110/02, Slg 2004, S. I－6333 (6362; Rn.35)－Kommission/Rat.

67) 행정행위가 지닌 실체법적, 절차법적, 집행법적, 쟁송법적 기능에 관해서는 김중권, 행정법, 166면 이하 참조.

의해 관철할 수 있다(명의기능: Titelfunktion). 즉, 자기집행력이 인정된다.[68] 이에 반해 유럽업무방식조약 제299조 제1항(구 유럽공동체조약 제256조 제1항)에 의하면, 유럽각료회의(Rat)와 집행이사회의 －개인이나 기업체에 대해서 납부를 과하는－ 결정만이 즉, 금전급부하명결정만이 집행가능한 명의일 수 있다.[69] 반면 다른 종류의 활동의 실행, 수인이나 부작위를 목표로 하는 행위는 집행이 불가능하다.[70] 따라서 집행력이 인정되지 않는다. 사실 유럽연합의 집행기관의 결정은 종종 형성적, 확인적 성질을 지닐 수 있어서 집행될 수 없다. 이밖에 유럽연합의 관점에서 결정에 규정된 작위의무나 수인의무의 이행 그 자체를 강구하는 것이 아니라, (집행이 비교적 간단하게 여겨지는) 강제금부과를 통해 징계적 효과를 목표로 삼는 것이 실용적일 수 있다. 유럽각료회의(Rat)와 집행이사회가 그의 결정을 스스로 집행할 수 없는 한, 그 결정은 회원국행정청의 협력에 의지하는데, 이 경우 유럽업무방식조약 제299조 제2항에 따라 강제집행절차는 집행되는 국가의 민사소송법의 규정에 의거하여 행해진다.

2. 명령과 지침

개별경우를 규율하기 위한 핵심적 작용형식으로서의 결정이외에도, 유럽행정법은 규범적인 작용형식 역시 인정한다. 유럽업무방식조약(AEUV) 제288조에서 규율된 규범으로서의 법적 행위가 명령과 지침이다. 창설조약, 특히 부속서, 의정서를 포함한 유럽공동체조약 및 (부분적으로)[71] 유럽연합조약과, 유럽법원에서 비롯된 행정법의 일반법원칙이, 1차적 공동체법(Primäres Gemeinschaftsrecht)에 해당한다.[72] 그리고 유럽공동체조약 제249조 제2항에 따른, 직접적으로 포괄적으로 구속력이 있는 命令(Verordnung: Regulation) 및 유럽공동체조약 제249조 제3항에 따른 指針(Richtlinien: Directive)[73]은 2차적 공동체법(Sekundäres Gemeinschaftsrecht)에 해당한다.

명령과 지침은 회원국에 대한 직접적 구속효에서 차이가 있다. 전자는 회원국에 직접적으로 적용되나, 후자는 국내법으로의 전환의 메커니즘을 거쳐서 회원국에 적용된다. 회원국에 대해 전환의무를 발생시키는 지침의 경우 아직 전환되어 있지 않는 한에

68) 독일의 경우 하명처분의 불가쟁력의 발생을 전제로 행정이 자기집행에 나설 수 있는데, 우리는 그렇지 않다. 비록 집행정지효가 원칙으로 채택되지 않고 있지만, 법적 안정성을 위해 독일의 논의를 적극적으로 반영할 필요가 있다.

69) EuGH, Rs. 41/73, 43/73 u. 44/73, Slg. 1977, 445 (461f.; Rn.12/16) – Générale Sucriére.

70) Gellermann, in: Streinz, Art.299 AEUV Rn.3.

71) Vgl. Streinz, Europarecht, Rn.2.

72) Oppermann, Europarecht, 3.Aufl., 2005, Rn.482ff., 486; Ehlers, Erichsen/Ehlers, Allg. VerwR, 13.Aufl., 2006, §3 Rn.13ff. 한편 Streinz, Europarecht, Rn.7, 412ff.는 내용적 성질을 목표로 삼는다.

73) Richtlinien(Directive)을 규칙으로 옮기는 데 그것에는 전환이 유보된 점과 통상 (행정)규칙은 법규성이 부인된다는 점에서 자칫 오해를 낳는다. 따라서 규칙으로 옮기는 것은 바람직하지 않다.

있어서, 그 지침은 원칙적으로 회원국과 시민과의 관계에서의 행정활동에 대해서 영향을 미치지 아니한다.[74] 따라서 그것을 작용형식으로 접근하는 것은 무리가 있다. 사실명령의 경우 우리의 법규명령마냥 시행명령의 발현형식으로 행정의 작용형식의 성격을 받아들일 수 있다. 하지만 실은 이런 법적 행위는 우선은 －지침도 동일하게－ 행정의 작용수단으로서가 아니라, 유럽행정법을 위한 *法源*으로서 기능한다. 따라서 여기서는 더 이상 상론하지 않는다.

3. 비구속적인 작용형식 – 권고, 견해표명, 유럽행정규칙

(1) 의의

유럽업무방식조약(AEUV) 제288조 제5항에 규율된, 명시적으로 구속적 법적 행위로 형성되지 않은 권고(Empfehlungen)와 견해표명(Stellungnahmen)은 1차적으로 집행행위에 속하고, 입법행위에 속하지 않는다. 비구속성을 지닌 권고와 견해표명은 규범수범자의 권리와 의무를 위한 직접적인 근거로서는 기능할 할 수 없다.[75] 그럼에도 불구하고 권고와 견해표명의 경우 전통적인 법원시스템과는 대조적으로 현행 유럽연합법의 법원으로서도 기능을 한다. 그것은 －비록 고권적 성격은 지니나 일반적으로 국제법의 법원시스템에 들어가지 못하는－ 국제법상의 소프트 로(soft law)에 비견될 수는 없다.[76] 따라서 비록 법적으로 구속성이 없는 조치라 하더라도, 법적으로 아무런 효과가 없는 것으로 여겨질 수는 없다.[77] －국내 법원에 의해 관철할 수 있는－ 권리를 성립시키지 않고, 직접적으로 적용될 수 없긴 해도, 그것의 법효과는 매우 다양하다. 견해표명은 입법절차의 부분이자 법적 행위를 발하기 위한 요건에 해당할 수 있으며, 또한 유럽업무방식조약(AEUV) 제263조 제2항상의 본질적인 형식규정에 해당할 수도 있다. 뿐만 아니라 유럽업무방식조약(AEUV) 제258조, 제259조나 제265조 제2항에 따른 소송을 위한 소송요건일 수도 있다. 권고는 국내법원이 관련된 분쟁을 판단함에 있어서 특히 발해진 국내법규정을 시행하기 위한 해석을 하는 경우나 구속력있는 연합법규정을 보충해야 할 경우에 고려되어야 한다.[78] 이를 넘어서 신뢰보호의 원칙과 결합하여 권고나 견해표명을 발한 유럽연합의 기관의 자기구속이 시인될 수 있다. 그리

74) 하지만 국내법의 지침합치적 해석의무를 성립시킬 수 있다. EuGHE 1996, I－5403 = EuZW 1997, 318; EuGH (GK) NJW 2006, 2465, LS4; Schliesky, Die Vorwirkung von gemeinschaftsrechtlichen Richtlinien.,DVBl 2003, 631.
75) Nettesheim, in: Grabitz/Hilf, Art. 249 EGV Rn.213 m.w.N.
76) Schroeder, in: Streinz, Art. 288 AEUV Rn.143.
77) EuGH, Rs. C－322/88, Slg. 1989, 4407(4416; Rn.18)－Grimaldi.
78) EuGH, Rs. C－322/88, Slg. 1989, 4407(4416; Rn.18)－Grimaldi.

하여 나름의 권고나 견해표명과 배치되는 구속적 조치를 취해서는 아니 된다는 것이 도출된다.[79]

그런데 유럽연합의 기관은 실무상으로 권고와 견해표명을 넘어서 -유럽업무방식조약(AEUV) 제288조에 규정되어 있지 않은- 일련의 다른 규범적 법적 행위를 이용하는데, 가령 집행이사회가 발하는 유럽연합대강지침, 지도지침, 통보의 형태로 공포되고 있다. 이런 규율의 경우 일부는 집행이사회의 고유한 직무부서를 상대로 발해지지만, 대다수는 회원국과 그 행정청에 대해 발해져서,[80] 유럽연합법의 직접적, 간접적 집행을 조종한다. 유럽연합법적 집행규율에 해당하는 이들 행정의 작용형식의 특징은 유럽연합법의 명령과 결정과 비교해서 -마치 행정규칙에 비견될 정도로- 상대적으로 낮은 구속력을 지닌다. 이하에서는 이들 비구속적인 작용형식 가운데 유럽행정규칙의 특징을 살펴본다.

(2) 기능

특히 기능적 측면에서 유럽연합법의 집행규율은 행정규칙과 분명한 유사성(평행성)을 나타낸다.[81] 비록 비법규성을 전제로 하지만 행정규칙은 행정법에서 독립된 작용형식으로 인정된다. 행정규칙과 같은 이런 집행규율의 가장 중요한 기능은 -평등대우명령과 법적 안정성의 원칙과 같은 기본적인 법치국가적 요청에 합치하기 위해- 통일된 행정실무를 확고히 하는 것이다.[82] 이런 법적 행위의 우선적(1차적) 목표설정은 그래서 규범해석이다. 유럽연합기관에 의한 유럽연합법의 집행과 관련해서만 초점을 맞추어서는 아니 된다. 유럽연합의 측면에서 역시 중요하고 절박한 것이 개개 회원국에서 통일된 행정실무가 보장되는 것이다. 이는 특히 2차법이 회원국의 집행행정청에 대해 -유럽연합법의 통일적 적용을 저해할 우려가 있을 정도로- 광범한 형성여지를 부여하는 경우에 그러하다.

(3) 규범수범자의 관점으로부터의 법효과의 문제

권고와 견해표명은 규범수범자의 권리와 의무를 위한 직접적인 근거로서는 기능할 수 없는데, 이 점은 지침, 유럽연합대강과 같이 언급되지 않은 법적 행위에 대해서도 마찬가지이다. 그런 법적 행위가 순전히 내부효로 끝나지 않아서 -조직규칙과 직무

79) Schroeder, in: Streinz, Art. 288 AEUV Rn.143.

80) 유형에 관해선 vgl. Groß, Exekutive Vollzugsprogrammierung durch tertiäres Gemeinschaftsrechts?, DÖV 2004, s.20 (21f.); Adam, Die Mitteilungen der Kommission: Verwaltungsvorschriften des Europäischen Gemeinschaftsrechts?, 1999, s.13ff.

81) Schroeder, in: Streinz, Art. 288 AEUV Rn.143.

82) 이로부터 행정의 일반적인 자기구속이 생겨난다.

규칙처럼－ 집행이사회의 조직권, 업무집행권, 직무권에 포함되더라도, 그런 법적 행위는 유럽시민의 관점에서는 법적으로 비구속적이고, 그래서 아무런 구속효를 발생시키지 않는다.[83] 회원국들이 유럽연합법을 집행하는 경우에도, 그런 종류의 법적 행위에 구속되지 않는다. 이런 측면에서 유럽연합법의 집행은 연방시스템에서 연방의 각주가 연방법을 전환하는 것과는 결정적으로 구별된다. 연방정부는 연방주에 대해 유럽회원국에 대한 유럽집행이사회마냥 －행정규칙에 의한 구속효의 근거로 끌어들일 수 있는－ 직무가이드권능을 행사하지 못한다.

－유럽업무방식조약 제108조(구 EG 제88조) 제1항에 터잡은－ 보조금법상의 지침과 유럽연합대강과 관련해서 유럽 최고법원판례는 회원국을 위한 구속효의 결여의 예외를 인정하였다. 즉, 회원국이 이런 법적 행위에 동의하는 한, 유럽 최고법원은 이런 법적 행위가 집행이사회만이 아니라 회원국도 구속한다는 점을 착안점으로 삼았다.[84] 이 견해에 의하면, 당해 지침들은 유럽업무방식조약 제108조 제1항에 의해 규정된 정례적, 지속적 －집행이사회도 회원국도 면해질 수 없는－ 협력의무의 부분이다.[85]

한편 규범수범자에 대한 법적 구속성이 결여된다고 하여 실제적인 효과도 없다는 식으로 판단해서는 아니 된다. 해서 유럽 최고법원의 판례에 의하면, 이상에서 언급한 법적 행위는 유럽연합법을 집행하는 국내 법규정을 해석하기 위해 또는 국소적인 유럽연합법적 규정을 보완하기 위해 국내 법원에 의해 동원되어야 한다.[86] 유럽연합조약 제4조(구EG 제10조) 제3항에 규정된, 유럽연합에 대한 회원국이 충성의무는 유럽연합조약법에 의해 설정된 한계안에서만 존재한다. 권고나 지침의 일반적 구속효가 충성의무로부터 도출되지 않으며, 비구속적 법적 행위 역시 결코 법적으로 구속적 법적 행위로 될 수 없다.

(4) 유럽연합기관에 대한 구속효 문제

유럽 행정규칙의 경우 규범수범자의 시각에서는 －전술한 예외를 제외하고서－ 아무런 법적 구속효를 발생시키지 않는 반면, 그것을 발한 유럽연합기관은 그것에 매우 구속되고 있다. 유럽연합기관에 대해서는 그런 집행부적 집행규율의 발함으로부터 신뢰보호원칙과 평등원칙을 통한 자기구속이 성립한다. 유럽 최고법원은 일찍부터 유럽직무법의 분야에서 이 점을 인정하였고,[87] 이런 자기구속의 법리는 새로운 판례에 의

83) Grundel, in: Schulze/Zuleeg (Hrsg.), Europarecht, 2006, §3 Rn.86.
84) EuGH, Rs. C－311/94, Slg. 1996, I－5023 (5056ff.; Rn.36, 43)－Ijssel－Vliet.
85) EuGH, Rs. C－288/96, I－8237 (8303; Rn.64)－Deutschland/Kommission.
86) EuGH, Rs. C－322/88, Slg. 1989, 4407 (4416; Rn.18)－Grimaldi.
87) EuGH, Rs. 148/73, Slg. 1974, 81 (89; Rn.11)－Louwage/Kommission.

해 기타의 집행규율에 대해 즉, EU 보조금법에서[88] 마찬가지로 통용된다.

집행이사회 또는 다른 유럽연합기관은 행정규칙을 발함으로써 일정한 행정실무 및 법규범의 일정한 해석에 책임을 지게 된다. 그렇지만 이 경우 고수해야 할 점은, 유럽연합기관의 자기구속은 법 행위에서 비롯된 엄격한 타자구속과는 약간 다르다. 행정적 자기구속은 '탄력적인 구속'에 해당한다. 즉, 신뢰보호원칙과 평등원칙에 터 잡고 있어서 행정적 자기구속은 원칙적으로 정당한 이유가 있을 때는 벗어나더라도 무방하다.[89]

4. 유럽연합의 작용형식으로서의 행정계약

(1) 의의

유럽업무방식조약 제288조는 행정계약을[90] 언급하지 않는다. 그럼에도 불구하고, 유럽연합은 아무런 문제없이 계약의 작용형식을 행사할 수 있다.[91] 유럽업무방식조약(AEUV) 제272조(구 제238조)와 제340조(구 제288조)에서 그 가능성을 전제하고 있다. 이밖에 2차법에서 그 사이에 계약의 작용형식을 명시적으로 규정하는 규정이 나타났다.[92] 유럽연합기관의 실무에서도 행정계약에 대해 중요한 의의를 부여하고 있다. 보다 자세히 말하면, 행정계약이 국고적 조달작용과 관련해서만이 아니라,[93] 유럽연합의 임무를 직접적으로 이행하기 위한 수단으로서도 행사되고 있다. 즉, 보조금수여와 공공발주를 위해 유럽연합기관이 행정계약의 작용형식을 동원하고 있다.[94]

(2) 규준적인 계약법

실제로 유럽연합이 참여하여 체결하는 계약에 대해서 유럽연합법이나 회원국법이 통용될지 여부를 가늠하는 기준이 다투어지고 있다.[95] 그리하여 사법계약과 공법계약의 구분이 결정적으로 중요하다. 이에 따르면 사법계약에 대해서는 회원국의 법이 적

---

88) EuGH, Rs. C−288/96, Slg. 2000, I−8237 (8303; Rn.62) − Deutschland/Kommission.

89) 행정의 자기구속이 행정의 법률에 의한 타자구속과 구조적으로 차이가 있다는 지적으로 유일하게 김중권, 행정법, 61면 이하 참조.

90) 통상 행정계약은 공법계약으로서의 그것을 의미하는데, 여기서의 행정계약은 행정이 체결하는 모든 계약을 의미하는 것으로 본다. 행정법은 단지 공법으로서 접근할 것이 아니라 행정의 법으로 접근할 필요가 있다. 이 점에 관해선 김중권, 앞의 책, 6면.

91) Stelkens, Probleme des Europäischen Verwaltungsvertrags nach dem Vertrag zur Gründung der Europäischen Gemeinschaft und dem Vertrag über eine Verfassung für Europa, EuZW 2005, s.299ff.

92) Art.88 Abs.1, 108 Abs.1 S.2 der VO (EG/Euratom) Nr. 1605/2002 des Rates vom 25. Juni 2002.

93) Hatje, in: von der Groeben/Schwarze, Art. 282 EG Rn.33.

94) Cremer, Calliess/Ruffert, Art. 238 EGV Rn.9; Schwarz, in: Rengeling/Middeke/Gellermann (Hrsg.), Handbuch des Rechtsschutzes in der Europäischen Union, 2. Aufl. 2003, §14 Rn.19.

95) 그러나 체결계약에서 준거법을 정해 놓고 있기에, 현실적으로 물음은 그다지 제기되지 않는다.

용될 수 있거나[96] 적용가능한 법의 결정이 국제사법의 규준에 의거해야 하는 데[97] 대해서, 반면 공법계약의 경우에는 일부 문헌은 유럽연합법의 적용을,[98] 일부 문헌은 −급부를 제공해야 할− 당해 회원국의 공법계약법의 적용을[99] 주장한다.

하지만 이런 착안점 가운데 어느 것도 설득력이 있는 결론에 다다르지 못한다. 사법계약을 유럽연합법의 적용영역에서 처음부터 제쳐놓는 것은 문제가 있다. 유럽연합이 스스로 활동에 나선 경우, 그의 활동은 통상 연합법에 의거하여 정해진다. 유럽업무방식조약 제272조나 유럽연합의 여러 지침(Richtlinien)[100]이 보여주듯이, 공법과 사법간의 구분이 유럽연합법에서도 새롭지 않지만, 현행 유럽연합법은 원칙적으로 공법과 사법을 구별하지 않으며, 그리하여 동법에서는 여태 양자구별에 대해 체계형성적 의의가 주어지지 않았다.[101] 이는 유럽연합이나 회원국국민이 행동할 수 있는, 바탕이 되는 연합법적 사법질서가 존재하지 않는 데서 기인한다. 따라서 사법계약과 공법계약간의 구분은 그때그때의 회원국의 법질서에 따른 기준에 전적으로 의거해서 고려될 것이다. 유럽연합법의 적용가능성이 회원국법에 근거를 둔 구분기준에 좌우된다.[102]

이런 해결책은 회원국법에 대한 유럽연합법의 우위와는 맞지 않는다. 어떤 기준에 따라 공법적 계약을 유럽연합법 그 자체상으로 설정하는 것 또한 만족스럽지 않다. 왜냐하면 유럽연합법상으로 규정화된 계약법이 존재하지 않을 뿐이기 때문이다; 회원국의 법질서에 의거하여 유럽연합법의 일반적 법원칙을 전개하는 것이 오히려 매우 곤란하다. 유럽 최고법원이 −Algera 판결로 시작하여− 행정의 작용형식으로서의 결정에 대해 규준적으로 통용되는 법시스템이 행정계약에 대해서는 통하지 않는다. 공법계약은 모든 회원국에서 작용형식으로 형성되어 있지 않다. 그것을 작용형식으로 인정하는 국가조차도 상이한 규율을 설정한다.[103] 그래서 이런 규율상황으로부터 행정계약에 관한 일반적인 법원칙을 획득하는 것은 당연히 성공을 거두기 어렵다.

(3) 유럽연합 행정계약의 법적 효력

유럽연합이 체결한 계약이 전술한 원칙에 따라 유럽연합법의 지배를 받지 않으면,

---

96) Kokott, in: Streinz, Art.335 AEUV Rn.8.
97) Schwarz, in: Rengeling/Middeke/Gellermann, a.a.O., §14 Rn.20.
98) Ehricke, in: Streinz, Art.272 AEUV Rn.15.
99) Cremer, in: Calliess/Ruffert, Art.238 EGV Rn.9.
100) Vgl. ABl L 210/1 v.21.7.1983; ABl C 264/22 v. 16.10.1989.
101) 그러나 이 점이 구별부인의 논거로 동원될 수 없다. 일부에선 유럽적 규준이 특징적인 것은 아니라고 지적된다. Vgl. Burgi, in: Hoffmann−Riem/Schmidt−Aßmann/Voßkuhle(Hrsg.), Grundlagen des Verwaltungsrechts, Bd. I, 2.Aufl., 2010, §18 Rn.30.
102) 공법과 사법의 구분에 관해서는 김중권, 행정법, 11면 이하 참조.
103) Schwarz, in: Rengeling/Middeke/Gellermann, a.a.O., §14 Rn.22

그것의 법효력은 규준적인 국내법으로부터 도출된다. 이런 사정은 행정계약의 위법에 따른 법효과에 대해서도 마찬가지이다.104) 그런데 유럽연합법상으로 계약법의 내용은 불명료하다. 소수의 2차법의 규정에 비추어 보면, 유럽계약법은 독일식 모델보다는 프랑스식 모델을 따르고, 집행이사회에 대해 심사권, 제재권, 계약적응권, −작용형식으로서의 행정계약에 관한 독일식 사고와는 모순되는− 해지권이 부여된다. 그리고 계약체결에 관한 결정을 계약 자체와 구분되어야 할 법적 행위로 보는 것은 프랑스식 모델에 부합한다.105) 한편 계약의 기초에서 제공된 재정보조를 목적에 위배하여 사용할 경우 집행이사회는 유럽업무방식조약 제288조 제4항상의 결정을 통해 보조금의 환급을 요구할 수 있다.106) 이런 법적 행위는 유럽업무방식조약 제263조(구 공동체조약 제230조) 제4항에 따른 취소소송(무효화소송)으로 취소될 수 있다.107)

5. 사실행위

자신의 임무를 처리하기 위해, 행정은 법적으로 형성된 공식적인 작용형식만을 아니라, 현저한 범위에서 비정식적인 수단도 동원한다. 비록 법효과를 직접적으로 의욕하지 않더라더도, 사실적 행정작용 역시 법으로부터 자유로운 영역에 있지 않다.108) 이런 기본적 인식처럼, 사실행위란 상위개념에서 이런 행정조치는 −비록 다양성과 윤곽결여로 시스템적 접근이 곤란하긴 해도− 오래 전부터 행정의 작용형식론의 부분에 속한다.109) 이는 특히 소위 '비공식적'(informal) 또는 '비정식적'(informell) 행정활동에 마찬가지로 통용된다. 이들 행정활동은 행정과 시민간의 협상이나 다른 형식의 의견일치에 관한 분야를 의미하는데, 이들은 정식의 법적 행위를 발하는 것에 선행하거나 대체될 수 있다.110)

한편 −시간의 경과로 확고한 윤곽을 획득하고 그리하여 행정작용형식을 위해 중요

104) 행정계약에 관한 일반규정이 없는 이상, 도그마틱에 의해 접근할 수밖에 없다. 행정소송상 공법계약을 다툴 수 있는 방법은, 항고소송인 취소소송이 아니라 당사자소송이다. 이처럼 취소소송의 대상이 되지 못한다는 것은 '취소가능한' 행정계약의 존재를 결정적으로 부정하는 셈이다. 행정계약의 하자효과는 단 하나 무효만이 존재한다. 문제는 법위반 모두가 무효사유가 되는지 여부이다. 독일의 경우 모든 법위반이 무효가 되지 않으며, 그들 행정절차법 제59조에서 든 무효사유가 주어져야만 무효가 되는 것으로 본다.

105) Chapus, Droit du contentieux administratif, 10. Aufl. 2002, Rn.812ff.

106) Stelkens, Probleme des Europäischen Verwaltungsvertrags nach dem Vertrag zur Gründung der Europäischen Gemeinschaft und dem Vertrag über eine Verfassung für Europa, EuZW 2005, s.299(302).

107) Röhl, Die anfechtbare Entscheidung nach Art. 230 Abs.4 EGV, ZaöRV 69(2000), S.331(344ff.); EuGH, Rs. 23/76, Slg. 1976, 1807 (1819f.; Rn.23/25ff.) − Pellegrini. 그런데 무효화(소효)소송(Nichtigkeitsklage)이라는 표현에도 불구하고, 이 소송의 본질은 확인을 지향하는 권리구제가 아니라, 형성을 지향하는 권리구제이다. 즉, 형성소송인 취소소송이다.

108) 김중권, 앞의 책, 362면.

109) Wolff/Bachof/Stober, Verwaltungsrecht, Bd.2. Aufl. 2000, §57.

110) Remmert, in: Erichsen/Ehlers (Hrsg.), Allgemeines Verwaltungsrecht, 14. Aufl. 2010, §36.

한 정서기능과 체계화기능을 넘겨받을 수 있는– 일정한 행정조치가 사실행위에서 포착될 수 있다. 국가의 정보작용(활동)의 총체가 이에 해당한다.[111] 국가의 정보활동에 관해 우리의 경우 아직 입법에 의한 형성이 전혀 강구되지 않고 있으며 독일의 경우에도 단지 부분영역에서만 법률적 형성이 행해졌다.[112] 그럼에도 불구하고 위험경고나 여타 정보행위에 대해서는 가령 관련인의 사전청문 강제(요구)와 같은 절차적 요청 및 가령 비례원칙의 엄격한 주의와 같은 실체법적 요청에 관해서는 광범하게 의견일치가 존재한다.[113]

그런 비정식적 수단에 대한 실제적이고 확실한 필요성은 유럽행정법 특히 집행이사회의 해당 조치에서도 확인할 수 있다. 유럽연합법은 원칙적으로 비공식적 작용형식에 대해서 개방적이다. 이 점은 권고와 견해표명과 같은 비구속적인 작용형식으로 마련해 놓은 유럽업무방식조약 제288조 제5항에서 이미 나타나 있다. 실무에서는 특히 환경법과 의약품법이 유럽연합의 정보활동을 위한 실제자료를 제공한다. 해서 가령 식품베이스명령(Lebensmittel–Basisverordnung)이[114] 소위 '신속경고시스템'을 규정한다. 여기서 집행이사회는 위험스러운 식품이나 비료에 관한 회원국의 정보를 중계하는 기능을 한다.[115] 심지어 집행이사회는 비상시에 즉, 회원국의 조치로 식품이나 비료로부터 비롯된 위험에 대해 효과적으로 대처할 수 없는 경우에는, 직접 '적합한 임시적 조치'를 취할 수 있다.[116]

V. 유럽작용형식과 관련한 법제도적 시스템의 내용

법치국가적 행정법을 전개하기 위해 법적으로 유형화된 작용형식을 구축하는데, 그것이 갖는 원칙적 의의는 시스템의 차이와는 무관하다.[117] 유럽업무방식조약 제288조에 의해 개개의 작용형식이 형성되고, –저장소의 기능의 의미에서– 이들에 대해 많

111) 과거 독일의 경우 1980년대는 리스크에 민감한 일반대중의 반향에 따른 떠들썩한 사건들로 점철되었는데, 어느 정도 안정을 찾으면서, 국가적 정보행위에 관해 법치국가적 윤곽이 뚜렷해짐으로써 이 주제가 법학적인 종말빙퇴석(終末氷堆石)이 된 지 오래되었다. 하지만 우리는 아직 그렇지 않다. 교과서상으로 김남진/김연태, 행정법Ⅰ, 386면 이하를 제외하고 특별히 언급하지 않고 있다.

112) 제품안전법(Geräte– und Produktsicherheitsgesetz) §10; 의약품법(AMG) 제69조 제4항, 연방오염방지령(BImSchVO) 제6조a.

113) Di Fabio, Risikoentscheidungen im Rechtsstaat, S.416ff.; von Danwitz, Verfassungsfragen staatlicher Produktempfehlungen, S.84ff.

114) VO (EG) Nr. 178/2002 des Europäischen Parlamentes und des Rates vom 28. Januar 2002.

115) Art. 50ff. VO (EG) Nr. 178/2002; EuG, Rs. T–177/02, Slg. 2004, Ⅱ–827 (845f.; Rn.48ff.)–Malagutti–Vezinhet SA.

116) Art. 53 der VO (EG) Nr. 178/2002.

117) Pauly, in: Becker–Schwarze u.a. (Hrsg.), Wandel der Handlungsformen im Öffentlichen Recht, 1991, s.25ff.

은 규정을 통해서 형식에 결부된 나름의 법적 결과(즉, 절차, 법효과 및 권리보호체제와 관련 것)가 부여되어 있다. 그럼에도 불구하고 유럽연합법은 독일 행정법보다는 형식에 의거하여 특유하게 조직화되어 있지 않다. 이 점은 후술하듯이 하자효과 및 권리보호체제와 관련해서 그러하다.

1. 절차법적 요청

(1) 청문의 요청

−저장소로서의− 유럽행정법의 작용형식에 대해 비교적 낮은 중요성이 부여되고 있다는 점장은 우선 직・간접적인 관련인에 대한 청문의 요청과 관련해서 드러난다. 유럽공동체조약법이 청문요청의 문제를 명확히 규율하고 있지 않지만, 유럽 최고법원의 판례에 의해 일반적인 법원칙으로서 청문요청이 요구된다. 관련인은 유럽연합기관의 조치에 의해 제재나 기타의 법적 불이익이 가해질 경우에는 즉, 부담적 조치의 경우 청문이 행해져야 한다.[118] 이런 청문원칙은 작용형식과 관계없이 요구되고 있다. 행정절차의 종료시에 가령 유럽업무방식조약 제288조 제4항상의 '결정'이 존재한다는 것만으로 청문의무가 생기지는 않고, 오히려 유럽연합기관의 조치와 결부된 법효과가 중요하다.[119] 청문의 종류와 요구된 정도에 관한 자세한 요청과 관련해서 작용형식의 고유한 측면에 좌우된다. 이것이 특히 유럽연합의 고유한(자체) 행정법의 상세한 분석을 분명하게 만들 것이다.[120] 자신의 이익을 완연하게 훼손시키는 결정의 수범자로서는 자신의 입장을 결정의 내용(실체)에 이바지하는 방법으로 표명할 수 있는 기회를 가져야 한다.[121] 그러나 결정에 의해 자신의 법적 보호이익에 제약을 받는 제3자 역시 청문의 기회를 가져야 한다.[122] 집행이사회에 대해 집행규율을 발할 수 있도록 수권을 하는 한, 이런 권한규범은 통상 참여자에 대해 견해를 표명할 권리도 부여한다.[123]

관련인의 청문은 행정결정의 질을 향상하는 데 확실히 이바지한다. 하지만 유럽행정법의 시스템에서 청문권은 인정된 권리로서 특히 관련인이 고권적 절차에서 단순한

---

118) EuGH, Rs. C−32/95 P, Slg. 1996, I−5373 (5396; Rn.14)−Kommission/Lisrestal u.a.; EuGH, Rs. C−86/94 u. C−30/95, Slg. 1998, I−1375 (1503; Rn.174)−Frankreich u.a./Kommission

119) 전적으로 수익적인 결정의 경우 청문의무가 강제되지 않는다.

120) von Danwitz, Europäisches Verwaltungsrecht, S.371ff.

121) EuGH, Rs. C−32/95 p. Slg. 1996, I−5373 (5396; Rn.14)−Kommission/Lisrestal u.a.

122) EuGH, Rs. C−68/94 u. C−30/95, Slg. 1998, I−1375 (1503; Rn.174)−Frankreich u.a./Kommission. 우리의 경우 제3자효 행정행위에서 제3자를 보호하기 위한 (가령 제3자 통지 등과 같은) 절차법적 요청에 관한 논의가 거의 행해지지 않고 있다.

123) Art. 33 Abs.2 der VO (EG) Nr. 1/2003 des Rates vom 16. Dezember 2002.

객체에 머물지는 않는다는 것을 확고히 한다. 그래서 청문에 대해서는 전치된 권리보호의 의미상의 개인보호적 기능이 우선적으로 인정된다. 그래서 유럽 최고법원은 당해 기관은 개별경우의 모든 관련 측면을 섬세하게 공평하게 조사할 의무를 지고, 관련인은 자신의 입장에 대해 청문의 기회를 가질 권리 및 결정에 대해 충분한 이유제시에 관한 권리를 갖는다는 것을 명시적으로 판시하였다.[124] 그래서 행정절차법의 형성과 효과적인 사법적 권리보호의 보장 간에 체계적으로 밀접한 상관관계가 있다는 것이 분명히 드러난다.[125]

한편 독일의 경우 실체에 관한 통제밀도가 높아서 상대적으로 행정절차상의 하자에 대해서는 낮은 중요성이 부여된다. 즉, 절차봉사설이 다수 문헌과 판례의 입장이고, 행정절차법 제46조를 통해 제도화되었다. 반면 유럽행정법의 경우 권리보호에서 실체적 심사밀도가 축소되기에 역으로 절차규정의 준수에 관한 엄격한 심사가 행해진다. 이른바 절차고유가치설의 견지하기에, 유럽연합법의 차원에서는 – 독일 행정법에 의하면 널리 가능한 심지어 재판절차에서에서도 가능한– 절차하자의 사후치유가 분명히 억제되고 있다.[126]

(2) 이유제시

구 유럽공동체조약(EGV) 제253조에 의하면, 동조약 제249조상의 구속적 작용형식 즉, 명령, 지침 그리고 결정에 대해서만 이유제시의무가 요구된다. 비구속적인 법적 행위인 견해표명과 권고는 물론, 동조약 제253조에 규정되지 않은 다른 행정적 법적 행위나 통지는 이유제시의무의 지배를 받지 않는다.[127] 하지만 현행 유럽업무방식조약 제296조(구 EGV 제253조) 제2항이 단지 법적 행위에 대해서 이유제시의무를 과하고 있다. 당연히 종전에는 배제된 비구속적인 법적 행위인 견해표명과 권고의 경우 이유제시의무를 요구할 수 있는지가 문제되는데, 일각에서는 합사실적 해석의 차원에서 명문의 규정에도 불구하고 구속적 법적 행위에 국한할 것이 주장된다.[128]

구 조약은 물론 현행 조약의 당해 규정은 이유제시의 종류와 정도에 관한 상이한 요청을 규정하지 않고서, 규범적 행위이든 개별행위이든 동일하게 통용된다. 이에 대해서 유럽 최고법원의 판례는 오래 전부터 이유제시의무의 범위와 관련해서 개별행위

124) EuGH, Rs. C–269/90, Slg. 1991, I–5469 (5499; Rn.14)–TU München.

125) Wahl, Das Verhältnis von Verwaltungsverfahren und Verwaltungsprozessrecht in europäischer Sicht, DVBl 2003, s.1285ff.

126) Schoch, Die Europäische Perspektive des Verwaltungsverfahrens– und Verwaltungsprozessrechts, in: Schmidt–Aßmann/Hoffmann–Riem (Hrsg.), Strukturen des Europäoschen Verwaltungsrechts, 1999, s.279(299f.)

127) Calliess, in ders./Ruffert,Art. 253 EGV Rn.1; Gellermann, in: Streinz, Art.296 AEUV Rn.4.

128) Gellermann, in: Streinz, Art.296 AEUV Rn.4.

와 규범행위를 구별하여 왔다.[129] 이에 따르면 규범행위의 경우 원칙적으로 개개의 수범자를 향한 결정 즉, 개별행위의 경우보다는 덜 광범하게 이유제시를 하더라도 무방하다.[130]

이런 상관관계는 유럽연합법의 절차법적 요청의 시스템적 관련성 및 절차요청과 사법적 권리보호간의 특유한 기능적 견련성을 새롭게 입증한다. 요구된 이유제시가 충분한지 여부는 궁극적으로 이유제시의 기능 가운데 특히 설득기능과 권리구제기능이 제대로 발휘되었는지 여부에 좌우된다. 유럽 최고법원이 지속적인 판례에서 강조하듯이, 법적 행위의 이유제시에서는 유럽연합 행정청이 명령 등을 발하면서 고려(숙고)한 것이 명확히[131] 그리고 일의적으로 나타내야 한다.[132] 이런 배경에서 개별행위의 이유제시상의 요청은 법규범의 이유제시에 대해 설정되어야 할 요청과는 다르다는 점은 명백하다. 왜냐하면 －관련된 주요사항의 조사와 추상적인 가늠만이 아니라, 개개인의 규범상의 주관적 공권에 대한 구체적인 개입의 사법적 판단도 중요할 경우에는－ 권리보호의 실효성은 결정에 중요한 사안 및 그로부터 도출된 법적 결론의 면밀한 정선(정리)을 요구하기 때문이다.[133] 요컨대 결정상의 이유제시의무가 유럽 최고법원의 판례에서 국내법질서와 마찬가지로 중요한 역할을 한 점은 특히 유럽연합법원이 결정에 관한 추체험적 심사에 자신의 임무가 있는 것으로 보는 사정에서 드러난다.[134]

2. 효력요건

법적 행위의 효력발생을 위해 중요한 규율과 관련해서도 유럽연합의 법질서는 개개의 작용형식 간에 분명히 구분한다.[135] 연합법의 구속적인 법적 행위의 서명, 공포, 통지 그리고 시행을 상이한 방법으로 규율한 유럽업무방식조약 제297조(구 EG 제254조)에 의하면, 우선 내용상 입법의 영역에 속하고 추상적 일반적 집행규율을 담고 있는 법적 행위는 효력요건으로서 유럽연합의 관보상의 공포를 필요로 한다. 그래서 동조 제1항 제1문에 따라 －제294조의 공동결정에서 수용된 명령, 지침 그리고 결정은 유럽의회의장과 유럽각료회의(Rat)의장의 서명이후에 공포되어야 한다(제1항 제2문). 마찬가지로 동조 제2항에 따라 유럽각료회의(Rat)와 집행이사회의 명령 및 이들 기관이

129) EuGH, Rs. 18/62, Slg. 1963, 561 (602)－Emilia Barge/Hohe Behörde.
130) Gellermann, in: Streinz, Art.296 AEUV Rn.10
131) 관련인이 발해진 조치의 이유를 도출해낼 수 있고, 유럽 최고법원이 자신의 심사임무를 수행할 수 있을 정도가 되어야 한다.
132) EuGH, Rs. C－301/96, Slg. 2003, I－9919 (9957f.; Rn.87)－Deutschland/Kommission; EuGH, Rs. C－42/01, Slg. 2004, I－6079 (6124; Rn.66)－Portugal/Kommission.
133) Vogt,, a.a.O., S.224f.
134) 상대적으로 독일 행정법원은 행정법의 해석을 위한 최종결정권한의 주체로서의 자기이해가 그 특징이다.
135) Bast, Handlungsformen, in: von Bogdandy/Armin (Hrsg.), Europäisches Verfassungsrecht, S.479ff.

모든 회원국에 발한 지침, 불특정한 수범자에 대한 결정도 공포가 필요하다. 공포가 필요한 법적 행위에 대해서는 —달리 규정하지 않는 한— 그것이 공포되고 난 뒤 20일이 지나서 발효한다(제2항 제2문). 반면 기타의 지침은 물론 특정수범자를 향한 결정, 즉 집행이사회가 발한 결정은 그것에 의해 특정된 사람에 대해서만 통지된다. 그것은 통지되면서 발효한다(제2항 제3문). 그렇지만 연합법은 종종 결정 역시 공포하도록 당해 기관에 수권한다.[136]

3. 하자효과

하자의 효과(결과)와 관련해서 법규범과 개별행위를 범주적 방법으로 구분하는 것이 우리나 독일 행정법질서의 전형적인 특징이다. 법률적, 법률하위적 규범의 하자는 원칙적으로 무효사유가 되지만,[137] 위법한 행정행위는 극히 이례적으로 무효가 된다. 특히 독일 행정절차법 제44조 제1항은 위법의 효과로서의 무효사유를 중대하고 명백한 위법의 경우에만 인정한다. 우리 역시 명문의 규정은 없지만, 통설과 판례는 중대명백성설을 취한다. 이런 경우를 제외하고선, 위법한 행정행위는 취소가능할 뿐이고, 당해 행정청 내지 행정법원에 의해 비로소 폐지될 수 있다. 그런 반대행위가 존재하지 않는 한, 위법한 행정행위의 유효성(공정력)에서 출발하여야 한다. 그런데 유럽연합법의 특징의 하나는 하자효과가 널리 법형식중립적으로(rechtsformenneutral) 형성되어 있다는 점이다.[138]

(1) 유럽연합법적 행위의 유효성(통용력)의 추정

유럽 최고법원의 지속적 판례에 의하면, 유럽연합의 법적 행위에 대해서는 —우리의 공정력에 비견되는— 유효성(Gültigkeit)의 추정이 통용된다. 유럽 최고법원은 Algera판결에서 EGKS의 상급행정청의 위법한 결정을 위해서 이 원칙을 수립하였다.[139] 그 뒤에 유럽 최고법원은 동 원칙을 명령과[140] 지침과[141] 같은 다른 법적 행위에도 적용하였다. 특히 다음과 같이 요약하였다: 유럽연합기관의 법적 행위에 대해서는 원칙적으로 유효성의 추정이 통용되고, 이런 법적 행위는 그것이 취소되지 않는 한, 법적 효력을 전개하되, 취소소송(무효화소송)에서는 무효로 선언되거나 사전판결의

136) AEUV Art.105 Abs.2 S.2.
137) 대법원 1985.2.28. 선고 85초13 판결; Ossenbühl, Eine Fehlerlehre für untergesetzliche Normen, NJW 1986, s.2805ff.
138) Nettesheim, in: Grabitz/Hilf, Art. 249 EGV Rn.226; Bast, in: von Bogdandy/Armin(Hrsg.), S.479(526).
139) EuGH, Rs. 7/56 u. 3−7/57, Slg. 1957, 83 (126)−Alegra.
140) EuGH, Rs. 101/78, Slg. 1979, 623 (636f.; Rn.3ff.)−Granaria/Hoofproduktschap voor Akkerbouwprodukten.
141) EuGH, Rs. C−475/01, Slg. 2004, I−8923 (8958; Rn.18ff.)−Kommission/Griechenland.

소구나 위법성의 이의제기의 결과로서 효력불발생으로 선언된다.142) 한편 논거제시에서 오늘날 유럽 최고법원은 더 이상 회원국의 법질서의 상황과의 비교에 의거하지 않고, 유럽연합법에서 직접 착안점을 찾고자 한다. 즉, －유럽연합법적 행위의 적법성을 판단하는 것과 그것을 경우에 따라 무효나 효력불발생으로 판시하는 것이 전적으로 유럽 최고법원에 속하는－ 유럽업무방식조약의 권리보호규정과 소송시스템으로써 논증한다.143) 요컨대 유럽 최고법원에 의하면, 유럽연합법질서는 그에 반하는 법적 행위의 효력과 관련해서 취소(무효화)가능성(Vernichtbarkeit)의 원칙을 출발점으로 삼는다. 대부분의 문헌 역시 유럽연합의 법적 행위의 유효성추정의 원칙을 널리 수용하고 있다.

(2) 무효인 유럽연합법적 행위

하지만 특별히 중대한 하자가 명백한, 유럽연합기관의 법적 행위는 유효성추정에서 제외된다. 즉, 무효로 판단한다. 이 경우 유럽연합법적 행위는 법적으로 존재하지 않는 셈이 된다.144) 유럽 최고법원은 기본적이고 종종 충돌하는 요청인 법적 안정성과 적법성의 요청을 균형을 잡기 위해 지속적인 판례를145) 통해 중대명맥성설을 취한다. 그런데 언제 하자가 중대하고 명백한지는 일반적으로 정해질 수 없다. 특히 유럽 최고법원이 여지껏 한 건에서 심사대상인 법적 행위를 비행위로 보았기 때문이다.146) 법적 부존재의 하자효과를 실제의 예외적 경우에 국한하려는 노력이 분명히 경주되고 있다. 유럽연합기관의 법적 행위의 부존재의 확인과 결부되어 있는 하자의 중대성은 유럽 최고법원의 지속적인 판례에 의하면, 이런 확인이 법적 안정성의 이유에서 매우 이례적인 경우에 유보되어 있다.147) 중대성이외에 중첩적으로 요구되는 하자의 명백성과 관련해서, 유럽 최고법원은 그 하자가 당해 법적 행위를 보아서 인식될 수 있을 경우에만 인정한다.148) 하자가 수범자의 눈에 확연하여야 한다. 우리나 독일에서 주창된 중대명백성에 의한 논의와 동일하다.

(3) 유효성추정의 시스템적 관련성

우리나 독일 공법학에서는 －규범적 법적 행위를 위한 하자효과로서 무효도그마가

142) EuGH, Rs. C－475/01, Slg. 2004, I－8923 (8958; Rn.18ff.)－Kommission/Griechenland.
143) EuGH, Rs. 101/78, Slg. 1979, 623 (636f.; Rn.3ff.)－Granaria/Hoofproduktschap voor Akkerbouwprodukten.
144) Herdegen, Europarecht, 9.Aufl., 2007, §9 Rn.78; Nettesheim, in: Grabitz/Hilf, Art. 249 EGV Rn.227.
145) EuGH, Rs. C－245/92, Slg. 1999, I－4643 (4690; Rn.94)－Chemie Linz/Kommission; EuGH, Rs. C－137/92, Slg. 1994, I－2555 (2647; Rn.49)－Kommission/BASF.
146) EuGH, Rs. 1/57 u. 14/57, Slg. 1957, 213 (233).
147) EuGH, Rs. C－137/92, Slg. 1994, I－2555 (2647; Rn.49)－Kommission/BASF.
148) EuGH, Rs. 15/85, Slg. 1987, 1005 (1036; Rn.11).

헌법적으로 근거지울 수 없음에도 불구하고－, 위법한 규범행위의 무효도그마가 헌법, 행정법의 권리보호시스템의 핵심적 요소이고, 곧바로 취소가능성의 원칙에 의해 대체될 수 없다는 데 의견이 일치한다. 그런데 주목할 만한 점은 유럽 최고법원이 규범적 행위를 포함한 모든 법적 행위에 대해서 단순위법에 기한 취소가능성(무효화가능성)의 원칙을 요구한다는 점이다. 그리하여 －회원국 법질서에서 예정된－ 위법한 규범행위의 무효의 원칙이 유럽법에서는 통용되지 않는다. 그렇지만 위법한 규범행위의 무효도그마의 유럽 최고법원의 부정은 －회원국의 법원에서 유럽연합활동의 유효성에 관한 입장이 다르게 되면 특별히 위험스럽게 되는－ 유럽연합법질서의 통일성의 원칙에서 자연스럽게 도출된다.[149] 따라서 역시 규범행위를 위한 유효성의 추정은 이런 이유에서 유럽 최고법원에 대해 요구되는 －2차적 유럽연합법을 위한－ 배척독점과의 밀접한 연관성에 있다.

4. 권리보호

작용형식의 전통적인 시스템적 기능은 행정의 작용형식이 권리보호를 결정적으로 조종한다는 것이다. 우리나 독일의 행정법질서에서 행정행위의 작용형식은 오랫동안 권리보호개시적 의의가 주어졌다(행정행위구속적 권리보호). 행정행위만이 행정구제에서 취소소송의 제기가 가능하였다. 반면 오늘날에는 독일의 경우 관련인이 자신의 법적 지위의 침해를 주장할 수 있는 경우에는 기본법 제19조 제4항에 의거한 권리보호는 고권적 조치의 법적 성질에 무관하게 주어지고,[150] 우리 역시 재판청구권에 기하여 모든 공권력행사에 대해서는 권리보호가 강구될 수 있다. 가령 행정행위에 해당하지 않는 행정조치에 대해서는 우리의 경우에는 당사자소송, 독일의 경우에는 일반이행소송을 통해 권리보호를 강구할 수 있다. 따라서 작용형식은 항상 바른 소송종류의 선택을 위해 중요하다.[151]

유럽연합법에서도 행정작용의 법형식이 권리보호설정적 기능을 한다는 것은 유럽연합기관의 행정조치에 대해 개인이 소송을 제기한 경우에 확인된다. 이런 개인적 소송은 원칙적으로 유럽업무방식조약 제288조 제4항상의 '결정'에 대해서만 허용된다. 유럽최고법원은 처음부터 이런 점을 출발점으로 삼아,[152] 오래 전부터 실질적 관점에서 접근하였다: "원고의 이익을 법적 지위에 대한 개입을 통해 제한하는 구속적 법효과를 발생시키는 모든 조치, 작용이나 결정에 대해서는 취소소송이 주어진다. 이런 작용이

149) EuGH, Rs. 314/85, Slg. 1987, 4199 (4231; Rn.15)－Foto－Frost.
150) BVerwGE 60, 144 (148f.); BVerwGE 70, 268 (274f.)
151) Pietzcker, in: Schoch/Schmidt－Aßmann/Pietzner, VwGO, Vorb §42 Abs. 1 Rn.21ff.
152) EuGH, Rs. 16/62 u. 17/62, Slg. 1962, 961 (978).

나 결정이 행해지는 형식은 원칙적으로 취소제기가능성에 대해 아무런 영향을 미치지 않는다."[153] 취소소송의 대상이 될 수 있는 법적 행위의 범주는 유럽업무방식조약 제288조 제4항상의 '결정'을 넘어 광범하고, 종종 —불명료한— 규범적 행위도 포함한다.[154] 하지만 유럽업무방식조약 제263조 제4항에 따라 유럽업무방식조약 제288조 제5항에 규율된, —법적 비구속성을 지닌— 권고나 견해표명은 물론, 지도지침, 통지와 같이 언급되지 않은 —법적 구속력이 결여된— 법적 행위에 대해서는 취소소송이 배제된다.[155] 요컨대 유럽연합법의 경우 우리나 독일법과는 달리 결코 —개개의 작용형식에 유보된— 소송종류를 인정하지 않고 있기 때문에, 권리보호시스템이 행정의 작용형식과 다소간 유리되어 있다고 할 수 있다.[156]

이에 반해서 유럽업무방식조약 제263조 제2항에 따라 완전한 특권이 있는 원고에[157] 대해서는 명령, 지침, 결정이 문제되는지 여부는 중요하지 않다. 유럽업무방식조약 제263조 제1항에 따라 법적으로 비구속적인 견해표명과 권고는 전적으로 취소소송의 대상이 될 수 없지만, 유럽 최고법원은 그런 제한에 사로잡히지 않고, 동조 동항을 개괄조항으로 확대하였다. 따라서 법효과가 발생하는 것으로 예정된, 기관의 모든 작용은 그 법적 성질이나 형식의 차이에 관계없이 특권이 있는 원고는 취소소송을 제기할 수 있다.[158] 이에 맞춰 법효과를 발생시키는, 회원국에 대한 집행이사회의 통지는 취소소송의 대상이 될 수 있다.[159]

Ⅵ. 맺으면서 - 변화의 착안점으로서의 유럽행정법의 의의

행정의 작용형식은 행정법의 목적적 창조물이고, 행정법의 임무란 실제로 일어난 전개양상과 새로운 해석을 작용형식의 영역에서 체계화하는 것이다. 분명한 사실은 행정의 작용형식이란 실용적으로 지향된 법발전과 법실무의 산물이지 사전에 숙고된 체계의 파생은 아니라는 점이다. 따라서 행정의 작용형식은 부단히 법실제와 조응하여 합리화기능을 수행해야 한다. "Comparativa est omnis investigatio"(Nicolaus von

153) EuGH, Rs. 60/81, Slg. 1981, 2639 (2651; Rn.9) – IBM/Kommission.

154) Burgi, in: Rengeling/Middeke/Gellermann(Hrsg.), Handbuch des Rechtsschutzes in der Europäischen Union, 2. Aufl. 2003., §7 Rn.49ff.

155) EuGH, Rs. 55/70, Slg. 1975, 379 (384f.; Rn.6ff.) – Reinarz/Kommission.

156) Röhl, a.a.O., S.331ff.

157) 회원국, 유럽의회, 유럽각료회의, 집행위원회는 완전한 특권을 갖는 원고에 속한다. 이들은 특별한 권리보호필요성을 주장할 필요 없이, 즉, 언제나 원고적격이 있다. 일정한 위법사유를 내세워 —동조 제1항에서 든— 유럽연합기구 등의 전체 작용에 대해 소를 제기할 수 있다.

158) EuGH, Rs. 22/70, Slg. 1971, 263 (277; Rn.38/42) – Kommission/Rat(AETR).

159) EuGH, Rs. C–325/91, Slg. 1993, I–3283 (3308ff.; Rn.8ff.) – Frankreich/Kommission.

Cues): 모든 연구는 비교이다. 비록 우리나 독일처럼 정교한 작용시스템이 가동되지는 않지만, 유럽행정법 역시 작용형식론에 바탕을 두고 있으며, 점차 체계성이 고양되고 있다. 특히 우리의 공정력에 해당하는 법제도가 유럽행정법에서도 오래 전부터 통용되어 온 것은 법질서의 공통점을 모색하기 위한 의미있는 動因이라 할 수 있다. 유럽행정법은 일종의 행정법의 글로벌스탠다드인 셈이다. 유럽화로 독일 공법학이 새로운 도전에 처해 있듯이, 유럽화 문제는 우리 행정법학의 지반도 拔本的으로 변화시킬 수 있는 결정적인 외생인자가 된다. 행정법발전을 위한 착안점을 그곳에서 적극적으로 모색할 필요가 있다.

* 지방자치와 행정법(홍정선 교수 정년기념논문집), 2016.2., 624면－649면 所收.
* **추론**: 김중권, EU행정법연구, 2018.2.20.

제 5 장

유럽국가의 국가배상책임법제에 관한 개관

Ⅰ. 처음에 – 우리 법제의 역사성

2차적 권리보호로서의 국가배상책임은 권리보호의 보장을 보충하고 이를 통해 권리보호상의 공백을 메우고, 또한 법치국가원리의 본질적인 요소로서 그것을 구체화한다. 1948.7.17.에 시행된 –지금의 제29조와 기본적으로 동일한– 제헌헌법 제27조가 마련된 다음, 국가배상법이 1951.9.8. 제정·시행되어, 지금까지 9차례의 법개정이 있었지만, 그 기조에 별반 결정적인 변화는 없었다. 필자는 국가배상책임제도의 발본적 개혁을 촉구하기 위한 차원에서 그동안 여러 차례 비판적 접근을 하였고,[1] 지난 번 개헌 논의에서 굴곡진 근대사의 이면을 드러낸 헌법 제29조 제2항의 삭제를 계기로 국가책임법의 전반의 개혁을 촉구하였다.[2] 기본적으로 우리 국가배상책임제도는 일본과 독일의 국가배상책임제도와 비슷한데, 특히 일본의 법제가 그 전범이다. 일본의 경우 明治憲法에서는 공권력행사와 관련한 손해에 대해 국가무책임론에 입각하여 헌법상

1) 김중권, 國家賠償法上의 過失責任主義의 理解轉換을 위한 小考, 법조 제635호, 2009.8.1., 45–90면; 國家賠償法改革을 통한 法治國家原理의 具體化, 행정법학 제2호, 2012.3.31. 69–114면; 국가배상책임상의 주관적 책임요소와 법치국가원리적 문제점, 법률신문 2015.10.12.

2) 김중권, 개헌논의에 따른 國家賠償시스템의 拔本的 改革에 관한 小考, 현대행정법의 이해(유지태 교수 10주기 추도논문집), 2018.3.23. 267면 이하; 개헌논의에 따른 국가배상시스템의 발본적 개혁에 관한 소고, 법률신문 제4580호, 2018.2.8.

국가책임규정은 물론 독립된 국가배상법을 두고 있지 않다가[3] 패망이후 맥아더의 미군정의 압박에 의해 비로소 그에 관한 헌법규정을 두고 그에 맞춰 국가배상법을 제정하였다. 우리의 법제가 일본의 그것을 전범으로 삼았지만, 그들과 달리 국가무책임론의 역사가 없음에도 불구하고, －독일과 비교해서－ 일본처럼 강한 민사불법행위론이 지배하여 국가배상사건에서 법치국가원리와 조화되지 않는 결과가 종종 빚어지곤 한다. 이 글은 지금까지 해온 국가배상법을 개혁하기 위한 모색의 일환으로 －손실보상부분은 제외하고 손해배상청구를 중심으로 한－ 유럽국가의 국가배상책임법제의 현황을 통해 유익한 시사점을 발견하고자 한다. 유럽의 국가배상책임은 크게 유럽연합(EU)의 자체의 국가배상책임과 회원국의 국가배상책임으로 나뉘는데, 후자의 경우에도 회원국의 국내법에 의한 국가배상책임과 EU법에 의한 국가배상책임으로 나뉜다. 유럽연합(EU)의 자체의 국가배상책임 및 EU법에 의한 회원국의 국가배상책임에 관해서는 다른 지면에서 소개하였기에,[4] 여기서는 유럽국가의 국내법에 의한 국가배상책임에 초점을 맞추고자 한다.[5]

Ⅱ. 국가배상책임에 관한 유럽 각국의 헌법적 근거

모든 유럽국가의 헌법은 －대부분 헌법전에 명시적으로 보장하고 있는－ 헌법원칙으로서 법치국가원리와 권리보호보장(사법통제)을 인정하고 있다. 양자는 －분리든 결합이든－ 국가의 헌법질서에서 이론적 배경으로 심지어 국가 불법책임(Unrechtshaftung)의 헌법적 근거로 여겨진다. 때때로 헌법전의 국가책임은 개인적 기본권의 헌법적 보호와 결합하기도 한다(폴란드, 포르투갈, 슬로베니아). 하지만 국가의 불법에서 비롯된 원상회복청구권(Wiedergutmachungsanspruch)을 일반적인 기본권보장의 통합적 구성요소로 여기는 헌법질서는 존재하지 않는다.[6]

3) 일본의 明治憲法하에서 행정재판권이 행정에 속하였는데 당시 행정재판법 제16조는 손해요상의 소송을 행정재판소에서 수리한다고 규정하여 국가배상청구소송의 문을 닫아 버렸다. 당시 사법재판소는 국가배상청구소송의 관할을 직접적으로 부정하지 않아 민법적용에 의한 국가배상책임을 긍정할 수 있는 이론적 여지가 있었지만 당시 일본 大審院은 권력적 활동에 민법의 적용을 부정하는 입장을 일관되게 견지하였다. 여기서 官吏의 배상책임이 문제되는데 일부 문헌에서 민법에 의한 官吏의 배상책임의 인정에 적극적이었지만, 당시 일본 大審院은 과실이 있더라도 불법행위책임을 지지 않고 단지 예외적으로 직권남용에 해당할 때만 그의 개인책임을 인정하였다. 상론은 宇賀克也, 國家補償法, 1997, 7頁 이하.

4) 김중권, EU행정법연구, 2018, 192면 이하, 354면 이하.

5) 이하의 논의는 Dörr, §1 Staatshaftung in Europa: Vergleichende Bestandsaufnahme, in: Dörr(Hrsg.), Staatshaftung in Europa, 2014.를 바탕으로 전개하였는데, 『Staatshaftung in Europa』에는 25개국의 전문가가 참여하여 자신들의 국가배상책임제도 전반을 정리하여 소개한다. 차후에 이번 작업을 바탕으로 우리의 국가배상법제의 개혁에 유익한 시사점을 찾기 위해 개별 국가의 법제를 소개하는 작업을 진행할 계획이다.

6) 독일 연방헌법재판소는 오늘날까지 기본권침해의 경우에 기본권 자체로부터 개인적 배상청구권을 도출하는 식의 기본권화(Vergrundrechtlichung)를 부인한다(BVerfG, NVwZ 1998, 271(272); BVerfG, NJW 2006, 1580(1581)).

국가책임은 몇몇 국가에서는[7] 우리와 일본의 경우와 마찬가지로 특별한 헌법의 직접적인 청구권규범을 통해 주관적－법적 특징을 갖는다. 그밖에 사적 재산권개입(Eingriffe in das Privateigentum)에 대한 손실보상은 원칙적으로 주관적 권리로 인정된다. 그것은 통상 헌법상의 재산권보장과 결합되어 보장되어 있기 때문이다. 유럽연합의 차원에서 불법책임의 포괄적인 '기본권화'는 오늘날 유럽기본권헌장(EU－Grundrechtecharta) 제41조 제3항에[8] 근거를 둔다.[9] 이에 의하면 모든 사람은 연합이 그의 직무담당자에 의해 유발된 손해를 일반적인 법원칙에 따라 배상할 것에 관한 청구권을 가진다. 대상국가의 과반 이상이 국가책임을 헌법전에 근거를 두고 있다－원칙이나 제도적 보장이든,[10] 헌법직접적인 청구권의 특별한(기본권에서 도출되지 않은) 형성이든. 국가의 불법책임은 많은 유럽국가에서 제1차 세계대전이후에 정립된 헌법전통에 해당한다.[11] 독일의 경우 1919년 바이마르 헌법 제13조에 의해 헌법전통이 처음 만들어졌는데, 이를 제국법원은 주지하듯이 직접 적용가능한 청구권적 근거로 여겼는데, 동 규정은 1931년 스페인 공화국헌법 제41조의 전범에 해당한다. 직무담당자의 개인적 책임(die persönliche Haftung von Amtsträgern)의 인정은 그보다 더 오래 되었다: 1794년 프로이센 일반주법 제88조, 제89조 제2항 10에 규정되어 있으며, 법관에 대해서는 1529년 리투아니아 제1규약(Statut)과 1865년 이태리 민사소송법에 규정되어 있다. 고유한 헌법상의 규율과 전통이외에도 실제로는 모든 유럽국가에서 오늘날 EU법의 규준과 유럽인권조약(EMRK)이[12] 국가책임의 규율에 대해 영향을 미친다. 국내적 영향이 헌법차원의 유럽규율에 속하는 한, 이들 규율은 여하튼 회원국 국가책임의 헌법적 결정인자(Determinanten)에 해당한다.

한편 헌법의 차원에서 국가배상책임을 －우리 헌법처럼－ 청구권으로 설정한 것과 관련해서 검토할 점이 있다. 국가책임을 직접적으로 표방한 것과 국민이 법률이 정하

그러나 다수 문헌은 찬동한다(Schoch, Effektuierung des Sekundärrechtsschutzes－Zur Überwindung des Entwicklungsrückstands des deutschen Staatshaftungsrechts, Die Verwaltung 34(2001), 261(274f.); Röder, Die Haftungsfunktion der Grundrechte, 2002, S.199ff.; Stelkens, Staatshaftungsreform im Mehrebenensystem, DÖV 2006, 770(773)).

7) 흥미롭게도 이전에 사회주의국가이었던 에스토니아(제25조), 리투아니아(제92조 제3항), 폴란드(제77조 제1항), 슬로바키아(제46조 제3항), 슬로베니아(제26조), 체코(제36조 제3항)가 그러하다.

8) 제41조 [좋은 행정에 관한 권리] ③ 모든 사람은 EU이 그 조직과 직원이 직무활동을 하면서 야기한 손해를 －회원국의 법질서에 공통되는－ 일반적 법원칙에 따라 배상하는 데 대해 청구권을 갖는다.

9) Stelkens, a.a.O., 770(772f.).

10) 핀란드 헌법 제34조, 제118조 제3항, 이탈리아 제28조, 리투아니아 제30조, 오스트리아 연방헌법 제3조 제1항, 포르투갈 제22조, 루마니아 제52조, 스위스 제146조, 스페인 제9조 제3항, 제106조 제2항, 터키 제19조 제9항, 제40조 제3항, 제125조 제7항, 헝가리 제14조 제2항.

11) 1920년 오스트리아 연방헌법, 1920년 체코슬로바키아 헌법, 1921년 폴란드 3월 헌법의 제121조, 세르비아, 크로아티아와 슬로베니아 왕국 헌법 제18조 제3항, 1922년 리투아니아와 라트비아 헌법.

12) 유럽인권조약은 '유럽공법질서의 헌법적 수단'으로도 표현된다(EGMR, Urt. v.7.7.2011－55721/07, Rn.141ff.－Al-Skeini u. a. (deutsch: NJW 2012, 283)).

는 바에 따라 배상책임을 청구할 수 있다고 규정한 것은 차이가 크다. 전자는 당연히 후자를 포함할 뿐만 아니라, 개별법의 미비점을 적극적으로 모색할 수 있다. 하지만 후자는 전자를 전제로 하긴 하나 개별법에 관한 문제인식을 극대화시키는 데 한계가 있다. 왜냐하면 '법률이 정하는 바에 따라'와 같은 한계가 설정되어 있기 때문이다. 법치국가원리의 구체화의 차원에서 국가의 자기책임을 제고하기 위해서 우리 헌법처럼 청구권적 기본권으로 규정한 방식보다는 스위스나[13] 독일처럼[14] 국가가 직접적으로 책임을 지는 방식이 더 낫다고 여겨진다.[15]

Ⅲ. 국가배상책임에 관한 규율구조의 양태

유럽국가에서 국가책임의 규율구조(Regelungsstrukturen)는 통상적으로 민사법적 불법책임과의 관계에서 형성되었다. 통상 직무담당자에 의해 유발된 손해에 대한 국가의 책임은 그 사상적 근거를 민사 불법행위법(Deliktsrecht)에 두는데, 국가배상책임제도의 전개단계와 그것의 국내법시스템에서의 자리매김은 결정적으로 이런 민사 불법행위법적 연원으로부터 어느 정도로 해방되었는지에 좌우된다. ―상세에서는 다소간의 겹침과 상이함에도 불구하고― 외부적 규율상황에 의거해서 4가지 기본모델이 있다. 그러나 개념, 해석방법 그리고 적용문제의 핵심적인 물음에서 이들 책임모델간의 차이는 그리 심각하지 않다.

1. 민사불법행위적 모델

순전히 민사법적 모델은 민사법적 불법책임(Zivilrechtliche Deliktshaftung)에 관한 일반규정을 국가기관에 의한 행위(용태)에 순전히 알맞게 적용한다. 즉, 민사 불법행위론을 준용한다. 그리하여 국가책임과 관련한 쟁송방법과 법적용에서도 민사법의 불법행위법의 전통을 따른다. 이것은 통상 민사법전에 규율되는데, 가령 벨기에(민법전 제1382조부터 제1386조까지), 이탈리아(민법전 제2043조), 네덜란드(민법전 제6조 제162항)가 그렇다.[16] 영국과 아일랜드의 보통법시스템에는 마찬가지로 불법행위법적 해결책이 내재되어 있는데, ―영국의 국왕소추절차법 제2조 제1항이 국왕이 私人과 마찬가지로

13) 연방헌법 제146조(국가책임): 연방은 그 기관이 직무활동의 수행함에 있어서 위법하게 유발한 손해에 대해 책임을 진다.
14) 기본법 제34조(직무위반에서의 책임): 어떤 이가 그에게 맡겨진 공무를 수행함에 있어서 제3자를 상대로 하여 그에게 과해진 직무의무를 위반하면, 책임은 그가 근무한 국가나 공공단체가 원칙적으로 진다. 고의나 중과실의 경우에는 구상이 유보된다. 손해배상과 구상에 관한 청구권을 위해선 보통의 재판방도가 배제되어선 아니 된다.
15) 여기서 일본 헌법이 독일식을 따르지 않은 이유가 어디에 있는지 탐문이 필요하다.
16) Breuer, Staatshaftung für judikatives Unrecht, 2011, S.424.

동일한 불법행위책임을 지도록 규정한 것이 보여주듯이- 국가의 위법행위에 대해서는 원칙적으로 사법인에 대한 것과 동일한 책임원칙이 통용된다.[17)]

2. 수정된 민사불법행위적 모델: 일종의 대위책임의 모델

이는 불법책임의 민사법적 연원에 연계하되, 국가활동의 특별함을 고려하여 그 연계상태를 발전시키고, 경우에 따라서는 그 연계상태를 별개의 특별규정으로 보완한다. 다만 이 특별규정은 여전히 사법적 맥락에 바탕을 두며, 원칙적으로 그런 해석과 귀속의 전통에 따라 적용된다. 즉, 민사법적 논리가 여전히 강하게 지배한다. 이 점에서 수정모델이라 하는데, 항상 이 모델은 대위책임인 직무책임(Amtshaftung)으로 형성되어 있다. 다시 말해, 책임성립은 -민사법적 연원에 맞게- 직무담당자의 개인적 비위(잘못된 용태, Fehlverhalten)에 연계되고, 이에 의해 책임인수(Haftungsübernahme)로서의 국가적 불법책임으로 성립하게 된다. 이런 형성의 전형이 민법 제839조와[18)] 기본법 제34조로[19)] 구성된 독일이다.[20)] 헌법의 규준이 별개의 직무책임법에 의해 규율되어 있으면서 민사법적 불법책임에 긴밀히 연계되어 있는 오스트리아 역시 완전히 비슷하다. 터키 역시 그러하다. 국가의 불법책임이 -행정활동의 특수성에 상응하게 된- 사용자책임(Arbeitgeberhaftung)의 형식으로 여겨지는 배상책임체제 역시 비슷한 논리에 바탕을 둔다. 이런 사용책임론에 바탕을 둔 국가는 덴마크, 슬로베니아. 헝가리이다. 불가리아 역시 사회주의시대로부터 내려온 이 모델을 고수한다. 스웨덴에서는 공공기관의 활동에 대한 책임이 일반 배상책임법의 독립된 장에 규율되어 있으며, 특별한 요건에 가해져 있다. 민사법적 규율을 법치국가원리적 배상책임의 요청에 상응하게 하는 것은 부분적으로 현저한 구조적 비용을 필요로 하기 때문에, 국내 판례의 수정모델에서 통상 국내의 배상책임의 제체의 형성에서의 중용한 역할이 생긴다: 이것은 종

17) 상세는 Eoin Quill, §9 Irland A.II, in: Dörr(Hrsg.), Staatshaftung in Europa.

18) 제839조 제1항:「공무원이 자기에게 과해진 제3자에 대한 (자기의) 직무의무를 고의나 과실로 위반할 경우, 그는(공무원 스스로) 제3자에게 그로 인한 손해를 배상하여야 한다. 공무원에게 과실만이 있는 경우에는 피해자가 다른 방법으로 배상을 받을 수 없는 때에 한하여 공무원에 대하여 배상을 청구할 수 있다.」 동조는 공법적 활동과 사법적 활동의 구별 없이 공무원의 개인적 책임을 규정한다.

19) 제34조(직무위반에서의 책임): 어떤 이가 그에게 맡겨진 공무를 수행함에 있어서 제3자를 상대로 하여 그에게 과해진 직무의무를 위반하면, 책임은 그가 근무한 국가나 공공단체가 원칙적으로 진다. 고의나 중과실의 경우에는 구상이 유보된다. 손해배상과 구상에 관한 청구권을 위해선 보통의 재판방도가 배제되어선 아니 된다.

20) 이론적으론 민법 제839조와 헌법 제34조의 관계가 문제될 수 있다. 法史的으로 논증을 하면, 민법 제839조는 손해배상청구권을 성립시키는 규범이고, 헌법 제34조는 동 청구권을 이전시키는 규범으로 접근한다(독일의 통설적 이해). 반면 법도그마틱적으로 논증을 하면, 후자는 고유한 청구권규범을 나타내며, 단지 전자를 통해서 필요한 구체화를 얻는 셈이 된다. Jarass/Pieroth, GG Kommentar, 8.Aufl., 2006, §34 Rn.1. 기본법 제34조는 책임이전규범으로서의 역사적 측면과 기능을 넘어 독립된 헌법적 책임규범을 의미한다. 따라서 헌법적 측면에서 그것은 민법 제839조의 부속물에 불과한 것이 아니라, 반대로 민법규정을 지배하는 규정으로 기능하고 있다. Maurer/Waldhoff, Allgemeines Verwaltungsrecht, 19.Aufl., 2017, §25 Rn.7.

종 법관법적으로 성립하거나 적어도 형성된다.

3. 순수한 법관법의 모델

세 번째 모델은 더 나아간다. 법률이나 헌법에서의 연계를 광범하게 포기하면서 전적으로 법관법(Richterrecht)에 바탕을 둔다. 개별조항으로만 특별법의 책임청구권에 의해 보완되는, 이런 법관법적 국가책임은 전적으로 프랑스에만 존재한다. 프랑스의 경우 판례가 민사법적 규칙의 반대편에서 공적인 배상책임의 체제를 행정법의 기초로서 전개한다.[21]

4. 특별법의 모델: 일종의 국가자기책임모델

이 모델은 외관적으로는 완전히 사법의 불법행위법에 연원을 두면서도 특별법을 토대로 국가배상책임체제를 구축한다. 특별법은 국가의 불법책임에 관한 법치국가적 결정인자를 더 강력하게 의무지우고, 그에 맞춰 공법의 규율·해석의 논리가 정해져 있다. 이런 특별법인 국가책임법의 내용과 맥락을 보면, 개인을 상대로 한 국가활동을 규율하는 규정의 총체인 행정법에 대한 근사가 그 특징이다. 가령 에스토니아(2001년, 2011년 개정), 리투아니아(2005년)의 국가책임법(Staatshaftungsgesetze), 스위스(연방 1958년), 체코(1998), 슬로바키아(2003년)에서의 책임법(Verantwortlichkeitsgesetze)이 고권적 활동을 위한 직접적이고 무과실책임의 불법책임(unmittelbare, verschuldensunabhängige Unrechtshaftung)을 규정한다. 이탈리아의 경우 전통적인 불법책임법적 국가책임을 기조로 하면서도, 법관의 비위(Fehlverhalten)에 대해서는 특별법의 과실책임에 의해 보완한다.[22] 이와 비슷하게 루마니아의 경우 행정활동에 대해서는 무과실책임이 행정소송법상으로 규정되어 있지만, 법관의 활동에 대해서는 성문의 법관법(Richtergesetz)이 일반적인 불법행위법의 적용을 지시한다.[23] 룩셈부르크에서는 1988년의 특별법이 국가의 민사법적 책임에 관한 종전의 판례를 수용하였는데, 그것을 특별한 유책책임(besondere Verschuldenshaftung (fonctionnement défectueux))의 형태로 확장하고, 무과실의 국가책임을 위한 근거를 접목하였다. 이와 완전히 비슷한 것이 포르투갈이다. 2007년의 법률이[24] 판례의 예를 법률형식으로 집약하고 —무과실책임에 비견되는—

21) Vgl. Nikolaus Marsch, §7 Frankreich, A.I. und IV, in: Dörr(Hrsg.), Staatshaftung in Europa; 박현정, 박현정, 프랑스 행정법상 '역무과실'(la faute de service)에 관한 연구: 역무과실과 위법성의 관계를 중심으로, 2014; 프랑스 행정법상 과실책임제도: '역무과실'의 성격, 위법성과의 관계를 중심으로, 행정법연구 제41호, 2015, 55면 이하.

22) Vgl. Fulvio Cortese/Geo Magri, §10 Italien, A.II.3, in: Dörr(Hrsg.), Staatshaftung in Europa.

23) Axel Bormann, §17 Rumänien, A.III, in: Dörr(Hrsg.), Staatshaftung in Europa.

서비스의 비정상적 작동(funcionamento anormal do serviço)의 구상, 희생보상책임, 위험책임을 병존시킨다. 스페인의 법상황 역시 결과에서 완전히 비슷한데, 국가책임을 행정책임과 결합하여 규정하고 있으며, 실제론 객관화된 과실개념(비정상적 작동)이 지배한다.[25)]

국가책임의 특별법적 규율은 관련 규정이 민사법적 불법책임법과 입법적으로 결합되어 있다 하더라도 존재할 수 있다. 그 예가 그리스이다. 고권적 불법에 대한 직접적, 무과실의 책임이 민법전을 위한 도입법률에 규정되어 있는데(Art. 104−106 EGZGB), 그럼에도 불구하고 공법적 성격을 명백히 지닌다.[26)] 폴란드는 2004년에 국가의 무과실 불법책임에 유리하도록 불법책임법적 직무책임을 버렸는데,[27)] 그럼에도 불구하고 이전과 마찬가지로 민법전(제417조)에 특별규정으로 규정하였다.[28)] 리투아니아의 경우 행정책임에 관한 특별규정이 민법전에 관한 적용지시를 하는데, 민법전에서 고권적 국가활동에 대한 특별 책임규범이 있는 즉, 그것은 직접적인 무과실의 책임을 규정하여 일반적인 민사법적 책임모델에서 벗어나 있다.[29)]

5. 보완적 책임형식

실제 모든 국가에서 원칙적 규율에 대해 특별법적 규율이 더해지는데, 그것은 일정한 경우(예, 정당하지 않은 자유박탈, 위법하게 지연된 재판절차, 공용개입, 경찰개입, 접종사고나 폭력의 희생을 위하여)에 국가의 손실보상(Entschädigungen)을 규정하고 있다. 국가의 법주체가 私法의 주체로서 활동하면, 국가는 통상 일반 민사법적 규정에 따라 책임을 진다. 예외가 스페인이다. 법률이 국가의 사법적 활동에[30)] 대해서도 공법적 국가책임의 규율이 적용될 수 있다고 본다. 스위스 (국가)책임법 제11조 역시 국가가 민사법주체로서 활동할 경우에는 배상책임자 및 구상과 관련하여 민법규정의 적용을 배제한다.[31)]

---

24) RRCEE(Regime da Responsabilidade Civil Extracontratual do Estado e demais Entidades Públicas: Regelungen zur außervertraglichen zivilrechtlichen Haftung des Staates und anderer juristischer Personen des öffentlichen Rechts: 국가책임법)
25) Oriol Mir, §22 Spanien B.VI, in: Dörr(Hrsg.), Staatshaftung in Europa.
26) Pavlos−Michael Efstratiou, §8 Griechenland A.II, in: Dörr(Hrsg.), Staatshaftung in Europa.
27) Änderungsgesetz zum k.c. vom 17.6.2004, Dz.U 2004, Nr.192, Pos.1963.
28) Tomasz Milej, §15 Polen A.II.2, in: Oliver Dörr(Hrsg.), Staatshaftung in Europa.
29) Frank Heemann, §12 Litauen A.III. und IV, in: Dörr(Hrsg.), Staatshaftung in Europa.
30) 공행정규율 및 행정절차법 제144조(LRJPAC: Ley 30/1992 de régimen jurídico delas Administraciones públicas y del procedimiento administrativo común vom 26.11.1992).
31) 제11조: 연방이 민사법의 주체로 활동하는 한, 연방은 동법 규정에 따라 책임을 진다. 이 경우에도 잘못한 공무원에 대해 청구권이 피해자에게 인정되지 않는다. 연방의 구상은 본법 제7조와 제9조에 의한다.

Ⅳ. 국가의 법위반과 관련해서

모든 유럽국가는 그 직무담당자에서 비롯된 불법 즉, 사인에게 손해를 끼치는 위법한 행위(용태)에 대한 국가권력의 책임을 인정한다. 이런 불법책임의 법률적 근거를 지우는 것과 효과적으로 처리하는 것이 유럽의 법공동체에 내재한 법치국가원리에 의해 요구된다. 그러나 국가책임은 공공기관의 책임의 리스크를 제한하기 위하여, 국가주체의 기능적합성을 보호하기 위하여 일반적으로 내지 일정한 법위반과 관련해서 제한되기도 한다.

1. 위반법규범의 보호방향 – 위반법규범의 사익보호성 문제

적어도 피해자를 상대로 해서 성립하거나 그의 이익을 보호하도록 되어 있는 법적 의무의 위반만이 책임을 발생시킨다. 위반법규범의 보호목적에 의해 위반법규범의 사익보호성이 시인되어야 그 위반이 국가배상책임을 성립시킨다. 모든 법위반이 아니라. 일정한 법위반(Rechtsverstoß)만이 국가책임을 발생시키는 데 적합하게 함으로써, 손해를 입은 사인에 불이익하게 배상책임의 현저한 제한(배제)이 있게 된다.[32]

위반법규범의 사익보호성의 요청은 대부분의 유럽국가에서 채용되고 있다. 독일의 경우 그런 제한이 –제3자보호적 직무의무의 위반을 요건으로 하고 그로 인해 가능한 청구권제기자의 범위만 아니라 (규범의 보호목적을 지시함으로써) 배상가능한 손해를 제한하는– 법률상(민법 제839조 제1항)의 책임성립요건 자체로부터 생겨난다. 그리하여 위반한 직무의무가 피해자의 사익을 보호하는 목적을 갖는지 여부가 관건인데,[33] 이런 보호목적(사익보호성)은 법규정의 해석만이 아니라 직무관계의 성질에 의거해서도 가늠될 수 있다.[34] 완전히 비슷하게 그리스의 경우 오로지 공익을 보호하는 규범의 위반은 배상제외로 명시함으로써, 국가책임을 법률의 본문에서 처음부터 개인보호적 규범의 위반에 국한하였다.[35] 이와는 달리 포르투갈은 책임법이 권리(direitos)의 침해를 책임요건으로 언급하면서, 동시에 법적으로 보호받는 이익의 침해(interesses legalmente

---

32) 직무행위의 사익보호성여부는 국가배상책임성립요건에서 손해발생 그 자체와 직결된 문제이다. 일찍이 대법원 1993.2.12. 선고 91다43466 판결('극동호사건') 역시 손해발생과 관련하여 직무행위(직무상의 의무)의 사익보호성(제3자성)여부를 효시적으로 논증하였다.

33) BGHZ 106, 323(331); BGHZ 137, 11(15); BGHZ 140, 380(382); BGHZ 162, 49(55); BGH, NVwZ 2010, 467, Rn.14.

34) BGH, NVwZ 2010, 467, Rn.14. 그래서 가령 (하자있는) 산업시설의 허가는 인인만이 아니라 시설부지의 소유자 역시 규범의 보호목적에 의해 포함될 수 있다.

35) Art.105 EGZGB(Gesetzes 2783/1941 Εισαγωγικός Νόμος του Αστικού Κώδικα 민법전도입법). Vgl. Pavlos–Michael Efstratiou, §8 Griechenland B.I.5.

protegidos)를 병렬적으로 설정하는 식으로 확장한다.[36]

덴마크, 오스트리아, 스웨덴에서도 국가책임은 규범의 보호목적 내지 필요한 '위법성견연성'(Rechtswidrigkeitszusammenhang)을 통해 알맞게 제한된다.[37] 영국과 아일랜드와 같은 보통법시스템에서는 보호목적에 의한 제한이 한편으로는 법적 의무(statutory duty)의 위반의 청구원인에 내제되어 있다. 다른 한편으로는 보호목적이 특히 국가와 피해자간의 친밀한 관계 및 일정한 주의의무의 상당성을 목표로 삼는 경우에는 과실(부주의, negligence)의 탄력적 구상이 이런 기능을 수행한다.[38] 터키의 경우 원칙적으로 피해자의 주관적 권리의 침해를 손해배상소송의 요건으로 설정하여서,[39] 마찬가지로 개인적 권리가 도출될 수 있는 법규범의 위반을 문제 삼는다.[40] 그리고 사법적 불법책임법에서 벗어나 공법의 국가책임을 특별히 성문화시킨 책임시스템을 택한 에스토니아에서도 보호목적과 관련한 제한이 존재한다.[41] 마찬가지로 국가배상특별법을 둔 스위스에서도 피해자의 절대적으로 보호되는 법익의 침해만이, 그것의 보호에 이바지하는 법규범의 위반만이 손해배상책임을 발생시키는 불법으로 고려된다.[42] EU최고재판소(EuGH) 역시 −공익만이 아니라− 원고의 이익을 보호하도록 되어 있는 규범을 위반한 경우에 한하여 배상책임을 인정하고 있다.[43]

이상에서 본 다수 국가와는 달리 소수 국가(벨기에, 스페인, 헝가리)에서는 국가가 위반한 규범의 보호방향과 보호목적은 무관하게 여겨지고, 그리하여 처음부터 국가책임의 제한이 동원되지 못하기도 한다. 즉, 사익보호성의 요청이 부인된다.[44]

---

36) Filipa Calvão, §16 Portugal, A.III.1.a)bb), in: Dörr(Hrsg.), Staatshaftung in Europa. 포르투갈의 문헌에선 권리보호의 범위 및 정도와 관련해서 주관적 권리와 법적 보호이익을 전통적으로 구분한다. 전자는 법규정에 의해 직접적으로 보호되는 법적 지위를, 후자는 법규정으로부터 직접적으로 생겨나지는 않지만, 제한적으로 도출되는 것을 말한다. 그런데 법원은 양자를 동등하게 보호한다. 포르투갈의 문헌상의 논의양상은 권리와 법률상 이익의 구분에 관한 우리 논의상황과 흡사한데, 권리를 청구권으로 동일시하지 않는 이상, 양자의 구분에 관한 현재의 논의는 시대에 맞지 않는다. 김중권, 행정법, 2019, 730면.

37) '위법성견연성'의 요구가 행정쟁송을 비롯한 국가를 상대로 한 국민의 권리구제에서 불가결한 핵심요소임을 잘 보여준다. 행정소송상의 이에 관해서는 김중권, 행정법, 2019, 727면 이하.

38) Vgl. Eoin Quill, §9 Irland, B.II.1, 2, in: Dörr(Hrsg.), Staatshaftung in Europa.

39) 행정법원법 제2조 제1항 b) (İYUK :İdari Yargılama Usulü Kanunu)

40) 그리하여 그들 취소소송에서와는 달리 원고의 이익이 위태롭게 되거나 침해된 경우에는 배상책임이 성립하지 않는다. Ece Göztepe, §24 Türkei, B.II.1.b), in: Dörr(Hrsg.), Staatshaftung in Europa.

41) 채무법(VÕS: Võlaõigusseadus) 제127조 제2항과 제1045조 제1항 제7호와 제3항에 의해 법규범의 위반 모두가 국가책임을 발생시키지는 않으며, 발생한 손해의 회피가 위반규범의 목적이 아니면, 동법 제1045조 제3항에 의해 손해의 유발은 위법하지 않다. Vgl. Carmen Schmidt, §6 Estland, B.II, in: Dörr(Hrsg.), Staatshaftung in Europa.

42) Felix Uhlmann, §19 Schweiz, B.II.1, in: Dörr(Hrsg.), Staatshaftung in Europa.

43) EuGH Slg2000, I −5291 Rn.42−Bergadem; Dörr/Lenz, Europäischer Verwaltungsrechtsschutz, 2006, Rn.469

44) 배상책임제한적 기능을 갖는 사익보호성 요구에 대해서, 국내 일부 문헌에선 −독일과는 달리− 근거가 없음을 이유로 부정적으로 보지만, 반사적 이익에 대한 보호배제를 목적으로 하는 이 요구는 모든 국가책임의 본질적 요소라 하겠다. 왜냐하면 이 요구는 행정소송에서의 원고적격 마냥 주관적 쟁송의 원칙에서는 당연하기 때문이다. Ossenbühl/Cornils, Staatshaftungsrecht, 6.Aufl. 2013, S.60.

2. 중요한 법적 하자의 존재로 배상책임을 제한하는 것의 문제

법관법적으로 전개된 프랑스 국가책임법질서는 다른 형식으로 책임제한을 하고 있다. 민사 불법행위책임의 경우 일체의 과실을 요건으로 하는 반면, 국가의 공법적 책임의 경우에는 처음부터 몇몇 분야에서 중대한 법위반에 국한시키는 중과실의 원칙(faute lourde)이 통용되어, 이를 통해 배상책임의 제한이 행해진다. 여기서 법적 하자의 특별한 중요성, 그것의 명백성, 발생한 손해의 범위가 중과실의 기준으로 이바지한다. 중대한 법위반의 요구가 민사책임과 구별된 공법적 배상책임의 가장 중요한 특징인데, Conseil d'Etat는 이 요건을 점차 제한적으로 적용하여, 오늘날에는 국가감독분야와 같은 극히 좁은 영역에서만 중대한 법위반의 요건이 통용되고 있다.[45] 실제로 '본질적인 직무의무"(wesentliche Amtspflichten)의 위반에 국한하여 국가책임을 인정하는 스위스 국가책임법 역시 프랑스에 비견가능하게 배상책임을 제한하는 셈이다.[46]

한편 스웨덴의 경우 손해배상법(Skadeståndslagen: SkL)에 1990년까지 -중대한 수준의 의미에서 책임발생 행위(용태)에 관한 일반적인 최소한 요청을 설정한- 비슷한 배상책임제한의 기능을 하는 규율(제3장 제3조)이 있었지만, 행정권에 대한 시민의 약한 지위가 부여된다고 강한 비판이 가해져서 1990년에 들어와서 철폐되었다.[47] 폴란드에서는 '법과의 불일치'라는 법률상의 책임징표가 일반적으로 중대한 법위반에 제한하는 의미에서 해석될 수 있는지 여부가 문헌에서 다투어졌지만, 최고재판소 판례는 그런 식의 일률적 제한을 최근에 확실히 거부하였다.[48]

한편 손해배상책임의 성립에서의 중대한 법위반의 요청은 EU행정법에서는 EU최고재판소(EuGH)의 판례에 의해 확고히 통용된다. 즉, 보호규범의 위반만으로 부족하고, 그 법위반이 충분히 중대해야 한다(Schöppenstedt-공식). 법위반의 경중을 판단하는데 있어서 일종의 여과장치로서의 기능을 하는 이 요청은 먼저 규범적 불법의 분야에서 수립되었고,[49] 그 다음 일반적으로 조약외적인 EU의 책임에 적용되었다.[50] 충분히 중대한 법위반(hinreichend qualifizierte Verletzung, sufficiently serious breach)이 존재하는지 여부는 활동하는 기관에 대해 부담을 지우는 법위반이 어느 정도로 중대한지에 따라 정해진다.[51]

45) Nikolaus Marsch, §7 Frankreich, B.I.1.b), in: Dörr(Hrsg.), Staatshaftung in Europa.
46) Felix Uhlmann, §19 Schweiz, B.II.2.
47) Thomas Bull, §18 Schweden, A.II.1, in: Dörr(Hrsg.), Staatshaftung in Europa.
48) Tomasz Milej, §15 Polen, B.II.2.
49) EuGH, Slg,1971, 925, 984-Schöppenstedt.
50) EuGH, Slg,2000, I-5291 Rn.46.
51) 상론은 김중권, EU행정법연구, 196면; Dörr/Lenz, Verwaltungsrechtsschutz, Rn.470f.

3. 입법상의 불법에 대한 책임

위법한 규범정립작용이나 위법한 그것의 부작위에 의한 국가배상책임이 존재할 수 있는지 여부는 논란의 여지가 있다. 가령 판례는 국회의원은 입법에 관하여 원칙적으로 국민 전체에 대한 관계에서 정치적 책임을 질 뿐 국민 개개인의 권리에 대응하여 법적 의무를 지는 것은 아니라고 본다.[52] 법률형식의 법위반에 대한 국가책임은 그 자체는 압도적으로 성립이 가능하지만, 원칙적으로 일정한 제한적 요건에 연결되어 있다. 이런 제한의 법정책적 배경으로 보통 다음의 점이 언급된다. 즉. 법률에는 일반의사, 국민의사(die volonté générale, der Volkswillen,), 의회입법자의 기능적합성, 다수의 청구에 의한 과도한 요구에 대한 국가의 보호가 표현되어 있다, 이런 제한을 법도그마틱의 차원에서 보면, 추상적, 일반적인 법위반에 대해 손해유발의 충분한 직접성이 결여될 수 있으며,[53] 그래서 손해배상청구권은 법제정의 차원이 아니라, 개별경우에서의 법적용의 차원에서만 고려될 수 있다.

입법상의 불법(legislatives Unrecht)에 대한 책임과 관련해서 여러 유형으로 나뉜다. 먼저 개별행위와 같은 보통의 법집행과 동일하게 접근하는 법제가 있는데, 즉 국가의 작용형식으로서의 규범정립을 일반원칙에 따라 다루고, 이런 경우에도 책임을 –입법자에 대해서는 명백히 들어맞지 않는– 일반적인 성립요건(가령 유책성)에 의거하여 판단한다(벨기에, 독일, 덴마크). 반면 –일반적인 책임성립요건에서 벗어나– 특별한 중대한 법위반이나(슬로베니아)[54] 이례적인 손해(포르투갈)에[55] 입법상의 불법에 대한 책임을 국한하기도 한다. 에스토니아의 경우 입법상의 불법에 대한 책임은 전술한 EU최고재판소(EuGH)의 위법성기준인 '충분히 중대한 법위반'의 요건에 상응하게 되었다.[56] 루마니아에서는 헌법 제126조 제6항에[57] 의해 위헌적인 정부명령에 대한 국가책임이

---

52) 그리하여 국회의원의 입법행위는 그 입법 내용이 헌법의 문언에 명백히 위배됨에도 불구하고 국회가 굳이 당해 입법을 한 것과 같은 특수한 경우가 아닌 한 국가배상법 제2조 제1항 소정의 위법행위에 해당한다고 볼 수 없다고 본다(대법원 2008.5.29. 선고 2004다33469 판결). 주요문헌: 김남진, 입법・사법상의 불법과 국가책임, 고시계 1989.3; 정하중, 입법상의 불법에 대한 국가책임의 문제, 사법행정 1993.3.; 이덕연, 입법불법에 대한 국가책임, 사법행정 1995.6; 정남철, 규범상 불법에 대한 국가책임, 공법연구 제33집 제1호(2004.11); 서기석, 국회의 입법행위 또는 입법불작위로 인한 국가배상책임행정판례연구 제14권 제2호(2009.12).

53) 독일 일반대법원은 위헌인 조치적 법률(이른바 처분적 법률)과 개별사례법률에 대한 배상책임은 가능하다고 여긴다. 특히 조례에 의한 건축상세계획과 관련해서는 판례상으로 국가배상책임의 성립가능성이 일반적으로 시인되어 요건충족여부가 문제될 뿐이다(BGHZ 142, 259(263f.)).

54) Samo Bardutzky/Saša Zagorc, §21 Slowenien, B.I.3, in: Dörr(Hrsg.), Staatshaftung in Europa.

55) 그들 국가책임법 제15조는 정책적 입법활동에 대한 국가배상책임에 관해 상세히 규율하고 있는데, 동조 제1항이 요건으로 '이례적인 손해'를 규정하고 있다. Filipa Calvão, §16 Portugal, A.III.2.d), in: Dörr(Hrsg.), Staatshaftung in Europa.

56) Carmen Schmidt, §6 Estland, B.I.2.

57) … 위헌으로 선언된 명령이나 명령의 규정에 의해 침해를 받은 자의 신청에 대해 행정쟁송절차를 관할하는 법원은 판결을 내린다.

인정되었다.[58] 폴란드에서는 입법상의 불법과 부작위에 대한 책임은 명시적으로 법률에 규정되어 있는데(민법전 제471조의 1),[59] 입법상의 불법의 경우 법률의 위법성이 사전에 정식절차에서 확인되어야 한다.[60]

매우 적은 국가만이 가령 스위스와 스페인의 경우 입법작용을 아무런 제한을 하지 않고 국가배상책임을 성립시키는 활동에 넣는 데 대해, 이탈리아, 룩셈부르크, 오스트리아, 체고, 헝가리에선 입법상의 법위반에 대한 국가책임이 범주적으로 거부된다. 프랑스, 그리스, 스웨덴, 터키에서는 이런 전통적인 거부가 와해되는 것 같다.

EU운영조약 제340조 제2항에[61] 따른 EU의 손해배상책임을 낳는 EU의 기관이나 직원의 직무활동에는, 행정분야에서의 개별행위나 사실행위는 물론, 규범정립과 재판도 들어간다. 따라서 입법자의 활동이나 부작위에 대한 책임을 부인하거나 현저히 제한하는 EU 회원국에서는 －입법부의 EU법위반도 포함하는－ EU법적 국가책임청구권이 어떤 영향을 미칠지에 관한 물음이 제기된다. 많은 국가(독일, 아일랜드, 이탈리아, 오스트리아)가 EU법적 배상책임청구권을 －입법책임을 포함한－ 독립된 청구권적 근거로 다룸으로써 "순전히 국내적인" 국가배상책임의 범위와는 무관하게 하면서 이런 문제를 해결한다. 이에 반해 라트비아와 폴란드는 그들의 책임원칙을 EU법합치적으로 적용하며, 에스토니아와 스페인은 자신들의 국가책임체제를 전체적으로 EU법적 규준에 상응시키는데, 실제로 국내적 배상책임경우에도 그렇게 한다.[62]

4. 재판상의 불법에 대한 책임

(1) 일반적인 재판상의 불법

법관의 재판활동 역시 주체 등에서 일반 행정작용과 다르지 않기에 별다른 점이 없다고 할 수 있지만, 재판 및 불복제도의 본질에서 논의할 점이 있다.[63] 입법상의 불법의 경우와 비슷하게 재판상의 불법(judikatives Unrecht)에 대한 국가책임 역시 사실상 모든 국가에서 제한되고 있다. 법관의 활동의 경우 가중된 요건에서만 국가배상책임이 인정됨으로써 국가책임상의 특권이 인정되는 셈이다.[64] 법관의 독립성의 보호 및 판

58) 유의할 점은 명령의 위헌성은 행정법원이 아니라 헌법재판소에 의해 확인된다. Axel Bormann, §17 Rumänien, B.I.2.

59) 제1항 규범행위의 발함으로 인해 손해가 발생하면, 이들 규정의 헌법, 비준된 국제조약이나 법률과의 불일치가 그에 관한 사전절차에서 확인될 경우에만 손해배상청구를 할 수 있다.

60) Tomasz Milej, §15 Polen, D.I.1.

61) EU운영조약 제340조(구 공동체조약 제288조) ② 조약외적 책임의 범주에서 EU은 자신의 기관이나 직원이 직무행사에서 발생시킨 손해를 회원국의 법질서에 대해 공통된 일반적 법원칙에 따라 배상한다.

62) 포르투갈의 경우 국가책임법에서의 입법상 불법에 대한 책임은 EuGH 판례를 전범으로 삼고 있다.

63) 참고문헌: 이일세, 법관의 불법행위와 국가배상책임, 저스티스 제32권 제1호, 1999; 황정근, 법관의 직무행위와 국가배상책임, 민사판례연구 제26권(2004.2).

결의 기판력이 헌법정책적 배경이다. EU법의 국가책임청구권에 관한 EuGH의 판례는 법관의 EU법위반에 대한 회원국의 책임을 그 위반이 명백한 것에 연결시켜서 일종의 그런 특권을 인정한다.[65)]

각국의 법질서에서 이런 특권의 모습은 매우 다양하다. 먼저 법률적 규율의 방식으로 일률적인 제한을 하는 경우가 있다. 가령 독일은 형사범죄에 해당할 경우에 국한하며,[66)] 터키 역시 재판에 대한 국가책임을 열거적으로 언급한 상황에서만 인정한다.[67)] 그리스는 타당하지 않은 형사판결의 경우에만 국가책임을 규정하는데, 더해서 판사의 개인적 책임 역시 동반된다.[68)] 오스트리아에선 국가는 법관의 모든 활동에 대해서 책임을 지는데, 실은 최고재판소의 그것에 대해서는 그러하지 않는다.[69)] 아일랜드와 영국에서는 법관의 비행에 대한 국가책임은 원칙적으로 배제되는 것으로 여겨진다.[70)]

그리고 가령 법관의 행위(용태)의 가벌성이나[71)] 다른 경우에는 통용되지 않는 특별한 유책성의 요청과[72)] 같이, 많은 국가의 책임규정이 법관의 활동에 대한 국가배상책임의 성립과 관련해서 추가적인 성립요건을 통해 실체법적 책임성립의 수위를 더욱더 상향시킨다. 에스토니아에서는 판례로부터의 비판에 따라 국가책임법에서 법관의 가벌적인 활동에 국한되는 책임은 중과실의 중대한 절차하자에로 확장되고, 이탈리아에서는 특별법이 국가책임을 고의나 중과실의 법관활동이나 법거부의 경우에 연결시킨다.[73)] 다른 법질서는 법관의 활동을 일반적인 책임원칙(법칙)에(Haftungsregeln) 따라 다룬다. 그러나 프랑스, 폴란드나 벨기에 등에선 －완전히 EuGH－판례의 의미에서－ 법적용의 범주에서 책임의 경우를 위한 실체법적 요청을 특히 가중된 법위반이 요구되는 식으로 상향시킨다.[74)] 그런데 포르투갈의 국가책임법은 하자있는 재판절차와 법

64) 우리 판례 역시 배상책임요건인 위법성과 유책성의 정도를 일반적인 경우보다 상향시켜 설정하고 또한 재판에 대하여 따로 불복절차 또는 시정절차가 마련되어 있는 경우에는 그 같은 구제절차가 국가배상의 구제에 대해 원칙적으로 우선함을 판시하였다(대법원 2003.7.11. 선고 99다24218 판결). 사법상의 불법 문제는 재판상의 불법에 한한다. 따라서 법관이 재판작용 이외의 사법작용을 행한 경우에는 가중된 성립요건을 설정해서는 아니된다. 법적 취급의 다름은 재판 그 자체에서 비롯된 것이지, 결코 법관의 지위에서 비롯된 것은 아니다. 즉, 판결의 특권이지 법관의 특권은 아니다. 김중권, 행정법, 855면.

65) Vgl. EuGH Slg.2003, I－10239, Rn.53－56－Köbler; Slg.2006, I－5177, Rn.32－36－Traghetti del Mediterraneo.

66) 독일 민법 839조 제2항: 공무원이 소송사건에서의 판결에서 그의 직무의무를 위반한 경우, 공무원은 해당 직무위반이 형법상의 죄를 구성하는 경우에 한하여 그로부터 비롯된 손해에 대해서 책임을 진다. 직무행사를 의무에 반하게 거부하거나 지연한 경우에는 이 조항은 적용되지 않는다.

67) Ece Göztepe, §24 Türkei, A.III. und B.I.3.

68) Pavlos－Michael Efstratiou, §8 Griechenland, B.II.2.

69) Gabriele Kucsko－Stadlmayer, §14 Österreich, B.I.1.a) a.E. und C.I.2.

70) Breuer, Staatshaftung, S.419 und 436－439; Schütter, Staatshaftung, S.274－279.

71) Vgl. Dörr, §5 Deutschland, B.I.3. in: Dörr(Hrsg.), Staatshaftung in Europa; Carmen Schmidt, §6 Estland, B.I.3.

72) Vgl. Frank Heemann, §12 Litauen, B.VI.; Oriol Mir, §22 Spanien, B.VI.

73) Vgl. Fulvio Cortese/Geo Magri, §10 Italien, A.II.3.b).

74) 네덜란드에서의 억제적 판례에 관해선 Vgl. Breuer, Staatshaftung, S.424f. 독일에선 일반대법원이 －법률적

관의 오판을 구분하여, 전자는 일반적인 책임원칙에 의해 다루어지고, 후자는 명백한 위법성이나 중대하게 하자있는 사실판단의 경우에만 책임이 인정된다.[75)]

또한 절차법적 제한 역시 존재한다. 프랑스, 룩셈부르크, 스위스에선 법관의 비행은 원칙적으로 국가책임을 발생시킬 수 있긴 하나, 기판력이 발생한 판결이 이런 방식으로 새롭게 심사되어서는 아니 된다(autorité de la chose jugée). 이와 일치하게 벨기에, 핀란드, (최고법원에 대해) 스웨덴에서 법관의 활동에 대한 책임은 －포르투갈에서 법원의 오판으로 인한 책임과 마찬가지로－ 하자있는 판결의 사전폐지를 요건으로 한다.[76)] 폴란드와 스페인에선 위법성이 먼저 공식적으로 확인되어야 한다. 라트비아에선 이런 점을 헌법으로부터 명백히 직접적으로 도출한다.

한편 부분적으로 재판활동에 대한 책임은 －제한되든 아니든－ 심지어 명백히 헌법에서 주어지기도 하는데(루마니아(제52조 제3항), 스페인(제121조, 슬로바키아(제46조 제3항), 체코(제36조 제3항)), 그에 따라 개별법률에서 상세한 특별한 규율을 두고 있다. 여기서도 －EU법적 국가배상책임청구권에 관한 EuGH의 판례의 요청 뒤에 놓여 있는－ EU 회원국의 법질서를 위해서, 이런 요청을 국내 책임법질서의 범주에서 어떻게 고려될 수 있는지의 문제가 제기된다. 왜냐하면 EuGH판례에 의하면, 재판상의 EU법위반의 경우에도 '명백성'의 유보하에 국가책임이 요구되기 때문이다.[77)] 오스트리아에선 연방헌법재판소가 최고재판소의 활동에 대한 책임의 결여를 －연방헌법재판소법 제137조의 포괄(포용)조항(Auffangklausel)에 의거하여 그런 사건에 대해 자신의 관할을 받아들이는 식으로－ 시정한다.[78)]

(2) 재판상의 불법으로서의 과도한 재판지연의 문제

너무 늦게 강구된 권리보호는 그 중간에 행정이 기성사실을 조성하거나 원고가 사망하여 사실상 효과가 없게 되거나 그 의미가 반감될 수 있다. 권리보호의 효과성은 시간의 요소에 좌우되기에, 상당하지 않게 지연된 재판절차는 법치국가원리의 문제점을 제기한다.[79)] 유럽인권협약(EMRK) 제6조 제1항은 "모든 사람이 자신의 민사법적 청구권과 의무와 관련한 분쟁이나 자신에 대한 형사소추에 관해서 독립적이고 공정하며 법률에 의해 성립한 법원에 의해 공평한 절차에서 공개적으로 상당한 기간내에 심

특권이외에－ 법관의 유책적 직무의무위반에 대해선 특별히 심각한 위반(ein besonders grober Verstoß)을, 그래서 고의나 중과실을 요구한다. Vgl. BGHZ 155, 306(309f.).

75) Filipa Calvão, §16 Portugal, A.III.3.

76) Caroline Van Schoubroeck, §3 Belgien, B.IV.2. und B.VI.4, in: Dörr(Hrsg.), Staatshaftung in Europa.

77) Dörr/Lenz, Verwaltungsrechtsschutz, Rn.472.

78) Gabriele Kucsko－Stadlmayer, §14 Österreich, A.II.3.c).

79) 상론은 김중권, 재판지연에 대한 국가책임에 관한 소고, 공법연구 제47집 제2호, 2018.12.31. 199면 이하.

리를 받을 권리를 가진다."고 규정하고 있으며, 유럽기본권헌장(GRCh) 제41조 제1항이, "모든 사람은 자신의 용무가 연합의 기관, 기구, 그리고 기타 부처에 의해 공평하고, 적합하게 그리고 상당한 기간 내에 처리되는 데 대한 권리를 갖는다."고 규정한다. 유럽최고재판소(EuGH)는 상당한 절차진행의 원칙(Grundsatz einer angemessenen Verfahrensdauer)을 EU법의 일반적 법원칙으로 이미 오래 전부터 인정하여, 비단 행정절차만이[80] 아니라, 재판절차에서도[81] 인정하였다. 유럽인권재판소(EGMR)는 상당한 기간내에 판결을 받을 권리가 침해될 때에는 유럽인권협약 제13조에[82] 의한 효과적인 권리구제(소원)가 회원국 국내법에 존재하여야 한다고 판시하였다.[83]

그에 따라 회원국은 과도한 절차지연을 재판상의 불법으로서 다양하게 대응한다. 벨기에, 덴마크, 프랑스, 아일랜드, 오스트리아, 포르투갈, 스웨덴, 스페인, 헝가리는 일반적인 책임법칙(원칙)에 따라 다루고,[84] 독일, 에스토니아, 그리스, 이탈리아, 슬로베니아, 터키는 특별법을 통해 특별한 손실보상성립요건을 설정한다.[85] 폴란드는 제3의 방법으로 재판절차의 지연에 대한 특별한 권리구제를 마련했는데, 법원의 자기자금으로부터 일괄적인 손실보상을 규정하고, 보통의 국가배상청구소송을 위한 필수적인 사전단계가 된다.[86]

V. 인과관계와 관련해서

국가의 직무담당자가 행한 법위반은 그것이 사인의 손해에 원인이었던 경우에만 국가의 손해배상책임을 낳는다. 즉, 인과관계가 존재해야 한다. 인과관계(Kausalität)의 존부는 전적으로 사법의 불법행위법에 의하거나 의거하여 정해진다. 사법의 불법행위에서처럼, 손해발생의 진행을 일정한 행위(용태)에 귀속시키는 것은 통상 먼저 조건설(conditio sine qua non (sog. faktische Kausalität))에 바탕을 두는데, 대표적으로 벨기에

---

80) EuGH, Slg. 1997, I－1503.

81) EuGH, Slg. 1998, I－8417.

82) 제13조[효과적인 소원에 관한 권리] 이 조약에서 인정된 권리나 자유를 침해받은 모든 사람은, 그 침해가 직무적 속성에서 활동을 하였던 사람에서 비롯되었다 하더라도, 국가내의 주무관청에 효과적인 소원을 제기할 권리를 가진다.

83) EGMR, NJW 2001, 2694 Rn.146 ff.

84) 다만 프랑스는 일반 국가배상책임과는 달리 유책성의 요청을 저하시켜 중과실의 요청을 포기한다(C.E., Ass., 28.6.2002, Nr.239575, Garde des Sceaux/Magiera, RFDA2002, S.756 mit Schlussanträgen F. Lamy).

85) 독일의 경우 재판지연의 경우 일반 재판상 불법과 다르게 취급할 수 있다고 민법 제839조 제2항 단서가 규정하고 있음에도 권리보호에 충분하지 못한다는 점을 유럽인권재판소가 지속적으로 지적하였고, 아울러 효과적인 권리보호의 제도의 마련을 요구하였다. 유럽인권재판소의 일련의 압박에 의한 입법산물이, 2011.11.24.에 의결된 재판지연보상법('지연된 재판절차와 형사수사절차에서의 권리보호에 관한 법률'(Gesetz über den Rechtsschutz bei überlangen Gerichtsverfahren und strafrechtlichen Ermittlungsverfahren: ÜGRG))이다.

86) Tomasz Milej, §15 Polen, D.I.5.

는 국가책임을 위하여 명백히 조건설을 견지함으로써, 원인이 되었던 모든 사정이 동등하게 여겨지고 국가책임을 성립시킬 수 있다.[87]

조건설은 소위 법적 인과관계의 다양한 방법론에 의해 수정되는데, 대부분의 국가의 책임체제는 이를 넘어서 소위 상당인과관계의 원칙(Adäquanzprinzip)을 적용하고, 일어난 일이 통상 적법한 국가활동을 하였을 경우에 어떻게 생길 것인지를 심사한다. 그리하여 완전히 이례적인 손해발생의 진행은 배제되고 국가책임을 성립시키지 않는다. 보통법국가인 아일랜드에서는 예측가능성, 직접성, remoteness of damage과 같은 다양한 구상을 통해 비견가능한 제한이 행해진다.[88]

Ⅵ. 주관적 책임요소와 관련해서

1. 유책성(과실)의 요청의 상반된 의의

국가배상청구에서 문제되는 것이 공무원의 고의나 과실과 같은 유책성의 요청이이다.[89] 유책성의 요청의 책임법적 의의는 당사자에게 상반된다. 유책성(Verschulden)이 주관적 책임요소로서 책임성립요건의 불가결한 요건에 속하면, 국가조직체에서 그런 주관적 징표를 확실히 확인하기란 어렵기에, 현저한 장애로서 피해자에게 불리하게 영향을 미친다. 반면 국가와 같은 배상책임주체에 대해서는 재정적 부담을 방어하고 자신의 기능적합성을 유지하는 데 도움을 주는 여과장치로서 기능을 한다.

유럽국가의 국가책임체제에서의 유책성의 책임법적 관련성은 먼저 민사적 불법행위법의 성립요건으로부터 얼마나 벗어났는지에 영향을 받는다. 이에 의하면, 불법행위법의 과실책임(deliktsrechtliche Verschuldenshaftung)의 체제, 무과실의 국가책임(verschuldens-unabhängige Staatshaftung)의 체제, －국가의 불법책임의 범주에서도 양자의 인자를 결합시키는－ 혼합적 책임체제로서의 보통법시스템이 존재한다.[90] 그렇지만 각국의 판례는 자신의 기조는 견지하면서도 실무상으로 상대화를 통해 과실책임과 무과실책임의 구분을 현저하게 완화시킨다.

---

87) Caroline Van Schoubroeck, §3 Belgien, B.V.1. 덴마크 역시 그렇다.
88) Eoin Quill, §9 Irland, B.V.
89) 고의나 과실의 의의가 다르다. 대위책임설(직무책임설)의 입장에서는 공무원의 고의 · 과실이 주관적 책임요소이지만, 국가자기책임설의 입장에선 국가 등에 책임을 귀속시키기 위한 공무운영상의 객관적인 흠으로 이해한다.
90) 국내 문헌에서 언급하는 행위책임은 과실책임에, 결과(인과)책임은 무과실책임에 견줄 수 있다.

2. 법제현황

(1) 과실(유책성)책임

앞에서 본, 민사불법행위적 모델(벨기에, 덴마크, 이탈리아)과 수정된 민사불법행위적 모델: 일종의 대위책임의 모델(독일, 오스트리아, 스웨덴, 헝가리)의 경우 국가의 불법책임을 활동하는 직무담당자의 개인적 유책성(das persönliche Verschulden)에 연계시킨다.[91)][92)] 원칙적으로 국가책임의 성립을 위해 직무담당자의 과실이나 고의가 필요하다. 개개의 국가활동을 위하여 책임강화가 상향된 과실규준의 형태에 존재하기도 하는데, 헝가리에선 개인적 과실(유책성)과 아울러 －법위반의 중대성을 목표로 삼는－ '비난가능성'(Vorwerfbarkeit)이 추가되어야 한다.[93)]

개인적인 용태를 목표로 삼은 과실규준을 국가책임체제에 도입할 경우, 많은 국가에서 피해자에게 유리하도록 여러 가지로 과실의 상대화가 강구된다. 법률규정의 위반을 과실을 시사하는 것으로(벨기에, 덴마크, 이탈리아) 일정한 국가활동에 대해선 －결과적으로 유책성의 요청을 포기하는 셈인－ 과실의 추정이 인정되는 것으로(덴마크, 포르투갈, 슬로베니아) 본다. 그리고 직무담당자의 개인적 과실 대신에, 행정활동의 객관적으로 요구되는 주의의무나 행정주체의 조직과실(Organisationsverschulden)에 초점을 둔다(독일,[94)] 이탈리아, 스웨덴, 오스트리아). －이런 과실의 객관화의 움직임과 결론에서 완전히 비슷하게－ 프랑스에서는 배상책임의 불가결한 요소인 과실(faute)의 구상이 객관화된 과실과 진정한 과실책임(Verschuldenshaftung)사이에서 변화한다.[95)] 한편 객관화된 과실의 착안점은 특히 잘못된 운영(하자있는 기능, fonctionnement défectueux)의 구상의 지배를 받는다. 그리하여 일부 국가에서(룩셈부르크, 포르투갈) 국가책임은 더 이상 개인적 비난가능성에 연계되지 않는다. 객관화된 과실책임(objektivierte Verschuldenshaftung)을 출발점으로 삼는다.

---

91) 포르투갈은 특별한 국가책임법을 두면서도 과실책임을 규정한다. 그리하여 포르투갈에선 과실의 정도에 의거하여 국가만이 책임을 지는지 아니면 활동하는 직무담당자가 공동책무자로서 책임을 지는지 여부가 좌우된다. Filipa Calvão, §16 Portugal, B.VI.1.

92) 한편 여전히 일부 구 동독지역에 통용되는 구 동독 국가책임법은 무과실책임을 지향한다(동법 제1조 제1항: 국가나 지방자치단체의 기관의 직원이나 수임자가 국가활동의 수행에서 재산과 권리와 관련해서 자연인과 법인에 대해 위법하게 가한 손해에 대해서, 국가나 지방자치단체의 기관이 책임을 진다).

93) 비난가능성과 유책성의 차이는 본질적으로 미미하지만, 전자가 개별사정을 고려한 책임귀속을 허용하는 점에 나름의 의의가 있다. Herbert Küpper, §25 Ungarn, B.VI.

94) BGHZ 111, 273ff.; 120, 184, 191ff.

95) 그리하여 과실여부의 심사가 사실상 비난가능성의 심사에 근접하는 결과를 낳는다. 그리하여 Fromont은 과실책임(Haftung für faute)을 객관화된 유책성의 책임(Haftung für objektiviertes Verschulden)으로 표현한다. Ders., Staatshaftungsrecht in Frankreich, DÖV 1982, 925(928).

(2) 무과실(무책성)책임

많은 국가에서 불법행위법의 과실책임과는 대조적으로 국가책임의 특별법적 조항을 통해 주관적인 비난가능성의 요청을 압도적으로 포기하고 국가불법에 대한 무과실책임(verschuldensunabhängige Haftung)을 성립시킨다(에스토니아, 그리스, 리투아니아, 폴란드, 루마니아, 스위스, 슬로바키아, 체코). 리투아니아 민법전과[96] 스위스 국가책임법은[97] 직무담당자의 과실이 중요하지 않다고 명문으로 규정하고 있는데, 이런 점이 폴란드에선 심지어 헌법상의 국가책임규정(제77조 제1항)에서 유책성을 언급하지 않았다.[98] 라트비아의 경우 책임시스템이 원래 과실책임에 바탕을 두었는데, 국가의 규범위반에 연결된 일반적인 과실추정을 통해 실제로는 객관적인 국가책임의 체제로 변모하였는데, 특히 과실의 요청이 법률상의 청구권의 근거에 포함되지 않고 있기 때문이다.[99] 그러나 스페인의 경우 법상황은 정반대이다. 행정활동에 대한 입법적 책임규범은 과실책임과 무과실책임을 동등하게 병립시키면서 후자를 원칙적으로 우선시하지만, 재판실무에선 일종의 국가의 중과실이 존재하는 경우만 책임청구권이 인용된다. 그리하여 객관적 국가책임의 구상은 실제로는 저하된다.[100]

무과실책임을 기조로 하는 경우에도 사안에 따라선 공적 책임리스크를 제한하기 위해 차별화를 강구한다. 가령 에스토니아에선 일실소득의 배상과 무체재산권의 손해에 대한 배상은 직무담당자의 과실을 요건으로 하고,[101] 공권주체의 일반적인 무죄변명의 가능성(Exkulpationsmöglichkeit)을 규정한다(국가책임법 제1조 제3항). 스위스에서도 위자료청구권(Genugtuung)은 공무원의 과실이 존재해야 성립하고(국가책임법 제6조),[102] 리투아니아에선 재판상 불법의 경우에 과실이 필요하다.[103]

3. 소 결

이상에 보았듯이, 유럽에선 총체적으로 통일적인 형성이 생겨나지 않고, 과실책임이

---

96) Art.6.271 (1) 국가행정청의 위법한 행위로 비롯된 손해를 국가예산으로 국가가 배상하여야 하는데, 공공기관의 개인적 직원이나 다른 노동자의 과실과는 무관하다. …

97) 제3조 제1항: 공무원이 직무활동에서 제3자에게 위법하게 가한 손해에 대해 연방은 공무원의 유책성을 고려함이 없이 책임을 진다.

98) 폴란드는 무과실책임이 헌법상의 원칙이므로, 국가배상책임의 성립에 어떤 형식으로든 유책성의 징표를 연계시키는 것은 금지된다. Tomasz Milej, §15 Polen, B.VI.

99) Vgl. Esmeralda Balode－Buraka, §11 Lettland, B.VI.

100) 하지만 EU－지침을 전환할 경우(제조물책임, 의약품책임, 원전운전책임 등) 특별한 무과실책임을 규정한다. 다만 재판책임의 경우에는 유책성의 요청을 견지한다. Vgl. Oriol Mir, §22 Spanien, B.VI.

101) Carmen Schmidt, §6 Estland, B.VI.

102) Vgl. Felix Uhlmann, §19 Schweiz, B.V.

103) Frank Heemann, §12 Litauen, B.Ⅵ.

나 무과실의 결과책임이나 인과책임(Erfolgs– oder Kausalhaftung)이 동등하게 널리 유포되어 있다.[104] 하지만 1990년 이후에 새로운 국가책임법을 제정한 국가들은 압도적으로 전통적인 유책성의 요청을 포기한 점이 특이하다(예외: 포르투갈). 그런데 실은 과실책임체제이든 무과실책임체제이든 여러 방식으로 책임의 기조를 상대화한다. 즉, 민사 불법행위법에서 비롯된 과실의 요청이 객관화된 주의의무규준과, 시사(간접증거)와 추정에 의해 약화되고, 무과실의 국가책임 역시 일정한 활동영역에 대해서는 기조에서 벗어나거나 책임결과에서 차별화를 함으로써 일정한 제한을 받는다. 결론적으로 실제적인 영향에서 과실책임과 결과책임은 상호 근접하고 있다.[105] EU법의 국가책임에 관한 EU최고재판소의 판례는 이런 양면적 형상에 일치한다. 동 재판소는 일체의 개인적 과실을 책임요건으로 보지 않지만 –그 확인에 직무담당자의 책임 역시 고려되어야 하는– 충분히 중대한 법위반을 책임요건으로 판시하였다.[106]

우리의 경우 때때로 과실의 객관화의 입장에 선 경우도 있지만, 판례는 전체적으로 과실책임주의를 강조하는 경향을 나타낸다. 이는 어떠한 행정처분이 항고소송에서 취소되었음에도 불구하고 다시금 새로이 고의·과실의 유무를 엄격히 검토하여 국가배상책임을 부인한 데서도 극명히 확인할 수 있다. 국가배상법상의 주관적 책임요소의 존재는 행정소송상의 위법성판단과 국가배상법상의 (직무행위의) 위법성판단이 다르게 만들거니와, 가해공무원의 고의나 과실의 존부가 국가책임인정의 궁극적인 기준이 되게 한다. 주관적 책임요소가 건재한 이상, 이상에서 제시한 합헌적 법률해석은 모색의 일환에 그칠 우려가 있다. 이제 국가배상법제에서 주관적 책임요소를 삭제하는 문제를 숙고할 필요가 있다.[107]

Ⅶ. 책임주체와 관련해서, 특히 가해공무원에 대한 직접적 배상청구의 문제

국가의 법위반으로 초래된 손해에 대해 통상 –위반이 귀속되어야 할– 국가의 권리주체가 책임을 진다. 민사 불법행위법에 바탕을 두고 자연인의 직책상의 비행(Fehlverhalten)에 연결시킨 국가배상책임체제에서는 관할 공권력주체가 책임채무자로

104) 이밖에 아일랜드와 영국의 보통법 체제는 혼합적 체제를 견지하여 처음부터 동등한 과실책임과 무과실책임을 상호 결합시키고 있다. 청구권의 기초에 의거하여 과실책임을 주로 하면서 무과실책임과 혼합책임을 부분적으로 채용하고 있다. Vgl. Eoin Quill, §9 Irland, B.VI.

105) 독일의 경우 판례와 문헌은 과실책임주의의 한계를 극복하기 위해 다방면으로 나름의 시도를 하였다. 그리하여 가해 공무원의 과실책임은 이미 객관적 책임에 근접하였다고 한다. Grzeszick, Staatshaftungsrecht, in: Ehlers/Pünder(Hrsg.), Allgemeines Verwaltungsrecht, 15.Aufl., 2015, §44 Rn.28. 독일에서의 과실책임의 객관화에 관해서는 vgl. Hartmann, Öffentliches Haftungsrecht, 2013, S.174–178, 205–210.

106) Vgl. EuGH Slg.1996, I–1029, Rn.56–Brasserie du Pêcheur u.a.;Slg.2000, I–5123, Rn.43–Haim.

107) 상론은 김중권, 행정법, 861면.

서 잘못을 한 직무담당자를 대신하거나(대위책임) 함께 책임(공동책임)을 진다.[108] 불법행위법에 의한 우회방법 없이 특별법을 통해 직접적인 국가책임을 인정한 배상책임체제에서는 일종의 채무인수와 같은 수범자의 변경은 필요하지 않고, 문제의 활동이 국가적 고권적 이행에 해당하는 것만으로 국가책임이 성립한다.[109] 그리고 여기선 피해자에 대한 직무담당자의 개인적 책임, 즉, 가해공무원에 대한 직접적 청구 역시 대부분 당연히 부인된다(예외: 그리스).[110] 그러나 민사법적 불법행위법에 바탕을 둔 배상책임체제에서는 이 물음에 대한 태도가 나뉜다. 일부 국가에선 통상 가중적 요건(고의나 중과실)하에서 인정된다.[111] 그러나 거의 과반의 국가에서 피해자를 상대로 공무원의 개인적 책임은 인정되지 않고, 단지 내부적으로 배상책임주체에 대해 구상책임(Regress)을 인정할 뿐이다.[112] 한편 직무담당자가 개인적으로 책임을 지는 한, 피해자를 보호하기 위해 국가책임이 때때로 보충적으로나(에스토니아) 중첩적으로(프랑스, 그리스, 이탈리아) 규정되어 있다. 구상의 경우 리투아니아에선 구상이 원칙적으로 직무담당자의 9개월분 평균 봉급에, 폴랜드에선 과실의 경우에 3개월분 봉급에, 이탈리아에선 법관의 경우 연봉의 1/3에, 헝가리에선 관련자의 지위와 과실의 정도에 의거하여 3개월에서 완전 전보에까지 국한된다.

우리 판례의 입장에 의하면, 가해 공무원에게 고의나 중과실이 있다고 인정될 경우 피해자는 그 공무원에게 직접적으로 민사불법행위책임을 물을 수 있다(대법원 1996.2.15. 선고 95다38677 전원합의체 판결). 이 경우 국가와 가해 공무원은 공동불법행위의 책임 즉, 부진정연대채무자로서 각자 전부 책임을 지는 셈이 된다. 이 물음은 궁극적으로 배상책임의 본질에 관한 것이다. 대법원 1996.2.15. 선고 95다38677 전원합의체 판결은 국가배상책임의 본질을 왜곡시킨 점에서 국가배상법제의 개혁을 막는 결정적인 장애이다. 헌법상의 국가자기책임적 구조는 물론, 국가배상법상의 대위책임적 구조에 의하더라도 가해 공무원에 대한 직접적 책임가능성을 허용하는 것은 바람직하지 않다.[113]

---

108) 벨기에, 독일, 덴마크, 아일랜드, 이탈리아, 슬로베니아.
109) 에스토니아, 그리스, 라트비아, 스위스, 슬로바키아, 체코.
110) 스위스 국가책임법 제3조 제3항은 그런 청구권을 명문으로 부정한다. 구 동독의 국가책임법은 공무원에 대한 직접적인 손해배상청구권을 명시적으로 배제하였다(제1조 제2항).
111) 벨기에, 덴마크, 프랑스, 그리스, 이탈리아, 포르투갈, 루마니아, 스웨덴, 슬로베니아.
112) 독일, 리투아니아, 오스트리아, 폴란드, 체코, 터키, 아일랜드, 라트비아, 룩셈부르크, 스페인
113) 김중권, 행정법, 846면 이하.

Ⅷ. 쟁송방도와 관련해서

국가책임을 주장하기 위한 司法的 방도(Rechtsweg)는 유럽국가에서 국가책임 자체의 형상처럼 매우 다양하다. 쟁송방도는 통상 일반적인 불법행위법과의 관계에 따라 정해진다. 국가배상책임청구권이 기본적으로 불법행위법의 성질을 가질 경우, 원칙적으로 민사법원에 주장되어야 한다.114) 고유한 국가책임법의 청구권에 해당하면, 민사법원 대신 행정법원의 관할이 된다.115) 때때로 심지어 민사와 행정의 재판권이 병존할 수도 있는데, 해서 이탈리아에선 재판관할이 명백히 손해유발적 국가활동의 형식에 따라 정해진다. 반면 리투아니아 등의 경우 행위주체가 결정적인 잣대인데, 위법한 행정활동에 대해서는 행정법원에, 법관이나 검사나 수사관의 위법한 활동에 대해서는 일반법원에 제소하여야 한다.116) 스위스에선 연방의 경우 정무적 직책에서 정부각료가 활동한 경우에는 연방법원이고, 기타의 직무담당자가 활동한 경우에는 연방행정법원이다. 슬로베니아에선 원래 관할인 민사법원이 행정법원에서의 일종의 부대소송절차(Adhäsionsverfahren)에 의해 배척될 수 있다. 덴마크와 아일랜드에선 민사재판권과 행정재판권의 기능적 구별이 결여되어, 모든 법원에 제소할 수 있다. 절반의 국가에서 국가배상청구사건에서 사전적인 결정전치주의를 채택하고 있는데,117) 재판상의 불법의 주장은 법무부장관에 대해 먼저 행해진다.118) 스웨덴에선 국가를 상대로 한 손해배상청구에 대해 소송이전에 법무장관(Justitiekansler)이 결정자 또는 국가의 대표자로서 나름의 역할을 한다.

Ⅸ. 소멸시효와 관련해서

국가불법에 대한 보전청구권은 통상 법률의 소멸시효(Verjährung)의 지배를 받는다. 여기서 민사 불법행위법에 대한 국가책임의 관계에 따라 정해진다. 민법의 일반원칙에 따라 정해지거나119) 특별규정이 통용된다.120) 소멸시효기간은 매우 다양하다: 절반의

114) 벨기에, 독일, 룩셈부르크, 오스트리아, 폴란드, 헝가리, 슬로바키아, 체코.
115) 에스토니아, 프랑스, 그리스, 라트비아, 포르투갈, 스페인.
116) 그밖에 루마니아, 스웨덴, 터키가 이런 입장이다.
117) 에스토니아, 프랑스, 라트비아, 오스트리아, 루마니아(행정행위에 대해서만), 스위스, 슬로바키아, 스페인, 체코, 터키(행정행위가 아닌 활동에 대해서만), 헝가리.
118) 에스토니아, 스페인, 체코.
119) 벨기에, 덴마크, 독일, 아일랜드, 리투아니아, 폴란드, 포르투갈, 루마니아, 스웨덴, 슬로베니아, 헝가리.
120) 에스토니아, 프랑스, 라트비아, 스위스, 슬로바키아, 스페인, 체코, 오스트리아.

국가에서 손해발생이나 피해자의 인식의 시점으로부터 3년의 기간이 통용되는데,[121] 4년도(프랑스), 5년도.[122] 6년도(아일랜드) 있다. 스위스와 스페인에선 단지 1년이고, 스웨덴에선 10년, 룩셈부르크에선 30년이다. EU최고재판소는 알고 난 뒤 3년의 소멸시효기간이 충분히 효과적이라 여긴다.[123]

X. 맺으면서 – 국가배상법제개혁의 롤 모델

2차적 권리보호로서의 국가배상책임은 권리보호의 보장을 보충하고 이를 통해 권리보호상의 공백을 메우고, 또한 법치국가원리의 본질적인 요소로서 그것을 구체화한다. 현행 국가배상책임제도가 법치국가원리를 구현하는 데 제대로 기능하는지 늘 성찰해야 한다. 헌법 제29조와 국가배상법을 바탕을 한 현행 국가배상책임제도는 종종 난맥상을 자아내는데, 그런 상황이 단순히 법제도의 적용이 아니고, 제도 자체에 내재한 원인에서 비롯되었다면 적극적으로 헌법합치적 해석과 적용을 강구해야 하고, 나아가 현행 법제의 발본적 개혁으로 나아가야 한다. 국가배상책임제도의 역사는 법치국가원리에 맞춰 여하히 그것의 연원인 민사 불법행위법으로부터 벗어나는 과정이다. 오로지 민사적 관점에서 국가배상사건을 바라보는 것은 제도의 본지에 맞지 않는다. 모든 연구는 비교이다(Comparativa est omnis investigatio). EU행정법은 행정법의 글로벌 스탠다드가 되고 있다. 앞에서 보았듯이, 유럽 각국은 그들의 법제의 고유성은 견지하면서도 전체 EU법의 차원에서 부단히 동조화하는 경향을 보인다. 각국의 헌법적 질서와 역사가 다르기에, 그곳의 논의를 우리 국가배상책임제도에 곧바로 대입할 수는 없다. 하지만 법치국가원리에 맞는, 우리 법제의 문제점을 극복할 수 시사점이 있다면, 주저해서는 아니 된다. 국가자기책임에 입각하여 유책성의 요청을 제거한 스위스의 국가책임법이 국가배상법제개혁의 롤 모델로 여겨진다.

* 「法學研究」(충남대 법학연구소) 제30권 제1호, 2019.2.28., 11면 – 43면 所收.

---

121) 독일, 덴마크, 에스토니아, 리투아니아, 오스트리아, 폴란드, 포르투갈, 루마니아, 슬로바키아, 슬로베니아, 체코.
122) 벨기에, 그리스, 이탈리아, 라트비아, 터키, 헝가리.
123) EuGH C – 445/06, Slg.2009, I – 2119, Rn.32 – Danske Slagterier.

제 6 장

이른바 입법아웃소싱의 공법적 문제점에 관한 소고

– 독일에서의 논의를 중심으로 –

Ⅰ. 처음에

법규범은 민주적 법치국가의 중심적 조종수단이다. 그것은 국가의 질서테두리이고 시민의 자유를 보호하고, 사회국가에서 가장 중요한 분배수단이다.[1] 종래 군주의 통치권을 전제로 치자와 피치자를 구분하면서 구축된 민주주의 기본질서는 복잡한 현실에서[2] 그 한계를 노정하였다. 공동체 구성원 모두의 협력을 내용을 하는 협치가 시대적 화두로 등장하였다. 즉, 특히 국가가 공임무를 수행하는 데 충분한 인적, 물적 인프라를 갖추자면 소요될 제반 비용을 감안한 즉, 민간사이드의 노우하우(know–how)를 적절히 이용하는 것이 효율적이라 여겨진다. 법률초안을 변호사나 로펌이 작성하고 그것을 정부가 인수하는 입법아웃소싱 역시 새로운 차원의 협력적인 정부활동에 해당한

1) 법정립이론은 법학일 뿐만 아니라 학제적 학문으로서 사회학적, 경제학적, 정치학적 관점을 고려해야 한다. Karpen, Rechtssetzungslehre JuS 2016, 577. 한편 ‘입법’을 ‘법률정립’(Gesetzgebung)이 아닌 ‘법정립’(Rechtssetzung)에서 바라보면, 전혀 다른 논의를 진행시킬 수 있다(참조: 헌법재판소 전원재판부 2004. 10. 28., 99헌바91). 종래 ‘법률정립’(Gesetzgebung)을 입법으로 명칭을 붙여 사용한 慣性的 理解를 바로 잡을 필요가 있다. 법정립(“Rechtssetzung”) 개념은 협의의 의미로는 헌법과 형식적 법률만을 포섭하지만 법률하위적 법규범 역시 관심을 둔다. 이런 기본인식의 변화를 긍정하면, 무엇보다도 법령보충적 규칙의 문제를 의회입법원칙의 예외의 관점이 아닌 진정한 ‘행정입법’의 차원에서 바라 볼 수 있다. 김중권, 행정법, 2016, 386면 이하.

2) 즉, 사회국가와 개입국가에서의 확대된 국가활동, 기술의 발전, 세계화, 행정과 사법에 의한 법화와 규범증대가 그 특징이다.

다.[3]

민주적 법치국가에서 가장 중요한 규범이 의회의결 법률이다. 의회입법의 원칙에서 입법은 의회의 전속적 권한이다. 그리고 헌법상으로 법률안의 발안권은 국화와 행정부의 특권이다. 최종적인 민주적 정당성의 요소는 견지하면서도 여하히 공동체 구성원 모두의 협력을 법제도화하느냐가 협치시대의 공법적 과제이다. 입법아웃소싱을 구조화하기 위해서는 투명성과 외부안의 정부에로의 내용적 귀속가능성을 보장하기 위한 메커니즘이 요구된다.

이하에서는 아직 생소한 입법아웃소싱의 공법적 문제점을 독일의 논의현황을 바탕으로 전개하고자 한다.[4] 독일에서는 입법도움으로서의 입법아웃소싱에 대해 대부분의 문헌은 위헌성을 부정하고, 제기되는 개별적 문제점만을 제도보완을 통해 해소하는 경향이다.

Ⅱ. 독일에서 시발사건: Linklaters – Fall

2008년 가을에 리만사태로 인한 세계적인 금융시장위기가 대연정하에 독일 입법자의 이례적으로 신속한 활동을 필요로 하게 하였다. 그것은 금융시장안정화법(Finanzmarkt-stabilisierungsgesetz)을[5] 공포하는 것으로 귀착되었는데, 동법은 로펌인 Freshfields Bruckhaus Deringer가[6] 연방재무부의 위탁에 의해 만들어졌다. 두 번째 단계에서 매우 짧게 재직한 기독사회당소속(CSU)의 연방경제부 장관 zu Guttenberg이 Linklaters 로펌에 대해 "금융기관법개정안"을 작성할 것을 위탁하였다. 정세에 약간 둔감하고 연방재무부에 의해 사전저지를 받지 않은 Linklaters 로펌이 –사민당출신이 장관을 맡은 재무부에 대해 나름의 안을 보여줄 수 있도록– 법률초안에 자신의 로고를 붙여 각의회람에 제출하였다. 그로 인해 입법아웃소싱이 공개되어, "변호사에 의한 입법"("Gesetzgebung durch Rechtsanwälte")이라는 명칭으로 심각한 정치적 논란이 야기되었고,[7] 연방심계원(Bundesrechnungshof)까지 나서 이 사건에 대해 특별심사절차를

3) 입법에서 외부전문가의 자문이 빈번히 요청되고 있는 사실에서, 정부부처와 이익단체간의 다양한 연계의 모습은 새로운 현상이 아니다.

4) 독일의 경우 기본법상으로 연방의회에 대한 법률안제출권을 세 기관(연방정부, 연방참의원 및 연방의회)이 가지며(기본법 제76조 제1항), 입법현실에서 제출되는 법률안의 거의 대부분은 연방정부가 발안한다. 법률안의 발안에서 연방정부가 의회에 대해 우위를 갖는 결정적인 이유는 독일의 경우 미국과는 달리 권력분립주의가 철저하지 않은 데 있다고 한다. 박영도, 입법학입문, 2014, 356면–357면.

5) Gesetz v. 17.10.2008, BGBl I, 1982.

6) 영국에 본사를 둔 Freshfields Bruckhaus Deringer은 나단 메이어 로스차일드에 의해 1743년에 창립된 세계에서 가장 오래된 국제 법률 사무소로 알려져 있다.

7) Der Spiegel 34/2009, s.68ff. ("Die Gesetzesflüsterer").

진행시켰다.

이처럼 법률초안의 작성에 변호사나 로펌을 개입시키는 것은 이후에 자세하게 살펴보겠지만, 이는 원칙적으로 대소동이 날 일도 경시할 일도 아니다.[8] 주제에 대한 사려 깊은 접근이 요망된다. 왜냐하면 독일을 비롯한 여러 나라(미국)에서 법률안의 완성을 변호사에게 위탁하는 것이 완전히 새로운 현상은 아니기 때문이다.[9] 법률(및 조례, 법률대체계약)의 마련에서 변호사의 협력은 독일에서 오래전부터 존재한다.[10]

Ⅲ. 독일에서 입법아웃소싱에 관한 제 논의[11]

일찍이 2002년 독일 국법학자대회에서 Herdegen 교수가 '정치적 결정의 비공식화와 탈의회화'의 주제를 다루면서 입법임무의 아웃소싱 즉, 입법임무의 사회화를 언급하였고,[12] 그 후 2005년에 입법아웃소싱을 다룬 "규범제정에서의 협력적, 합의적 구조'란 제명의 Becker의 교수자격논문이 출간되었다.[13] 입법아웃소싱이 본격적으로 공법적 주제로 거론된 것은 2009년에 발생한 Linklaters－사건이다. 이후 관련 문헌이 봇물처럼 출현하였다. 2009년에 Battis 교수가 헌법적 물음보다는 입법아웃소싱의 로비의 근접을 주안점으로 둔 글을[14] 발표하였고, 동년에 Brandners가 Linklaters－사건을 둘러싼 일을 재구성하면서, －아웃소싱의 자세한 헌법적 심사를 하지는 않은 채－ 입법절차에서의 주의의무의 관점에서 입법아웃소싱을 탐구하는 글을 발표하였다.[15] Krüpers가 입법아웃소싱의 합헌성을 처음으로 심도깊게 다루었는데,[16] 그는 특이하게도 처음으로 행동경제학 용어인 '닻내림효과(정박효과: Ankereffekt, anchoring effect)' 개념을 바탕으로 관련 문제점을 논의하였다. 그는 입법아웃소싱이 헌법적 루비콘을 적어

---

8) 비단 로펌에 의한 것이 아니라 연구기관, 기업자문관, －학자와 같은－ 개별전문가에 의한 것도 포함될 수 있는데, 가령 독일의 경우 1990년부터 2011까지 62건의 법률이 외부자문의 도움으로 마련되었다고 한다. 한편 2013.6.26. 연방의회가 의결한 주식법개정의 자문과 연계해서 새롭게 고조되었는데, 독일 변호사협회의 상법위원회 의장 Michael Hoffmann－Becking(Partner bei Hengeler Mueller)에 의한 제안이 문제되어 종내 법률에 받아들여지지 않았다.

9) Krüper는 긴급하거나 실체상으로 고도의 복잡성을 지닌 법률초안의 작성을 전문화된 법률사무소에 위임하고 그 안을 그대로 입법절차에 삽입하는 것이 여러 부처의 통상의 실무로서 알려졌다고 전제하였다. Ders., Lawfirm－legibus solutus? Legitimitäat und Rationalitäat des inneren Gesetzgebungsverfahrens und das,. Outsourcing' von Gesetzentwüurfen, JZ 2010, S.655ff.

10) 금융산업에 자문을 하고, 금융수단을 구조화하는 데 리스크를 옮기는 데 협력하고 그럼으로써 금융위기에 공동책임자라 말해지는 거대로펌이 입법아웃소싱의 주체인 점이 관련 논의에서 좋지 않은 인상을 낳는다.

11) Vgl. Woiki., Gesetzgebungsoutsourcing unter dem Grundgesetz, 2016, 21ff.

12) ders., VVDStRL 62, S.7(22f.)

13) ders., Kooperative und konsensuale Struturen in der Normsetzung, 2005.

14) ders., Outsourcing von Gesetzentwürfen, ZRP 2009, S.201ff.

15) ders., NVwZ 2009, S.211ff.

16) ders., Lawfirm－legibus solutus? Legitimitäat und Rationalitäat des inneren Gesetzgebungsverfahrens und das,. Outsourcing' von Gesetzentwüurfen, JZ 2010, S.655ff.

도 터치한 것으로 보되, 실무에서 입법아웃소싱을 어떻게 다루어야 할지에 관해서는 구체적인 해결책을 제시하지는 않았다. 그리고 "입법아웃소싱－변호사에 의한 입법?"을 주제로 Kloepfer 교수가 주도하여 개최한 학술대회(2010.9.21. Humboldt 대학) 학자들과 실무변호사들이 입법아웃소싱에 관해 종합적인 논의를 전개하였다.[17] 그 뒤에 2012년에 두 건의 문헌이 입법아웃소싱을 다루었는데, Meßerschmidt는 입법아웃소싱을 탈의회주의 내지 포스트민주주의논쟁의 맥락으로 옮기면서 다시 부각시켰고,[18] Ossenbühl 교수는 매우 비판적으로 접근하였다. 그는 법률안의 아웃소싱을 의미가 없는 문제(Scheinproblem)로 여기면서, 입법아웃소싱 개념 자체가 원래 타당하지 않은 무개념(Unbegriff)인데, 바이러스처럼 법학논의에 바람직하지 않게 확대 전개되었다고 지적하였다. 결론적으로 그는 입법아웃소싱의 허용성의 논쟁은 찻잔속의 태풍에 불과하다고 치부하였다.[19] 2013년에도 두 건의 문헌이 입법아웃소싱을 다루었는데, Schmieszek은 Krüpers가 주장한 －부정적으로 작용할－ 닻내림 효과를 그다지 높게 평가하지는 않으면서도 입법아웃소싱에 관해 고양된 투명성을 제도화할 것을 요구하였다.[20] 반면 Leven는 특이하게도 이제까지 지배적인 문헌상의 견해와는 달리 입법아웃소싱은 위헌이라고 주장하였다. 즉, 그것은 민주주의의 원칙, 기본법 제33조 제4항에 위반될뿐더러 공공복리를 해한다고 주장하였다.[21] 반면 가장 최근에 출간된 Woiki의 박사논문은 입법아웃소싱이 위헌이 아님을 전제로, 기왕의 논의에서 구체적인 원인 및 해결책의 모색이 적극적으로 이루어지지 않았음을 전제로 하여 입법아웃소싱을 규율하기 위해 발해져야 할 규정을 입안하는 것을 지향하면서 그간의 논의의 미비점을 논구하였다.[22]

Ⅳ. 입법아웃소싱의 개념 및 그것의 효과

1. 입법아웃소싱의 개념

입법아웃소싱은 －어의대로 하면－ 입법을 아웃소싱하는 것을 말한다. 광의의 의미로 보면, 법률초안에 다양한 단체의 이익투입이 행해지는 것을 말하지만, 협의의(통상

17) ders.(Hrsg.), Gesetzgebungsoutsourcing－Gesetzgebung durch Rechtsanwälte?, 2011.
18) ders., Private Gesetzgebungshelfer－Gesetzgebungsoutsourcing als privatisiertes Regulierungsmanagement in der Kanzleiendemokratie? Der Staat 2012, 387ff.
19) ders., Outsourcing von Gesetzentwürfen－ ein Scheinproblem, in: Ruffert(Hrsg.), Dynamik und Nachhaltigkeit des Öffentlichen Rechts, FS Schröder, S.359, 360, 367.
20) ders., Großkanzleien als Ersatzgesetzgeber?, ZRP 2013, S.175ff.
21) ders., Gesetzgebungsoutsourcing: Verfassungsrechtliche Probleme der Inanspruchnahme Privater zur Erstellung von Gesetzentwürfen, 2013, S.96f., 123, 116.
22) ders., Gesetzgebungsoutsourcing unter dem Grundgesetz, 2016.

의) 의미로 보면, 입법의 아웃소송 즉, 법률초안의 작성을 민간에게 맡기는 것이다. 통상 법학에서 위임과 위탁의 형식으로 권한행사의 주체를 바꾸는데, 여기서의 아웃소싱 개념이 법학에서의 위임이나 위탁과 어떤 관계가 있는지 검토가 필요하다. 입법아웃소싱은 관찰된 사건을 표현하는 개념이고, 경험적 개념이다. 아웃소싱(Outsourcing)은 결코 법개념이 아니고, 원래 경제 개념이다.[23] 여하튼 입법아웃소싱 개념은 －오래 전부터 주지된, 행정보조인의 구성을 넌지시 암시하는－ 사적 입법보조자 개념보다는 더 친숙하다.[24] "아웃소싱"은 경제계에서는 기업임무와 업무단위를 외부기업에 이전하는 것이다. 종래 기업이 제공하는 급부를 지금부터는 제3자에 의해 제공하는 것이다. 즉, 그것은 자신(기업)이 종래 자기 스스로 수행해온 비즈니스과정, 기능이나 임무를 타인(다른 기업)에게 이전시키는 것을 말한다. 수임을 받은 타인(기업)은 이전받은 임무 등을 독립되게 자기책임껏 이행하여 그 생산물을 이전한 자(기업)에 대해 제공한다. 법학 분야에서는 위임이나 위탁의 개념을 사용하지, 아웃소싱 개념은 사용하지 않는다. 법에서 위임이나 위탁은 권한의 위임이나 위탁이어서, 법효과의 발생 및 책임의 귀속의 문제와 결부된다. 하지만 아웃소싱은 기본표지에서 그런 법적 문제를 상정하지 않는다. 원칙적으로 아웃소싱은 위임이나 위탁과 같은 법학적 개념과는 일치하지 않는다.[25]

법학적 논증에서는 엄격한 개념이 사용되어야 한다는 관점에서 Ossenbühl 교수는 입법아웃소싱 개념의 사용이 법학적 논증에서 바이러스와 같은 악영향을 미치는 것으로 판단하면서, 굳이 그것이 정당화되기 위해서는 법률초안의 작성이 민간의 수중에 놓여 있고, 민간인이 작성한 법률초안이 완성된 생산물로서 맡긴 부처나 의회에 의한 수정이나 심사가 행해지지 않고 그대로 받아들여지는 경우만을 즉, 생산물인 '법률안'의 제작이 전적으로 민간인의 구상, 제작 및 책임에 놓일 경우만을 상정해야 한다고 강조한다.[26] 그리하여 법률초안의 작성에서 －사전작성과 같이－ 민간인의 광범한 협력이 행해진다 하더라도, 그것을 맡긴 연방정부에 대해 입법책임과 작성자의 지위가 여전히 남아 있는 경우에는, (입법)아웃소싱 개념을 사용하는 것은 극히 잘못이라고 강변한다.[27]

---

23) 'Outsourcing' 개념은 'outside resourcing'을 나타내는데 발생사적으로 1981년까지 거슬러 올라갈 수 있다고 한다. 우리말로는 '외주화'로 옮겨진다.

24) Meßerschmidt, a.a.O., S.387(388).

25) 이 점에서 입법아웃소싱(Gesetzgebungsoutsourcing)과 법률초안의 아웃소싱(Outsourcing von Gesetzentwürfen)은 구분된다. Vgl. Wimmer, in: Kloepfer(Hrsg.), Gesetzgebungsoutsourcing－Gesetzgebung durch Rechtsanwälte?, S.131.

26) Ossenbühl, a.a.O., S.359(360),

27) 그에 의하면, "변호사입법'(anwaltliche Gesetzgebung)이라는 사고형상은 법률사무소가 법률안을 완전히 또는 부분적으로 규정하고, 이 법률안은 무수정으로 입법절차에 입력된다는 점을 특징으로 한다.

입법의 전체 과정에서 입법(법률초안)의 전권을 사실상 민간에 맡기는 식의 민간화는 현행 의회주의를 바탕으로 하는 헌법질서에서는 명백히 절대로 허용되지 않는다.[28] 정부와 의회가 핵심임무를 민간이나 이익대변자에 넘길 것이라는 우려는 정당하지 않다. 거대로펌에 대해 (법률에 특별한 이익을 가진 의뢰인핵심과 함께) 완전한 법률본문을 제안하도록 일반적으로 위탁되고, 의회에 심사없이 이송되어 일종의 '按手'의 방식으로 가결된다는 생각은 현실에 적합하지 않다.[29] 따라서 Ossenbühl 교수의 지적대로, 그런 의미의 입법아웃소싱은 처음부터 배제되기에, 입법아웃소싱 개념의 사용에는 세심한 주의가 필요하다. 따라서 여기서 논할 입법아웃소싱은 법률초안의 작성단계에서의 민간위탁에 국한하여 이해하고자 한다. 즉, 그것을 민간에 의한 입법도움의 차원에서 접근해야 한다.[30]

2. 입법아웃소싱의 효과 – 닻내림 효과

닻내림효과(정박효과: Ankereffekt, anchoring effect)란 사람이 자신의 결정을 이전에 제3자에 의해 정립된 규준에 대해 무의식적으로 맞추는 것을 말한다. 즉, 어떤 사항에 대한 판단을 내릴 때 초기에 제시된 기준에 영향을 받아 판단을 내리는 현상을 일컫는다. 닻을 내린 배가 크게 움직이지 않듯 처음 접한 정보가 기준점이 돼 판단에 영향을 미치는 일종의 편향(왜곡) 현상을 말한다. 즉, 사람들이 어떤 판단을 하게 될 때 초기에 접한 정보에 집착해, 합리적 판단을 내리지 못하는 현상을 일컫는 행동경제학 용어다. 대부분의 사람들은 제시된 기준을 그대로 받아들이지 않고, 기준점을 토대로 약간의 조정과정을 거치기는 하나, 그런 조정과정이 불완전하므로 최초 기준점에 영향을 받는 경우가 많다.[31] 법률초안의 작업을 민간에 위임하는 입법아웃소싱의 경우 실체적 측면에서 –의결과 같은– 후속절차의 진행과 관련해서 일종의 심리학적으로 닻내림효과를 유발하기에 법적 관련성을 지닌다.[32]

V. 입법아웃소싱과 공임무의 민간화

고권적 임무의 이전이 문제되는 경우에는, 법학의 용례에서는 주지하는 민간화 개

---

28) 이 점에서 아웃소싱 개념이 법학적 맥락에서의 무개념Unbegriff)이라는 Ossenbühl 교수의 지적은 타당하다.
29) Schmieszek, Großkanzleien als Ersatzgesetzgeber?, ZRP 2013, S.175(176).
30) 입법아웃소싱과 다른 형식의 입법자문과의 구분에 관해서는 vgl. Woiki, Gesetzgebungsoutsourcing unter dem Grundgesetz, S.82ff.
31) 닻내림 효과의 존재는 카네만(Daniel Kahneman)과 트버스키(Amos Tversky)의 실험으로 그 존재가 입증된 바 있다. 네이버 지식백과.
32) Krüper, a.a.O., S.655.

념이 아웃소싱에 가장 근접한다.[33] 민간사이드의 노우하우를 적절히 이용하는 것이 만병통치약으로 여겨지고 있다. 법정책적 측면에서 주장되는 (법)집행부전이 낳은 표제가 바로 지금 운위되는 민간화(私的化, 私事化, Privatisierung), 탈규제(Deregulation), 사회(민간)적 자기규제이다. 여기에는 능률제고와 동시에 국가적 비용절감의 기대가 담겨져 있다. 민간화는 이제까지 국가가 수행하여 온 임무가 전반적·부분적으로 민간주체에게 맡겨지거나, 행정청의 권한은 유지하되 사적 도움과 협력을 받아 행해지는 현상을 나타낸다.[34]

통상 민간화의 유형은 재산민간화(Vermögensprivatisierung),[35] 임무민간화(Aufgaben-privatisierung),[36] 형식적 민간화(formelle Privatisierung)[37] 그리고 기능적 민간화(funktionale Privatisierung)로[38] 나눌 수 있는데, 특히 기능적 민간화의 경우, 고권주체가 민간의 이행보조를 －행정보조인으로서－ 이용하되, 그 이행보조의 법효과는 결과인수를 통해 고권주체에게 귀속되는 메커니즘이다.[39] 여전히 대외관계에서는 국가가 절차의 주관자로 공법적으로 나선다. 따라서 변호사나 로펌에 의한 입법도움으로서의 입법아웃소싱을 민간화의 차원에서 접근하자면, 그것은 기능적 민간화의 일종으로 봄직하다.

Ⅵ. 입법아웃소싱의 장점과 문제점[40]

공임무의 민간화는 민간부문의 전문성과 합리성을 공공부문에 접목하는 것을 근거로 한다. 비슷한 맥락에서 법률준비에 변호사와 로펌을 개재시키는 것에는 다음과 같은 주목할 만한 장점이 있음을 무시할 수 없다.

---

33) Ossenbühl, Outsourcing von Gesetzentwürfen, S.359(360),

34) 참고문헌: 김남진, 고시연구 2006.9.; 김해룡, 외법논집 제35권 제1호(2011.2.); 이종영, 법학논문집(중앙대 법학연구소), 제24집 제1호(2000.2); 김민호, 토지공법연구 제25집(2005.2.); 문병효, 고려법학 제52호(2008.4.); 조인성, 지방자치법연구 제5권 제1호(2005); 이상해, 지방자치법연구 제32호(2012).

35) 이것은 국가가 공기업의 재산부분을 매각하는 것을 의미한다.

36) 이것은 －소위 생존배려의 일부로서든, 국가적 안전보장의 일부로서든－ 이제까지 국가가 수행한 공임무를 사회적(민간의) 영역으로 전환하는 것을 의미한다.

37) 이는 공임무 자체는 여전히 공법적 즉, 공행정의 영역에 있지만, 공임무의 "집행방법"에서 민간화된 조직과 형식에 의해 공임무가 수행되게 하는 것을 의미한다.

38) 이는 국가나 지방자치단체로선 임무를 자신의 관할과 책임영역에 두고 있으되, 그것의 기술적 집행은 전반적·부분적으로 사인에게 맡긴 것을 의미한다.

39) Burgi, Funktionale Privatisierung und Verwaltungshilfe, 1999. S.100; Seidel, Privater Sachverstand und staatliche Garantenstellung im Verwaltungsrecht, 2000, S.196.

40) 이하는 Kloepfer, Gesetzgebungsoutsourcing－Die Erstellung von Gesetzentwürfen durch Rechtsanwälte, NJW 2011, 131(132f.).

1. 장 점

(1) 민간 전문지식의 활용

법률안작성을 변호사 및 로펌에게 맡기는 것은 행정일선에서 국가기관이 대변하는 실제적인 수요에 바탕을 둔다. 변호사 및 로펌을 개재시키는 것이 법률을 준비하는 부처로 하여금 자체적으로 보유하지 않거나 충분한 정도로 보유하지 않은 전문지식을 민간부문으로부터 도움을 받는 것이다. 실제로 각 부처가 제기되는 개별적 물음에서 전문지식의 결여나 부족을 느낄 때 그에 관한 개별조항적 자문은 자연스럽고 정당하다. 물론 변호사 이외에 다른 전문가, 단체, 전문기관 및 학자들도 도움을 줄 수 있지만, 이들 도움제공자와 비교해서 거대 로펌의 경우 다양하게 전문화된 구성원을 조합하여 막강한 다양한 자격과 능력을 갖춘 팀을 구성할 수 있다는 점이 장점이다.[41)]

(2) 입법역량의 최대한 효과적인 동원

입법아웃소싱을 위한 본질적인 원동력으로서의 역량의 문제점이 중요하다. 금융위기 당시의 급박한 상황에서 동경 증시가 개장하기 전에 거의 주말 동안 작성될 수밖에 없었던 문제의 금융시장안정화법안의 예가 보여주듯이. 특히 시간적인 측면에서 입법역량의 최대한 효과적인 동원이 강구될 수 있다. 공무수행은 정규의 근무시간에 맞춰져 있는데, 이런 업무수행의 관행에서 주말의 특별한 근무는 쉽지 않다. 비록 행정현장에서는 초과근무를 하는 경우가 다반사이긴 통상적이라 하더라도, 정상급 로펌의 경우에는 소속변호사들은 통상 주말에도 근무한다. 높은 임금을 받는 로펌의 경우 태스크 포스("task forces")의 투입은 상대적으로 행정일선보다는 용이하다.[42)] Kloepfer 교수는 비상시의 입법아웃소싱의 경우를 정당화를 근거지우는 예로 심야나 주말에는 추가로 돈을 더 받고 문을 열어주는 열쇠점에 견주어 설명하였다. 닫친 문을 달리 열 수 없는 사람에 대해 금전적으로 가장 절약되고 경제적인 해결책을 강구할 것을 기대하기란 어렵다. 당사자는 신속하게 문을 여는 것 이상 달리 선택방안이 없다. 급박한 위기상황에서 매우 신속을 요하는 법률안을 만들어 내는 경우도 이와 같은 사정이다.

(3) 신속한 대응가능성

입법아웃소싱의 중요한 이점은 신속성이다. 변호사 및 로펌의 투입은 법률안을 만

---

41) 물론 로펌 역시 원칙적으로 다양한 전문지식을 의견서의 형식으로 '구입'함으로 도달할 수 있다.
42) 이런 사정은 우리와 독일의 사정이 다르다는 사실을 고려해야 한다.

들어 내는 데 있어서 소요되는 인력과 관련해서 최고의 부하를 예상하는 부처의 우려를 가시게 한다. 본질적으로 인력의 탄력적인 투입이 문제된다. 법률안준비에 소요되는 추가적 지출에도 불구하고 상대적으로 그 지출 자체가 (주로 직업공무원에 의해 구성된) 부처에 많은 인력을 배치하여 상시적으로 막대한 인건비를 지급하는 것과 비교하면 상대적으로 경제적인 해결책일지도 모른다. 왜냐하면 그런 긴급 법률안의 마련이 개별 부처에 지속적으로 요구되는 것은 아니기 때문이다.

2. 문제점

(1) 공익지향의 문제

국가기능은 궁극적으로 항상 공익을 위하여 활동한다.[43] 관할과 권한이 국가에게 이전되는 것은 단지 국가 자신을 위한 것이 아니라 국민을 위한 것이다.[44] 마찬가지로 입법 역시 규범적인 공익 및 공공복리(Gemeinwohl)의 결정이고 그것의 실현이다.[45] 그런데 변호사 및 로펌은 전형적으로 개별이익 내지 부분이익을 직업적으로 대변하는 자이다. 즉, 그들은 통상 부분적 이익의 대변자(Teilwohlvertreter)이고, 공익의 대변자는 아니다. 공익은 그들의 직업상의 활동에서 단지 간접적으로 즉, －그가 대변하는 이익의 견지 즉, 그가 대변하는 부분적 이익이 하나의 절차(입법절차)에서 배치된 이익 내지 다른 부분적 이익과 저촉되는 식으로－ 변증법적으로 만들어 진다. 그런 절차를 종결하는 결정은 종종 타협을 통해 충돌을 조정하는 것인데, 그것이 공공복리 실현에 해당할 수 있다.

전형적인 부분이익의 대변자인 변호사에게 법률안을 맡기는 것은 법률안을 위한 수용의 문제 역시 초래할 수 있다. 경제나 금융에 정통한 전문변호사는 직업적으로 그 분야에 순치되어 있어서 업무수행과정에서 친기업적 성향을 지니게 된다. 경제와 관련한 법률을 마련할 경우 이런 내재화된 친기업적 성향을 떨치기가 어려울 수 있다. 물론 입법아웃소싱에서 정부가 일정한 내용적 규율규준을 사전에 설정하면, 유능한 변호사는 그에 맞춰 공익지향적으로 논증하고 만들 수 있다고 하더라도, 그런 공익지향성은 변호사의 일상사는 아니다. 변호사는 통상 특정이익의 대변자이다. 따라서 －이익

43) 참고문헌: 최송화, 공익론, 2002; 공익의 법문제화, 법학 제47권 제3호(2006.9.), 10면 이하.

44) 참고로 스위스 연방헌법 제5조 제2항은 "국가활동은 공익을 위해 존재하여야 한다"고 규정하고 있다.

45) 법도그마틱적 개념이 아니라 이론적 개념인 공익(및 공공필요나 공공복리)을 명확히 정하기란 극히 어렵다. 그것은 실체적으로 제시된 내용이나 객관화하여 포착가능한 실제상태에 바탕을 두지 않는다. 오히려 그 개념은 조치의 내적 지향을 나타낸다. 공익은 다름 아닌 준칙이다. 그리하여 민주적 정당성을 갖는 기관으로선 공익이 무엇을 요구하는지를 자유로이 정할 수 있는데, 여기서 그 기관은 고유이익 내지 고립된 개별이익이 아니라 전체로서의 공동체의 '좋은' 상태를 목표로 하여야 한다. Masing, in: Hoffmann－Riem/Schmidt－Aßmann/Voßkuhle(Hrsg.), Grundlagen des Verwaltungsrechts, Bd. I, 2.Aufl., 2010, §7 Rn.24.

단체나 환경기관구에 의한 법률제정의 경우가 잘 보여주듯이– 변호사에 의한 법률제정은 종종 의식적이든 무의식적이든 부분이익을 지향하는 것에서 자유로울 수 없다. 그리하여 변호사에 의한 법률안은 전형적으로 구조적으로 학계의 그것보다 열등하다. 왜냐하면 학자들은 전형적으로 상대적으로 공익지향적으로 논증하기 때문이다.[46]

(2) 민주적 정당성의 문제

모든 국가 활동은 정당성에 바탕을 둔다. 이에 따라 국가로선 헌법에 의해 원칙적으로 사인의 경우와는 다른 원칙의 지배를 받는다. 예컨대 민주주의원리, 법치국가원리, 법률적합성의 원칙, 사회국가원리 및 기본권은 (직접으로) 국가만을 구속하지, 기타의 권리주체를 구속하지는 않는다. 따라서 입법자의 형성력을 변호사 및 로펌에 대해 사실상 광범하게 이전시키는 것은 원칙적으로 민주주의 문제 역시 유발한다. 변호사는 그의 활동에서 민주적 정당성도 없으며, 민주적으로 통제를 받지도 않는다. 입법의 형성력을 변호사에게 넘기는 것은 입법에서의서 의회의 핵심역할과 헌법적으로 부여된 정치적 법률제출자의 역할과 마찰을 일으킨다. 로펌이 만든 법률안을 정부와 의회가 형식적으로만 승인하는 것은 입법절차의 의미 및 법률유보에서의 본질성 이론과도 부합되기 극히 어렵다. Kloepfer 교수는 입법이 단지 고개를 끄덕하는 것(Abnicken)을 의미하지는 않는다고 은유적으로 강조하였다.

(3) 비용의 문제

이상과 같은 원론적인 이의제기 말고도 제기되는 문제가 입법아웃소싱에 드는 비용의 문제이다. 관료제하에서 인력배치에 따른 많은 비용이 소요됨에도 불구하고 추가로 더 많이 비용이 드는 변호사가 왜 필요한지 예산상의 의문이 제기될 법하다. 따라서 완전한 투명성이 지배하고 예산법적 원칙이 준수되어야 입법아웃소싱이 허용된다는 차원에서 경제적인 대안으로 증명되는 경우에만 외부적 발주가 고려된다고 주장된다.[47] 한편 일각에서는 입법아웃소싱은 그저 낭비에 지나지 않는다고 지적한다.[48]

---

46) 물론 이런 평가는 당연하긴 하나 늘 그렇지는 않는다.

47) Schmieszek, a.a.O., 175(178).

48) Däke, in: Kloepfer(Hrsg.), Gesetzgebungsoutsourcing, 19ff. 반론: Filges, in: Kloepfer(Hrsg.), Gesetzgebungsoutsourcing, 95ff.

Ⅶ. 전문가적 입법자로서의 변호사의 지위에 관한 논의[49)]

1. 전문가적 자문자로서의 역할

모든 국가권력의 업무에서 전문가의 자문은 매우 중요하다. 국가결정에 대해서는 그것의 실체적 타당성과 합사실성(실체적합성)이 요청되는데, 자문활동의 출현은 이런 요청의 증명이다. 원칙적으로 전문가의 논증을 선택하고 정렬하는 과정 및 그 평가와 형량(가늠) 및 고유한 결정은 전적으로 법적 결정의 주체인 국가부처에 잔존한다. 규율과 관련한 자가 규율대상과 필연적으로 전문가적 근접을 가질 필요가 없는 반면, 이익대표자는 통상 대상에 관한 전문적 고찰을 동원할 수 있다. 하지만 직접적으로 그것과 관련될 필요는 없다. 이에 반해 전문가는 전문지식, 불편부당함, 독립성을 특징으로 한다. 그런데 전문가, 관련인 그리고 이익대변자의 분리는 정치적인 현실에서 반드시 일치하지 않는다.

한편 자문과 결정간의 경계는 극히 드물게 분명히 결정될 수 있다. 따라서 전문가의 자문을 법적으로 울타리치는 것, 즉, 결정에 대해 선을 긋는 것은 매우 복잡하게 된다. 결정준비와 결정발견이 상호 구분될 경우, 자문을 결정에 대한 협력과 구분하는 것 역시 행해질 수 있다. 그러나 사실상으로 결정은 연속적인 문제처리의 과정적인 사건이다. 가령 행정법적 시스템형성을 위하여 정보와 소통(커뮤니케이션)의 의의를 강조하면,[50)] 과정과 결정의 사이에 중간멈춤(中間休止)이 없어진다. 즉, 제 결정이 과정화된다. 마찬가지로 국가권력의 결정과 관련하여 전문가가 영향을 미치는 것의 방법과 메커니즘은 거의 포착할 수 없고, 효과적으로 규율할 수도 없다. 따라서 결정과 무관한 자문, 결정형성적인 자문과 사실상 결정을 대체하는 자문간의 경계는 유동이다.[51)]

2. 권리구제기관으로서의 변호사

법률의안의 제작자로서의 로펌의 활동은 변호사법상의 변호사의 전통적인 상과는 거의 일치하지 않는다. 전통적으로 변호사법은 변호사를 권리구제기관으로 이해한다.[52)] 따라서 변호사는 제도화된 법집행과 위임자간의 분명한 중재자로서의 지위를 갖는 것 이외에, －비독립적인 비밀을 지키는 정직한 자문자와 그 위임자의 대변인으

49) 이하는 Krüper, a.a.O., S.655(658ff.)을 참조하여 전개한다.
50) Vesting, in: Grundlagen Ⅱ, §20 Rn.5.
51) Voßkuhle, in: Isensee/P. Kirchhof(Hrsg.), Handbuch des Staatsrechts, Bd.3, 3.Aufl., 2005, §43 Rn.45ff.
52) 변호사법 제1조 제1항: 변호사는 기본적 인권을 옹호하고 사회정의를 실현함을 사명으로 한다.

로서의- 임무수행상의 직업윤리적 요청을 견지하여야 한다. 기본적으로 변호사의 활동은 위임자의 이익에 창설적으로 구속되기에, 로펌이 이제까지의 지속적인 활동을 통해 해당 분야에서 전문적이라고 입증되었기 때문에, 법률의안의 작성을 맡더라도 권리구제기관으로서의 변호사를 상정한 신분법상으로는 별다른 의문은 제기되지 않는다. 하지만 이런 실무가 근본적인 헌법적 가치결정과 일치하는지 여부의 의문은 여전하다.

3. 고권적 활동으로서의 변호사의 입법

변호사가 입법과정에 참여시킨 것은, 그의 법적 지위의 근본적인 변화를 초래한다. 전통적인 변호사의 활동은 직업선택의 자유와 자유로운 변호의 원칙에 의해 보호를 받는 반면, 입법자로서의 활동은 헌법적 구속의 지배를 받는다. 이것은 변호사신분의 국가로부터의 독립성의 원칙의 배경에서 특히 분명하다. 이와 결합된, 국가지시로부터의 자유의 보장 및 자유로운 직업의 보장이 변호사신분과 국가간의 교호적인 간격을 분명히 한다. “직업의 자유의 기본권에 의해서 보호되는 자유로운 변호사직업은 자유로운 변호사업의 법치국가적 전통에 반해서 국가조직에 편입되어서는 아니 되고, 공무원유사한 성실의무의 지배를 받아서는 아니 되고, 직업법상으로 판사와 검사에 근사하여서도 아니 된다.”[53] 그리하여 변호사직업의 자유에 대한 국가의 개입이 거부될 뿐만 아니라, 변호사활동을 고권적 권력행사의 핵심영역에 구속하는 것 역시 특별한 정당화가 필요하고 그래서 전통적인 변호사활동과는 실체적으로 다르다. ‘입법하는’ 변호사는 전통적으로 자문하는 변호사와는 다른 위임임무를 수행한다.

비록 위임자와의 *私法關係*가 위임대상과 무관하게 늘 동일하다 하더라도, 입법적 활동과 전통적인 자문활동을 법적으로 동일하게 설정하는 것은 너무 속단이다. 고권적 활동으로서의 입법에 대한 협력은 -그것이 제도적으로 규정된 테두리안에서 행해지는 한- 기본권적으로 보호를 받지 않는다. 그 협력이 아웃소싱처럼 이런 제도적 테두리의 힘의 장에서 행해지면, 기본권보호는 생기를 얻는다. 하지만 그 기본권보호는 의원의 겸직신고의무와 같이 공개의무와 같은 더 강한 제한의 지배를 받는다.

변호사활동의 이런 변동은 원칙적 역할충돌의 추정을 성립시킨다. 변호사법은 자문위임에 의거하여 잠재적인 이익충돌이 발생한 경우에 변호사의 위임을 배제한다. 원칙적으로 신분법으로서의 변호사법의 관점은 잠재적인 개별 구체적인 충돌의 관점이다. 반면 변호사입법으로 인해 발생하는 역할충돌은 추상적 일반적인 충돌이다: 상충하는 이익의 금지라는 변호사법의 엄격한 체제로부터 변호사입법을 자유롭게 하여 주는 것

53) Feuerich, in: ders./Weyland/Vossebürger(Hrsg.), BRAO, 7.Aufl., 2008, §1 Rn.15.

은 실행될 수 없다고 여겨진다.

Ⅷ. 입법아웃소싱의 헌법적 한계

로펌 및 변호사에 의한 입법은 입법절차에 관한 헌법상의 기본적 구상과는 거리가 있다. 당연히 입법아웃소싱에 대한 보전메커니즘과 한계의 물음이 제기된다. 논의의 소개를 위해 이하는 Krüpers, a.a.O., S.655(660ff.)을 참조하여 전개한다.[54]

1. 합리성의 규준

법은 국가의 생명수(Lebenselixier)에 해당하며, 법적 정당성은 모든 국가활동의 전제가 된다. 법치국가적 활동의 지도원칙(Leitmaxime)은 합리성(合理性)이다. 보다 자세히 말하면, 입법과 법률집행의 가치합리적인 불변성 및 목적합리적인 정연성이 그에 해당한다.[55] 법치국가는 법과 합리성을 통해서, 자신의 활동을 사전에는 예상가능하게, 사후에는 통제가능하게 만든다.

따라서 헌법상으로 울타리는 치는 시도는 먼저 입법절차가 충족시켜야 할 합리성규준에 대해서 확인되어야 한다. 이 때 "다수의 합리성의 수준"이 성립한다.[56] Max Weber처럼 목적합리성과 가치합리성의 상관관계가 근본적이다. 이전에 설정된 일정한 목적을 위해 합리성에 따라 투입된 이런 수단은 목적을 근거지우는 이익에 대해 물음을 제기하고, 그 본질에 비추어 정의기준이다. 정치적 형성력과 법률규정의 실체합리성간의 전통적인 갈등관계가 입법학에서 문제되는데, 입법아웃소싱의 경우에는 문제의 소재가 행정부의 발안권의 내부적 단계에서 존재한다. 관건은 아웃소싱을 통한 합리성극대화가 행위주체 및 법률적 규율의 부당(비합리성, 불법, 위법)로 바뀌는 접점

---

54) 한편 Kloepfer 교수는 다음과 같이 좋은 입법을 위한 준칙(Maximen)을 통한 한계를 제시한다: ⅰ) 법률형성에서 특히 의회의 정치적 우월성은 견지되어야 한다. 법률제안자로서 정부는 위탁발주함에 있어서 분명한 내용적 규준과 한계를 규정해야 한다. 외부안을 심도있게 심사하여야 하고, 그 안에 구속감을 느껴서는 아니 된다. ⅱ) 전체 법률초안의 작성을 변호사에게 맡기는 것은 분명한 예외에 해당하여야 한다. 개별적 물음에 대한 자문과 개별규정의 마련을 위탁하는 것은 원칙적으로 아무런 문제가 없다. ⅲ) 위탁 그 자체는 물론 대상과 조건(대가를 포함)에 대해서 고도의 투명성이 요구되어야 한다. 변호사 쪽에서 직업법상의 허용의 테두리안에서 – 이익충돌을 야기할지 모를– 위임관계에 관해서 숙지하여야 한다. ⅳ) 변호사에 대한 상응한 위탁을 위한 공공발주절차 역시 여러 차례 요구된다. 하지만 항상 시간적 이유에서 배제될 수도 있을 것이다. ⅴ) 위탁은 원칙적으로 법률초안을 마련하는 데 경험을 지닌 변호사에 대해서만 행해져야 한다. 계약서작성상의 경험은 통상 법률초안의 작성에는 충분하지 않다. 일방적인 이익구속적인 변호사에 대한 위탁은 배제된다. ⅵ) 절약하고 경제적인 행정의 원칙에도 불구하고 일정한 경우에는 다수의 안을 작업하게 하는 것이 의미로울 수 있다. 이런 방법으로 부처는 다양한 해결가능성에 관해 일별하고 가장 좋은 안을 정할 수 있다. Ders., a.a.O., S.131(134).

55) Vgl. Breuer, Konkretisierungen des Rechtsstaats– und Demokratigebotes, in: Festgabe 50 BVerwG, 2003, S.223(228).

56) Schulze–Fielitz, Theorie und Praxis parlamentarischer Gesetzgebung, 1988, S.455.

을 정하는 것이다. 여기서 입법절차를 민주주의와 법치국가원리에 의해 형성하는 것이 분명하다. 이유제시요청 및 논증적 의무이행의 방도를 제도화하는 절차가 정당화하는 힘을 가진다는 확인은 입법절차에도 타당하다. 따라서 아웃소싱을 통한 -추정적인- 합리성의 극대화가 그와 동시에 발생하는 정당성의 축소의 상황에서 어느 정도로 강구될 수 있는지의 물음이 제기된다.

2. 법률초안의 아웃소싱에 대한 제 요청

(1) 대의 민주주의의 요소로서의 입법자의 일반성

'입법자의 일반성의 구상'이 아웃소싱 문제점의 소실점으로서 기능한다. 그 의의는 대의제 민주주의에서 비로소 완전히 전개된다. 독일 기본법 38조 제1항과 대표자신분으로서의 의원의 이해가 입법자의 일반성을 위하여 핵심적인 헌법적 의의를 갖는다. 제도적인 간격유지의 태도가 표현된다; 동시에 의원은 자신의 투표자의 이익에 대한 구속으로부터 자유롭다. 즉, 실체적으로 거리를 두었다. 헌법상의 일반성요청에 일치하는 부처관료주의에 마찬가지로 통용된다.

(2) 간격유지의 원칙(Distanzgebot)

헌법국가의 입법절차의 경우, "정치의 직접성과 공중(公衆)의 강제에 대해서 입법권력은 간격을 유지할 것"이[57] 요구된다. 이런 요청이 로펌을 입법과정에 개재시킴으로써 저지된다. 입법위탁은 중요한 법정립의 힘을 입법의 대상과 수범자에게 근접하게 한다. 한편으로는 간격유지원칙의 합리성요청을, 다른 한편으로는 규율의 합사실성(실체적합성)에 대한 합리성요청을 고려에 넣을 필요가 있다. 이런 갈등관계는 로펌에 의한 입법활동의 분야에서 모순이익의 대변 금지를 헌법적으로 수정하여 처리함으로써 해소될 수 있다. 이것은 로펌에 대해 공개할 의무를 발생시키는데, 이 의무는 변호사위임의 관계의 통상의 보호를 헌법상으로 상대화시킨다.

잠재적인 입법자로서의 로펌은 법률사무소는 공권력에 대한 당해 위임관계를 명료하게 설명할(공개할) 의무를 진다. 공권력에 대한 고양된 영향미침을 위한 접근을 가능하게 하는 것은 자유로운 변호사업의 의미가 아니고, 또한 변호사위임관계의 은밀성도 아니다. 사회세력이 시민의 자율의 행사를 가능하게 하고 제한하지 않는 정도로만 활동을 시작하게 되도록, 정치적 영향미침의 불균형적 분배가 메워져야 한다. 실제로 그런 공개의무가 변호사에 의한 입법활동의 가능성을 위임을 위한 사법상의 관계로 이

57) Schulze-Fielitz, a.a.O., S.459.

전시켰다. 이때 공개하는 것(명료하게 설명하는 것)이 반드시 꼭 필요한 것은 아니다. 그것 대신, 의회 특별위원회에서 공개하는 것도 생각할 수 있다. 정당성의 보완의 차원에서 동위원회에서 행정부에 대한 의회통제가 행사될 수 있을 것이다.

(3) 귀속의 메커니즘의 견지

법률작성절차에 변호사인 민간전문가를 헌법상으로 의문이 없이 개재시키는 것은, 가중된 귀속메커니즘을 요구한다. 이것은 국가의 결정메커니즘 밖에서 만들어진 법률초안을 공권력주체에 귀속시키는 것을 가능케 한다. 귀속메커니즘의 조성으로써 다음의 점이 공고히 된다. －헌법상 규정된 입법주체는 자신의 책임을 면할 수는 없다는 점, 자신은 이런 책임의 행사를 제3자의 개재를 통해 실체적으로 합리화하는 것에 국한된다는 점. 법률의 저작자를 확정하는 것으로서 책임소재를 분명히 첨언하는 것은 여전히 꼭 필요하다: 사회세력이 '여과없이' 즉, 소통적 권력형성의 관에 의한 관류 없이 입법자의 힘이나 정치적인 힘으로 전환되지 않도록, 특히 입법의 분야에서 국가영역과 사회영역의 분리가 견지되어야 한다. 국가와 사회의 분리의 원칙은 정치적 논의에 만인의 무차별적 참여의 기능적 조건이다. 이런 의미에서 －정치적 결정의 통제, 비판 그리고 수정으로 이해되는－ 정치적 책임상태의 민주적 원리는 포기될 수 없다.

귀속의 메커니즘을 견지하기 위해 다음의 두 가지 요청이 생겨난다.

i) **투명성의 원칙**: 국가결정과정의 형성을 위하여 투명성의 원칙은 매우 중요하다. 먼저 언급되는 것이 －절차진행과 절차참여자의 명확성으로 이해되는－ 절차투명성의 기준이다.[58] 이런 측면은 －국가결정의 내용적인 공감가능성으로 이해되어야 할－ 내용상의 투명성과 거의 분리될 수 없다. 끝으로 －정치적 책임의 귀속가능성으로 이해되는－ 책임의 투명성이 문제된다. 여기서 입법과정에 로펌을 편입(개재)시키는 것을 一般公衆이 알 수 있게 하여야 한다. 편입의 사실만이 아니라, 위임(위탁)의 대상 및 범위 역시 알게 하여야 한다. 그런데 법률에서 완전히 새로운 구상을 정립하는 것을 백지위임하는 것은 허용되지 않는다. 즉, 법률계획안을 위한 구상상의 근본결정은 입법자의 고유한 영역이어서 그 자체로 위임할 수 없다.[59] 입법아웃소싱과 같은 민간인에 대한 고권적 형성력의 양도는 구조적으로 법규명령에서의 포괄위임금지의 원칙에 비견할 수 있다. 그리하여 상응한 법적 한계의 지배를 받아야 할 것이다.

ii) **이유제시의 요청과 실체적(사물적) 귀속**: 마지막으로 위임의 공개 이외에 법률초안의 실체적 귀속(sachliche Zurechnung) 역시 헌법상으로 꼭 필요하다. 이런 귀속은 집

58) Bröhmmer, Transparenz als Verfassungsprinzip, 2004, S.19ff.
59) 이 점에서 입법아웃소싱은 개별조항적 자문에 국한할 필요가 있다.

행부의 발안권을 위한 근본결정에 대해 통용력을 제공하는 목적을 갖는다. 법률초안을 귀속시키는 것은 공무원제도의 헌법상의 기능유보를 실효성있게 만드는 것이다. 법률안발안권의 헌법상의 핵심본지는 집행부가 자신의 지식과 입법경험에서의 우위를 행사한다는 추정이다. 로펌에 의해 만들어지고 제출된 법률초안이 본질에 의해서도 집행부에 의해 받아들여지는 것이 꼭 필요하다. 이런 적극적인 수용절차를 정당하게 이행하기 위해서는 다음의 두 가지 요청이 강구되어야 한다. 먼저 로펌에 대한 위탁결정에는 －의회에 제출된 법률초안에 첨부되어야 하는－ 이유제시가필요하다. 이를 통해 위탁하는 부처가 어디인지, 왜 법률초안을 정부부처의 가용수단으로써는 마련하지 못하는지 이유를 제시하여야 한다. 두 번째로 위탁한 정부부처가 내용상으로 자기의 것으로 만드는 행위가 필요하다. 이를 통해 정치적 귀속이 가능하게 된다. 이것은 바람직할 뿐만 아니라, 정부시스템의 논리에 의해 요구되는 것이기도 하다. 의회에 대한 행정부의 책임으로 인해 결코 실체적인 책임면제의 여지는 용인되지 않는다. 따라서 구체적으로 위탁한 정부부처가 먼저 초안의 규율구상 뒤에 적극적으로 위치하여야 하고, 아울러 초안과 정치적 규준간의 일치를 정립하여야 한다. 이를 넘어서 정부부처는 초안의 개별적 사항에까지도 이유제시의무를 진다. 입법적 악마은 디테일에 숨어 있다는(Teufel steckt im Detail) 점을 감안할 때, 정당성을 부여하는 공권력에 대한 결합이 필요하다.

(4) 위탁의 한계

마지막으로 민간인에게 법률작성을 위탁하는 것의 실체적 한계가 －절차적 규율을 넘어서－ 존재할 수 있다. 민간화란 실은 국가와 사회의 관계에서의 임무의 새로운 분할이다. 이에 그것이 허용되지 않는 영역을 도출하여 그것의 한계, 즉 국가유보(國家留保)를 설정할 필요가 있다. 헌법에 국가유보에 관한 명시적 언급이 없어서 그 근거가 문제되지만, 국가의 존재이유와 헌법상 보장된 공무원제도에 비추어 어려움 없이 국가유보를 상정할 수 있다. 공공서비스분야에서의 임무민간화는 별 문제가 없다. 반면 형사소추, 행형이나 일반적인 위험방지와 같은 국가의 핵심영역에서처럼, 사물영역이 국가적 권력독점의 행사에 의해서 직·간접적으로 지속적으로 정해지는 경우에는, 국가유보가 주효하다.[60] 민간화의 맥락에서 보면, 공동체복리의 중요성 및 공공목리의 중요성이 증대됨에 따라 입법아웃소싱의 허용성은 낮아진다.[61]

---

60) 상세는 김중권, 앞의 책, 139면 참조.
61) Krüper, a.a.O., S.655(662).

IX. 맺으면서

우리는 물론 독일의 경우에도 헌법차원에서 법률안의 발안과 의결의 절차만을 규율하고, 법률초안의 마련단계에서의 헌법상의 요청에 대해 침묵한다. 내부적인 입법절차가 헌법상으로 규율되지 않은 상태이다. 헌법상의 루비콘격인 기본질서는 입헌주의 및 민주적 법치국가원리하에서 민주적 정당성을 토대로 구축되었는데, 그것은 국가제도 자체, 제도의 절차 및 제도의 담당 인적 집단에 대한 신봉은 물론, 국가와 사회의 분리에 대한 신봉을 특징으로 한다. 따라서 입법아웃소싱은 헌법상의 루비콘을 넘지는 않았지만 적어도 살짝 터치한 것은 사실이다.[62] 앞에서 보았듯이, －입법임무의 실체적 위탁에 해당하지 않는 한－ 입법아웃소싱 그 자체가 위헌성을 낳지는 않지만, 그것은 광범한 투명성의 원칙과 이유제시의 요청을 이행하면서 행해져야 한다.

* 입법평가연구 제10－2호, 2016.10.30., 15면－40면 所收.

62) Krüper, a.a.O., S.655(662).

판례색인

【헌법재판소】

【대법원】

【고등법원】

【서울행정법원】

【지방법원】

사항색인

ㄱ

ㅅ

ㅇ

ㅈ

기타

저술연보

2021.4.30. 현재

Ⅰ. 단독저서

14. 행정법의 현대화와 개혁(행정법기본연구Ⅵ), 법문사, 2021.3.31.
13. 행정법 제4판, 법문사, 2021.2.
12. 행정판례의 분석과 비판(행정법기본연구Ⅴ), 법문사, 2019.4.30.(대한민국 학술원 2020년 우수도서)
11. 행정법 제3판, 법문사, 2019.2.28.
10. EU행정법연구, 법문사. 2018.2.20.(대한민국 학술원 2018년 우수도서)
9. 행정법 제2판, 법문사, 2016.2.20.
8. 행정법기본연구Ⅳ, 法文社, 2013.12.20.(대한민국 학술원 2014년 우수도서)
7. 행정법, 법문사, 2013.4.30.
6. 행정법기본연구Ⅲ, 법문사, 2010.12.30.(대한민국 학술원 2011년 우수도서)
5. 행정법기본연구Ⅱ, 법문사, 2009.12.30.
4. 유럽화된 독일행정절차법에 관한 연구, 한국법제연구원, 2008.9.30.
3. 행정법기본연구Ⅰ, 법문사, 2008.6.25.
2. 행정자동절차에 관한 법적 고찰, 고려대학교(박사학위논문), 1993.8.
1. 자금조성에 관한 법적 연구, 고려대학교(석사학위논문), 1988.2.

Ⅱ. 공편저

8. 인공지능과 미래사회, 미래는 AI의 것일까? (공저: 14인), 사이언스북스, 2020.7.30.
7. 공법 사례형 (공저: 공법교수 8인), 법문사, 2016.9.20.
6. 부동산법제 (공저: 김중권/이은희), 한국방송통신대출판부, 2011.1.25./2012.1.25.
5. 행정소송(Ⅰ)(Ⅱ) (편집대표 조해현), 한국사법행정학회, 2008.9.10.
4. 지방자치법주해 (공저: 홍정선 등), 박영사, 2004.9.1.
3. 조선시대의 규범이론과 규범체계 (공저: 이재룡 외), 한국학술정보, 2006.1.12.
2. 세법 (공저: 유지태/김연태/김중권), 법문사, 1998.2.20.
1. 주관식 행정법 (공저: 김남진/김중권), 경세원, 1994.4.30.

Ⅲ. 편저 수록 논문

9. 인공지능의 등장으로 인한 공적 영역에서의 법과 제도의 변화, 인공지능과 미래사회, 미래는 AI의 것일까?, 2020.7.30., 245면－258면.

8. 행정법과 행정판례상의 現下의 쟁점, 학문연구의 동향과 쟁점(법학) 제3편 행정법학(김남진/김중권), 대한민국 학술원, 2018.12.31., 283면-300면.
7. 두밀분교폐지조례의 처분성, 행정판례평선, 한국행정판례연구회, 2011.6., 690면-700면.
6. 행정행위의 공정력, 행정판례평선, 한국행정판례연구회, 2011.6., 280면-288면.
5. 신고의 법적 성질, 행정판례평선, 한국행정판례연구회, 2011.6., 106면-118면.
4. 2000년대의 행정법학, 한국의 학술연구 법학Ⅱ 제3편 행정법학(김남진/김중권), 대한민국 학술원, 2010.12.30., 251면-270면.
3. 행정법상의 신고와 통보, 행정소송(I), 2008.9.10., 683면-714면.
2. 행정처분의 의의와 종류, 행정소송(I), 2008.9.10., 481면-534면: 기본연구Ⅲ(2010), 31면-78면.
1. 행정법의 대상과 범위(공법과 사법의 구별), 행정소송(I), 2008.9.10., 449면-480면: 기본연구Ⅲ(2010), 3면-30면.

Ⅳ. 기념논문집 수록 논문

15. 공사완료후에 제기한 건축허가취소소송의 권리보호의 필요성의 문제점, 規範과 現實의 調和-合理性과 實效性-(崔光律 名譽會長 獻呈論文集), 2020.12.15., 315면-326면.
14. 한국행정판례연구회의 판례연구의 역사적 고찰, 행정판례와 공익: 청담 최송화 교수 희수기념논문집, 2018.7.5., 275면-300면.
13. 공법재판에서 잠정적 권리구제시스템의 개혁에 관한 소고, 국가와 헌법 I (성낙인 총장 퇴임기념논문집), 2018.6.20., 1519면-1541면: 기본연구Ⅵ(2021), 307면-331면.
12. 개헌논의에 따른 國家賠償시스템의 拔本的 改革에 관한 小考, 현대행정법의 이해(유지태 교수 10주기 추도논문집), 2018.3.23., 267면-284면: 기본연구Ⅵ(2021), 332면-349면.
11. 헌법재판에서 가처분제도의 활성화 방안, 아시아의 항구적인 평화와 번영의 길(박한철 헌법재판소장 기념논문집), 2017.1., 356면-390면: 기본연구Ⅴ(2019), 119면-150면.
10. 유럽행정법의 작용형식에 관한 小考, 지방자치와 행정법(홍정선 교수 정년기념논문집), 2016.2., 624면-649면: 기본연구Ⅵ(2021), 430면-456면.
9. 當事者訴訟의 活性化에 즈음한 行政法의 改革에 관한 小考, 헌법재판의 새로운 지평: 이강국 헌법재판소장 퇴임기념논문집, 2013.1.19., 379면-397면: 기본연구Ⅳ(2013), 245면-261면.
8. 미니컵 젤리로 인한 질식사와 국가배상책임의 문제, 특별법연구 제10권(전수안 대법

관 퇴임기념논문집), 2012.6.28., 90면－148면: 기본연구Ⅳ(2013), 307면－360면.

7. 건축법 제14조상의 건축신고가 과연 수리를 요하는 신고인가?, 특별법연구 제9권(이홍훈 대법관 퇴임기념논문집), 2011.5.13., 273면－289면: 기본연구Ⅳ(2013), 179면－193면.
6. 의약품법의 제 결정에서의 판단여지에 관한 소고(역), 한국 공법학의 발견: 현안과 쟁점: 강구철 교수 화갑기념논문집, 2007.3.22., 499면－534면: 기본연구 Ⅲ(2010), 382면－410면.
5. 자동적 행정행위(컴퓨터 행정행위)에 관한 소고, 행정작용법: 김동희 교수 정년기념논문집, 2005.5., 163면－208면: 기본연구Ⅰ(2008), 354면－396면.
4. 행정소송의 종류의 체계에 관한 소고, 현대공법이론의 제문제: 석종현 교수 화갑기념논문집, 2003.10., 659면－679면.
3. 행정자동결정에 대한 사법심사, 현대법학의 과제와 전망: 김윤구 박사 화갑기념논문집, 1999.11., 559면－582면: 기본연구Ⅱ(2009), 131면－150면.
2. 행정법상의 금지와 그것의 해제에 관한 소고, 헌법규범과 헌법현실: 권영성 교수 정년기념논문집, 1999.1., 547면－572면: 기본연구Ⅰ(2008), 249면－270면.
1. 행정재량의 축소에 관한 고찰, 현대공법학의 재조명(김남진 교수 정년기념논문집), 법학논집(고려대학교 법학연구소) 특별호, 1997.8., 57면－107면: 기본연구Ⅰ(2008), 212면－248면.

Ⅴ. 전문학술지 수록 논문

142. 코로나 팬데믹 시대에 행정법적 위기모드와 관련한 문제점, 법조 제746호, 2021.4.28., 194면－227면.
141. 판결에 의한 장애종류의 확장의 문제, 사법 제55호, 2021.3.15., 955면－982면.
140. 인공지능(지능형) 시스템의 도입을 위한 법적 규율의 문제, 공법학연구 제22권 제1호, 2021.2.28., 263면－292면: 기본연구Ⅵ(2021), 229면－250면.
139. 분뇨수집운반 대행계약과 관련한 행정법적 문제점, 저스티스 통권 제182면－1호, 2021.2.1., 551면－566면.
138. 전교조 법외노조통보 판결의 문제점, 인권과 정의 제495호, 2021.2.1., 165면－184면.
137. 행정법이 헌법에 있고, 헌법이 행정법에 있기 위한 모색, 헌법학연구 제26권 제4호, 2020.12.31., 207면－253면: 기본연구Ⅵ(2021), 80면－108면.
136. 공법의 탈속지주의화에 따른 국제적 행정법에 관한 연구, 공법연구 제49집 제1호, 2020.10.31., 93면－115면: 기본연구Ⅵ(2021), 117면－134면.

135. 인공지능시대 알고크라시(Algocracy)에서의 민주적 정당화의 문제, 법조 제743호, 2020.10.28., 181면－207면: 기본연구Ⅵ(2021), 151면－169면.
134. 김중권/김영수, 독일 연방헌법재판소의 원전폐쇄판결에 따른 후속 입법상황에 관한 고찰, 환경법연구 제42권 제2호, 2020.8.31., 237면－266면.
133. 병역의무기피자인적사항의 공개의 법적 성질과 관련한 문제점, 행정판례연구 제25집 제1호, 2020.6.30., 209면－237면.
132. 2019년도 主要 行政法(行政)判決의 分析과 批判에 관한 小考, 안암법학 제60호, 2020.5.30., 75면－122면.
131. 행정에 인공지능시스템 도입의 공법적 문제점, 법조 제740호, 2020.4.28., 53면－77면: 기본연구Ⅵ(2021), 170면－187면.
130. 인공지능시대에 알고리즘에 의한 행위조종과 가상적 행정행위에 관한 소고, 공법연구 제48집 제3호, 2020.2.28., 287면－312면: 기본연구Ⅵ(2021), 188면－207면.
129. 공사완료후에 제기한 건축허가취소소송의 권리보호의 필요성의 문제점, 행정판례연구 제24집 제2호, 2019.12.31., 341면－362면.
128. 재미동포에 대한 사증발급거부와 관련한 판결의 문제점, 법조 제738호, 2019.12.28., 355면－376면.
127. 21세기 국가모델을 위한 행정법의 현대화와 개혁, 공법연구 제48집 제1호, 2019.10.31., 387면－419면: 기본연구Ⅵ(2021), 3면－27면.
126. 행정법의 危機이냐, 행정법학의 委棄이냐? 행정법학 제17호, 2019.6.30., 183면－213면: 기본연구Ⅵ(2021), 28면－48면.
125. 군인의 복종의무와 기본권행사의 충돌에 관한 소고, 행정판례연구 제24집 제1호, 2019.6.30. 277면－315면.
124. 도시계획시설사업 실시계획인가의 무효와 관련한 문제점, 법조 제735호, 2019.6.28., 581면－599면.
123. 2018년도 主要 行政法(行政)判決의 分析과 批判에 관한 小考, 안암법학 제58호, 2019.5.30., 1면－43면.
122. 유럽국가의 국가배상책임법제에 관한 개관, 「法學研究」(충남대 법학연구소) 제30권 제1호, 2019.2.28., 11면－43면: 기본연구Ⅵ(2021), 457면－478면.
121. 총장임용제청거부와 배타적 경쟁자소송, 법조 제733호, 2019.2.28., 459면－477면.
120. 재판지연에 대한 국가책임에 관한 소고, 공법연구 제47집 제2호, 2018.12.31., 199면－220면: 기본연구Ⅵ(2021), 350면－368면.
119. 사회보장분야에서 행정재판의 의의와 역할, 행정판례연구 제23집 제2호,

2018.12.31., 3면－42면.

118. 건강기능식품의 표시 · 광고의 사전심의제와 관련한 문제점, 식품과학과 산업(한국식품과학회) 제51권 제4호, 2018.12.31., 325면－333면.

117. 결격자가 참여한 원자력안전위원회 의결의 법적 효력에 관한 소고, 저스티스 제169호, 2018.12.1., 208면－229면.

116. 의제된 인 · 허가의 취소와 관련한 문제점, 법조 제731호, 2018.10.28., 509면－534면.

115. 국가배상법에 따른 국가배상책임을 통한 조세구제의 고찰, 조세논총(한국조세법학회) 제3권 제3호, 2018.9.28., 97면－123면: 기본연구Ⅴ(2019), 101면－118면.

114. 사회보장급부지급취소처분과 환수처분간의 관계, 법조 제730호, 2018.8.28., 341면－365면: 기본연구Ⅴ(2019), 605면－618면.

113. 독일 행정절차법상의 허가의제제도와 그 시사점, 법제연구 제54호, 2018.6.30., 39면－69면: 기본연구Ⅵ(2021), 371면－390면.

112. 2017년도 主要 行政法(行政)判決의 分析과 批判에 관한 小考, 안암법학 제56호, 2018.5.30., 1면－48면: 기본연구Ⅴ(2019), 237면－267면.

111. 제3자에 의한 건축허가철회청구권의 행정법적 의의, 법조 제728호, 2018.4.28., 455면－478면: 기본연구Ⅴ(2019), 572면－584면.

110. 제3자 취소소송에서 처분상대방의 권리보호에 관한 소고, 사법 제43호, 2018.3.15., 187면－218면: 기본연구Ⅴ(2019), 57면－80면.

109. 한국행정판례연구회의 판례연구의 역사적 고찰, 행정판례연구 제22집 제2호, 2017.12.31., 231면－275면.

108. 독일 제2차 원전폐쇄법에 관한 독일 연방헌법재판소 판결의 公法的 意義, 헌법논총 제28집, 2017.11.30., 193면－251면: 기본연구Ⅴ(2019), 172면－205면.

107. 집회금지처분에 대한 잠정적 권리구제에 관한 소고, 법조 제725호, 2017.10.28., 541면－579면: 기본연구Ⅴ(2019), 585면－604면.

106. 인공지능시대에 완전자동적 행정행위에 관한 소고, 법조 제723호, 2017.6.28., 146면－182면: 기본연구Ⅵ(2021), 208면－228면.

105. 2016년도 主要 行政法(行政)判決의 分析과 批判에 관한 小考, 안암법학 제53호, 2017.5.30., 141면－177면: 기본연구Ⅴ(2019), 268면－292면.

104. 행정의 국제화에 따른 범국가적 행정작용, 법조 제722호, 2017.4.28., 193면－224면: 기본연구Ⅵ(2021), 135면－150면.

103. 조합설립인가취소판결과 기왕의 추진위원회의 관계, 법조 제721호, 2017.2.28., 1면－19면: 기본연구Ⅴ(2019), 619면－628면.

102. ‘소급적 · 일괄적 이행강제금부과처분의 무효’의 행정법적 문제점, 법조 제720호, 2016.12.28., 402면－421면: 기본연구Ⅴ(2019), 629면－650면.

101. 이른바 입법아웃소싱의 공법적 문제점에 관한 소고, 입법평가연구 제10면－2호, 2016.10.30., 15면－40면: 기본연구Ⅵ(2021), 479면－495면.

100. ‘진주의료원 폐업조치’의 행정법적 문제점, 법조 제719호, 2016.10.28., 464면－486면: 기본연구Ⅴ(2019), 639면－650면.

99. 신고제의 발본적 개혁에 관한 소고, 행정법학 제11호, 2016.9.30., 25면－67면: 기본연구Ⅵ(2021), 274면－304면.

98. 국가의 금융기관감독과 국가배상책임, 법조 제718호, 2016.8.28., 483면－500면: 기본연구Ⅴ(2019), 720면－729면.

97. 公法契約의 解止의 處分性 與否에 관한 小考, 행정판례연구 제21집 제1호, 2016.6.30., 57면－77면: 기본연구Ⅴ(2019), 651면－662면.

96. 독일 행정소송법에 대한 EU행정법의 영향에 관한 小考, 공법학연구 제17권 제2호, 2016.5.31., 3면－33면: 기본연구Ⅴ(2019), 151면－171면.

95. 2015년도 主要 行政法(行政)判決의 分析과 批判에 관한 小考. 안암법학 제50호, 2016.5.30., 90면－125면: 기본연구Ⅴ(2019), 293면－318면.

94. 取消訴訟에서 係爭處分의 違法性의 權利侵害 牽聯性에 관한 小考, 행정판례연구 제20집 제2호, 2015.12.31., 83면－127면: 기본연구Ⅴ(2019), 539면－571면.

93. 法治國家原理를 具現하기 위한 行政訴訟法의 改正, 동아법학 제63호, 2015.8.31., 1면－24면: 기본연구Ⅴ(2019), 43면－56면.

92. 2014년도 主要 行政法(行政)判決의 分析과 批判에 관한 小考, 안암법학 제47호, 2015.5.31., 1면－59면: 기본연구Ⅴ(2019), 319면－362면.

91. 補償評價의 事前統制의 問題點과 改善方向, 토지보상법연구 제15집, 2015.2., 31면－52면.

90. 행정소송과 행정법, 저스티스 제146권 제2호, 2015.2.5., 114면－153면: 기본연구Ⅴ(2019), 3면－42면.

89. 行政判例 30년의 回顧와 展望, 행정판례연구 제19집 제2호, 2014.12.31., 439면－485면: 기본연구Ⅴ(2019), 209면－236면.

88. 조합설립인가취소판결에 따른 추진위원회의 법적 지위에 관한 소고, 공법학연구 제15권 제4호, 2014.11.30., 243면－266면.

87. 공법(행정법)의 현대화를 통한 규제개혁, 안암법학 제45호, 2014.9.30., 71면－115면: 기본연구Ⅵ(2021). 49면－79면.

86. 위험방지와 행정구제, 국가법연구 제10집 제2호, 2014.8.31., 31면-58면: 기본연구Ⅴ(2019), 81면-100면.
85. 지방자치단체의 구역관할결정의 제 문제에 관한 소고, 행정판례연구 제19집 제1호, 2014.6.30., 359면-386면: 기본연구Ⅴ(2019), 663면-678면.
84. 이른바 處分的 行政立法의 問題點에 관한 小考, 공법연구 제42집 제4호, 2014.6.20., 285면-311면: 기본연구Ⅵ(2021), 251면-273면.
83. 2013년도 主要 行政法(行政)判決의 分析과 批判에 관한 小考, 안암법학 제44호, 2014.5.31., 81면-137면: 기본연구Ⅴ(2019), 363면-407면.
82. 獨逸 原電閉鎖의 公法的 問題點, 행정법학 제6호, 2014.3.31., 89면-124면: 기본연구Ⅳ(2013), 458면-485면.
81. 情報提供的 申告로서의 集會申告의 公法的 意義에 관한 小考, 안암법학 제43호, 2014.1.31., 77면-108면: 기본연구Ⅴ(2019), 679면-698면.
80. 憲法裁判所의 判例가 行政法에 미친 影響에 관한 小考, 헌법논총 제24집, 2013.10.29., 393면-434면: 기본연구Ⅳ(2013), 366면-388면.
79. 行政節次法의 改革을 위한 行政處分(行政行爲) 規定의 整備, 행정법학 제5호, 2013.9., 219면-238면: 기본연구Ⅳ(2013), 203면-244면.
78. 2012년도 主要 行政法(行政)判決의 分析과 批判에 관한 小考, 안암법학 제42호, 2013.9.30., 55면-97면: 기본연구Ⅴ(2019), 408면-437면.
77. 김중권/최종권, 「도시 및 주거환경정비법」상의 각종 인가의 법적 성질에 관한 소고, 법학논문집 제37집 제1호, 2013.4., 271면-320면: 기본연구Ⅳ(2013), 433면-452면
76. 行政法上 行爲形式·手段의 混合에 관한 硏究, 행정법연구 제35호, 2013.4.30. 29면-56면: 기본연구Ⅳ(2013), 126면-149면.
75. 김중권/김영수, 21세기 국가모델을 위한 가칭 행정기본법의 제정을 통한 행정법과 행정법제의 개혁, 공법연구 제41집 제3호, 2013.2.28, 29면-49면: 기본연구Ⅳ(2013), 3면-18면.
74. 법무부 행정소송법개정시안의 주요 내용에 관한 소고, 공법학연구 제14권 제1호, 2013.2.28. 379면-404면: 기본연구Ⅳ(2013), 222면-243면
73. 法律的 根據가 없는 生活對策에 관한 申請拒否의 問題, 토지보상법연구 제13집, 2013.2.25., 149면-168면: 기본연구Ⅳ(2013), 419면-432면.
72. 유럽행정법상 행정소송을 통한 권리보호시스템에 관한 연구, 공법연구 제41집 제1호, 2012.10.31., 311면-346면: 기본연구Ⅳ(2013), 276면-306면.

71. 行政訴訟에서 大學의 當事者能力과 原告適格에 관한 小考, 강원법학 제36권, 2012.6., 69면－93면: 기본연구Ⅳ(2013), 262면－275면.
70. 規範執行에 관한 權利로서의 行政法上의 主觀的 公權論에 관한 小考, 공법연구 제40집 제4호, 2012.6.20., 159면－190면: 기본연구Ⅳ(2013), 99면－125면.
69. 2011년도 主要 行政法(行政)判決의 分析과 批判에 관한 小考, 안암법학 제38호, 2012.5.31., 27면－96면: 기본연구Ⅴ(2019), 438면－487면.
68. 行政行爲의 效力과 拘束效의 體系에 관한 小考, 공법학연구 제13권 제2호, 2012. 5.31., 345면－379면: 기본연구Ⅳ(2013), 150면－178면.
67. 國家賠償法改革을 통한 法治國家原理의 具體化, 행정법학 제2호, 2012.3.31., 69면－114면.
66. 행정법집행에 있어서의 민간전문가의 참여, 공법연구 제40집 제1호, 2011.10.31., 389면－432면: 기본연구Ⅳ(2013), 66면－98면.
65. 로스쿨에서의 行政法判例敎育, 행정법학 창간호, 2011.9.30. 119면 이하: 기본연구Ⅳ(2013), 389면－415면.
64. 미니컵 젤리로 인한 질식사와 국가배상책임의 문제, 인권과 정의 제419호, 2011.8., 100면－131면.
63. 民間投資事業者指定의 節次法的 問題點, 행정판례연구 제16집 제1호, 2011.6.30., 149면－186면: 기본연구Ⅴ(2019), 699면－719면.
62. 2010년도 주요 행정법(행정)판결의 분석과 비판에 관한 소고, 안암법학 제35호, 2011.5.31., 45면－114면: 기본연구Ⅴ(2019), 488면－536면.
61. 行政行爲의 違法事由의 批判的 分析에 관한 小考, 법조 제650호, 2010.11.1., 173면－222면: 기본연구 Ⅲ(2010), 133면－160면.
60. 行政行爲瑕疵論의 改革에 관한 小考, 공법연구 제39집 제1호, 2010.10.31., 319면－338면: 기본연구Ⅲ(2010), 117면－132면.
59. 김중권/김영수, 行政法에서의 학문현상으로서의 學說, 그에 대한 適正性 評價에 관한 小考, 안암법학 제33호, 2010.10., 1면－64면: 기본연구Ⅳ(2013), 19면－59면.
58. 人事交流計劃이 결여된 轉出決定(命令)의 效力에 관한 小考, 행정판례연구 제15집 제1호, 2010.6.30., 273면－300면: 기본연구Ⅲ(2010), 272면－288면.
57. 환경영향평가가 결여된 행정행위의 효력에 관한 소고, 저스티스 제114호, 2009.12.1., 363면－383면: 기본연구Ⅲ(2010), 435면－451면.
56. 私權形成的 行政行爲면－行政行爲에 의한 直接的 私權形成, 공법학연구 제10권 제3호, 2009.8.31., 229면－258면: 기본연구Ⅲ(2010), 96면－116면.

55. 國家賠償法上의 過失責任主義의 理解轉換을 위한 小考, 법조 제635호, 2009.8.1., 45면－90면: 기본연구Ⅱ(2009), 151면－176면.

54. 獨逸의 規範統制制度에 관한 槪觀과 그 示唆點에 관한 小考, 중앙법학 제11권 제1호, 2009.4., 345면－378면: 기본연구Ⅱ(2009), 105면－130면.

53. 公用介入類似的(收用類似的), 公用介入的(收用的) 介入의 適用領域에 관한 小考, 토지공법연구 제43집 제2호, 2009.2.25., 1면－29면: 기본연구Ⅱ(2009), 177면－202면.

52. 독일 행정절차법상의 행정행위의 무효의 체계에 관한 소고, 중앙법학 제10집 제4호, 2008.12.31., 137면－172면: 기본연구Ⅵ(2021), 391면－416면.

51. 독일 행정절차법의 유럽화에 관한 소고, 법조 제626호, 2008.11., 154면－198면: 기본연구Ⅱ(2009), 3면－27면.

50. 민간화와 국가유보(역), 지방자치법연구 제8권 제3호(통권 제19호), 2008.9.20., 295면－312면: 기본연구Ⅱ(2009), 431면－448면.

49. 행정심판을 활성화하기 위한 선결과제에 관한 소고, 법제 제608호, 2008.8., 56면－68면.

48. 최근의 법률개정에 따른 행정심판제도의 문제점에 관한 소고, 공법연구 제36집 제4호, 2008.6.20, 490면－513면: 기본연구Ⅱ(2009), 28면－48면.

47. 행정규칙과 헌법소원심판, 헌법실무연구 제8권, 2007.12., 482면－516면.

46. 지방공기업의 육성과 경쟁력강화를 위한 법제지원방안면－선결문제로서, 지자체의 경영활동의 공법적 문제점, 지방자치법연구 제7권 제3호(통권 제15호), 2007.9.20., 27면－47면: 기본연구Ⅱ(2009), 414면－430면.

45. 민주적 법치국가에서 의회와 행정의 공관적 법정립에 따른 법제처의 역할에 관한 소고, 행정판례연구 제12집, 2007.6.30., 59면－99면: 기본연구Ⅰ(2008), 409면－433면.

44. 의약품 및 화장품 관련고시의 문제점 및 개선방향, 의약품법규학회지 제2집 제1호, 2007.6.30., 13면－19면.

43. 참여정부에서의 법치주의의 발전－행정법적 평가와 전망, 공법연구 제35집 제4호, 2007.6.20., 337면－376면: 기본연구Ⅰ(2008), 3면－32면.

42. 사법적으로 형성된 지방공기업과 관련한 행정회사법론에 관한 논의, 지방자치법연구 제7권 제2호(통권 제14호), 2007.6.20., 59면면－87면: 기본연구Ⅱ(2009), 391면－413면.

41. 조문형식을 띤 고시의 처분성 인정에 따른 문제점에 관한 소고, 저스티스 제98호,

2007.6.6., 272면 – 291면: 기본연구Ⅲ(2010), 165면 – 184면.

40. 약사법상의 신약의 허가와 재심사에 관한 연구, 중앙법학 제8권 제3호, 2006.10.31., 31면 – 80면: 기본연구Ⅱ(2009), 487면 – 523면.
39. 리스크사회에서의 약사법의 위상, 의약품법규학회지 제1호, 2006.6.30., 15면 – 20면.
38. 사권형성적 행정행위와 그 폐지의 문제점에 관한 소고, 행정판례연구 제11집, 2006.6.10., 151면 – 183면: 기본연구Ⅰ(2008), 271면 – 291면.
37. 리스크행정에서 행정행위에 의한 개별사건규율에 관한 소고(역), 지방자치법연구 제6권 제1호, 2006.6.25., 549면 – 575면: 기본연구Ⅲ(2010), 411면 – 434면.
36. 행정법상 인가의 인정여부와 관련한 문제점에 관한 소고, 저스티스 제91호, 2006.6.5., 127면 – 150면: 기본연구Ⅰ(2008), 292면 – 317면.
35. 도시계획조례의 규율(규정)의 범위의 문제점에 관한 소고, 법제 제576호, 2005.12., 23면 – 36면: 기본연구Ⅲ(2010), 289면 – 302면.
34. 고권적 형성수단으로서의 정보(역), 법학논문집(중앙대학교 법학연구소) 제29집 제1호, 2005.8.31., 269면 – 287면: 기본연구Ⅰ(2008), 469면 – 485면.
33. 현행 공연법의 문제점에 관한 소고, 법제 572호, 2005.8., 5면 – 23면: 기본연구Ⅱ(2009), 524면 – 541면.
32. 행정개입청구권의 인정과 관련한 법적 문제점에 관한 소고, 저스티스 제86호, 2005.8.5., 226면 – 240면: 기본연구Ⅰ(2008). 87면 – 108면.
31. 지방분권정책의 공법적 과제, 공법연구 제33집 제5호, 2005.6.30., 379면 – 430면: 행정법 기본연구Ⅱ(2009), 272면 – 317면.
30. 국토이용계획변경신청권의 예외적 인정의 문제점에 관한 소고, 행정판례연구 제10집, 2005.6.10., 21면 – 60면: 기본연구Ⅰ(2008), 486면 – 512면.
29. 리스크행정법으로서의 약사법의 의의에 관한 소고, 중앙법학 제7권 제1호, 2005.2.28., 139면 – 158면.
28. 위험개념과 시판후통제(역), 중앙법학 제6권 제4호, 2004.12.31., 409면 – 435면: 기본연구Ⅱ(2009), 361면 – 381면.
27. 조선조 공무원(관리)임용제에 관한 행정법적(공무원법적) 고찰, 법제연구 제27호, 2004.12., 173면 – 207면: 기본연구Ⅱ(2009), 205면 – 234면.
26. 공법상의 리스크 조종(역), 중앙법학 제6권 제3호, 2004.10., 457면 – 482면: 기본연구Ⅲ (2010), 347면 – 368면.
25. 불문경고조치의 법적 성질과 관련한 문제점에 관한 소고, 인권과 정의 제336호, 2004.8.1., 125면 – 140면: 기본연구Ⅱ(2009), 252면 – 271면.

24. 공무원의 전출전입과 관련한 법적 문제점에 관한 소고, 저스티스 제79호, 2004.6. 28, 200면－215면: 기본연구Ⅱ(2009), 235면－251면.
23. 주민투표법안의 문제점에 관한 소고, 공법연구 제32집 제3호, 2004.2.28., 87면－133면: 기본연구Ⅱ(2009), 318면－360면.
22. 이른바 수리를 요하는 신고의 문제점에 관한 소고, 행정판례연구 제8집, 2003.12. 31., 63면－92면.
21. 조선조의 행정법제 특히 공무원법제에 관한 소고, 토지공법연구 제19집, 2003.9. 30., 555면－579면.
20. 주민등록전입신고거부의 법적 문제점에 관한 소고, 저스티스 제74호, 2003.8.31., 269면－283면: 기본연구Ⅲ(2010), 79면－95면.
19. 행정소송제도의 개편방향에 관한 소고, 공법연구 제31집 제3호, 2003.3.1., 643면－661면.
18. 국무총리궐위의 공법적 문제점에 관한 소고, 인권과 정의 제316호, 2002.12.1., 77면－95면: 기본연구Ⅲ(2010), 249면－271면.
17. 조치적 명령 내지 개별사건규율적 명령에 대한 권리보호에 관한 소고, 법조 제554호, 2002.11.30., 90면－130면: 기본연구Ⅰ(2008), 434면－462면.
16. 행정의 작용형식의 체계에 관한 소고, 공법연구 제30집 제4호, 2002.6., 297면－320면: 기본연구Ⅰ(2008), 187면－211면.
15. 행정법상의 신고와 관련한 판례의 문제점에 관한 소고, 인권과 정의 제307호, 2002.3.1., 101면－122면: 기본연구Ⅰ(2008). 130면－156면.
14. 리스크결정과 법치국가적 행정법(역), 법학연구(충북대법학연구소) 제12권, 2001.12., 97면 이하: 기본연구Ⅱ(2009), 463면－486면.
13. 위법건축물에 대한 인인보호의 문제점에 관한 소고, 인권과 정의 제299호, 2001.7., 112면－122면: 기본연구Ⅱ(2009), 449면－462면.
12. 건축법상의 건축신고의 문제점에 관한 소고, 저스티스 제61호, 2001.6., 150면－169면: 기본연구Ⅰ(2008). 109면－129면.
11. 다른 법규범의 적용 준용(지시)의 공법적 문제점에 관한 소고, 법제연구 제20호, 2001.6., 137면－169면: 기본연구Ⅰ(2008), 157면－184면.
10. 建築法上 鎭壓的 介入手段을 통한 隣人保護에 관한 小考, 공법연구 제29집 제3호, 2001.5., 347면－364면: 기본연구Ⅰ(2008), 69면－86면.
9. 의제적 행정행위에 관한 소고, 법제 제520호, 2001.4., 53면－63면: 기본연구Ⅰ(2008), 340면－353면.

8. 행정자동결정(자동적 행정행위)의 실체적 문제점에 관한 소고, 공법연구 제28집 제4호, 2000.6., 225면–250면.
7. 약사법상의 의약품(특히 신약)제조허가의 특질과 입증책임에 관한 소고, 공법연구 제27집 제2호, 1999.6., 493면–518면.
6. 행정법상 억제적 금지에 대한 예외적 승인, 저스티스 제31권 제1호, 1998.3., 133면–151면.
5. 리스크행정의 대표인 의약품법에 관한 소고(역), 법학연구(충북대법학연구소) 제8권, 1997.9., 215면–236면: 기본연구Ⅲ(2010), 369면–381면.
4. 행정자동화와 행정절차, 법제연구 제11호, 1996.9., 37면–76면: 기본연구Ⅲ(2010), 213면–245면.
3. 공의무, 특히 철거의무 및 이행강제금납부의무의 승계에 관한 고찰, 공법연구 제23집 제2호, 1995.6., 285면–315면: 기본연구Ⅰ(2008). 45면–68면.
2. 행정자동기계결정의 법적 성질 및 그의 능부, 공법연구 제22집 제3호, 1994.6., 371면–394면.
1. 행정자동절차상 오류의 정정에 관한 소고, 안암법학 창간호, 1993.9.4., 229면–258면.

Ⅵ. 법률전문지 수록 소고

93. 이제는 행정기본법 시대, 법률신문 제4876호, 2021.3.22.
92. 행정의 현대화와 행정법개혁을 위한 행정기본법 제정, 법률신문 2020.10.26.
91. 전교조법외노조통보의 법적 성질과 문제, 법률신문 제4829호 2020.9.20.
90. 직사살수와 관련한 최근 판례의 문제점, 법률신문 제4819호, 2020.8.18.
89. 재판지연에 대한 입법적 대응의 필요, 법률신문 제4798호, 2020.5.25.
88. 공직자의 신체는 온전히 자신의 것인가? 법률신문 제4773호, 2020.2.20.
87. 비전업 시간강사에 대한 차등강사료지급의 법적 문제점, 법률신문 제4749호, 2019.11.21.
86. 유승준에 대한 대법원 판결 문제점에 관한 管見, 법률신문 제4716호, 2019.7.15.
85. 國家再構造化와 再造山下의 출발로서의 行政基本法의 制定, 법연 2019년 여름호(통권 제63호), 2019.6.1., 28면–31면: 기본연구Ⅵ(2021), 109면–114면.
84. 사법상 계약에 의거한 행정처분의 성립가능성 문제, 법률신문 제4702호, 2019.5.27.
83. 교장승진임용제외의 처분성 문제, 법률신문 제4681호, 2019.3.4.
82. 현행 집시법의 발본적 개혁에 관한 소고, 법률신문 제4635호, 2018.9.10.
81. 행정심판법의 개혁을 위한 소고, 법률신문 제4629호, 2018.8.20.

80. 독립유공자 망인에 대한 법적 평가의 변경에 따른 그 유족에 대한 법효과 문제, 법률신문 제4620호 2018.7.12.
79. 개헌논의에 따른 국가배상시스템의 발본적 개혁에 관한 소고, 법률신문 제4580호, 2018.2.8.
78. 행정소송법상의 집행정지결정의 논증과 관련한 문제점, 법률신문 제4560호, 2017. 11.27.
77. 주민등록번호변경신청권이 과연 조리상의 그것인지?, 법률신문 제4545호, 2017.9.25.
76, 직권감차 통보의 처분성 여부에 관한 소고, 법률신문 제4508호, 2017.5.8.
75. 제2차 원전폐쇄에 관한 독일 연방헌법재판소 판결의 의의, 법률신문 제4476호, 2017.1.5.
74. 인공지능시스템에 의한 행정행위의 허용성에 관한 小考, 법제 제673호, 2016.9.15., 5면－7면.
73. 법무법인에 대한 세무조정반지정거부처분의 위법성, 법률신문 제4433호, 2016.7.25.
72. 위법한 과세처분에 대한 국가배상법적 대응에 관한 소고, 법률신문 제4398호, 2016.3.14., 11면.
71. 취소소송에서 계쟁처분의 위법성과 원고적격상의 권리침해의 관련성에 관한 소고, 법률신문 제4384호, 2016.1.21.
70. 국가배상책임상의 주관적 책임요소와 법치국가원리적 문제점, 법률신문 제4357호, 2015.10.12.
69. '자동차관리법'상 사업자단체인 조합의 설립인가의 법적 성질에 관한 소고, 법률신문 제4343호, 2015.8.17.
68. 私人의 방제보조작업에 대한 事務管理的 接近의 問題點, 법률신문 2015.5.4.
67. 독일의 징계금(징계부가금)에 관한 소고, 최신외국법제정보(한국법제연구원) 2014년 제6호, 2014.9.30. 2면－16면: 기본연구Ⅵ(2021), 417면－429면.
66. 集會申告의 法的 性質에 관한 小考, 법률신문 제4248호, 2014.8.21.
65. 도시정비법상의 사업시행인가처분의 법적 성질에 관한 소고, 법률신문 제4161호, 2013.9.26.
64. 法律的 根據가 없는 생활대책의 신청에 대한 拒否에 관한 小考, 법률신문 제4098호, 2013.1.24.
63. 21세기 국가모델을 위한 행정기본법의 제정에 관한 소고, 법률신문 제4078호, 2012.11.8.
62. 行政法上 信賴保護의 原則의 信賴度提高에 관한 小考, 법률신문 제4066호,

2012.9.24.: 기본연구Ⅳ(2013), 60면－65면.

61. 行政訴訟에서 大學의 當事者能力에 관한 小考, 법률신문 제4042호, 2012.6.25.
60. 分離理論下에서 공용개입유사적 개입의 인정의 問題點, 법률신문 제4031호, 2012.5.14.: 기본연구Ⅳ(2013), 361면－365면.
59. 일본 원전비극에 따른 원자력법개정에 관한 小考, 법률신문 제4015호, 2012.3.15.
58. 공무원의 個人的 賠償責任認定의 문제점에 관한 小考, 법률신문 제4002호, 2012.1. 26.
57. 공무수탁사인의 행정주체적 지위의 문제점에 관한 小考, 법률신문 제3989호, 2011.12.5.
56. 이른바 자기완결적 신고가 과연 존재하는가?, 법률신문 제3984호, 2011.11.17.: 기본연구Ⅳ(2013), 194면－199면.
55. 전환규범을 매개로 한 행정규칙의 법규성인정의 문제점, 법률신문 제3961호, 2011.8.22.
54. 민법개정시안상의 법인설립 등에 대한 국가개입에 관한 소고, 법률신문 제3944호, 2011.6.20.
53. Quo vadis면－申告制?, 법률신문 제3916호, 2011.3.7.
52. 도시정비법상의 조합설립변경인가처분 관련 문제점, 법률신문 제3902호, 2011.1.6.
51. 申告制와 관련한 코페르니쿠스적 轉換에 관한 小考, 법률신문 제3896호, 2010.12.6.
50. 重大明白性說의 墨守로부터 벗어나기 위한 小考, 법률신문 제3886호, 2010.11.8.
49. 轉入申告에 따른 登錄拒否處分의 問題點에 관한 小考, 법률신문 제3876호, 2010.9.30.
48. 표준지공시지가결정과 수용재결간의 하자승계인정의 의의, 법률신문 제3871호, 2010.9.9.: 기본연구Ⅲ(2010), 161면－164면.
47. 인사교류계획에 의한 전출명령의 문제점에 관한 소고, 법률신문 제3852호, 2010.6.28.
46. 건축신고의 허가擬制 효과에 관한 소고, 법률신문 제3837호, 2010.5.3.
45. 개정 행정심판법의 문제점에 관한 小考, 법률신문 제3820호, 2010.2.25.
44. 1차적 권리보호의 우위에 따른 민사법원에서의 선결문제와 후결문제, 법률신문 제3788호, 2009.10.26.
43. 관리처분계획에 관한 총회결의의 쟁송방법, 법률신문 제3775호, 2009.9.7.: 기본연구Ⅲ(2010), 332면－337면.
42. 용도폐지공공시설의 무상양도신청의 거부에 관한 소고, 법률신문 제3761호, 2009.7.13.: 기본연구Ⅲ(2010), 338면－343면.

41. 주택재건축정비사업시행인가의 법적 성질에 관한 소고, 법률신문 제3737호, 2009. 4.13.
40. 公物의 成立·廢止의 問題點에 관한 小考, 법률신문 제3677호, 2008.8.28.: 기본연구Ⅱ(2009), 385면－90면.
39. 行政行爲의 公定力과 取消判決의 遡及效간의 衝突에 관한 小考, 법률신문 제3634호, 2008.3.17.: 기본연구Ⅱ(2009), 99면－104면.
38. 行政法上의 告示의 法的 性質에 관한 小考, 고시계 2008년 2월호, 45면－55면.
37. 송유관이설협약의 법적 성질에 관한 소고, 법률신문 제3613호, 2007.12.24.: 기본연구Ⅰ(2008), 463면－468면.
36. 채석허가에 따른 적지복구상의 산림소유자의 법적 지위, 법률신문 제3563호, 2007.6.18.: 기본연구Ⅲ(2010), 315면－319면.
35. 사법적 형식의 행정(사법적 행정)의 공법적 사법적 구속에 관한 소고, 고시계, 2007. 3., 25면－35면: 기본연구Ⅰ(2008). 33면－44면.
34. 경품상품권지정의 민간위탁의 문제점에 관한 소고, 법률신문 제3517호, 2006. 12.25.
33. 행정행위의 부관의 허용성 문제에 관한 소고, 고시연구 2006년 11월호, 87면－98면: 기본연구Ⅰ(2008), 397면－406면.
32. 실효한 행정처분에 대한 권리구제에 관한 소고, 법률신문 제3507호, 2006.11.20: 기본연구Ⅱ(2009), 92면－98면.
31. 성전환자의 성별정정허가신청사건 등 사무처리지침의 문제점에 관한 소고, 법률신문 제3493호, 2006.9.25.
30. 통보처분의 독립된 인정여부에 관한 소고, 고시연구 2006년 9월호, 95면－108면: 기본연구Ⅰ(2008), 329면－339면.
29. 정부투자기관의 입찰참가제한행위의 법적 성질에 관한 소고, 법률신문 제3486호, 2006.8.31.
28. 이른바 처분적 시행규칙의 문제점에 관한 소고, 법률신문 제3478호, 2006.7.27.
27. 이른바 새만금판결의 행정법적 의의에 관한 소고, 고시연구 2006년 6월호, 63면－75면.
26. 새만금판결의 행정법적 의의에 관한 소고, 법률신문 제3459호, 2006.5.18.
25. 지방자치법상의 사무구분과 조례제정의 문제점, 자치행정, 2006.3.10., 13면－18면.
24. 도시계획변경입안제안에 대한 거부의 처분성여부, 법률신문 제3446호, 2006.3.27.
23. 정부법무공단의 설립에 관한 소고, 법률신문 제3416호, 2005.12.5.

22. 안전사고에 대처하기 위한 공연법의 정비에 관한 소고, 법률신문 제3401호, 2005.10.10.
21. 지방자치법상 단체위임사무제도의 재인식에 관한 소고, 고시연구 2005년 9월호, 14면－28면.
20. 근거규정의 성질과 처분성여부의 상관관계에 관한 소고, 법률신문 제3375호, 2005.7.4.
19. 새만금간척사업판결의 문제점에 관한 소고, 법률신문 제3338호, 2005.2.14.
18. 행정소송법개정안의 문제점에 관한 관견, 법률신문 제3315호, 2004.11.18.
17. 公務員法制의 革新手段으로서의 轉出·轉入制度의 마련에 관한 小考, 고시연구 2004년 9월호, 52면－66면.
16. '의심스러우면 안전에 유리하게', 법률신문 제3290호, 2004.8.16.
15. 국가적 정보행위의 법률유보적 문제점에 관한 소고, 법률신문 제3276호, 2004.6.21.
14. 명령(법률하위적 법규범)에 대한 사법통제에 관한 소고, 고시연구 2004년 6월호, 160면－173면.
13. 임용결격자 임용행위의 문제점에 관한 소고, 법률신문 제3248호, 2004.3.8.
12. 주민투표법안의 문제점에 관한 소고, 법률신문 제3228호, 2003.12.18.
11. 이른바 준법률행위적(준권리설정행위적) 행정행위와의 결별에 관한 소고, 고시연구 2003년10월호, 14면 이하: 기본연구 I (2008), 318면－328면.
10. 방사성폐기물관리시설 부지선정의 법적 문제점에 관한 소고, 법률신문 제3194호, 2003.8.14.
9. 행정소송상 항고소송과 취소소송의 법적 성격에 관한 소고, JURIST 제390호, 2003.3., 61면－67면.
8. 행정소송법 개정 소고, 법률신문 제3142호, 2003.1.27.
7. 행정작용의 가늠잣대에 관한 소고－형식인가 실질인가?, 고시연구 2002년 12월호, 14면－24면.
6. 국무총리 부서없는 대통령령의 효력, 법률신문 제3103호, 2002.9.2.
5. 공법의 작용형식으로서의 국가정보행위(역), Juris Forum(충북대 법학연구소) 제2호, 2002, 457면 이하.
4. 행정법상의 신고의 법도그마적 위상에 관한 소고, 고시연구 2002년 2월호, 26면－36면.
3. Quo vadis면－행정개입청구권(행정개입에 관한 인인의 보호청구권)?, 고시연구 2001년 7월호, 42면－49면.
2. 建築許可擬制的 建築申告와 一般的인 建築申告의 差異點에 관한 小考, 판례월보

2001년 5월호, 13면－20면: 기본연구Ⅲ(2010), 320면－337면.

1. 산림훼손허가의 법적 성질, 판례월보 1998년 9월호, 34면－41면: 기본연구Ⅲ(2010), 305면－314면.

Ⅶ. 일간 신문기사

10. 뛰어가는 AI시대 기어가는 법제도, 서울신문 2020.1.14.
9. 행정기본법의 제정이 적극행정 첫걸음, 경향신문 2019.6.11.
8. 민주주의 결핍 우려되는 ‘AI 입법’, 한국경제신문 2019.4.16.
7. 언제까지 일본식 관헌국가적 전통을 따를 것인가, 경향신문 2019.3.6.
6. 지체된 정의와 신속한 재판 받을 권리, 경향신문 2018.12.4.
5. 제4차 산업혁명 시대, 국가는 무엇을 준비해야 할까?, 경향신문 2018.1.23.
4. 현행 헌법은 억울하다, 한겨레 2017.3.10.
3. 감사원 개혁 시 간과하면 안 될 논의들, 한국경제신문 2017.3.7.
2. 누구를 위한 재정제도 개편인가, 서울신문 2017.3.3.
1. 공공법제, 21세기에 맞게 현대화해야, 매일경제신문 2017.2.10.

Ⅷ. 과제보고서

11. 연구책임자, 과태료 체계 개선을 위한 외국 법제 연구, 법무부, 2020.12.
10. 연구책임자, 일본의 의무이행소송 실무 운용에 관한 연구, 법원행정처, 2017.8.
9. 연구책임자, 마약류 관리에 관한 법률 과징금 부과액의 합리화를 위한 정비방안 연구, 식품의약품안전평가원, 2017.1.
8. 연구책임자, 21세기 국가모델을 위한 가칭 행정기본법의 제정을 위한 연구, 법제처, 2016.11.
7. 연구책임자, 주요국 감사원의 법제도, 운영실태 및 시사점, 감사원, 2016.10.
6. 연구책임자, 행정소송법 개정에 따른 당사자소송제도의 정비방안에 관한 연구, 2014.4.
5. 연구책임자, 행정절차제도 개선방안 연구, 행정안전부, 2013.10.
4. 공동연구원, 행정소송에서의 임시구제에 관한 연구, 법원행정처, 2012.7.
3. 공동연구원, 행정심판 직접처분제도 개선방안 연구, 국민권익위원회, 2011.7.
2. 공동연구원, 행정입법에 대한 사법적 통제 －영국 · 미국 · 프랑스 · 일본을 중심으로－, 법원행정처, 2008.12.
1. 연구책임자, 약무행정의 효율적 운영을 위한 허가 등 수수료 특별회계도입 등 방안 연구, 식품의약품안전청, 2005.11.

저자약력

저자약력

부산 출생
고려대학교 법과대학 졸업, 동 대학원 수료(법학박사)
충북대학교 법과대학 조교수, 부교수
독일 München 대학교 법과대학 방문연구
미국 Indiana 대학교(Bloomington) 법과대학원 방문연구
헌법재판소 헌법연구위원, 대한변협 변호사징계위원회 위원,
법무부 행정소송법개정위원회 위원, 교육부 사학분쟁조정위원회 위원
대법원 행정재판발전위원회 위원, 대통령직속 정책기획위원회 국민헌법자문특별위원회 위원
한국공법학회 (신진)학술장려상 수상(2002), 충북대학교 학술연구상 수상(2002),
중앙대학교 교원학술상 수상(2007), 제1회 KFDC법제연구상 수상(2009),
제14회 법학논문상 수상(한국법학원, 2010), 헌법논총 제28집 최우수논문상 수상(헌법재판소, 2017)
홍조근정훈장 수훈(제56회 법의 날, 2019)
중앙대학교 법학전문대학원장·법과대학장
(사)한국공법학회 제35대 회장(2016년)
현재: 중앙대학교 법학전문대학원 교수
(사)한국공법학회 고문, (사)한국행정법학회 법정이사, (사)한국행정판례연구회 감사
지방자치단체중앙분쟁조정위원회 위원장(제7기)
국민권익위원회 중앙행정심판위원회 비상임위원
법제처 법령해석심의위원회 위원

저 서

유럽화된 독일행정절차법에 관한 연구, 한국법제연구원, 2008
행정법 제4판. 법문사, 2021
행정법기본연구Ⅰ, 법문사, 2008
행정법기본연구Ⅱ, 법문사, 2009
행정법기본연구Ⅲ, 법문사, 2010(대한민국 학술원 선정 우수학술도서)
행정법기본연구Ⅳ, 법문사, 2013(대한민국 학술원 선정 우수학술도서)
EU행정법연구, 법문사, 2018(대한민국 학술원 선정 우수학술도서)
행정판례의 분석과 비판(행정법기본연구Ⅴ), 법문사, 2019(대한민국 학술원 선정 우수학술도서)
주관식 행정법(공저), 경세원, 1994
세법(공저), 법문사, 1998
지방자치법주해(공저), 박영사, 2004
조선시대의 규범이론과 규범체계(공저), 한국학술정보, 2006
행정소송(Ⅰ)(Ⅱ)(공저), 한국사법행정학회, 2008
부동산법제(공저), 한국방송통신대학교 출판부, 2012
공법사례형(공저), 법문사, 2016
인공지능과 미래사회, 미래는 AI의 것일까?(공저), 사이언스 북스, 2020

– 행정법기본연구 Ⅵ – **행정법의 현대화와 개혁**

2021년 5월 20일 초판 인쇄
2021년 5월 30일 초판 발행

저 자 金 重 權

발행인 배 효 선

발행처 도서출판 法 文 社

주 소 10881 경기도 파주시 회동길 37-29
등 록 1957년 12월 12일/제2-76호(윤)
전 화 (031)955-6500~6 FAX (031)955-6525
E-mail (영업) bms@bobmunsa.co.kr
(편집) edit66@bobmunsa.co.kr
홈페이지 http://www.bobmunsa.co.kr
조 판 법 문 사 전 산 실

정가 36,000원 ISBN 978-89-18-91197-7